市场营销学——理论与实务 （第3版）

主　编　连　漪
副主编　梁健爱　严宗光　刘　强

北京理工大学出版社
BEIJING INSTITUTE OF TECHNOLOGY PRESS

内 容 简 介

本书系统地介绍了市场营销学的基本理论和案例实务。重点培养学习者解决市场实际问题的能力，力求将知识转化为能力。营销始于市场又终结于市场，同时又占据了市场的核心地位。在每章开篇有引导案例，章后都附有案例评析及思考题，本章实训内容。书中采用大量图表阐述市场营销的内容、理论与实务，力求描述的精练、简要和准确，拓宽学习者的学习视野。

全书共分为 15 章。其中包括市场营销学导论，战略规划与市场营销管理过程，市场营销环境分析，消费者行为分析，市场调查与预测，市场竞争战略，目标市场营销，产品策略，品牌与包装策略，价格策略，分销渠道策略，促销策略，营销行动管理，营销策划，市场营销新发展。

本书为高等院校工商管理类各专业应用型本科教材，也可作为高等职业院校等专业及相关专业学员的教材，亦适用于企业营销人员的培训。

图书在版编目（CIP）数据

市场营销学：理论与实务/连漪主编. —3 版. —北京：北京理工大学出版社，2016. 5
（2022.7 重印）

ISBN 978 - 7 - 5682 - 2047 - 7

Ⅰ. ①市… Ⅱ. ①连… Ⅲ. ①市场营销学 - 教材 Ⅳ. ①F713. 50

中国版本图书馆 CIP 数据核字（2016）第 056409 号

出版发行 / 北京理工大学出版社有限责任公司

社　　址 / 北京市海淀区中关村南大街 5 号 .

邮　　编 / 100081

电　　话 / （010）68914775（总编室）

　　　　　（010）82562903（教材售后服务热线）

　　　　　（010）68948351（其他图书服务热线）

网　　址 / http：//www.bitpress.com.cn

经　　销 / 全国各地新华书店

印　　刷 / 三河市华骏印务包装有限公司

开　　本 / 787 毫米×1092 毫米　1/16

印　　张 / 24.5　　　　　　　　　　　　　　　　　　责任编辑 / 周艳红

字　　数 / 569 千字　　　　　　　　　　　　　　　　文案编辑 / 周艳红

版　　次 / 2016 年 5 月第 3 版　2022 年 7 月第 6 次印刷　　责任校对 / 周瑞红

定　　价 / 49.80 元　　　　　　　　　　　　　　　　　责任印制 / 李志强

图书出现印装质量问题，请拨打售后服务热线，本社负责调换世界万千，营销为先，营销涵盖了我们生活中几乎所有的内容，越来越多的企业、政府、组织和个人发现，营销已经成为每个人迈向成功的必要之路，人生就是一个营销过程，不断将你的思想、能力营销给组织、社会和环境，快乐的人生就是一个成功的营销案例。当下世界处于变动中，营销处在发展中，特别是互联网时代到来，营销的变化日新月异，许多传统的营销方式被颠覆了，互联网思维正在冲击人们的营销理念；信息技术的发展，影响着现代营销走向，云计算、物联网、大数据、微营销、新媒体，不断影响人们对营销的思考，互联网的发展经历了web1.0时代和web2.0时代，现在正处于web3.0时代的发展中，移动互联时代，不仅改变了消费者的行为习惯，更对企业营销、创业营销和个人营销提出了更新的营销要求。营销理论从聚集产品的4P（产品（Product）、价格（Price）、促销（Promotion）、渠道（Place）），聚焦顾客的4C（顾客需求（Consumer's Needs）、成本（Cost）、便利性（Convenience）、沟通（Communication）），聚焦关系的4R（关系（Relationship）、节省（Retrenchment）、关联（Relevancy）和报酬（Rewards）），再到聚焦网络整合营销的4I理论（趣味原则（Interesting）、利益原则（Interests）、互动原则（Interaction）、个性原则（Individuality）），提倡个性化精准营销，企业一刻也没有停止发现创造价值的新理论和新方法实践创新，为市场营销学习提供源源不断的素材。

本书是《市场营销学——理论与实务》在第2版基础上的第三次修订版，专门针对应用型人才培养而编写的一本教材。今天市场营销不仅是工商管理类专业所学的一门课程，而且是大众创业，万众创新者必修的专门知识，如何发现需要，引领需求，一直是这门课程研究的核心问题。社会的发展、科学技术的进步，为市场营销应用研究提供强有力的支持，许多基于营销本质的研究与应用越来越广泛，越来越深入，为经营决策提供更加科学的依据，及时更新相关内容，以期为学习者提供更有价值的知识内容。

本书除保持原书第2版将知识转化为能力的核心思想外，开辟了"营销链接"专栏，增补了本土案例且更新了案例评析的内容，以拓宽读者的视野。本次修订还更新了部分的学习内容，新的案例，每章增加了实训内容；在参阅国内外最新营销资讯的基础上，结合编者多年应用研究的实践，使本书具有以下特色：

- 系统性。由浅入深，介绍营销理论发展历程。特别对20世纪50年代以来影响市场营销发展的概念、观点进行全面的阐述，为学习者提供了全面解读营销理论与实践发展历程的知识背景。

- 科学性。按照经典的市场营销理论架构安排章节内容，特别强调理论与实务相结合，补充新知识和新案例。通过学习者对基本概念、基础营销理论的掌握理解，按照

"环境分析──→STP营销战略分析──→4P策略──→整合营销──→管理营销行动"的程序来指导营销策划工作的开展。

■ 实践性。强调知识转化为能力的训练是本书的一大特点，每章结束后特别增加了实训内容，新修订教材编写了作者多年的应用研究成果案例，学习者可以根据实训步骤展开练习，领悟案例背后的营销生态环境，引导学习者运用所学知识，读懂营销案例，举一反三，融会贯通。

本书由桂林理工大学连漪教授担任主编，负责拟定编写大纲，组织协调并总撰定稿，连漪、梁健爱负责全书修订的总统稿。参加本次修订的有桂林航天工业学院的窦均林副教授，广西师范大学经济管理学院副教授刘强博士，桂林理工大学的韦家华老师、李军老师，桂林电子科技大学严宗光副教授、李超老师，参与本书案例整理的还有我的研究生杨硕、朱令娴。在此对他们所付出的辛勤劳动表示感谢！

该书荣获2006—2008年广西高等学校优秀教材二等奖；2015年获桂林理工大学校级规划重点教材立项。作为应用型人才培养教学实践探讨，因受编者学识和认识水平所限，书中难免有许多有待商榷和不当之处，恳请广大读者和同行批评指正。如有意见和建议请致 e-mail：2198994080@qq.com。

连漪

2015 年 6 月

21世纪的中国市场营销处在一个快速变动之中，国内市场国际化，国际市场国内化已成为现实，今天的市场快速变化、快速移动和不断细分，为企业带来无限商机。正如现代管理大师彼得·德鲁克所说："我们未来的富有不在于财富的积累，而在于观念的更新。"现代营销首先是理念上的突破，然后才是营销行动的实践。我们跨入了营销的时代，市场在不断地细分，日益成熟的顾客欲望在变，技术在进步，竞争对手也在不断发现增加价值的新方法，并为顾客创造超出期望的满意度，这就给了有志献身营销事业的人创造了无限机会。我思故我在，只要用积极的心态去学习，将书本知识转化为实践能力，事业、人生就一定会辉煌。

本书是在《市场营销学——理论与实务》一书基础上的修订版，专门针对应用型人才培养而编写的一本教材。市场营销学是一门实用性十分强的学科，一门如何满足顾客需要、引导消费和繁荣市场的经济管理学科，时时刻刻都强调其理论与实践的有机结合。从本质上讲，它是一门综合性学科，是经济学、管理学、行为科学等学科的综合。对市场营销所作的一个最简短的定义是："有利益地来满足需求。"

在工商管理领域，市场营销课程一直深受学生的喜爱，由于营销知识和基础理论感知性强，比较通俗易懂，各种营销案例很容易印证理论的对错，容易造成对营销的基本原理理解简单易解的错觉，实际上营销的高度变化性，常常给读者一种"易学难精"的感觉。如何突破学习的瓶颈，唯有学以致用，不断实践，接受市场的检验，才能真正体会市场营销的真谛。

本书的编写人员一直致力于理论研究和实践探索相结合，在教学、研究与企业培训顾问中，获得了与学生和企业界的朋友相互交流，丰富了对市场营销教学的理解；主要编写人员都曾在营销、广告咨询公司供职多年，至今还保持着与实践的深入结合，力求将实践积累的经验，与应用型人才培养的特点进行有机的结合。本书以理论与实务相结合为主线，从易于阅读理解、掌握的角度，对营销理论和企业营销实践活动进行全面、系统、深入的阐述。

本书除保持原书将知识转化为能力的核心思想外，开辟了"营销链接"专栏，增补了本土案例和更新了案例评析的内容，以拓宽读者的视野。本次修订还补充了许多新的学习内容，新的营销知识，如各章节中的案例及附录部分新产品上市企划方案；在参阅国内外最新营销资讯的基础上，结合编者多年应用研究的实践，使本书具有以下特色：

- 较系统地反映了现代营销理论和实践的最新成果。将近百年的营销理论发展进程进行阐述。特别对20世纪50年代以来影响市场营销发展的概念、观点进行全面的阐述，为读者提供了较全面解读营销理论与实践发展历程的知识背景。
- 按照经典的市场营销理论架构来编排章节来满足读者的阅读、理解，特别强调理论与实务相结合，留给了读者更多的思考空间。通过读者对基本营销理论、观念掌握理解的基础上，采用"环境分析—STP营销战略分析—4P—整合营销—管理营销行动"的程序来指导营销策划工作的开展。

■ 为扩大读者知识面的深度和广度，以尽可能多的图表描述市场营销的基本内容、理论与实务，力求描述的精练、简要和准确，全书编写案例150多个，绘制图160余幅，表格70余张。

■ 强调知识转化为能力的训练是本书的一大特点，特别增加了市场营销策划的内容，并列举了大量的案例范本，引导读者积极运用所学知识，编撰了具体营销案例，举一反三，融会贯通。

　　本书由桂林理工大学连漪教授担任主编，负责拟定编写大纲，组织协调并总撰定稿，梁健爱（桂林理工大学）、严宗光（桂林电子科技大学）、何宇霆博士（沈阳理工大学）担任副主编，参加编写的还有窦均林副教授，马艺芳博士，吴晓峰博士，河池学院的黄文胜副教授，南北融合，集各校近10余年教学、科研和咨询服务的成果。全书共十五章，参编人员的具体分工是：连漪，第一、二、六、七、九、十、十四、十五章；梁健爱，第三、四、十三章，第十五章的部分；赵立辉，第五和第七章的部分；何宇霆，第六、十、十四章的部分，严宗光，第八章，第十一章第1、2、3节；邹勇，第十一章第4节；黄文胜，第三章的部分；马艺芳，第十章的部分，窦均林，第九、十二章。连漪、梁健爱负责全书的总统稿，严宗光、何宇霆提供了部分案例和思考题，参与本书资料收集的还有研究生岳雯、李超、张子龙。在此对他们所付出的辛勤劳动表示感谢！

　　在本书的编写过程中参阅了国内外许多市场营销学方面的有关文献，获得了很多启迪，大大促进了本书完善，对许多未见的作者在此深表谢意。

　　本书为广西壮族自治区级精品课程立体化教材核心部分（其他两部分为《市场营销学》多媒体教学软件V2.0和《市场营销学学习指南》，均已由北京理工大学出版社出版），获得"十一五"期间第二批广西高等学校重点教材立项，根据该教材制作的《市场营销学》多媒体课件荣获教育部举办的第六届全国多媒体课件大赛二等奖和第十届全国多媒体教学软件大奖赛二等奖。作为一种理论与实践相结合的教学实践探讨，编写这样一本应用型教材，因受编者学识和认识水平所限，书中难免有许多有待商榷和不当之处，恳请广大读者和同行批评指正，以便进一步修改与完善。如有意见和建议请致e-mail：lianyi63@263.net。

连漪

于桂林屏风山下

郭国庆　中国人民大学教授、博士生导师

中国高校市场学研究会副会长

21 世纪我们迈进了知识爆炸的时代，新知识、新技术的不断涌现，促进了市场的快速变化和不断分裂。而在消费者的时间一点也没有增加的前提下，如何在最短的时间内有效把握消费者的需求变化，赢得市场机会，这对市场营销的学习者和实践者提出了更高的要求。如何提高学生的知识转化为能力，便成为市场营销教育工作者必须面临的挑战。

随着经济全球化的加快，急需更多的营销学者走出校门，深入市场与企业，投身到色彩斑斓的营销世界，去学习、体验、观察、提炼。时代的进步、社会的需求、竞争的加剧以及学生的期盼，也迫使营销教育工作者秉持"思维全球化，行动本土化"的指导思想，既关注国外营销理论的最新进展，将新观念、新理论引入中国，又注重国内现实环境下的营销实践创新的研究。努力推进中国营销理论与实践的结合，为企业的持续发展提供行之有效的思维路径和分析框架，是中国营销教育工作者义不容辞的神圣责任。

连漪教授主编的《市场营销学——理论与实务》一书，定位于应用型人才培养目标，很好地将营销理论与实践进行有机结合。知识贵在应用，营销始于行动，作者将多年从事营销实践的体会和课堂教学的经验积累写进书中，对创新本土教材建设进行了很有价值的实践探索。该书在广泛吸纳国内外市场营销研究最新成果的基础上，科学、系统地阐述了市场营销的基本知识、基本理论和基本方法，重在培养学习者将知识转化为能力的训练，许多发生在本土的经典营销案例经过改编将给予学习者以更多的启迪。另外，增加的营销策划和附录的案例分享等内容，也进一步强化了实务内容的真实感。该书具有三个特点：

（1）系统性。该书结构合理，较系统地介绍了市场营销的基本概念、理论和方法。包括市场营销的产生与发展，市场营销的重要概念，市场营销的全部内容，品牌策略，营销策划等。

（2）新颖性。该书对市场营销学理论的前沿问题进行了创新性的介绍，突出营销理论最新发展趋势的分析和阐述，章节图解，内容一目了然，方便记忆。

（3）适用性。该书选编 140 余个案例，230 多张图表论述了市场营销的基本概念、原理和方法，根据中国的市场环境和企业特点，结合作者多年应用研究的体会和经验编写而成的大量案例，可以有效地启迪学习者的智慧，使之融会贯通，学以致用。

该书内容全面，编排新颖、合理，图文并茂，注重理论与实践的结合，既保持了理论体系的完整，又突出了实践的指导性，显示出作者严谨的治学态度、丰富的营销咨询经验以及对人生及社会的深层次思考，谱写了市场营销教育的新篇章。我深信：广大读者势必会从中学得许多新知识和新技能，进而在社会主义市场经济大潮中更好地展示自己的才华，实现自身的价值。同时，我也衷心祝愿本书作者在教学实践中不断总结成功经验，继续为中国市场营销理论的应用和创新做出更大的贡献！

郭国庆，男，汉族，1962年10月生，河北省衡水市人。经济学博士，现任中国人民大学商学院教授、博士生导师，中国人民大学中国市场营销研究中心主任；国家自然科学基金委员会管理科学部评审组专家，国家审计署特约审计员，Asian Journal of Marketing（《亚洲营销学报》）编委，《管理世界》杂志学术指导；中国高校市场学研究会副会长；教育部"新世纪优秀人才支持计划"人选。

曾任加拿大麦吉尔大学（McGill）管理学院、英国牛津大学坦普顿学院（Templeton College）、中国香港大学商学院、中国香港城市大学商学院、西安交通大学管理学院、中山大学管理学院、南京大学商学院客座教授，中国人民大学工商管理学院副院长，珠海市人民政府副秘书长。

出版学术著作5部，发表论文100余篇，主持国家自然科学基金项目5项，主持国家社会科学基金项目1项，主持教育部人文社科规划项目2项。

主编的《市场营销学通论》获全国高校优秀教材一等奖，任副主编的《市场营销学》获全国高校优秀教材一等奖。

主要研究方向：市场营销思想史、非营利机构管理、市场营销管理、高科技企业创新管理等领域。

郭国庆

二〇〇七年十一月十日

Contents | 目 录

市场营销学导论

章 节 图 解

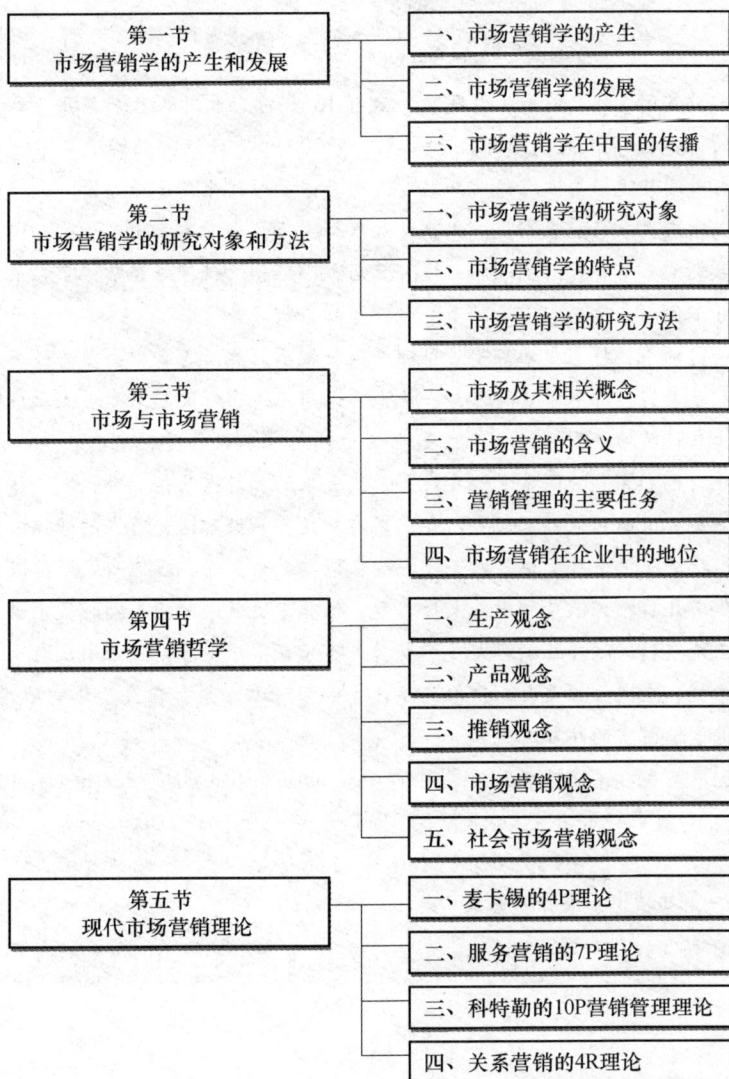

第一节 市场营销学的产生和发展	一、市场营销学的产生
	二、市场营销学的发展
	三、市场营销学在中国的传播

第二节 市场营销学的研究对象和方法	一、市场营销学的研究对象
	二、市场营销学的特点
	三、市场营销学的研究方法

第三节 市场与市场营销	一、市场及其相关概念
	二、市场营销的含义
	三、营销管理的主要任务
	四、市场营销在企业中的地位

第四节 市场营销哲学	一、生产观念
	二、产品观念
	三、推销观念
	四、市场营销观念
	五、社会市场营销观念

第五节 现代市场营销理论	一、麦卡锡的4P理论
	二、服务营销的7P理论
	三、科特勒的10P营销管理理论
	四、关系营销的4R理论

学习目标

- 了解市场营销学研究的主要内容
- 掌握市场营销的核心概念
- 掌握市场营销的五大观念

关键概念

- 市场，市场营销
- 需要、欲望与需求，交易与关系营销
- 市场营销五大观念
- 市场营销管理

引导案例　王永庆卖大米

王永庆小时候家境贫困，他只能出去做买卖。只有16岁的王永庆从老家到嘉义开米店。当时，嘉义已经有30多家米店，竞争十分激烈。那时的王永庆只有200元，只能去偏僻小巷中开一个小米店。王永庆的米店规模最小，时间最晚，更没有任何知名度，刚开张的时候生意十分冷清。

开始的时候，王永庆卖米只能挨家挨户推销，人累得半死，米没有卖出多少。如何打开销路？王永庆决定在每一粒米上做文章。当时台湾稻米加工技术落后，小石子、秕糠等经常掺杂在米中，做饭的时候需要淘很多次米，十分不便。

王永庆和弟弟一起动手，将米中的石子、秕糠等杂物挑出，然后再卖出去。一段时间之后，镇上的主妇都说王永庆卖米质量最好，都不需要淘米，一传十，米店一下子红火起来。当王永庆明白了什么叫产品差异性，他接着走出来最关键最重要的一步，是他认为做大米不仅仅是把米卖出去，赚取其中的利润差价，而是如何去深化自己和客户的联系。他发现，来买大米的那些老头老太太，他们体力不好，因此他就主动提出来，能不能把大米送到他们家里去，我们现在把这个叫做配送，现在的营销概念叫做占有顾客的米缸；他去了以后，把陈米倒出来，把缸擦干净，陈米倒在新米上面，我们叫做增值服务；然后拿出一个小本，记录这个家里有几口人，饭量大小，米缸容量，估算下次送米时间，到时候主动送米上户，因此我们叫做客户档案。王永庆精细服务让顾客大受感动，一下子赢得很多客户。王永庆卖米以其细致、踏实的服务，一下子传遍嘉义，生意红红火火。仅仅一年就完成了资本积累，在最繁华的地方开了一个碾米厂，王永庆也拉开了问鼎台湾首富的序幕。

（资料来源：http：//www.huishangbao.com/edu/show-11045.html，已改写）

引导问题

1. 王永庆如何运用营销观念来开发大米市场？
2. 他主要聚焦于顾客的什么需求？

第一节　市场营销学的产生和发展

一、市场营销学的产生

"市场营销学"一词译自英文"Marketing"，它是 20 世纪初发源于美国的一门新兴学科，它的产生和发展是美国社会经济环境发展变化的产物。

美国西北大学菲利普·科特勒博士在美国市场营销协会 50 周年的纪念大会上曾经说过："经济学是营销学之父"。1902 年，密西根大学开设的这门学科的名称是"美国的分配和管理行业"；1906 年，俄亥俄州立大学开设的学科名称为"产品的分配"；1910 年，威斯康星大学的拉尔夫·巴特勒提出应把这门学科改名为"营销"。

根据西奥多·巴特尔教授的观点，将研究营销学的学者可以大致分为四个学派（表 1-1）。

表 1-1　营销学的四个学派

学　派	主要研究范围	代表人物
威斯康星学派	主要研究农产品的分配问题。明确了市场营销的概念及范围，并在威斯康星大学首先开设了有关农产品的市场营销学课程	W·A·司各特（W. A. Scott）、J·R·康门斯（J. R. Commons）、H·C·泰勒（H. C. Taylor）
哈佛学派	主要以案例研究为特点。提出了关于市场分配问题新的分析方法和市场营销学教学中的案例教学法，同时还撰写了大量有关广告、商品、推销管理、零售和一般市场营销学的专著	切林顿（Cherington）、肖（Shaw）、韦特勒（Weidler）、梅那特（Maynand）、麦克耐尔（Mcnair）、鲍登（Borden）
中西部学派	主要以运用综合分析方法为特点。对市场营销思想的综合和发展起着重要影响，奠定了传统市场营销学基础。强调基础研究和基本原理的研究，从而形成了美国市场营销思想的核心	韦特勒（Weidler）、贝克曼（Beckman）、康佛斯（Converse）和克拉克（Clak）
纽约学派	以侧重于批发、零售等机构研究为特色。首创了市场营销的机构研究法，比较注重实际，是美国其他地方市场营销学研究的重要补充	尼斯特罗姆（Nystrom）、阿格纽（Agnew）、亚历山大（Alexander）、温盖特（Wingare）

二、市场营销学的发展

在营销学的发展史中，可以发现这样一个规律：自 20 世纪 50 年代以来，营销理论体系每经过 10 年左右的时间，就会产生出一批新的概念和观点，反映或促进实践，引发争论，并因此把整个理论体系向前推进一大步。营销从传统的经济学转入管理学研究，标志营销管理时代的开始。

1. 20 世纪 50 年代是营销学的金色年代（表 1-2）

表 1-2　20 世纪 50 年代产生的营销概念

年　份	产生的概念	提出者
1950	市场营销组合	尼尔·鲍顿
1950	产品生命周期	齐尔·迪安
1955	品牌	西德尼·莱维

年　份	产生的概念	提出者
1956	市场细分	温德尔·史密斯
1957	市场营销概念	约翰·麦克金特立克
1959	营销审计	艾贝·肖克曼

1950 年左右，尼尔·鲍顿开始采用"市场营销组合"这个概念。在同一时间，齐尔·迪安在他的一篇关于有效定价策略的文章中提出了"产品生命周期"的概念，阐述了市场萌芽期、发展期、成熟期和衰退期等不同的市场发展阶段和相应的产品命运。

1955 年，西德尼·莱维提出"品牌"形象的概念，这实际上标志着差异化竞争时代的来临。

1956 年，温德尔·史密斯提出了"市场细分"的概念，将营销实践在企业运作的过程中提升到战略的高度。

1957 年，通用电气公司的约翰·麦克金特立克阐述了所谓"市场营销概念"的哲学，指出它是公司效率和长期盈利的关键。

1959 年，哥伦比亚大学的艾贝·肖克曼提出了"营销审计"这一概念。

2. 20 世纪 60 年代是营销学高涨的年代

1960 年，麦卡锡和普利沃特合著的《基础市场营销》第一次将企业的营销要素归结为四个基本策略的组合，即著名的 4P 理论（Product、Price、Place、Promotion）。

1961 年，西奥多·莱维特发表了著名的"营销近视症"说。他指出有些行业在困难期间衰退的原因在于它们重视的是"产品"，而不是"顾客需要"。

1963 年，威廉·莱泽提出了"生活方式"这样一个早已为社会学家所熟悉的概念，指出它对营销领域可能发生的深刻影响。

1967 年，约翰·霍华德和杰迪逊·西斯提出了精湛的"买方行为理论"。出版了《买方行为理论》专著。同年菲利普·科特勒出版了《营销管理——分析、计划与控制》一书，从企业管理和决策的角度，系统地提出了营销环境、市场机会、营销战略计划、购买行为分析、市场细分和目标市场以及营销策略组合等市场营销的完整理论体系，成为当代市场营销学的经典著作，使市场营销学理论趋于成熟。

20 世纪 60 年代末，西德尼·莱维和菲利普·科特勒提出"扩大的营销概念"，认为营销学不仅适用于产品和服务，也适用于非营利性组织、个人和意识形态，等等。并于 20 世纪 70 年代以后在这种概念的基础上逐渐发展起"社会大营销"的完善理论。

3. 20 世纪 70 年代是营销学动荡不定的年代

20 世纪 70 年代早期的经济危机，导致了"战略计划"概念的产生，在这方面成绩卓著的是波士顿咨询公司。它说服企业不能对所有的业务一视同仁，而应该根据各种业务的市场份额成长的情况，决定取舍。这就是建立在波士顿矩阵分析之上的著名的"业务经营组合法"。对营销者而言，营销并不仅仅意味着增加销售额，而是要系统思考"战略营销"的概念。

1971 年，杰拉尔德·泽尔曼和菲利普·科特勒提出了"社会营销"的概念，促使人们注意营销学在传播意义重大的社会目标方面可能产生的作用。

1972 年，阿尔·里斯和杰克·特劳特在《广告时代》杂志上，提出"定位"这个富有吸引力的概念。

20 世纪 70 年代后期，美国的服务业得到迅速发展，随即林恩·休斯塔克在 1977 年的营销学杂志上阐述了她对服务营销的独到见解。她认为，因为服务性商品和实物性商品在生产和消费的过程中存在着显著差异，对服务性商品的营销应该从实物产品营销思路的束缚中解脱出来。从此，掀起对服务营销学的研究热潮，使其逐渐发展成营销理论体系中成熟的一支。

4. 20 世纪 80 年代是营销学滞缓发展的年代

1981 年，雷维·辛格和菲利普·科特勒考证了"营销战"概念以及军事理论在营销战中的应用。同年，瑞典的克里斯琴·格罗路斯发表了论述"内部营销"的论文。

1983 年，西奥多·莱维特提出另一个堪称里程碑的概念"全球营销"。他呼吁跨国公司向全世界提供一种统一的产品，采用统一的沟通手段。

1985 年，巴巴拉·本德·杰克逊提出了"协商营销"的新观点。

1986 年，菲利普·科特勒提出了"大营销"的概念，针对公司进入地方保护市场的问题，指出当代的营销者越来越需要借助政治权力和公共关系，克服各种地方保护主义、政治壁垒和公众舆论方面的障碍等，以便在全球市场有效地开展工作。

"直接营销"也在这 10 年中进入人们的视野，它是指在零售商店外向顾客销售的一种新方式。它从最初的上门推销和邮售，发展到现在的电话推销、电视直销和网上销售等。同一时期，查里斯·古德曼又提出"关系营销"的概念，指出"公司不是在创造购买，而是要建立各种关系。"对营销的认识更接近本质。

20 世纪 80 年代中期，顾客满意度开始流行。满意是一种感觉状态的水平，源于对产品的绩效或产出与人们的期望所进行的比较。顾客的期望源于自己和别人的经验、公司的承诺，而绩效源于整体顾客价值（产品价值＋服务价值＋人员价值＋形象价值）与整体顾客成本（货币成本＋时间成本＋体力成本＋精神成本）之差异。它与顾客对品牌或公司的忠诚度密切相关。

20 世纪 80 年代另一流行的概念是品牌资产（Brand Equity），大卫·A·艾克（Aker）提出构筑品牌资产的 5 大元素为品牌忠诚度、品牌知名度、品质认知度、品牌联想性和其他独有资产。作为公司的无形资产，品牌资产往往又构成公司最有价值的资产。

5. 20 世纪 90 年代是营销学动荡、快变的年代

20 世纪 90 年代至今，人类在沟通领域经历了一场革命。伴随着制造业（柔性制造、CAM、CAD）和信息技术的发展，与 4P 观点相适应的大宗消费市场终于可以实现极限的细分，呼吁更具灵活性和适应性的营销观点。信息技术在 20 世纪 90 年代的蓬勃兴起将营销带进了"定制营销"的时代，使得企业"一对一沟通"顾客成为可能，出现了数据库营销。理论界也由斯坦莱·戴维斯率先出版了主题为《大规模定制化》的专著。

舒尔兹（Don Schultz）提出整合营销传播，包括营销战略与活动的整合、信息与服务的整合、传播渠道的整合、产品与服务的整合。营销领域越来越多的人转向劳特朋（Lauterborn）提出 4C 理论，见表 1 - 3。

表 1 - 3　4P 与 4C 比较

类别	4P		4C	
阐释	Product（产品）	产品体系，包括产品线宽度、广度、产品定位等	Customer（客户）	研究客户的需求欲望，制造他们想要的产品
	Price（价格）	价格体系，包括各个环节的价格策略	Cost（成本）	考虑客户愿意付出的价格而不是从成本角度考虑
	Place（渠道）	渠道销售策略	Convenience（便利）	考虑客户如何便利地选购产品
	Promotion（促销）	总体促销策略，包括产品流通过程中的每个对象	Communication（沟通）	企业应积极与客户沟通，建立新型的利益关系

续表

类别	4P	4C
出发点	企业	消费者
营销重心	消费者请注意	请注意消费者
时间	20世纪60年代中期（麦卡锡）	20世纪90年代初期（劳特朋）

全球性的竞争催生了"营销网络"。在营销网络中，公司可以找到战略伙伴，并与之结合，以获得一个更广泛更有效的地理占有，世界范围内的企业战略联盟使营销网络超出单纯的"营销渠道"范畴，寻找战略伙伴或同盟者已成趋势。这种营销网络使得一家公司在北美、欧洲和东亚这样的三地市场同时推出一种新产品成为可能，减少了因为产品进入市场的时间滞后而被富有攻击性的模仿者夺走市场的风险。

基于信息技术的"营销决策支持系统"使一个公司不仅可以锁定一个细分市场，还可以为每一个特定的顾客定制产品，以满足其个性化的需求。这种营销方式已不仅是展示未来趋势的美好愿望，而且是能够在现实中成功地付诸实践的。如DELL电脑的个性化服务使其成长为世界电脑制造领域的领先者。

进入21世纪，互联网的发展给人类社会的方方面面带来了革命性的变化，营销工作也不例外。互联网的交互式、动态性、即时性和全球无障碍等特性使其作为一种全新的沟通方式，成为一个最高效的营销工具。"网络营销"方兴未艾，预期它将在更深层次上影响着营销实践的方式和方法。

三、市场营销学在中国的传播

市场营销理论从20世纪70年代末80年代初开始引入中国大陆，经过近30年的风风雨雨已从单纯的理论学习阶段步入需要全面创新和拓展的时代。中国营销学的"研究、应用和发展"可划分为四个阶段（表1-4）。

表1-4　中国营销学的四个发展阶段

阶段（时间）	主要内容
引进阶段（1978—1982年）	主要通过翻译、考察及邀请专家的形式，系统介绍和引进了国外的市场营销理论。这是营销中国化非常重要的基础性工作，但由于当时社会条件的限制，参与研究者少，研究比较局限，对西方营销理论的认识也相对肤浅
传播阶段（1983—1991年）	1984年1月，全国高等综合大学、财贸院校的"市场学教学研究会"成立，大大促进了营销理论在全面范围内的传播，营销学开始得到高校教学的重视，有关营销学的著作、教材和论文在数量和质量上都有很大的提高
应用阶段（1992—2000年）	伴随中国经济体制改革和经济发展的全面转型，市场环境的改善为企业应用现代营销原理指导自身经营创造了条件，到20世纪90年代末，在中国已由一批在市场营销活动中取得显著成效的大型企业，它们富有创新意识的营销实践已经引起了海内外企业界和学术界的重视
创新阶段（2001年至今）	属于营销理论的本土化及应用的创新阶段，中国的企业界和学术界对市场营销理论的发展做出了自己独特的贡献。在此期间，无论是市场营销的研究队伍，还是市场教学、研究和应用的内容，都有了极大的发展。研究重点也从过去的单纯教学转向了应用研究，深度探讨中国市场转型中的营销问题，迈向为结合企业营销实践的研究，促进一批本土企业的崛起，且取得了一定的市场成果

第二节 市场营销学的研究对象和方法

一、市场营销学的研究对象

市场营销学是一门以经济科学、行为科学、现代管理理论和现代科学技术为基础，研究以满足消费者需求为中心的企业营销活动及其规律性的综合性应用科学。

市场营销学是在20世纪初从经济学的母体中脱胎出来的，其发展经历了一个充分吸收相关学科的研究成果、博采众家之长的跨学科的演变过程，进而形成了具有特定研究对象和研究方法的独立学科。其中，经济学、心理学、社会学以及管理学等相关学科对市场营销思想的贡献最为显著。

市场营销学的研究对象是以满足消费者需求为中心的企业营销活动过程及其规律性。营销学作为一门应用型科学是和实践紧密相连的。

二、市场营销学的特点

1. 动态性

在现代社会里，随着经济的发展和科学技术的进步，市场总是处在不断变化之中的。因此，就要求企业能够根据变化了的市场环境，及时调整自己的各项营销策略，以适应新的市场环境的需要。所以，市场营销学的内容也是随着市场环境和企业营销策略及经营活动方式的改变而不断更新的，市场营销学的动态性要求我们要运用发展的观点来学习、研究市场营销学。

2. 实用性

市场营销学是适应商品经济的需要而产生和发展起来的，具有很强的实用性。企业在从事生产经营活动的过程中，不仅要面对异常复杂、变化着的市场环境，还要面对企业自身的诸如企业的规模、资源的状况、产品系列的多少、企业的组织结构以及企业的相对优势和劣势等问题。而市场营销学恰恰可以为企业提供一把解决这类问题的钥匙，实实在在为企业家出谋划策、开拓思路，求得企业的更大发展。

3. 系统性

市场营销学与其他学科一样，处在不断发展与完善之中，但就其理论体系而言却是个完整的体系。市场营销学系统地研究了企业在产前、产中和产后的整个生产经营过程，指出企业要以市场为中心，要积极参与市场竞争，把握市场走势，按质、按量、适时、适地、适价地为市场提供产品或劳务，最大限度地满足市场的需求。

4. 预见性

市场营销学重视市场的调查、分析和研究，收集的相关资料准确、及时和全面，为企业家经营决策提供了可靠的依据，避免了企业生产经营活动的盲目性，减少了企业的经营风险，使企业掌握了从事营销活动的主动权，这些都与市场营销学所具有的预见性特点有关。

三、市场营销学的研究方法

1. 传统研究法

传统研究法在20世纪二三十年代较为流行，主要有三种，见表1-5。

表1-5 三种传统研究法

产品研究法	产品研究法是在产品分类的基础上，对各类产品（如农产品、工业品、劳务等）如何生产、分销、促销等市场营销问题进行分析研究
机构研究法	研究市场营销系统中各种机构（如生产者、中间商及各种辅助机构等）的性质及职能，使市场营销职能被合适的机构有效地执行。在西方，主要在一些高级营销学课程中采取此法
功能研究法	功能研究法是以市场营销职能为中心的研究方法。它是通过详细分析各种市场营销职能的特性以及在执行各种市场营销职能过程中所遇到的问题，意在研究不同的营销组织在不同的市场上应如何执行这些职能

2. 历史研究法

历史研究法，就是以市场营销的发展历程为中心的研究方法。它是从事物发展的角度来分析研究有关市场营销问题的产生、发展和衰亡的过程，并寻找其发展变化的成因，掌握其规律性。

3. 管理（决策）研究法

管理研究法也叫决策研究法，就是以管理决策为中心的研究方法。这种方法强调通过营销实行组织和产品的有效的市场定位，并且特别重视市场营销的分析计划、组织、实施和控制。

4. 社会研究法

社会研究法，就是研究各种营销活动和营销机构对社会的贡献及其所付出的成本。这种方法提出的课题有：市场效率、产品更新换代、广告真实性以及市场营销对生态系统的影响，等等。

5. 系统研究法

系统研究法即是研究企业在进行市场营销决策时，把有关环境因素和市场营销活动过程视作一个系统，统筹兼顾其各个组成部分（生产者或卖主、中间商、顾客、竞争对手、政府机构、大众媒介、消费者协会等各种公众，经济环境、人口环境等宏观力量）的相互影响、相互作用，千方百计地使各个部分协调行动，产生大于单独行动时的协同效应。

第三节 市场与市场营销

一、市场及其相关概念

市场是由那些具有特定的需要或欲望，而且愿意并能通过交换来满足这种需要或欲望的全部潜在顾客构成的，市场是买卖关系的总和，如图1-1所示。

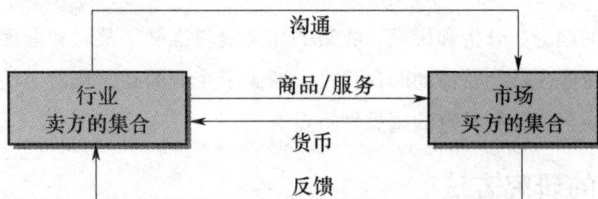

图1-1 一个简单的市场营销系统

市场由三个要素构成：有某种需要的人、为满足这种需要的购买力和购买欲望。只有当三要素都同时具备时，企业才拥有市场，或者说拥有顾客。

市场/顾客 ＝ 人口 ＋ 购买力 ＋ 购买欲望

二、市场营销的含义

1. 市场营销的定义

市场营销不同于销售和促销，营销主要是辨别和满足人类和社会的需要，把社会或个人的需要变成有利可图的商机行为。对市场营销所作的最简短的定义就是"有利益地满足需求"。对市场营销的定义，近几十年来，中外学者表述各异，具有代表性的有以下几种，见表1-6。

表1-6 不同学者或机构对市场营销所下的定义

尤金·麦卡锡（美国）	市场营销是引导物品及劳务从生产者至消费者或使用者的企业活动，以满足顾客并实现企业的目标
美国市场营销协会（AMA）	市场营销是关于构思、货物和服务的设计、定价、促销和分销的规划实施过程。目的是创造实现个人和组织的目标的交换
菲利普·科特勒（Philip Kotler）	个人或群体通过创造并同他人交换产品和价值以满足需求和欲望的一种社会管理过程

上述关于市场营销定义的几种表述，各有特点，通常以美国市场营销协会1985年所下的定义较好地表达了市场营销的全部含义。本书采用该定义，基于以下三点：

①该定义兼蓄了当代有关营销的各种不同观点，较为全面、客观地反映了现代营销的本质特征，即以交换为中心，以顾客为导向，协调各种营销活动，通过使顾客满意来实现组织的诸目标。

②该定义强调管理导向，强调管理是一个过程，包括分析、计划、执行和控制。

③该定义的适用范围较广。它适用于个人和组织，包括营利性组织和非营利性组织，大小公司，国内、国际企业，有形和无形产品，消费品市场、工业品市场、劳务市场，等等。

2004年美国营销协会（AMA）又公布了市场营销的最新定义："市场营销既是一种组织职能，也是为了组织自身及利益相关者的利益而创造、沟通、传递客户价值，管理客户关系的一系列过程。"

2. 市场营销的核心概念

营销学包含了许多核心概念，其中主要有：需要、欲望和需求，产品及相关的效用、价值和满意，交换和交易，关系和网络，市场和行业，营销管理。

（1）需要、欲望和需求。

人的需要和欲望是市场营销学的出发点。心理学家马斯洛（Maslow）提出的需要层次理论说明了人类的需要，即人类的需要有五个层次：生理、安全、社交、尊重和自我实现。

需要是指人们没有得到某些基本满足的感受状态。人们在生活中，需要食品、衣服、住所、安全、爱情以及其他一些东西。这些需要都不是社会和营销者所能创造的，它们存在于人类自身的生理结构和情感中。

欲望是指人们想得到这些基本需要的具体满足物的愿望。一个人需要食品，想要得到一个汉堡包；需要令人注意，想要得到一件名牌西装；需要娱乐，想到电影院去看一场电影。

需求是指人们有能力购买并且愿意购买的某个具体商品的欲望。当具有购买能力时，欲望便转换成需求。许多人都想要一辆轿车，但只有少数人能够并愿意购买一辆。因此，公司不仅要估量有多少人想要本公司的商品，更重要的是应该了解有多少人真正愿意并且有能力购买。

营销案例1—1

小米手机的成功：用户导向战略

小米科技有限责任公司在2010年4月正式成立于北京，是一家专注于研究安卓智能手机系统开发的互联网公司。从小米手机发布至今，历经市场的检验，取得了辉煌成绩，2013年上半年成功销售了703万台手机，在中国智能机市场所占份额为5%，超过苹果手机。小米手机的成功得益于它巧妙地运用了各种营销策略，不仅赢得了消费者而且迅速地占领了市场，创造了国产手机行业的奇迹。在厮杀惨烈的智能手机市场，小米作为一个迅速崛起的品牌，其案例值得业界思考。

实现用户价值是企业的核心。小米的总体战略是以用户为导向的互联网平台战略（图1-2）。通过制定目标用户和市场细分策略，在针对用户群的过程中逐步扩大用户范围，不断通过用户定制和参与式设计加快创新过程并采取多种手段增强用户黏性。从开始的发烧友不断反馈系统架构设计到版本迭代的用户参与，企业充分利用互联网平台与用户进行互动，同时通过创建开放式的企业文化形象和设计扩展黏住用户。

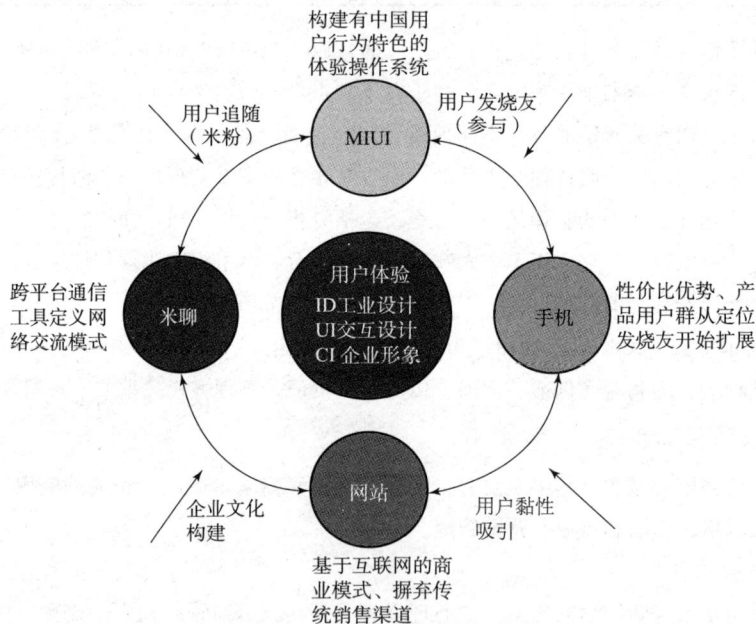

图1-2 用户为导向的平台模式

小米手机的营销模式，完全以互联网为基础，摒弃传统的手机产品销售渠道，通过减少传统的销售和广告费用，使产品售价大幅下降，以较好的性价比产品使消费者得到实惠。产品性价比符合15~35岁主流年轻人群的消费行为需求，同时网络营销也推动消费流行文化的创造，符合目标消费群体追求个性、彰显独立的自我价值追求。

摒弃传统销售渠道的互联网营销模式成为企业的设计窗口，小米手机通过创建用户参与式设计，将传统的设计研发流程开放化，为目标用户群提供从工业设计、界面设计到附属产品设计的参与和选择，吸引更多的用户参与。其中的 MIUI 手机操作系统、米聊免费即时通信工具等作为设计核心架构，体现创造用户体验的企业核心战略。也就是说，创造以用户为中心的产品体验，不仅仅是外观的设计，更深入到 MIUI 手机操作系统、米聊工具的系统体验设计。通过对底层技术架构依据中国人使用习惯的改进和提供用户参与交互界面设计的方式，在与其他智能手机系统的竞争中形成了差异化特色，形成一批对品牌不断追随的用户群"米粉"。

总体上看，在互联网商业模式下，以用户体验为核心、以产品性价比优势为特色并创造符合目标用户群体的消费文化，无疑是小米成功的重要因素之一。

（资料来源：清华管理评论，2012，第 6 期，经改写）

（2）产品及相关的效用、价值和满意。

产品是指用来满足顾客需求和欲望的物体。产品包括有形与无形的、可触摸与不可触摸的。有形产品是为顾客提供服务的载体；无形产品或服务是通过其他载体，诸如人、地、活动、组织和观念等来提供的。当我们感到疲劳时，可以到音乐厅欣赏歌星唱歌（人），可以到公园去游玩（地），可以到室外散步（活动），可以参加俱乐部活动（组织），或者接受一种新的意识（观念）。服务也可以通过有形物体和其他载体来传递。市场营销者切记销售产品是为了满足顾客需求，如果只注意产品而忽视顾客需求，就会产生"市场营销近视症"。

效用、价值和满意。效用是消费者对满足其需要的产品的全部效能的估价。消费者如何选择所需的产品，主要是根据对满足其需要的每种产品的效用进行估价而决定的。

产品全部效能（或理想产品）的标准如何确定？例如某消费者到某地去的交通工具，可以是自行车、摩托车、汽车、飞机等。这些可供选择的产品构成了产品的选择组合。又假设某消费者要求满足不同的需求，即速度、安全、舒适及节约成本，这些构成了其需求组合。消费者决定哪一项最能满足其需要的产品时。通常是将最能满足其需求到最不能满足其需求的产品进行排列，从中选择出最接近理想的产品，它对顾客效用最大。如顾客到某目的地所选择理想产品的标准是安全、速度，他可能会选择飞机。

价值是顾客付出与顾客得到之间的比例函数。

价值 = 利益/成本 = 功能利益 + 情感利益/金钱成本 + 时间成本 + 精力成本 + 体力成本

营销人员可以通过以下几种方法提高顾客的价值：

◆ 增加利益。

◆ 降低成本。

◆ 增加利益的同时降低成本。

◆ 利益增加幅度比成本增加幅度大。

◆ 成本降低幅度比利益降低幅度大。

向目标顾客传递了价值和满意，就表示成功。顾客在面临对两种产品的价值 V1 和 V2 进行选择时，将比较 V1/V2 之比率，若其比率大于 1 时，他将更喜欢 V1；若其比率小于 1 时，他将选择 V2；若其比率等于 1，他将保持中性态度，任选 V1 或 V2。

（3）交换和交易。

人们有了需求和欲望，企业亦将产品生产出来，还不能解释为市场营销，产品只有通过交换才使市场营销产生。人们通过四种方式获得产品：自行生产方式、通过强制取得方式、通过乞求方式获得产品和等价交换。但只有通过等价交换，买卖双方彼此获得各自所需，才产生市场营销。可见，交换是市场营销的核心概念。

交换的五个条件：双方、价值、信息与物品、接受与拒绝、适当与满意。

交换是一个过程，而不是一种事件。如果双方正在洽谈并逐渐达成协议，称为在交换中。如果双方通过谈判并达成协议，交易便发生。交易是交换的基本组成部分。交易是指买卖双方价值的交换，它是以货币为媒介的，而交换不一定以货币为媒介，它可以是物物交换。

交换有三个实质：至少有两个有价值的事物、买卖双方同意的条件、协议时间与地点。还有来维护和迫使交易双方执行承诺的法律制度。

（4）关系和网络。

交易营销是关系营销大观念中的一部分。关系营销是要与顾客、分销商等建立长期、信任和互利的关系，以便获得和保持长期的业绩和业务。而这些关系要靠不断承诺以及为对方提供高质量产品、良好服务及公平价格来实现，靠双方加强经济、技术及社会联系来实现。关系营销可以减少交易费用和时间，最好的交易是使协商成为惯例化。

处理好企业同顾客关系的最终结果是建立起公司的独特资产——营销网络。营销网络是由公司与利益相关者（顾客、员工、供应商和营销中介等）建立起的牢固的业务关系，其中交易营销与关系营销的比较见表1-7。

表1-7　交易营销与关系营销比较

交易营销	关系营销
短期，关注单次销售 产品特征导向 价格是主要因素 市场占有率 不太强调顾客服务 质量是产品的首要问题	长期，关注保持顾客 产品利益导向 价格不是主要因素 顾客忠诚度 高度强调顾客服务 质量是全方位的问题

（5）市场和行业。

市场由一切有特定需求或欲望并且愿意和可能从事交换来使需求和欲望得到满足的潜在顾客组成。一般说来，市场是买卖双方进行交换的场所，但从市场营销学角度来看，卖方组成行业，买方组成市场。行业和市场构成了简单的市场营销系统。买方和卖方由四种流程所联结，卖者将货物、服务和信息传递到市场，然后收回货币及信息。

现代市场经济中的市场是由诸多种类的市场及多种流程联结而成的。生产商到资源市场购买资源（包括劳动力、资本及原材料），转换成商品和服务之后卖给中间商，再由中间商出售给消费者。消费者则到资源市场上出售劳动力而获取货币来购买产品和服务。政府从资源市场、生产商及中间商购买产品，支付货币，再向这些市场征税及提供服务。因此，整个国家的经济及世界经济都是由交换过程所联结而形成的复杂的相互影响的各类市场所组成的。

（6）营销管理。

营销管理是指为创造达到个人和机构目标的交换，而规划和实施理念、产品和服务的构思、定价、分销和促销的过程。营销管理是一个过程，包括分析、规划、执行和控制。其管理的对象包含理念、产品和服务。

三、营销管理的主要任务

营销管理的主要任务不仅要刺激消费者对产品的需求，还要帮助公司在实现其营销目标的过程中，影响需求水平、需求时间和需求构成。因此，市场营销管理的任务是刺激、创造、适应及影响消费者的需求。从此意义上说，营销管理的本质是需求管理（Demand Management）。表1-8区分了七种不同类型的需求状况以及营销经理面临的相应任务。

表 1 - 8 各种需求状况及其营销任务

需求类型	需求状况分析	营销任务
潜在需求	有相当一部分消费者可能对某物有一种强烈的渴求，而现成的产品或服务却又无法满足这一需求。例如，人们对于无害香烟，安全的居住区以及节油汽车等有一种强烈的潜在需求	衡量潜在市场的范围，开发有效的商品和服务来满足这些需求，将潜在需求变为现实需求
负需求	如果大多数人都对某个产品感到厌恶，甚至愿意出钱回避它，那么，这个产品市场便是处于一种负需求状态。例如，人们对接种疫苗、拔牙和胆囊手术有负需求	分析市场为什么不喜欢这种产品，是否可以通过产品重新设计、降低价格和更积极推销的营销方案来改变市场的信念和态度，将负需求转变成正需求
下降需求	每个组织迟早都会面临市场对一个或几个产品的需求下降的情况。例如，在新加坡参加课余活动的童子军的人数越来越少	分析需求衰退的原因，决定能否通过开辟新的目标市场，改变产品特色，或者采用更有效的沟通手段来重新刺激需求。通过创造性的再营销来扭转需求下降的局面
不规则需求	许多组织面临着每季、每天甚至每小时都在变化的需求。这种情况导致了生产能力不足或过剩的问题。例如，在大规模的交通系统中，大量设备在交通低潮中常常闲置不用，而在高峰时又不够用。平时参观博物馆的人很少，但到周末，博物馆却门庭若市	通过灵活定价、推销和其他刺激手段来改变需求的时间模式
充分需求	当组织对其业务量感到满意时，就达到了充分需求。各组织必须保证产品质量，不断地衡量消费者的满意程度，以确保企业的工作效率	经常关注顾客的满意程度，激励推销人员和经销商加大推销力度，以确保现有的需求水平
超饱和需求	有些组织面临的需求水平会高于其能够或者想要达到的水平。例如，新加坡通过定额制度限制新汽车登记，以保证每年固定的汽车数量增长。北京的公路在高峰期拥挤不堪	降低市场营销，就是设法暂时地或者永久地降低需求水平，也就是不鼓励需求，它包括下列步骤：提高价格，减少推销活动和服务
不健康的需求	不健康的产品将引起一些组织的抵制消费的活动，人们对酒、烟和色情电影都不断举行抵制运动	反市场营销，劝说喜欢这些产品的消费者放弃这种爱好，采用的手段有传递其危害的信息，大幅度提价以及减少供应等

在市场营销实践中，企业不仅可以适应需求，而且可以创造需求，即改变人们的价值观念和生活方式。在现代市场经济条件下，企业创造需求通常有以下三种途径。

（1）设计生活方式。

现代企业不但可通过改变原有的生活方式来创造需求，而且可主动参与新生活方式的设计。它为企业带来了创新产品、开拓市场的新机遇。例如，日本人开发的卡拉OK几乎征服了所有年龄层次和所有国家的消费者。

（2）把握全新机会。

哪里有未被满足的需求，哪里就有企业的市场机会。例如，电视机、电话机等产品在尚未进入市场之前，因消费者并未意识到需求这种产品，不可能对其预先就有潜在需求，更谈不上有现实需求，只是在这些产品开发出来以后，消费者才产生了需求，这就是索尼公司所说的"生产需要"的实际含义。

（3）营造市场空间。

企业推广产品，有时可通过有预期目标的营销活动，人为地使市场形成供不应求或大量需求的局面。这种营销计划的制订与实施，不但是一种战术技巧，而且还可以起到创造需求的作用。例如，吉列公司为了大量推广剃须刀片，采用免费赠送刀架的办法，有效地营造了一个市场空间，促使顾客购买配套的刀片，实现扩大销售、占领市场的预期目标。20世纪60年代，美国柯达公司曾发起一场推广胶卷的竞争攻势。

它的竞争手段从开发大众化自动相机开始，声称这种相机其他公司也可仿造。这样，相机产销量的剧增，导致胶卷市场需求旺盛，柯达乘虚而入，大量推出配套使用的胶卷，成功地拓展了全球胶卷市场。

四、市场营销在企业中的地位

从全球范围的企业实践来看，市场营销在不同的时期内，引起了不同行业的重视。一些国际著名的公司，如美国通用电器公司、美国的宝洁公司、西尔斯公司、美国通用汽车公司、可口可乐公司等较早地认识到了市场营销的重要性。在美国首先是包装消费品公司，其次是耐用消费品公司，之后是工业设备公司，进入20世纪80年代以来，服务业尤其是航空业、银行业等逐渐接受了市场营销思想。世界各国的钢铁业、化工业、造纸业等对市场营销的认识都较晚，至今与其他行业相比还差一段距离。

1. 企业何时重视市场营销

促使国内外企业重视营销的主要因素有：

◆ 销售额下降。

◆ 增长缓慢。

◆ 购买行为的改变。

◆ 竞争的加剧。

◆ 销售成本的提高。

2. 市场营销在企业中地位的演进

基于上述种种因素，迫使企业努力提高市场营销的能力。从营销职能的演进过程可以看出，伴随营销实践的发展和市场竞争的加剧，越来越多的企业高层管理人员终于达成共识：市场营销部门与其他职能部门不同，它是连接市场需求与企业反应的桥梁和纽带，要想有效地满足顾客需要，就必须将市场营销置于企业的中心地位，如图1-3所示。

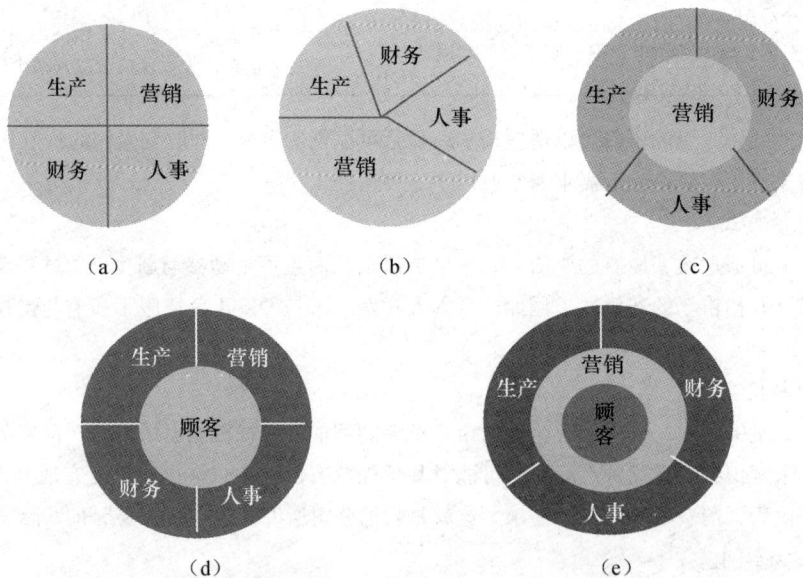

图1-3　市场营销的地位在企业中的演变

（a）营销为一般功能；（b）营销为比较重要功能；（c）营销作为主要功能；
（d）顾客为核心功能；（e）顾客为核心功能和营销为整合功能

第四节 市场营销哲学

企业营销活动是在一定经营哲学指导下进行的。采用什么样的经营哲学就会产生什么样的经营结果。而"真正的市场营销是一门管理哲学，它认识到只有比竞争对手更有效地满足顾客当前未来的需要，企业的成功才可持续"（英国，彼得·多伊尔 Peter Doyle）。市场营销哲学就是企业在开展市场营销活动过程中，在处理企业、顾客和社会三者利益方面所持的态度和理念。

营销观点 1-1

企业的目的是"创造客户"

市场不是由上帝、大自然或经济力量所创造，而是由企业家所创造。顾客也许在得到企业家提供的产品之前，就已经察觉到自己的需求。就像大饥荒中对食物的渴求一样，未被满足的需求或许会贯穿顾客的一生，存在于他清醒的每一时刻。但是，在企业家采取行动把这种不满足变成有效需求之后，顾客才真的存在，市场也才真的诞生，之前的需求都只是理论上的需求。又或者，顾客可能根本没有察觉到自己的需求。还有一种可能，在企业家采取行动，通过广告、推销或发明新东西来创造需求之前，需求根本不存在。总之，在每一种情况下都是企业的行动创造了顾客。

顾客决定了企业是什么。只有当顾客愿意付钱购买商品或服务时，经济资源才能转变为财富，产品才能转变为商品。企业认为自己的产品是什么并不重要，对于企业的前途和成功尤其不那么重要。而顾客认为他购买的是什么，他心中的"价值"何在，却具有决定性影响。顾客的看法决定了这家企业是什么样的企业，它生产的产品是什么，以及它会不会成功。

顾客是企业的基石，是企业存活的命脉，只有顾客才能创造就业。社会将能创造财富的资源托付给企业，也正是为了供给顾客所需。

（资料来源：彼得·德鲁克，企业的目的是"创造顾客"，哈佛商业评论网，经删减）

企业的营销哲学通常划分为五种：生产观念、产品观念、推销观念、市场营销观念和社会市场营销观念。前三者被称为传统营销观念，后两者被称为现代营销观念（表 1-9）。

表 1-9 两种营销观念的比较

	营销观念	营销程序	重点	手段	营销目标
传统营销观念	生产观念	产品→市场	产品	提高生产效率	通过扩大产量降低成本取得利润
	产品观念	产品→市场	产品	生产优质产品	通过提高质量扩大销量取得利润
	推销观念	产品→市场	产品	促进销售策略	加强销售促进活动，扩大销量取得利润

续表

	营销观念	营销程序	重点	手段	营销目标
现代营销观念	市场营销观念	市场→产品→市场	消费者需求	整体市场营销活动	通过满足消费者需求和欲望，取得利润
	社会市场营销观念	市场→产品→市场	消费者需求、社会长期利益	协调性市场营销活动	通过满足消费者的欲望和需求，增进社会长期利益，企业取得利益

一、生产观念（The Production Concept）

生产观念产生于 20 世纪 20 年代前。这种观念认为，消费者喜欢那些随处可以买得到，而且价格低廉的产品。

思维方式：生产→技术→销售。

典型语言：我能生产什么就卖什么。

中心任务：组织资源、增加产量、降低成本、提高销售效率。

在两种条件下合理：

◆ 产品的需求超过供给；

◆ 产品成本高，必须通过提高生产力来扩大市场，以降低成本。

例如，福特公司："不管顾客需要什么颜色的汽车，我只有一种黑色的。"

营销案例 1-2

T 型车为什么会退出市场

为了满足市场对汽车的大量需求，福特汽车在 20 世纪之初采用了当时颇具竞争力的营销战略，只生产一种车型，即只生产 T 型车，且只有一种颜色可供选择，那就是黑色。黑色的 T 型车甚至就是福特汽车的代名词。这一点，几乎成为所有 MBA 教学的经典案例。这样做的好处是福特能以最低成本生产，用最低价格向消费者提供汽车。T 型车改变了日后美国人的生活方式，使美国变成了汽车王国。1908 年冬天，美国人便能以 825 美元的价格买到一部轻巧、有力、两级变速、容易驾驶的 T 型车。这种简单、坚固、实用的小汽车推出后，它的创造者——福特欣喜若狂。

T 型车

这大大增强了广大中产阶级对汽车的需求，而福特也因此成了美国最大的汽车制造商，到 1914 年的时候，福特汽车占有美国一半的市场份额。然而，到 1927 年，福特不得不关闭了 T 型车生产线，汽车多样化时代开始了。

（资料来源：中国轻工业信息网）

二、产品观念

这种观念认为：消费者最喜欢高质量、性能最好和特色最多、价格公道的产品。"以质取胜""以廉取胜"较生产观念进了一步。这种观点必然导致市场营销近视，甚至导致经营的失败。

王麻子剪刀：老字号申请破产

"北有王麻子，南有张小泉。"在中国刀剪行业中，王麻子剪刀厂声名远播。历史悠久的王麻子剪刀，早在（清）顺治八年（1651 年）就在京城菜市口成立，是著名的中华老字号。数百年来，王麻子刀剪产品以刃口锋利、经久耐用而享誉民间。即使新中国成立后，"王麻子"剪刀仍很"火"，在生意最好的 80 年代末，王麻子一个月曾创造过卖 7 万把菜刀、40 万把剪子的最高纪录。

但从 1995 年开始，王麻子好日子一去不返，陷入连年亏损的地步，甚至落魄到借钱发工资的境地。审计资料显示，截至 2002 年 5 月 31 日，北京王麻子剪刀厂资产总额 1 283 万元，负债总额 2 779 万元，资产负债率高达 216.6%，积重难返的王麻子，只有向法院申请破产。

曾经是领导品牌的王麻子为什么会走到破产的境地呢？作为国有企业，王麻子沿袭计划经济体制下的管理模式，缺乏市场竞争思想和创新意识，是其破产的根本原因。

长期以来，王麻子剪刀厂的主要产品一直延续传统的铁夹钢工艺，尽管它比不锈钢刀要耐磨好用，但因为工艺复杂，容易生锈且外观档次低，产品渐渐失去了竞争优势。而王麻子剪刀却没能采取措施，未及时引进新设备、新工艺；数十年来王麻子剪刀的外形、设置也没有任何变化。故步自封、安于现状使王麻子剪刀终于被消费者抛弃。

（资料来源：国际贸易网）

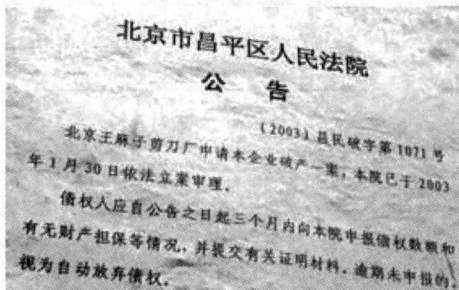

三、推销观念

推销经营哲学产生于 20 世纪 20 年代末至 50 年代前。当时，社会生产力有了巨大发展，市场趋势由卖方市场向买方市场过渡，尤其在 1929—1933 年的特大经济危机期间，大量产品销售不出去，迫使企业重视广告术与推销术的应用研究。这种观念认为，消费者通常表现出一种购买惰性或抗衡心理，企业必须进行大量推销和促销努力。但其实质仍然是以生产为中心的。

思维方式：销售→技术→生产。

典型语言："我们卖什么，人们就买什么"。

四、市场营销观念

市场营销经营哲学定型于 20 世纪 50 年中期，这种观念认为，要达到企业目标，关键在于确定目标市场的需求与欲望，并比竞争者更有效率地满足消费者的需求。许多企业开始认识到，必须转变经营哲学，才能求得生存和发展。

思维方式：消费者需求→销售→技术→生产。

典型语言："顾客需要什么，我们就生产什么、销售什么"。

营销观念有许多精辟的表述：

◆ 满足有利润的需要

◆ 发现欲望并满足它们

◆ 热爱顾客而非产品

◆ 任您称心享用（汉堡王公司）

◆ 您就是主人（联合航空公司）

营销观念基于四个主要支柱，即目标市场、顾客需要、整合营销和盈利能力。

市场营销观念的出现，使企业经营哲学发生了根本性变化，也使市场营销学发生了一次革命。市场营销观念同推销观念相比具有重大的差别，见表1-10。

表1-10 营销观念与推销观念的主要区别

观念	出发点	中心点	手段、方法	目的
推销观念	企业	产品	推销术和促销术	通过销售获得利润
营销观念	市场	顾客需求	协调市场营销策略	通过顾客满意获得利润

营销案例1-4

《米其林指南》背后的营销思维

米其林集团是全球轮胎科技的领导者，逾百年前于法国的克莱蒙费朗建立。米其林指南是米其林公司所出版的美食及旅游指南书籍的总称，其中以评鉴餐厅及旅馆，书皮为红色的"红色指南"（Le Guide Rouge）最具代表性，所以有时《米其林指南》一词特指"红色指南"。除了红皮的食宿指南之外，还有绿色书皮的"绿色指南"（Le Guide Vert），内容为旅游的行程规划、景点推荐、道路导引等。

1900年米其林轮胎的创办人出版了一本供旅客在旅途中选择餐厅的指南，即《米其林指南》。此后每年翻新推出的《米其林红色宝典》被"美食家"奉为至宝，被誉为欧洲的美食圣经，后来，它开始每年为法国的餐馆评定星级。

1900年，法国举国上下只有3 000辆机动车，米其林的主要业务是生产轮胎。米其林的逻辑很简单，为了提高轮胎的需求量，首先就要提高汽车的需求量。为了提高汽车的需求量，当然就要鼓励大家远行，说服大家远处有更吸引人的好吃好玩的地方（从消费链上推动客户消费）。

为此，他们编纂了第一本《米其林指南》。第一版就免费发行了35 000册，指南的内容包括旅行小秘诀、加油站位置、地图和更换轮胎的说明书等。免费提供一直持续到了1920年，米其林兄弟偶然间注意到他们费心制作的《米其林指南》被维修厂员工当作工作台的桌脚补垫来用，因而意识到免费提供的书籍反而会被人视为没有价值的东西，所以决定从当年开始取消免费提供，改为贩售。

1926年，《米其林指南》开始将评价优良的旅馆特别以星号标示，1931年开始启用3个星级的评等系统。米其林公司为了维护评鉴的中立与公正，所派出的评鉴员都是乔装成普通顾客四处暗访，借此观察店家最真实的一面，《米其林指南》评鉴的权威性由是建立。

一颗星 ★：是"值得"去造访的餐厅，是同类饮食风格中特别优秀的餐厅；

两颗星 ★★：餐厅的厨艺非常高超，是绕远路也值得去的餐厅；

三颗星 ★★★：是"值得特别安排一趟旅行"去造访的餐厅。

就这样，一个不按常理出牌的营销策略，使一家轮胎制造商以美食家的身份被世人铭记了。

（资料来源：http://www.vccoo.com/v/e86d80? source = rss，有改写）

五、社会市场营销观念

社会市场营销观念是对市场营销观念的修改与补充，产生于 20 世纪 70 年代。这种观念认为，企业的任务是确定目标市场需求、欲望和利益，并且在保持和增进消费者和社会福利的情况下，比竞争者更有效率地满足目标顾客的需要。这不仅要求企业满足目标顾客的需求与欲望，而且要考虑消费者及社会的长远利益，即将企业利益、消费者利益与社会利益有机地结合起来，如图 1-4 所示。

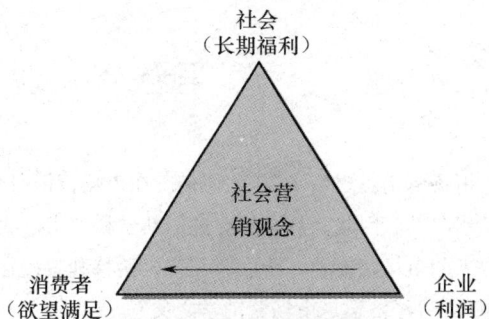

图 1-4　社会市场营销观念的三个维度的思考

这种观念的产生是由于在 20 世纪 70 年代西方资本主义国家出现了能源危机、通货膨胀、失业增加、环境污染严重、破坏了社会生态平衡、出现了假冒伪劣产品及欺骗性广告等，从而引起了广大消费者不满，并掀起了保护消费者权益运动及保护生态平衡运动，迫使企业营销活动必须考虑消费者及社会长远利益。其营销模式见表 1-11。

表 1-11　社会市场营销的模式

中心	手段	目标
消费者欲望、社会长远根本利益	市场营销组合	满足消费者欲望、企业取得利润、增加社会长期福利

营销案例 1-5

宜家超市为什么下雨天五折卖雨伞

下雨天，宜家在全世界的超市一律以五折优惠销售雨伞，这种想消费者所想，给消费者"雪中送炭"，一切为了消费者着想的举措实在聪明、高明、精明。

物以稀为贵，货以急为贵，居奇为贵，这是商家的游戏规则。下雨天商家趁机赚点钱是"天经地义"的。下雨天总是少数的，晴天总是多数。"难得"的机会商家赚点"难得"的钱，无可非议。对消费者而言，下雨天避免了做"落汤鸡"，以解燃眉之急，多花一点点钱买把雨伞也是心甘情愿的。

但宜家却反其道而行之，下雨天时雨伞一律五折。宜家聪明就聪明在：消费者最需要的时候，给消费者最需要的产品、最需要的服务、最需要的价格，当然也最终能得到最需要的效果。高明就高明在：它比一般的商家棋高一着。此举赢得了消费者的心，在消费者心目中诚信度高、知名度高。须知赢得了消费者的心，何愁消费者口袋里的钱不会源源不断地向商家"送"呢！消费者相信了商家诚信度，甚至会终生成为它的客户，这是不可估量的无形资产。

精明就精明在：它能舍去"小头"从而得到"大头"。雨伞打对折，在雨伞上是少赚了钱，但得到了消费者的信任。消费者会从此物涉及他物，从吸引买伞时，被其他产品吸引，而购买其他利润较高的商品，商品销售、利润、人流量大大提高，从而"鱼和熊掌两利兼得"。其他需要的产品都到该店买，这不是失小得大、失少得多吗？可见宜家能荣登世界 500 强是"名正言顺"。反观，许多商家不懂此道，"近视眼"众多、鼠目寸光者不少，在盘算如何将消费者钱赚进自己口袋里时，许多自以为聪明、精明者，其实是愚蠢者。

（资料来源：中国伞网）

第五节　现代市场营销理论

市场营销思想始于20世纪初。在市场营销研究刚刚起步时，经济学理论的研究正处于20世纪的第一个鼎盛时期，因此，其必然对这门新学科产生巨大的影响。从这个意义上讲，可以说，没有经济学，就没有今天的市场营销学。所以菲利普·科特勒教授在美国市场营销学会成立50周年纪念日的世界营销学大会上声称："经济学是市场营销学之父"。

早期研究市场营销的学者都十分熟悉当时流行的经济学思想。因而，当市场中某个问题引起他们的注意时，他们常常以经济理论作为参照框架。但市场营销学和经济学毕竟不同，经济学通常侧重于理论性研究，而市场营销学更侧重于经验和实践，或者说，市场营销理论是在对实践总结和提炼的基础上发展与演进的。自营销学产生以来，特别是20世纪50年代以后，市场营销理论研究的深度和广度都得到了重大的发展。

一、麦卡锡的4P理论

4P理论是随着营销组合理论的提出而出现的。1953年，尼尔·鲍登（Neil Borden）在美国市场营销学会就职演说中创造了"市场营销组合"（Marketing Mix）这一术语，其意是指市场需求或多或少地在某种程度上受到所谓"营销变量"或"营销要素"的影响，为了寻求一定的市场反应，企业要对这些要素进行有效的组合，从而满足市场需求，获得最大利润。

麦卡锡（Mccarthy）于1960年在其《基础营销》（Basic Marketing）一书中将这些要素一般地概括为4类：产品（Product）、价格（Price）、渠道（Place）、促销（Promotion），即著名的4P。1967年，菲利普·科特勒在其畅销书《营销管理：分析、规划与控制》第一版进一步确认了以4P为核心的营销组合方法。

4P的提出奠定了营销管理的基础理论框架，该理论以单个企业作为分析单位，认为影响企业营销活动效果的因素有两种：一种是企业不能够控制的，如政治、法律、经济、人文、地理等环境因素，称之为不可控因素，这也是企业所面临的外部环境；另一种是企业可以控制的，如生产、定价、分销、促销等营销因素，称之为企业可控因素。企业营销活动的实质是一个利用内部可控因素适应外部环境的过程，即通过对产品、价格、分销、促销的计划和实施，对外部不可控因素做出积极动态的反应，从而促成交易的实现和满足个人与组织的目标，用科特勒的话说就是"如果公司生产出适当的产品，定出适当的价格，利用适当的分销渠道，并辅之以适当的促销活动，那么该公司就会获得成功"（科特勒，2001）。所以市场营销活动的核心就在于制定并实施有效的市场营销组合（如图1-5所示）。

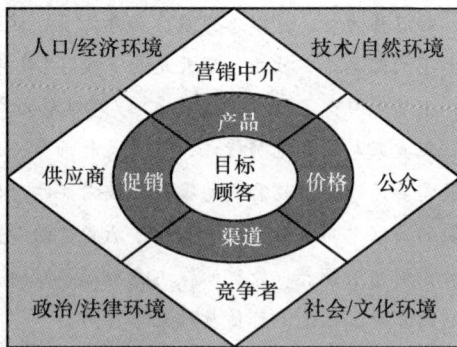

图1-5　企业的4P营销组合模型图

4P为营销提供了一个简洁和易于操作的框架，因此，提出以后便为人们广泛接受，成为长期占据统治地位的无可置疑的市场营销学基本理论。美国市场营销学会甚至认为市场营销乃是"通过对观念、产品和服务的设计、定价、促销和分销进行计划和实施，以促成交易和满足个人与组织目标的过程"（Christion Gronroos, 1994）。而且，如何在4P理论指导下实现营销组合，实际上也是公司市场营销的基本运营方法。即使在今天，几乎每份营销计划书都是以4P的理论框架为基础拟订的，几乎每本营销教科书和每个营销课程都把 4P 作为教学的基本内容，而且几乎每位营销经理在策划营销活动时，都自觉不自觉地从 4P 理论出发考虑问题。

尽管营销组合概念和 4P 观点被迅速和广泛的传播开来，但同时在有些方面也受到了一些营销学者特别是欧洲学派的批评。这主要有以下几点：

（1）营销要素只适合于微观问题，因为它只从交易的一方即卖方来考虑问题，执着于营销者对消费者做什么，而不是从顾客或整个社会利益来考虑，这实际上仍是生产观念的反映，而没有体现市场导向或顾客导向，而且它的重点是短期的和纯交易性的。

（2）4P 理论是对鲍登提出的市场营销组合概念的过分简化，是对现实生活不切实际的抽象。鲍登认为，提出市场营销组合的这个概念并不是要给市场营销下个定义，而是为营销人员提供参考，营销人员应该将可能使用的各种因素或变量组合成一个统一的市场营销计划（Neil Borden，1964）。但在 4P 模式中没有明确包含协调整合的成分，没有包括任何相互作用的因素，而且，有关什么是主要的营销因素，它们是如何被营销经理感受到并采纳等这些经验研究也被忽视了，"对于结构的偏好远胜于对过程的关注"（Kent，1986）。同时，营销是交换关系的相互满足，而 4P 模型忽略了交换关系中大量因素的影响作用。

（3）4P 主要关注的是生产和仅仅代表商业交换一部分的迅速流转（Fast Moving）的消费品的销售。况且，消费品生产者的顾客关系大多是与零售商和批发商的工业型关系，消费品零售商越来越把自己看成是服务的提供者。在这种情况下，4P 在消费品领域的作用要受到限制。

（4）4P 观点将营销定义成了一种职能活动，从企业其他活动中分离出来，授权给一些专业人员，由他们负责分析、计划和实施。"企业设立营销或销售部具体承担市场营销职能，当然，有时也吸收一些企业外的专家从事某些活动，比如像市场分析专家和广告专家。结果是，组织的其他人员与营销脱钩，而市场营销人员也不参与产品设计、生产、交货、顾客服务和意见处理及其他活动"（Christion Gronroos，1994），因此导致了与其他职能部门的潜在矛盾。而且它缺乏对影响营销功能的组织内部任务的关注，"如向企业内部所有参与营销或受营销影响的人员传播信息的人力资源管理以及设计激励和控制系统"（Vanden Bulte，1991）。

（5）市场营销组合和 4P 理论缺乏牢固的理论基础。格隆罗斯认为，作为一种最基本的市场营销理论，在很大程度上是从实践经验中提炼出来的，在其发展过程中很可能受到微观经济学理论的影响，特别是 20 世纪 30 年代垄断理论的影响。然而，与微观经济学的联系很快被切断了，甚至完全被人们忘记了。因此，市场营销组合只剩下一些没有理论根基的 P 因素堆砌成的躯壳（Christion Gronroos）。高斯达·米克维茨（Gosta Mickwitz，1959）早在 1959 年就曾指出"当营销机制中基于经验性的工作表明企业采用了彼此之间大量的明显不同的参数时，市场中的企业行为理论如果只满足于处理其中的少数几个，这样的理论的现实性就很差了"。

针对这些批评，后来的学者们不断对 4P 模型进行充实，在每一个营销组合因素中又增加了许多子因素，从而分别形成产品组合、定价组合、分销组合、沟通和促销组合，这四个方面中每一个因素的变化，都会要求其他因素相应变化。这样就形成了营销组合体系，如图 1-6 所示。

根据实际的要求而产生的营销因素组合，变化无穷，推动着市场营销管理的发展和营销资源的优化配置。营销因素组合的要求及目的就是，用最适宜的产品，以最适宜的价格，用最适当的促销办法及销售网络，最好的满足目标市场的消费者的需求，以取得最佳的信誉及最好的经济效益。因此，4P 理论至今仍然是营销决策实践中一个非常有效的指导理论。后面的应用分析中仍然使用了这一理论模型。

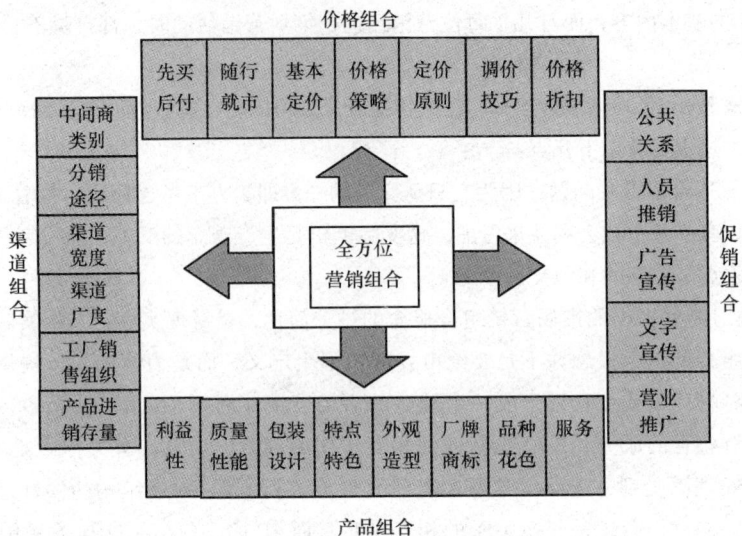

图 1 - 6　4P 的扩展模型即全方位的营销组合

二、服务营销的 7P 理论

4P 理论统治了营销学界 30 多年。随着经济的发展和市场环境的变化，加之 4P 在企业实践中存在一些问题，西方营销学者又不断地对以 4P 为核心的营销组合因素进行改动与扩充。这些改动与扩充大多是对 4P 加上一个或更多的 P 而形成的。

在 20 世纪 70 年代，服务业迅速发展起来。服务营销与传统的 4P 产品营销有所不同，为了克服这一理论上的缺陷，布姆斯和比特纳于 1981 年在原来 4P 的基础上增加了三个"服务性的 P"：参与者（Participants，有的学者也称之为人——People，即作为服务提供者的员工和参与到服务过程中的顾客），物质环境（Physical Evidence，服务组织的环境以及所有用于服务生产过程及与顾客沟通过程的有形物质），过程（Process，构成服务生产的程序、机制、活动流程和与顾客之间的相互作用与接触沟通），从而形成了服务营销的 7P。与此相对应，格隆鲁斯也主张服务营销不仅需要传统的 4P 外部营销，还要加上内部市场营销和交互作用的市场营销。他认为，外部市场营销是指公司为顾客准备的服务、定价、分销和促销等常规工作。内部营销是指服务公司必须对直接接待顾客的人员以及所有辅助人员进行培养和激励，使其通力合作，以便使顾客感到满意。每个员工必须实行顾客导向，否则便不可能提高服务水平并一贯坚持下去。交互作用营销是指雇员在与顾客打交道时的技能。服务质量与服务供应者密不可分。顾客评价服务质量，不仅依据其技术质量，而且也依据其职能质量。特别是顾客在购买服务之前，他们更多的是通过价格、人员、和物质设施等来判断其服务质量。服务营销的 7P 理论如图 1 - 7 所示。

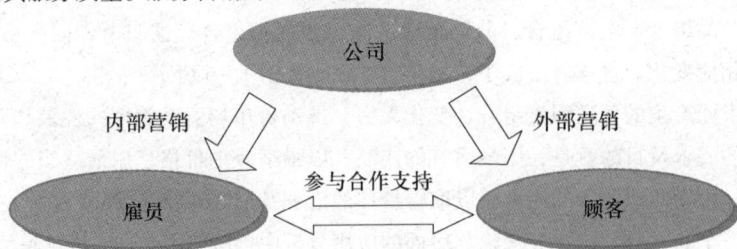

图 1 - 7　交互作用营销

　　7P说虽然是基于服务营销特殊性并在4P的基础上扩充与发展起来的，但其却受到了一些营销学者的批评，沃特斯库特（Walter Van Walterschoot）认为，严格上说，所加入的三个"P"或者可以在4P中找到相对应的部分，或者其不属于营销组合变量。在服务营销情况下，参与者可以在很大程度上提高或损害服务效果，然而，执行服务的个人活动属于第一个"P"（Product），这一P实际已经包含了目的在于使需要得以满足的产品的生产过程，员工参与生产过程是营销组合要素"产品P"所蕴含的应有之义。将顾客作为整个营销活动的参与者，这是7P的创新之处，但顾客本身按照定义并不构成营销组合要素，他只是营销活动的满足目标。服务的物质环境加上用于支持服务有形要素，显然能影响需求，但这类要素在营销者控制之下时，他们实际上是产品或分销要素的部分，作为营销组合要素，没有必要将其单独列出来。对于过程P（Process），4P执行与实现的过程，就是满足顾客需求的过程。

　　虽然服务营销7P是针对服务营销的特殊性而提出的，但其理论价值和实践上的指导意义却不仅仅局限于服务营销的范畴，它对整个营销理论乃至企业理论的发展都有启迪。

　　（1）7P提出了员工的参与对整个营销活动实现的重要意义。4P理论中对企业内部员工的态度在很大程度上秉承了西方主流企业理论和古典管理理论的思想。新古典经济学假设企业的目标函数是追求利润最大化，并先验性地认为在企业中是"资本雇佣劳动"，企业是资本家的企业，股东利益最大化构成了企业的终极目标，企业的治理结构采取的是单边治理，即企业中的决策权集中在所有者及其代理人手中，企业内部员工只是处于被管理、被支配的地位。古典管理理论则将人视为是被动与消极的因素，只把他们看成是"经济人"，忽视了人的情感、心理因素，将人视为机械的附属物。所以传统4P营销理论没有为企业员工在经营战略决策中提供应有的地位，它将员工只是当成决策的具体执行者，忽视人力资本的价值，所重视的仅仅是"管理者当局"的作用。实际上，我们现在越来越认识到：企业的本质是各种生产要素的所有者通过一系列契约关系而联结在一起所形成的特殊的组织——这种组织不但为各种要素提供了某种发挥生产经营作用的场所，更重要的是通过这种组合能够形成某种"集体生产力"，创造出可观的"组织租金"（杨瑞龙，周业安，2001）。组织的存在和发展是以合作为基础的，因此企业内部的组织安排，产权配置都将影响到相关当事人的工作积极性及与其他当事人的合作态度，即影响到整个"团队"的协作态度和"集体生产力"的大小。而且，随着经济的发展对技术依赖程度的增加，对企业的生存和发展来说，雇员的知识和人力资本同物质资本一样重要，甚至许多企业是通过知识雇佣资本来完成的。因此，这就要求给予企业内部员工以相应的决策权，以提高其生产积极性和协作的主动性。服务营销7P理论中对企业中营销活动参与者"人"（people）的重视，在一定程度上体现了"人本管理"的思想，即企业员工是企业组织的主体，员工在企业里对企业有各种各样的要求，企业只有不断满足员工的需要，员工才有积极性，企业才能成长。管理者必须面对"完整的社会人"，而不仅仅是他们的技术和能力，组织要认识到员工的需要、想法和愿望，满足他们的物质需求和精神需求，并让员工积极参与到企业的经营管理决策中来，真正发挥员工的主人翁地位；企业应追求通过员工的成长来实现组织的成长，应该将人的发展放在第一位，通过开发人力资源，加大人力资本投资，促进企业的整体发展。

　　（2）重视营销活动中顾客的参与配合。在4P理论中，顾客只是处于被动地适应企业营销活动的地位。7P理论虽然只是针对服务的特殊性而提出顾客参与和配合，但这实际上是关系营销思想中"与顾客关系"的雏形。关系营销理论认为，根据经济的发展和市场环境的变化，企业需要从更高层次上建立与顾客之间的互动关系，顾客不仅仅是被动地得以满足，而且应该主动加入到企业生产过程中来，企业与顾客之间必须建立起事业和命运共同体，形成一种互相适应、互助互利、和谐一致的关系，这样才能真正建立起顾客的忠诚，稳定顾客群。

　　（3）对过程的重视。这不仅重视企业针对顾客的外部营销活动的过程，而且启示我们，企业营销也应重视内部各部门之间分工与合作过程的管理，因为营销是一个由各部门执行的全员参与的活动，而部门之间的有效分工与合作是营销活动实现的根本保证。

三、科特勒的10P营销管理理论

考虑到除最具特色的目标集团之外的公众主张，科特勒（Kotler）于1986年提出了两个附加的和一般的P：政治权力（Political power）和公共关系（Public relation），认为除了给顾客和中间商（如代理商、分销商和经纪人）提供利益外，同样应包括政府、工会和可以阻碍企业进入某市场以获利的其他利益集团。政治权力是指为了进入和在目标市场上经营，向产业官员、立法人员和政府官僚们提出自己的主张，为了获得其他利益集团的预期反应和关注，运用谨慎的院外活动和谈判技巧；公共关系则在于影响公众的观点，在公众心目中树立良好的产品和企业形象，这主要是通过大众性的沟通技术来实现。他进一步将加入此两个要素的营销称之为"大营销"（Megamarketing），意思是说营销是在市场特征之上的，即不仅仅是要考虑市场环境因素，还要考虑政治和社会因素。营销者必须借助政治技巧和公共关系技巧，以便在全球市场上有效地开展工作。这即是我们所说的6P。

同时，随着对营销战略计划过程的重视，科特勒又提出了战略营销计划过程必须优先于战术营销组合（即4P）的制定，战略营销计划过程也可以用4P来表示。

（1）探查（Probing）。

Probing是一个医学用语，本意是指医生对病人进行深入细致的彻底的检查。在营销学上，Probing实际上就是市场营销调研，其含义是在市场营销观念的指导下，以满足消费者需求为中心，用科学的方法，系统地收集、记录、整理与分析有关市场营销的情报资料，比如市场由哪些人组成，市场是如何细分的，都需要些什么，竞争对手是谁以及怎样才能使竞争更有效等，从而提出解决问题的建议，确保营销活动顺利地进行。市场营销调研是市场营销的出发点。"真正的市场营销人员所采取的第一个步骤，总是要进行市场营销调研"（科特勒，1986）。

（2）分割（Partitioning）。

实际上就是市场细分，其含义就是根据消费者需要的差异性，运用系统的方法，把整体市场划分为若干个消费者群的过程。每一个细分市场都是具有类似需求倾向的消费者构成的群体，因此，分属不同细分市场的消费者对同一产品的需求有着明显的差异，而属于同一细分市场的消费者的需求具有相似性。

（3）优先（Prioritizing）。

优先就是对目标市场的选择，即在市场细分的基础上，企业要进入的那部分市场，或要优先最大限度地满足的那部分消费者。企业资源的有限性和消费者需求的多样性决定了企业不能经营所有的产品并满足所有消费者的需求。任何企业只能根据自己的资源优势和消费者的需求，经营一定的产品，满足消费者的部分需要。

（4）定位（Positioning）。

定位即市场定位，其含义是根据竞争者在市场上所处的位置，针对消费者对产品的重视程度，强有力地塑造出本企业产品与众不同的、给人印象鲜明的个性或形象，从而使产品在市场上、企业在行业中确定适当的位置。

科特勒认为，只有在搞好战略营销计划过程的基础上，战术性营销组合的制定才能顺利进行。因此，为了更好地满足消费者的需要，并取得最佳的营销效益，营销人员必须精通产品（Product）、地点（Place）、价格（Price）和促销（Promotion）四种营销战术；为了做到这一点，营销人员必须事先做好探查（Probing）、分割（Partitioning）、优先（Prioritizing）和定位（Positioning）四种营销战略；同时还要求营销人员必须具备灵活运用公共关系（Public Relations）和政治权力（Politics Power）两种营销技巧的能力。这就是科特勒的10P理论。

同时，科特勒又重申了营销活动中"人（People）"的重要作用，认为这或许是所有P中最基本和最重要的一个。企业营销活动可分为两个部分：外部营销（External Marketing）是满足顾客的需求，让其在购买和消费中感到满意；内部营销（Internal Marketing）是满足员工的需求，让其在工作中感到满意。同时，企业的成长和利润也应该使股东及其他利益相关者感到满意。

10P建立起了一个比较完整的营销管理理论分析框架。我们可以用图来表示（参见图1－8）。

另外，有些学者在P中还加入包装（Packaging）、人员推销（Personal Selling or Peddling）等P因素，但这些基本上可归结到分销渠道或促销中，不再多述。

总的来说P理论特别是科特勒10P理论的形成与发展对整个市场营销理论的发展做出了杰出的贡献，也为企业市场营销分析奠定了较为完整的理论基础，这在营销理论发展史上必将留下光辉的一笔。

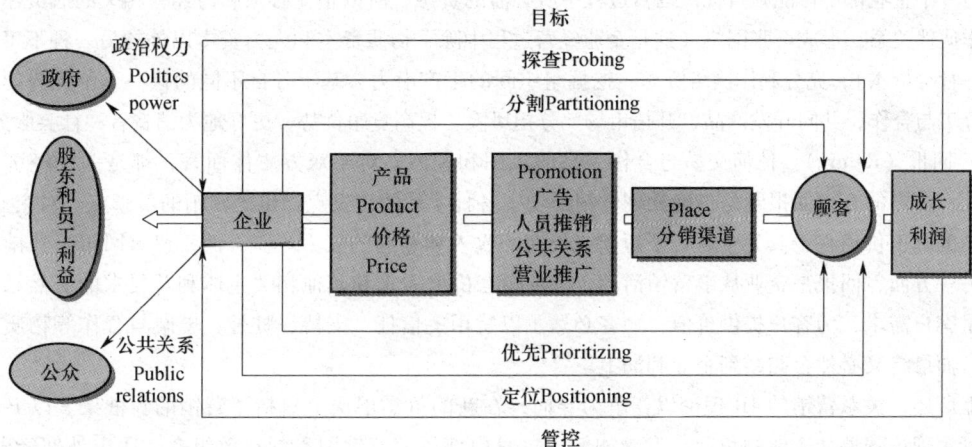

图1－8 10P的营销管理理论框架

四、关系营销的4R理论

正当管理营销理论成为美国和其他许多国家确立的理论或规范的观点时，一种新的理论和模型在欧洲开始出现，20世纪60年代的产业营销和70年代的服务业营销就重视买卖双方的相互作用及营销网络，"明确地将营销视为社会环境中建立在人际关系这块牢固基石上的相互作用"（Gronroos，1994）。而20世纪80年代的关系营销（Relationship Marketing）理论的出现则更进一步对传统的营销理论提出了挑战。格隆罗斯是这样定义关系营销的："营销就是在一种利益之下建立、维持、巩固与消费者及其他参与者的关系，只有这样，各方面的目标才能实现，这要通过相互的交换和承诺去达到"，"这种关系哲学重在强调与顾客（及其他利益相关人、网络合作者）建立合作、信任的关系，而不是与顾客持对立态度；重在强调公司内部的合作而不是劳动分工职能专业化；认为营销是一种遍及组织内部的兼职营销人员以市场导向的管理活动，而不是一部分营销专家的独立职能活动"（Gronroos，1990）。

20世纪90年代，美国学者DonE. Schultz将关系营销思想简单总结为4R，从而阐述了一个全新的营销四要素：

（1）关联（Relevancy）。即认为，企业与顾客是一个命运共同体，在经济利益上是相关的、联系在一起的，建立保持并发展与顾客之间的长期关系是企业经营中的核心理念和最重要的内容。因此，企业应当同顾客在平等的基础上建立互利互惠的伙伴关系，保持与顾客的密切联系，认真听取他们提出的各种建议，关心他们的命运，了解他们存在的问题和面临的机会，通过提高顾客在购买和消费中产品价值、服务价值、人员价值及形象价值，降低顾客的货币成本、时间成本、精力成本及体力成本，从而更大程度地满足顾客的价值需求，让顾客在购买和消费中得到更多的享受和满意。特别是企业对企业的营销与消费市场营销完全不同，更需要靠关联、关系来维系。

（2）反应（Respond）。在今天相互影响的市场中，对经营者来说最现实的问题不在于如何控制、制定和实施计划，而在于如何站在顾客的角度及时地倾听顾客的希望、渴望和需求，并及时答复和迅速作出反应，满足顾客的需求。当代先进企业已从过去推测性商业模式，转移成高度回应需求的商业模式。面对迅速变化的市场，要满足顾客的需求，建立关联关系，企业必须建立快速反应机制，提高反应速度和回应力。

（3）关系（Relation）。在企业与客户的关系发生了本质性变化的市场环境中，抢占市场的关键已转变为与顾客建立长期而稳固的关系，与此相适应产生5个转向：从一次交易转变为强调建立友好合作关系，长期地拥有用户；从着眼于短期利益转向重视长期利益；从顾客被动适应企业单一销售转向顾客主动参与到生产过程中来；从相互的利益冲突变成共同的和谐发展；从管理营销组合变成管理企业与顾客的互动关系。同时，因为任何一个企业都不可能独自提供运营过程中所必需的资源，所以企业必须和与经营相关的成员建立起适当的合作伙伴关系，形成一张网络（这是企业经营过程中除了物质资本和人力资本以外的另一种不可或缺的资本——社会资本），充分利用网络资源，挖掘组织间的生产潜力，基于各自不同的核心竞争优势的基础之上进行分工与合作，共同开发产品、开拓市场、分担风险、提高竞争优势，更好地为消费者和社会服务。

（4）回报（Return）。任何交易与合作关系的巩固和发展，对于双方主体而言，都是一个经济利益问题，因此，一定的合理回报既是正确处理营销活动中各种矛盾的出发点，也是营销的落脚点。对企业来说，市场营销的真正价值在于其为企业带来短期或长期的收入和利润的能力。一方面，追求回报是营销发展的动力；另一方面，回报是企业从事营销活动，满足顾客价值需求和其他相关主体利益要求的必然结果。企业要满足客户需求，为客户提供价值，顾客必然予以货币、信任、支持、赞誉、忠诚与合作等物质和精神的回报，而最终又必然会归结到企业利润上。

综上所述，关系营销的4R理论以竞争为导向，在新的哲学层次上概括了营销的新框架。以P为核心的营销管理理论强调从企业的角度出发，如何通过对内部可控营销因素的有效组合，适应外部经营环境，来满足顾客的需求，从而实现企业的盈利目标；4R将企业的营销活动提高到宏观和社会层面来考虑，更进一步提出企业是整个社会大系统中不可分割的一部分，企业与顾客及其他的利益相关者之间是一种互相依存、互相支持、互惠互利的互动双赢关系，企业的营销活动应该是以人类生活水平的提高、以整个社会的发展和进步为目的，企业利润的获得只是结果而不是目的，更不是唯一目的，因此，该理论提出企业与顾客及其他利益相关者应建立起事业和命运共同体，建立、巩固和发展长期的合作协调关系，强调关系管理而不是市场交易。菲利普·科特勒在其《营销管理》第8版中也写道"精明的营销者都会试图同顾客、分销商和供应商建立长期的、信任的和互利的关系，而这些关系是靠不断承诺和给予对方高质量的产品、优良的服务和公平的价格来实现的，也是靠双方组织成员之间加强经济的、技术的和社会的联系来实现的。双方也会在互相帮助中更加信任、了解和关心"（菲利普·科特勒，1997）。在此，我们可以将P说与关系营销的R说整合成一个综合的营销理论框架（图1-9所示）。

当然，4R同任何理论一样，也有其不足和缺陷。如与顾客建立关联、关系，需要实力基础或某些特殊条件，并不是任何企业可以轻易做到的。但不管怎样，4R提供了很好的思路，是经营者和营销人员应该了解和掌握的。谁也替代不了谁，4P、4C、4R三者是什么关系呢？不是取代关系而是完善、发展的关系。由于企业层次不同，情况千差万别，市场、企业营销还处于发展之中，所以至少在一定时期内，4P还是营销的一个基础框架，4C也是很有价值的理论和思路。因而，两种理论仍具有适用性和可借鉴性。4R不是取代4P、4C，而是在4P、4C基础上的创新与发展，所以不可把三者割裂开来甚至对立起来。所以，在了解、学习和掌握体现了新世纪市场营销的新发展的4R理论的同时，根据企业的实际，把三者结合起来指导营销实践，可能会取得更好的效果。

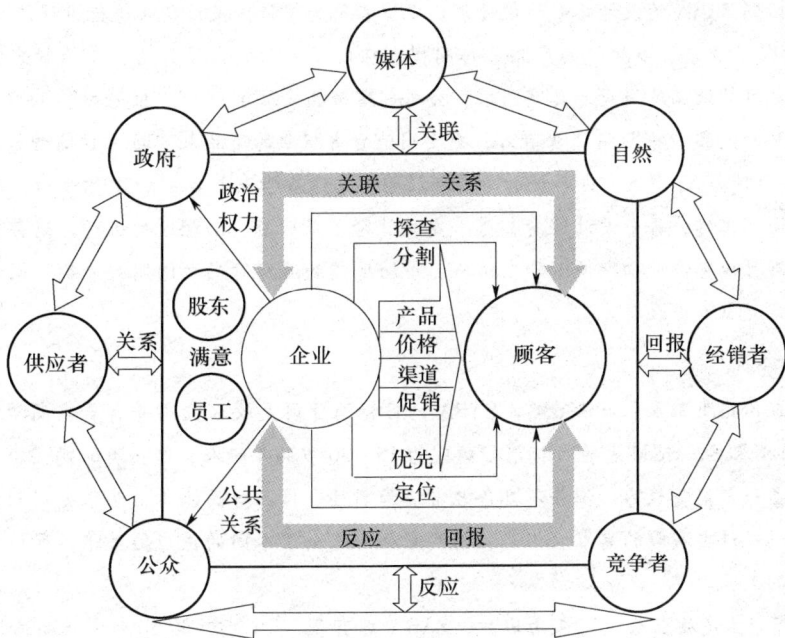

图 1 - 9 　两大营销理论的整合

案例评析

ZARA 与 H&M 的营销策略比较

背景情况

西班牙的 ZARA 和瑞典的 H&M，目前为国际上两大成功的服装零售品牌。ZARA 是于 1975 年，由一位普通的铁路工人的儿子——阿曼奇奥·奥特加·乔在西班牙西北部的偏远市镇开创的一家小店铺，在传统的顶级服饰品牌和大众服饰中间独辟蹊径开创了快速时尚（Fast Fashion）模式。有人称之为"时装行业中的戴尔电脑"，也有人评价其为"时装行业的斯沃琪手表"。H&M 于 1947 年在瑞典创立，H&M 是欧洲最大的服饰零售商，即使在经济萧条的情况下，业绩仍持续上升。H&M 在全球的店铺覆盖国家没有 ZARA 广泛。几乎没有涉足 ZARA 积极开拓的南美市场，也正体现出 H&M 的谨慎经营，稳步扩张态度。

营销策略比较

1. 产品策略

ZARA 和 H&M 采用的都是"少量、多款"的产品策略，两者都打破了传统服装业界季节的限定，在同一季节内也会不断推出新颖款式供消费者选择。

ZARA 的"少量、多款"产品策略的实现，依靠的是公司对时尚信息和消费者反馈信息的快速采集与共享，而这主要缘于以下两个系统的构建。①庞大的设计团队的构建：ZARA 拥有的新产品开发团队从米兰、巴黎时装秀取得灵感，识别流行的时尚趋势，设计与这些趋势相匹配的各种款式。ZARA 只需几天的时间就可以完成对歌星的装束或顶级服装大师创意作品的模仿，两周之内可将迎合流行趋势的新款时装摆到店内。②信息共享体系的构建：ZARA 的每个门店，都安装着彼此独立的信息系统。每天晚上，位于西班牙的 ZARA 总部和每个门店交换大量原始数据之后，各部门会根据需要分解数据，以对各地市场做出判断。再将信息反馈到 ZARA 的设计总部。设计师们根据各地的流行情报信息来进行设计流行趋势的识别。

H&M 为实现其"少量、多款"的产品策略同样也在以下方面做出了努力。①消费者需求信息获取体系的建立：为了更准确地满足消费者真实需求，公司创造产品采取了一种"推一拉"的方式，即除了把公司认为消费者想要的产品"推"给消费者外，更要用消费者想要的商品来"拉"住消费者。②信息共享体系的建立：H&M 总部和 22 个生产办事处的所有部门间的沟通基于一个名为 CCT 的平台，在 H&M 的总部。设计与采购部门协同工作，每个设计理念都有一支设计师、采购员、助理、打板师、财务总监及部门经理组成的团队，这样可以在设计初期便着手在价格、市场反馈和流行时尚之间取得平衡，而这些人员的日常信息沟通借助的就是 ICT 平台。

2. 价格策略

两家公司的在价格上都采取低价策略。ZARA 的目标消费群是收入较高并有着较高学历的年轻人，主要为 25～35 岁的顾客层，H&M 也将目标消费群定为 15～30 岁的年轻人，这一类的购买群体具备对时尚的高度敏感度并具备一定消费能力，但并不具备经常消费高档奢侈品牌的能力，两家公司频繁更新的时尚低价产品正好可以满足这类人群的需求。但是，因两家公司采取了不同的供应链策略，所以虽同为低价，却仍然存在着明显的差异。

ZARA 将大部分生产放在欧洲。在西班牙，ZARA 拥有 22 家工厂，其 50% 的产品通过自己的工厂生产，50% 的产品由 400 家供应商完成。这些供应商有 70% 位于欧洲，其他则分布在亚洲。这样的地理位置是为了保持其供应链的响应速度，但却在一定程度上提高了其物流成本。为确保商品传递的迅速，ZARA 还坚持以空运方式进行商品的运输，也使其成本进一步提升。

与 ZARA 不同，H&M 在供应链的构建上更看重成本的因素，公司产品的制造环节被完全外包给分布在亚、欧、非洲及南美的约 700 家制造商。公司根据其销售产品的差异，采用了双供应链策略：①管控欧洲生产的快速反应供应链，大约一半的前沿时尚产品在接近欧洲市场的欧洲国家制造，以便及时根据销售反馈做出调整；②管控亚洲生产的高效供应链，另一半的基本款产品时尚风险较小，交货周期可以相对延长，为保证低价和质量则安排在低成本的亚洲国家（主要是中国、孟加拉等国）制造。

通过以上供应链的调整和安排，使 H&M 在价格上可以采取比 ZARA 更低一层的策略。据统计，H&M 的时装价位比 ZARA 低出 30%～50%。

3. 销售渠道策略

两家公司都不约而同地采用"直营"策略。ZARA 和 H&M 作为服装品牌的同时，也是零售连锁店的品牌，他们在世界各地拥有大量的连锁店铺，而为达到商品传递迅速、价格低廉的经营目标，两家公司的连锁店铺基本由总部进行直营，货物由总部集中进行调配。

尽管如此，H&M 并未放弃在销售渠道的拓展上的创新，到目前为止其销售渠道虽仍以直营店为主，但其目录销售、在线销售的业绩却在持续增长。1980 年，H&M 收购了 RoweHs 公司，开始在瑞典、芬兰、挪威和丹麦进行目录销售；1998 年，H&M 在瑞典开设了网上商店，随后在芬兰、挪威、丹麦都开通了在线销售。在取得初步成功的基础上，2006 年秋天，荷兰成为其在北欧地区以外首个开设在线销售的国家。2007 年秋季，德国和奥地利预计也将启动在线销售。

与 H&M 的创新不同，ZARA 始终坚持其"直营"策略，并表示在短期内不会改变。因为他们坚持认为让顾客进入店铺，直接接触商品，体验商品才是最好的经营方式。

4. 促销策略

在促销方面，两家公司采取了截然不同的策略。

ZARA 几乎不作广告宣传，它的广告成本仅占其销售额的 0~0.3%，而行业平均水平则是 3.5%，广告费用的节省几乎成为它另一方面的利润来源。

ZARA 的品牌宣传主要靠以下两个方面来实现：一是其产品结构自身的特点。以时尚、现代且丰富的款式结构配合合适的价格吸引消费者。并以快捷的更新速度抓住消费者的购买心理——"一旦看中而不购买，很快就会没有货"；二是依靠其优越的地理位置，和时装摆放与展示方式：①地理位置选择方面：ZARA 一般都将店铺开在高档商业区和繁华的交通枢纽。尽管在这些地方开店的成本费用很高。但 ZARA 总是在店里留出宽敞的空间，为顾客营造一种宽松愉快的购物环境。②橱窗展示方面：ZARA 聘请多名时装设计师从米兰、巴黎时装秀取得设计灵感，利用高档品牌提前发布时尚信息的传统（如 3 月发布秋冬季时装、9 月发布春夏季时装。发布时间和真正的销售季节中间通常有 6 个月的时间差），使得时尚杂志还在预告当季潮流时，ZARA 橱窗已在展示这些内容。③店内布置方面：ZARA 店里表服一般不是按货品种类堆放，而是手表、裤子、皮包、配饰搭配放在一起。让顾客很容易一动心买走一整套东西。优越的地理位置、颇具特色的橱窗设计和独具一格的店内展示都使得 ZARA 不用打广告也具有非凡吸引力。

H&M 的品牌促销与 ZARA 走的是完全不同的路线。将廉价大众品牌与时装大师联系起来的方式可以说是他们在时装界的首创。2004 年和 2005 年 H&M 聘请了被称为"时装界恺撒大帝"的名设计师卡尔·拉格菲尔德（Karl Lagerfeld）和前披头士乐队成员 Paul McCartney 之女——著名设计师斯泰拉·麦卡特尼（Stella McCartney）为品牌设计服装。当 2004 年 11 月，与卡尔·拉格菲尔德（Karl Lagerfeld）的合作开始时，当月就创下了营业额飙升 24% 的佳绩。2006 年推出了荷兰服装设计师维克多（Victor）和罗尔夫（Rolf）设计的新款服装系列，在斯德哥尔摩以及欧洲大城市引起了疯狂抢购热潮。2007 年更是推出了 M by Madonna 系列，利用国际巨星麦当娜的设计系列配合中国香港与上海的新店铺开幕。

（资料来源：聂珂，ZARA 与 H&M 的营销策略比较，论文网）

评析：西班牙的 ZARA 和瑞典的 H&M 都不是时尚潮流的创造者，而是时尚潮流的快速反应者。他们营销策略虽然有差异，但在营运模式上均注意缩短前导时间，对市场需求变化快速反应，强调快速设计、快速生产、快速出售、快速更新。

思考题

1. 市场营销观念与推销观念的主要区别。

2. 简述社会营销观念的含义及其产生的背景。

3. 市场营销学研究的主要对象有哪些？

4. "李晓明在情人节花了 460 元请女朋友到某一法国餐厅，吃了一顿浪漫的情人节烛光晚餐"，请就此一事实，说明李晓明的需要、欲求与需求。

5. 请举出国内有哪些厂商的做法比较接近社会营销？

6. 简述 4P、7P、10P 的主要内容。

7. 从需求管理的角度讨论许多快速消费品企业请明星当形象/广告代言人，来推广其产品的做法，有何利弊？

本章实训

一、实训目的

通过对实践案例的整理和分析，使学生能够对何为市场营销有感性的认知，理解营销对企业和消费者的意义，能够发现当前环境下营销创新的机遇和挑战。

二、实训内容

1. 实训资料：搜集快速消费品行业和耐用消费品行业的营销案例各一个。

2. 具体任务：根据本章对市场营销相关核心概念和市场营销观念介绍，分小组讨论分析案例。

3. 任务要求：

（1）分析案例中的企业如何分析需求，其营销做法有何利弊；

（2）对比快速消费品行业和耐用消费品行业营销的不同。

三、实训组织

1. 根据全班上课人数，将全班同学分成若干小组，采取组长负责制，全体组员协作完成课堂任务。为了避免不同小组所搜集案例重复，各小组组长将所选案例进行提前汇总，并进行协商，确保所选案例不重复。

2. 确定所选案例后，各小组进行下一步分工，对案例进行分析、汇总。

3. 经过小组讨论后，完成实训报告及汇报PPT。

4. 根据课时具体安排，不同小组分别选派成员对报告进行讲解，并回答其他组成员的问题。

5. 任课教师对实训课程的结果进行总结，提出相应的意见及建议。

四、实训步骤

1. 任课教师布置实训任务，介绍实训要点和搜集材料的基本方法。

2. 各小组明确任务后，按照教师指导根据具体情况进行分工。

3. 各小组定期召开小组会议，对取得成果进行总结，遇到问题及时与指导教师沟通。

4. 完成实训报告及展示所需要的PPT等材料，实训报告中应包括案例来源、案例分析及遇到的难题与解决方案、启示等内容。

5. 各小组对案例进行课上汇报，教师对各组的汇报进行点评及总结。

战略规划与市场营销管理过程

章 节 图 解

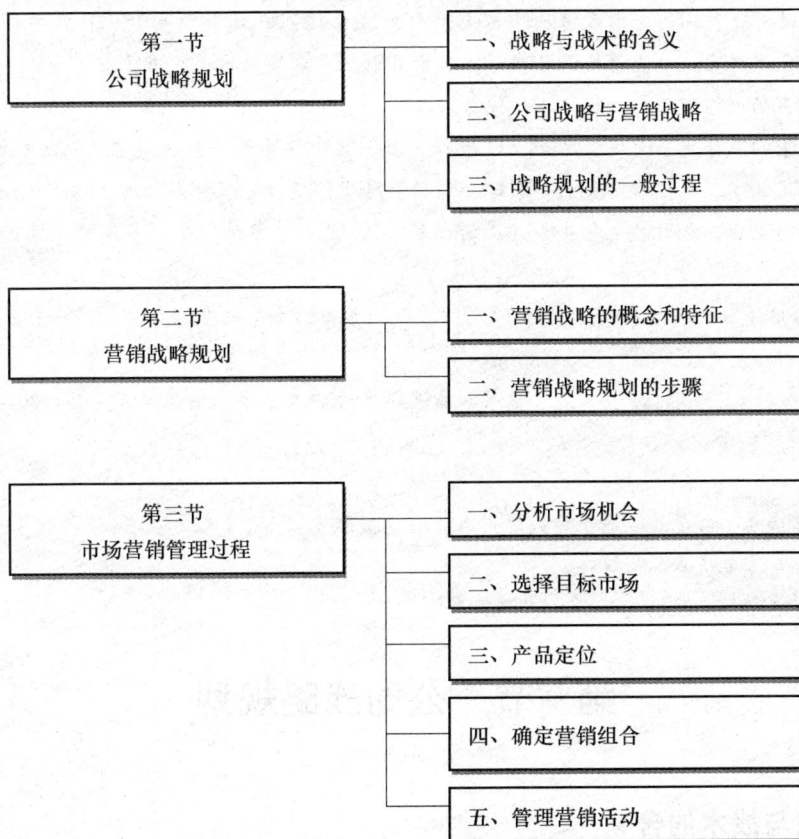

第一节 公司战略规划	一、战略与战术的含义
	二、公司战略与营销战略
	三、战略规划的一般过程

| 第二节 营销战略规划 | 一、营销战略的概念和特征 |
| | 二、营销战略规划的步骤 |

第三节 市场营销管理过程	一、分析市场机会
	二、选择目标市场
	三、产品定位
	四、确定营销组合
	五、管理营销活动

学 习 目 标

■ 了解公司战略规划的主要内容

■ 掌握评价战略业务单位的方法

■ 掌握市场营销管理过程的主要内容

关|键|概|念

- 战略与战术
- 营销战略
- SMART 目标准则
- 波士顿矩阵

引|导|案|例　　索尼何时能复兴？

自 1958 年创业以来，索尼在 2014 年度首次对股东不能分红。2008 财年，索尼已经开始亏损。截至 2014 年，索尼连续 7 个财年亏损。日元汇率在安倍时代贬值如此迅速，索尼本该能沾一点光的，但除去日元汇率的因素，索尼依旧亏损。

索尼在进入 21 世纪以后，经营一直不是很顺畅，数码家电虽然有广阔的市场，但这里已经不是日系企业一枝独秀的地方，韩国、中国台湾及中国大陆企业先后进入，让市场竞争从日系之间的同质同价竞争，向多样化发生了转变。性能价格开始拉开，日企开始从大众市场撤退，准备固守高端市场，但很快发现，即便是高端市场也难有日企一统天下的优势。

索尼公司目前的业务有三大块，电子、娱乐和金融。其中娱乐和金融大概占 1/3，电子约占 2/3。电子业务中，索尼定义了三大核心业务——影像、移动和游戏。不过金融和娱乐的占比仍然较小，作为一家电子产品生产制造企业，昔日的主营业务（上游面板、PC 机、电视业务等）不断被剥离，意味着盈利板块数量锐减。

索尼集团 CEO 平井一夫自 2012 年上任以来一直致力于推行索尼的复兴计划。平井一夫的复兴计划何时能见效？

（资料来源：陈言，索尼七年亏损启示录，中国经济周刊，2014.11，有改写）

引导问题

1. 为了获得持续竞争优势，公司可以寻求什么样的战略？
2. 公司战略业务单位应如何评价？

第一节　公司战略规划

一、战略与战术的含义

战略（Strategy）一词源于希腊语，意为"将军的艺术"，原指军事方面事关全局的重大部署，现已广泛应用于社会、经济、管理等各个领域。从管理学角度讲，战略是指企业为了实现预定目标所作的全盘考虑和统筹安排。亨利·明茨博格教授指出，战略由计划（Plan）、谋略（Ploy）、模式（Pattern）、定位（Position）和视角（Perspective）组成。换言之，战略由上述 5P 组成。

战术（Tactics）是指为实现目标的具体行动。如果说战略明确了企业努力的方向，战术则决定由何人、在何时、以何种方式、通过何种步骤将战略付诸实施，战略与战术的区别见表 2-1。

表 2 - 1 战略与战术的区别

战略	战术
如何赢得一场战争的概念	如何赢得一场战役的概念
包含很多因素，但其重点是战术	是一种单一的主意或谋略
用以保持竞争优势	具有某种竞争优势
是内在的，通常需要进行大量的内部组织工作	相对于产品或企业来说具有外在性，甚至不是企业自己制定的
产品导向或企业导向	沟通导向

从企业成长的规律来看，必须先生存才能有发展的机会，因此"战术应当支配战略，然后战略推动战术"。战术是直接对经营产生影响的创意，而战略则为战术增添双翼，从而使企业经营展翅翱翔。

营销案例 2-1

国际化战略 - 海尔 PK 华为

海尔"先难后易"的国际化战略简单地说就是先打开发达国家市场，后进入发展中国家市场的战略。按海尔的说法，到消费者最讲究、最挑剔的市场，到强者如林的成熟市场，摔打历练，才能迅速成长，占领制高点，然后，居高临下，进入其他市场。海尔先后在美国和意大利等地建立了工厂。海尔虽然在美国有工厂和贸易公司，但在美国市场一直没有占领主流市场，只是在细分市场上小有斩获，在欧洲和日本等发达国家市场的表现也是差强人意。打个形象的比喻，先难后易，就像让刚毕业的小学生去参加高考一样，结果可想而知。这个战略"看上去很美"，逻辑上也好像成立，但实际操作的效果并不理想。

华为国际化采取的是务实的"先易后难"的战略。华为的任正非是"学毛标兵"，他的国际化战略是农村包围城市的"海外"翻版。华为的国内市场也是通过先做县城再做城市的农村包围城市的战略创建起来的。这种"先易后难"的战略与其说是华为的主动战略选择，在某种程度上也是一种不得已而为之的战略。因为华为当时不管在产品、技术、人才、综合实力上和强大的国外竞争对手都差距悬殊，正面较量的话，凶多吉少。针对当时的市场情况，东方不亮西方亮。欧美跨国公司吃欧美市场的肥肉，华为先去啃亚非拉的骨头。不能正面碰撞就侧面迂回。1996 年华为启动了拓展国际市场的漫长之旅，起点就是非洲、中东、亚太、独联体以及拉美等第三世界国家。在经过长达 10 年的发展中国家市场的磨砺和考验后，华为的产品、技术、团队、服务等已日趋成熟，完全具备了与世界上最发达国家竞争的强大实力。华为才陆续登陆欧洲、日本、美国市场。农村包围城市的"先易后难"的战略取得了阶段性的胜利。

（资料来源：韩峰，国际化战略：海尔 PK 华为，营销互联，经删减改写）

二、公司战略与营销战略

对于现代公司而言，营销战略往往是其企业战略的核心内容。因此，要理解营销战略，首先就需要了解有关企业战略的基本知识。

1. 现代公司战略一般包括的关键内容

（1）公司使命和目标。

公司的使命和目标又称为企业的经营方向，是指在较长的一段时期内企业将从事何种活动，为哪些用户和市场服务。它涉及企业的经营范围以及在整个社会分工中的地位，并把本企业和其他类型的企业区分开来。公司使命必须转化成各个管理层次和部门的具体目标。最常见的目标有盈利、销售增长、市场份额扩大、风险分散以及创新等。为了便于采用，组织目标应具备层次化、数量化、现实性和协调性等条件。

（2）公司业务组合战略。

公司战略必须明确建立、扩大、维持、收缩和淘汰哪些业务。规划公司业务组合的一个有用步骤是识别和区分公司的战略业务单位，并对所有战略业务单位的盈利潜力进行评价。一般来说，战略业务单位应满足以下诸条件：它是一项业务或几项相关业务的集合；它有一个明确的任务；它有自己的竞争对手；它有一个专门负责的经理；它由一个或多个计划单位和职能单位组成；它能够从战略计划中获得利益；它能够独立于其他业务单位自主地制订计划。至于战略业务单位的评价方法，比较著名的有波士顿咨询公司的成长——份额矩阵，以及通用电气公司的多因素业务经营组合矩阵。

（3）新业务战略。

一个公司不仅要管理好现有的业务，而且还要考虑通过发展新业务，实现公司的成长，有三种成长战略可供公司选择，如图2-1所示。

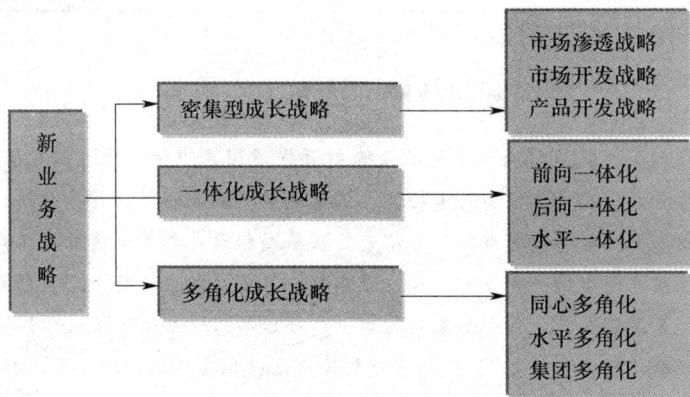

图2-1　新业务战略发展图

一是密集型成长战略，即在公司现有的业务领域寻找发展机会。有三种途径可以实现密集型成长，包括市场渗透战略（设法在现有市场上增加现有产品的市场份额），市场开发战略（为公司现有产品寻找新市场），以及产品开发战略（开发新产品）。

二是一体化成长战略，即建立或并购与目前业务有关的业务。包括纵向一体化（又可以区分为前向一体化和后向一体化），及横向一体化战略。其中，前向一体化就是通过兼并和收购若干个处于生产经营环节下游的企业实现公司的扩张和成长，如制造企业收购批发商和零售商。后向一体化则是通过收购一个或若干供应商以增加盈利或加强控制，如汽车公司对零部件制造商的兼并与收购。水平一体化就是对竞争对手的兼并与收购。

最后是多角化成长战略，即寻找与公司目前业务范围无关的富有吸引力的新业务。多角化成长战略包括同心多角化（开发与公司现有产品线的技术或营销有协同关系的新产品），水平多角化（研究开发能满足现有顾客需要的新产品），以及集团多角化（开发与公司现有技术、产品和市场都毫无关系的新业务）。

营销案例2-2

宜家：逆向战略定位

宜家家居逆向战略定位的核心是"低价"和"有限服务"。宜家的目标对象是年轻的家具客户，他们在乎的是价格低廉的时尚家具。要充分理解这种战略定位，就要回到宜家的创立之初。从 1950 年一直到 20 世纪 70 年代初，瑞典的国民生产总值平均年增长 4%，这一持续增长所带来的现代化浪潮使得城市不断扩张，并向郊区辐射发展。年轻人迫切需要找地方住下来，并尽可能便宜地装修房子。这一状况和现在的中国出奇地相似，"黄金年代"下的"黄金需求"由此产生。

宜家"反其道而行"的策略体现在它"从价格标签开始设计"的独特定价方法上。看看宜家贩卖的热狗吧，才 3 块钱人民币，而在其他地方，类似的产品差不多要 10 块。这只小小的热狗完满地体现出了宜家的"热狗原理"：不仅仅是价格比别家的低，而且还要比别人低很多。为了达到这一点，宜家的研发体系采取一种独特的做法，首先确定价格，即设计师在设计产品之前，宜家就已经为该产品设定了比较低的销售价格，然后再反过来寻求能够以该售价以下的成本价提供产品的供应商，从而把低成本与高效率合为一体。

从一个独特的营销概念转化为一个战略定位，宜家花了几十年时间使其高效运转。而围绕战略定位，宜家又进行了一系列环环相扣的整合。这看起来就像一台精密运转的机器，但是，宜家的战略定位却是有一些具有优先顺序的战略主题构成：首先是有限的顾客服务。为了抓住那些愿意节省成本而牺牲服务的顾客，宜家放弃了竞争者惯用的招数。宜家放弃了销售员贴身顾客的销售方式，而是采取销售员咨询、店内展示的自助式服务。宜家没有太多的服务人员，却总是提醒顾客"多看一眼标签：在标签上您会看到购买指南、保养方法、价格。"其次是顾客自助购物。宜家擅长设立样板间，以陈列相关的产品，顾客不需要设计师的协助，就可以想象各种家具摆放在一起的样子。宜家也鼓励顾客在卖场"拉开抽屉，打开柜门，在地毯上走走，或者试一试床和沙发是否坚固。这样，你会发现在宜家沙发上休息有多么舒服。"第三是模块化的家具设计。和其他厂商依赖制造商的做法不同，宜家觉得自己设计专有的低成本、组合式、可自性组装的家具，更符合公司的定位。第四是更低的制造成本。宜家除了与 OEM 供应商合作外，也鼓励各供应商之间进行竞争，宜家也倾向于把订单授予那些总体上衡量起来价格较低的厂商。为了进一步降低价格，宜家在全球范围内调整其供应链布局，根据各地不同产品的销量不断变化，宜家也就不断调整其生产订单在全球的分布。

这种低成本的定位是以牺牲顾客部分服务为代价的，这也招致顾客的抱怨。在中国，宜家会受到顾客强烈的质疑：为什么送货要收费？为什么要自己组装家具？宜家没有放弃自己的"低成本"的原则，但是也增加了许多竞争者没有的额外服务以作补偿：在店内提供孩童照顾服务；延长营业时间，国庆期间甚至延长到晚上十点；提供低价美味的餐饮服务，一款咖喱鸡套餐才 9 块！这些"逆向"策略显然让年轻顾客兴奋不已，因为他们可能有小孩（却没有保姆），有钱但只能下班时间逛街购物，他们也更喜欢快餐。

逆向思维和独特定位在宜家的生产和销售过程中无处不在。用宜家创始人坎普拉德的话说就是：把缺点转化为利润。具体的做法表现在宜家让衬衫厂制造椅子靠垫，让门窗厂打造桌子框架，晴天的时候把雨伞价格抬高而下雨的时候再打折出售。一个典型的例子是"斯格帕椅子"，宜家花了几个月的时间寻找合适的生产商未果，后来，宜家的设计师突发奇想，决定让生产塑胶碗和塑胶桶的厂商来生产这种椅子，结果却制造出了比最初设计的线条还要简洁、明快。

（资料来源：宜家背后的秘密，管理人网）

2. 公司战略计划的分析框架

从公司计划的不同层次或类型来看，一个企业的内部结构及其计划、战略，存在三个层次：

一是企业总部级，企业最高层负责制定整个企业战略计划，即企业总体战略，它决定整个企业的战略方向，并决定相应的资源分配战略和新增业务战略。

二是经营单位级，一个企业内部通常会有若干个战略经营单位，分别从事不同的业务。各个经营单位要在总体战略指导下，制订自己的战略计划，即经营战略，以保证本单位的经营活动能够始终指向企业总体战略规定的目标。

三是产品级，较大的企业里，一个经营单位往往拥有若干条产品线、产品系列及品牌、项目，每一种产品都要分别制订市场营销计划，实施市场营销管理。市场营销活动及其规划，必须在战略计划的框架内进行，如图2-2所示。

从市场营销部门与战略计划部门来看，市场营销部门与战略计划部门的关系密切。市场营销部门向战略计划部门提供信息和意见，以便于战略计划部门对环境做出分析和评价，然后战略计划部门与各经营单位商谈目标，在这个基础上各经营单位的市场营销部门制定市场营销战略。

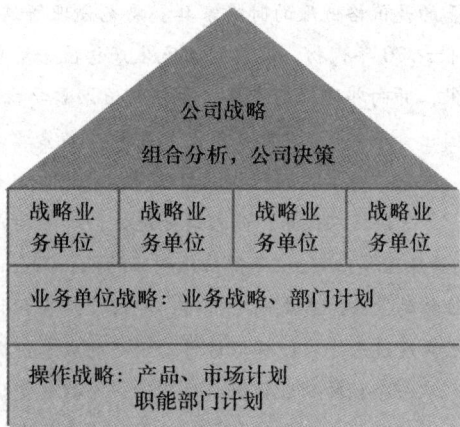

| 公司战略 |
| 组合分析，公司决策 |

战略业务单位	战略业务单位	战略业务单位	战略业务单位
业务单位战略：业务战略、部门计划			
操作战略：产品、市场计划 职能部门计划			

图2-2　公司战略计划的分析框架

营销案例2-3

中粮集团的"全产业链"战略

中粮集团有限公司（COFCO）是世界500强企业，也是中国领先的农产品、食品领域多元化产品和服务供应商，致力于打造从田间到餐桌的全产业链粮油食品企业，建设全服务链的城市综合体。

中粮的历史可以追溯到1949年，当时的主营业务是粮油食品贸易加工，承担维护国家粮油食品安全与储备调节的功能。改革开放之后，随着粮食供给的平衡与中国市场机制的完善，中粮的职能也面临着转变。从1992年开始，中粮的主营业务开始由传统的贸易代理向粮油食品加工等领域转化，走向了多元化发展的道路。目前中粮已成为一家以粮油食品为主营业务，同时横跨农产品、食品、酒店、地产、金融等众多领域的综合性多元化集团公司。

2009年，中粮明确提出"全产业链"战略（图2-3）。为了实现这一宏伟的战略，中粮在其核心竞争优势的基础上，交互式地采取了"合纵连横"的并购、重组和业务构建的战略活动，相伴而生的便是包括自身组织结构在内的一系列管理控制变革。

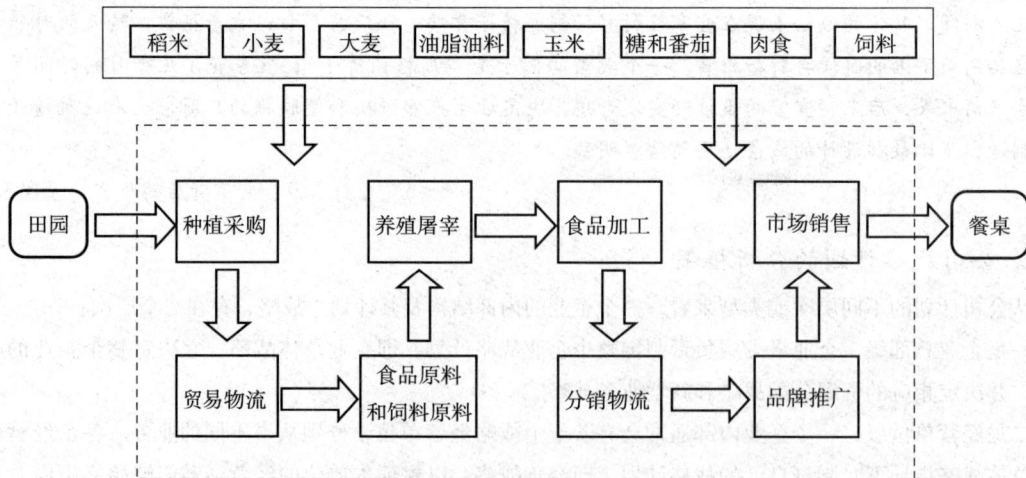

图2-3　中粮"全产业链"

中粮此次"全产业链"基本覆盖了从田园到餐桌的种植养殖、物流储运、食品原料加工、生物质能源、品牌食品生产销售等全部环节，甚至在地产酒店、金融服务等领域也表现良好。通过历次资本运作，中粮俨然成了国内粮油食品市场上的新兴"巨无霸"，其"全产业链"加工子公司和机构已达到 125 家，且广泛分布于我国各个地区。

伴随如此大规模的纵横扩张和成长，中粮内部的组织结构和管理方式也在一系列改革中发生了变化。随着中粮"全产业链"战略的确定，时至今日中粮的直线职能式组织架构已经形成，中粮科学研究院、中粮营养健康研究院等一些重量级研发机构的设立让中粮产业链整体更为紧密，质量与安全管理部所发挥的作用在整个食品安全和品牌质量保证上也举足轻重。此外，为了适应"全产业链"战略的需要，中粮还引入了 6S、EVA（经济增加值）考核等现代化的管理控制手段。

（资料来源：冯长利，兰鹰，周剑，中粮"全产业链"战略的价值创造路径研究，管理案例研究与评论，

2012 年 4 月，有改写）

三、战略规划的一般过程

企业战略规划的步骤是：首先要制定企业的总任务；其次是根据总任务确定企业的具体目标；再次是确定企业的最佳业务组合或产品组合，并确定企业的资源在各业务单位或各产品之间的分配；最后是制定各业务单位（或各职能部门）的分战略（图 2-4）。

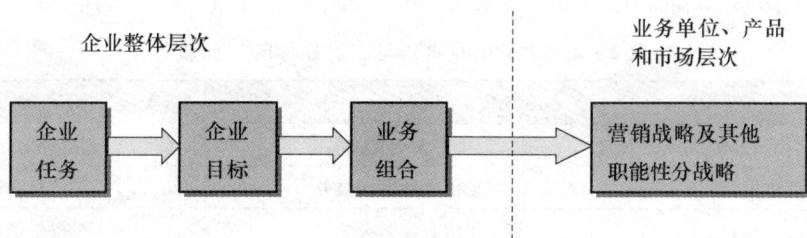

图 2-4　企业战略规划步骤

📕 **营销观点 2-1** ....

蓝海战略

2005 年 W·钱·金和勒妮·莫博涅出版了《蓝海战略》一书，蓝海战略思想在全球范围内受到企业界的广泛推崇。作者基于对跨度达 100 多年、涉及 30 多个产业的 150 个战略行动的研究，提出：要赢得明天，企业不能靠与对手竞争，而是要开创"蓝海"，即蕴含庞大需求的新市场空间，以走上增长之路。作者还提出了成功制定和执行蓝海战略的 6 项原则，即重建市场边界、注重全局而非数字、超越现有需求、遵循合理的战略顺序、克服关键组织障碍、将战略执行建成战略的一部分。

所谓蓝海战略，就是企业突破红海的残酷竞争，不把主要精力放在打败竞争对手上，而主要放在全力为买方与企业自身创造价值飞跃上，并由此开创新的"无人竞争"的市场空间、彻底甩脱竞争，开创属于自己的一片蓝海。红海战略是在已有的市场空间中竞争，而蓝海战略是开创无人争抢的市场空间。

蓝海战略的核心是价值创新，它是基于跨越现有竞争边界对价值元素的重新组合及对市场的重建，而不是基于对未来市场的猜测或技术上的标新立异。关键在于是否为企业和买方提供价值的飞跃，是否开启新的需求。蓝海战略要求企业把视线从竞争对手身上移到买方需求上面，通过关注产业或市场的"非顾客"，找到重塑市场边界、开创新需求的途径。

蓝海战略思维的真谛在于跨越常规边界、独辟蹊径、重设游戏规则。

（1）制定企业的任务。

当企业规定或调整任务时，应回答这些问题：本企业经营的业务是什么？顾客是哪些人？顾客最需要的是什么？本企业未来经营的业务是什么？应当向哪个方向发展？这些问题看来很简单，实际上很难作出准确的回答。

按传统的观点，可从产品角度或技术角度来回答，如"本公司的业务是制造计算尺"。然而，这些回答都不够恰当，因为按照市场营销观念，企业的业务活动应当被看作是一个满足顾客需要的过程，而不仅仅是一个制造某种产品的过程。产品或技术迟早都会过时，都会被淘汰，而市场上的基本需要却是长存的。如果企业一心只想如何制造计算尺并将企业任务规定为制造这种产品，当小型计算器大量问世的时候，企业就会同它的产品——计算尺一起被淘汰。因为顾客需要的是计算能力，小型计算器的计算能力远远胜过计算尺，它必然会取代计算尺。相反，如果企业将任务规定为满足顾客对计算能力的需要，就会注意观察这方面的市场需求动向，并及时开发更能满足这方面需求的新产品，从而使企业持久地保持竞争能力。

由此可见，企业在规定自己的任务时，应该是"市场导向"，即以市场需求为中心来规定自己的任务，应避免用"产品"或"技术"把任务定得过窄，但也不可将任务规定得过宽。例如，生产铅笔的企业如果将自己的任务规定为"生产信息传播的工具"，那就定得太宽了，会使顾客难以理解，也会使企业职工感到方向不明。此外，企业的任务还应具有激励作用，像一只"看不见的手"，能调动起全体员工的积极性和创造性，共同为完成企业的任务而努力。表2-2比较了"市场导向"与"产品导向"表述使命的差异所在。

表2-2　"市场导向"与"产品导向"比较

企　业	"产品导向"表述	"市场导向"表述
玛丽化妆品公司	生产女士化妆品	创造魅力和美丽
美国电话电报公司	提供电话电报服务	提供信息沟通能力
埃克森公司	出售石油和天然气	提供能源
迪士尼公司	提供娱乐场所	组织娱乐休闲活动

界定企业任务还应考虑企业的优良传统与价值观念、企业的资源条件、企业核心能力和优势，并反映股东及管理者的意图和想法，在表达上应当富有激励性，能鼓舞人心。

（2）明确企业目标。

企业的任务确定后，还要将这些任务具体化，为企业管理层次的目标，形成一套完整的目标体系，使每个管理人员都有明确的目标，并负责实现这些目标，这种方法又称"目标管理法"。

大多数企业、经营单位的业务，可能同时追求几个目标。若干目标项目组成了一个目标体系，从不同角度反映战略追求及业务活动所要达到的状况。同时一个较大的目标，通常又可分解为若干较小的、次级的目标。总之确定企业目标时，要遵循"SMART"目标准则，如表2-3所示。

表2-3　SMART目标准则

SMART含义	简明定义
Specific	具体化
Measurable	可测量的
Attainable	可达成的
Realistic	实际的、成果型的
Time	时间具体化

（3）规划投资组合。

在确定了企业任务和目标的基础上，企业的最高管理层应着手对业务组合进行分析和规划，即确定哪些业务和产品最能使企业发挥部分优势，从而最有效地利用市场机会。

投资组合分析是企业战略规划的重要工具之一。通过这种分析，企业管理部门可对企业的各项业务进行分类和评估，然后根据其经营效果的好坏，决定给予投资的比例。对盈利的业务追加投资，对亏损的业务维持或减少投入，以便使企业资源得到最佳配置。

管理部门进行业务组合分析的第一步，是要辨认哪些是企业的主要业务，这些主要业务称为"战略业务单位"。一个典型的战略业务单位具有下列特征：①是一项单独的业务；②具有特定的任务；③有自己的竞争对手；④有专人负责经营；⑤掌握一定资源；⑥能从战略计划中得到好处；⑦可单独制订计划而不与其他业务发生牵连。一个战略业务单位可能是企业中的一个或几个部门，也可能是一个部门中的某种产品线，或是某种产品或品牌。

业务组合分析的第二步，是评估和分析各战略业务单位的经营效果，以便做出资源配置决策。一般有专门的方法（如波士顿咨询集团法，通用电器公司法）进行分析和评估（下一节中我们将作详细介绍）。

（4）职能性战略。

企业的战略规划规定了企业的发展方向，并为每个战略业务单位确定了未来的目标。各战略业务单位为了实现既定的目标，还要制定更为详细的具体分战略，即职能性战略，如营销战略、财务战略、生产战略、人事战略等。在制订这些职能性战略时，最重要的是要处理好各种职能、各个部门之间的关系。

营销战略的内容主要由三部分构成，包括目标市场战略，营销组合战略，以及营销费用预算。若从营销管理过程的角度来看，营销战略同样可以区分为三个阶段，即营销战略计划、营销战略执行和营销战略控制。其中，营销战略控制一般有年度计划控制、利润控制和战略控制三种类型。

第二节 营销战略规划

一、营销战略的概念和特征

营销战略是企业在现代市场营销观念的指导下，为了实现企业的经营目标，对于企业在较长时期内市场营销发展的总体设想和规划。公司营销战略是企业总战略的重要组成部分，必须与总体经营战略相吻合。

营销战略一般具有以下特征：

（1）市场性：营销战略是在市场营销观念指导下的战略。起点于市场，终点也是在市场。

（2）全局性：营销战略体现企业全局发展的需要和利益。它决定市场开发、占领和扩张的方向、速度和规模。

（3）风险性：由于环境的不确定性，使公司的营销战略带有风险。然而威胁和机会是可以相互转换的，威胁也是可以化解的。

（4）多元性：市场是由人口、购买力和购买动机构成的。而影响或决定以上市场要素的因素又是多种多样的，如政治、法律、经济、技术、社会文化、地理、竞争等因素。

（5）可行性：企业在进行营销战略规划过程中，必须运用边际收益、现金流量和投资收益率等指标进行分析，以确保营销战略规划及其方案切实可行，具有可操作性。

营销案例2-4

苏宁云商经营战略的蜕变之路

苏宁云商是我国商业企业的领先者，经营商品涵盖传统家电、消费电子、百货、日用品、图书、虚拟产品等综合品类。1990年，苏宁电器创立于中国南京，2004年，在深圳证券交易所上市，成为国内首家IPO上市的家电连锁企业。2013年，公司更名为苏宁云商。

从创立至今，苏宁在发展过程中不断地修正经营战略，从而找到新的利润增长点。

1. 创业积累期——"厂商合作"经营模式

创业初期（1990—1993年），刚刚成立的苏宁从空调专营起步。当时空调行业处于卖方市场，家电产品供不应求。因此，良好的供应商关系和广大的顾客群体是企业快速成长的关键。为培育广大的顾客群体，苏宁逐步建立了完整的"配送、安装、维修"一体化的服务体系。为搞好供应商关系，苏宁开辟了"厂商合作"的新经营模式，从1991年起，苏宁便率先向供应商渗透商业资本，首创了经销商在淡季向生产商打款这一"逆向运作方式"，这一经营模式确保了苏宁在旺季依然能以优惠的价格获得稳定货源。这也是苏宁能够在1993年和八大国有商场对垒的"空调大战"中以一敌众，脱颖而出的关键因素。

2. 快速扩张期——批发网络营销道路

这一时期（1994—1996年），由于家电连锁行业的产品标准化程度越来越高，即企业难以运用产品差异化来争夺市场。此时扩大规模，降低成本才是成功的关键。从1994年起，苏宁大力发展全国性的批发业务，以南京为大本营建立了辐射全国的批发网络4 000多家。借助批发网络的力量，1996年实现销售收入15亿元，与1993年的3亿元比，增长了4倍。

3. 调整发展期——以"零售为核心"的经营战略

在调整发展阶段（1997—1998年），苏宁发现消费者的需求变得越来越多样化和个性化。为了更好、更及时地满足消费者需求的新变化，适应行业变革的大趋势。苏宁主动放弃了自己熟悉的空调批发业务，转型做零售，实行了以"零售为核心"的经营战略，并明确提出"限制大户、培育中户、发展小户"的市场经营策略。实现"点对点"的市场交易，建立苏宁的终端市场地位。

4. 二次创业期——多元化发展道路

二次创业期（1999—2011年）是苏宁寻求新的利润增长点的又一次探索。1999年苏宁开始将经营范围由主要销售电器转到电子电器、百货、日用、虚拟等多类全业态经营，同时集国际先进零售经验，在购物环境、产品体验、整体解决方案、服务方式等多方面实现突破。与此同时，为增强企业市场反应能力，企业投资3 000万元实施了ERP工程，并在2001年成功上线。2003年苏宁首创"3C（电脑、通信、家电）模式"。在二次创业过程中，苏宁以"速度冲击规模"，始终坚持了"快速连锁扩张"战略，全面渗透全国各级市场，扩大了苏宁的领先优势。

5. 蜕变期——电子商务经营模式

近年来，随着网上电子商务、网络购物的不断兴起，传统的销售实体店面临着越来越大的竞争压力，要想生存和发展不得不进行蜕变。此阶段（2012年开始），苏宁的经营战略是要做"亚马逊+沃尔玛"模式的电子商务网站，而做电商需要强大的网站后台支持系统，为此，2013年苏宁还在美国建立了苏宁硅谷研究院。2014年，苏宁云商收购团购网站满座网，并通过国家邮政局快递业务经营许可审核，获得国际快递业务经营许可。

（资料来源：曾清兰，民营企业各发展阶段的经营战略与融资策略案例研究——以苏宁云商股份有限公司为例，中国乡镇企业会计，2014年8月，有改写）

二、营销战略规划的步骤

营销战略是一种市场竞争的战略，为占有更多的市场份额，争夺竞争的优势地位而采取的各种整体对策。它是企业经营的战略核心，是企业获得持续发展的重要保证。公司营销战略设计主要包括：确定企业的使命与目标，选择适宜的市场机会，建立战略业务单位、战略评价与抉择，见图2-5。

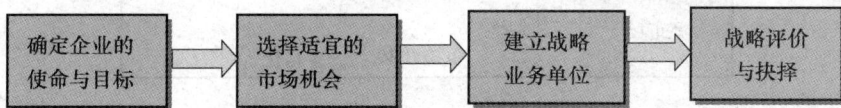

```
┌──────────┐   ┌──────────┐   ┌──────────┐   ┌──────────┐
│ 确定企业的 │ → │ 选择适宜的 │ → │  建立战略  │ → │  战略评价  │
│ 使命与目标 │   │  市场机会  │   │  业务单位  │   │  与抉择   │
└──────────┘   └──────────┘   └──────────┘   └──────────┘
```

图2-5　营销战略设计步骤

1. 确定企业的使命与目标

企业使命与目标是企业存在于社会动态环境中所要完成的特定任务或要实现的特定目标。

美国著名的管理学家德鲁克认为，明确企业的使命最重要的是要表明本企业是干什么的？将要干什么？应该干什么？

通常情况下，确定企业任务要考虑五个要素，即：企业的历史、目前管理机构和股东们的偏好（企业领导往往都有其个人目标和独到见解）、环境因素、企业资源、企业的竞争优势。

企业目标是企业未来一定时期内所要达到的一系列具体目标的总称。主要指标有：

（1）投资报酬率。

（2）销售收益率。

（3）销售增长率。

（4）市场占有率。

（5）产品创新与企业形象。

2. 选择适宜的市场机会

市场机会就是市场上存在的未被满足的需求。一般地，企业面对的市场机会有三种发展类型：密集性成长、一体化成长和多样化成长，详见表2-4。

表2-4　市场机会的发展类型

密集型成长	一体化成长	多样化成长
市场渗透	后向一体化	同心多样化增长
市场开发	前向一体化	水平多样化增长
产品开发	水平一体化	集团式多样化增长

（1）密集性市场机会。

密集性市场机会是指一个特定市场的全部潜力尚未达到极限时存在的市场机会。运用安索夫的产品/市场矩阵图，见图2-6，可以对企业业务扩展（或扩展战略）进行清晰分类。

利用这样的市场机会获得业务增长有三种情况，即市场渗透、市场开发和产品开发。

①市场渗透。市场渗透是指使原有产品在原有市场上尽力保持原有顾客并力争新顾客的策略。市场渗透至少包括三方面的内容：刺激现有顾客更多地购买本企业的现有产品；考虑如何把竞争对手的顾客吸引过来，提高现有产品的市场占有率；激发潜在顾客的购买动机，促使他们也来购买本企业的这种产品。

产品　　市场	现有产品	新产品
现有市场	扩大化　——————————→　　　　　市场渗透	产品开发
新市场	↓　　　　　市场开发	多角化

图2-6　安索夫产品/市场矩阵图

②市场开发。市场开发是指以原有产品或改进型产品来争取不同消费者群和开拓新市场的策略。其主要形式是扩大现有产品的销售区域，直至进入国际市场。实施这一策略的关键是开辟新的销售渠道，并应大力开展广告宣传等促销活动。

③产品开发。产品开发是指开发新产品，对产品进行更新换代以争取消费者群和开拓新市场的策略。即通过向现有市场提供多种改型变异产品（如增加花色品种、改进包装、增加服务项目等），以满足不同顾客的需求。实施这种策略的重点是改进产品设计，同时也要大力开展以产品特色为主要内容的宣传促销活动。

哈佛大学教授西奥多·李维特曾精辟地指出："企业经营必须被看成是一个顾客满意过程，而不是一个产品生产过程。产品是短暂的，而顾客是永恒的。"由于市场渗透、市场开发和产品开发的策略迎合了这一点，因此为工商企业所称道。

（2）一体化市场机会。

一体化市场机会是指一个企业把自己的营销活动延伸到供、产、销不同环节而使自身得到发展的市场机会。利用这样的市场机会获得的一体化增长策略有3种情况：即后向一体化、前向一体化和水平一体化，如图2-7所示。

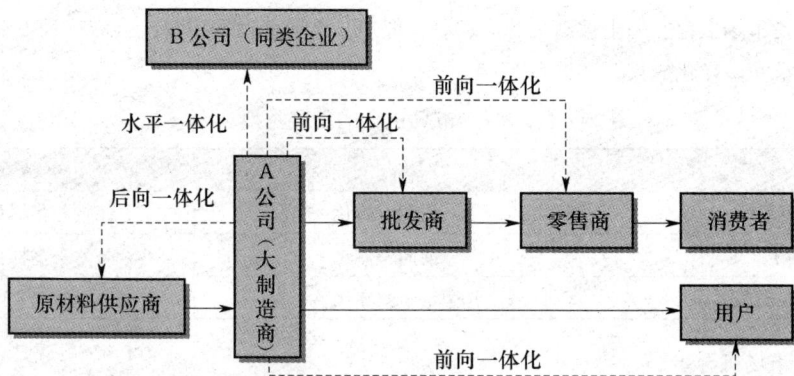

图2-7　一体化增长

①后向一体化。即企业通过自办、契约、联营或兼并等形式，对其供给来源取得控制权或拥有所有权，实行供产一体化。例如，一家钢铁厂过去一直向供应商购买铁矿石，现在决定自办矿山，自行开采，这就是后向一体化；一家商场向生产产品的方向发展，实行产销一体化的做法亦属此列。后向一体化的重要作用之一在于企业拥有和控制着供应系统，提高了企业的应变能力。

②前向一体化。即企业通过一定形式对其产品的加工或销售单位取得控制权或拥有所有权，从而拥有

和控制其分销系统，实行产销一体化。例如，一个过去只生产原油的油田现在决定开办炼油厂；一家大型养鸡场现在决定自设或兼并几个销售网点；一家批发商现在决定增设或接管几个零售商店等，都是在实施前向一体化增长策略。

③水平一体化。又称横向一体化，是指同行业内相同类型企业的收购、兼并和重组。例如，一家企业通过接管或兼并它的竞争对手（同行业的中小型企业），或者与同类企业合资经营，来寻求增长的机会，都属于一体化增长中的水平一体化发展。

（3）多样化市场机会。

多样化市场机会是指企业利用经营范围以外的市场机会，新增与现有产品业务有一定联系或毫无联系的产品业务，实行跨行业经营所获得的市场机会。多样化增长策略也有三种形式，即同心性多样化增长、水平多样化增长和集团式多样化增长，如表2-5所示。

表2-5 多样化市场机会的关键因素

多样化类型	关键因素
同心多样化	技术或特长
水平多样化	市场（渠道）
集团多样化	资金

①同心多样化增长。同心多样化增长又称同心多角化，即企业利用原有技术和特长发展新产品，增加产品品种和种类。这种做法犹如从同一圆心向外扩大业务范围，以寻求新的增长。例如，海尔集团过去的主导产品是电冰箱，近年来利用现有的设备和技术增加了电视机、空调器、洗衣机等家用电器的生产，这就属于典型的同心多样化增长方式。这种多样化经营有利于发挥企业原有的设备技术优势。其特点是投资少，风险小，易于成功。

②水平多样化增长。又称横向多样化增长，即企业针对现有市场的其他需要，采用不同的技术来发展新产品，以扩大业务经营范围，寻求新的增长。这就意味着企业向现有的顾客提供他们所需要的其他产品。实行这种多样化经营，意味着企业要向其他行业或领域投资，因而有一定的风险，应具备相当的实力。但由于是为原有的顾客服务，因此易于开拓市场，有利于塑造和提升强有力的企业形象。

③集团式多样化增长。集团式多样化增长又称集团多角化，即企业通过投资或兼并等形式，把经营范围扩展到多个新兴部门或其他部门，组成混合型企业集团，开展与现有技术、现有产品、现有市场无联系的多样化经营活动，以寻求新的增长机会。

实行集团式多样化增长，有财务上的原因，例如为了在现实的经营中抵补季节性或周期性的各种波动，但更多的是出于战略上的考虑，如合理调配资金，或者避免能源危机、行业衰退、政局变动给企业造成的威胁等。

一般地，企业多角化经营的动因表现在六个方面，分别是：分散风险；寻求扩张；发掘潜力；发挥绩效，即力求做到资源共享、优势互补、外部交易内部化、降低营运成本，这样可使企业运作空间扩大，盈利机会增多；产业转移；保持活力。

通常，采用多角化增长方式的企业，一般都是财力雄厚、拥有各类专家、具有相当声望的大公司。

3. 建立战略业务单位

任何一个企业，不论采用何种增长策略，其资金总是有限的，各种产品业务的增长机会也会各不相同。

鉴于此，为了实现企业目标，在制订企业战略时，就必须对各项产品业务进行分析和评价，确认哪些业务应该发展、维持、缩减或淘汰，并作出相应的投资安排与建议。为了优化产品投资组合，企业高层管理人员应首先将企业所有的产品业务分成若干个"战略业务单位"（Strategic Business Unit，简称为SBU），每个SBU都是单独的业务或一组相关的业务单位，并能单独计划、考核其营销活动和绩效。

市场营销中常用的战略业务单位评价的方法有波士顿矩阵法和通用电气公司方法。

（1）波士顿矩阵。

波士顿矩阵（又称四象限分析法、波士顿咨询集团法）是由美国波士顿咨询集团首创的一种规划企业产品组合的方法，如图2-8所示。

矩阵图中的纵坐标代表相对销售增长率，表示企业的各战略业务单位的相对销售增长率。假设以10%为界限，10%以上为高增长；10%以下为低增长。

矩阵图中的横坐标代表相对市场占有率，表示企业各战略业务单位的市场占有率与同行业最大的竞争者（即市场上的领导者或"大头"）的市场占有率之比。如果企业的战略业务单位的相对市场占有率为0.1，这就是说，其市场占有率为同行业最大竞争者

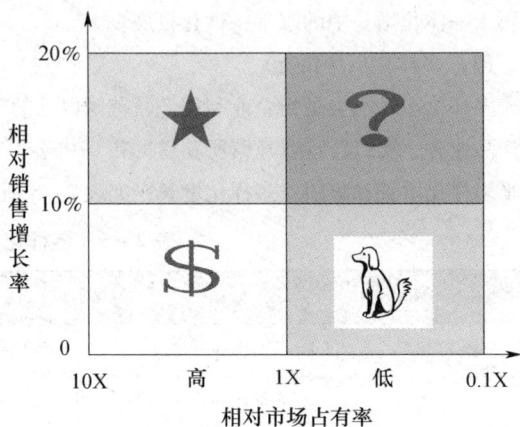

图2-8　波士顿矩阵图

的市场占有率的10%；如果企业的战略业务单位的相对市场占有率为10，这就是说，企业的战略业务单位是市场上的"大头"，其市场占有率为市场上的"二头"的市场占有率的10倍。假设以1为分界线，1以上为高相对占有率，1以下为低相对占有率。

对于一个拥有复杂产品系列的企业来说，一般决定产品结构的基本因素有两个，即市场引力和企业实力。市场引力包括企业销售增长率、目标市场容量、竞争对手强弱及利润高低等。其中最主要的是反映市场引力的综合指标——销售增长率，这是决定企业产品结构是否合理的外在因素。企业实力包括市场占有率、技术、设备、资金利用能力等，其中市场占有率是决定企业产品结构的内在要素，它直接显示出企业的竞争实力。销售增长率与市场占有率既相互影响，又互为条件。市场引力大，销售增长率高，可以显示产品良好的发展前景，企业也具备相应的适应能力，实力较强。

通过以上两个因素相互作用，会出现四种不同性质的产品类型，形成不同的产品发展前景。

①问题类产品。它是处于高增长率、低市场占有率象限内的产品群，说明市场机会大，前景好，而在市场营销上存在问题。其财务特点是利润率较低，所需资金不足，负债比率高。例如，在产品生命周期中处于引进期并因种种原因未能开拓市场局面的新产品即属此类问题产品。对问题产品应采取选择性投资战略，即首先确定对该象限中那些经过改进可能会成为明星的产品，进行重点投资，提高市场占有率，使之转变成"明星产品"；对其他将来有希望成为明星的产品，则在一段时期内采取扶持的政策。因此，对问题产品的管理组织，最好采取智囊团或项目组织等形式，选拔有规划能力、敢于冒风险、有才干的人负责。

②明星类产品。它是指处于高增长率、高市场占有率象限内的产品群，这类产品可能成为企业的金牛产品。其财务特点是具有一般水平的利润率和负债比率，但由于该类产品增长较快而显得资金不足，需要加大投资以支持其迅速发展。采用的发展战略是，积极扩大经济规模和市场机会，以长远利益为目标，提高市场占有率，加强竞争地位。发展战略以及明星产品的管理与组织最好采用事业部形式，由对生产技术和销售两方面都很内行的经营者负责。

③金牛类产品。又称厚利产品，它是指处于低增长率、高市场占有率象限内的产品群，已进入成熟期。

其财务特点是销售量大，产品利润率高，负债比率低，可以为企业提供资金，而且由于增长率低，也无须增大投资，因而成为企业回收资金、支持其他产品尤其是明星产品投资的后盾。对这一象限内的大多数产品，市场占有率的下跌已成不可阻挡之势，因此可采用收获战略，即所投入资源以达到短期收益最大化为限。具体的做法是：a. 把设备投资和其他投资尽量压缩；b. 采用榨油式方法，争取在短时间内获取更多利润，为其他产品提供资金支持。金牛产品适合于用事业部进行管理，其经营者最好是市场营销型人才。

④瘦狗类产品。又称衰退类产品，它是处在低增长率、低市场占有率象限内的产品群。其财务特点是利润率低，处于保本或亏损状态，负债比率高，无法为企业带来收益。对这类产品应采用撤退战略。首先应减少批量，逐渐撤退，对那些销售增长率和市场占有率均极低的产品应立即淘汰；其次是将剩余资源向其他产品转移；第三是整顿产品系列，最好将瘦狗产品与其他事业部合并，统一管理。

（2）通用电气公司法。

通用电气公司的方法较波士顿咨询集团的方法有所发展。它用"多因素投资组合矩阵"来对企业的战略业务单位加以分类和评价（图2-9）。矩阵图中的七个圆圈代表企业的七个战略业务单位。圆圈大小表示各个单位所在行业（市场）大小，圆圈内的空白部分表示各个单位的市场占有率。例如，圆圈D表示战略业务单位所在行业是一个较小的行业，但其市场占有率较大（37.5%）；圆圈B表示战略业务单位所在行业是中等的，其市场占有率为25%。

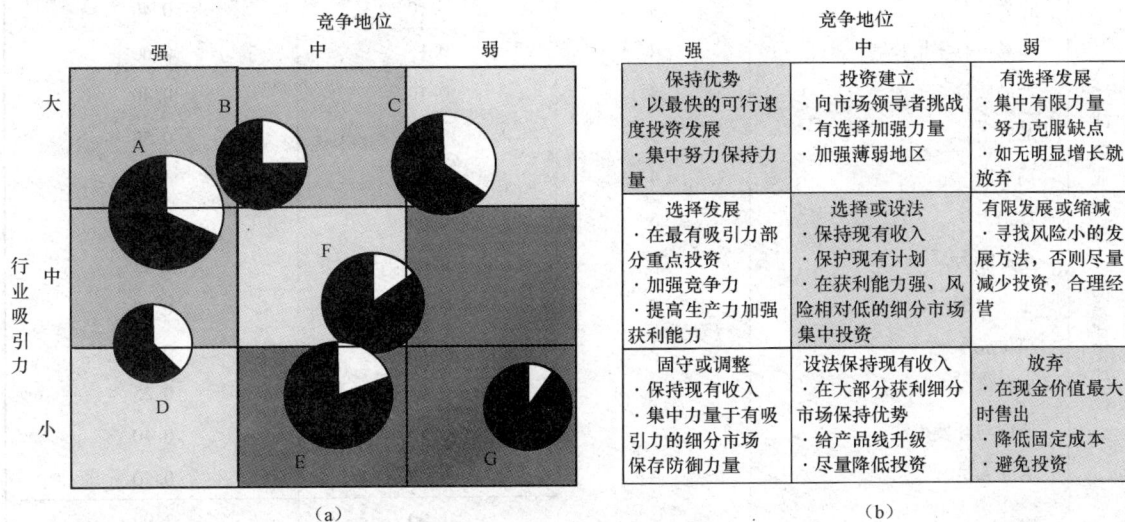

图2-9 通用电气公司法

通用电气公司认为，企业在对其战略业务单位加以分类和评价时，除了要考虑市场增长率和市场占有率之外，还要考虑许多其他因素。这些因素可以分别包括在以下两个主要变量之内。

①行业吸引力，包括市场大小、市场年增长率、历史的利润率、竞争强度、技术要求、由通货膨胀所引起的脆弱性、能源要求、环境影响以及社会、政治、法律的因素等。矩阵图中的纵坐标代表行业吸引力，以大、中、小概括地表示。

②竞争地位，即战略业务单位在本行业中的竞争能力，包括市场占有率、市场占有率增长、产品质量、品牌信誉、商业网、促销力、生产能力、生产效率、单位成本、原料供应、研究与开发成绩以及管理人员等等。矩阵图中横坐标代表战略业务单位的竞争地位或竞争能力，以强、中、弱概括地表示。如果行业吸引力大，企业的战略业务单位的竞争地位又强，显然这种业务是最好的业务。

企业的最高管理层对上述两大变量中的各个因素都要批分数（最高分数为5分），而且各个因素都要加权，求出各个变量的加权平均分数。

从表2-6可以看出，战略业务单位A（处于矩阵图的左上角）的行业吸引力的加权平均分数为3.45，其竞争地位的加权平均分数为3.90。

表2-6 战略业务单位A的竞争地位与行业吸引力

分类	项目	批分数	权数	加权值
行业吸引力	市场大小	4	0.20	0.80
	年市场增长率	5	0.20	1.00
	历史的利润率	4	0.15	0.60
	竞争强度	2	0.15	0.30
	技术要求	3	0.15	0.45
	由通货膨胀引起的脆弱性	3	0.05	0.15
	能源要求	2	0.05	0.10
	环境影响	1	0.05	0.05
	社会、政治、法律的因素	必须是可接受的		
			1.00	3.45
战略业务单位的竞争地位	市场占有率	4	0.10	0.40
	市场占有率增长	4	0.15	0.60
	产品质量	4	0.10	0.40
	品牌信誉	5	0.10	0.50
	商业网	4	0.05	0.20
	促销力	5	0.05	0.25
	生产能力	3	0.05	0.15
	生产效率	2	0.05	0.10
	单位成本	3	0.15	0.45
	原料供应	5	0.05	0.25
	研究与开发成绩	4	0.10	0.40
	管理人员	4	0.05	0.20
			1.00	3.90

多因素投资组合矩阵图分为三个地带：

①左上角地带（又叫做"绿色地带"，这个地带的三个小格是"大强""中强""大中"）。对这个地带的战略业务单位要"开绿灯"，采取增加投资和发展的战略。

②从左下角到右上角的对角线地带（又叫做"黄色地带"，这个地带的三个小格是"小强""中中""大弱"）。这个地带的行业吸引力和战略业务单位的竞争地位总的说来是"中中"。因此，企业对这个地带的战略业务单位要"亮黄灯"，采取维持现状的战略。

③右下角地带（又叫做"红色地带"，这个地带的三个小格是"小弱""小中""中弱"）。总的说来，这个地带的行业吸引力偏小，战略业务单位的竞争地位偏弱。因此，企业对这个地带的战略业务单位要"亮红灯"，采取"收割"或"放弃"的战略。例如，矩阵图中的战略业务单位G，其竞争地位弱，行业吸引力又小，企业对这种单位应考虑采取"收割"或"放弃"的战略。

根据上述的分类、评价和战略，企业的最高管理层还要绘制出各个战略业务单位的计划位置图，并据此决定各战略业务单位的目标和资源分配预算。而各个战略业务单位的最高管理层和市场营销人员的任务是贯彻执行好最高管理层的决定和计划。例如,如果企业的最高管理层决定对某战略业务单位采取"收割"战略,市场营销人员就必须制定一个适当的"收割"的市场营销计划,如适当减少研究与开发投资、降低产品质量和减少服务、减少广告和推销人员开支、提高价格等。如果企业的最高管理层决定对某战略业务单位采取"放弃"战略,市场营销人员就要向企业提出应当经营哪些新业务、生产哪些新产品等意见。

4. 战略评价与抉择

营销战略方案评价与选择,是企业营销战略形成阶段的最后一项工作。企业在进行战略选择时,首先要对外部环境和竞争状况进行分析,掌握环境变化给企业的生存与发展带来哪些机会和威胁,同时要分析与竞争对手相比本企业具有哪些优势与劣势,以便抓住机遇,减少威胁,扬长避短。在进行战略选择时广泛采用 SWOT 分析方法。

对外部环境分析可从客观环境和行业竞争环境两个层面进行。如图 2 – 10 所示,客观环境是指那些给企业带来市场机会或造成环境威胁的主要社会力量,包括政治/法律、经济/人口、技术/资源、社会/文化等方面的因素。这些因素将直接地或间接地对企业发展战略施加影响。行业竞争环境因素主要有竞争对手入侵、替代品的威胁、买方讨价还价能力、供应商讨价还价能力,以及行业中现有竞争对手之间的竞争状况。

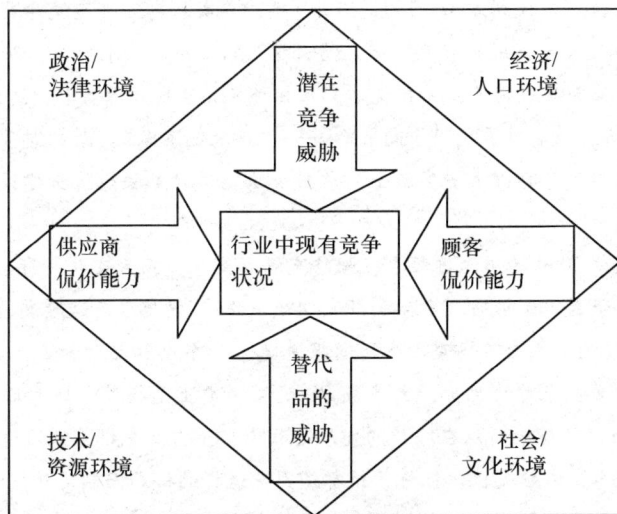

图 2 – 10 环境分析框架

根据哈佛大学的迈克尔·波特的竞争战略理论,企业可选的择营销战略有三种类型:成本领先,市场差异化、市场集中化,如图 2 – 11 所示。

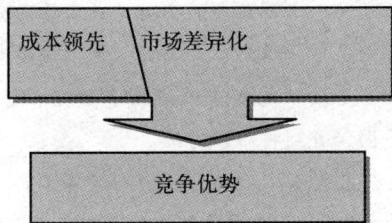

图 2 – 11 竞争战略的选择

营销案例2-5

联想的市场营销战略

lenovo联想

联想是自20世纪80年代起在中国市场经济转型过程中成长起来的一个优秀企业。联想的成功，柳传志总结成九字真经：定战略、搭班子、带队伍，"定战略"首当其冲。

研究联想的营销战略，有一条重要的线索，"贸易—服务—汉卡—代理—开发电脑和软件—汉卡制造—自有电脑品牌—软件设计—软件系统化服务—家用电脑—产品多元化—电脑周边设备—专卖店—名牌营销—电子商务—业务分拆、重组，实现裂变"，这条主线贯穿了联想的发展历史。

这绝不是简单的"贸工技"模式，自始至终联想是有着战略设计的，表现为：产业专业化、产品/服务多元化，金字塔式的立体经营战略。在市场营销过程中，表现出来的是密集型成长战略。

在联想的发展过程中，有3条主线，主导着联想的方向："贸易—代理—分销""计算机服务—汉卡—软件应用—系统集成—电子商务""研制电脑—生产汉卡—家用电脑—IT业务组群"。大概分为四个阶段：1984—1990年，摸着石头过河，找到方向；1991—1995年，夯实基础，塑造竞争优势；1996—2000年，三分天下，行业领军；2000年开始，成功裂变，布大局，谋长篇。在每一个阶段，联想都采用密集成长的营销战略，主导业务与相关业务互成犄角，互相支撑，互相补充，实现资源共享，达到整体效用。

在产品/服务开发战略上，采用了利润导向策略——"不赚钱不做"。而在财务政策上，是稳定的成长策略"撒上一层新土，夯实了，再撒上一层新土"这种说法绝不只是联想队伍建设的原则，同样是集团发展战略的指导思想。

家用电脑行业在中国近20年的历史进程上，始终充满了变化，而且变化一年比一年快。从20世纪80年代进口286开始到联想研制286电脑，然后是386、486、586，联想跟着这股潮流推出586，然后是PⅢ、PⅣ成为不同年分的主流机型。适应市场变化，快速跟进是对每个电脑品牌的基本要求。由于Intel在CPU制造、微软在应用软件方面占绝对的优势，大多数PC厂商实质上是拼装，所以联想要赢，一靠速度；二靠服务。但速度由于被Intel掌握，所以在联想的发展过程中，为占有先机，必须适应灵活多变的市场竞争格局，利润导向、寻找空当，占领先机、标杆营销都是因应这样的格局而制定的战略。同时，PC厂商的价值实现在于整合资源，增加附加值，所以在贴近客户、服务客户方面必须确立服务导向战略。联想从一开始就是靠服务起家的，在集团做大的时候，也没忘记服务营销的重要意义，所以在2000年联想电脑已奠定中国电脑品牌的绝对地位后，再次重申服务导向战略。

下面分别进行分析：

①利润导向——不赚钱不做。联想是一个创业型的公司，成立时只有20万元资本，这种特殊背景就决定了在联想要生存、要发展，利润导向是第一位的指导思想。所以贸易、代理、分销一直是集团的重要业务。在创业的第一个阶段，打下了财务基础。在成为PC品牌厂商后，像其他竞争对手一样做拼装的业务，利润很薄，所以也必须建立起利润导向，否则将难以为继。

②寻找空当战略——领先战略，"做别人不做的，做别人做不了的"这种战略在汉卡的研制上得到成功，汉卡直到1994年都是集团的支柱产品；后来在香港合作生产板卡，再次发挥此战略，奠定了制造业的强势地位。1990年推出自有品牌电脑，1998年推出联想1+1专卖店。

③标杆营销战略——家用电脑从286、386、486、586，到PⅢ、PⅣ的主流机型，一直在变化，而且是国外几个强势品牌IBM、COMPAQ、HP等在领导着市场潮流。联想就是盯住了这些对手和"榜样"，跟进、

抢先，所以联想在国内最早推286，后来推出586，再后来推出"奔腾"，直到"天禧"，国内市场快速增长的时期，紧跟流行趋势推出"商务电脑""家用电脑""个性化电脑"。联想做 IBM、惠普、CISCO、TOSHIBA 的分销，除了利润导向的战略，还有就是标杆营销的战略，与国际知名品牌结成战略联盟，同进退，不断学习先进的经营、管理手段，进而消化、提高。做中国第一电脑品牌，联想成功了；在打印机市场，目前联想是第二，在2000年杨元庆接过联想电脑的帅印后，讲过一段话是标杆营销战略最新的注解："今天，很多公司都是我们的榜样，每个业务组群也都有自己的榜样。如消费 IT 方面，我们希望能够做得像 SONY 一样；企业 IT 方面，我们希望做得像 DELL；在信息服务方面，大家都知道 AOL 是比较出色的；在服务领域，IBM 是我们学习的目标。"

④服务导向——差别化战略，家用电脑的主营业务在于整合价值链，增加附加值，将组装的电脑销售给顾客，所以在贴近客户、服务客户方面必须确立服务导向战略。所以在2000年联想电脑已奠定中国电脑品牌的绝对地位后，再次重申服务导向战略：从为一般不熟悉电脑的用户培训以及安装，到未来整个数字家庭的系统设计、咨询、安装；从为百姓提供联想产品的展示、宣传到未来社区信息技术的展示、培训、咨询，联想电脑的核心业务就是信息运营、IT 服务和 IT141。从面向家庭用户的"联想1＋1"电脑，面向中小企业的"IT 1 FOR 1"，面向大中企业的"简约商务"，我们可以清晰地看到一个"服务的联想"。1999年联想做"幸福之家"，就是增值服务，为客户提供了友好界面的系列软件。

⑤密集性成长战略——目前联想电脑不论是 IT 业务，还是 IT 周边设备，都遵循着密集性成长的战略。杨元庆在接受访谈时曾对这种战略做过清晰的描述："……用图来表示可能更加清楚一些。我们原来是做传统 PC 的，这只是一个硬件，PC 不断在这上面加应用软件，加光盘等，这是最里面的圆圈；现在这些东西从网上提供的比光盘要丰富得多，我们现在就通过 ISP 能够把它接入到网上，还有门户网站就是 FM365。最后能够给它提供新闻、股票、教育相关的信息等，针对家庭和个人。这就是涵盖第一个圈的更大的一个圈；这第二圈里面就是未来的 PC；第三圈包括其他各个行业，像新闻媒体、证券业、教育等等，各个行业大家都来参与，不是由我们来提供内容和服务，而是真正地社会化。我们联想的核心竞争力就在里层的两个圈子。我们只想做到这里。最外面的这一圈，我们能把这个东西带起来，让各行各业都能发掘这里边的新机会。比如，我们现在收购赢时通就属于这种情况……"

⑥市场细分和集中化营销战略——根据客户的不同需求和特点，在联想的新战略中，客户被细分为两大类四小类：由家庭和个人组成的消费类，由中小型企业和大行业、大企业组成的商务类。根据这四种客户需求的不同特点，联想将提供有针对性的多元化的产品和服务。

（资料来源：苗泽华，市场营销学，有改写）

第三节　市场营销管理过程

市场营销管理过程就是用系统的方法分析企业业务和找寻市场机会，把市场机会变为企业有利可图的商业机会。就是企业为实现其任务和目标而发现、分析、选择和利用市场机会的管理过程。一般由分析市场机会、选择目标市场、产品定位、设计市场营销组合、管理市场营销活动等五个步骤组成，如图2－12所示。

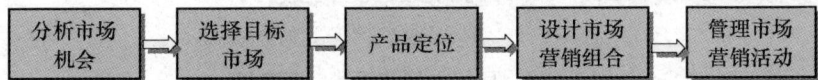

图2－12　市场营销管理过程五个步骤

一、分析市场机会

由于市场需要不断变化，任何产品都有其生命周期，因此任何企业都不能永远依靠其现有产品过日子。因此每一个企业都必须经常寻找、发现新的市场机会。市场营销管理人员可采取以下方法来寻找、发现市场机会。

（1）收集市场信息。

市场营销管理人员通过对市场资讯的收集、分析与整理，来寻找、发现或识别未满足的需要和新市场机会。如通过参加展销会、研究竞争者的产品、调查研究消费者的需要等等。如世界之窗、娃哈哈、太太口服液等。

（2）分析产品/市场矩阵。

市场营销管理人员运用产品/市场矩阵方法（图2-13）来寻找、发现增长机会。

例如，某化妆品公司的市场营销管理人员可以考虑，是否采取一些措施，在现有市场上扩大香波产品的销售

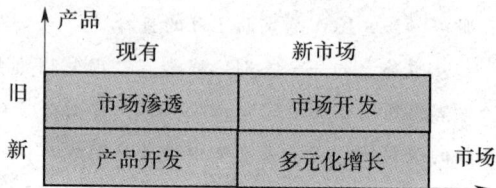

图2-13　产品/市场矩阵

（市场渗透）；或者考虑采取一些措施，在国外市场扩大香波的销售（市场开发）；还可以考虑是否可以向现有市场提供发胶，或者改进香波的包装、成分，等等，以满足市场需要，扩大销售（产品开发）；甚至可以考虑是否投入服装、家用电器等行业，跨行业经营多种多样的业务（多元化增长）。经验证明，这是企业寻找、发现市场机会的一种很有用的方法。

（3）进行市场细分。

市场包括多种类型的顾客、产品和需要，因此营销管理人员通过细分市场来寻找企业的最佳市场机会，拾遗补缺。例如中国的手机市场，近年来，许多本土知名厂家就是通过市场细分，发现最好机会，纷纷进入中高档市场，并取得了骄人的业绩。如TCL宝石手机、夏新手机、波导手机等。

二、选择目标市场

所谓目标市场，就是企业经过比较、选择、决定要进入的那个市场部分。选择目标市场的关键在于确定目标市场范围战略。一般地，企业可采取的目标市场范围战略有五种，如图2-14所示。

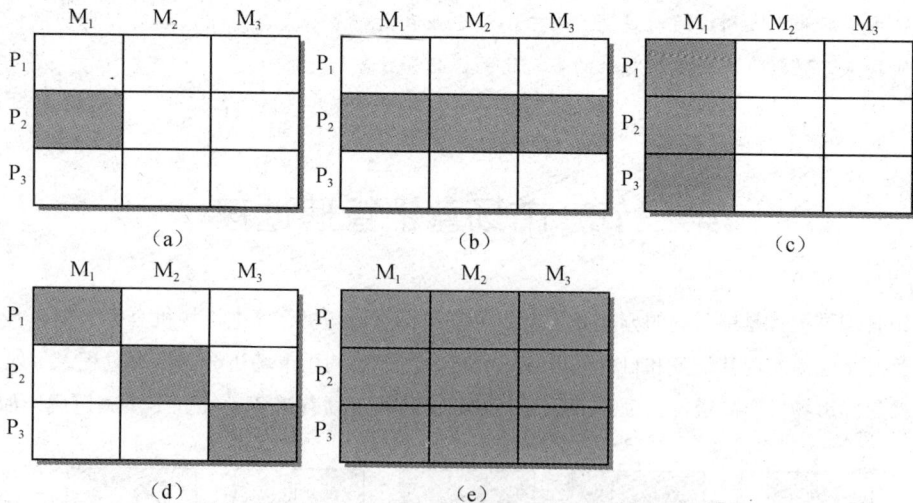

图2-14　目标市场范围战略示意图

（a）产品/市场集中；（b）产品专业化；（c）市场专业化；（d）选择性专业化；（e）全面覆盖

①产品/市场集中。它指企业仅生产一种产品，为一个小市场服务。这种模式只适合于规模较小的企业。

②产品专业化。它指企业为多个细分市场提供同一种产品。

③市场专业化。它指企业为某一细分市场同时提供多种性能不同的产品，以满足该市场顾客的不同需求。

④选择性专业化。它指企业同时进入几个经过选择的细分市场，为其提供所需要的不同产品。

⑤全面覆盖。它指企业为所有的细分市场提供所需要的各种产品。这种模式一般适用于处在领导地位的大企业或企业集团。

三、产品定位

产品定位是指产品相对于竞争对手而言在消费者心目中所处的位置。在市场营销学中，产品定位、市场定位、竞争性定位这三个术语往往交替使用。市场定位是指为了使产品在目标消费者心目中相对于竞争产品而言占据清晰、特别和理想的位置而进行的安排；竞争性定位是指为赢得竞争优势，使目标消费者很容易把产品从其他竞争产品中区分开来，企业的管理当局决定在目标市场上，和竞争者的产品相比较，公司应当提供何种产品。可见，这三个术语实质上都是同一个概念。

四、确定营销组合

市场营销组合是企业市场营销战略的一个重要组成部分。所谓市场营销战略，就是企业根据可能机会，选择一个目标市场，试图为目标市场提供一个有吸引力的市场营销组合，如图 2 - 15 所示。

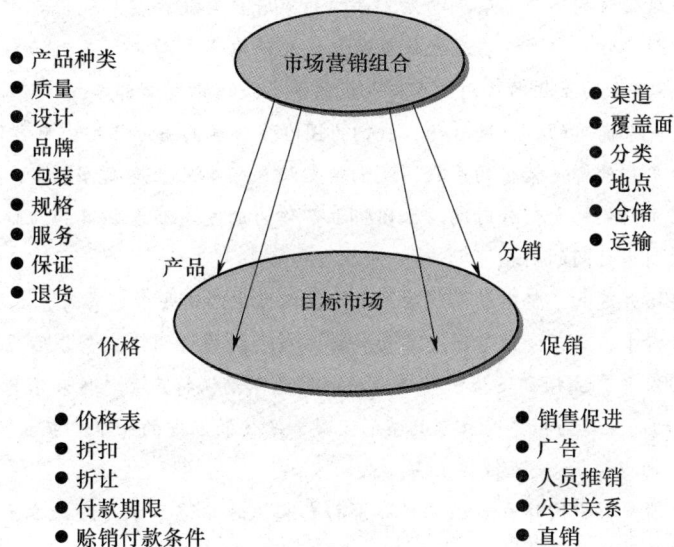

图 2 - 15　市场营销 4P 组合

值得注意的是，市场营销组合不是 4P 的简单相加，而是对产品、价格、分销、促销等四个因素的优化组合。此外，市场营销组合是一个动态组合，而不是静态组合，故企业在实际营销过程中必须根据各因素的变化情况并考虑到外部环境因素，适时调整营销组合的内容及结构。

营销案例 2-6

标杆立顿

当今世界的三大饮料中，茶叶品牌首推英国立顿。立顿是按照产业化方式运作，构建现代化的营销网络"快销"茶叶产品，在吸引人的包装下追求的是稳定的口感和适中的价格，强调方便、快捷、经济、卫生。

产品的创新

立顿一开始就从产品层面上对茶进行了创新。1890 年，立顿创始人托马士立顿爵士到斯里兰卡寻找优质茶叶。茶叶的质量、风味是由其生产的地域、气候条件、海拔高度以及土壤结构所决定的，没有两种茶叶是完全相同的，即便它们来自同一产地。立顿拥有来自世界各地的品茶专家和调茶师，他们经验丰富，熟悉茶艺科学，在他们的精心拼配下，可以严格保证茶叶质量稳定，达到既定的质量标准。在产品创新研发的基础上，立顿依靠茶叶拼配技术和包装技术给茶业领域带来了一场革命，颠覆了传统饮茶方式，避免了传统茶叶冲泡时间场、冲泡程序复杂、茶渣不易处理等弊端。立顿采用拼配茶的做法借以实现规模化、标准化、工业化的生产，突破了传统观茶叶对口感、产地等方面的诸多要求，奠定了立顿全球化品牌发展的基础。拼配茶的做法还解决了另一个问题，由于是标准化生产，独特的包装形式使得立顿茶包可以像普通的快速消费品一样，进入现代零售渠道体系。

营销创新

作为一个以红茶为核心的品牌，自 1992 年进入中国以来，立顿就意识到：要想让中国消费者了解和接受立顿品牌，就必须突破传统的茶产品营销手法。立顿的市场机会就存在与现代都市年轻的人群中。他们积极向上，喜欢流行文化，注重健康，在朝九晚五的忙碌生活中奔波游走，在生活、工作伙伴分享生活中的点点滴滴。"目前蒸蒸日上的互联网应用、人与人之间情感联络的需求都是立顿所看重的。"作为核心产品，立顿茶包不仅仅是一个简单的办公室音频，我们力图在情感层面与办公室白领群体更深入地进行沟通。立顿发现，现代化都市里到处都是繁忙的白领，他们虽然收入颇丰，但是工作紧张，虽然想经常与朋友联络，但办公室生活占据了他们的大部分时间。立顿将红茶作为朋友与朋友联络的纽带，通过美好、轻松的办公室下午茶时刻拉近同事之间的关系。

在红茶进入中国市场并建立了坚实的品牌基础之后，根据中国消费者的喜好，立顿又推出了立顿奶茶。给予产品特质和消费者需求，立顿尝试着将产品的独特品质和消费者的情感需求联系在一起。于是，立顿开始大玩情感营销。2009 年，立顿奶茶推出"连连抱"网络活动，将产品特性和消费者情感需求结合在一起。"连连抱"网络活动的主旨为：感受立顿奶茶的温暖，给你的朋友的一个"拥抱"，传递"拥抱"的温暖，将温暖形成一个"拥抱链"，一直链接下去。

立顿一方面在目标消费群中国建立自己"世界茶品专家"的品牌形象，另一方面不断地推陈出新，将健康的茶饮和生活态度带给消费者。

（资料来源：陈春雷，标杆立顿，新营销，2010 年第 3 期 P90 - 91）

五、管理营销活动

市场营销管理过程的第五个步骤是管理市场营销活动，即执行管理和控制市场营销计划。这是整个市场营销管理过程的一个带有关键性的步骤。彼得·德鲁克说得好：计划等于零，除非它变成工作。因此，制订市场营销计划仅仅是市场营销管理工作的开始，执行和管理是关键。营销控制就是管理者为使实际营销成果与预期目标一致而采取的必要措施。

营销控制的步骤是确定控制对象、设置控制目标、建立衡量尺度、确立控制标准、比较实绩与标准、分析偏差原因和采取改进措施。

营销控制的基本方式有以下三种：

（1）年度计划控制。

年度计划控制的负责人是最高主管和企业中层经理，控制的目的是检查计划目标是否达到。具体方法是销售额分析、市场占有率分析、销售额/费用比例分析和顾客满意跟踪。

（2）获利性控制。

获利性控制实施的负责人是市场营销控制人员。控制的目的是检查企业从哪里赚钱，在哪里赔钱。具体是对各产品、地区、细分市场、分销渠道等的获利性进行分析。

（3）战略控制。

实施战略控制的负责人是最高主管和市场营销审计人员。控制的目的是检查企业是否最大限度和最有效率地利用了它的市场营销机会，具体方法是市场营销审计。市场营销审计的程序是：①了解企业目标，确定审计范围；②检查各项企业目标的实现情况；③确定计划的执行是否付出了足够努力；④检查企业组织内信息沟通、权责分配是否合理；⑤提出改进意见。

案例评析

梅西百货全渠道模式

梅西百货公司（Macy's），是美国联合百货公司旗下公司（1994年美国联合百货公司收购了梅西百货公司）。梅西百货公司（Macy's）创建于1858年，是美国的著名连锁百货公司，其旗舰店位于纽约市海诺德广场（Herald Square）。作为一家主要经营高档服装、高档鞋帽和高档家庭装饰品的高档百货公司，梅西百货一直把自己的品质定位于"高档"。后来，美国著名企业家内森·施特劳斯收购了梅西百货，更是把"高档"这个理念从产品推广到服务上来，内森先生要求百货公司的每一位推销员不仅了解商品的背景资料和商品质量、成分、生产过程和使用的情况，还要了解消费者切实的需要和产品对客人的适用性。

过去几年，梅西百货走出了金融危机的低谷，市值和销售规模连续增长。2012财年，梅西百货销售收入277亿美元，比2009年高出了42亿。

梅西百货走出危机的三大法宝是——MY MACY'S（我的梅西百货）、MAGIC SELLING（魔力销售）、OMNICHANNEL（全渠道战略），看起来花哨的词语，分别代表着本地化、线上线下资源的整合，以及服务品质。

- **MY MACY'S（我的梅西百货）**

通过对消费者、公司高层、供应商以及行业专家的调研，梅西百货于2008年春季开始了一波本地化的战略。比如，为了了解并满足不同地区顾客的真实想法，他们会雇用一些本地人来运营商场。除了分辨东西海岸顾客的不同喜好，作为一家百货公司，梅西百货一直强调购物体验的重要性。在美国的几个主要节假日，梅西百货都会安排一些活动，一方面吸引顾客，一方面为自身做了广告。

- **MAGIC SELLING（魔力销售）**

梅西百货公司（Macy's）相继推出了"给消费者赠品法"、"消费者竞赛有奖法"、"赠品积分法"、"新产品实地表演法"、"产品陈列室"、"时装表演"等推销办法，都有力地促进了各种商品的销售。

"女性顾客占据了很重要的位置，"梅西百货总裁兰格伦说，梅西百货 2012 财年数据显示，男性和儿童商品的销量仅占总销量的 23%，"与其他顾客不同的是，她们更倾向于在实体店购物，因为她们希望搭配不同的衣服试穿、试妆，同时也希望有人能够为自己提供意见。""MAGIC"里的"G"，代表多向顾客提供建议。

"由于价格不同，人们选择电子产品或家电时可能会找最便宜的，但在梅西百货，有 46% 的商品在别处无法买到。"兰格伦说。

梅西商品集团是梅西百货公司的子公司之一，负责梅西百货自有品牌以及一些特许品牌的设计、开发和市场推广，这些品牌的存在更能够保证梅西百货的商品不同于竞争对手。除此之外，梅西百货还会在全世界范围内寻找那些冉冉升起的年轻设计师，并采购他们独一无二的商品。

- **OMNICHANNEL（全渠道战略）**

事实上，美国人已经习惯于通过不同的方式购物。比如在线下，人们可以在逛街时用手机搜索附近的商场，通过对比找到适合自己的购物场所。或者干脆待在家里，网上下订单。为此，梅西百货试图整合线上线下以及移动终端的资源，推行全渠道战略。兰格伦曾将此解释为"通过科技手段来达到存货的最优化配置"。2012 年，梅西百货约有 9% 即 30 亿美元的销售额来自网站。

然而，本地化、购物体验和渠道整合这"三驾马车"的意义却不止于此，还在于实现"1 + 1 + 1 > 3"的效果。借助于本地化策略，曾经仅专注于美国东西海岸的梅西百货，将门店开遍全国。截至 2013 年 2 月，梅西百货的实体店数目已达 840 余家。

对于单纯的电子商务公司来说，物流和仓储意义重大。可兰格伦想要"建更多的百货商店，而不是仓库"。因此渠道的整合顺理成章，线上购买的商品可以直接从商店送到消费者手中，价格基本一致。而 800 多家商店同时扮演了仓库的功能，提高了库存的效率，"毕竟人们不能去仓库里买东西"。同时，本地化策略往往会使消费者选择距离自己最近的商品，这也减小了物流的压力。而且渠道的整合还能够改善购物体验：一是顾客可以在商场试用商品后再做决定，减少了退货的概率——"一些顾客经常会发现在网上买的没法搭配家里的衣服"，但是如果在梅西百货，店内的服务人员会记得你在这里买过的衣服，从而为你提供更专业的建议；二是如果在网上买的不合适，可以直接拿到实体店退货，用不着再把衣服放进盒子里，邮回仓库。最终，这种"三位一体"的无缝对接使梅西百货在美国成了后金融危机时代的领先百货公司。

（资料来源：孟德阳，梅西百货全渠道模式，英才，2013.6，有改写）

评析： 电商的爆发式增长，致使消费者的购物习惯正在发生变化，这对实体零售商构成了巨大的挑战。以自营模式和自主品牌经营为主的梅西百货，发展的全渠道模式值得学习借鉴。

思考题

1. 什么是战略？战略与战术有什么区别？
2. 简述制定公司战略的主要步骤。
3. 描述公司营销战略的设计步骤及内容。
4. 波士顿矩阵法的主要内容有哪些？
5. 什么是差异化战略？举例说明。
6. 营销组合的基本内容有哪些？
7. 阐述营销管理过程的主要步骤。

本章实训

一、实训目的

通过对实践案例的整理和分析，使学生能够对公司战略与营销战略有感性的认知，理解战略规划的步骤和战略类型，及其对企业的发展意义，能够发现当前环境下营销创新的机遇和挑战。

二、实训内容

1. 实训资料：搜集中外企业发展失败案例各一个。

2. 具体任务：根据本章对公司战略和营销战略的介绍，分小组讨论分析案例。

3. 任务要求：

（1）分析案例中的企业为什么失败，应采取什么行动避免更大损失；

（2）总结企业发展上容易出现的战略失误有哪些；

（3）假如您是一名经理人，您如何保证您的企业做对头的事情。

三、实训组织

1. 根据全班上课人数，将全班同学分成若干小组，采取组长负责制，全体组员协作完成课堂任务。为了避免不同小组所搜集案例重复，各小组组长将所选案例进行提前汇总，并进行协商，确保所选案例不重复。

2. 确定所选案例后，各小组进行下一步分工，对案例进行分析、汇总。

3. 经过小组讨论后，完成实训报告及汇报 PPT。

4. 根据课时具体安排，不同小组分别选派成员对报告进行讲解，并回答其他组成员的问题。

5. 任课教师对实训课程的结果进行总结，提出相应的意见及建议。

四、实训步骤

1. 任课教师布置实训任务，介绍实训要点和搜集材料的基本方法。

2. 各小组明确任务后，按照教师指导根据具体情况进行分工。

3. 各小组定期召开小组会议，对取得成果进行总结，遇到问题及时与指导教师沟通。

4. 完成实训报告及展示所需要的 PPT 等材料，实训报告中应包括案例来源、案例分析及遇到的难题与解决方案、启示等内容。

5. 各小组对案例进行课上汇报，教师对各组的汇报进行点评及总结。

市场营销环境分析

章|节|图解

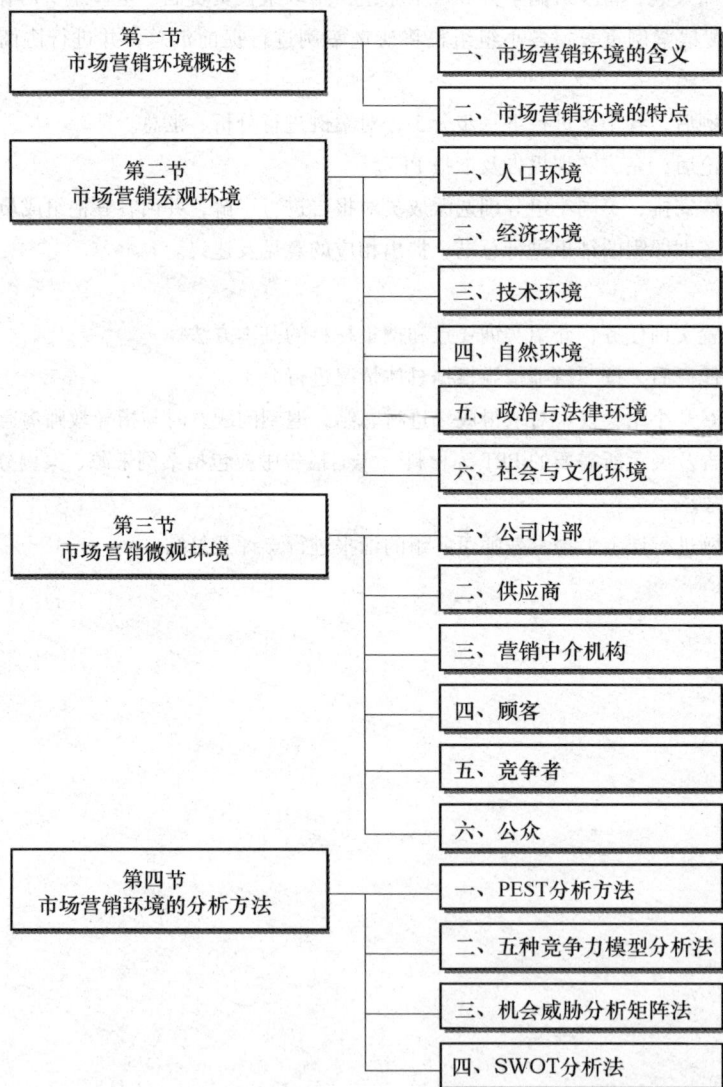

第一节
市场营销环境概述
— 一、市场营销环境的含义
— 二、市场营销环境的特点

第二节
市场营销宏观环境
— 一、人口环境
— 二、经济环境
— 三、技术环境
— 四、自然环境
— 五、政治与法律环境
— 六、社会与文化环境

第三节
市场营销微观环境
— 一、公司内部
— 二、供应商
— 三、营销中介机构
— 四、顾客
— 五、竞争者
— 六、公众

第四节
市场营销环境的分析方法
— 一、PEST分析方法
— 二、五种竞争力模型分析法
— 三、机会威胁分析矩阵法
— 四、SWOT分析法

学习目标

- 了解市场营销环境特点
- 掌握宏观营销环境和微观营销环境内容
- 学会市场营销环境的分析方法

关键概念

- 市场营销环境
- 市场营销宏观环境
- 市场营销微观环境

引导案例　　　　　细分雾霾经济市场

在刚刚过去的 2014 年，"APEC 蓝"被多家媒体当选为年度十大关键词。这从侧面折射出中国当下空气污染问题的严重性，针对越来越严重的环境问题，2014 年 11 月，中美就气候变化发表联合声明，我国做出了"让温室气体年排放量在 2030 年达到峰值"的历史性承诺。

为了从根本上改善日益恶化的空气污染问题，我国投入了更多的人力、物力进行与此相关的研究与技术研发。大气污染防治产业的相关上市公司，尤其是脱硫脱硝领域上市公司或将实质受益。

此外，不少旅行社做起了帮游客"洗肺"的生意，"躲雾游""好空气游"等主题线路格外受宠。在环境净化市场，空气净化器市场呈现出火爆的增长态势。据预测，未来三年，我国空气净化器的销量将保持持续地高速增长。

（资料来源：赵志文，细分雾霾经济市场，车载净化器成新宠，销售与市场（评论版）2015 年 02 期，有改写）

引导问题

如果您是一位中小型汽车公司的营销经理，请根据您对宏观营销环境和微观营销环境分析，分别找出在当前环境下您所在公司的潜在机会与威胁所在。

第一节　市场营销环境概述

一、市场营销环境的含义

按照美国著名市场学家菲利普·科特勒的解释是：市场营销环境是指影响企业的市场和营销活动的不可控制的参与者和影响力。具体地说就是："影响企业的市场营销管理能力，使其能卓有成效地发展和维持与其目标顾客交易及关系的外在参与者和影响力。"因此，市场营销环境是指直接或间接影响企业营销活动的所有外部力量和相关因素的集合，是企业营销职能外部的不可控制的因素和力量。

根据影响力的范围和作用方式，市场营销环境可以分为微观营销环境和宏观营销环境。微观营销环境指与企业紧密相连，直接影响其营销能力的各种参与者，这些参与者包括企业的供应商、营销中间商、顾客、竞争者、社会公众以及影响营销管理决策的企业内部各个部门。宏观营销环境指影响企业微观环境的一系列巨大的社会力量，包括人口、经济、政治、法律、科学技术、社会文化及自然地理等多方面的因素（图3-1）。

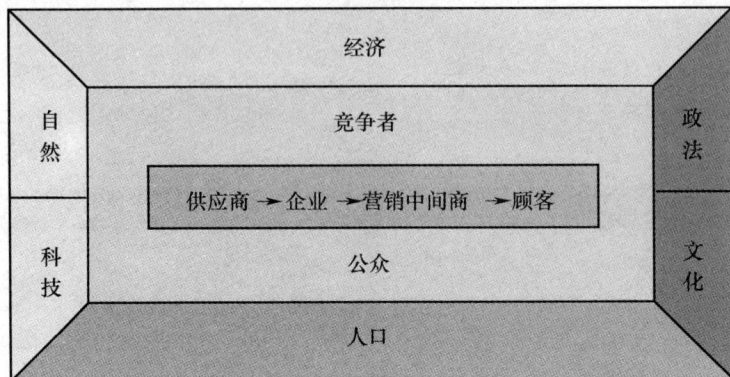

图3-1 市场营销环境

微观营销环境与宏观营销环境之间不是并列关系，而是主从关系，微观营销环境受制于宏观营销环境，微观环境中所有的分子都要受宏观环境中各种力量的影响。微观环境直接影响和制约企业的市场营销活动，而宏观环境主要以微观营销环境为媒介间接影响和制约企业的市场营销活动，如图3-2所示。

二、市场营销环境的特点

1. 客观性

企业总是在特定的社会经济和其他外界环境条件下生存、发展的。企业无法摆脱和控制营销环境，企业往往难以按自身的要求和意愿随意改变。环境对企业营销活动的影响具有强制性和不可控性的特点。

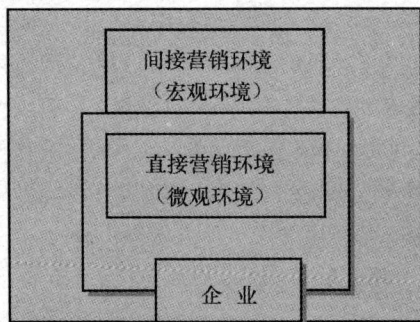

图3-2 营销环境对企业的作用

2. 差异性

市场营销环境的差异性不仅表现在不同的企业受不同环境的影响，而且同样一种环境因素的变化对不同企业的影响也不相同。由于外界环境因素的差异性，因而企业必须采取不同的营销策略才能应付和适应市场营销环境。

3. 相关性

市场营销环境是一个系统，在这个系统中，各个影响因素是相互依存、相互作用和相互制约的。营销环境某一因素的变化，会带动其他因素的相互变化，形成新的营销环境。

4. 多变性

营销环境是企业营销活动的基础和条件，这并不意味着营销环境是一成不变的、静止的。构成营销环境的诸因素都受众多因素的影响，每一环境因素都随着社会经济的发展而不断变化。

5. 不可控性

影响市场营销环境的因素是多方面的，也是复杂的，并表现出企业不可控性。例如一个国家的政治法律制度、人口增长以及一些社会文化习俗等，企业不可能随意改变这些因素。

6. 可影响性

企业可以通过对内部环境要素的调整与控制，来对外部环境施加一定的影响，最终促使某些环境要素向预期的方向转化。现代营销学认为，企业经营成败的关键，就在于企业能否适应不断变化着的市场营销环境。"适者生存"既是自然界演化的法则，也是企业营销活动的法则。

营销案例 3-1 ....

两名推销员的故事

美国有两名推销员到南太平洋某岛国去推销企业生产的鞋子，他们到达后却发现这里的居民没有穿鞋的习惯。于是，一名推销员给公司拍了一份电报，称岛上居民不穿鞋子，这里没有市场，随之打道回府。而另一位推销员则给公司的电报称，这里的居民不穿鞋子，但市场潜力很大，只是需要开发。他让公司运了一批鞋来免费赠给当地的居民，并告诉他们穿鞋的好处。逐步地，人们发现穿鞋确实既实用又舒适而且美观，渐渐地，穿鞋的人越来越多。这样，该推销员通过自己的努力，打破了当地居民的传统习俗，改变了企业的营销环境，获得了成功。

第二节　市场营销宏观环境

市场营销宏观环境包括六大因素，即人口、经济、技术、自然、政治法律和社会文化等因素，如图3-3所示。相对于微观营销环境，宏观营销环境对组织的作用是间接的，影响的范围也更广泛。企业和它们的供应商、营销服务企业、顾客、竞争者和公众，都在这样一个宏观环境中运作，争取机会，应对挑战。

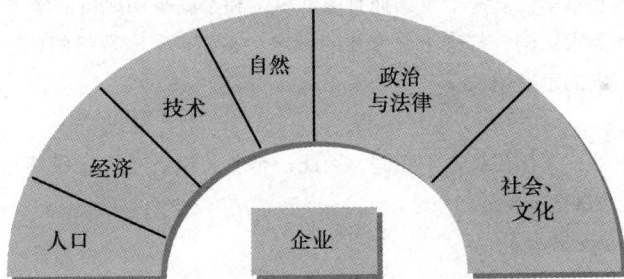

图 3-3　市场营销宏观环境

一、人口环境

人口是构成市场的第一位因素。因为市场是由那些想购买商品同时又具有购买力的人构成的。因此，人口的多少直接决定市场的潜在容量，人口越多，市场规模就越大。人口的多寡、性别、出生率、死亡率、年龄结构、家庭人数、地区人口数等变化，对企业的短期和长期营销工作来说，都具有深远的意义。

1. 人口规模

一个国家或地区的总人口数量，是衡量市场潜在容量的重要因素。人口越多，如果收入水平不变，则对食物、衣着、日用品的需要量也越多，那么市场也就越大。因此，按人口数目可大概推算出市场规模。对企业而言，应该准确掌握市场的人口数量，这有利于准确判断市场潜力。

营销链接 3-1

人口数量与增长速度对企业营销的影响

人口数量是决定市场规模和潜量的一个基本要素。一方面，人口增加，给企业营销带来积极影响。随着人口增长，能源供需矛盾将进一步扩大，研制节能产品和技术的企业会有更多市场空间；而人口增长将使住宅供需矛盾日益加剧，这就给建筑业及建材业的发展带来机会。但是，另一方面，人口的迅速增长，也会给企业营销带来不利的影响。比如人口增长可能导致人均收入下降，限制经济发展，从而使市场吸引力降低。又如由于房屋紧张引起房价上涨，从而增大企业产品成本。另外，人口增长还会对交通运输产生压力，企业对此应予以关注。

2. 人口结构

人口结构主要包括人口的年龄结构、性别结构、家庭结构、社会结构以及民族结构。

（1）年龄结构。

不同年龄的消费者对商品的需求不一样。人口年龄结构的变化趋势是，许多国家人口老龄化加速、出生率下降引起市场需求变化。人口老化现象，将会使诸如保健用品、营养品、老年人生活必需品等市场兴旺。

（2）性别结构。

性别差异也会带来消费需求的差异，不同性别的人在购买习惯与购买行为上有着很大的差别，反映到市场上就会出现男性用品市场和女性用品市场。

（3）家庭结构。

家庭是购买、消费的基本单位。一个市场拥有家庭单位和家庭平均成员的多少，以及家庭组成状况等，对市场消费需求的潜量和需求结构，都有十分重要的影响。比如，家庭数量的剧增必然会引起对炊具、家具、家用电器和住房等需求的迅速增长。

（4）民族结构。

民族不同，其生活习性、文化传统也不相同。因此，企业营销者要注意民族市场的营销，重视开发适合各民族特性、受其欢迎的商品。

3. 人口的地理分布

地理分布指人口在不同地区的密集程度。人口的这种地理分布表现在市场上，就是人口的集中程度不同，则市场大小不同；消费习惯不同，则市场需求特性不同。

4. 人口的区间流动

除了国家之间、地区之间、城市之间的人口流动外，据研究表明发达国家人口流动有一个突出的现象就是城市人口向农村流动，而在发展中国家则是农村流向城市。对于人口流入较多的地方而言，一方面由于劳动力增多，就业问题突出，从而加剧行业竞争；另一方面，人口增多也使当地基本需求量增加，消费结构也发生一定的变化，继而给当地企业带来较多的市场份额和营销机会。

二、经济环境

经济环境是指企业市场营销活动所面临的社会经济条件及其运行状况和发展趋势。它包括宏观经济环境和微观经济环境两方面。经济状况的好坏，关系着消费者的购买力，实际经济购买力取决于现行收入、价格、储蓄、负债及信贷。

1. 微观经济环境

微观经济环境是指从消费者个体出发来考虑消费者购买力的组成和发展。主要包括消费者的收入、支出、储蓄和信贷等内容。

（1）消费者收入。

消费者的购买力来自消费者的收入，但消费者并不是把全部收入都用来购买商品或劳务，购买力只是收入的一部分。因此，在研究消费收入时，明确国民生产总值、人均国民收入、个人可支配收入和个人可任意支配收入之间的联系与区别。此外，企业营销人员在分析消费者收入时，还要区分"货币收入"和"实际收入"。只有"实际收入"才影响"实际购买力"。

营销链接 3—2

与消费者收入有关的概念

国民生产总值

国民生产总值是衡量一个国家经济实力与购买力的重要指标。从国民生产总值的增长幅度，可以了解一个国家经济发展的状况和速度。

人均国民收入

人均国民收入是用国民收入总量除以总人口的比值。这个指标大体反映了一个国家人民生活水平的高低，也在一定程度上决定商品需求的构成。

个人可支配收入

个人可支配收入是在个人收入中扣除税款和非税性负担后所得余额，它是个人收入中可以用于消费支出或储蓄的部分，它构成实际的购买力。

个人可任意支配收入

个人可任意支配收入是在个人可支配收入中减去用于维持个人与家庭生存不可缺少的费用（如房租、水电、食物、燃料、衣着等项开支）后剩余的部分。这部分收入是消费需求变化中最活跃的因素，也是企业开展营销活动时所要考虑的主要对象。

（2）消费者支出。

消费者的支出主要从两方面来考虑：消费者支出模式和消费结构。收入在很大程度上影响着消费者支出模式与消费结构。随着消费者收入的变化，支出模式与消费结构也会发生相应变化。

研究表明，消费者支出模式与消费结构，不仅与消费者收入有关，而且受以下因素影响：家庭生命周期所处的阶段、家庭所在地与消费品生产供应状况、城市化水平、商品化水平、劳务社会化水平、食物价格指数与消费品价格指数变动是否一致等。比如，没有孩子的年轻人家庭，往往把更多的收入用于购买冰箱、电视机、家具、陈设品等耐用消费品上，而有孩子的家庭，则在孩子的娱乐、教育等方面支出较多，而用于购买家庭消费品的支出减少。当孩子长大独立生活后，家庭收支预算又会发生变化，用于保健、旅游、储蓄部分就会增加。

营销链接 3-3

恩格尔系数

1853—1880 年，德国统计学家恩斯特·恩格尔曾对比利时不同收入水平的家庭进行调查，并于 1895 年发表了《比利时工人家庭的日常支出：过去和现在》一文。文章分析收入增加影响消费支出构成的状况，指出收入的分配与收入水平相适应形成一定比率，此比率依照收入的增加而变化。在将支出项目按食物、衣服、房租、燃料、教育、卫生、娱乐等费用分类后，恩格尔发现收入增加时各项支出比率的变化情况为：食物所占比率趋向减少，教育、卫生与休闲支出比率迅速上升。食物费用占总支出的比例，称为恩格尔系数（恩格尔系数＝食物支出变动百分比/收入变动百分比）。

恩格尔系数是衡量一个国家、地区、城市、家庭生活水平高低的重要参数。食物开支占总消费量的比重越大，恩格尔系数越高，生活水平越低；反之，食物开支所占比重越小，恩格尔系数越小，生活水平越高。

2. 宏观经济环境

除了上述直接影响企业市场营销活动的微观经济环境外，一些宏观经济环境因素对企业的营销活动也会产生或多或少的影响。宏观经济环境对市场营销活动的影响主要来自于两方面：经济发展阶段和经济形势。

（1）经济发展阶段。

经济发展阶段的高低，直接影响企业市场营销活动。经济发展阶段高的国家和地区，着重投资于精密、自动化程度高、性能好的生产设备；在重视产品基本功能的同时，比较强调款式、性能及特色；大量进行广告宣传及营业推广活动，非价格竞争较占优势；分销途径复杂且广泛，制造商、批发商与零售商的职能逐渐独立，小型商店的数目下降。美国学者罗斯托（W. W. Rostow）根据他的"经济成长阶段"理论，将世界各国的经济发展归纳为五种类型：①传统经济社会；②经济起飞前的准备阶段；③经济起飞阶段；④迈向经济成熟阶段；⑤大量消费阶段。凡属前三个阶段的国家称为发展中国家，而处于后两个阶段的国家则称为发达国家。

（2）经济形势。

国际、国内的经济形势，国家、地区乃至全球的经济繁荣与萧条，对企业市场营销都有重要的影响。问题还在于，国际或国内经济形势都是复杂多变的，机遇与挑战并存，企业必须认真研究，力求正确认识与判断，制订相应的营销战略和计划。

营销链接 3-4

基尼系数

基尼系数是国际上用来综合考察居民内部收入分配差异状况的一个重要分析指标，由意大利经济学家于 1922 年提出。其经济含义是：在全部居民收入中，用于进行不平均分配的那部分收入占总收入的百分比。

基尼系数最大为"1"，最小等于"0"。前者表示居民之间的收入分配绝对不平均，即 100% 的收入被一个单位的人全部占有了；而后者则表示居民之间的收入分配绝对平均，即人与人之间收入完全平等，没有任何差异。但这两种情况只是在理论上的绝对化形式，在实际生活中一般不会出现。因此，基尼系数的实际数值只能介于 0~1 之间。

目前，国际上用来分析和反映居民收入分配差距的方法和指标很多。基尼系数由于给出了反映居民之间贫富差异程度的数量界线，可以较客观、直观地反映和监测居民之间的贫富差距，预报、预警和防止居民之间出现贫富两极分化，因此得到世界各国的广泛认同和普遍采用。

按照国际惯例，基尼系数在0.2以下，表示居民之间收入分配"高度平均"，0.2～0.3之间表示"相对平均"，在0.3～0.4之间为"比较合理"，同时，国际上通常把0.4作为收入分配贫富差距的"警戒线"，认为0.4～0.6为"差距偏大"，0.6以上为"高度不平均"。

三、技术环境

技术环境的影响是爆炸性的、全盘性的，它带给我们的是一种"创造性的破坏"，例如，集成电路取代了晶体管，复印机扼杀了复写纸，录像机影响到电视的收视率，传真机正取代电传。技术的进步极大地影响经济结构，进而左右市场的变化，甚至创造新的市场，如互联网技术的出现，电子商务的飞速发展改变营销方式，创新了商业模式，改变传统的商业业态，如淘宝网，携程网，京都商城等。一种新技术的应用，可以为企业创造一个明星产品，产生巨大的经济效益；也可以迫使企业的一种成功的传统产品不得不退出市场。例如，避孕药的发明造成了更小的家庭，更多的职业和更多的"可随意支配的收入"，这样就引起了市场需求的变化，给饮食业、旅游业、航空公司、旅馆业等行业创造了新的市场营销机会。

四、自然环境

自然物质是指自然界提供给人类各种形式的物质财富，如矿产资源、森林资源、土地资源、水力资源等。企业要意识到营销活动要受自然环境的影响，还要考虑对其所处的自然环境进行保护的问题。营销管理者应注意自然环境面临的难题和趋势，如很多资源短缺、环境污染严重、能源成本上升等，因此，从长期的观点来看，自然环境应包括资源状况、生态环境和环境保护等方面，许多国家政府对自然资源管理的干预也日益加强。在资源短缺、全球气候变暖的情况下，低碳经济将成为未来的发展趋势，它是依靠太阳能、风能、水能等可再生资源为主要能源，以低能耗、低排放、低污染为特征的新型经济发展方式。人类只有一个地球，自然环境的破坏往往是不可弥补的，企业营销战略中实行生态营销、绿色营销等，都是维护全社会长期福利的必然要求。

营销案例 3—2

松下的环境经营体系

松下电器产业株式会社（简称松下），是一家有着近百年历史的老牌电器制造商。松下在数字AV网络化事业、节能环保事业、数字通信事业等方面都有一定的研发、设计、制造能力。松下环境经营体系中生产流通层面的项目内容，主要包含绿色产品开发、绿色采购、绿色生产、绿色物流、绿色营销、废物回收再利用6个方面。

- **绿色产品开发**

松下于2002年确立了绿色产品（GP）的认定标准，在促进环保型产品开发的同时，还将此标准作为Ⅱ型"环境标志"（自我环境声明型）的粘贴标准使用，并通过对用户的广泛宣传来促进GP的普及。

- **绿色采购**

松下开展的绿色采购活动主要包括三个方面：首先，让供货商能理解松下对环境所做的工作以及思路，同时要求供货商取得ISO14001认证，建立并不断完善环境管理体系；其次，松下也在帮助供货商提高水平，为采购到放心和安全的材料而不断做出努力；再次，松下还建立了庞大的"化学物质含量数据"和"GP－Web系统"数据库。

- **绿色生产**

从相关条目数来看，绿色生产在松下环境经营体系的生产流通层面占了较大的比重。松下在产品的生产阶段充分考虑到了产品整个生命周期对环境的负荷，为了既满足市场需求，又减轻环境的压力，松下一直努力地做到在全球的所有产品中尽量不使用有害物质。走绿色之路，生产绿色环保产品，成为松下的"潜规则"。

- **绿色物流**

松下提出了提高装载率、转变运输模式、采用环保型卡车、提高运输效率、引进生物燃料、加强与绿色物流公司的合作、环保运输等重点课题，并开展了相应的活动。现在，松下正在大力推广绿色物流的全球化。

- **绿色营销**

松下认为让更多的客户使用环保产品是一个企业的使命，为此设计了松下环保标志，N生态绿色化等营销活动，以浅显易懂的方式向客户传达产品的环保性能优势和节能性能优势。N生态绿色化对于很多人还很陌生，该计划是以普及节能和节水产品及与客户共同为环境增添绿色为中心，将公共关系、宣传、Web、销售点、促销等各种活动结合在一起，利用多种媒体来开展的大型宣传活动。

- **废物回收再利用**

松下在构建废弃产品的回收利用体系之际，从回收利用社会体系这一观点出发，认为必须按照不同国家的社会基础设施的实际状态，考虑时效性和效率性。在考虑到回收利用的环境友好设计的同时，积极致力于废旧产品的回收利用。具体开展的活动包括家电、电脑、小型二次电池的回收再利用，特定家用电器废弃物的回收等方式。

（资料来源：贾建锋等，透视环境经营——对松下电器产业株式会社的案例研究，管理案例研究与评论，

2012.8）

五、政治与法律环境

政治与法律是影响企业营销的重要的宏观环境因素。政治环境指企业市场营销的外部政治形势。政府的方针、政策，规定了国民经济的发展方向和速度，也直接关系到社会购买力的提高和市场消费需求的增长变化。法律环境指国家或地方政府颁布的各项法规、法令和条例等。法律环境对市场消费需求的形成和实现，具有一定的调节作用。政治与法律相互联系，共同对企业的市场营销活动施加影响。

营销链接3-5

碳标签将抬高企业出口门槛

欧盟2010年气候政策听证会已经结束，尽管是否征收碳灌水尚需等待欧盟的明确标题啊，但哥本哈根气候大会后的首个低碳经济焦点已经触及中国制造业。

现在，如果企业的产品想在英国超市上架，就必须贴上"碳标签"，标明产品在生产、包装和销售过程中产生的二氧化碳排放量。不仅仅在英国，目前已有10多个国家加入到"碳标签"的行列。英国CarbonTrust公司、美国WRI等中介机构的相继成立，正是应对碳排放测量与监测。

事实上，绿色供应链正在成为新的门槛。日前，沃尔玛已要求 10 万家供应商必须完成碳足迹验证，贴上不同颜色的碳标签。以每家沃尔玛直接供应商至少有 50 家上、下游厂商计算，影响所及超过 500 万家工厂，其中广大部分在中国。除此之外，瑞典家具企业宜家也宣布要求供应商贴上"碳标签"。

沃尔玛相关负责人表示，原材料企业、制造商、物流商、零售商必须进行碳足迹验证，承担减排责任，否则将拿不到跨国公司的订单。但这"主要针对出口产品，目前中国还没有推出碳标签，国内沃尔玛的上架产品暂时没有相关要求。"

世界银行此前发布的研究报告指出，如果碳关税全面实施，在国际市场上，"中国制造"可能将面对平均 26% 的关税，出口量因此可能下滑 21%。

（资料来源：碳标签将抬高企业出口门槛，销售与管理，2010 年 2 月）

1. 政治环境

（1）政治局势。

政治局势指企业营销所处的国家或地区的政治稳定状况。一个国家的政局稳定与否会给企业营销活动带来重大的影响，特别是在对外营销活动中，一定要考虑东道国政局变动和社会稳定情况可能造成的影响。政局稳定，生产发展，人民安居乐业，就会给企业造成良好的营销环境。而战争、暴乱、罢工、政权更替等政治事件都可能对企业营销活动产生不利影响，能迅速改变企业生存环境。

（2）方针政策。

各个国家在不同时期，根据不同需要颁布一些经济政策，制定经济发展方针，这些方针、政策不仅要影响本国企业的营销活动，而且还要影响外国企业在本国市场的营销活动。诸如人口政策、能源政策、物价政策、财政政策、金融与货币政策等，都给企业研究经济环境、调整自身的营销目标和产品构成提供了依据。

2. 法律环境

企业研究并熟悉法律环境，既保证自身严格依法管理和经营，也可运用法律手段保障自身的权益。尤其是从事国际市场营销的企业，必须对有关国家的法律制度和有关的国际法规、国际惯例和准则，进行学习研究并在实践中遵循。

六、社会文化环境

社会文化主要指一个国家、地区的民族特征、价值观念、生活方式、风俗习惯、宗教信仰、伦理道德、教育水平、语言文字等的总和。文化对市场营销的影响是多方面的，对所有营销的参与者都有着重大影响。企业的市场营销人员应分析、研究和了解社会文化环境，以针对不同的文化环境制定不同的营销策略。

1. 教育状况

教育程度不仅影响劳动者收入水平，而且影响着消费者对商品的鉴别力，影响消费者心理、购买的理性程度和消费结构，从而影响着企业营销策略的制定和实施。

2. 宗教信仰

纵观历史上各民族的消费习惯的产生和发展，可以发现宗教是影响人们消费行为的重要因素之一。某些国家和地区的宗教组织在教徒购买决策中也有重大影响。

指南针地毯

比利时一个地毯商把脑筋动到了穆斯林身上。这个名叫范德维格的商人，聪明地将扁平的指南针嵌入祈祷地毯。这种特殊的指南针，不是指南或指北，而是直指圣城麦加。这样，伊斯兰教徒不管走到哪里，只要把地毯往地上一铺，麦加方向顷刻之间就能准确找到。这种地毯一推出，在穆斯林居住地区立即成了抢手货，几个月内，范德维格在中东和非洲一下就卖掉了 25 000 多条，赚了大钱。

3. 价值观念

价值观念就是人们对社会生活中各种事物的态度和看法。在不同的文化背景下，人们的价值观念相差很大，消费者对商品的需求和购买行为深受价值观念的影响。

4. 消费习俗

消费习俗是人类各种习俗中的重要习俗之一，是人们历代传递下来的一种消费方式，也可以说是人们在长期经济与社会活动中所形成的一种消费风俗习惯。消费习俗在饮食、服饰、居住、婚丧、节日、人情往来等方面都表现出独特的心理特征和行为方式。

5. 审美观念

人们在市场上挑选、购买商品的过程，实际上也就是一次审美活动。因此，企业营销人员应注意消费者审美观的变化，把消费者对商品的评价作为重要的反馈信息，使商品的艺术功能与经营场所的美化效果融合为一体，以更好地满足消费者的审美要求。

第三节　市场营销微观环境

企业的微观营销环境主要由企业的供应商、营销中介机构、顾客、竞争对手、社会公众以及企业内部参与营销决策的各部门组成（图 3-4）。

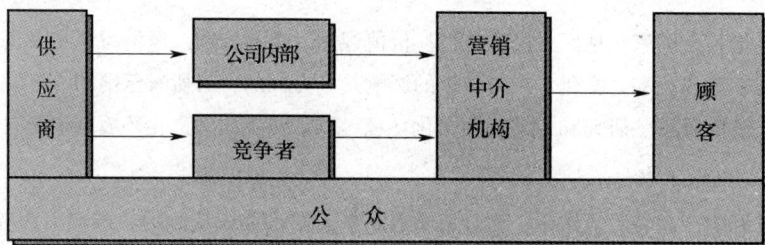

图 3-4　公司的微观环境因素

供应商—公司—营销中介单位—顾客这一链条构成了公司的核心营销系统。一个公司的成功，还受到另外两个群体的影响，即竞争对手和公众。

一、公司内部

公司内部环境是指公司内部组织划分和层级以及非正式组织所构成的整体。公司环境不仅强调组织的正式和非正式结构，更强调组织成员的协作关系。公司内部环境是企业市场营销环境的中心。

营销管理者在制订营销计划时，必须考虑到与公司其他部门的协调，如与最高管理者、财务部门、研究开发部门、采购部门、生产部门和会计部门等的协调，因为正是这些部门构成了营销计划制订者的公司内部微观环境。

二、供应商

供应商是影响企业营销微观环境的重要因素之一。供应商是指向企业及其竞争者提供生产产品和服务所需资源的企业或个人。供应商所提供的资源主要包括原材料、设备、能源、劳务、资金，等等。原材料、零部件、能源及机器设备等货源的保证，是企业营销活动顺利进行的前提。

三、营销中介机构

营销中介机构是协助公司推广、销售和分配产品给最终买主的那些企业。它们包括中间商、实体分配公司、营销服务机构及金融机构等。

1. 中间商

中间商是协助公司寻找顾客或直接与顾客进行交易的商业企业。中间商分两类：代理中间商和经销中间商。代理中间商（如代理人、经纪人、制造商代表等）专门介绍客户或与客户磋商交易合同，但并不拥有商品持有权。经销中间商（如批发商、零售商和其他再售商）购买产品，拥有商品持有权，再售商品。

2. 实体分配公司

实体分配公司协助公司储存产品和把产品从原产地运往销售目的地。实体分配公司包括仓储公司和运输公司。

3. 市场营销服务机构

市场营销服务机构指市场调研公司、广告公司、各种广告媒介及市场营销咨询公司，他们协助企业选择最恰当的市场，并帮助企业向选定的市场推销产品。

4. 金融机构

金融机构包括银行、信贷公司、保险公司以及其他对货物购销提供融资或保险的各种公司。公司的营销活动会因贷款成本的上升或信贷来源的限制而受到严重的影响。

营销案例 3-4

"沃尔玛"携手供应商实施"绿色供应链"

从 2008 年开始，"沃尔玛"携手供应商共同实施"绿色供应链"，以 100% 使用再生能源、不产生零废品、出售产品必须达到环保标准为目标，要求包括供应商、配送中心、卖场等在内的所有环节必须既足够环保又足够经济，实现消费者、供应商与沃尔玛的共赢。

"绿色供应链"内容包括：

促使供应商清洁生产

以和路雪为例，沃尔玛请来了国内顶尖的专家到和路雪进行考察，提出包括管理、设备，原材料辅料，能源，过程控制，废弃物等 6 大项 25 小项的改造方案。其中 22 个为无费用或低费用方案，已经全部实施。另外 3

个方案计划在 2010 年申报实施。所实施的 22 个方案不过投资 1.55 万元，创新方法也很简单，却获得了直接经济效益 127 万元/年。初算下来，和路雪每年可以节省 33.6 万元，还可以减少二氧化碳排放量，一举两得。

实施农超对接

沃尔玛从 2007 年实施农超对接，3 年的时间，沃尔玛已经在贵州、辽宁、江西、广东等 14 个省市建立了 28 个直接采购基地，面积有 30 万亩，直接受惠农民 28.3 万人，同时组织专家对农户进行培训，教他们种出合格、绿色的蔬菜。通过农超对接，促进了产业链优化，提高了食品安全水平，为农民增加了收入，同时沃尔玛采购成本下降 20% 左右，销售价格也将下降 20% 左右，最终实现环境、顾客、农民及地方经济的多赢局面。

鼓励供应商低碳包装

以无冠菠萝为例，水果供应商在运往沃尔玛超市的菠萝上，将其冠斩掉。对比有冠菠萝，无冠菠萝可节省运力约 24%；使用的纸箱可减少 4% 的纸浆使用量；卖场和顾客不需要处理冠部产生的垃圾，冠部在产地可作为育苗用途，循环利用了资源；无冠菠萝在采摘包装和食用时减少清洗用水的使用。

低碳包装例子还有很多，比如日用品供应商会将洗发水华丽的包装去掉，代之以可降解的塑料外包装；食品供应商将可乐瓶子变矮，容量却不变；外包装材料以本色印刷取代彩印，既降低了成本，又减少了彩色油墨对环境的污染，等等。

沃尔玛作为一家中间商的可贵之处在于，它不仅仅自己要做"绿公司"，同时还"逼"它上游的供应商一起做"绿公司"。

（资料来源：中国贸易金融网，已改编）

四、顾客

顾客是指企业产品服务针对的对象，也就是企业目标市场的成员。企业的一切营销活动都应以满足顾客的需要为中心。顾客是企业最重要的环境因素。企业的目标市场可以是下列五种顾客市场中的一种或几种。

1. 消费者市场

个人和家庭购买商品及劳务以供个人消费。

2. 产业市场

组织机构购买产品与劳务，供生产其他产品及劳务所用，以达到赢利或其他的目的。

3. 中间商市场

组织机构购买产品及劳务用以转售，从中赢利。

4. 政府市场

政府机构购买产品及劳务以提供公共服务或把这些产品及劳务转让给其他需要它们的人。

5. 国际市场

买主在国外，这些买主包括外国消费者、生产厂、转售商及政府。

五、竞争者

企业的营销系统总是被一群竞争者包围和影响着，必须识别和战胜竞争对手，才能在顾客心目中强有力地确定其所提供产品的地位，以获取战略优势。一般来说，一个企业在市场上所面对的竞争者主要有以下几类。

1. 愿望竞争者

愿望竞争者指提供不同产品以满足不同需求的竞争者。消费者的需要是多方面的，但很难同时满足，在某一时刻可能只能满足其中的一个需要。消费者经过慎重考虑作出购买决策，往往是提供不同产品的厂商为争取该消费者成为现实顾客竞相努力的结果。

2. 属类竞争者

属类竞争者指提供不同产品以满足同一种需求的竞争者。例如，消费者为锻炼身体准备购买体育用品，他要根据年龄、身体状况和爱好选择一种锻炼的方法，是买篮球，还是买游泳衣，或是买哑铃，这些产品的生产经营者就是属类竞争者。

3. 产品形式竞争者

产品形式竞争者指满足同一需要的产品的各种形式间的竞争。同一产品，规格、型号不同，性能、质量、价格各异，消费者将在充分收集信息后做出选择。比如购买彩电的消费者，要对规格、性能、质量、价格等进行比较后再做出决策。

4. 品牌竞争者

品牌竞争者指满足同一需要的同种形式产品不同品牌之间的竞争。比如，购买洗衣机的顾客，可在同一规格进口洗衣机各品牌以及国产海尔、荣事达、小天鹅等品牌之间作出选择。

营销案例 3-5

谁是可口可乐的竞争者?

可口可乐公司生产的软饮料几乎占领了全世界饮料市场的一半，然而，它仍面临着竞争。可以这样说，大多数喝过可口可乐的人至少都尝过百事可乐。百事可乐仅占世界饮料市场的1/4。与可口可乐公司竞争的还有哪些公司呢？以下是主要的竞争者：

其他种类的可乐、其他软饮料、果汁及果汁饮料、加味冰茶、加味咖啡、加味的矿泉水、矿泉水、自来水、啤酒和葡萄酒。

可口可乐真的与自来水竞争吗？可能。但是，在考虑主要竞争对手时，它应把界限划在别的地方。这些主要竞争对手是将来对其经营造成真正影响的对手。要了解应把界限划在哪儿以及怎样划，主要取决于客户在追求什么。对可口可乐来说，这种了解涉及客户选择时对以下因素的考虑：

可口可乐与非可口可乐

保健可乐与非保健可乐

有咖啡因与没有咖啡因

含有酒精与不含有酒精

这些标准的重要性在不同的市场里会有所不同，而且经过一段时间也许会改变。同样，可口可乐要竞争，再竞争。

（资料来源：企业营销训练教材总集，亚太管理训练网 http://www.longjk.com）

六、公众

公众就是对一个组织完成其目标的能力有着实际或潜在兴趣或影响的群体。所有的企业都必须采取积极措施，树立良好的企业形象，力求保持和主要公众之间的良好关系。一般来说，企业面对的公众主要有以下几种类型：

1. 金融界

金融界对企业的融资能力有重要的影响。金融界主要包括银行、投资公司、证券经纪行、股东。

2. 媒介公众

媒介公众指那些刊载、播送新闻、特写和社论的机构，特别是报纸、杂志、电台、电视台。

3. 政府机构

企业管理当局在制订营销计划时，必须认真研究与考虑政府政策与措施的发展变化。

4. 公民行动团体

一个企业营销活动可能会受到消费者组织、环境保护组织、少数民族团体等组织的质询。

5. 地方公众

每个企业都同当地的公众团体，如邻里居民和社区组织，保持联系。

6. 一般公众

企业需要关注一般公众对企业产品及经营活动的态度。虽然一般公众并不是有组织地对企业采取行动，然而一般公众对企业的印象却影响着消费者对该企业及其产品的看法。

7. 内部公众

企业内部的公众包括蓝领工人、白领工人、经理和董事会。大公司还发行业务通讯和采用其他信息沟通方法，向企业内部公众通报信息并激励他们的积极性。当企业雇员对自己的企业感到满意的时候，他们的态度也就会感染企业以外的公众。

第四节　市场营销环境的分析方法

市场营销环境分析的任务就是对外部环境各要素进行调查研究，以明确其现状和变化发展的趋势，从中区别出对企业发展有利的机会和不利的威胁，并且根据企业自身情况做出相应的对策。企业常用的分析市场营销环境方法有：PEST 分析方法、五种竞争力模型分析方法、机会威胁分析矩阵法和 SWOT 分析法。

一、PEST 分析方法

PEST 分析方法是一种关于企业营销外部环境分析方法，通过对政治（Politics）、经济（Economy）、社会（Society）、技术（Technology）等四个方面进行分析，为企业制订营销战略服务（图 3 - 5）。

二、五种竞争力模型分析方法

五种竞争力模型（Five Forces Model）是由哈佛商学院教授迈克尔·波特提出的。在任何行业中，无论是国内还是国际，也无论是提供产品还是服务，竞争的规则都包含在五种力量内。该模型可以算作是行业分析中最经典的分析模型，它第一次从各个角度对行业分析进行了全面的刻画。通过对这五种竞争力量的分析可以明确企业的优势和劣势，确定企业的市场地位。五种竞争力模型如图 3 - 6 所示。

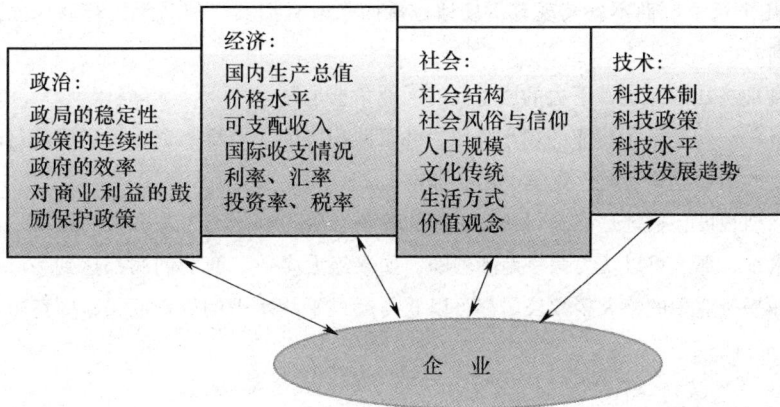

图 3-5 主要外部环境因素

1. 行业竞争对手

现有公司间的竞争是五种力量中最强大的。为了赢得市场地位和市场份额，他们通常不惜代价。在有些行业中，竞争的核心是价格；在有些行业中，价格竞争很弱，竞争的核心在于产品或服务的特色、新产品革新、质量和耐用度、保修、售后服务、品牌形象。

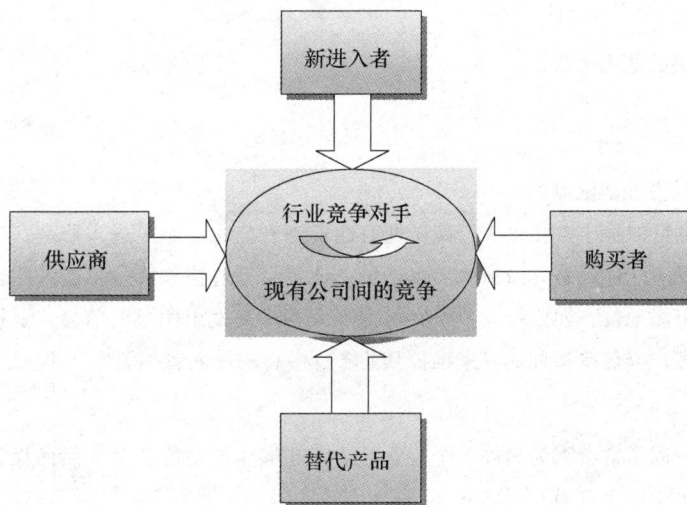

图 3-6 波特的五种竞争力

现有公司间的竞争是一个动态的、不断变化的过程。竞争不但有强弱之分，而且各厂家对价格、质量、性能特色、客户服务、保修、广告、分销网络、新产品革新等因素的相对重视程度也会随时间不同而发生变化。影响竞争加剧的情况有以下几种：

◆ 当一家或几家竞争厂商看到了一个更好满足客户需求的机会或出于改善产品性能的压力之下时，竞争就会变得更加剧烈。

◆ 当竞争厂商的数目增加时，当竞争厂商在规模和能力方面相抗衡的程度提高时，竞争会加剧。

◆ 当产品的需求增长缓慢时，竞争的强度通常会加剧。

◆ 当行业环境迫使竞争厂商降价或使用其他竞争策略增加产量时，竞争会加剧。

◆ 当客户转换品牌的成本较低时，竞争会加剧。

◆ 当一个或几个竞争厂商不满其现有市场地位从而采取有损其竞争对手的行动加强自己的竞争地位时，竞争就会加剧。

◆ 当退出某项业务比继续经营下去的成本高时，竞争会加剧。

◆ 当行业之外的公司购并本行业的弱小公司，并采取积极的、以雄厚资金为后盾的行动试图将其新购并的厂商变成主要的市场竞争者时，竞争一定会加剧。

评估竞争的激烈程度，关键是准确判断公司间的竞争会给盈利能力带来多大的压力。如果竞争行动降低了行业的利润水平，那么可以认为竞争是激烈的；如果绝大多数厂商的利润都达到了可接受的水平，竞争为一般程度；如果行业中的绝大多数公司都可以获得超过平均水平的投资回报，则竞争是比较弱的，具有一定的吸引力。

2. 新进入者

一个市场的新进入者往往会带来新的生产能力和资源，希望在市场上占有一席之地。对于特定的市场来说，新进入者所面临的竞争威胁来自进入市场壁垒和现有厂商对其做出的反应。新进入者进入市场的壁垒通常有以下几种：

◆ 规模经济。

◆ 不能获得的关键技术和专业技能。

◆ 品牌偏好和客户忠诚度。

◆ 资源要求。

◆ 与规模经济无关的成本劣势。

◆ 分销渠道。

◆ 政府政策。

◆ 关税及国际贸易方面的限制。

进入市场壁垒的高低取决于潜在进入厂商所拥有的资源和能力。除了进入壁垒，新进入者还面临着现有厂商做出什么样的反应。他们是只做出些消极抵抗，还是会通过诸如降价、加大广告力度、改善产品以及其他措施来捍卫其市场地位？如果行业中原有财力强大的厂商发出明显的信号，要捍卫其市场，或者原有厂商通过分销商和客户群创造某种优势来维护其业务，潜在的进入者须慎重从事。

3. 替代产品

某个行业的竞争厂商常常会因为另外一个行业的厂商能够生产很好的替代品而面临竞争。来自替代品的竞争压力其强度取决于三个方面：

◆ 是否可以获得价格上有吸引力的替代品？容易获得并且价格上有吸引力的替代品往往会产生竞争压力。如果替代品的价格比行业产品的价格低，那么行业中的竞争厂商就会遭遇降价的竞争压力。

◆ 在质量、性能和其他一些重要的属性方面的满意度如何？替代品的易获得性不可避免地刺激客户去比较彼此的质量、性能和价格，这种压力迫使行业中的厂商加强攻势，努力说服购买者相信他们的产品有着卓越的品质和有益的性能。

◆ 购买者转向替代品的难度和成本。最常见的转换成本有：可能的额外价格、可能的设备成本、测试替代品质量和可靠性的时间和成本、断绝原有供应关系建立新供应关系的成本、转换是获得技术帮助的成本、员工培训成本等。如果转换成本很高，那么替代品的生产上就必须提供某种重要的成本或性能利益，来诱惑原来行业的客户脱离老关系。

因此，一般说来，替代品的价格越低，替代品的质量和性能越高，购买者的转换成本越低，替代品所带来的竞争压力就越大。

4. 供应商

如果供应商拥有足够的谈判权，在定价、所供应产品的质量和性能或者交货的可靠度上有很大的优势时，那么供应商就会成为一种强大的竞争力量。

供应商是一种弱势竞争力量还是一种强势竞争力量取决于其所在的行业的市场条件和所提供产品的重要性。一旦供应商所提供的是一种标准产品，可以通过开放市场由大量具有巨大生产能力的供应商提供，那么与供应商相关的竞争压力就会很小，可以很容易地从一系列有一定生产能力的供应商那里获得所需的一切供应，甚至可能从加工商那里分批购买以推动订单竞争。在这种情况下，只有当供应出现紧缺而购买者又急于保证供应时，供应商才会拥有某种市场权力。如果有很好的替代品，而购买者的供应转换既无难度代价又不高，那么供应商的谈判地位就会处于劣势。

5. 购买者

如果购买者能够在价格、质量、服务或其他的销售条款上拥有一定的谈判优势，那么购买者就会成为一种强大的竞争力量。

一般来说，大批量采购使购买者拥有相当的优势，从而可以获得价格折让和其他一些有利的条款。即使购买者的采购量并不大，或者也不能给卖方厂商带来重要的市场或某种声誉，购买者在下列情形仍然有一定程度的谈判优势：

◆ 购买者转向竞争品牌或替代品的成本相对较低：一旦购买者拥有较高的灵活性，可以转换品牌或者可以从几家厂商采购，购买者就拥有很大的谈判空间。如果产品之间没有差别性或差别性很小，转换品牌就相对容易，付出的成本很小或无须付出成本。

◆ 购买者的数量较小：购买者的数量越小，厂商在失去已有的客户去寻找替代客户就越不容易。为了不丢失客户，厂商更加愿意给予某种折让或优惠。

◆ 购买者对厂商的产品、价格和成本所拥有的信息越多，所处的地位就越强。

◆ 如果购买者向后整合到卖方厂商业务领域的威胁越大，所获得的谈判优势就越大。

三、机会威胁分析矩阵法

机会和威胁分析，是企业战略规划的基础。机会是营销环境中对企业营销有利的各项因素的总和。威胁是营销环境中对企业营销不利的各项因素的总和。对环境中的威胁分析主要从两个方面着眼：一是分析威胁对企业的影响程度，二是分析威胁出现的概率大小并将这两个方面结合在一起，如图3－7所示。企业在威胁分析的基础上还必须进一步进行机会分析。机会分析的思路同威胁分析思路相仿，一是考虑机会给企业带来的潜在利益大小，二是考虑机会出现的概率大小，如图3－8所示。其分析的思路同威胁分析矩阵相同。

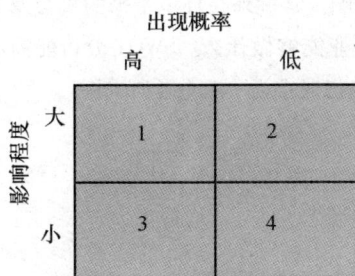

图3－7　威胁分析矩阵　　　　　图3－8　机会分析矩阵

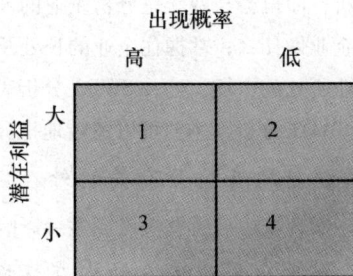

在实际的客观环境中单纯的威胁环境与单纯的机会环境都是极少的，而通常总是机会与威胁同在，风险与利益共存。所以，企业实际面临的是综合环境。根据环境中威胁水平和机会水平的高低不同，形成图3-9所示的矩阵。

1. 面临理想环境应采取的策略

由图3-9可见，理想环境是机会水平高，威胁水平低，利益大于风险的环境类型；对理想环境，企业应该抓住不放，立即制订发展计划并付诸行动，因为理想环境来之不易，机不可失，时不再来，如果错过机会，就很难弥补。

2. 面临冒险环境应采取的策略

冒险环境是收益高，但风险大的环境，如一些高新技术产业领域。面对此类环境，企业应审时度势，慎重决策，既可以决定进入，也可以决定不进入，要对客观环境和企业自身条件进行全面分析之后再做决策。此种决策是企业决策类型中最难的一种。既可能丢掉很好的机会，也可能要冒极大的风险。所以，容易犯两种错误：一种是丢弃的错误，即面对机会由于害怕风险，不敢进入，从而将机会失去；一种是冒进的错误，即对可能出现的风险考虑不足，仓促进入，结果或是大败而归，或是骑虎难下。

3. 面临成熟环境应采取的策略

成熟环境是比较平稳的环境，机会与威胁都处于较低的水平，一般如经营得法，企业可以获得平均利润。该类环境可作为企业的常规经营环境，利用它来维持企业的正常运转，并为进入理想环境和冒险环境提供资金。

4. 面临困难环境应采取的策略

如果企业所处的环境已经转变为困难的环境，则可以考虑：

①设法扭转。如果困难环境是由于企业的某些工作不力或失误造成的，则有可能通过努力扭转。

②立即撤出。对于大势所趋，无法扭转的困难环境，企业应该及时采取果断的决策，撤出在该环境中经营，另谋发展。

图3-9 综合环境分析矩阵

	威胁水平	
	高	低
机会水平 高	冒险环境	理想环境
机会水平 低	困难环境	成熟环境

四、SWOT分析法

SWOT分析（表3-1）是一种综合考虑企业内部条件和外部环境的各种因素而进行选择最佳营销战略的方法。其中，S是指企业内部的优势（Strength），W是指企业内部的劣势（Weakness），O是指企业外部环境的机会（Opportunities），T是指企业外部环境的威胁（Threats）。这里优劣势是对企业内在的强项与弱项进行分析，而机会与威胁是分析企业的外在环境可能产生的影响。掌握外在环境带来的机会及威胁，也就掌握住企业做什么；掌握住企业的长处及弱点，也就掌握住企业能够做什么。SWOT分析能简洁清晰地反应出企业所处的市场，这种SWOT分析表（表3-1）在实务上也通常为一般企业所采用。

通过SWOT分析，企业可以清晰地把握住下列状况：

1. 了解与所在企业有关的外在环境

了解现实环境中有哪些关键因素会影响到企业的发展。

2. 了解所在企业本身的内在环境

通过对前期业绩及策略的评估和对企业长处及弱点的分析，企业可以客观公正地分析企业的内在环境。

表 3 - 1　SWOT 分析

S/W O/T	优势：S 1. 2. 3. 优势描述	劣势：W 1. 2. 3. 劣势描述
机会：O 1. 2. 3. 机会描述	SO 战略→成长型 1. 2. 3. 发挥优势，利用机会	WO 战略→巩固/增长型 1. 2. 3. 利用机会，克服弱点
威胁：T 1. 2. 3. 威胁描述	ST 战略→多样化型 1. 2. 3. 利用优势，回避威胁	WT 战略→收缩型 1. 2. 3. 减少劣势，回避威胁

3. 指出所在企业应该走向何处

整理出未来将可能面临哪些重大的市场机会及遭遇到哪些威胁，应该能列出企业未来该朝向何处发展的优先顺序。

4. 指出所在企业能向何处发展

在彻底分析企业的长处及弱点后，能指出那些可以发展的方向中，有哪些是企业有能力去发展的。

菲利普·科特勒认为 SWOT 分析过分看重内部因素，识别危险和机会时只限于组织能力所及的范围，是一种"由内至外"的视角，与产品导向理念相呼应。而采用 TOWS（威胁—机会—弱点—优势）进行先决条件检验，是一种"由外至内"的视角，是与市场导向理念相呼应。

案例评析

顺应变化的耐克

耐克公司是一家总部设在美国的全球最著名的运动鞋生产商。该公司主要生产和销售男士、女士、儿童用的运动鞋，此外还销售一些运动鞋附属品、体育器械、体育服装等。1983 年耐克公司销售额约 2.7 亿美元，市场份额为 31%。占据市场主导地位。但是在随后的数年间销售额呈连续下滑趋势，1984 年市场份额下降至 26%，1987 年下降至 18.6%。其原因究竟是什么？跑鞋市场已经饱和，几乎每个想跑步的人都已经试用过跑鞋了。

20 世纪 70 年代末和 80 年代初，大量的新生代填充了跑步用具市场，年龄从 25 ~ 40 岁。但是在 20 世纪 80 年代中晚期，进入这个年龄段的人口变少了，这就减少了总需求。作为新生代的老成员，年龄接近 40 岁，穿上旧鞋再来一个 5 英里①跑，其乐趣似乎比不上 24 岁时了。

———————————

① 1 英里 = 1 609.344 米。

20 世纪 80 年代中期，跑鞋市场开始高度分化，营销人员必须更多地注意消费者的需要、目标和价值，以便为更小的消费者群体生产多变化的产品。同行间为保住自己的市场份额常常展开价格大战。

消费者有关健康的思想也发生了变化，认为跑步仅有助于增进腿部和心血管系统的健康。更多的人注重整体健康，认识到身体的其他部分也需要锻炼。所有这些变化意味着跑步的人减少，跑鞋市场缩小，作为本行业市场份额最大的制造商，耐克的损失最大。

而锐步公司于 1983 年首次推出颜色鲜艳和质地柔软的软皮自由式运动鞋时，一夜之间风靡美国。锐步公司实际上拓展了运动鞋市场，它吸引了原先只买传统鞋的妇女购买运动鞋。人们认为这种跑鞋不仅仅是"胶底运动鞋"。

耐克公司试图夺回在跑鞋市场的领先地位。1987 年，推出了乔丹气垫篮球鞋，以号称"飞人"的芝加哥公牛队篮球明星迈克尔·乔丹命名，乔丹穿着并推广这个产品。耐克花费重金做电视和印刷广告，并配合营业推广措施推广这一革新产品，让消费者了解气垫怎样减缓冲击。耐克扩展了跑鞋以外的产品线。为有氧运动和其他特殊体育活动生产鞋类，推出散步鞋迎合迅速出现的老年人市场，因为老年人发现跑步对他们膝关节的压力太大了。

20 世纪 90 年代早期，耐克从锐步手中夺回了胶鞋类市场的领先地位，市场份额达到 1/3。1992 年，胶鞋市场需求水平再次较大幅度下降，又发生了什么事呢？

从总体上讲，消费者对胶鞋的意义和参与发生了变化。20 世纪 70 年代和 80 年代，运动胶鞋获得了一些强有力的象征意义，推动了胶鞋销售的增长。质量和性能对职业运动员来说具有重要的价值，但是对于并不将胶鞋用于运动的大约 70% 的消费者来说，胶鞋代表了反叛、不熟悉、实用性和趣味，胶鞋代表着更时尚，而不是功能更优。然而，到了 20 世纪 90 年代早期，风尚改变了。许多十几岁的和刚成年的人在成长过程中花费了多达 125～150 美元在胶鞋上，被胶鞋市场的过分商业化搞得疲惫不堪。他们受当时的流行乐队的影响，开始打扮得像农民模样，穿着 Doc Martens 的沉重的工作靴，Raichle 和 Teehnica 的旅行鞋以及从林地来的粗犷的鞋和靴子，再配以腰间的格子法兰绒衬衫、几层 T 恤衫以及完全盖住靴子的旧仔裤，认为这样装扮比买一双高科技胶鞋要好得多。

胶鞋被消费者赋予了一定的关键价值，耐克的营销人员试图发现这些价值并将耐克鞋与这些价值相联系。为了对消费者知识和参与作出反应，耐克公司创造了一个"户外部门"，专门销售旅行导向的新型胶鞋并与其他公司展开竞争。原先的运动胶鞋仍有一定的需求，耐克在开发新型的同时对过于昂贵的鞋降了价。

（资料来源：J·保罗·彼德、杰里·C·奥尔森，消费者行为与营销战略，东北财经大学出版社，2000）

评析： 耐克公司善于把握外在环境带来的机会及威胁，尽量选择能充分发挥公司能力的机会。营销环境一直在不断地创造机会和威胁。持续地监视和适应变化的环境对企业命运攸关。企业竞争同样遵循"适者生存，优胜劣汰"的原则，必须经常对自身营销策略进行调整。

思考题

1. 市场营销环境包括哪些内容？

2. 市场营销环境有哪些特点？

3. 试用市场营销环境分析、评价方法分析一个营销实例。

4. 宏观环境包括哪些内容？

5. 微观环境包含哪些内容？

6. 请将以下四个机会填入机会矩阵图 3-10 中的相应位置。

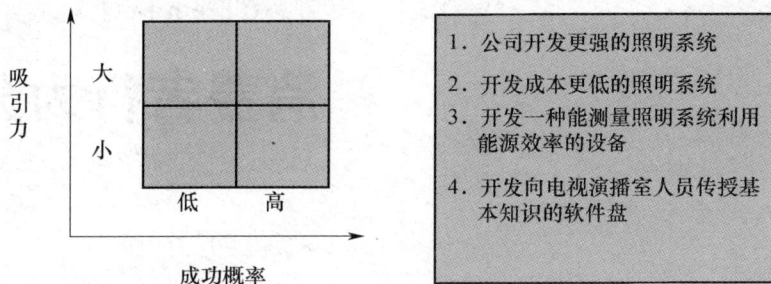

图 3 – 10 思考题

本章实训

一、实训目的

通过对 SWOT 分析方法运用，使学生能够掌握营销环境分析方法，能够发现当前环境下对企业的机遇和挑战。

二、实训内容

1. 实训资料：以自己熟悉企业为例，搜集相关情况进行案例分析。

2. 具体任务：根据本章对营销环境分析方法介绍，分小组讨论分析案例。

3. 任务要求：

（1）以自己熟悉企业为例，搜集相关情况进行 SWOT 分析；

（2）分析该企业未来的发展道路。

三、实训组织

1. 根据全班上课人数，将全班同学分成若干小组，采取组长负责制，全体组员协作完成课堂任务。为了避免不同小组所搜集案例重复，各小组组长将所选案例进行提前汇总，并进行协商，确保所选案例不重复。

2. 确定所选案例后，各小组进行下一步分工，对案例进行分析、汇总。

3. 经过小组讨论后，完成实训报告及汇报 PPT。

4. 根据课时具体安排，不同小组分别选派成员对报告进行讲解，并回答其他组成员的问题。

5. 任课教师对实训课程的结果进行总结，提出相应的意见及建议。

四、实训步骤

1. 任课教师布置实训任务，介绍实训要点和搜集材料的基本方法。

2. 各小组明确任务后，按照教师指导根据具体情况进行分工。

3. 各小组定期召开小组会议，对取得成果进行总结，遇到问题及时与指导教师沟通。

4. 完成实训报告及展示所需要的 PPT 等材料，实训报告中应包括案例来源、案例分析及遇到的难题与解决方案、启示等内容。

5. 各小组对案例进行课上汇报，教师对各组的汇报进行点评及总结。

消费者行为分析

章 节 图 解

第一节
消费者市场与组织市场

一、消费者市场

二、组织市场

三、消费者市场与组织市场营销差异

第二节
消费者购买行为分析

一、消费者购买行为模式

二、消费者购买行为的类型

三、影响消费者购买行为的因素

四、消费者参与购买决策的角色

五、消费者购买决策过程

第三节
产业市场购买行为分析

一、产业购买者行为模式及特点

二、产业市场购买对象

三、影响产业市场购买的因素

四、产业市场购买过程的参与者

五、产业市场购买决策类型

六、产业市场购买决策的过程

学习目标

- 了解消费者市场和组织市场特点
- 掌握影响消费者购买行为的因素
- 掌握消费者购买决策过程和产业市场购买决策过程
- 学会分析常见消费者购买动机

关键概念

- 关键概念
- 组织市场
- 产业市场
- 消费者需要
- 购买动机

引导案例　　iPhone 的饥饿营销

苹果公司 iPhone 的饥饿营销与传统的营销策略有所不同，它并没有刻意去控制产品的产量来制造市场供不应求的假象，它的"饥饿"更多的是体现在对新产品信息的控制上。这种严密的信息保密制度为 iPhone 营造了一种神秘感，调动了消费者和媒体对其信息的迫切渴望。直到新产品发布会上乔布斯十分钟幽默有趣的产品介绍，iPhone 才正式揭开面纱。总的来说，其传播路线大致为信息控制→发布会→上市日期公布→等待→全方位新闻报道→通宵排队→正式开卖→全线缺货→热卖→黄牛涨价。可见，整个产品推出过程是极其有序的，让消费者从渴望了解到渴望拥有到疯狂追捧，一步步将消费者推向品牌忠诚。

当然，对 iPhone 疯狂的痴迷与 Apple 这个大品牌是分不开的。苹果公司在全球有着数以亿计的消费者和追随者，而且大多数是收入和文化水平较高，享受生活，注重生活品位的群体，更重要的是他们几乎都是资深网民，活跃于社交网络中，甚至是某一群体的意见领袖。这类追随者正是 iPhone 优质的口碑传播源头，其往往自发地、主动地参与口碑传播，产生的口碑更具有客观性、真实性，也更容易被其他人所接受。在产品生命周期的控制上，iPhone 同样具有独到之处。它一方面尽可能压缩产品的上市期（包括介绍期和成长期）和退市期，给予产品更多的成熟期，为换代产品让出更大市场（通常两年一小改，三年或四年一大改）；另一方面，利用苹果应用程序商店（App Store）网络平台寻求新的商业模式和价值，为 iPhone 注入新的生命力量。这种由公司提供平台，实现使用者与开发者价值最大化的商业模式在智能手机行业是一种巨大的创新，也是 iPhone 成功的原因之一。

（资料来源：张德鹏 陈晓雁 黄聪，iPhone 与小米：不一样的饥饿营销，企业管理，2014.5 有改写）

引导问题

1. 购买 iPhone 的顾客有何消费需求？
2. iPhone 的饥饿营销针对都市白领什么样的消费心理？

第一节　消费者市场与组织市场

根据购买动机的差异性，市场可以分为消费者市场和组织市场。组织市场又可进一步划分为产业市场、中间商市场和非营利组织市场（主要是政府市场）。

一、消费者市场

消费者市场又称最终消费者市场、消费品市场或生活资料市场，是指个人或家庭为满足生活需求而购买或租用商品的市场。消费者市场是市场体系的基础，是起决定作用的市场。

消费者市场具有如下基本特点：

1. 购买者众多，购买数量零星

从消费者市场交易的规模和方式看，消费者市场广阔，购买者人数众多而且分散，交易次数频繁但交易数量不多。凡是有人群的地方，就需要消费品，可以这样说，全社会的人口都是消费资料的购买者。在消费品市场，消费最多的商品还是日用品。对日用品的消费需要经常性购买，购买频率高且量小，支付的金额数也小。

2. 需求差异性大

从消费者市场交易的产品看，由于消费者的需求千差万别，不同消费者对衣、食、住、行、用等的偏爱与重视程度就不同，所以所需的产品花色、品种、规格复杂多样，产品的市场寿命周期较短，产品的技术和专用性不强，许多产品可以互相代替。

3. 非专业性购买

从消费者市场购买动机和行为看，消费者市场的购买者大都缺乏专门的产品知识和市场知识，消费者购买行为具有自发性、感情冲动型的特点。消费者购买行为属非专业性购买，购买者对产品的选择受广告、宣传的影响较大。尤其是大多数购买者对除日用品以外的其他商品缺乏专门的知识，购买时往往感到茫然，表现为非行家购买，受情感因素影响大。

4. 需求复杂多变

消费者受多种因素影响而具有不同的消费需求和消费行为，所购商品千差万别。随着市场供应的丰富和企业竞争加剧，消费风潮的变化速度加快，商品的流行周期缩短，千变万化。

营销链接 4-1 ....

钱包份额

钱包份额（Share of Wallet）一般情况下指在一定时期内某顾客与特定企业的交易量占其同类交易总量的比重。例如，对于一家超市而言，某顾客的钱包份额即是他/她在该超市的消费额占其在所有超市消费总额的百分比；对于一家银行而言，某顾客存款的钱包份额就是他/她在该银行的存款占其在所有银行存款的百分比。显然，对于企业而言，知道了顾客的钱包份额就相当于掌握了顾客的支出在本企业和本企业竞争对手间的分配情况。

在西方企业界，钱包份额早期作为测度顾客与企业交易量的指标，主要应用于企业绩效管理。而随着营销观念从以市场为中心转向以顾客为中心，从强调市场份额转向注重顾客支出份额，钱包份额概念开始被应用于关系营销实践，用以指代顾客针对特定品牌或企业的支出占其相关总支出的比重。目前，钱包份额已成为衡量顾客价值和顾客关系管理绩效的重要指标。

（资料来源：宋金柱，楼天阳，西方钱包份额研究述评，外国经济与管理，2013 年第 12 期）

二、组织市场

组织市场是指为进一步生产、维持机构运作或再销售给其他消费者而购买产品和服务的各种组织消费者。简而言之，组织市场是以某种组织为购买单位的购买者所构成的市场。

1. 产业市场

产业市场又称工业品市场或生产资料市场，它是组织市场的一个组成部分，系指为满足各种营利性的制造业企业和服务业企业制造或向社会提供服务的需求而提供劳务和产品的市场。

与消费者市场相比，产业市场有以下特征。

（1）购买者较少，购买量较大。

在产业市场上，购买者绝大多数都是企业单位，购买者的数目必然比消费者市场少得多，购买者的规模也必然大得多。由于企业的主要设备若十年才买一次，原材料、零配件则根据供货合同定期供应。为了保证本企业生产的顺利进行，企业总是要保证合理的储备，因此，每一次总是批量采购，而且在产业市场上的绝大部分产品都是由少数几个买主购买。

（2）购买者地理位置集中。

产业市场上的购买者在地理上一般比较集中。由于各地资源、交通和历史改革情况不同，竞争将促使某些产业在地域分布上趋于集中，即便是那些规模分散的产业也比消费者市场在地域分布上更为集中。

（3）引申需求。

产业购买者对产业用品的需求，归根结底是从消费者对消费品的需求引申出来的。产业市场派生需求的特点要求生产者既要了解自己的直接顾客——产业用户的需求水平、特点及竞争情况，还要了解自己的客户所服务的市场的顾客的需求、特点及竞争状况，直至自己的客户到最终消费者之间所有环节的市场情况。

（4）需求缺乏弹性，需求波动大。

在产业市场上，产业购买者对产业用品和劳务的需求受价格变动的影响不大，短期需求尤其如此。其主要的原因是生产者不可能像消费者改变其需求偏好那样经常变化它们的生产工艺。同时一件产品通常是由若干零部件组成的，在总成本中占比重很小的零部件，即使价格上涨，对最终制成品的价格也不会有太大影响。产业购买者对于产业用品和劳务的需求比消费者的需求更容易发生变化。工厂设备等资本货物的行情波动会加速原料的行情波动。消费者需求的少量增加能导致产业购买者需求的大大增加。

（5）专业性采购。

产业市场采购者往往是由受过专门训练的采购人员来执行的。专业采购者将其工作时间都花在学习如何更好地采购方面。他们的专业方法和对技术信息评估的能力导致他们能进行更有效率地购买。这意味着产业市场的营销者必须提供他们的产品和竞争者产品的大量技术数据，并对这些数据掌握得非常好。

2. 中间商市场

中间商市场又称转卖者市场，是由那些以获取利润为目的来购买商品进行转卖或出租的个人和机构组成的市场。它包括批发商与零售商。批发商与零售商在市场中既是商品购买者，又是商品出卖者。批发商购买商品不是转卖给最终消费者，而是转卖给其他商人，买主主要是零售商和批发商、代理商以及制造商，其次是公共事业单位、服务行业等。而零售商购买商品则主要是直接卖给最终消费者。批发商、零售商购买商品主要是用于转卖，只有数量极少的商品用于本身的经营管理。

营销案例 4-1

沃尔玛的 EOS 系统

由于沃尔玛（Wal-Mart）实行的"天天平价"以及"最低利润销售"的经营原则，导致公司与其供应商合作伙伴之间的关系曾经一度非常紧张。如曾经与其最大的供应合作伙伴宝洁公司，为商品采购价格问题，导致关系十分紧张；同时沃尔玛压榨供应商，也在供应商中间产生极其负面的声誉问题。沃尔玛（Wal-Mart）20世纪80年代开发使用了 EOS——渗透式互助信息系统。该系统同时采用商品条码可代替大量手工劳动，不仅缩短了顾客结账时间，更便于利用计算机跟踪商品从进货到库存、配货、上架、售出的全过程，及时掌握商品销售和运行信息，加快商品流转速度。其目的是在供应商和零售商之间建立信息快速连接的通道。这套系统的实施应用，全面改善了沃尔玛与供应商之间的关系。渗透式互助信息系统让沃尔玛与其供应商建立了良好的伙伴关系。

（资料来源：Globalization, Technology, and Competition：The Fusion of Computers & Telecommunication in the 1990s；HBR Press, 1993）

3. 政府市场

政府市场又称政府机构市场，它是由那些为执行政府主要职能而采购或租用物资的各级政府机构组成。也就是说，在一个国家的政府机构市场上的购买者是这个国家各级政府的采购部门。政府部门购买几乎所有的东西，如武器、电脑、家具、电器、被服、办公用品、卫生设施、通信设备、交通工具、能源，等等。

营销链接 4-2

政府采购制度

"政府采购制度"在西方国家已经有200多年的实践历史，其适用范围从最初的国内延伸到国际。现代政府采购概念起源于1947年"关贸总协定中的有关国民待遇的例外规定条款"。20世纪60年代，欧洲经济合作组织（OECD）出台了"关于政府采购政策、程序和做法的文件草案"，将政府采购正式纳入国际组织文件之中，1979年东京回合的重要成果之一就是诞生出第一个国际性的《政府采购协议》。

我国自1995年在深圳市率先试行政府采购制度，2000年全国各地政府采购机构建设基本完成。2002年，《政府采购法》正式出台，使政府采购进入规范发展的新阶段。为增强国际竞争能力，我国政府已向亚太经济组织承诺最迟于2020年向其他成员国开放国内政府采购市场。

三、消费者市场与组织市场营销差异

组织市场与消费者市场有不同市场特点，须采取不同的营销策略。表4-1对组织市场与消费者市场营销差异做比较。

表4-1　组织市场与消费者市场营销差异

	组织市场	消费者市场
产　品	产品品质较专业，服务很重要	标准化形式，服务因素重要
价　格	多采用招标方式决定	按标价销售
分销渠道	较短，多采用市场直接接触	多通过中间商接触
促　销	强调人员销售	强调广告
顾客关系	长久而复杂	较少接触，关系浅
决策过程	多采用群体决策	个人或家庭决策

第二节　消费者购买行为分析

一、消费者购买行为模式

消费者行为是指消费者在寻求、购买、使用、评估和处理预期能满足其需要服务所表现出来的行为。消费者行为研究，就是研究人们如何做出花费自己时间、金钱、精力用于有关消费品的决策。市场营销学家归纳出研究消费者行为的7个主要问题，又称之为消费者市场的"7O's"架构（表4-2）。

表4-2　消费者市场的"7O's"

购买者（Occupants）	消费者市场由谁构成？（Who）
购买对象（Objects）	消费者市场购买什么？（What）
购买目的（Objectives）	消费者市场为何购买？（Why）
购买组织（Organizations）	消费者市场的购买活动有谁参加？（Who）
购买方式（Operations）	消费者市场怎样购买？（How）
购买时间（Occasions）	消费者市场何时购买？（When）
购买地点（Outlets）	消费者市场何地购买？（Where）

研究消费者购买行为的模式很多，这里主要介绍刺激—反应模式。所谓刺激—反应模式指营销或其他刺激通过消费者的黑箱产生某种反应（图4-1）。

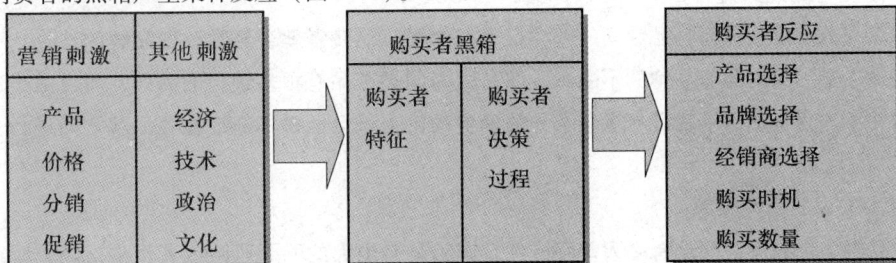

图4-1　刺激—反应模式

二、消费者购买行为的类型

1. 按照消费者的购买态度以及购买决策的速度分类

（1）习惯型。

这类消费者常常根据过去的购买经验和使用习惯采取购买行为，比如长期惠顾某商店、长期使用某品牌的产品。

（2）理智型。

这类消费者购买行为以理智为主，很少产生冲动购买。他们一般喜欢收集有关产品的某些信息，了解市场行情，在经过周密的思考和分析后，做到对所要购买产品的各种特性都心中有数。他们的主观性比较强，不容易受他人的影响，也不为自己的情绪所左右。

（3）经济型。

这类消费者购买商品多从经济角度考虑，对商品的价格非常敏感。他们一般比较勤俭节约，选择商品的标准是实用，而对外观造型、色彩等不太在意。

（4）冲动型。

这类消费者的心理反应敏捷，容易受商品包装和广告等外在因素的影响，以直观感觉为主，容易在周围环境的影响下迅速作出购买决定。

（5）疑虑型。

这类消费者一般比较内向，善于观察，行动谨慎，体验深刻。他们一般不大相信营业员的介绍，常常"三思而后行"，而且即使买回家以后有时也放心不下。

2. 按照消费者介入程度和品牌间的差异程度分类（表4-3）

表4-3　消费者购买行为类型

介入程度 品牌差异	低度介入	高度介入
品牌差异小	习惯性购买行为	减少失调购买行为
品牌差异大	寻求变化购买行为	复杂购买行为

（1）习惯性的购买行为。

消费者介入程度不高同时品牌之间的差异也不大时，消费在购买这类产品的时候并不需要按照决策过程一步一步地实施计划最后完成购买活动，而是以一种不假思索的方式直接采取购买行动。而且，在这种情况下，消费者购买某类产品并非出于品牌忠诚，而是出于习惯，或者说只是因为熟悉的缘故。

（2）寻求变化的购买行为。

当消费者介入程度很低而且品牌间的差异很大的时候，消费者就会经常改变品牌的选择。这种购买行为的产生往往不是因为对原有品牌的不满意，而是因为同类产品有很多选择的品牌，而且由于这类产品本身一般价格并不昂贵，所以消费者在求新求异的消费动机下就会经常不断地在各品牌之间进行变换，达到"常换常新"的目的。

（3）减少失调的购买行为。

由于产品的各种品牌之间没有多大差别，并且产品具有很大的购买风险或者价格很高，所以需要消费者高度介入才能慎重决定，但购买商品之后，有时往往又会使消费者产生一种购后不协调的感觉，于是开始通过各种方法试图做出对自己的选择有利的评价，并采取种种措施试图证明自己当初的购买决策是完全正确的，以减少购买后的不协调。

（4）复杂的购买行为。

一般来说，购买贵重物品、大型耐用消费品、风险较大的商品、外露性很强的产品以及其他需要消费者高度介入的产品，消费者往往产生复杂的购买行为。对于复杂的购买行为，消费者参与购买的程度较高，并且了解品牌间的显著差异。

三、影响消费者购买行为的因素

影响消费者购买行为的主要因素有消费者文化因素、社会因素、个人因素和心理因素等（表4-4）。

表4-4　影响消费者购买行为的因素

文化因素	社会因素	个人因素	心理因素
文化	参考群体	年龄和性别	需要和动机
亚文化	家庭	职业	感觉和知觉
社会阶层	社会角色与地位	教育程度	学习
		经济能力	信念和态度
		生活方式	
		个性以及自我概念	

1. 文化因素

文化因素对消费者行为的影响是非常广泛深远的，其中以文化、亚文化及社会阶层对消费者行为作用尤为显著。

（1）文化。

文化是指人类创造的一切物质产品和精神产品的总和。狭义的文化是指语言、文学、艺术及一切意识形态在内的精神产品。文化的基本要素包括：精神要素、社会组织、语言符号、物质产品、规范体系等。

文化是消费者的欲望和行为的最基本决定因素。在社会中成长的消费者，通过社会化过程学习到基本价值观、知觉、行为与需要，文化是此过程中最为基础性的影响因素。每一位消费者行为的背后，其实隐含着许多文化因素的影响。

（2）亚文化。

每种核心基本文化中包括较小的群体所形成的亚文化。所谓亚文化，是指某一文化群体所属次级群体的成员共有的独特信念、价值观和生活习惯。亚文化提供给消费者更特定的认同对象和更直接的影响。亚文化通常包括民族、宗教、种族、地理、年龄、职业等。

（3）社会阶层。

社会阶层是一种普遍存在的社会现象。所谓社会阶层是指在一个具有阶层秩序的社会中所划分的几个同质而持久的群体。在每一个阶层中，成员有类似的价值观、兴趣以及行为。

营销链接4-3 ···

体验创造价值

在玩具行业里，一家名为熊宝宝工作坊（Build－A－Bear）的企业推出了新的商业模式：在店铺中孩子可以亲手制作属于自己的玩具熊，先挑选外形面料，亲手塞入填充物，然后植入心脏，最后记载有玩具熊信息的生日卡，这个玩具熊就诞生了。玩具熊诞生后，又会引发大量的衍生需求，比如玩具熊需要衣服，店里提供各种款式的衣服、鞋帽和配饰。玩具熊打扮好了之后新的问题又出来了，玩具熊很孤单，要有兄弟姐妹、爷爷奶奶。所以这不仅是DIY一个玩具熊，而是孩子亲自参与，获得玩具带来的独特的体验——设计外形、定制生日、组建家庭、完成一个故事。在美国一般的玩具熊价格约为15美金，但采用这种方式制作的产品平均价格约为32美元，再加上各种衍生需求，每位顾客的平均消费额可达80美元。该公司每平方英尺①的年销售额达600美元，比美国大型购物中心的平均销售额高出一倍。

熊宝宝工作坊所代表的正是现代经济的一次重要转变——从工业经济转向体验经济。昔日企业通过满足消费者对产品功能需求创造利润的模式，已经转化为企业与特定消费者在特定时刻、特定地点、特定情境下共同创造体验的盈利模式。体验经济与传统工业经济最大的区别在于，消费者从被动的价值接受者，转为积极参与价值创造的各个环节，成为创造独特体验的参与者。以企业为中心的价值创造观念转向企业与消费者共同创造价值的观念。

（资料来源：哈佛商业评论，2014年第4期）

社会阶层不能由单一的因素如收入来决定，而需综合衡量职业、收入、教育、财富等变量。各种社会阶层的人具有不同的产品与品牌偏好，而同一阶层的人倾向于表现出类似的购买行为。不同社会阶层消费者在支出模式、消费信息接收和处理、购物方式等方面存在差异。

2. 社会因素

消费者行为同样也受到诸如参考群体、家庭、社会角色与地位等一系列社会性因素影响。

（1）参考群体。

参考群体是能直接或间接影响个人态度、意见和价值观的所有团体。参考群体作为直接或间接的参照物影响着消费者态度和行为。参考群体可分为两种：成员团体和理想团体。成员团体即自己身为成员之一团体，如家庭、亲朋好友、同事、同业协会等；理想团体即自己虽非成员，但愿意归属的团体。

营销案例4-2

营销宅人族

对于足不出户的宅人族来说，选择一个"一站式"购物网站，不仅更方便，而且更安全。所以，对于宅人族而言，便捷才是硬道理。不仅仅是网上交易、货物配送的便捷，一个网站能否满足多种产品购买需求，同样是决定宅人族是否在该网站购物的重要因素。

除了便捷，产品质量同样是宅人族看重的因素。对于宅人族而言，网络的便捷和方便的在线交流是货比三家的基础，某个品牌产品质量如果不那么好，很快就会通过网络瞬间传播；反之，质量好、信誉好的商家，也会被宅人族免费宣传。对于宅人族而言，动动鼠标、打打键盘，某款产品的好坏便一目了然了。

而除了实物产品外，针对宅人族的喜好开发虚拟产品，商家同样可以获得极高的利润。BMW瞄准喜欢在线网络游戏的宅人族，特意在一款名为"跑跑卡丁车"的游戏里，卖起了虚拟的Mini Cooper，非常受欢迎。而在我们身边，一些热爱QQ游戏的宅人族，对虚拟的QQ游戏币、人物装饰同样有浓厚的兴趣，这些都是营销宅人族的典型案例。

（资料来源：徐红明，哈佛商业评论网，经删减）

---

① 1平方英尺=0.092 093 04平方米。

（2）家庭。

家庭是消费者最基本的相关群体，因而家庭成员对消费者购买行为的影响显然最强烈。一般来说，夫妻购买的参与程度大都因产品的不同而有所区别。家庭主妇通常是一家的采购者。特别是在食物、日常衣着和日用品方面的购买，传统上更主要由妻子承担。但随着现代女性事业心的增强，丈夫参与家庭日用品购买和家务劳动风气的逐步兴起。当然在家庭的购买活动中，其决策并不总是由丈夫或妻子单方面做出的，实际上有些价值昂贵或是不常购买的产品，往往是由夫妻双方包括已长大的孩子共同做出购买决定的。

（3）社会角色与地位。

人们可以同时属于许多群体，如家庭、俱乐部或其他组织。一个人在每一群体中的位置可用角色与地位来说明。一个角色包含周围的人期望他进行的所有活动。当一个人依照社会的期待去履行义务、行使权利时，他就是在扮演一定的角色。在现实生活中，人们需要扮演各种各样的角色。每一种角色都附着一种地位，地位能够反映出该角色在社会中一般受尊重的程度。角色与地位都强烈地影响着消费者的购买行为。

3．个人因素

消费者的购买行为也会受到个人外在特征的影响，特别是受其年龄和生命周期阶段、性别、职业、教育程度、经济能力、生活方式、个性以及自我概念的影响。

（1）年龄。

不同年龄的人有不同的消费心理和行为。消费者对产品的需求会随着年龄的增长而变化，在不同年龄阶段，相应需要各种不同的商品。

营销案例 4—3

80、90 后消费行为

80、90 后购物者是谁

80、90 后消费者，15～30 岁，学生、白领居多。他们讨厌墨守成规，喜欢多变、刺激和新颖的生活方式。与前几代人相比，他们的生活多了一种方式"网络生活"，他们在网络上写日志（博客）、聊天交友、玩游戏、购物……生活中可以做的事情网络上都能做，在他们的生活中不能没有网络。他们有着同样的标签——个性、叛逆，他们主张打破一切，宣扬自我主义，不在乎别人怎么看，表达自己就好，向往动感、娱乐的生活，他们是娱乐至上的一代。

80、90 后只是从出生年代对两个人群进行了划分，实际上两个人群的爱好、个性有较多的交叉与重叠，尤其是 90 初与 80 后，他们年龄相仿、生活习惯相似，消费理念上很相近。

80、90 后购物行为特征

对于 80、90 后消费群体来说，内在需求除了需要满足基本需求外还要求"酷！爽！动感！个性！娱乐！快乐！"一句话"只要喜欢，我就想买"，买可口可乐，绝不是因为好喝，去麦当劳也绝不是因为汉堡美味，买耐克也绝不是因为它的制造工艺、产品品质能比其他品牌好多少，而是品牌体现的特性符合我的特性，我就喜欢。购物者的内在需求归根结底就是"基本需求＋特性需求"。

大多数 80、90 后消费欲望超过消费实力，没有形成理性消费的观念，他们不是量入为出，而是量出为入，具有高购买冲动。

由于年纪尚轻，消费经验有限，80、90 后在维护自我消费话语权的基础上，往往容易受意见领袖或受舆论环境的影响，同学、同事、网友口碑、博客、MSN、GOOGLE 搜索构成的非正式化的信息交流，几乎成为他们之间对某种产品、某种品牌最权威的消费指导。

（资料来源：网易博客 http://czcrw.blog.163.com/blog/static/74132851200991632150574/）

（2）家庭生命周期。

家庭生命周期是指从家庭筹组到家庭解体所经历的整个阶段。传统上，一个典型家庭生命周期通常包括单身阶段、新婚阶段、满巢阶段、空巢阶段和鳏寡阶段。处于家庭生命周期的不同阶段，消费者购买行为会有差异（表4-5）。

表4-5　家庭生命周期

阶段	购买行为
单身阶段	关心时尚，崇尚娱乐和休闲，新观念的带头人
新婚阶段	购买力强，耐用品购买力高，高档家具、旅游度假等的顾客
满巢一阶	家庭用品采购高峰期，家庭需要购买婴儿食品、服装、玩具等产品
满巢二阶	购买经济实惠的产品，购买行为日趋理性化，孩子教育培养花费增加
满巢三阶	经济状况改善，家庭会更新一些大件商品
空巢阶段	出外旅游、参加老年人俱乐部等，医疗服务和保健品的需求较强烈
鳏寡阶段	收入减少，生活节俭，医疗服务和保健品的需求更强烈

不过，由于社会的多元化及对婚姻本身看法的改变，家庭生命周期的表现形态呈多样化（图4-2）。

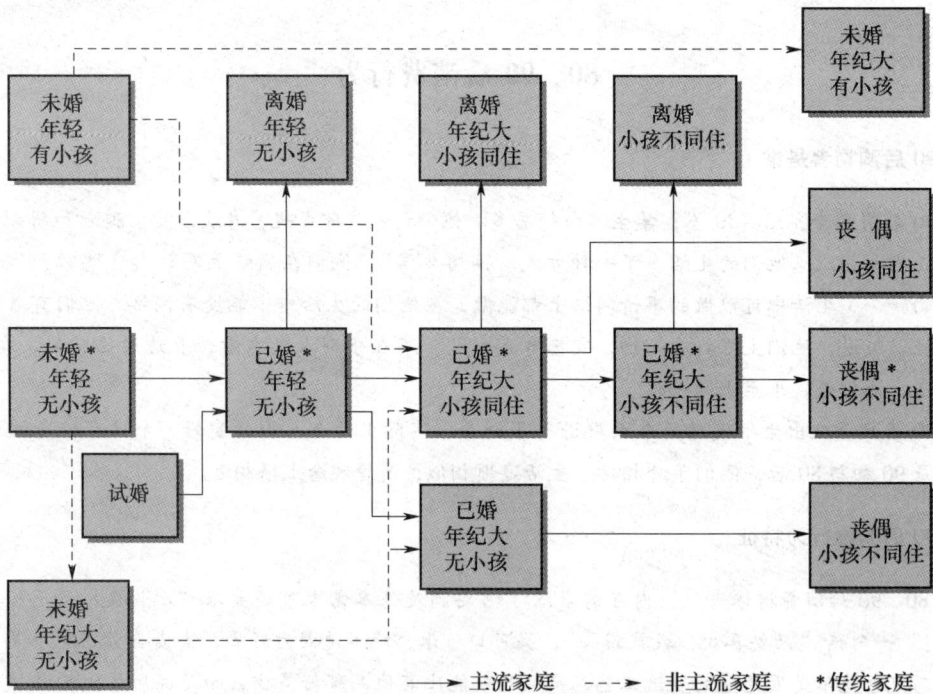

图4-2　家庭生命周期

（资料来源：林建煌著，营销管理，复旦大学出版社，2000 年）

（3）性别、职业和受教育程度。

由于生理和心理上的差异，不同性别消费者的欲望、消费构成和购买习惯也有不同。多数男性顾客购买商品时比较果断和迅速，而女性顾客则往往仔细挑选。受教育程度较高的消费者对书籍、报刊等文化用品的需求量较大，购买商品的较理智，职业不同的消费者由于生活、工作条件不同，消费构成和购买习惯也有区别。

（4）经济能力。

经济能力对于购买行为影响更为直接。一个人的经济状况，取决于他的可支配收入的水平、借贷能力以及他对开支与储蓄的态度。由此决定的个人购买能力，在很大程度上制约着个人的购买行为。消费者一般都在可支配收入的范围内考虑以最合理的方式安排支出，以便更有效地满足自己的需要。收入较低的顾客往往比收入较高的顾客更关心价格的高低。

（5）生活方式。

生活方式是人们根据自己的价值观念等安排生活的模式，并通过其活动、兴趣和意见表现出来。生活方式是影响个人行为的心理、社会、文化、经济等各种因素的综合反映。具有不同生活方式的消费者对一些商品和品牌有各自不同的偏好。生活方式调查常用 AIO 量表进行（表4-6）。

表4-6　生活方式调查表（AIO 量表）

	活动（A）	兴趣（I）	意见（O）
目标消费者	工作	家庭	社会问题
	假期	食物	政治
	娱乐	社交	经济
	运动	时尚	教育
	购物	传媒	文化价值
	社交	消遣方式	产品利益
	爱好	成就欲	未来

在生活方式的分类研究中，被广泛应用的方法是 VALS2 分类法（Values and Lifestyles Ⅱ）。它按照人们的心理特征和收入、教育程度、驱动力、购买愿望的迫切程度等背景材料划分为如下 8 种生活方式（图4-3）：

①现实者。指成功的、复杂的、积极的、能挣会花的人，是在许多背景上都很成功的消费者，关心社会问题，对变化持开放态度，对于上等的、补缺导向的产品的购买常常表现出文化素养。

②满足者。指成熟的、满意的、会思考的人，非常实际，偏好耐用、功能性和有价值的产品。

③成就者。指有成就的、职业与工作导向型的人，偏好对风险的预测和已确定的、有威望的产品，注重表现自己的成功和高贵。

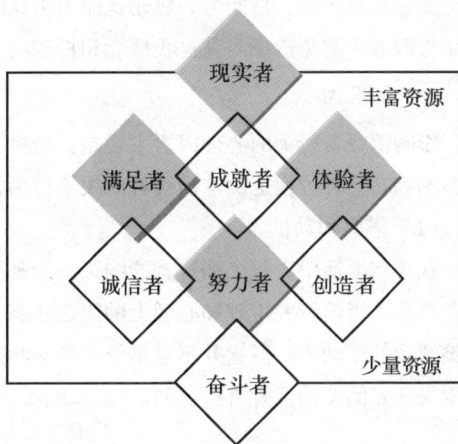

图4-3　VALS2 生活方式分类

④体验者。指年轻、有生气、冲动和反叛意识的人，在衣着、快餐食品、音乐、电影和录像上的消费占有很大的比重。

⑤诚信者。有很强的原则，保守，遵循习俗和传统，偏好熟悉的产品和已知的品牌。

⑥努力者。指不确定的、不安全的、寻求一致的、受到资源限制的人。他们有些像成就者，但是背景

材料少，关心他人的认同。

⑦制造者。指行动型的、自我满足的、传统的、家庭观念重的人。这些人偏好实用性或功能性的产品，有时喜欢自己动手设计制造自己使用的产品，购买的产品有工具、汽车等。

⑧奋斗者。是处于社会底层的、受资源限制的人。这些人大多年老退休，背景材料最少，最关心目前需要的满足，是小心谨慎的购买者。

营销链接4—4

校园QQ外卖

随着高校不断扩招，在校大学生越来越多，而拥有电脑的学生数量也不断上升，再加上现在上网的费用不算很高，所以很多学生都在宿舍上网，有的一上就是半天甚至一天，不愿去食堂就餐。

高校附近的餐厅则抓住了这些同学"懒"的特点，纷纷推出电话或短信外卖，只要打个电话或发个短信，他们的外卖人员就会将外卖直接送到宿舍，十分方便。

但现在的人们变得越来越"懒"，打电话怕花钱，发短信嫌麻烦。精明的外卖快餐店，干脆直接用风靡大江南北数年的QQ向大学生们出售外卖。只要加入他们的外卖QQ，弹指间，外卖便已到达，省钱又方便。一时间，小企鹅不断跳动，校园QQ外卖生意红火。

（6）个性和自我概念。

个性指一个人所特有的心理特征，它导致一个人对他或她所处的环境的相对一致和持续不断的反应。个性是一个人的比较固定的特性，如自信或自卑、冒险或谨慎、倔强或顺从、独立或信赖、合群或孤傲、主动或被动，急躁或冷静、勇敢或怯懦，等等。个性可以直接或间接地影响消费者购买行为。例如：喜欢冒险的消费者容易受广告的影响，成为新产品的早期使用者；自信和急躁的人购买决策过程较短；缺乏自信的人购买决策过程较长。

自我概念是个体对自身一切的知觉、了解和感受的总和。每个人都会逐步形成关于自身的看法，如是丑是美、是胖是瘦、是能力一般还是能力出众等等。一般而言，消费者将选择那些与其自我概念相一致的产品与服务，避免选择与其自我概念相抵触的产品和服务。

4. 心理因素

影响消费者行为的心理因素主要是：动机、感觉和知觉、学习、信念以及态度四个方面。这些因素不仅影响和在某种程度上决定消费者的决策行为，而且它们对外部环境与营销刺激的影响起放大或抑制作用。

（1）需要和动机。

在现实生活中，每个消费者的购买行为都是由其购买动机引发的，而动机又是由人的需要产生的。消费者需要是指消费者生理和心理上的匮乏状态，即感到缺少些什么，从而想获得它们的状态。需要虽然是人类活动的原动力，但它并不总是处于唤醒状态。只有当消费者的匮乏感达到了某种迫切程度，需要才会被激发，并促使消费者有所行动。

营销案例4—4

希尔顿瞄准时间匮乏的消费者

希尔顿旅业集团专门作了一次关于时间价值观的调查。调查采用电话访问方式进行，总共调查了1 010

位年龄在 18 周岁以上的成年人。该调查集中了解美国人对时间的态度、时间价值观以及他们行为背后的原因。

调查发现，接近 2/3 的美国人愿意为获得更多的时间而在报酬上作出牺牲。工作女性，尤其是有小孩的工作女性，面临的时间压力远比男性大。大多数被访者认为，在 20 世纪 90 年代，花时间与家人和朋友在一起比赚钱更重要。选择"花时间与家人和朋友在一起"的被访者占被访总人数的 77%，强调"拥有自由时间"的人数占被访总人数的 66%，选择"挣更多钱"的人数比是 61%，排在第 6 位，而选择"花钱拥有物质产品"的人数比是 29%，排在最后一位。同时，生活在东部各州的受访者处于"松弛"的生活状态，而西部各州的受访者更注重挣钱。

其他显示美国人为时间伤脑筋的数据如下：①33% 的人认为无法找到时间来过"理想的周末"；②31% 的人说没有时间玩；③33% 的人说没有完成当天要做的事；④38% 的人报告说为腾出时间，减少了睡眠；⑤29% 的人长期处于一种时间压力之下；⑥31% 的人为没有时间与家人和在一起而忧心忡忡；⑦20% 的人报告说在过去 12 个月内，至少有一次是在休息时间内被叫去工作的。

作为对上述调查结果的反应，希尔顿针对那些时间压力特别大的家庭推出了一个叫"快乐周末"的项目。该项目使客人在周末远离做饭、洗衣和其他占用休闲时间的日常事务的烦恼，真正轻松愉快地与家人在一起。该项目收费较低，每一房间每晚 65 美元，而且早餐还是免费的。如果带小孩，小孩也可免费住在父母的房间里。据希尔顿负责营销的副总透露，此项目推出后，极受欢迎，以致周六成了希尔顿入住率最高的一天。

（资料来源：符国群，消费者行为学（第二版），高等教育出版社，2010 年 3 月）

马斯洛需要层次理论将人类需要按由低级到高级的顺序分成五个层次，即生理需要、安全需要、爱与归属需要、自尊需要、自我实现的需要。图 4-4 说明了这五个层次需要与产品营销诉求的对应关联性。

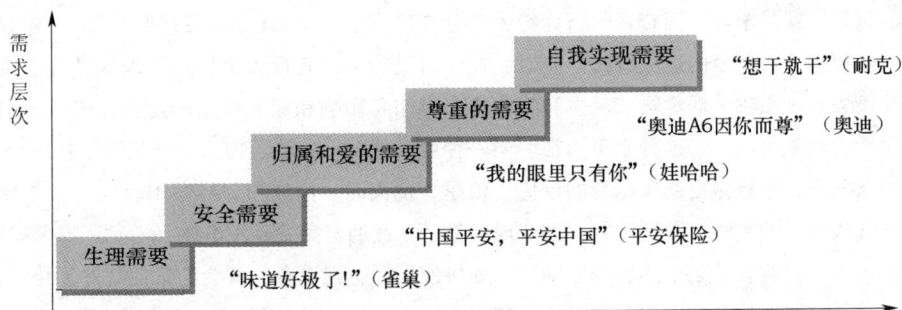

图 4-4　马斯洛需求层次理论

动机是由需要驱使、刺激强化和目标诱导三种要素相互作用的一种合力。所谓动机是引起和维持个体活动并使之朝向一定目标进行的内在驱动力。而购买动机是指为了满足一定的需要而引起人们购买行为的愿望或意念，它是推动购买活动的内在动力。动机是一个很复杂的系统，一种行为常常包含着各种不同动机，而不同的动机有可能表现出同样的行为，相同的动机可能有不同的行为。

从购买活动而言，常见消费者的购买动机有：求实动机、求新动机、求美动机、求名动机、求廉动机、求便动机、模仿或从众动机、偏爱动机、显耀动机、好胜动机。从消费者生活形态角度看，消费者的购买动机可分为价格敏感型、追求便利型、追求理智型、品牌忠诚型和追求时尚型五种（见图 4-5）。

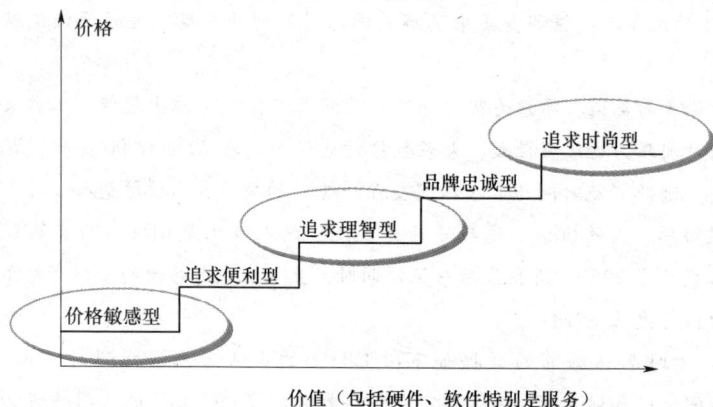

图 4-5　消费者生活形态与购买动机

（2）感觉和知觉。

消费者有了购买动机后，就要采取行动。至于怎样采取行动，则受到认识过程的影响。消费者的认识过程，是对商品等刺激物和店容店貌等情境的反映过程。它由感性认识和理性认识两个阶段组成。感觉和知觉属于感性认识，是指消费者的感官直接接触刺激物和情境所获得的直观、形象的反映。这种认识由感觉开始，刺激物或情境的信息，如某种商品的形状、大小、颜色、声响、气味等，刺激了人的视、听、触、嗅、味等感官，使消费者感觉到它的个别特性。随着感觉的深入，各种感觉到的信息在头脑中被联系起来进行初步的分析综合，使人形成对刺激物或情境的整体反映，就是知觉。

（3）学习。

人类的有些行为是与生俱来的，但大多数行为是从后天经验中得来的，这种通过实践并由经验而引起的行为变化的过程，就是学习。消费者的行为绝大部分是后天学习得来的。通过学习，消费者获得了丰富的知识和经验，提高了对环境的适应能力。同时，在学习过程中，其行为也在不断地调整和改变。消费者学习过程是驱策力、刺激物、提示物、反应和强化诸因素相互影响和相互作用的过程。假设某消费者具有提高外语听说能力的驱策力，当这种驱策力被引向一种可以减弱它的刺激物，如电脑时，就成为一种动机。在这种动机的支配下，他将做出购买电脑的反应。但是，他何时、何处和怎样做出反应，常常取决于周围的一些较小的或较次要的刺激，即提示物，如亲属的鼓励，在朋友家看到了电脑，看到了有关电脑的广告、文章和特殊售价等。他购买了某个品牌的电脑后，如果使用后感到满意，就会经常使用并强化对它的反应。以后若遇到同样的情况，他会做出相同的反应，甚至在相似的刺激物上推广他的反应：购买同一厂家或同一品牌的其他商品。反之，如果他使用时感到失望，以后就不会做出相同的反应。

（4）信念和态度。

消费者在购买和使用商品的过程中形成了信念和态度。这些信念和态度又反过来影响人们的购买行为。信念，是人们对某种事物所持的看法，如相信某种电冰箱省电，制冷快，容量大，售价合理。信念形成对消费者的态度有很大影响。态度会导致人们喜欢或厌恶，接近或远离特定事物，从而影响消费者的行为，态度本身具有认识的、情绪的、行动的三个侧面，三者缺一不可，由此形成对特定产品、品种、品牌或广告信息的倾向和认同。

四、消费者参与购买决策的角色

参与购买决策的消费者通常并非是一个家庭的全体成员，许多时候是一个家庭的某个成员或某几个成员，或由几个家庭成员组成的购买决策层，其各自扮演的角色亦是有区别的。人们在一项购买决策过程中可能充当以下角色（图4-6）。

（1）发起者：首先想到或提议购买某种产品或劳务的人。

（2）影响者：其看法或意见对最终决策具有直接或间接影响的人。

（3）决定者：能够对买不买、买什么、买多少、何时买、何处买等问题作出全部或部分的最后决定的人。

（4）购买者：实际采购的人。

（5）使用者：直接消费或使用所购商品或劳务的人。

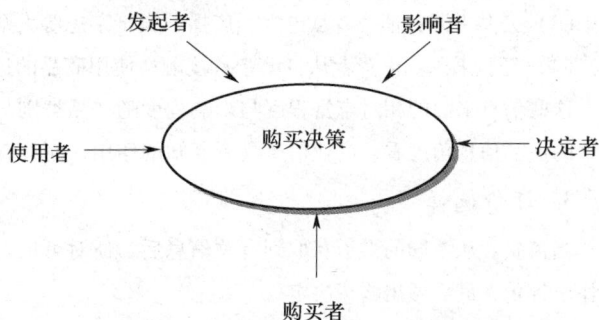

图4-6　消费者参与购买决策角色

在以上五种角色中，由于购买决策的情况不同，可能是由多人分别担任，也可能是由一人担任，研究消费者在购买决策中扮演的角色，并针对其角色地位与特性，有助于妥当安排营销策略，较好地实现营销目标。

五、消费者购买决策过程

每一消费者在购买某一商品时，均会有一个决策过程，只是因所购产品类型、购买者类型的不同而使购买决策过程有所区别，但典型的购买决策过程一般包括以下几个方面，如图4-7所示。

图4-7　消费者购买决策过程

1. 认知需求

认知需求是消费者购买决策过程的起点。当消费者在现实生活中感觉到或意识到实际与其要求之间有一定差距、并产生了要解决这一问题的要求时，购买的决策便开始了。消费者的这种需求的产生，既可以是人体内机能的感受所引发的，如因饥饿而引发购买食品、因口渴而引发购买饮料；又可以是由外部条件刺激所诱生的，如看见电视中的西服广告而打算自己买一套、路过水果店看到新鲜的水果而决定购买等。当然，有时候消费者的某种需求可能是内、外原因同时作用的结果。

市场营销人员应注意识别引起消费者某种需要和兴趣的环境，并充分注意到两方面的问题：一是注意了解那些与本企业的产品实际上或潜在的有关联的驱使力；二是消费者对某种产品的需求强度，会随着时间的推移而变动，并且被一些诱因所触发。在此基础上，企业还要善于安排诱因，促使消费者对企业产品产生强烈的需求，并立即采取购买行动。

2. 收集信息

当消费者产生了购买动机之后，便会开始进行与购买动机相关联的活动。如果他所欲购买的物品就在附近，他便会实施购买活动，从而满足需求。但是当所需购买的物品不易购到，或者说需求不能马上得到满足时，他便会把这种需求存入记忆中，并注意收集与需求相关的信息，以便进行决策。

消费者信息的来源主要有四个方面：

（1）个人来源：从家庭、亲友、邻居、同事等个人交往中获得信息。

（2）商业来源：这是消费者获取信息的主要来源，其中包括广告、推销人员的介绍、商品包装、产品说明书等提供的信息。

（3）公共来源：消费者从电视、广播、报纸杂志等大众传播媒体所获得的信息。

（4）经验来源：消费者从自己亲自接触、使用商品的过程中得到的信息。

这些信息来源的相对丰富程度与影响程度随产品类别与购买者特征的不同而各异。一般来说从消费者收集的产品信息角度看，商业信息具有通知的作用，而具有针对性和可靠性特点的个人来源则最有效。

3. 评价选择

当消费者从不同的渠道获取到有关信息后，便对可供选择的品牌进行分析和比较，并对各种品牌的产品作出评价，最后做出购买决定。

消费者对收集到的信息中的各种产品的评价主要从以下几个方面进行：

（1）分析产品属性。

产品属性即产品能够满足消费者需要的特性。消费者一般将某一种产品看成是一系列属性的集合。消费者不一定对产品的所有属性都视为同等重要。市场营销人员应分析本企业产品应具备哪些属性，以及不同类型的消费者分别对哪些属性感兴趣，以便进行市场细分，对不同需求的消费者提供具有不同属性的产品。

（2）建立属性等级。

即消费者对产品有关属性所赋予的不同的重要性权数。消费者被问及如何考虑某一产品属性时立刻想到的属性，称为特色属性。特色属性不一定是最重要的属性。在非特色属性中，有些可能被消费者遗忘，而一旦被提及，消费者就会认识到它的重要性。市场营销人员应更多地关心属性权重，而不是属性特色。

（3）确定品牌信念。

消费者会根据各品牌的属性及各属性的参数，建立起对各个品牌的不同信念，比如，确认哪种品牌在哪一属性上占优势，哪一属性相对较差。

（4）形成"理想产品"。

消费者的需求只有通过购买才能得以满足，而他们所期望的从产品中得到的满足，是随产品每一种属性的不同而变化的。这种满足程度与产品属性的关系，可用效用函数描述。效用函数，即描述消费者所期望的产品满足感随产品属性的不同而有所变化的函数关系。效用函数则表明消费者要求该属性达到何种水平他才会接受。每一消费者对不同产品属性的满足程度不同，形成不同的效用函数。

（5）作出最后评价。

消费者从众多可供选择的品牌中，通过一定的评价方法，对各种品牌进行评价，从而形成对它们的态度和对某种品牌的偏好。在这一评价过程中，大多数的消费者总是将实际产品与自己的理想产品进行比较。也就是说，偏好和购买意图并不总是导致实际购买，尽管二者对购买行为有直接影响。

4. 购买决定

只让消费者对某一品牌产生好感和购买意向是不够的，真正将购买意向转为购买行动，其间还会受到两个方面的影响（图 4 - 8）。

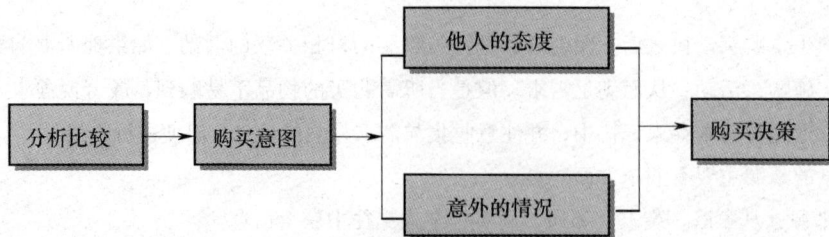

图 4 - 8　购买决策影响因素

（1）他人的态度。

消费者的购买意图，会因他人的态度而增强或减弱。他人态度对消费意图影响力的强度，取决于他人态度的强弱及他与消费者的关系。一般说来，他人的态度越强、他与消费者的关系越密切，其影响就越大。

（2）意外的情况。

消费者购买意向的形成，总是与预期收入、预期价格和期望从产品中得到的好处等因素密切相关的。但是当他欲采取购买行动时，发生了一些意外的情况，诸如因失业而减少收入，因产品涨价而无力购买，或者有其他更需要购买的东西，等等，这一切都将会使他改变或放弃原有的购买意图。

5. 购后行为

消费者购买商品后，通过自己的使用和他人的评价，会对自己购买的商品产生某种程度的满意或不满意。消费者对其购买的产品是否满意，将影响到以后的购买行为。如果对产品满意，则在下一次购买中可能继续采购该产品，并向其他人宣传该产品的优点。如果对产品不满意，则会尽量减少不和谐感，具有不和谐感的消费者可以通过放弃或退货来减少不和谐，也可以通过寻求证实产品价值比其价格高的有关信息来减少不和谐。市场营销人员应采取有效措施尽量减少购买者买后不满意的程度，并通过加强售后服务、保持与顾客联系、提供使他们从积极方面认识产品的特性等方式，以增加消费者的满意感。

第三节　产业市场购买行为分析

产业市场或组织市场是指一切购买产品和服务并将之用于生产其他产品或服务，以供销售、出租或供应给他人的个人和组织。产业市场用户的购买行为在一定程度上要比消费者市场的购买行为更为复杂，因为他们更理性，参与购买决策的人更多。

一、产业购买者行为模式及特点

与消费者行为研究一样，同样可以从环境刺激与购买者的反应之间的关系角度来研究产业购买者行为（图4 - 9）。

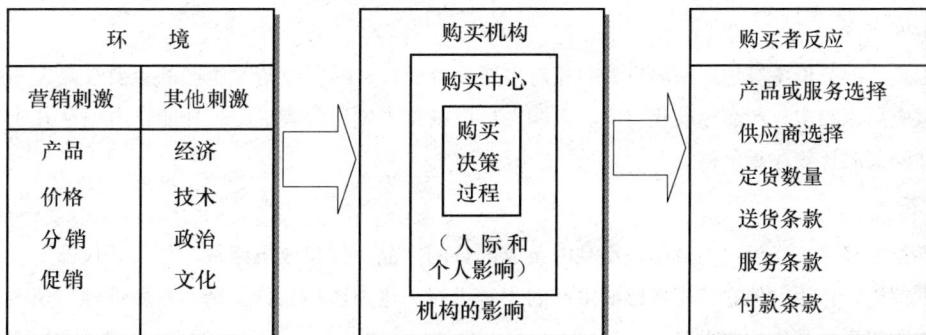

环　境		购买机构	购买者反应
营销刺激	其他刺激	**购买中心** 购买 决策 过程 （人际和 个人影响） 机构的影响	产品或服务选择
产品	经济		供应商选择
价格	技术		定货数量
分销	政治		送货条款
促销	文化		服务条款
			付款条款

图4 - 9　产业购买者行为模式

在这个模式中，产业购买者行为由三个部分构成。第一部分包括企业内部的营销刺激和企业外部的环境刺激，它们共同作用于购买机构以引起其注意。第二部分购买机构的活动涉及由所有参与购买决策的人员组成的采购中心及决策过程。图4 - 9表明，购买机构活动的结果就反映在第三部分购买者的反应中，包括产品或服务选择、供应商选择、订货数量等。

图4-9这个模式还涉及产业购买者行为的四个问题：①产业购买者要做出购买什么？②谁参与购买过程？③影响产业购买者的主要因素是什么？④产业购买者如何做的购买决策？同时了解各类组织用户的采购特点也有助于我们有效的开展营销活动，如表4-7所示。

表4-7　组织购买者的一般特点

组织类型	例子	一般购买特征
工业和生产者组织	工业制造厂、农业生产者	关键是质量传送，专家购买者，互利互惠一般垂直连接
商业组织和销售组织	零售、批售、银行、商业服务	关键是零售边际，折扣和大批量处理，信用或融资条件，信任的供应商，专业购买者
政府和公共部门	中央政府、地方政府	严格的预算控制，有计划的购买，竞争性招标，规范化的程序
公共机构	大学、医院、独立部门	预算限制，一般管理，专业化

（资料来源：丹尼斯·阿德科克等著，市场营销原理与实务，中国市场出版社，118页）

二、产业市场购买对象

产业市场购买的对象，一般可分为原材料、主要设备、附属设备、零配件、半成品、物料和工业服务。

1. 原材料

原材料指生产某种产品的基本原料，它是用于生产过程起点的产品。原材料分为两大类：一类是在自然形态下的森林产品、矿产品与海洋产品，如铁矿石、原油等；一类是农产品，如粮、棉、油、烟草等，这类产品供货方较多，且质量上差别不大。因此，在营销上要根据各类产品的特点采取适当的措施，如对矿产品、海洋产品等自然形态的产品宜采取直接销售的方式，分配路线应尽可能短，运输成本应尽可能低，而对农产品则应加强对产品的保管，减少分销环节，有些产品还可以由商业收购网点集中供应给生产企业。

2. 设备

设备指保证企业进行某项生产的基本设备，直接影响企业的产品质量和生产效率。设备包括重型机床、厂房建筑、大中型电子计算机等。这类产品一般体积较大、价格昂贵、技术复杂。生产者企业购买主要设备是一项重大决策，不仅要求产品的性能先进、有效，而且希望有良好的服务，产品供应者应注意产品性能的改进、宣传和售后服务工作，以使购买者对本企业的产品建立良好的信任感。

3. 辅助设备

机械工具、办公设备等均属附属设备。相对主要设备而言，附属设备对生产的重要性略差一些，价格亦较低，供应厂家较多，产品标准化突出。采购人员可以自主做出购买决定，并能自由地从几家供应商购买，而且在购买时比较注重价格。

4. 零配件

零配件指已经完工，可以构成用户产品的组成部分的产品，如集成电路块、仪表、仪器等。零配件虽不能独立发挥生产作用，但它却直接影响生产的正常进行。这类产品品种复杂，专用性强，及时按标准供货是零配件购买者最基本的要求。

5. 半成品

半成品指经过初步加工，可以供生产者生产新产品的产品。例如，由铁矿砂加工成生铁，又由生铁加工成钢材等。半成品可塑性强，其质量、规格有明确要求，产品来源较多。

6. 物料

物料指保证和维持企业生产正常进行而消耗的诸如煤、润滑油、办公用品等产品。这类产品价格低、替代性强、寿命周期短、多属重复购买，购买者较注重购买是否方便。

7. 工业服务

工业服务包括法律服务、金融服务、培训、教育服务、市场调查、广告鉴定、管理和营销咨询等。

三、影响产业市场购买的因素

由于购买动机不同，影响产业市场购买的因素与消费者市场不同。按照影响的范围，影响产业市场购买的主要因素可以分为以下四大类（图4-10）。

1. 环境因素

环境因素是制约产业市场购买行为的不可控因素。生产者需要采购工业用品时，首先要考虑当时的客观环境及将来变动的趋势，包括企业未来产品的供需状况及需要采购的工业品当前及今后的供需状况；宏观和微观经济发展前景；利率高低变化；科学技术发展的速度和趋势；政府规定等。比如，一家电冰箱厂要增加冰箱生产线，单就这家企业来看，可能是有利可图的，但从社会经济因素考虑，冰箱的需求量已经饱和，从宏观看，增加流水线是不可行的；或者从社会经济因素考虑可行，但国家已限制生产使用氟利昂的电冰箱，如再购买如此的产品生产线显然也是不可行的。

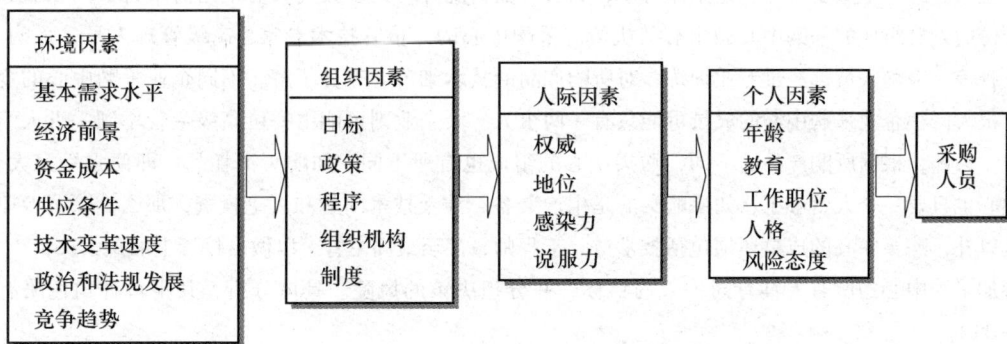

图4-10　影响产业市场购买的因素

2. 组织因素

组织因素是指企业的营销目标、营销策略、采购制度等对购买行为的影响。有的企业以发展为目标，有的企业则只求保持现状，有的企业甚至还在困境中挣扎，因而它们的目标会有很大差别；采购企业的营销策略，有的立足于长远利益，特别重视先进技术和质量，有的重视眼前利益，追求廉价；另外，不同企业的采购制度也不相同，有的购买目标比较分散，购买决策不太集中，对有利的采购给予奖励，而有的采购目标比较集中，购买决策也高度集中。所有这些，都必然会对企业的购买行为产生不同的影响（见营销案例4-5）。

营销案例 4-5

惠普公司的集中采购

一贯强调放权的惠普公司下属50多个制造单位在采购上完全自主，这种安排具有较强的灵活性，对于变化的市场需求有较快的反应速度，但是对于总公司来说，这样势必会损失采购时的数量折扣优惠。

通过运用信息技术，惠普公司再造了采购流程，使总公司与各制造单位使用一个共同的采购软件系统。

各部门使用该系统订自己的货，总部据此掌握全公司的需求状况，并派出采购部与供应商谈判，签订总合同。在执行合同时，各单位根据数据库，向供应商发出各自的订单。

3. 人际因素

人际因素是指采购者与上级主管之间、与相关部门之间以及其他有关人员的实际相互关系对购买行为的影响。如企业中采购部门职权范围的大小不同，参与采购决策的程度和影响力不同，上层主管人员对采购决策过问的程度不同，都会对购买行为产生很大的影响。

4. 个人因素

个人因素是指采购人员的个人感情、偏好对购买行为的影响。一般说来，对工业用品的采购是一种理性化采购，采购人员的个人感情和偏好对购买行为影响较小。但是，采购人员的个人年龄、文化修养、性格、收入状况、职位高低以及对他所办业务的负责态度等是各不相同的，当供应品的质量、价格、服务等相类似时，采购人员个人的好恶仍能起到决定作用。

四、产业市场购买过程的参与者

产业采购的一个重要特点就是集体行动，除极少数情况外，大多数购买决策是由来自不同领域和具有不同身份的人员组成的采购中心做出有关决策。采购中心的人员有技术专家、高级管理人员、采购专家、财务主管等，采购人员都经过专业训练，对所购产品的技术细节有充分了解。不同企业采购中心的规模大小差异很大。小企业采购中心的成员可能只有一两个人。大企业则可能由一位高级主管率领一批人组成采购部门。另外，根据所购产品的不同，购买中心的组成也有所不同。如购买消耗品，即便是一家大企业，购买中心也只要一个人就够了；如果购买的是生产装备，涉及技术问题和大笔投资，那么，除了专业的采购人员以外，购买中心的成员还须包括技术员、工程师，甚至最高主管，以做出投资上的重大决策。

参加采购中心的所有人具有同一采购目标，并分担决策的风险。具体分析，其中每种角色略有不同（图4-11）。

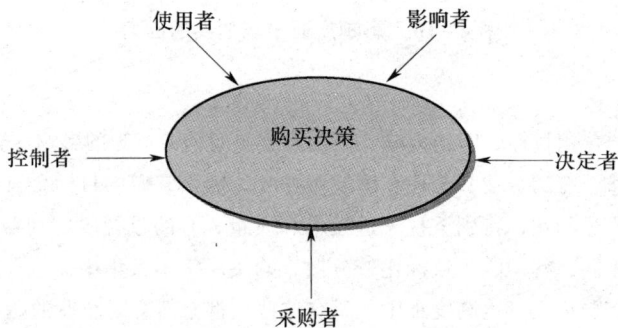

图4-11　产业购买过程的参与者

1. 使用者

使用者即具体使用欲购买的某种产业用品的人员。公司要购买实验室用的电脑，其使用者是实验室的技术人员；要购买打字机，其使用者是办公室的秘书。使用者往往是最初提出购买某种产业用品意见的人，他们在计划购买产品的品种、规格中起着重要作用。

2. 影响者

影响者是从企业的内部和外部直接或间接影响购买决策的人。他们常协助企业确定产品规格。在众多的影响者中，企业外部的咨询机构和企业内部的技术人员影响最大。

3. 采购者

采购者即企业中具体执行采购决定的人。他们是企业里有组织采购工作正式职权的人员，其主要任务是交易谈判和选择供应者。在较复杂的采购工作中，采购者还包括企业的高层管理人员。

4. 决定者

决定者即企业里有权决定购买产品和供应者的人。在通常的采购中，采购者就是决定者。而在复杂的采购中，决定者通常是公司的主管。

5. 控制者

控制者是指控制企业外界信息流向的人，诸如采购代理商、技术人员、秘书等，他们可以阻止供应者的推销人员与使用者和决定者见面。

五、产业市场购买决策类型

不同的购买决策类型面临购买决策过程的复杂程度和决策项目均是不同的。产业购买者的购买决策通常可分为三种类型：直接续购、更改续购和新任务购买（表4-8）。

表4-8 产业购买决策类型

购买决策类型	复杂程度	时 间	供应商数量
直接续购	简单	短	一个
更改续购	中等	中等	少
新任务购买	复杂	长	多

1. 直接续购

直接续购是一种在供应者、购买对象、购买方式都不变的情况下而购买以前曾经购买过的产品的购买类型。这种购买类型所购买的多是低值易耗品，花费的人力较少，无须联合采购。面对这种采购类型，原有的供应者不必重复推销，而应努力使产品的质量和服务保持一定的水平，减少购买者时间，争取稳定的关系。

2. 更改续购

更改续购类购买是指购买者虽打算重复购买同种产品，但想改变产品的规格、价格、交货条件等，这需要调整或修订采购方案，包括增加或调整决策人数。

3. 新任务购买

新任务购买是生产者首次购买某种产品或服务。由于第一次购买，买方对新购产品心中无数，因此在购买决策前，要收集大量的信息，制定决策所花时间也就越长。首次购买的成本越大，风险就越大，参加购买决策人员就越多。

六、产业市场购买决策的过程

产业市场购买者和消费者市场购买者一样，也有决策过程。产业市场购买者购买过程阶段的多少，取决于产业购买者购买情况的复杂程度（表4-9）。

表4-9 产业市场购买类型与购买程序

购买程序＼购买类型	直接续购	更改续购	新任务购买
认识需求	不必	可能需要	需要
确定需求	不必	可能需要	需要
说明需求	不必	需要	需要
物色供应商	不必	可能需要	需要
征求建议	不必	可能需要	需要
选定供应商	不必	可能需要	需要
规定订货程序	不必	可能需要	需要
检查履约情况	需求	需要	需要

从表4-9可以看出，直接续购型购买最为简单，更改续购型购买则视其需要可将其中某些程序简化，新任务型购买最为复杂、完整，其购买程序一般需要有八个阶段。下面详细介绍新任务购买的购买决策过程。

1. 认识需求

在新任务购买和更改续购的情况下，购买过程首先是从使用者或其他倡议者认识到需采购某种产品，以满足企业的生产经营需要而开始的。认识需要的过程可以由内部或外部的刺激引起。从内部来说，公司可能决定生产一种新产品，需要新设备或材料；或者机器出现故障，需要新零件等；也可能销售经理对目前供应商的产品质量、服务或价格不满意等。从外部来说，购买者可能从展览会的展览或广告上获得信息，或是从某个推销员的电话里得知有又便宜又好的产品。事实上，产业营销者经常提醒客户潜在问题的存在，并且介绍说自己的产品如何能使问题迎刃而解。

2. 确定需求

认识到需要后，购买者下一步要决定所需项目的特点和数量。对于一般性项目，这个过程并没有什么问题。如果是复杂项目，购买者需要和工程师、操作人员或顾客等共同确定项目的条件。这个小组可能会权衡产品的可靠性、耐久性、价格或其他方面。在这个阶段，产业营销者可以帮助购买者弄清需要，并提供有关产品特点的信息。

3. 说明需求

确定需求后，再由专家小组对所需产品进行价值分析，做出详细的技术说明。价值分析的目的是降低成本，这项工作要对产品各个部分仔细研究，看看是否能重新设计、实行标准化或使用成本低一些的方法来制造等。专家小组要决定产品的性能，并仔细说明。销售者也能用价值分析作为工具来帮助寻找解决办法，比如，向购买者展示达到目标的好方法。局外销售者也可将新购转为重购，并以此获得机会，赢得新客户。

4. 物色供应商

写出技术说明书以后，则是物色最合适的供应商。在新任务购买的情况下，采购复杂的价值较高的品种时，需要花较多时间慎重选择供应商。购买者依据商业目录、计算机查询，或者通过电话查询其他公司，可以列出合格的供应商的目录。工作越新、项目越复杂、成本越高，购买者寻找供应商花的时间也就越多。供应商要设法把自己公司的名字列在主要商业目录上，并在市场上有一个良好的声誉。销售人员要注意那些处在寻找供应商过程中的公司，并让他们考虑自己的公司。

5. 征求建议

企业可邀请合格的供应商提出建议。供应商一般只提供产品目录或派一个销售员。不过，当项目复杂或价格很高时，购买者时常要求每个可能的供应商提供书面方案或正式文件。为了答复购买者的提案，产业营销人员必须对研究、书写和提交销售计划等工作十分熟悉。计划也应包括市场营销的文件，而不仅仅是技术文件。提交时要能够激励人们的信心和使自己的公司形象优于竞争者的形象。

营销案例 4-6

TCL 公司科学考评供应商

目前 TCL 已经建立了一整套的供应商考评体系，其考评原则已逐步成为其企业文化的一个重要的有机组成部分。供应商考评工作在企业实施稳定的供应链合作关系、保证产品质量、降低生产成本、提高经济效益等方面发挥了巨大的作用。

建立供应商考评体系，通常要确定考评的项目、标准及要达到的具体量化指标目标。这些问题明确后，还要建立相应的考评小组，TCL 目前的供应商考评小组有 10 位工作人员。

TCL 的供应商主要包括零部件、生产设备、检测设备、动力设备等各种不同种类的供应商。针对每一类供应商，TCL 都制定了相应的管理办法。

TCL 主要考评的供应商有两类：①现有供应商；②新的潜在的供应商。对于现有的供应商，TCL 每月都要做一次调查，着重就价格、交货期、进货合格率、质量事故等各个方面都进行量化考评，并有一年两次的现场考评。

由于 TCL 是行业内较领先的企业，其供应商在行业内也是比较优秀的。对新的潜在供应商，供应绩效考评的过程要复杂一些，具体操作过程如下：

◆ 在 TCL 公司新产品开发时，就提出对新材料的需求，要求潜在的目标供应商提供其基本情况，内容包括：公司简介、生产规模或能力、曾给哪些生产商供过货、是否通过了 ISO9002 的认证和生产安全的认证，还要求提供样品、最低的报价等。

◆ 在实施供应链合作关系的过程中，市场的需求和供给都在变化，TCL 在保持供应商相对稳定的前提下，会根据实际情况及时地修改供应商的考评标准。

目前，TCL 的供应商基本上能做到 100% 的产品合格率，因此，价格就成了考评的主要因素。TCL 会要求新的潜在供应商提出一个成本分析表，包括如下两部分内容：

◆ 生产某一元器件由哪些原材料组成；

◆ 生产成本是如何构成的。

通过成本分析表来分析其中存在的价格空间，如果有不合理的价格因素，TCL 就会及时要求供应商进行供应价格的合理调整。

TCL 有一个基本的思路：合格的供应商队伍不应总是静态的，而应是动态的，这样才能引进竞争机制。

（资料来源：胡松评，企业采购与供应商管理七大实战技能，北京大学出版社，2003 年 9 月第 1 版）

6. 选定供应商

企业的"采购中心"根据供应商的产品产量、质量、报价、资信、及时交货能力以及技术服务等，对供应商进行评价，选定最有力的供应商。采购中心在作出最后决定之前，也许还要和较中意的供应商谈判，以争取较便宜的价格和更好的条件。最后，采购中心选定一个或几个供应商。

7. 规定订货程序

企业最终选定供应商后，可开出订货单。订货单上需列举产品品种数量、技术说明、期望交货时间等。现在企业较少使用"定期采购交货"，而趋于采取"一揽子合同"，与供应商建立长期供货关系，当企业需要合同中规定的品种时，通知供应商，供应商即按约定的价格和交货条件随时供货。这样可大大减少采购单位的库存量。

8. 检查履约情况

采购者要检查到货情况，还要向使用者征求意见，检查和评价各供应商履行合同的情况，然后决定以后的购买决策。这个阶段，购买者可以与操作人员联系，看他们如何评价。检查情况可导致购买者继续、修订或放弃购买。销售者的工作是注意购买者考虑的因素，以保证自己能让客户满意。

案例评析

屈臣氏的女性营销策略

有关调查显示，女性控制着国内消费60%的营业额，决定着74%的家庭购买力。女性对购物情有独钟，且乐此不疲。尤其是青年女性，她们始终走在消费市场的前沿，已然成为企业竞争的主要目标和关键顾客群。

屈臣氏，第一家以"个人护理"概念经营的门店，是亚洲最具规模的保健及美容产品零售连锁店，目标顾客锁定在18～35岁的女性，1989年进军中国内地市场，至今在国内线下零售实体店已经达到1 000家，覆盖超过100个城市。屈臣氏的成功之处就在于准确把握女性消费者心理、及时满足其需求。

一、追求健康、时尚的生活方式

屈臣氏个人护理店以"探索"为主题，提出了"健康、美态、快乐"三大理念，协助热爱生活、注重品质的人们塑造自己"内在美"与"外在美"的统一。

屈臣氏拥有一支强大的健康顾问队伍，包括80位全职药剂师和150位"健康活力大使"，他们均受过专业的培训，为顾客免费提供保持健康生活的咨询和建议。

屈臣氏的产品处处传达着"健康、美态、快乐"的三大经营理念，为了配合这三大理念，公司的货架上、收银台和购物袋上都会有一些可爱的标志，"心"、"嘴唇"、"笑脸"，给人以温馨、愉快的感觉。

二、感性消费心理

与男性相比，女性在购物过程中更容易受到直观感觉和环境的影响，她们对商品的名称、款式、包装、色彩以及购物环境中的商店装饰、布局、色调和气味都非常敏感。屈臣氏个人护理店以蓝色为主色调，简单大方的布局和装饰，营造了一种和谐、温馨和休闲的购物气氛。

零点调查公司对900位女性的调查资料显示，18～35岁的女性有高达93.5%的人有过不同种类的冲动消费，并且冲动消费的金额占到女性消费总支出的20%以上。女性在极端兴奋或愤怒的情况下，也会出现情绪化消费。同时，许多女性在逛商店的过程中，即使事先并没有购买计划，也会顺便买一些打折商品或者日常用品，并为自己的"满载而归"产生成就感。为此，屈臣氏实施"加1元多一件"、"全线八折"、"买一送一"等促销力度大的优惠策略，吸引顾客眼球。此外，屈臣氏注重对女性消费者心理的研究，发现开展新奇刺激的活动对有"小资情调"的白领一族更具有吸引力，屈臣氏推出"60秒疯狂抢购"抽奖活动，获奖者可以在卖场对指定的货架商品进行"扫荡"，60秒内拿到的屈臣氏店内的商品都属于获奖者，这样的方式让消费者因体验新鲜刺激而津津乐道。屈臣氏的10元专区、20元专区也备受顾客的青睐,成为诱使顾客"冲动性"消费的头号来源。

三、多样化的商品需求

由于女性消费品品种繁多,加之女性特有的细腻、认真,促使她们在选购商品时,注重产品细微之处的差别,即更加"挑剔"。屈臣氏产品包罗万象,来自20多个国家,包括化妆品、药品、个人护理用品、时尚饰品、糖果、礼品等2.5万种商品,很好地满足了女性消费者对商品的多样化需求。据个人护理店对600多位女性顾客的调查显示,有超过85%的人认为,屈臣氏产品丰富和精致是吸引她们来此购物的首要因素。根据消费者日益增长的需求,屈臣氏还推出了许多自有品牌,为顾客提供更多的选择空间。在中国市场,屈臣氏的自有品牌数量为700多种,相当于所销售总商品数量的20%;在销售价格上,自有品牌大约比同类其他品牌便宜20%~40%。而且,在推入市场之前先由员工试用,再让员工向消费者宣传,这样员工就成了最好的代言人,能够进行有效的口碑传播。

四、方便、快捷的消费需求

现代职业女性承受着来自社会、家庭和工作三方面的压力,她们既有强烈的购物欲望,又希望有便捷的购物方式或购买渠道,来帮助她们节省时间,以便有更多的时间投入到家庭和工作中。

年龄较大的女性大多已有自己固定的生活方式,很难做出改变。而35岁以下的女性富有挑战精神,注重个性,喜欢体验新奇的产品。她们是女性中收入增长最快的群体,有较强的消费能力,但购物时间紧张,不喜欢去大卖场或大超市购物,追求的是舒适和方便快捷的购物环境。屈臣氏的商品定位恰与此类目标客户消费特征相吻合。店里不仅针对个人护理提供完备的产品线,而且在商品的陈列顺序方面也比较符合消费者的购买习惯,按化妆品—护肤品—美容用品—护发用品—时尚用品—药品的顺序分类摆放,方便顾客挑选。

为了适应网络时代女性消费者购物方式的改变,2011年12月16日,屈臣氏中国宣布正式进驻淘宝商城,开启了官方旗舰店。屈臣氏淘宝商城旗舰店将是屈臣氏在中国内地的第1001家店面。它不仅作为屈臣氏线下成功模式的延伸,更被看作是与消费者在网络时代更加亲密沟通的新起点。

五、强烈的自尊、自重心理

女性消费者在购买商品时不愿听到别人说自己不懂行、不会选,即使作为旁观者,她们也愿意发表意见并希望自己的意见被采纳。因此,在购买活动中,营销人员的语言、广告宣传及评论,都会影响女性消费者的自尊心,进而影响购买行为。营销人员在为女性消费者服务的过程中,要注重服务艺术和语言表达的艺术,要注意语言的规范化,要讲礼貌,尊重女性消费者的选择并适当地赞美女性消费者的选择,博得消费者的心理满足感。

屈臣氏个人护理店清楚地划分不同的售货区,货品分门别类,摆放整齐,便于顾客挑选;在店内陈列着各种个人护理手册,免费提供各种皮肤护理咨询,药品柜台的"健康知己"资料展架提供各种保健营养配方和疾病预防治疗方法。屈臣氏关心的不仅是商品的销售,更注重对顾客体贴细致的关怀,充分展现了其"个人护理"的特色服务。屈臣氏的营销人员说的最多的一句话是"您需要哪一类的产品?"然后告诉消费者具体的位置,很少干涉消费者的选择。在对产品的促销方面,营销人员只有在消费者问到时予以回答和讲解,很少主动上前推销。这为消费者提供了更大的自己选择的空间。

据调查统计,由于女性特有的表达能力,一个厌恶某品牌的女性消费者,可以将此信息传达给周围的24个人,而一个忠实某品牌的女性消费者,只能将此信息传递给周围的8个人。所以,商家必须用自己的真诚与女性消费者建立良好的关系,有效地宣传自己的产品,提高自己的服务,赢得更多的稳定客户。

(资料来源:刘温,初红桥,企业管理,2012.09)

评析： 在市场营销中，女性是一个特别值得研究的群体，她们将会影响消费行为的走向，正如船王亚里士多德·奥纳西斯所言："如果没有女人，世界上所有的钱就毫无意义。"也点明研究女性消费是不可或缺的。

思考题

1. 消费者市场有哪些特点？产业市场有哪些特点？

2. 以电脑为例，说明当电脑分别是工业品和消费品时，其市场特性的差异点何在。

3. 影响消费者购买行为的主要因素有哪些？

4. 结合你熟悉的一种产品，对该产品的消费者行为进行描述。

5. 试对消费者及产业市场的购买决策过程进行比较。

6. 拜访一家工厂，并了解该工厂在购买下列产品时，他们所考虑的主要因素：①生产原料；②重要而昂贵的机器设备；③作业人员；④厂房；⑤耗材（如润滑油）。

本章实训

一、实训目的

通过对实践案例的整理和分析，使学生能够对如何分析消费行为有感性的认知，理解该行为特征背后原因，能够发现当前环境下消费者行为新动向。

二、实训内容

1. 实训资料：搜集不同产品的消费行为分析案例。

2. 具体任务：根据本章对消费行为分析内容介绍，分小组讨论分析案例。

3. 任务要求：

（1）分析案例中的消费者行为的特点及动机；

（2）分析生活方式对消费者购买行为的具体影响。

三、实训组织

1. 根据全班上课人数，将全班同学分成若干小组，采取组长负责制，全体组员协作完成课堂任务。为了避免不同小组所搜集案例重复，各小组组长将所选案例进行提前汇总，并进行协商，确保所选案例不重复。

2. 确定所选案例后，各小组进行下一步分工，对案例进行分析、汇总。

3. 经过小组讨论后，完成实训报告及汇报PPT。

4. 根据课时具体安排，不同小组分别选派成员对报告进行讲解，并回答其他组成员的问题。

5. 任课教师对实训课程的结果进行总结，提出相应的意见及建议。

四、实训步骤

1. 任课教师布置实训任务，介绍实训要点和搜集材料的基本方法。

2. 各小组明确任务后，按照教师指导根据具体情况进行分工。

3. 各小组定期召开小组会议，对取得成果进行总结，遇到问题及时与指导教师沟通。

4. 完成实训报告及展示所需要的PPT等材料，实训报告中应包括案例来源、案例分析及遇到的难题与解决方案、启示等内容。

5. 各小组对案例进行课上汇报，任课教师对各组的汇报进行点评及总结。

市场调查与预测

章 节 图 解

第一节
市场调查的范围与分类

- 一、市场调查的概念
- 二、市场调查的范围
- 三、市场调查的分类

第二节
市场调查的程序与方法

- 一、市场调查的程序
- 二、市场调查的方法
- 三、市场调查的主要技术

第三节
市场预测的内容与步骤

- 一、市场预测的概念
- 二、市场预测的内容
- 三、市场预测的步骤

第四节
市场预测的基本方法

- 一、购买者意向调查法
- 二、销售人员预测法
- 三、专家预测法
- 四、市场实验法
- 五、时间序列分析法
- 六、直线趋势法
- 七、统计需求分析法

- 掌握市场调查的定义
- 了解市场调查的范围和分类
- 熟练掌握市场调查的程序和方法
- 了解市场预测的内容和步骤
- 掌握市场预测的基本方法

- 市场调查（Marketing Research）
- 市场预测（Marketing Prediction）

引导案例　美国关于速溶咖啡的市场调查

20世纪40年代，当速溶咖啡这个新产品刚刚投放市场时，厂家自信它会很快取代传统的豆制咖啡而获得成功。因为它的味道和营养成分与豆制咖啡相同而饮用方便，不必再花长时间去煮，也不用再为刷洗煮咖啡的器具而费很大的力气。

厂家为了推销速溶咖啡，就在广告上着力宣传它的这些优点。出乎意料的是，购买者寥寥无几。心理学家们对消费者进行了问卷调查，请被试者回答不喜欢速溶咖啡的原因和理由。很多人一致回答是因为不喜欢它的味道，这显然不是真正的原因。为了深入了解消费者拒绝使用速溶咖啡的潜在动机，心理学家们改用了间接的方法对消费者真实的动机进行了调查和研究。他们编制了两种购物单（见下页），这两种购物单上的项目，除一张上写的是速溶咖啡，另一张上写的是新鲜咖啡这一项不同之外，其他各项均相同。把两种购物单分别发给两组妇女，请她们描写按购物单买东西的家庭主妇是什么样的妇女。

结果表明，两组妇女所描写的想象中的两个家庭主妇的形象是截然不同的。看速溶咖啡购货单的那组妇女几乎有一半人说，按这张购货单购物的家庭主妇是个懒惰的、邋遢的、生活没有计划的女人；有12%的人把她说成是个挥霍浪费的女人；还有10%的人说她不是一位好妻子。另一组妇女则把按新鲜咖啡购货的妇女，描写成勤俭的、讲究生活的、有经验的和喜欢烹调的主妇。这说明，当时的美国妇女有一种带有偏见的自我意识：作为家庭主妇，担负繁重的家务劳动乃是一种天职，而逃避这种劳动则是偷懒的、应遭到谴责的行为。速溶咖啡的广告强调的正是速溶咖啡省时、省力的特点，因而并没有给人以好的印象，反而被理解为它帮助了懒人。

由此可见，速溶咖啡开始时被人们拒绝，并不是由于它的本身，而是由于人们的动机，即都希望作一名勤劳的、称职的家庭主妇，而不愿做被别人和自己谴责的、懒惰的、失职的主妇。这就是当时人们的一种潜在的购买动机，这也正是速溶咖啡被拒绝的真正原因。

谜底揭开之后，厂家对产品的包装作了相应的修改，除去了使人产生消极心理的因素。广告不再宣传又快又方便的特点，而是宣传它具有新鲜咖啡所具有的美味、芳香和质地醇厚等特点；在包装上，把产品密封地十分牢固，开启时十分费力，这就在一定程度上打消了顾客因使用新产品省力而造成的心理压力。结果，速溶咖啡的销路大增，很快成了西方世界最受欢迎的咖啡。

购物单 1

1 听发酵粉

2 块面包、1 串胡萝卜

1 磅①速溶咖啡

1.5 磅碎牛肉

2 听桃子

5 磅土豆

购物单 2

1 听发酵粉

2 块面包、1 串胡萝卜

1 磅新鲜咖啡

1.5 磅碎牛肉

2 听桃子

5 磅土豆

（资料来源：徐联沧. 消费者心理学. 北京消费者心理服务中心编）

引导问题

市场调查是如何帮助决策者找到问题结症的？市场调查又是怎样被执行的？通过本章的学习，你可以找到答案。

第一节　市场调查的范围与分类

一、市场调查的概念

对于市场调查（Marketing Research），有不同的提法，意思相近的词汇有营销研究、市场调研、市场分析、市场研究等。我们在这里给市场调查下的定义是针对企业特定的营销问题，采用科学的方法，系统地、客观地设计、收集、分析和整合有关市场营销各方面的信息，为营销管理者制定、评估和改进营销决策提供依据。

从市场调查的定义可见，市场调查是为企业解决面临的市场营销问题服务的，是企业的一项目的性很强的活动。市场调查是为企业的决策者提供所需的决策信息，是企业重要的营销职能之一。市场调查是一项系统性的工作，它根据企业所要解决的市场营销问题，通过设计调研计划，根据调查计划性要求收集相关的信息，对收集到的信息进行分析处理，最后向相关的决策部门提供调查报告。

二、市场调查的范围

市场调查活动涉及市场营销管理的整个过程，在各个环节出现的一些特定的营销问题，都可以通过市场调查的方法，提供解决问题的参考。市场调查运用一些方法和技术，也不限于研究特定的营销问题，它

---

① 1 磅 = 0.453 6 千克。

实际上可以运用于企业经营中出现的其他问题，因此它的研究范围是相当广泛的。主要的和常见的市场调查活动包括以下几个方面。

1. 市场研究

市场研究主要包括对市场需求规模的分析与预测，即估计某类产品或服务市场的现有规模和潜在规模，预测某产品或服务的不同细分市场的中远期需求；测算某类产品或服务的各品牌的市场占有率及其动态变化，分析企业与同行竞争者相比的优势和劣势；了解某类产品或服务的市场特点及其变化趋势，掌握消费者购买行为的基本模式及特点，以利于企业把握有利时机、制定最佳的营销组合策略进入有利可图的目标市场。

2. 消费者行为研究

消费者行为研究包括顾客的基本人文特征和购买行为两个方面的研究。首先，通常需要了解以下八个方面的信息，即所谓的 6W 和 2H：购买者是谁（Who）、购买什么（What）、为什么购买（Why）、何时购买（When）、何地购买（Where）、信息来自何处（Where）、购买多少（How much）、如何决策购买（How）；其次，要分析不同消费者群体之间购买行为的差异以及生活习惯和生活方式的特点。

3. 产品研究

产品研究包括现有产品的改进和新产品研制与开发的研究。对现有产品的改进主要是改进性能、扩大用途和创造新市场等；对新产品的研制与开发研究主要是产品测试研究，其涉及消费者对产品概念的理解、对产品各个属性的重要性评价、新产品的市场前景以及新产品上市的相关策略等。对品牌的研究形成一个相对独立的研究领域，其主要内容有品牌的知名度、美誉度、忠诚度以及消费者对品牌的认知途径和评价标准等。

4. 价格研究

价格研究主要包括比价研究、差价研究以及消费者的价格敏感度研究和新产品定价研究等。在比价研究中要确定同一市场和时间内相互关联产品之间的价格关系，包括原料和半成品的比价、与零配件的比价、进口产品与国内产品的比价以及原产品与替代产品的比价等；在产品差价研究中，要分析和研究产品的质量差价、地区差价、购销差价、批零差价和数量差价等；价格敏感度研究和新产品定价研究为企业制定和改进价格策略提供依据。

5. 广告研究

广告研究由于其特定的研究内容和相对独立的研究方法，形成了市场调查中一个独立的分支领域，它的研究内容主要包括：为广告创作而进行的广告主题和广告方案的测试；为媒体选择而进行的广告媒体调查，如电视收视率调查、广播收听率调查、期刊或报纸阅读率调查等；为评价广告效果而进行的各类消费者广告前的态度和行为调查、广告中接触效果和接受效果调查、广告态度和行为跟踪调查等；为制定企业的广告策略而进行的消费者媒体行为和习惯的调查等。

6. 营销环境研究

企业的营销环境包括微观环境和宏观环境，它们通过直接和间接的方式给企业的营销活动带来影响和制约。微观环境包括企业内部、营销渠道、顾客、竞争者和社会公众等；宏观环境主要包括人口、经济、自然、技术、政治法律以及社会文化环境等。企业要时刻认识和把握自己所处的环境，企业的生存和发展必须使自己适应外部的环境，而且还要能动地影响环境。

7. 竞争者研究

企业要出色地完成组织目标必须比竞争者更好地满足消费者的需求。因此，企业不仅要全面深刻地了解顾客的需求，还要时刻掌握竞争者的动向，以便制定恰当的竞争战略和策略。竞争者研究的一个基本内容就是利用合法手段和技术收集竞争者的情报和有关信息。

8. 顾客满意度研究

顾客满意度研究越来越受到企业界的重视，企业通过顾客满意度研究了解影响顾客满意度的决定性因素，测量各因素的满意度水平，从而使企业比竞争对手更好地满足消费者的需求。

9. 企业责任研究

企业责任研究主要包括消费者权益研究，产品或服务的生态影响和营销道德研究，广告和促销活动的法律限制研究等。

除了以上列举的主要范围之外，市场调查实际可以应用在更多、更广泛的方面。比如美国总统的选举，要通过市场调查来了解民意，制定施政纲要；国外陪审团成员的选择，很多也是借助市场调查及其工具来产生的。

三、市场调查的分类

为了更好地组织和管理市场调查活动，对市场调查进行分类是非常有必要的。按照不同的分类标准，市场调查有多种不同的分类，下面是对市场调查的设计、管理有重要指导意义的几种常见分类。

1. 基础性研究和应用性研究

基础性研究：主要提供理论基础、方法，验证某些市场调查学术问题，支持一些调研学说。执行者通常是大学、商学院、管理学院、专门研究机构、学者、研究者等。

应用性研究：主要用来解决营销中的具体问题、来自企业实际营销工作和任务等。执行者是公司或企业，还有独立的市场调查、咨询机构和事务所。

2. 辨别问题的研究与解决问题的研究

辨别问题的研究主要是识别问题，即对市场状况、市场特点、市场需求的规模等进行描述。如图5-1所示，市场潜力测量、市场占有率测量、市场特性研究、市场趋势研究、销售分析调查和市场预测等都属于这类研究。美国市场营销协会的一项对599家公司开展市场调查活动的调查表明，市场潜力研究、市场占有率研究、市场特性研究和销售分析调研的采用率高达90%以上。

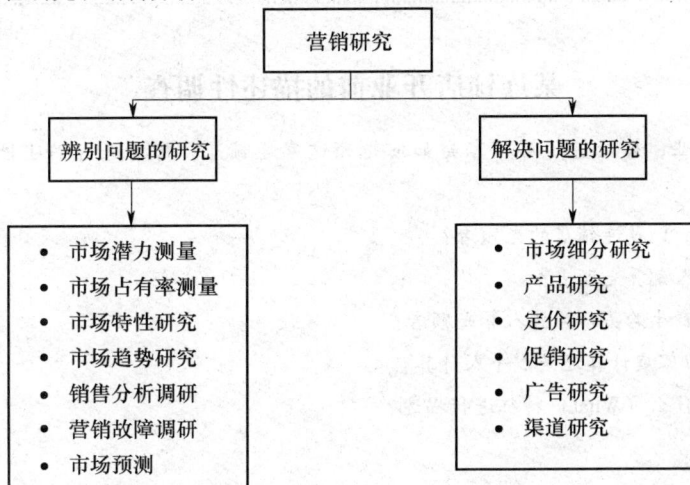

图5-1　辨别问题的研究与解决问题的研究

解决问题的研究目的是找出存在问题的解决方法，通常用来指导企业营销决策者选择更好的和可行的行动方案。

3. 定性研究与定量研究

定性研究与定量研究是根据调查的方法和获得数据的性质而划分的。定性研究旨在获得受访者关于感觉、情感、动机和喜好等深层次信息的一类研究，而定量研究的目的是获取样本的定量资料，试图通过样本的某些数字特征推断总体的数字特征。定性研究方法主要包括焦点小组座谈、深度访谈和投影技法等，定量研究方法主要包括各种访问方法、观察方法和实验方法等。当然，有些方法即可以收集定性的数据，也可以收集定量的数据，如观察法等。

4. 按研究的性质分类

对市场调查的分类，习惯上是按照研究的性质来分的，它把市场调查分为探索性研究、描述性研究、因果关系研究和预测性研究四种类型。

探索性研究的目的：是获取资料以帮助研究者正确认识和理解当前的问题，确定问题的范围及进一步研究的方向。探索性研究一般用于大规模的正式调查之前，采用比较灵活的方法，如专家咨询、焦点小组座谈、个案研究、二手资料分析等。探索性研究将研究问题的范围准确界定，并为研究方案设计提供思路和相关资料。

描述性研究的目的：是描述总体基本情况和特征。前提是调查目标已明确，具体的研究假设已建立，系统的周密性已形成。方法多采用大样本调查，数据定量研究，辨别问题的实质。

描述性研究一般要回答以下几个方面的问题，也称为"6W 或 5W1H"：

- ◆ 谁（Who）：访问的对象是谁？
- ◆ 什么（What）：想从他们那里得到什么信息？
- ◆ 为什么（Why）：为什么需要得到这些信息？
- ◆ 何时（When）：什么时候去收集这些信息？
- ◆ 何地（Where）：到什么地方去收集这些信息？
- ◆ 如何（Way/How）：以什么方式收集信息？

营销案例 5-1

某连锁店开业前的描述性调查

某连锁店即将开业，公司想了解顾客会如何光顾这家连锁店，需要进行描述性调查，这时需进行"5W1H"调查。

（1）什么人（Who）是连锁店的光顾者？

- ◆ 进入连锁店的人都算光顾者？
- ◆ 进入连锁店并产生购买行为的人算光顾者？
- ◆ "光顾者"是以家庭计算还是以个人计算？

（2）对光顾者的什么（What）特征进行描述？

- ◆ 性别？
- ◆ 年龄？
- ◆ 住址？

◆ 如何知道开业信息？

◆ 光临后的感觉怎样？

（3）什么时间（When）向光顾者做调查？

◆ 购货中还是购货后？

◆ 刚开业还是开业几周后？

（4）在什么地点（Where）调查？

◆ 在连锁店内还是上门调查？

◆ 是邀请顾客到公司还是上门调查？

（5）为什么（Why）要调查这些项目？

◆ 是为了制定促销策略？

◆ 是为了测试地点选择？

◆ 是为了测试顾客的购买动机？

（6）如何（How）测量顾客特征？

◆ 是否采用发放问卷的方式？

◆ 直接观察顾客购买行为？

◆ 测试是否使用严格的尺度？

（资料来源：张庚森主编．市场营销调研．东北财经大学出版社，2002，P72－73）

因果关系研究：目的是解决各因素和各变量之间的相互影响关系、影响力度和控制能力。采用的方法有统计、逻辑推理与证明、相关分析、控制理论与方法，实验包括仿真模拟、市场测量、实验检测等。

预测性研究：目的是估计未来市场潜力和变化趋势，未来市场状态和表现等；还有就是改变某组营销变量，估计未来营销效果。内容上形式多样，方法上常见的有统计学、各种数学模型、计算机软件仿真、预测加控制、运行模式识别技术、各种推断和演绎等。

第二节　市场调查的程序与方法

一、市场调查的程序

市场调查是应用科学方法，系统且客观地收集、处理、分析和解释有关的市场信息。市场调查属于社会科学研究范畴，当然也必须依据科学研究的程序。对于市场调查应当划分成哪些步骤，研究人员没有完全一致的意见。一般而言，市场调查的程序，如图5－2所示，大体包括以下几个步骤。

1. 界定调研问题

界定研究问题是市场调查过程中极为重要的步骤。如果对研究问题的说明含糊不清，或者对所要研究的问题做了错误的界定，则要么研究无法进行，要么研究所得的结果无法帮助企业决策者制定正确的决策。问题的界定不是研究人员自己独立就能完成的，它通常需要企业有关人员的共同参与，包括与企业决策者讨论、向有关专家进行咨询、组织焦点小组座谈以及对二手资料进行分析等。

界定调查问题

发展研究设计

现场调查、收集资料

分析资料、解释结果

提交研究报告

图5－2　市场调查的程序

　　市场调查的目标是提供准确有用的决策信息，通常是让受访者回答与调查有关的问题而获得这些信息。所以，市场调查问题是信息导向的，它是要确定需要什么样的信息，以及如何有效和高效地获取这些信息。从形式上讲，研究问题的界定包括准确地确定研究目的和研究目标，通常研究目标又表述成若干具体目标。市场调查问题一定要具体明确，范围不能太宽也不能太窄。

营销案例 5-2

可口可乐公司的口味测试

　　20世纪80年代，尽管可口可乐仍是软饮料中的领先者，但其市场份额却正慢慢地被"百事"占领。多年来，"百事"成功地发动了"百事挑战"，一系列口感测验表明消费者更喜欢甜一点的百事可乐。至1985年年初，尽管可口可乐仍在整体市场上占领先地位，但百事却在超级市场销售份额中领先了2%（10亿美元），可口可乐公司不得不采取行动来应付市场份额的流失问题，而解决之道看起来就是改变可口可乐的味道。

　　可口可乐公司开始了其历史上最大的新产品调查计划，它花了两年时间和400万美元来进行调查，以确定新配方。在无商标测验中，60%的消费者认为新可乐比原来的好，52%的人认为新可乐比百事好。调查结果表明新可乐一定会赢，所以公司很自信地用新可乐作为替代老可乐的主打产品，向市场推出。

　　结果发生了什么？新产品推出后，每天公司都会收到来自愤怒的消费者的成袋信件和1 500多个电话，更有消费者组织起来进行各种示威活动，并威胁要集体起诉。

　　问题出在哪儿了？

　　可口可乐公司将调研的目标仅仅定义为"口味"测试，而忽略了它的支持者们对可口可乐所代表的文化及精神意义的认同。

2. 发展研究设计

　　研究关于资料收集、样本选择、资料分析、研究预算及时间进度安排等方面的计划方案，是研究过程中非常重要的指导性文件，通常表现为正式的市场调查计划书或合同书。

　　（1）确定收集资料的种类和来源。

　　研究设计的第一步是根据研究目的、研究目标，将需要和资料列出清单，以确定需要的资料的种类和来源。资料通常分为原始资料和二手资料两类，前者为根据研究目的而直接收集的资料，后者为现存的企业内部和外部的资料。

　　二手资料收集的简明步骤如下：

- ◆ 确定研究主题和信息资料主题及相关内容。
- ◆ 列出关键词、指标名称、资料名称或拥有资料的机构。
- ◆ 通过企业内外的图书情报系统和数据库系统检索、搜寻获取信息。
- ◆ 对获得的资料作编辑、启示、汇总、评价，以备分析研究时使用。
- ◆ 遇到信息源、搜索、评价等问题时，请教相关专家。

　　二手资料有节约成本和时间的优点，一般都尽可能首先加以利用，但是二手资料也存在相关性和时效性差等缺点，在大多数情形下二手资料无法完全满足研究的需要，这时研究人员就要通过原始资料的收集来解决研究的需要。

（2）决定资料收集的方法。

原始资料的收集有多种方法，主要有访问法、观察法、实验法和定性研究方法（图5-3）。访问法分为人员访问、电话访问、邮寄访问和网上访问等，它是研究人员通过询问受访都特定问题，从受访者的回答中获取信息的一类常用方法。观察法则是通过观察特定的活动来获取信息的一类方法，它分为人员观察和机器观察等，在市场调查中经常与访问方法结合使用。实验法是在控制某种行为或环境因素的情况下，考察某些市场变量的变化，以确定有关变量间的因果关系。定性研究方法是获取顾客或有关人员的态度、感觉和动机等资料的一类方法，常用的方法有焦点小组访谈、个人深度访谈和投影技术等。具体的介绍见本节第二部分的内容。

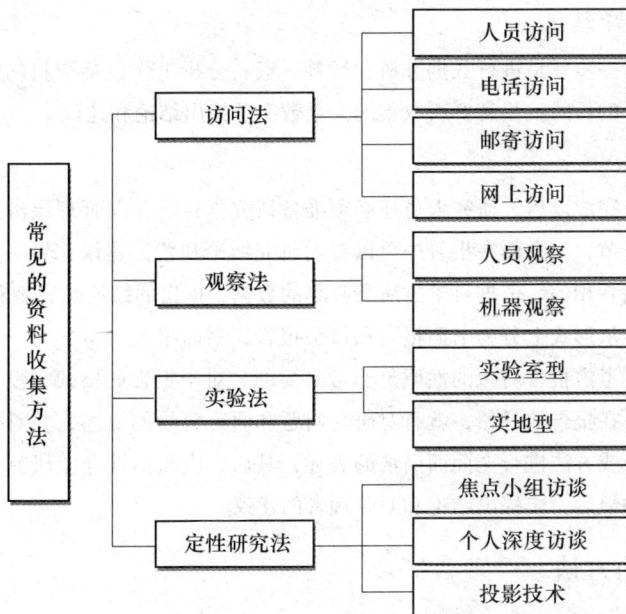

图5-3　常见的资料收集的方法

（3）准备资料收集的工具。

确定了资料收集的类型和方法后，就要着手准备资料收集的各种工具。在采用访问法收集资料时，问卷的设计是一项非常重要的工作。使用其他方法，也要准备相应的工具。

（4）确定抽样方案。

在一般情况下，市场调查者不可能对研究总体进行全面调查，因此无论采用何种资料收集方法，都要根据研究目的首先确定研究总体，然后决定样本的性质、容量及抽样方法。如观察法，要决定观察的对象、次数及地点等。一般而言，样本越大，研究结果的可靠性越高；样本过小，将影响结果的可靠程度，但样本过大也造成很大浪费，而且在有些情况下并不能降低资料的误差程度，所以样本的大小应以适中为宜。抽样技术，详见本节第三部分内容。

（5）时间与研究经费。

在研究设计阶段，研究人员应对进行研究所需的时间及费用加以估计。时间是指完成整个研究计划所需的时间，研究经费则包括研究人员的薪金、差旅费、顾问咨询费、访问费、计算机上机费和材料等各种费用。

3. 现场调查、收集资料

资料收集工作是由公司调查部门或外部市场调查公司完成。一项典型的调查项目往往需要在几个城市中收集资料，甚至涉及国外收集资料，需要同多家调查公司同时开展现场调查工作。为保证所有的现场调查人员按照统一的方式工作，需要就每一项工作制定详细的说明。现场调查是最不容易控制和最容易产生误差的环节，因此对现场调查中的每一个细节都应该进行严格的控制，研究人员必须严格执行规定的程序。

执行现场调查的人员主要有访问员、督导员和调查部门的主管，在实施现场调查前上述人员都要接受不同层面的培训，特别是对访问员和督导员的培训。培训分一般技能、技巧的培训和项目培训。为了控制误差和访问员作弊，通常在人员访问完成后，督导人员会根据计划对受访者按一定比例进行回访，以便确认是否真正进行了调查以及调查是否按规划程序进行。

4. 分析资料、解释结果

数据收集完成后，下一步就是进行数据分析和解释。资料分析工作包括资料的编辑、编码、列表分析和其他统计分析等，分析的目的就是解释所收集的大量数据并提出结论和建议。

5. 提交研究报告

数据分析和解释工作完成之后，研究人员还必须准备研究报告，并向管理层沟通结论和建议。研究报告是整个过程中的关键环节，一方面在报告中可以看到研究结论和营销建议，另一方面研究人员也必须使管理层或研究报告的使用者相信，依据科学方法所收集的数据、提出的结论是客观和可信的。

一般来讲，研究报告从形式上分为书面报告和口头报告，书面报告又可分为一般报告和技术报告。在准备和提交报告时，认真考虑报告对象的性质是非常必要的。对于报告的格式，没有统一的要求，但是通常也有一个基本的结构。在报告的开始，就有对研究问题和研究背景的概述，并对研究目标作清楚和简略的说明，然后对研究设计或方法进行全面而简洁的表述；其后，应概括性介绍研究的主要发现以及对结果的合理的解释；在报告的最后，应提出结论和对管理者的建议。

二、市场调查的方法

1. 访问法

访问法是用来收集原始资料的基本手段。根据调查访问的形式不同可以有四种主要类型。

（1）人员访问法。

人员访问法也称面谈调查法，需要调查者直接与被调查者交谈与沟通。它要求调查人员做到以下几点才能获得好成效：

◆ 熟悉调查的问题，明确问题的核心、重点和实质。

◆ 事先设计好问卷或调查提纲。

◆ 掌握人际沟通的技巧和方法，最好安排交谈预演。

营销链接5-1

隐蔽性观察的应用实例——神秘顾客检测

神秘顾客常常也被称为"神秘购物者""服务评估者""客户研究员""客户服务研究员""稽查人员""侦查员"或"市场调研员/评估员"。神秘顾客是指接受过相关培训或指导的个人以匿名的潜在消费者或真实消费者的身份对任意一种或多种服务质量和服务过程进行真实的体验和评价，最后通过不同方式（如填写问卷、书写报告）详细地、客观地反馈其消费体验。

A银行利用自己独特的优势在众多的银行竞争品牌中取得了不俗的市场战绩，为帮助全北京各营业网点不断提升竞争力，使顾客享受到更规范、专业的金融服务，发现与竞争银行的差距，A银行委托某调查公司启动秘顾客监测项目。

调查公司历时7天，并完成了对A银行各网点与竞争银行星级网点共100家网点的神秘顾客监测。

访问开始前

（1）对所有"神秘顾客"（包括督导和神秘顾客）进行上岗前项目培训与测试，选择不同级别的银行进行试调查，对调查员的评分进行评估，统一评分标准，避免出现调查员评分标准不统一而影响评估公平性的情况。

（2）对调查区域进行划分，每个调查员负责各自银行的神秘顾客监测，调查员的调查网点足够分散，避免受人的因素影响使某个区域得分偏高或偏低。

（3）对调查时间和办理业务进行分配，以考察A银行在一天内不同时间段与办理不同业务时的服务状态与水平。每天的调查时间分为三段，上午9：00—11：00主要考核员工在开门营业时段与上午的服务状况，11：00—14：00主要考核员工在中午交接班以及午后的服务状况，14：00—17：00主要考核员工在下午及下班前一段时间的服务状况。通过调查时间的设定，可以更容易了解哪个时间段员工的服务更容易松懈，更容易发生顾客的不满。办理业务类型有开户、活定期存款、取款、网上银行、开立基金账户、代理缴费、挂失等，此外A银行的一些个性的服务也在办理范畴之内。

访问进行中

（1）调查员从银行网点进入视线时就开始正式的监测，调查员要在开始监测时使用公用电话联系督导，并在取号机取号，监测结束后重复上述操作，使总督导对调查员的监测时间有所了解，并且确认调查员监测的地点准确无误。此外，调查员要将办理业务的单据保留，作为亲身体验柜台服务的依据。

（2）监测内容包括营业厅外部环境、营业厅内部环境、员工仪容仪表与工作面貌、员工服务、大堂经理履行职责情况、亲身体验柜台服务等几个部分，每部分都会细分成多个评分指标，每个评分指标又由若干个得分点构成，每家银行的总分就是由一个个得分点计算得出的。

访问进行后

（1）调查员在与督导到得联系后快速填写问卷，并记录监测时间、营业员编号、大堂经理姓名等信息。快速填写保证了调查员记忆的内容可以第一时间反映在问卷上，避免回忆处理所造成的偏差。记录一些基本信息不仅可以反映问卷的真实性，同时可以将监测中发现的问题落实到个人。

（2）调查结束后的当天，调查员要将问卷录成电子版，检查问卷同时回忆监测的场景，对需要调整的分数进行修正。

（3）由研究人员进行后期的数据统计分析、报告撰写与陈述。

（资料来源：景奉杰、曾伏娥，市场营销调研（第二版），高等教育出版社，2010.01）

（2）电话访问。

此类调查要求调查组织者做好以下几点：

◆ 设计电话问卷调查表。注意其中受通话时间、记忆规律约束。

◆ 挑选和培训调查执行人员。

◆ 选择样本方案、调查对象、访问时段。

电话访问可应用于：用户调查、回访、访问分销商、服务投诉和质量投诉的应答、价格行情意见征询等。

（3）邮寄访问。

邮寄访问类调查将一些类似但不一定通过邮寄完成的调查也包括进去了。常见的方式有：商业邮寄广告上的调查（如持广告来购买优惠多少）、专门邮寄调查表、产品说明书所附调查页、报纸杂志夹带或印刷的调查表。

营销链接 5—2

四种因素以及相应地增加邮寄调查反馈率的方法（表5-1）

表5-1　四种因素以及相应地增加邮寄调查反馈率的方法

因素	定义	效果最大化
特色	对潜在被访问者来讲调查主题的重要性	在调查主题上突出一个鲜明的中心内容 设计一套出色的调查问卷，附上信件和调查过程
主办	发展或履行该调查的组织	让一个合法的有威望的组织或代理举办调查人并明确该代理机构的目的不是销售一种产品或服务 使用主办人的一般商业信笺
保持	通过邮寄或电话开展潜在被访问者之间的一系列有计划的联系	有礼貌地同反馈者取得联系以示感谢，提醒反馈者参加该调查 通过邮寄一张明信片或打一个电话继续保持联系作为调查工作的一部分
鼓励	对参与调查者给予实质性的报酬，即使只是象征性的	在调查问卷完成前合适的时候送出现金或小礼物 提供一分调查结果的复印件

（资料来源：阿尔文.C.伯恩斯等著，梅清豪等译，营销调研，中国人民大学出版社，2000年，225页）

（4）网上访问。

利用互联网开展市场调查是当今流行的商业调查形式。主要方式有：网络自动问卷、E-mail、在线小组讨论、在线调查点击、BBS讨论版自动统计等。

（5）几种访问法的比较（表5-2）。

表5-2　几种访问法的比较

评价标准	调查方式			
	人员访问	电话访问	邮寄访问	网上访问
处理复杂问题能力	很好	差	好	一般
收集大量信息能力	很好	好	一般	很好
敏感问题答案的标准性	一般	一般	很好	很好
对调查者效应的控制	差	一般	很好	很好
样本控制	很好	好	一般	差
收集资料的周期	一般	很好	一般	很好
灵活程度	很好	好	差	一般
调查费用支出	差	好	好	很好
回收率	高	较高	差	一般
收集资料的真实性	好	一般	好	一般

2. 观察法

调查者（或机器）在现场观察，记录行为者过程和行为结果的方法叫观察法，这是市场调查中常采用的方法，主要用来收集原始资料。

观察法的基本要求：避免被调查者看出或感觉到正在被调查。目的是为了防止干扰被调查者的正常行为，以便取得真实、可靠、贴近实际的行为表现数据。

观察法的优点是它属于非介入式资料收集行为。比较调查法，它可以避免人际沟通、语言交流、情感摇摆、态度变动、文化差异等障碍；避免交流中出现暗示、人工环境等倾向。因此所获资料真实、具体、客观、可靠。此外，实施起来简单、易行、灵活，便于调查者短时间内掌握基本方法。

它的缺点是仅取得表象信息，无法深入探究原因、态度、心理、动机等深层信息。

观察法常见的应用有：客流量调查，消费者购买行为调查，花色、品种、规格、数量、质量、服务等选择行为调查，产品使用和消费过程行为的调查等。

3. 实验法

实验方法主要用于判断营销中的因果关系。它主要通过营销来改变、控制环境或条件以达到实验的目的。

实验法有非正规实验与正规实验之分。下面主要介绍一下应用较多、较容易执行的非正规实验。

其基本特点是：实验对象选择不是按严格的随机设计抽取的。分为以下四种：

（1）无控制组事后设计。

无控制即无对照组可供比较，也无事前测量可供参照，此类实验只能算作"探讨测性"实验。

例，降价 10% 后，产品获得销售额增长 20% 的结果。这其中除降价外，还有其他因素影响销售额增长，就没法从中剔除。

（2）有控制组事后设计。

利用实验组和控制组的事后测量值作对比进行判断，其显著优点是突显实验变量的调控效果。这也是最常用的方法之一。

例，安排一次促销，同样是发放 20% 折扣优惠券买同一商品，赠小包样品与不赠样品有无促销结果的差异？假如统计结果见表 5 – 3。

表 5 – 3　赠小包样品与不赠样品的促销效果

组别	发送数量	条件 1	条件 2	事后回收
实验组	1 000 户	20% 折扣券（红）	赠小包样品	560 张
控制组	1 000 户	20% 折扣券（白）	不赠	389 张

（3）无控制组事前事后设计。

事先对正在经营的情况进行测量，改变条件后再测量，两者对比确定条件投放是否有效。

例，节日期间所有商品一律折扣 10%。假如统计如表 5 – 4 所示。

表 5 – 4　节假期间商品销售　　　　　　　　　　　　单位：元

商品品种	事前销量	事后销量	增减量
A	800	1 500	700
B	3 100	4 500	1 400
C	8 200	9 100	900
合计	19 300	15 100	3 000

实验结果：节日中比节日前销量普遍都有增长，但这是节日及降价两个因素共同推动的，在此实验中难以分清各因素对贡献的大小。这是无控制实验的局限。

（4）有控制组事前事后设计。

先对实验组事前事后做测量值；控制组事先事后做测量值；然后观察实验组事前事后变动值，控制组事前事后变动值；最后对比两组变动值差异，判断条件的影响。目的是有利于分离非实验条件影响，提高实验数据准确性。

例，对同一商品，春节期间分两组，分别给予折扣和不折扣，假如统计如表5-5所示。

表5-5　春节期间折扣与不折扣销售结果　　　　　　　　单位：元

组别	事先月销	条件1	条件2：春节月销	增减
A 组	16 000	降价10%	21 000	5 000
B 组	16 000	不降价	18 000	2 000

实验结果：A组比B组多3 000元/月，这是降价影响的结果。结论：春节该商品会增加销售，如果打折、降价则销售额进一步提高。

营销案例5-3

家庭主妇对即溶咖啡的印象

选择一群主妇，将其分成一个实验组和一个控制组。要求每位主妇阅读一份购物清单后，说出自己对这份清单的家庭主妇的印象。购物清单设计为两份：一份包括雀巢（Nescafe）牌即溶咖啡，让实验组的家庭主妇阅读；另一份包括麦斯威尔（Maxwell House）牌即泡咖啡，让控制组的家庭主妇阅读，除了咖啡不同外，两份清单其他方面都相同，实验结果如下：

实验变数（购物清单）　　　　　雀巢　　　　　麦斯威尔

实验后测量（对购物者的描述）　懒惰18%　　　懒惰10%

　　　　　　　　　　　　　　　节省36%　　　节省55%

　　　　　　　　　　　　　　　浪费23%　　　浪费5%

　　　　　　　　　　　　　　　坏主妇18%　　坏主妇5%

实验变数的效果可由实验组及控制组的百分比差异求得：

懒惰（18% - 10%）= 8%

节省（36% - 55%）= - 19%

浪费（23% - 5%）= 18%

坏主妇（18% - 5%）= 13%

（资料来源：黄俊贡，行销研究：管理与技术，台北华泰书局，1994，302页）

4. 定性研究法

（1）焦点小组访谈。

由训练有素的主持人以非结构化的自然方式对一小群调查对象进行的访谈。主要目的是通过听取他们谈论调研人员所感兴趣的话题来得到观点。

通常是根据调查的目的拟定出讨论的主题，由主持人围绕着主题调动被访人员参与讨论，并用录音或录像记录下全过程，在不断地对录音或录像资料进行观察和分析后，得出结论。

主要应用于以下方面：

- ◆ 理解消费者关于某一产品种类的认知、偏好与行为。
- ◆ 得到新产品概念的印象。
- ◆ 产生关于旧产品的新观点。
- ◆ 为广告提出有创意的概念与方案素材。
- ◆ 获得价格印象。
- ◆ 得到关于特定营销项目的消费者的初步反应。

营销案例 5—4

焦点小组访谈在通用汽车豪华车型中的应用

通用汽车别克分部利用焦点小组访谈和调查研究帮助设计一种双门六座位的豪华汽车。在问世前 5 年，别克在全国举办了 20 个专题组来决定消费者在一辆汽车内需要什么。这些专题组告诉通用汽车，消费者需要汽车具备真正后座，每升汽油至少跑 8 公里①，11 秒内能从 0 加速到每小时 90 公里。他们渴望时尚车，但并不希望汽车奇怪得像从外星球来的一样。

专题组的结果已被后续的研究所确认。基于这个结果，别克的工程师们制造出汽车的黏土模型和车内部的模型。然后该公司转向目标购买者的另一系列专题组。这些调查对象不喜欢过大的缓冲器和车篷过陡的斜面，但他们喜欢四轮盘状制动器和独立的悬架。

专题组还帮助进一步改善豪华车型的广告活动。参加者被问及哪种车型在形象和特征上最像别克，回答是 Oldsmobile，它也是通用汽车的分部。为了与它区分开，别克强调速度、舒适和豪华特征，将自己定位在 Oldsmobile 之上。1998 年豪华车型的广告语是："超动力家庭的公务车"，这句话就是基于专题组研究结果得出的。这次再定位极大地促进了别克豪华车的销售。

（2）个人深度访谈。

一对一执行的非结构化、直接的人员访谈，非常有技巧的访员对单个的调查对象进行深入的面谈，从而挖掘关于某一主题的潜在的行为动机、信仰、态度及感受。

虽然人员试图遵从一个严格的提纲，但问题的特定用词以及提问顺序是根据调查对象对主题的回答来决定的。追问对于得到有意义的回答以及挖掘潜在主题是很重要的。

（3）投影法。

非结构化的，以间接方式进行提问，鼓励调查对象反映他们对于所关心的主题的潜在的动机、信仰、态度或者感觉。

在投影法中，调查对象要求解释别人的行为而不是描述自己的行为。这样，通过分析调查对象对于有意非结构化的、模糊的、不明确的情节的回答来揭示他们的态度。

三、市场调查的主要技术

1. 问卷设计

（1）问卷的基本结构。

问卷的基本结构由四部分组成：标题、说明辞、调查内容、被访者基本资料。标题要明确表明此次调

---

① 1 公里 = 1 千米。

查的目的和要解决的问题，不能含糊不清，或过于笼统。说明辞主要介绍调查目的、意义，及一些必要的承诺（如保密）、致谢、其他说明事项等。调查内容主要就是提问和回答方式，每类题目前安排的指导填答方法和答题说明，预先编码：问卷编码、问题编码、答案编码等。被访者基本资料视调查的目的不同，会有所侧重，一般包括以下内容，但不是每个问卷都一定要包括下面的内容：性别、年龄、收入、职业、住址、电话、家庭人口等方面的内容。

（2）问卷的提问类型。

主要有开放式和封闭式两种，下面分别做介绍：

①开放式问题：

这是自由问答题，不给具体答案。如：

你认为某产品有何优点？

你对××产品的服务还有什么建议？

②封闭式问题：

在提出的问题之后，给出可供选择的答案。如：

你喜欢哪个品牌的电视？

A. 海尔　　　B. 长虹　　　C. TCL　　　D. 康佳　　　E. 其他_____

（3）问卷设计的措辞。

同样的问题不同的措辞设计，可能会有完全不同的结果。要求做到：

◆ 提问不能走极端，暗示的极端也应避免。

◆ 陈述尽量简洁、清楚，避免模糊信息。

◆ 避免提双重或多重含义的问题。

◆ 尽量不用反疑问句，否定句。

◆ 避免从众和权威附和效应。

◆ 用通俗易懂的语言，避免使用专业术语。

营销案例5—5

关于中国移动通信××分公司VIP客户现代管理知识培训需求的调查

尊敬的VIP客户：

你们好！中国移动通信××分公司为更好地为尊贵的VIP客户服务，拟提供现代管理知识的培训。为更好地了解大家在这方面的需求，特进行此次调查。谢谢您的支持及配合。

调查员：_____

（1）您想接受以下哪些现代管理方面的知识？（其中5代表非常需要，4代表比较需要，3代表一般需要，2代表不是很需要，1代表不需要。请根据实际情况分别对每个项目给出相应的选择。）

	5	4	3	2	1
A. 战略管理	____	____	____	____	____
B. 营销学	____	____	____	____	____
C. 财务管理	____	____	____	____	____
D. 生产管理	____	____	____	____	____
E. 项目管理					

F. 管理信息系统　　＿＿＿＿　　＿＿＿＿　　＿＿＿＿　　＿＿＿＿

G. 物流管理　　＿＿＿＿　　＿＿＿＿　　＿＿＿＿　　＿＿＿＿

H. 人力资源　　＿＿＿＿　　＿＿＿＿　　＿＿＿＿　　＿＿＿＿

I. 组织行为学　　＿＿＿＿　　＿＿＿＿　　＿＿＿＿　　＿＿＿＿

J. 管理经济学　　＿＿＿＿　　＿＿＿＿　　＿＿＿＿　　＿＿＿＿

K. 国际贸易　　＿＿＿＿　　＿＿＿＿　　＿＿＿＿　　＿＿＿＿

L. 国际金融　　＿＿＿＿　　＿＿＿＿　　＿＿＿＿　　＿＿＿＿

M. 决策与领导艺术　　＿＿＿＿　　＿＿＿＿　　＿＿＿＿　　＿＿＿＿

N. 国际市场营销　　＿＿＿＿　　＿＿＿＿　　＿＿＿＿　　＿＿＿＿

O. 电子商务　　＿＿＿＿　　＿＿＿＿　　＿＿＿＿　　＿＿＿＿

（2）除了以上列举的几项之外，您还需要哪些方面的培训？请写在下面。

＿＿＿＿＿＿＿＿＿＿＿＿＿＿＿＿＿＿＿＿＿＿＿＿＿＿＿＿＿＿＿＿＿

（3）您所在企业的性质？

　　A. 国企　　　　　　B. 私企　　　　　　C. 合资　　　　　　D. 外商独资

（4）您所在企业的规模？

　　A. 500 人以下　　　B. 500～1 000 人　　C. 1 000～5 000 人　　D. 5 000 人以上

（5）您的职位？

　　A. 高层管理者　　　B. 中层管理者　　　C. 普通员工

（6）您对这次培训的意见或建议？＿＿＿＿＿＿＿＿＿＿＿＿＿＿＿＿＿＿＿

2. 态度测量技术＿＿＿＿＿　＿＿＿＿＿　＿＿＿＿＿量表

量表是态度测量的工具，下面介绍几种常用的量表：

（1）评价量表。

例，

```
不喜欢                        一般                          喜欢
├──┼────┼─────────────┼─────────────────────────┤
0  10   25             50                        100
```

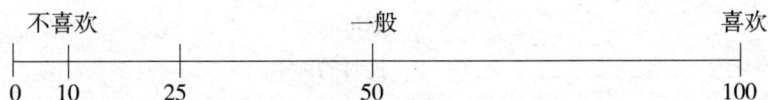

或，调查彩电品牌知名度的公众看法，见表 5 - 6。

表 5 - 6　彩电品牌知名度

品牌	品牌知名度				
	很低 1	低 2	一般 3	高 4	很高 5
康佳	☐	☐	☐	☐	☐
长虹	☐	☐	☐	☐	☐
厦华	☐	☐	☐	☐	☐
说明：每个品牌请只填一个分值，选中的在等级在方框内打钩					

（2）等级量表：按分数分等级、排序。

例，冰箱企业中你最喜爱的品牌调查：

企业品牌　　　海尔　　　容声　　　新飞　　　西门子　　　三星

评价等级　　　＿＿＿　　＿＿＿　　＿＿＿　　＿＿＿　　　＿＿＿

说明：等级分数 1 - 10 级，最优秀 10，最差 1。请在每个品牌下填入你的分值。

（3）配对比较量表。

通过一组事物中，两两进行比较，从而确定对这一组事物的排序。

例如，以下每对手机品牌中，你更喜欢哪一种（喜欢纵坐标中的，标示1，喜欢横坐标中的，标示0）。假如测量结果如表5-7所示。

表5-7　手机品牌调查表

品牌	摩托罗拉	诺基亚	西门子	三星
摩托罗拉		1	0	0
诺基亚	0		0	0
西门子	1	1		1
三星	1	1	0	
受喜爱的次数	2	3	0	1

从喜欢到不喜欢，手机品牌的排序为：诺基来，摩托罗拉，三星，西门子。

（4）李克特量表五级评价量表，消费者对某一事物的描述有从完全同意到完全不同意的这五种程度的选择。

例，调查消费者对冰箱节能的态度（表5-8）。

表5-8　消费者对电冰箱节能的态度

态度评述	完全同意	同意	无所谓	不同意	完全不同意
多余的支出	5	4	3	2	1
不应放首位	5	4	3	2	1
无关紧要	5	4	3	2	1
应当有所考虑	5	4	3	2	1
需要积极支持	5	4	3	2	1

（5）语意差异量表：七级评价量表。用几对意义相反的词，来了解被调查者的感受。

例，测量某商场在消费者心中的总体印象

```
              1 2 3 4 5 6 7
   可靠的    _ _ _ _ _ _ _    不可靠
   时尚的    _ _ _ _ _ _ _    过时的
   方便的    _ _ _ _ _ _ _    不方便
   友善的    _ _ _ _ _ _ _    不友好
   昂贵的    _ _ _ _ _ _ _    便宜的
   选择多    _ _ _ _ _ _ _    选择少
```

被调查者根据自己的理解，在适当的位置上进行标注。

3. 抽样技术

抽样通常包括以下几方面的内容（图5-4）：

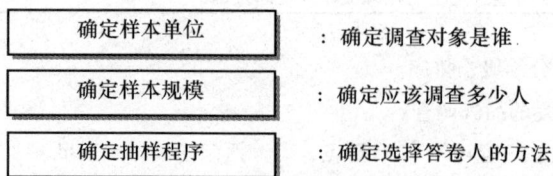

确定样本单位	：确定调查对象是谁
确定样本规模	：确定应该调查多少人
确定抽样程序	：确定选择答卷人的方法

图5-4　抽样方案的内容

选择答卷人的方法有以下几种（表5-9）：

表5-9 常见的几种选择答卷人的方法

概率抽样	简单随机抽样	总体的每个成员都有已知的或均等的被抽中的机会。如将总体编号后，任选其中的几个号码
	分层随机抽样	将总体分成不重叠的组（如年龄组），在每个组内随机抽样
	分群随机抽样	将总体分成不重叠的组（如街区组），随机抽取若干组进行调查
非概率抽样	随意抽样	调查员选择总体中最易接触的成员来获取信息
	估计抽样	调查员按自己的估计选择总体中可能提供准确信息的成员（如要了解中高层收入的人的消费习惯，可以选择高档小区中进行）
	定额抽样	按若干分类标准确定每类规模，然后按比例在每类中选择特定数量的成员进行调查（如男10个，女10个）

第三节　市场预测的内容与步骤

一、市场预测的概念

什么是预测？预测就是人们根据自己对事物发展运动规律的认识，对事物在未来一段时间的发展变化所做的推测。例如，天气预报可以说是人类从事最早、维持时间最长的一种预测活动。

市场预测是运用科学方法，对市场状况及其变化因素进行分析研究，对未来的发展趋势和状态做出估计和预测。市场预测是市场调查的发展与延续，是市场分析研究的结果。

做好市场预测，对于企业市场营销活动的成败有着十分重要的意义。①通过市场预测，可以预见未来市场发展趋势，为企业做好营销战略和经营决策提供依据。②通过市场预测，了解消费者对产品的需求趋势，估计市场的需求量，有利于企业集中生产要素，获得巨大的销售收入，并从规模经济中获得理想的利润。③通过市场预测，可以提高企业经营的预见性和市场适应性，抢先一步，掌握市场营销的主动权，满足消费者的需要，争取获得更大的市场份额。

二、市场预测的内容

市场预测内容较为广泛，从不同的角度进行预测会有不同的差异，站在企业开展营销活动的角度，市场预测的主要内容有：

1. 市场需求预测

市场需求是一个产品在一定的地理区域和一定的时期内，一定营销环境和一定的营销方案下，由特定的顾客群体愿意购买的总数量构成。市场需求不是一个固定的数字，而是一个各种设定变量的函数，如图5-5所示。

在图5-5中，横轴表示在一规定的期间内企业营销费用可表现为不同水平，纵轴表示由此导致的需求水平。图中曲线便是市场需求水平与企业营销费用变化水平的连续。其下限表示没有促销费用发生的市场需求。高水平的营销费用会产生先是报酬率递增随后报酬率递减的高水平的需求。当营销费用超过

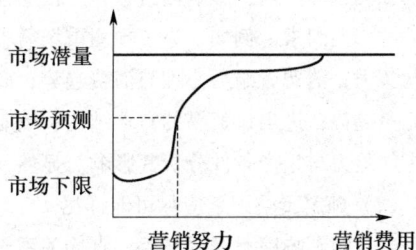

图5-5 市场需求预测

一定的水平后，就不能再进一步促进需求。

2. 公司需求和销售预测

公司需求是在一定的时期内公司在不同的营销努力水平上所估计的市场需求份额。公司的市场需求份额取决于同其竞争者相比，及其自身的营销组合情况。公司销售预测是公司以其选定的营销计划的假设营销环境为基础，所预期的公司销售水平。可用直线回归时间序列法来预测企业今后的销售额。

3. 商品的供给预测

准确掌握一定时期市场商品的供给情况，有利于市场营销的主动权。通常在了解同类产品现有的生产企业数量、生产能力、技术水平及各项经济指标的基础上，预测产品在未来一定时期内的发展状况，进而预测产品供给水平。

4. 产品价格变动趋势预测

对产品价格涨落及其发展趋势预测主要通过现有产品的成本构成要素和供给关系来判断，及时把握价格变化的趋势，有利于获得市场竞争的优势。

5. 市场占有率预测

市场占有率预测主要预测企业市场占有率的发展趋势及其影响因素，充分估计竞争对手的变化，对各种影响本企业市场占有率的因素采取适当的策略加以控制。一个企业的市场占有率与它的营销努力有着密切关系。

三、市场预测的步骤

市场预测是一项系统性很强的工作，必须按照一定的程序。一般市场预测的全过程，应遵循以下步骤：确定目标、确定影响因素、收集整理资料、进行分析判断、做出预测（如图5-6所示）。

1. 确定预测目标

确定预测目标，就是确定预测所需要解决的问题，亦即确定预测课题或项目。确定预测目标，使得预测工作获得明确的方向与内容，可据此筹划该项目预测的其他工作。

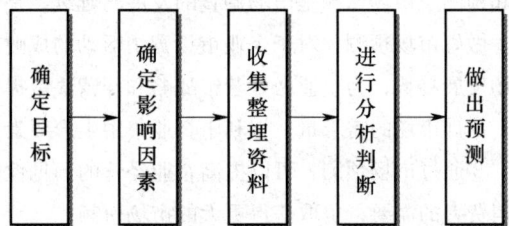

图5-6　市场预测的步骤

2. 确定影响因素

预测目标确定之后，必须详细分析影响该预测目标的各种因素，并选择若干最主要的影响因素。

确定影响因素需注意以下原则：

（1）根据预测目标确定影响因素。

预测目标不同，影响因素各异。根据预测目标，考虑相关的经济理论，通过实际观察与分析，可确定相关的影响因素。例如，为了预测市场需求量，其影响因素应包括：人口增长与分布；居民收入水平与实际购买力；消费者购买心理与消费趋势；商品价格与品质；商品所处生命周期的阶段；同类产品与替代品的竞争趋势；进出口贸易的需求结构；政府相关政策规定等。若为了预测商品的资源量，则就从生产厂家的生产能力与生产条件分析其影响。显然，市场需求量与商品供应量预测的影响因素是不同的。

（2）确定影响因素应尽可能详尽。

确定的影响因素详尽与否，直接关系着预测结果的精确度。预测对象系统的发展趋势与状态是很多因素共同作用的结果，只有尽可能充分地把这些因素的作用考虑进去，才能较准确地反映对象系统的未来发展。

要求尽可能详尽是一回事，而实际情况又是一回事。这是由于：第一，预测者的认识有局限性；第二，有些影响因素具有隐蔽性；第三，有些影响因素虽然被确认，但其历史与现实资料却难以收集；第四，分析方法不允许太多的影响因素作为预测因子。

（3）注意力应集中于确定主要影响因素。

实际预测工作要求用尽可能少一些的因素较充分地反映预测目标，以便使预测工作得以简化。在精确达到要求的前提下，要尽可能使确定的影响因素少一些，最有效的途径就是通过分析，再在尽可能详尽地考察各种影响因素的基础之上，选择若干主要的因素。为此，要学会善于运用质的分析方法和统计方法，并善于把这两种方法有机地结合起来。在实际预测工作中，预测目标及确定的主要影响因素，均须转换为变量，由一系列指标体系加以表征。

3. 收集整理资料

收集整理资料是市场预测的基础性工作。与市场预测有关的资料内容十分广泛，若不分主次一概收集整理，不仅加大成本，而且无此必要。因此，依据预测目标确定资料收集的范围与资料处理的方案就显得十分重要了。资料的收集包括对历史资料的收集、现实资料的测算和间接资料的测算。资料整理主要是对资料进行校核、分类、及对变量序列的编制等。

4. 进行分析判断

分析判断是市场预测的关键性环节。这一阶段的任务，是将所收集的历史与现实的资料通过整理后进行系统的综合分析，并对市场未来的发展趋势做出质的判断。

5. 做出预测

这一阶段的主要内容是：选择预测方法、建立预测模型、估算模型参数、对模型进行检验、确定预测值、分析预测结果、提出预测报告。

（1）选择预测方法。

预测方法是指在以上各阶段工作的基础上，对市场未来发展状态与趋势做出判断的各种技术与手段的总称。详见下一节的介绍。

（2）建立预测模型。

以一定的经济理论作指导，根据所采用的预测方法建立起数学模型，以表征预测目标同各影响因素之间的关系，进而用数学方法确定预测值。建立预测模型必须注意以下问题：

①必须以正确的经济理论作指导。在建立经济计量模型时，作为指导的经济理论不同，则预测模型会有很大差异。

②必须尽可能准确地确定模型中的变量与变量之间的关系。为此，第一，在许多情况下，要对预测模型进行检验，以确认模型中变量之间是否存在着相关关系；第二，要对模型的参数认真地做出估计。参数的估计要以样本数据作为分析依据。参数的精确度是对模型中变量之间关系的准确性的一种描述。

③必须尽可能地使模型简化。为此，模型所采用的变量不可太多。

④尽可能有利于实现计算机模拟和计算机运算。

⑤模型不合理时，必须及时进行修正。

（3）确定预测值。

市场预测的结果，应通过解数学模型提供数量化的预测值。预测值在许多应包括点预测值和区间预测值。在确定预测值时，尚需对预测的误差做出估计，也就是把预测值同历史观察值作比较。预测值误差实质上是对预测模型精确度的直接评价，决定着对模型是否认可，是否需要做出修正，以及在多大程度上做出评价。

需要指出，为了保证预测值的准确性，在市场预测中，常常要同时采用不同的预测方法与预测模型，并对它们的预测结果进行比较分析，进而对预测值的可信度做出评价。

（4）提出预测报告。

在预测报告中应对预测结果做定性与定量相结合的分析，绝不能把预测报告当成数据的堆砌。预测报告实际上是目标决策分析，它是直接为决策服务的，故系统的综合分析显得特别重要。

预测报告是预测结果的文字表述。写好预测报告不仅是预测的完成步骤，而且也是对调研过程的总结和综合反映。预测结果能否对决策产生影响，与能否写好预测报告也有很大关系。预测报告一般包括题目、摘要、目的、正文、结论和建议以及附录等部分。

写好预测报告是预测人员基本功训练的一项重要内容。撰写时还必须注意以下几点：①说清问题；②易于理解；③避免使用千篇一律的语言或"套话"；④注重事实，切忌华而不实，哗众取宠；⑤文字精练，篇幅不宜过长。

第四节　市场预测的基本方法

一、购买者意向调查法

购买者意向调查法是通过直接询问潜在购买者的购买意向或计划，据以判断未来某时期市场需求潜量的一种定性预测法。

例，某汽车企业想了解一下未来的汽车销售量。用购买意向概率调查表（见表5-10）向潜在顾客进行调查。

表 5-10　购买意向概率调查表

在今后6个月内贵单位是否打算买一部小车？					
0.00	0.20	0.40	0.60	0.08	1.00
肯定不买	不大可能	有点可能	可能性大	很有可能	肯定购买

通过进行抽样调查，可以发现具有不同购买意向的潜在顾客的分布比例。在对500名潜在顾客进行调查后，获得的调查结果如表5-11所示。

表 5-11　调查结果汇总

意向性质	肯定不买	不大可能	有点可能	可能性大	很有可能	肯定购买
购买概率	0.00	0.20	0.40	0.60	0.80	1.00
样本分布	130	100	100	90	50	30

那么全部样本的平均购买率是：

平均购买率 = $(0 \times 130 + 0.2 \times 100 + 0.4 \times 100 + 0.6 \times 90 + 0.8 \times 50 + 1.0 \times 30)/500 = 0.37$

这就是说，如果整体市场上有10 000个这样的潜在顾客的话，在今后6个月内将有3 700位会来购买汽车。

应当注意的是，使用这种预测方法，必须明确定义自己的"潜在顾客"。如此例中的潜在顾客是单位，并将个人及家庭包括进去。

另外，购买者的购买意向随着时间的延长可能产生变化，故本方法仅适宜于做短期预测，时间一长，可靠性就会降低。

二、销售人员预测法

销售人员总是和顾客打交道，身处市场的第一线，他们对自己所在地区、自己主要销售产品的市场情况十分熟悉，因而进行这一层次的市场需求预测具有优越的条件。一般是让各地区熟悉业务的销售人员对本地区的需求进行预测，再把他们的结果加起来，就得到了整个市场的需求预测。

例，为估计明年国内市场彩色电视机的需求潜量，某公司把驻各地区的销售代表召集起来，分别估计出明年华南、华东、华北、东北、西南、西北地区彩电的需求潜量依次为 250 万台、235 万台、190 万台、215 万台、165 万台、140 万台。根据这些资料，可以计算国内市场明年对彩电的需求潜量为：

$$全国彩电需求预测值 = 250 + 235 + 190 + 215 + 165 + 140 = 1\ 195（万台）$$

采用此方法要防止某些"子市场"没有人预测被遗漏，而有些"子市场"被交叉等现象。

三、专家预测法

专家预测法是一种以市场分析和预测专家为主体的市场需求预测方法。相当多的企业管理人员、行业管理者、市场调查公司的专家以及一些学者不仅积累了丰富的市场需求分析资料，了解整体市场的行情，而且对未来一定时期的市场需求能够进行相当准确的预测。

一般是聘请若干各专家对同一个项目进行预测，并将结果进行加权平均或简单平均。

例，某零售公司为预测本公司明年的销售额，通知五个商品部、加上统计信息科等部门的主管人员开会。在公司经理简要介绍今年营销计划、经营计划执行情况之后，又安排各单位的主管人员分析和讨论了明年的销售形势、机遇和挑战，最后在公司经理的主持下，由每个主管人员对公司明年的销售额进行预测，其结果如表 5 - 12 所示。

表 5 - 12　各专家预测值列表

主管	商品一部	商品二部	商品三部	商品四部	商品五部	统计信息科
预测值（万元）	300	450	350	500	400	400

$$明年销售额 = (300 + 450 + 350 + 500 + 400 + 400)/6 = 400（万元）$$

利用专家意见有多种方式。如组织一个专家小组进行某项预测，这些专家小组得出各自的估计，然后交换意见，最后经过综合，提出小组的预测。

现在应用较普遍的是德尔菲法。其基本过程是：先由各个专家针对所预测事物的未来发展趋势独立提出自己的估计和假设，经企业分析人员审查、修改，提出意见，再发回到各位专家手中，这时专家根据综合的预测结果，参考他人意见修改自己的预测，即开始下一轮估计。如此往复，直到各专家对未来的预测基本一致为止。

四、市场实验法

企业收集到的各种意见的价值，不管是购买者、销售人员的意见，还是专家的意见，都取决于获得各种意见成本、意见可得性和可靠性。如果购买者对其购买并没有认真细致的计划，或其意向变化不定，或专家的意见也并不十分可靠，在这些情况下，就需要利用市场试验这种预测方法。特别是在预测一种新产品的销售情况和现有产品在新的地区或通过新的分销渠道的销售情况时，利用这种方法效果最好。

五、时间序列分析法

时间序列是指时间前后顺序罗列的有关经济变量的一组数据。根据事物发展变化的连贯性原理，通过对时间序列数据的分析，可以找出某种经济变量或市场需求的变化规律。利用分析时间序列数据取得的这些规律所进行预测，称为时间序列分析法。

时间序列分析法的主要特点是，以时间推移研究和预测市场需求趋势，有受其他外界因素的影响。不过，在遇到外界发生较大变化，如国家政策发生变化时，根据过去已发生的数据进行预测往往会有比较大的偏差。

产品销售的时间序列，可以分成四个组成部分：

①趋势。它是人口、资本积累、技术发展等方面共同作用的结果。利用过去有关的销售资料描绘出销售曲线就可以看出某种趋势。

②周期。企业销售额往往呈现出某种波状运动的特征，因为企业销售一般都受到宏观经济活动的影响，而宏观经济活动总呈现出某种周期性波动的特点。周期因素在中期预测中尤其重要。

③季节。指一年内销售量变动的形式。季节一词在这里可以指任何按小时、月份或季度周期发生的销售量变动形式。这个组成部分一般同气候、假日、贸易习惯等有关。季节形式为预测短期销售提供了基础。

④不确定事件。包括自然灾害、战争恐慌、一时的社会流行时尚和其他一些干扰因素。这些因素属不正常因素，一般无法预测。应当从过去的数据中剔除这些因素的影响，考察较为正常的销售活动。

时间序列分析就是把过去的销售序列 Y 分解成为趋势 T、周期 C、季节 S 和不确定因素 E 等组成部分，通过对未来这几个因素的综合考虑，进行销售预测。这些因素可构成线性模型，即

$$Y = T + C + S + E$$

也可构成乘数模型，即

$$Y = T \cdot C \cdot S \cdot E$$

还可以是混合模型，如

$$Y = T \cdot (C + S + E)$$

六、直线趋势法

直线趋势是运用最小平方法进行预测，用直线分斜率来表示增长趋势的一种外推预测方法。

其预测模型为：

$$y = a + bx$$

式中，a 为直线在 y 轴上的截距；

b 为直线斜率，代表年平均增长率；

y 为销售预测的趋势值；

x 为时间。

根据最小平方法原理，先计算 $y = a + bx$ 的总和，即

$$\sum y = na + b \sum x$$

然后计算 $\sum xy$ 的总和，即

$$\sum xy = a \sum x + b \sum x^2$$

上述二式中的共同因子是 $\sum x$。为简化计算，可将 $\sum x$ 取 0，其方法是：若 n 为奇数，则取 x 的间隔为 1，将 $x=0$ 置于资料期的中央一期；若 n 为偶数，则取 x 的间隔为 2，将 $x=-1$ 与 $x=1$ 置于资料期的中央上下两期。

当 $\sum x=0$ 时，上述二式分别变为

$$\sum y = na$$
$$\sum xy = b\sum x^2$$

式中，n 为年份的数目，由此可计算出 a,b 值为

$$a = \sum y/n$$
$$b = \sum xy/\sum x^2$$

所以，$y = \left(\sum y/n\right) + \left(\sum xy/\sum x2\right)\cdot x$

例，假如某企业 2001—2005 年的销售额分别 480 万元、530 万元、570 万元、540 万元、580 万元，现需运用直线趋势法预测 2006 年的销售额。

由于 $n=5$ 为奇数，且 x 的间隔为 1，故可将 $x=0$ 置于资料期的中央一期（2003 年），x 的取值依次为 $-2,-1,0,1,2$；xy 依次为 $-960,-530,0,540,1160$；x^2 依次为 $4,1,0,1,4$，所以

$$\sum y = 2\,700$$
$$\sum xy = 210$$
$$\sum x^2 = 10$$

将有关数据代入公式，则得：

$$y = 2\,700 \div 5 + (210/10)\times x = 540 + 21x$$

由于需预测 2006 年的销售额，所以 $x=3$，代入上式，得

$$y = 540 + 21\times 3 = 603（万元）$$

即 2006 年的销售额将为 603 万元。

七、统计需求分析法

时间序列分析法把过去和未来的销售都看做是函数，即仅随时间的推移而变化，不受其他任何现实因素的影响。然而，任何产品的销售都要受到很多现实因素的影响。统计需求分析就是运用一整套统计学方法发现影响企业销售的重要因素以及这些因素影响的相对大小。企业经常分析的因素，主要有价格、收入、人口和促销等。

统计需求分析将销售量 Q 视为一系列独立需求变量 $X_1,X_2,\cdots,X_n$ 的函数，即

$$Q = f(X_1,X_2,\cdots,X_n)$$

但是，这些变量同销售量之间的关系一般不能用严格的数学公式表示出来，而只能用统计分析来揭示和说明，即这些变量同销售量之间的关系是统计相关。多元回归技术就是这样一种数理统计方法。它运用数理统计工具在寻找最佳预测因素和方程的过程中，可以找到多个方程，这些方程均能在统计学意义上符合已知数据。

在运用统计需求分析法时，应充分注意影响其有效性的问题：

①观察值过少。

②各变量之间高度相关。

③变量与销售量之间的因果关系不清。

④未考虑到新变量的出现。

需要说明的是，需求预测是一项十分复杂的工作。实际上只有特殊情况下的少数几种产品的预测较为简单，如未来需求趋势相当稳定，或没有竞争者存在（如用用事业），或竞争条件比较稳定等。在大多数情况下，企业经营的市场环境是在不断变化的，由于这种变化，总市场需求和企业需求都是变化的、不稳定的。需求越不稳定，就越需要精确的预测。这时准确地预测市场和企业需求就成为企业成功的关键，因为任何错误的预测可能导致诸如库存积压或存货不足，从而使销售额下降以至中断等不良后果。

在预测需求的过程中，所涉及的许多技术问题需要由专业技术人员解决，但是市场营销经理应熟悉主要的预测方法以及每种方法的主要长处和不足。

案例评析

卡夫食品：精准定位消费者需求

如果澳洲人被问及最喜欢澳洲的什么东西，令人惊讶的是，有相当一部分人的回答是 Vegemite。据悉，几乎70%的澳洲人一大早起来的第一件事，除了冲杯咖啡外，就是在烤面包上抹上厚厚一层 Vegemite。Vegemite 不是服装品牌也不是化妆品牌，它是一种食品，膏状，呈黑褐色，很黏稠但是不拉丝。初看上去很像是高级巧克力酱，但是仔细看，膏的底色是深红色的，有一点点透明。另外一点最大的不同就是：Vegemite 是咸的。食品专家 Dr. CyrilP. Callister 在1923年利用酿酒酵母开发了这种食品，后来，Vegemite 逐渐成了澳洲人的"国民食品"，在澳大利亚和新西兰很流行。该品牌的所有者正是世界第二大的食品和饮料制造公司——卡夫食品公司。

随着 Web2.0 的兴起，互联网的消费者行为已经有了显著的变化。Web2.0 注重用户的交互作用，让用户自主编辑、收集、整理和发布信息，实现自由分享，如博客、微博、社区、贴吧等，用户既是浏览者也是网站内容的制造者。卡夫显然意识到了这一变化，为了能更好地了解消费者的需求以进行潜在的产品升级，卡夫与 IBM 携手，旨在挖掘其全球的 Vegemite 品牌消费者的真实想法。

IBM 利用 COBRA（Corporate Brand and Reputation Analysis），一种先进的基于文本分析的工具，在10.5亿条博客，论坛和讨论版的内容中抓取了47.9万条关于 Vegemite 的讨论信息，通过对这些非结构化数据进行深层原因分析、COBRA 先进的内容分析功能揭示出了互联网上海量信息的内涵。

分析的结果大大出乎卡夫的意料，大家谈论的热点并不是 Vegemite 是否过咸，也不是产品的包装，而是各种各样不同的吃法，以及在国外怎么买到 Vegemite。同时，语义分析显示，网络上发言的消费者绝大部分都毫不掩饰地表达了对 Vegemite 的喜爱之情，大家围绕这种食品的讨论是如此热烈，并充满感情，Vegemite 俨然已经不仅仅是一种食品，更是澳大利亚民族情结的一种象征。同时，语义分析显示出了大家普遍关心的三个趋势：健康、素食主义和食品安全。

对于 Vegemite 的喜爱，以及围绕食用 Vegemite 的最爱吃法的大讨论，促使卡夫市场团队根据市场的变化调整策略。如今，在 Vegemite 的网站上有许多介绍食用 Vegemite 的不同方法，并邀请顾客进行调查，了解他们食用 Vegemite 的方式。参与调查的顾客还能被邀请参与线上的产品活动。另外，论坛设有的"儿童角"供孩子们参与讨论，旨在培育下一代的 Vegemite 消费者。

COBRA 帮助卡夫澳大利亚精准定位其 Vegemite 品牌消费者并采取新的市场策略。新的市场策略注重顾客的个人反馈和对社会化网络的参与，有利于进一步加强 Vegemite 消费者的忠诚度，提升了 Vegemite 的健康内涵，并为培育新的消费人群奠定了基础。

这是 COBRA 分析技术在澳大利亚的首次实行，同时也是 IBM 与卡夫的一次成功合作。COBRA 分析改变了卡夫 Vegemite 品牌的市场策略，促使其开展创新的市场活动，并赢得了更多消费者的青睐。

（资料来源：联商网，2012.01）

评析： 通过本案例的学习，应该认识到企业的营销规划和期望，一般是建立在市场需求测量和预测的基础上的，只有有了对市场深入研究分析，才能制定合适的营销策略，并依据对市场的预测决定企业在不同市场上的营销目标。

思考题

1. 市场调查的程序是什么？

2. 收集资料的方法有哪些？它们各自的优缺点是什么？

3. 市场预测的主要方法有哪些？程序如何？

4. 指出下列市场调查所采用的方法的不妥之处，并给出更加恰当的方法：

（1）一家超市想要对自身的形象进行调查。工作人员在把顾客购买的商品装进袋子之前，在每个袋子里放一份短小的调查问卷。

（2）一家商场为了解它的市场范围，让调查人员每周一和周五等在停车场旁边，当看到有人在那里停车，调查人员就走上前去索取联系地址。

（3）为了了解一部电影的受欢迎程度，制作组雇了一批人向 900 个人打电话询问，问他们是否喜欢并是否愿意再次观看电影。每打一个电话支付他们 2 元。

本章实训

一、实训目的

通过开展对在校大学生网络购物情况调查，使学生能够对市场调查步骤有所认知，理解市场调查对企业制定营销决策的意义。

二、实训内容

1. 实训资料：调查方案和调查问卷。

2. 具体任务：开展一次对本校大学生网上购物情况的调查活动，分小组进行。

3. 任务要求：

（1）根据要求设计一份大学生网上购物情况的调查问卷。

（2）根据实地调查情况，撰写一份本校大学生网上购物情况的调查报告。

三、实训组织

1. 根据全班上课人数，将全班同学分成若干小组，采取组长负责制，全体组员协作完成课堂任务。

2. 确定调查方案后，各小组进行下一步分工，对调查结果进行分析、汇总。

3. 经过小组讨论后，完成调查报告报告及汇报 PPT。

4. 根据课时具体安排，不同小组分别选派成员对报告进行讲解，并回答其他组成员的问题。

5. 任课教师对实训课程的结果进行总结，提出相应的意见及建议。

四、实训步骤

1. 任课教师布置调查任务，介绍调查要点和搜集材料的基本方法。

2. 各小组明确任务后，按照教师指导根据具体情况进行分工。

3. 各小组定期召开小组会议，对取得成果进行总结，遇到问题及时与指导教师沟通。

4. 完成调查报告及展示所需要的 PPT 等材料，调查报告中应包括调查概况、调查主要发现及结论建议等内容。

5. 各小组对报告进行课上汇报，教师对各组的汇报进行点评及总结。

市场竞争战略

章节图解

```
第一节          →   一、识别企业的竞争者
竞争者分析       →   二、识别竞争者的目标和战略
                →   三、了解竞争者的优势和劣势
                →   四、判断竞争者的市场反应

第二节          →   一、市场领先者战略
市场竞争战略     →   二、市场挑战者战略
                →   三、市场跟随者战略
                →   四、市场补缺者战略
```

学习目标

■ 了解行业竞争结构的分析方法
■ 识别竞争者的主要方法
■ 掌握市场竞争战略

关键概念

■ 市场竞争策略
■ 市场领先者、市场挑战者、市场补缺者
■ 心理份额、情感份额

可口可乐公司创建于1886年，百事可乐公司创建于1898年。近百年来，可口可乐以其独特的品质称霸世界软饮料市场。可口可乐的无数竞争者中，唯有百事可乐经过近半个世纪的不懈努力，自1977年以来，在美国软饮料市场的销售量开始赶上可口可乐。称霸近百年的可口可乐是怎样被百事可乐夺去市场的半壁江山？其中奥妙耐人回味。

早在20世纪30年代，百事可乐便在世界上首次通过广播宣布，将当时最高价为10美分的百事可乐降价一半，从而拉开了软饮料工业中争夺战的第一幕。第二次世界大战期间，可口可乐公司的经营目标转向开拓国外市场，可口可乐随着战争行销世界。到第二次世界大战结束，国外可口可乐瓶装厂增加到64家。百事可乐利用这一机会，以其低廉的价格抢走可口可乐在国内的部分市场。然而好景不长，战后可口可乐杀回马枪，使百事可乐销量猛跌，可口可乐的销路也以5:1的优势领先于百事可乐。为扭转局势，百事可乐不断改进包装和味道，采取在局部市场与可口可乐竞争的策略，经过一番奋战，使可口可乐与百事可乐的市场差距缩小为5:2。

20世纪60年代是两家饮料公司在美国市场竞争的关键时期。1963年，百事可乐声称其成功地掀起了一场称之为百事新一代的市场营销运动。该公司决定将重点放在考虑用户的需求上，作出了长期占领市场的战略决策。决定将产品打入当时尚未完全依赖于可口可乐的新一代消费者市场。公司认为，与其说艰难地吸引可口可乐的忠实客户，让他们变换口味改喝百事可乐，不如努力赢得尚未养成习惯的目标市场。大约25年后，百事可乐仍然依赖它的这种"世代"策略进行销售。1983年，百事可乐将销售方针修正为"新一代的选择"，并一直持续到20世纪90年代。百事以它富有独创性的强有力的广告攻势，包括邀请著名演员等出面大做电视商业广告，来吸引新的一代人。1985年，百事花在广告上的费用估计有4.6亿美元。

各种报道表明，"百事挑战"运动从20世纪70年代中期开始掀起时就困扰着可口可乐的董事们。1985年可口可乐公司突然宣布改变沿用99年之久的老配方，采用刚研制成功的新配方，并声称要以新配方再创可口可乐在世界饮料行业中的新纪录。但推出以来，却遭到许多人的反对，还有人举行示威，反对使用新配方，这可乐坏了其对手百事可乐公司。

正当百事可乐公司乐不可支时，可口可乐公司突然宣布，为了尊重老顾客的意见，公司决定恢复老配方的可口可乐生产，同时，考虑消费者的新需要，新配方的可口可乐也同时继续生产。

几十年来，竞争的双方都各有千秋，但很难分出胜负。

引导问题

百事可乐采取什么策略挑战可口可乐？可口可乐如何应对？结果如何？

第一节　竞争者分析

市场竞争是市场经济的基本特征之一，正确的市场竞争战略，是企业成功地实现其市场营销目标的关键。企业要想在激烈的市场竞争中立于不败之地，就必须树立竞争观念，制订正确的市场竞争战略，以取得市场竞争的主动权。

市场竞争战略的确定是个科学的过程，必须在经过对竞争对手详尽的分析后，才有可能做出正确的决定。

长期以来，企业的决策者们容易忽略竞争者分析，他们会认为对每天都在竞争着的竞争者们已经有了足够的了解，或是认为竞争者的细节根本不可能了解到，而只要本公司的绩效还不错，就很少愿意花费时间和精力去做分析。然而，现实的情况是：竞争者代表着一个主要的决定因素，决定着本公司能否成功，如果不去仔细考虑竞争者的优势、劣势、战略和易受攻击的弱点，很可能导致公司的业绩下降，还会使公司受到不必要的意外的攻击。利用图 6-1 的分析框架，企业可以把每个竞争者可能的反应情况收集起来，并以此为根据，做出及时的应对。

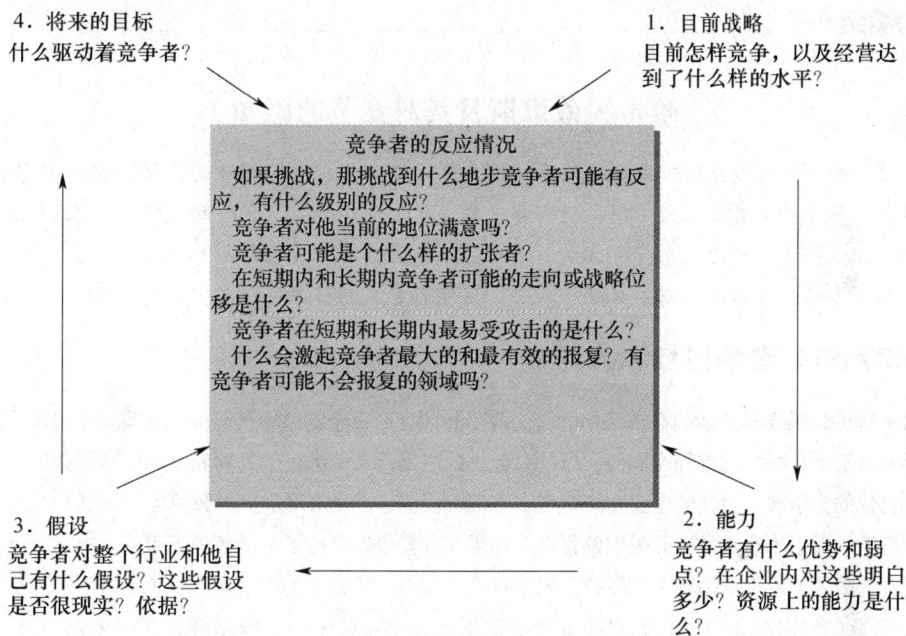

4. 将来的目标
什么驱动着竞争者？

1. 目前战略
目前怎样竞争，以及经营达到了什么样的水平？

竞争者的反应情况

如果挑战，那挑战到什么地步竞争者可能有反应，有什么级别的反应？

竞争者对他当前的地位满意吗？

竞争者可能是个什么样的扩张者？

在短期内和长期内竞争者可能的走向或战略位移是什么？

竞争者在短期和长期内最易受攻击的是什么？

什么会激起竞争者最大的和最有效的报复？有竞争者可能不会报复的领域吗？

3. 假设
竞争者对整个行业和他自己有什么假设？这些假设是否很现实？依据？

2. 能力
竞争者有什么优势和弱点？在企业内对这些明白多少？资源上的能力是什么？

图 6-1　确定竞争者反应的分析框架

（资料来源：理查德·M·S·威尔逊等著，方海萍等译，电子工业出版社，2003 年，P117）

对竞争者的分析可以从以下四个方面进行：

一、识别企业的竞争者

企业参与商场竞争，不但要清楚谁是自己的顾客，而且还要清楚谁是自己的竞争对手。企业应避免竞争方面的近视，采用一个更宽广的视角来识别自己的竞争者。

对竞争者的界定，按从窄到宽的角度，可划分为四个层次，见表 6-1。

表 6-1　竞争者层次的划分

竞争者层次划分	说明	举例
品牌竞争者	同一行业中，以相似的价格，向相同的顾客提供相同的产品的企业，互为品牌竞争者	可口可乐与百事可乐，麦当劳与肯德基等
行业竞争者	同一行业中，生产不同档次、型号、品种产品的企业互为行业竞争者	如汽车行业中，所有的企业（通用、大众、福特、沃尔沃等），不论生产的车是高档还是低档，都互为行业竞争者

续表

竞争者层次划分	说明	举例
一般竞争者	为满足相同需求而提供不同产品的企业互为一般竞争者	啤酒、汽水、茶、水、果汁等都能满足"解渴"的需求，生产这些产品的企业们就互为一般竞争者
广义竞争者	为争取同一笔资金而提供不同产品的企业互为广义竞争者	如美国摩托车制造商哈雷·戴维斯不仅仅把其他摩托车制造看成竞争对手，而且还把一些主要的耐用消费品（如船、温室）生产商作为竞争对手。（见营销案例 6-1）

营销案例 6-1 ....

哈雷·戴维斯及其对竞争的感知

哈雷·戴维斯，作为最后留下来的美国摩托车品牌，被视为自由和冒险的象征，它的拥有者的社会经济地位与其他摩托车拥有者有很大不同。骑哈雷·戴维斯的人是一群"富有的城市骑车人"，在他们眼中，哈雷不是交通工具而是一种生活态度及方式。因此，在美国哈雷·戴维斯与其他摩托车生产商仅有非常间接的竞争，与它竞争的是那些"富有的城市人"以及同样热衷的产品——温室和游泳池。

二、识别竞争者的目标和战略

竞争者不同的目标会导致他们在市场中的行为各不相同，而每个竞争者都可能同时有多个目标，企业需要了解竞争对手们对每个目标的侧重程度如何，以便对他们的市场行为做出正确的判断及反应。例如，一个以低成本领先为主要目标的竞争者，对其他企业在降低成本方面的反应，会比对增加广告预算的反应强烈很多。企业还必须监视和分析竞争对手为达成目标而采取的行动，如果发现竞争者开拓了一个新的子市场，那么，这可能是一个市场营销机会；或者，发觉竞争者正试图打入属于自己的领地，那么，就应抢先下手，予以回击。

各企业采取的战略越相似，它们之间的竞争就越激烈。在行业中，根据各自所采取的战略不同，可将竞争者分为不同的战略群体。如汽车行业，梅赛德斯、BMW 等主攻高端市场，因此可将他们划分为同一战略群体。企业在进入某一战略群体之前，首先要考虑进入的难易程度；其次，要明确谁是主要的竞争对手，谁是次要的竞争对手。在想要进入的战略群体中，一定要有自己的战略优势，否则不能吸引目标顾客。另外，竞争不仅存在于同一战略群体之中，而且还可能存在于不同战略群体之中。企业必须时刻注视市场的变化，认真分析自己与环境的关系，找准自己的竞争对手，做到有的放矢。

营销链接 6-1 ....

瞄准竞争对手缺陷的竞争分析法

竞争对手缺陷分析法是由美国竞争对手情报收集专业人员协会的创建人 F·迈克尔·鲁比于 1989 年提出的，缺陷分析法涉及对每个竞争对手的六个方面作出优劣势的量化分析。其目的是，第一，找出竞争对手每一方面的弱点；第二，看是否有弱点十分突出，成为主要弱点。如果一公司存在某个重大弱点，那么就可以利用这个缺陷来做文章。

缺陷分析的六个方面

产品性价：从顾客的眼光看，竞争对手的产品综合性能特点与本公司相比有多大优势；

生产能力：竞争对手在生产能力、成本等方面的情况如何；

营销实效：竞争对手的销售量、市场定位、销售力量、营销战略、广告策划等所具有的效能如何来测知；

财务现状：企业的财务状况如何，包括企业资金状况和销售利润率、资金周转率等各类财务参数等；

经营管理：以竞争对手过去的经营状况或近期企业的人员与策略变动为参照，看其经营管理是否有效，是否具有竞争性，是否胜任；

企业文化：竞争对手的价值观和经营史是否可能促使它进入或者试图占领本公司的市场，或者推出新产品。

评分的五个标准

对于以上六个方面，使用如下的标准对各个竞争对手逐一进行打分，并填入列出的矩阵中：

5　优秀/极好

4　很强/有竞争力

3　合适/平均水平

2　较弱/不具有竞争力

1　很弱/几乎无竞争威胁

竞争实力矩阵

我们假设有 A、B、C、D、E……，等等竞争者，按照上面的分析结果分别填入表格 6-2 中：

表 6-2　分析结果

竞争者	竞争方面					
	产品性价	生产能力	营销实效	财务现状	经营管理	企业文化
A	5	5	4	2	4	4
B	4	1	5	4	4	5
C	2	3	3	4	3	3
D	4	4	5	4	5	4
E	3	3	2	3	3	3
…						

简单地试分析：A 企业除资金比较短缺以外，其他方面都比较强，所以企业有后劲，要关注 A 企业的高层经营人员的调整，不过目前不会有大的营销行动；B 企业虽然其他方面都很强，但生产制造能力比较弱，所以 B 企业极有可能会扩大生产能力，而成为强劲的竞争对手；C、E 两企业相对来说其实力要弱一些，财务状况一般，所以基本不可能进行大的广告宣传活动，可能会继续维持现状；D 企业各方面都比较优秀，所以要争夺 D 企业的市场会比较困难……

根据以上分析，经营者或者营销经理就会对企业的综合竞争状况有个全盘的了解，从而为公司的经营特别是营销决策提供了一个直观的决策依据。

（资料来源：中国营销传播网，2006-07-14，作者：周生伟）

三、了解竞争者的优势和劣势

企业需要估计竞争者的优势与劣势，了解竞争者执行各种既定战略的情报，以及是否达到了预期目标。发现竞争对手的弱点，专攻其薄弱环节。在市场营销实践中，企业经常要面对一个或一群强大的竞争者，它们或拥有雄厚的资金，或有绝对领先的技术，或有完美的管理体系，或有强大的品牌影响，或有良好的社会关系，以及一流的人才队伍。在这种情况下，更需要研究竞争者的优势和劣势，并有效地利用其劣势，开展有针对性的进攻。

为了测量优势和劣势，公司应该监测每个竞争者的市场份额、心理份额和情感份额（表6-3）。一般来说，心理份额和情感份额能够实现稳定增长的公司，必然会在市场份额和赢利性上有所收获。

表6-3　测量竞争者的优势和劣势

分析基础	说明
市场份额	竞争者在目标市场中的份额
心理份额	当被要求"举出在这个行业中首先想到的公司"时，提名竞争者的顾客所占的百分比
情感份额	当被要求"举出你愿意购买其产品的公司"时，提名竞争者的顾客所占的百分比

（资料来源：Philip Kotler 著，宋学宝等译，营销管理，清华大学出版社，2003年，P145）

营销案例6-2

和其正VS王老吉："凉茶"的"热战"

广州王老吉药业股份有限公司始创于1828年，历经百多年的发展，现已成为我国中成药生产企业50强之一。王老吉自开创了凉茶这一新品类后，品牌效益急剧攀升，年销售额已经从2002年的1.8亿元递增到2008年的105亿元。随着王老吉的巨大成功，广东、福建等地的凉茶企业纷纷推出自己的品牌，和其正、潘高寿、邓老、黄振龙以及众多中小凉茶品牌蜂拥而至搅得凉茶市场煞是热闹。这些挑战品牌不但没有撼动王老吉的市场地位，还扩大了凉茶的市场容量，让王老吉独享"老大"的品牌收益。

潘高寿、邓老、黄振龙等品牌追随者在华南市场还有一定的销售，但是从全国范围来看，唯一能挑战王老吉的品牌挑战者就是和其正。

"和其正"是福建达利园集团生产的一个凉茶的名称，是中国凉茶行业的一支劲旅，撼动"王老吉"雄霸天下的市场地位，现已由罐装市场转向瓶装市场。"和其正"产品的定位，除了具有"王老吉"的"喝了不上火"作用外，还有"熬夜伤神补元气"！陈道明手执"和其正"之扇的形象，风度翩翩，复古中道。"和其正"于折扇之上，匠心独运。中国人讲和气而"忍让谦和"，提倡和气而"以和为贵"；扇风时，扇（善）为美，合扇时，合（和）为贵；儒家尚正气，道家尚清气，佛家尚和气！"和其正"，"何其正"！何其正的味道，何其正的品牌，寓意深刻。

王老吉的成功使凉茶从广东走向全国市场，主销市场也开始由南向北迅速蔓延。然而除了王老吉一骑绝尘外，其他凉茶企业还只是在广东、福建、海南等区域市场有所销售，与王老吉的差距非常明显。此番达利的强势介入无疑让全国的饮料经销商开始心动。对于王老吉罐装凉茶在终端价3.5元，何其正凉茶终端价在2~2.5元之间，低价就是优势。作为市场挑战者，和其正凉茶有意在产品价位上与王老吉错开，给经销商预留足够的利润空间。他们开出的利润空间是：零售价比出厂价高出1倍左右，这足以让经销商心动，铺货当然不遗余力了。近几年，众多企业纷纷抢滩凉茶市场，在罐装凉茶市场，王老吉占据了80%以上的份额。随着市场竞争日益激烈，谁将成为最后的胜利者，让我们拭目以待吧！

（资料来源：崔德乾，销售与市场（评论版），2010.02，经改写）

四、判断竞争者的市场反应

估计竞争者在遇到攻击时可能采取什么行动和做出何种反应，有助于企业正确地做出应对，竞争者的反应可能受到它的各种假设、它的经营思想、企业文化、心理状态等等因素的影响。从竞争者心理的角度，一些常见的竞争者的反应类型如表6-4所示。

表6-4 几种常见的竞争者的市场反应类型

反应类型	说明	举例
从容型竞争者	对其他企业的某一攻击行动采取漫不经心的态度。可能是源于对其顾客忠诚的深信不疑;也可能待机行动;还可能缺乏反击能力等	米勒公司20世纪70年代后期引进立达啤酒,行业领袖——安达斯-布希公司不予理睬,使其日益壮大,最终占领了60%的市场份额
选择型竞争者	对某些方面的进攻做出反应,而对其他方面的进攻则无反应或反应不强烈	海尔电器对竞争对手的价格战一般不做强烈反应,而是强调它的服务与技术上的优势
凶暴型竞争者	对向其所拥有的领域所发动的任何进攻都会做出迅速而强烈的反应。这类竞争者多属实力强大的企业	宝洁公司一旦遇到挑战就立即发动猛烈的全面反击
随机型竞争者	对某一些攻击行动的反应不可预知,它可能采取反击行动,也可能不采取反击行动	一般企业为了赢得市场份额,根据市场竞争的时需要而采取行动

第二节　市场竞争战略

所谓市场竞争策略,是指企业依据自己在行业中所处的地位,为实现竞争战略和适应竞争形势而采用的各种具体行动方式。美国著名市场营销学教授菲利普·科特勒把企业的竞争地位分为四种,如表6-5所示。

表6-5 假设的市场结构

市场领导者	市场挑战者	市场跟随者	市场补缺者
40%	30%	20%	10%

一、市场领先者战略

市场领导者指在相关产品的市场上占有最大的份额,在价格变化、新产品开发、分销渠道建设和促销战略等方面对本行业其他公司起着领导作用的公司。如世界著名的微软公司、P&G(宝洁)公司、可口可乐公司、麦当劳公司等,我国电视机行业的长虹、家电行业的海尔、通信行业的中国移动、中国电信等。

占据着市场领导者地位的公司常常成为众矢之的。要保持竞争优势,击退其他对手的进攻,有以下几种战略可供选择。

(1)扩大总需求。

市场领导者占有的市场份额最大,在市场总需求扩大时受益也最多。如果美国人拍摄更多的照片,柯达公司一定获益最多,因为美国人所用的大部分胶卷都是它生产的。如果柯达能说服更多的美国人购买相机和拍摄,说服他们在更多的场合拍摄照片,或者在每个场所拍摄更多的照片,柯达将获得相当大的利益。扩大总需求的途径如表6-6所示。

表6-6 扩大总需求的主要途径

途径	说明
开发新用户	市场渗透战略、新市场战略、地理扩张战略
寻找新用途	为产品不断发掘出更多的新用途
增加使用量	说服人们在每个场合更多地使用产品

①开发新用户。在确定新用户时，营销者应该吸引那些不知道该产品，或者由于价格性能等原因而拒绝该产品的购买者。一家公司能够在那些可能使用但还没有使用该产品的购买者中寻找新用户（市场渗透战略），在那些从未使用过产品的购买者中寻找新用户（新市场战略），或者在其他地方的购买者中寻找新用户（地理扩张战略）。在发掘新使用者方面，强生公司是个非常成功的典范。

营销案例 6-3

向成人推销婴儿洗发精

强生公司是美国一家著名的专门生产婴儿日用产品的公司，由于美国20世纪60年代以后，出生率下降，使婴儿用品市场逐步萎缩。为摆脱困境，强生公司决定针对成年人发动一场广告攻势，向成年人推销婴儿洗发精。在周密的营销策划及强大的广告宣传下，婴儿洗发精在成年人市场上的销量很好，不久以后，该品牌的婴儿洗发精就成为整个洗发精市场的领导者。

②寻找新用途。公司应该通过发现和推广产品的新用途扩大市场。例如，如果麦片制造商劝说人们在早餐之外的其他时间吃麦片——就像吃小吃一样——他们便可获益。艾玛－汉默公司为自己的产品找到了多种新用途也是个很好的例子。

营销案例 6-4

艾玛公司的"多用"苏打

艾玛－汉默（Arm & Hammer）公司是一个专门生产苏打的企业，它的焙烤苏打的销售额已连续下降了125年。后来，该公司发现消费者把它用作冰箱除臭剂。公司便着力宣传这种用途，并且成功地使美国1/2的家庭把装有焙烤苏打的开口盒子放进了冰箱。当该公司又发现消费者用它来擦除厨房里的油烟时，于是又宣传这种用途，并再一次取得了巨大成功。现在又拓展到用这种苏打擦汽车的玻璃、真皮座椅、镀铬把手等，干净高效，不留任何划痕。

③增加使用量。公司应说服人们在每个使用场合更多地使用产品。如营销实例中的米其林轮胎生产商为增加产品的使用量而做出的努力。

营销案例 6-5

米其林轮胎的"高招"

法国的米其林轮胎公司是全球著名的轮胎生产商之一，它希望法国的汽车车主每年行驶更多的里程——这样会需要更换更多的轮胎。该公司构思出一个给法国各地餐馆排名次的主意。它刚一开始宣传法国南部的许多著名餐馆，巴黎人就开始在周末驱车到普罗旺斯①（Provence）和里维埃拉②（Riviera）。米

---

① 普罗旺斯：法国东南部一地区。
② 里维埃拉：南欧沿地中海一地区。

其林公司还出版了带有地图和沿途景点名单的导游书，以鼓励更多的人驾车旅游。

（2）保持现有市场份额。

占据市场领导地位的公司在扩大市场总需求的同时，还必须时刻警惕，保护自己已有的业务免遭竞争者入侵。最好的防御就是不断创新，不断提高，掌握主动。使公司不断加强和巩固自己的竞争优势，在新产品开发、成本控制、顾客满意等方面，始终处于行业领先的地位。一个占统治地位的公司可以采用图6－2所示的六种防御策略。

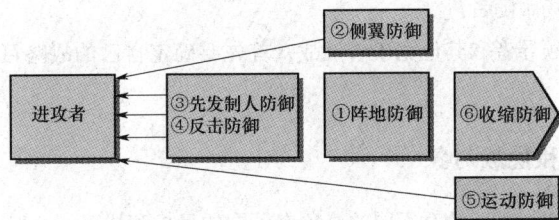

图6－2　防御战略

①阵地防御。这种方法需要建立超强的品牌力量，使得品牌几乎无法战胜。例如，亨氏任凭亨特斯（Hunt's）对其番茄酱市场进行成本很高的攻击而不予以回击。亨特斯成本高昂的战略失败了，亨氏继续占有美国50%以上的市场，而亨特斯的市场份额仅为17%。

②侧翼防御。市场领导者还应该建立一些前哨阵地以保护薄弱的前沿或作为进行反攻的出击基地。例如，某公司的A品牌烈性酒占有美国伏特加市场的23%，它受到了另一公司B品牌的攻击，后者每瓶的定价要低1美元。公司决定将A品牌的售价提高1美元并增加广告投入，而且，还推出了一个定价比B低的品牌来竞争，这样就保护了自己公司A品牌的侧翼。

③先发制人防御。更为积极的防御策略是在对手开始进攻前先向对手发动攻击，这可以通过以下几个途径实现。一家公司可以在此处打击一个竞争对手，在彼处打击另一个竞争对手，使每一个对手都不得安宁。或者它可以尽力包围整个市场，正如精工集团（Seiko）在全球分销3 000款手表的做法一样。采用的其他做法有开展持续的价格攻击，或者发出市场信号警告竞争者不要发动进攻。

④反击防御。大多数的市场领导者在受到攻击时，都将进行反击。一个有效的反击方式是入侵攻击者的主要市场，使它不得不防卫自己的领地。例如，当美国西北航空公司最有利的航线之一——明尼波里斯至亚特兰大航线受到另一家航空公司降价促销进攻时，西北航空公司采取报复手段，将明尼波里斯至芝加哥航线的票价降低，由于这条航线是对方主要的收入来源，结果迫使进攻者不得不停止进攻。另一个方法是利用经济或政治打击来阻碍攻击者。

⑤运动防御。在运动防御中，市场领导者采用市场拓宽和市场多元化的做法，把它的范围扩展到能够作为防守和进攻中心的新领域。如，当菲利浦－莫里斯等美国烟草公司认识到对吸烟的限制在日益增强时，它们迅速转入到不相关的啤酒和食品行业。

⑥收缩防御。有时候一些大公司认识到它们不再有能力防守所有的领域，这时最好的行动方针将是有计划的收缩（也称为战略撤退），放弃较薄弱的领域，把资源重新分配到较强的领域。这种行动巩固了公司在市场上的竞争实力，并将大量兵力集中在重要市场上。亨氏、通用面粉和乔治亚－太平洋公司（Georgia-Pacific）是近年来采用收缩防御大量削减产品线的公司中的几家。

（3）扩大市场份额。

一般而言，如果单位产品价格不降低且经营成本不增加，企业利润会随着市场份额的扩大而提高。但是，并不是只要市场份额提高就会自动增加利润，还应同时考虑经营成本的控制、营销组合的合理搭配、及反垄断法的限制。

二、市场挑战者战略

在行业中名列第二、三名等次要地位的企业，如美国汽车行业中的福特公司，软饮料行业中的百事可乐公司等，这些处于次要地位的企业可以采用两种战略：一是主动向第一位的企业发起挑战，取得市场领导者的地位；二是维持现状，避免与市场领导者和其他竞争者发生竞争，在"共处"的状态下求得尽可能多的收益，这时称它们是市场跟随者。

市场挑战者如要向市场领导者和其他竞争者挑战，首先要确定自己的战略目标和挑战对象，然后再选择适当的进攻策略。

（一）明确战略目标和挑战对象

战略目标同进攻对象密切相关，针对不同的对象有不同的目标和战略。一般有以下三种情况可供选择：

（1）攻击市场领导者。这种进攻风险大，但潜在的收益也高。挑战者找到市场领导者的弱点和失误，针对顾客的需要有哪些未被满足，有哪些使顾客不满意的地方。找出后可以作为自己攻击的目标。如美国米勒啤酒之所以获得成功，就是因为该公司瞄准了那些想喝"低度"啤酒的消费者。此外，通过产品创新，以更好的产品来夺取市场领导者的地位。例如，施乐公司通过开发出更好的复印技术（用干式代替湿式复印），成功地从3M公司手中夺走了复印机市场，后来，佳能公司也如法炮制，通过开发台式复印机夺去了施乐公司一大块市场。

营销案例 6-6
_____

米勒啤酒攻城略地

20世纪70年代，美国啤酒业被少数大公司把持，市场领导者是安达斯－布希公司的"百威"啤酒和"麦可龙"啤酒，市场份额约25%，佩斯特蓝带啤酒约15%。虽然竞争激烈，但是各啤酒公司的营销手段仍然很低级，把消费者笼统地看成没有什么差别的整体，用一种产品和一种广告向所有的消费者推销。市场份额仅占6%、排名第8的美国米勒啤酒公司通过市场调查发现，按照使用率可将啤酒饮用者分为轻度使用者和重度使用者两类，轻度使用者人数众多。但总的饮用量只有重度使用者的1/8。米勒公司的首要产品"海雷夫"啤酒虽然在消费者中有"精品啤酒"的美誉，但是仅限于妇女和高收入者等轻度使用者购买，为了扩大市场份额，他们决定把销售重点转向重度使用者。他们研究了重度使用者的特征：多属蓝领阶层、年龄在30岁左右、每天看电视3.5小时以上、爱好体育运动等。根据这些特征设计了一些年轻人喜爱的紧张激动的广告画面，并请来著名的篮球明星做广告。几年之后，这种啤酒在美国的市场份额已经升至第二位。米勒啤酒公司还开发了一个被整个啤酒行业忽视然而有巨大潜力的品种——淡啤酒，这种适应了保护健康、减少热量、追求清淡的世界性潮流的啤酒一经问世就取得了极大的成功，成为米勒公司的主要产品。

（资料来源：吴健安，市场营销学，高等教育出版社，2004.04，第203-204页）

（2）攻击与自己规模相当者。挑战者对那些与自己势均力敌的企业，可以选择其中经营不善发生亏损者作为进攻对象，以夺取他们的市场阵地。

（3）攻击地方小企业。对一些地方性小企业中经营不善、财务困难者，可夺取他们的客户。例如，美国几家啤酒公司能成长到目前的规模，就是靠夺取一些小企业的顾客而达到的。

（二）选择进攻策略

在确定了战略目标和对象之后，挑战者还要考虑进攻的策略问题，挑战者战略应遵循"密集原则"，即把优势兵力集中在关键的时刻和地点，以达到决定性的目的。其中著名的例子是百事可乐与可口可乐之间的"百年战争"。

营销案例6—7

"百事可乐"挑战"可口可乐"

可口可乐作为美国软饮料市场的霸主，曾经左右着美国人在选择饮料时的习惯，以至于它几乎成为美国文化的一部分。要战胜这样的王牌饮料，绝不只是单纯的技术的超越。在更深的层面上，它是一场社会观念的战斗。

百事可乐以"现代的、年轻的、有活力"的形象，对可口可乐展开了挑战：

（1）包装。针对可口可乐享有盛誉的沙漏造型瓶，百事可乐首先想到的是另设计一个更加完美的瓶型，于是推出了"旋涡型瓶"，结果被认为是仿冒者，不具备像可口可乐瓶子的识别度。于是在大量市场调研的基础上，百事可乐推出了大容量的塑胶瓶包装，并且标志也改成了四色的图案设计。可口可乐公司无法成功地将其极具价值的独特造型转换到较大的塑胶瓶上，结果一个已经让三代以上美国人熟悉的特色开始淡出。百事可乐的市场占有率不断上升。

（2）口味。针对自己在口味上的优势，百事可乐发起了一场旨在宣扬其更佳口感的"百事挑战"运动。通过各种灵活多样的营销推广活动（如赞助体育比赛、校园内的品尝活动等），在大众面前树立了其"口味更好"的形象，并大大提升了品牌知名度及美誉度。其直接结果是百事可乐的销量大幅度的提升。

虽然可口可乐公司进行了针对性的反击，但是在超市领域，百事可乐的销量终于推翻了可口可乐，坐上第一把交椅。百事成为这个领域的第一以后，改变了可乐战争的整个格局。

当处在市场挑战者的企业准备进攻时，通常有五种战略可选择。

（1）正面进攻。

集中全力向竞争对手的主要市场发动进攻，即进攻对手的强项而不是弱点。在这种情况下，进攻者必须在产品、广告、价格、促销等主要方面大大超过对手，才有可能成功。发动这种进攻需要大量人力、物力、财力的支持。具体可采用以下策略：

①完全正面进攻。进攻者模仿其竞争对手，追求同样的产品和市场，在产品、价格、推广等方面进行直接较量。由于是向领导者的强项直接挑战，因此这种策略有可能两败俱伤或是失利。例如，美国无线电公司、通用电气公司和施乐公司都曾向国际商用机器公司发动过完全正面进攻，然而防御者强大的实力反而使进攻者陷入被动。

②局部正面进攻。在营销组合诸要素中，选择一个或少数几个因素进行正面进攻。只要在某一方面优于竞争对手，便可取得"相对强者"的地位，增加取胜的机会。

例如，东芝公司在美国市场上，在其他营销要素与竞争对手不分上下的情况下，采用极富攻击性的价格策略，使竞争对手不敢贸然跟着降价，但又无法使消费者了解其昂贵定价的合理性。东芝公司以其价格上的优势，吸引了更多的消费者。又如，录像机技术是由索尼公司首先发明的，该公司的产品在市场上占有领先地位。松下公司后来了解到消费者更想要放映时间长的录像机，于是设计出一种容量大、体积小的录像系统，性能更可靠，价格也较索尼公司的产品便宜一些。这些优势终于压倒了对手，占有当时日本录像机市场的2/3份额。

（2）侧翼进攻。

集中优势力量进攻对手的弱点，寻找对手的薄弱地区或未进入的子市场，这是一种最有效也是最经济的战略形式，比正面进攻有更多成功的机会。它可以分为以下两种策略类型：

①地理性侧攻。进攻者选择竞争对手实力薄弱或尚未涉足的地区市场进行进攻。例如，日本制药和医疗器械公司为了进入美国市场，不是直接与美国公司硬拼，而是选择了美国公司的薄弱环节——南美洲为基地，确立自己在该市场上的地位，并以此为突破口，登陆美国市场。

②细分市场侧攻。进攻者选择对手未能满足消费者需求的细分市场为攻击目标。针对被忽略的消费者需求，推出竞争对手所没有的差异性产品。

例如，德国和日本的汽车公司虽然知道美国市场主要经营大型、豪华、耗油的汽车，但他们并不以此和美国公司竞争，而是专攻节油型小汽车的细分市场。结果，美国人对节油的小型汽车的爱好不断增长，并发展成为一个广阔的市场。

（3）包抄进攻。

包抄进攻是全方位、大规模的进攻战略。挑战者拥有优于对手的资源，并确信围堵计划的完成足以打垮对手时，可采用这种战略。此种战略大多是以产品线的深度和市场的广度围攻竞争对手。包抄进攻的策略意图非常明确：进攻者从多个方面发动攻击，迫使竞争对手同时进行全面防御，分散其力量。包抄进攻可采用以下两种策略类型：

①产品围攻。进攻者推出大量品质、款式、功能、特性各异的产品，加深产品线来压倒竞争对手。如耐克公司对阿迪达斯的围攻。

营销案例6-8

耐克撼动阿迪达斯的霸主地位

阿迪达斯是一家德国鞋业公司，在耐克问世之前几十年的时间里曾独领风骚，稳居世界运动类鞋业的霸主地位。

20世纪60年代末到70年代初，跑鞋业呈现出一派繁荣的景象。人们对自己的身体健康状况越来越关心。从前数百万不参加运动的人，此时也开始寻找锻炼的方法。与此同时，制鞋商的数量也增加了。而此时的阿迪达斯却未充分利用这种跑鞋销售的大好时机。一方面，它低估了美国市场（在世界其他地方的鞋业市场上，它仍占据统治地位），另一方面，它低估了美国竞争者对市场的介入和攻势。这些竞争者都是20世纪70年代初崛起的新兴企业。

耐克公司是由运动员出身的菲尔·奈特和他的教练比尔·鲍尔曼于1972年创立的。在公司成立之前，他们只是帮制鞋公司生产鞋底。在1972年，他们终于发明出一种鞋，并决定自己制造。他们把制作任务承包给劳动力廉价的亚洲工厂，给这种鞋取名为"耐克"。这是依照希腊胜利之神的名字而命名的。同时他们还发明出一种独特标志Swoosh（意为"嗖的一声"），它极为醒目、独特，每件耐克公司制品上都有这种标记。1975年，鲍尔曼在烘烤华夫饼干的铁模中摆弄出一种脲烷橡胶，制成一种新型鞋底。这种"华夫饼干"式的鞋底上的小橡胶圆钉，比市场上流行的其他鞋底的弹性更强。一经上市，便大受欢迎，并于1976年达到1 400万美元的销售额。

精心研究和开发新样式鞋的工作使得耐克在制鞋业中处于领先地位，到20世纪70年代末，耐克公司研究和开发部门雇用的研究人员将近100名。公司生产出140多种不同式样的产品，其中某些产品是市场上最新颖和工艺最先进的。这些样式是根据不同脚型、体重、跑速、训练计划、性别和不同技术水平而设计的。

到20世纪70年代末和80年代初，市场对耐克公司产品的需求已十分巨大，其市场份额已接近50%，远远超过阿迪达斯，成为霸主。

②市场围攻。进攻者努力扩大销售区域来攻击竞争对手。例如，日本本田公司一方面采用产品围攻策略，推出轻型高质量的摩托车，增加三级变速、自动变速装置，向哈雷公司的豪华、重型车发起围攻；另一方面，又采用市场围攻策略，以洛杉矶的销售子公司为基地，逐步从西部向东部扩大销售区域，建立包括钓具店、运动器材商店、汽艇销售店在内的广泛销售网络，努力做好维修、零配件的供应工作，终于使本田摩托车顺利登陆美国市场，继而一跃成为世界驰名的产品。

（4）迂回进攻。

这是最间接的进攻战略，完全避开对手的现有阵地而迂回进攻。做法有：

①发展新产品。进攻者以新产品超越竞争对手，而不必在现有产品上进行竞争。如日本开发的录像机、激光唱盘等，虽然还在原有的机电行业中，竞争对手也未改变，但这些全新的产品已使公司无须在原有的市场上与竞争对手分享利益。采用这一策略要求进攻者拥有实力雄厚的科技能力。

②多元化经营。进攻者努力摆脱对单一业务的依赖，转而进入新行业，在更为广阔的市场空间寻求立足点。

（5）游击进攻。

游击进攻是适用于规模较小，力量较弱的企业的一种战略。目的在于以小型的、间断性的进攻干扰对手的士气，以占据长久性的立足点。游击进攻的具体行动几乎是没有固定模式的。它往往是针对特定的竞争对手进行的。诸如：在某一市场突然降低产品价格，在某一时期采取强烈的促销活动，吞并竞争对手的渠道成员，挖走竞争对手的高级管理人员，盗取竞争对手的商业秘密等，都具有游击进攻的特点。

三、市场跟随者战略

美国营销管理学专家西奥多·李维特教授认为，一个产品模仿战略可能与一个产品创新战略同样有利可图。因为一个新产品的研发要花费大量的资金才能取得市场的成功，并获得市场领导者的地位，而跟随者虽然可能无法赶上市场领导者，但因不需要负担任何创新费用，可以获得很高的利润，其盈利水平甚至可以大大超过行业的平均水平。

营销案例6-9

康师傅 VS 统一

在中国大陆，康师傅和统一正在上演着一场你死我活的肉搏战，除了互相揭短式的"口水战"外，双方甚至采取不惜自残也要打倒对方的各种招式。

从暗斗到明争

电视观众一定熟悉这幅广告画面：乘坐高铁的王宝强挑起一根面条，满脸苦相道："少的不可相信。"旁边的徐峥却说："可是我怎么这么多啊！"电视画面随后推出两人面对康师傅老坛酸菜牛肉面的惊诧神情后，画外音响起："康师傅老坛酸菜牛肉面，酸菜加量，酸爽加倍。"

有意思的是，作为统一的广告代言人，汪涵又在新推广告中调侃道："有人模仿我的脸，还要模仿我的面。"暗箭矛头直指康师傅的抄袭。

如今的康师傅和统一已经不再满足于暗中掐架与角力。在集团2013年财报会上，统一老板罗智先对外表示："'那位同学'火气很大，紧盯统一，虽然预期2014年'同学'会战得更凶，但统一绝对挺得住。"而顶新集团掌门人魏应州随后强硬喊话："由于'老二'不听话，所以我们会继续出击，要打到他们叫我们做'大佬'为止。"双方语气之中冒出浓浓的火药味。

火腿肠大战

统一靠着新品爆发出的咄咄逼人之势让康师傅感受了背后刺骨的凉气，康师傅匆忙推出了老坛酸菜牛肉面，对统一打起了阻击战。统一当然也不示弱，率先推出购面送火腿肠的活动，以"统一来一桶老坛酸菜牛肉面，火腿肠在里面，40%的中奖率"来吸引消费者。康师傅随后立即跟进，并加大力度，桶桶都送火腿肠，倒逼统一也同样桶桶"有奖"。

让康师傅没有想到的是，统一在2013年年底推出了全新的红烧牛肉面，以加肉、加蛋的方式宣传产品，而且在短短两个月内就在华南、华东市场实现销量增长140%的成绩。据尼尔森最新数据显示，康师傅红烧牛肉面占该品类的17.8%，而升级前的统一红烧牛肉面只占0.4%。看得出，统一既要从在红烧牛肉面浸淫了21年之久的康师傅手中抢夺饭碗，也要倒逼着康师傅分散在酸菜牛肉面市场与自己正面作战的火力。

反复受到刺激的康师傅跳得更高，魏应州对外表示，不会在老坛和卤肉系列方便面中停止送火腿肠的推广活动，直到市场占有率达到70%。而在此前，康师傅预计市场占有率到50%就会停止送火腿肠的促销活动。除了在酸菜系列的桶装牛肉面加送火腿肠外，康师傅在桶装仔鸡面、卤香牛肉面等均有火腿肠赠送。当然，统一并非善茬，除了老坛酸菜牛肉面外，红烧牛肉面也加送了火腿肠。到目前为止，双方的"火腿肠大战"还看不出偃旗息鼓的任何迹象。

短短的几个回合下来，市场似乎显露出了强弱端倪。据尼尔森的最新数据显示，康师傅方便面销售量与销售额的市场占有率分别为47.7%及57.2%，同比分别上升2.8个百分点及0.7个百分点；而在"酸菜"口味产品中，目前统一和康师傅两家的市场占有率为53%和47%，虽然统一依然占据优势，但是差距已在缩小。不过，由于酸菜口味方便面的市场销售额已经达100亿元，因此统一绝对不会任由这个市场被人蚕食。

然而，好斗者都很难体有完肤。据市场人士估算，一根火腿肠的成本约为0.3元，约占售价的7%，而桶装面的利润在20%左右，也就是说，康师傅和统一赠送火腿肠的活动，会侵蚀各自超过1/3的利润，自残式的竞争必然导致零和游戏。据最新财报显示，2014年上半年统一净利润3.55亿元，同比大幅下滑38.2%，其中方便面业务持续亏损，额度至1.16亿元，接近去年全年水平。据2014年第一季报显示，康师傅方便面业务毛利率下滑2.13个百分点，至27.11%。情况还在恶化。

血拼还会升级

康师傅与统一的市场竞争实力，双方目前难分伯仲，即便是有自己的弱项，各自也在力图扬长避短。也正是这种势均力敌的格局，决定了彼此都不会轻易臣服对方，而且竞争之中采取的手段可能无所不用其极，最终将商业战争推向白热化。

方便面明星产品最有能力分摊渠道营销成本。相比之下，康师傅在几大口味上都有明星产品，而统一的明星单品存在产品线内部失衡的状况。除了老坛酸菜牛肉面成为最主要的赢利管道之外，紧接其后的卤肉面销售额刚突破10亿元，市场占有率仅为2%，而且与康师傅每件明星单品都能铺市不同，统一其他品类都还需要依赖老坛酸菜的搭售。

借助于强大的财力，康师傅在大陆笼络了3.24万个经销商，10.71万个直营零售商，同时拥有24个方便面生产基地。针对自己的短板，统一加快了追赶节奏。目前，统一已基本建成从一级城市、地级市到县城设立经销商或分销商的销售网络，同时进一步借助乡镇订货会、集市等方式，开拓乡镇市场；在特殊渠道铺展方面，统一逐渐进入了铁路、公路、机场、厂矿等领地。在生产基地方面，根据规划，到2015年，统一将把目前的30个生产基地扩充至50个，其方便面的运输半径可延伸至300千米。

市场格局成为"康统之战"愈演愈烈的客观背景。根据中商情报网产业研究院提供的数据，方便面2013年的市场规模为859.97亿元，同比增长仅3.48%，2012年的增长率为4.1%。而在之前，这个市场的增长率高达10%。目前，排名国内方便面市场前四的康师傅、今麦郎、白象和统一已垄断了90%以上的市场份额。而且，随着成本的不断上涨，方便面单品的净利润一直在下行，行业低利润已成共识。这样，企业只能通过提高规模和市场占有率来实现赢利的最大化。

重要的是，按价格划分，方便面可分为高中低端市场，目前5元以上的高端产品主要由日清、农心及其他一些外资品牌占据。而康师傅和统一都集中在中低端市场，加之商业空间有限，双方只能采取"此涨彼消"的恶战办法从对手手中抢夺市场份额。

（资料来源：张锐，"康统"：拳拳到肉的贴身搏，http：//www.cmmo.cn/article-186589-1.html，经改写）

市场跟随者与挑战者不同，他们的主要区别在于对待市场领导者的态度，挑战者采取积极的进攻姿态，而跟随者则追随在领导者之后，自觉维持共处局面，只求维持自己现有的市场份额。这种现象在资本密集且产品同质的行业（钢铁、化工等）中很普遍。这不等于说市场跟随者就无战略。每个市场跟随者必须懂得如何维持现有的顾客，同时争取一定数量的新顾客，找到一条不至于引起竞争性报复的发展之路。有以下三种战略可供选择：

（1）紧密跟随。

紧密跟随战略是在各个子市场和市场营销的全方面，尽可能仿效领导者。这种跟随者有时好像是挑战者，但只要它不从根本上侵犯领导者的地位，就不会发生直接冲突，有些甚至被看成是靠拾取领导者的残余谋生的寄生者。

（2）距离跟随。

跟随者是在主要方面，如目标市场、产品创新、价格水平和分销渠道等方面都追随领导者，但仍与领导者保持若干差异。这种跟随者可通过兼并小企业而使自己发展壮大。

（3）选择跟随。

跟随者在某些方面紧跟领导者，而在另一些方面自行其是。也就是说，它不是盲目跟随，而是择优跟随，在跟随的同时还发挥自己的独创性，但不进行直接的竞争。这种跟随者之中有些可能发展成为挑战者。

营销案例 6-10

九阳豆浆机的市场利基者战略

相比格兰仕、美的等企业，九阳的实力和知名度可以说根本不在一个级别。不过在豆浆机这个行业，九阳的"老大"位置却是坐得很稳。

自1994年九阳成立，开始生产豆浆机以来，九阳豆浆机在市场上可谓一枝独秀，市场占有率一直很高。作为小家电中一种差异化的边缘产品，九阳靠着豆浆机一炮走红。而1999年的不粘型豆浆机和2001年的熬煮型豆浆机这两次技术变革，让九阳的发展连登两个台阶。此时，九阳早已经成为家用豆浆机产品的第一品牌。短短数年间，趁着全国市场容量从不到10万台迅速扩容到2001年的200万台，九阳顺势陆续推出了外加豆浆机、浓香型豆浆机等新品，逐渐确立了在豆浆机市场上的王者地位。

一个新公司能成为一个产品的领跑者，这里面的原因点破了也很简单，很少有人知道，豆浆机本来就是九阳自己发明的，和松下幸之助当年发明电饭锅一样，九阳值得圈点的地方不在于它发明了一个新产品，而在于它将这个产品做成了一个产业。豆浆机的成功说明：一是小家电的个性化相对大家电要强，九阳豆浆机仅仅只是差异化产品在市场上成功的个案；二是在这个领域里，没有遇到强有力的竞争对手。

对于九阳来说，在豆浆机的生产与销售背后，将喝豆浆作为一种生活方式进行关联性演绎和推广是其出奇制胜的重要策略。作为一个创业型企业，九阳并没有采用大量投放广告等推广模式，而是通过宣传文化、提倡健康来赢得消费者。比如九阳举办了"大豆饮食与健康"有奖征文、开展"豆浆饮食文化周"、编辑出版《鲜豆浆营养食谱》和《中国学生营养饮食指南》等闲来之笔显得格外重要。

在经过一番深思熟虑之后，九阳确立了成为"新鲜健康小家电第一品牌"的目标，并且从2001开始尝试电磁炉、搅拌机、紫砂煲等其他小家电品种。发掘消费者对厨房小家电的潜在需求，利用已有的庞大的小家电营销网络，再辅以有针对性的营销策略，让九阳屡战屡胜。在九阳进入电磁炉领域短短三年时间里，已经站在该产品市场占有率第二的位置上。

在这个品牌多且杂，集中度不高，市场竞争不充分的小家电市场上，九阳依据利基思维而设计的成长战略，建设着一个又一个具有独特优势的根据地。

（资料来源：王伟群、齐馨、王卓，成功营销，封面文章）

四、市场补缺者战略

在现代市场经济条件下，每个行业几乎都有些小企业，它们专心关注市场上被大企业忽略的某些细小部分，在这些小市场上通过专业化经营来获取最大限度的收益，在大企业的夹缝中生存和发展。这种有利的市场位置在西方被称为"niche（利基）"，即补缺基点。

有利的市场位置（利基市场）对于小企业的成长发展十分有利，强大的竞争者对该市场没有兴趣，只要小企业具备了服务该市场必需的能力和资源，就有可能成为某一小市场的专家，实施专业化策略。表6-7中所示的11个"专家"角色可供市场补缺者选择。

表6-7　专业化的市场补缺者

序号	补缺专长	说明
1	最终用户专家	公司专门为某一类型的最终使用顾客服务
2	纵向专家	公司专长于生产—分销价值链上的一些纵向层次
3	顾客规模专家	公司集中力量向小型、中型、大型的顾客进行销售
4	特定顾客专家	公司把销售对象限定在一个或少数几个顾客
5	地理区域专家	公司把销售只集中在某个地方、地区或世界的某一个区域
6	产品或产品线专家	公司只拥有或生产一种产品线或产品
7	产品特色专家	公司专长于生产某一类型的产品或产品特色
8	定制专家	公司为单个客户定制产品
9	质量-价格专家	公司选择在低端或高端的市场经营
10	服务专家	公司提供一种或多种其竞争对手无法提供的服务
11	渠道专家	公司专门只为一种分销渠道服务

（资料来源：Philip Kotler著，宋学宝等译，营销管理（第2版），清华大学出版社，2003年，P155）

由此可见，小企业有许多机会采用有利可图的方法来服务顾客。企业的追求无限，市场的成长空间就无限。当然要服务好顾客，市场补缺者要完成三个任务：

（1）创造补缺市场。根据动态的市场环境，市场补缺者努力开发专业化程度更高的新产品，从而创造更多需要这种专业化产品的市场需求者。例如，广东中山圣雅伦公司，将指甲钳做成了中国的行业第一品牌，浙江温州的打火机成为世界的品牌。

（2）扩大补缺市场。市场补缺者在开发出特定的专业化产品后，要进一步提高产品组合的程度，以吸引更多的消费者购买。例如，广东中山圣雅伦公司针对指甲钳这一产品的特点，相继推出了环保理念的指甲钳、文化传播的指甲钳、多能一体的指甲钳和独有的两片一体结构专利指甲钳等。扩大了市场份额，成为中国企业中的隐形冠军。

（3）保护补缺市场。市场补缺者要密切关注竞争者的动向，针对竞争者的机制，市场阵地的争夺，市场补缺者必须及时采取相应的策略，全力以赴保住市场的领先地位。

案例评析

New Balance，流行背后的秘密

New Balance（以下简称NB）于1906年在美国成立，受小布什、奥巴马、乔布斯、比尔·盖茨等政要和商界精英的青睐，又被誉为"总统慢跑鞋/精英鞋"。20世纪90年代，NB进入中国，后因渠道之乱而无奈退出；2003年NB尝试用"跑步鞋"概念重回中国，但未快速引爆市场；直到2012年开始，NB才开始进入高增长期。而这时，NB在全球范围内（尤其是美国、日本、韩国、中国香港、中国台湾等地）的升温，也或多或少地影响到了中国内地消费者的选择；着装趋势的变化（阔腿裤、直筒裤向打底裤、小脚裤、九分裤演进）使得NB这种易于搭配的鞋型变得更为流行。根据FashionMag.com中文网的数据显示，NB增速最快的恰是这几年：New Balance全球三年来实现快速增长（2011年增长14.6%、2012年增长12.2%、2013年增长14.2%），2013年营业额已达26亿美元。2012—2014年，NB在中国的店铺从573家扩张到1 000余家，增幅达75%，且深入到二三线城市。

近几年NB在中国制定了清晰和聚焦的战略目标，并在策略规划、资源投入、产品创新、品牌建设、供应链管理等方面推进。

- 前车之鉴，整治渠道

20世纪90年代，NB的中文名为纽巴伦，然而NB广东阳江的代理商私自扩大产量，降价销售，并抢注了纽巴伦的中文商标，给NB的品牌形象造成了毁灭性的打击，NB不得不退出中国市场。2003年NB重返中国后弃用原中文名，并从2009年开始直接运作中国业务。并建设自己专属的经销商体系，采取准直营模式。打造统一的店面形象，塑造一体的品牌消费体验，加强库存管理。

- 简化品牌信息，减法策略

为了清晰地传递品牌信息，NB实行产品线减法策略，提出"3+1"的产品布局：将慢跑鞋、复古休闲鞋、英产美产以及童鞋作为主打商品；聚焦于支柱产品，加大宣传、沟通力度；强化形象和定位，向消费者沟通各自的卖点，打出知名度和喜好度。

- 门店调性统一，留住消费者

过去几年，NB在门店零售、培训、运营等层面努力提升，NB中国的门店对不同产品线的包装和店内

宣传生动化进行了升级，同时让产品的陈列方式更符合消费者购物的习惯。并和线上沟通进行紧密结合，形成完整的品牌体验。比如围绕《三原色》线上微电影的剧情，在门店做进行和微电影主题和内容一致的陈列。通过向消费者传达更完整的故事，创造互动体验。

- **把握 KOL，引导潮流**

虽然 NB 没有什么政治背景，也没有围绕总统鞋大力宣传，但 NB 非常注重对潮流趋势的引导：会把鞋款推荐给形象气质契合的意见领袖，在全球与多位设计师、潮流意见领袖和多家潮牌合作推出联名款，通过视频、软文、穿搭图册等推广 NB 的穿搭风格。使得精英、明星、时尚达人成为 NB 最好的代言人，带动普通消费者，即使不做广告也能保有一定的曝光度。

- **品牌要发声，保持曝光度**

几年前很少听到 NB 的品牌信息，但近两年 NB 中国加强了品牌营销的投入力度，在资源、创意、传播渠道等层面进行突破。这些也是支撑品牌得以流行、健康发展的内因之一。

New Balance 全球 CEO Rob Martini 曾表示要通过三个阶段实现在中国的发展：教育和培养消费者；继续赢得消费者；结合本土设计，掌握中国消费者的口味。NB 中国市场的营销预算占营业额的 5% ~ 10%，如何用好这笔预算、做好本土化？为此，NB 一是透彻地了解本地消费者，二是因地制宜。针对慢跑习惯有待培养的中国消费者，NB 采用了软性沟通策略。

策略一：投其所好，"文火慢炖"

NB 在全球的慢跑沟通主题是"this is runnovation"，倡导慢跑是可以不断创新的、有更多乐趣和意义的。runnovation 在中国的本土化落地，则是针对慢跑者"文火慢炖"。

①倡导慢跑这种运动习惯和生活态度，强调享受每一步，跑对每一步。

②尊重并充分了解本土跑步者的需求，在产品细节上下功夫。例如 NB 会和专业的跑者合作，开发适合他们训练和竞赛的跑步鞋款。

③打造不同的沟通互动活动/平台，把积累的知识、专业技能提供给跑步者。例如 NB 打造的慢跑课堂、NB 冠军门徒训练营、6 千米公益跑。

④在慢跑平台和活动的选择上，选择更多都市初跑者喜闻乐见、乐于参与的活动平台，如彩色跑。

⑤注重通过与跑步达人和意见领袖去影响更多跑者。例如请世界跑步冠军辛普森、中国明星赵又廷拍摄广告。

策略二：在专业内核外面，包裹能足够引起消费者兴趣的内容或平台

"国内的慢跑市场还不成熟，慢跑文化和慢跑习惯还在培育中。所以需要一些趣味性强、参与门槛低的慢跑平台，去引导刚刚开始对慢跑感兴趣的人群参与到这项运动中来。Color Run 的高参与性和高趣味性，适合都市初跑者，所以 NB 选择了赞助 Color Run。"江畅说道。更为重要的是，Color Run 是新闻价值和社会化程度很高的平台，几万人参加却能辐射十万甚至上百万，有助于 NB 的品牌信息传播。

因此，New Balance 中国区市场部围绕这个活动加强了与消费者的互动沟通：

①通过广告投放、社交媒体持续沟通、现场品牌露出和互动游戏等传播组合，强化 NB 品牌与 Color Run 活动的连接；

②通过多项体验设计，让消费者亲身感受并建立"New Balance 慢跑专家"的认知，例如为消费者进行专业的步态分析，并针对其脚型和慢跑习惯推荐适合的跑鞋款式，提供关于慢跑动作的一些指导和纠正，

为赛事提供专业的教练帮助跑者建立正确的跑步习惯；

③将科技卖点视觉化、体验化，再配合慢跑动态下的产品试穿，从而提升产品的认知和渗透。

策略三：借助本土明星制造话题性和关注度

慢跑领域缺乏能够引起广泛关注和热情的"超级明星/英雄"，要求品牌更加重视意见领袖、慢跑社区和社团，和慢跑达人合作，透过这些意见领袖去影响更多跑者。

（资料来源：周伟婷，New Balance，流行背后的秘密，成功营销，2014.11，有改写）

评析："流行"是由诸多因素共同造就的，外部因素虽左右不了，但至少要做好内功。NB在中国把握好流行趋势的同时，制定了清晰和聚焦的战略目标，并在营销策略、品牌建设、传播管理等方面积极推进。

思考题

1. 竞争者分析包括哪些内容？
2. 从窄到宽的角度来界定企业的竞争对手，可分为几个层次？
3. 什么是市场份额和心理份额？
4. 从竞争者心理状态的角度来看，有几种反应类型？
5. 市场竞争战略有哪些？
6. 市场领导者通常可采取哪些竞争策略？
7. 市场挑战者可采用哪些竞争策略？

本章实训

一、实训目的

通过对实践案例的整理和分析，使学生能够对竞争战略有感性的认知，理解市场竞争的复杂性，能够根据实际情况进行竞争战略的选择。

二、实训内容

1. 实训资料：搜集不同行业、不同类型的市场竞争案例。
2. 具体任务：根据本章对市场竞争战略介绍，分小组讨论分析案例。
3. 任务要求：

（1）分析案例中的竞争战略是在什么背景下产生，属于哪一类的竞争战略；

（2）评估该竞争战略对企业未来的影响；

（3）该竞争战略是否有改进的空间。

三、实训组织

1. 根据全班上课人数，将全班同学分成若干小组，采取组长负责制，全体组员协作完成课堂任务。为了避免不同小组所搜集案例重复，各小组组长将所选案例进行提前汇总，并进行协商，确保所选案例不重复。

2. 确定所选案例后，各小组进行下一步分工，对案例进行分析、汇总。

3. 经过小组讨论后，完成实训报告及汇报PPT。

4. 根据课时具体安排，不同小组分别选派成员对报告进行讲解，并回答其他组成员的问题。

5. 任课教师对实训课程的结果进行总结，提出相应的意见及建议。

四、实训步骤

1. 任课教师布置实训任务，介绍实训要点和搜集材料的基本方法。

2. 各小组明确任务后，按照教师指导根据具体情况进行分工。

3. 各小组定期召开小组会议，对取得成果进行总结，遇到问题及时与指导教师沟通。

4. 完成实训报告及展示所需要的 PPT 等材料，实训报告中应包括案例来源、案例分析及遇到的难题与解决方案、启示等内容。

5. 各小组对案例进行课上汇报，教师对各组的汇报进行点评及总结。

目标市场营销

章节图解

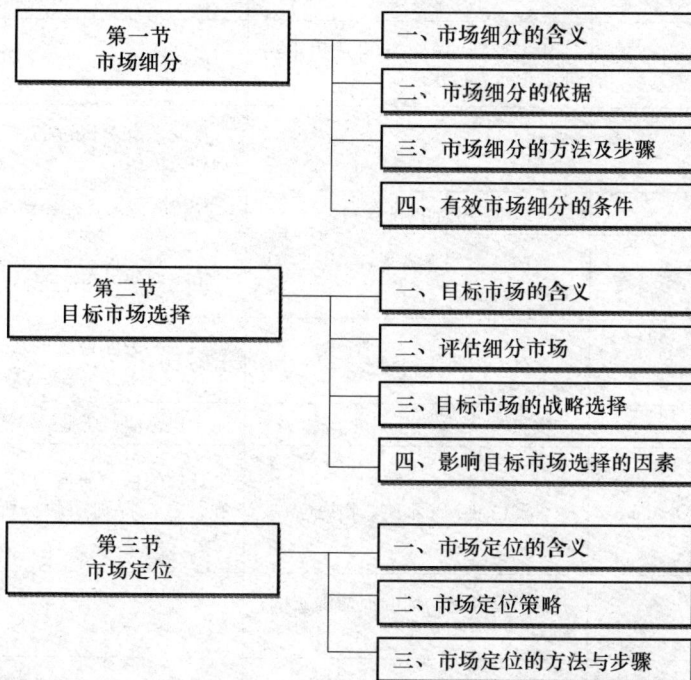

第一节
市场细分
- 一、市场细分的含义
- 二、市场细分的依据
- 三、市场细分的方法及步骤
- 四、有效市场细分的条件

第二节
目标市场选择
- 一、目标市场的含义
- 二、评估细分市场
- 三、目标市场的战略选择
- 四、影响目标市场选择的因素

第三节
市场定位
- 一、市场定位的含义
- 二、市场定位策略
- 三、市场定位的方法与步骤

学习目标

- 了解市场细分的依据，方法与步骤
- 掌握目标市场选择战略
- 掌握市场定位的策略

关键概念

- 关键概念
- 市场细分、目标市场、市场定位

引|导|案|例　　宝洁公司如何进行产品定位？

美国宝洁公司（P&G）是日用品行业的领军企业，名列世界500强前茅的著名企业。它实行"全部市场"战略，用不同的产品，满足不同消费者的需求。其下有11个品牌的洗衣粉，8个品牌的香皂，6个品牌的洗发水，洗涤剂、牙膏和咖啡各有4个品牌，地板清洁剂和卫生纸各有3个品牌，除臭剂、食用油、纺织品膨松剂、一次性尿布各有2个品牌。表7-1列出了宝洁公司的11个产品品牌及它们的定位。

表7-1　宝洁公司不同产品品牌的定位

品牌名称	产品定位	广告语
汰渍（Tide）	适合各种家庭洗衣服用，专洗最难洗的衣服	汰渍进去，脏物跑开；这样管用，它把纤维都变白
快乐（色彩卫士）（Cheer with the Color Guard）	干净，保护服装色彩	洗得很干净，并且保护好服装的颜色，所以您家里的衣服看起来总是清洁、明快，像新的一样
快乐（Cheer）	用了特别的配方，可适用于热水、温水、冷水	能适应所有温度的Cheer牌
快乐（无刺激）（Cheer Free）	不伤皮肤	皮肤学家测试过的，……不含刺激性芬芳剂和染色剂
波尔德（Bold）	有纤维膨松剂的洗衣粉	洗涤、膨松还能控制静电
加酶（Gain）	加酶洗衣粉，洗衣干净，气味清新	清新的如阳光一般
时代（Era）	带有去污剂	除了能去除最脏的斑迹，整体洗涤效果也最好
达士（Dash）	实惠	专攻污渍；还是最经济的
奥克斯多（漂白）Oxydol	含漂白剂，又不使衣物褪色	让您的白衣服看着特白，而有颜色的衣服呢，看着特别明快。所以别用漂白剂，有"OX"就行了！
独奏（Solo）	含洗涤和蓬松剂的液体洗衣剂；强力	
德来夫特（Dreft）	为儿童的衣服和尿布设计，内含硼砂	自然界的天然甜美物质，带给您可信赖的洁净

通过对不同洗衣剂品牌的针对性的定位，P&G公司为各种偏好的消费者群体都提供了特征鲜明的产品，它全部品牌的产品在美国32亿美元的洗衣剂市场上占有53%的市场份额，这绝不是一个品牌能办得到的。

（资料来源：菲利浦·科特勒著，赵平等译，市场营销原理，1999年，清华大学出版社，P156-157）

引导问题

宝洁公司市场细分的依据是什么，它是如何选择目标市场和进行产品定位的？

目标市场营销是市场营销策略规划的重要内容，构成了目标市场营销的全过程。是制定市场营销组合策略的前提和依据。目标市场营销战略（STP 战略）由市场细分（Segmentation）、目标市场（Targeting）、产品定位（Positioning）三个主要步骤组成，如图 7-1 所示。

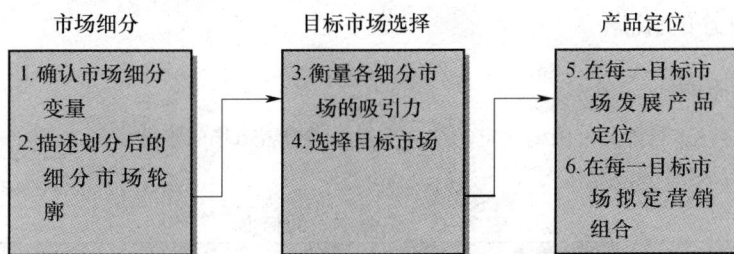

市场细分　　　　　　　　　目标市场选择　　　　　　　　　产品定位

市场细分	目标市场选择	产品定位
1.确认市场细分变量 2.描述划分后的细分市场轮廓	3.衡量各细分市场的吸引力 4.选择目标市场	5.在每一目标市场发展产品定位 6.在每一目标市场拟定营销组合

图 7-1　市场细分、目标市场选择及产品定位步骤

第一节　市场细分

一、市场细分的含义

1. 什么是市场细分

市场细分（Marketing Segmentation）是指企业将一个大的异质性市场，依据需求的不同，分割成几个同质性较高的小市场的过程。市场细分以后所形成的具有相同需求的顾客群体称为细分市场。

市场细分是 20 世纪 50 年代中期美国市场营销学家温德尔·斯密（Wendell R. Smith）提出的，其产生与发展主要经历了大量营销、产品差异化营销及目标市场营销三个阶段，见表 7-2。

表 7-2　市场细分战略发展的三个阶段

阶段	大量营销	产品差异化营销	目标市场营销
时间	19 世纪末 20 世纪初	20 世纪 30 年代	20 世纪 50 年代
竞争焦点	降低成本	销售产品	争取并保有消费者
说明	企业采用大规模生产品种规格单一的产品，通过大众化的渠道销售，以取得规模效应，形成竞争优势	企业把目光转向突出产品的独特性和差异性，向市场推出与竞争者不同的产品	企业把目光转向消费者，在研究市场和细分市场的基础上，结合自身优势，选择最具吸引力和最能有效为之提供产品和服务的市场，并设计相应的营销组合

2. 为什么要市场细分

①市场需求的差异性是市场细分的内在依据。以市场总人口中的一小部分作为目标市场，在特定市场上发掘绝大部分购买力的方法即有经济性，又富有效率。

②企业的资源限制和有效竞争是市场细分的外在强制条件。为了巩固竞争地位。专门针对目标消费者及其需要的市场细分战略能有助于企业提供更好的营销组合，针对目标消费者的需求，提高消费者忠诚度，力争取得最大的竞争优势。

③企业为了求生存、谋发展。必须进行市场分析，集中资源有效地服务市场，满足不断变化、千差万别的社会消费需要。尚未满足的消费需求成为不同企业的一个又一个的市场机会，这些企业推出层出不穷

的新产品，满足市场所有的购买和消费需求，促进了企业的成长发展。

应当注意的是，市场细分并非越细越好，要考虑成本及资源的限制。因此，西方企业界又提出了一种"营销同合化"的理论，主张从成本和收益出发适度细分。

二、市场细分的依据

1. 消费者市场的细分依据

对消费者市场进行市场细分要依据一定的细分变量，消费者市场的细分变量主要有地理、人口、心理、各行为变量四类，见表 7 – 3。

表 7 – 3　细分市场的标准

细分标准	具体因素
地理细分	地理区域、自然气候、资源分布、人口密度、城市大小等
人口细分	年龄、性别、家庭人数、生命周期、收入、职业、教育程度、家庭组成、宗教信仰、种族、国籍等
心理细分	社会阶层、价值观、个性、生活方式
行为细分	时机：节假日、庆典等各种特殊的时机； 利益：价廉、耐用、象征（身份、地位）等； 使用者状况：未使用者、曾使用者、潜在使用者、初次使用者、经常使用者； 品牌忠诚度：忠贞不二者、不稳定的忠诚者、见异思迁者、游离分子； 使用率：轻度使用者、中度使用者、重度使用者

（1）地理细分。

地理细分指企业按照消费者所在的地理位置以及其他地理（包括城市农村、地形气候、交通运输等）来细分消费者市场。

地理细分的主要理论根据是：处在不同地理位置的消费者对企业的产品各有不同的需要和偏好，他们对企业所采取的市场营销战略，对企业的产品价格、分销渠道、广告宣传等市场营销措施也各有不同反应。

市场潜量和成本费用会因市场位置不同而有所不同，企业应选择那些本企业能最好地为之服务的、效益较高的理想市场为目标市场。

（2）人口细分。

人口细分是指企业按照人口统计学变量（包括年龄、性别、收入、职业、教育水平、家庭规模、家庭生命周期阶段、宗教、种族、国籍等）来细分消费者市场。人口变量一直是细分消费者市场的重要变量，主要是因为人口变量比其他变量更容易测量。如目前信用卡业者多利用人口统计变量来锁定其目标市场。

消费者生命周期的需求特质与主要产品需求如表 7 – 4 所示。

表 7 – 4　运用人口统计学变量进行市场细分

生命周期	优先需求	主要品需求
10～19 岁	自我、教育、社会化	时装、汽车、娱乐、旅游
20 岁	事业	时尚品、应酬、衣物与服饰
20～29 岁	婴儿、事业	家居用品、园艺用品、DIY 用品、育婴用品、保险
30～59 岁	小孩、事业、中年危机	幼儿食品、食品、教育、交通工具
60～69 岁	自我、社交关系	家具与家饰、娱乐、旅行、嗜好、豪华汽车、游艇设施、投资商品
70～90 岁	自我、健康、孤独	健康服务、健康食品、保险、便利商品、电视和书籍、长途电话、服务

（资料来源：吴青松著，现代市场营销学原理，复旦大学出版社，2003，第 124 页）

（3）心理细分。

所谓心理细分，是按照消费者的社会阶层、价值观、个性和生活方式等心理变量来细分消费者市场。心理细分的常用工具有以下两种：

①AIO调查法：即提供一套关于各种行为活动（Activity）、兴趣（Interest）及观点（Opinion）的描述题，让消费者进行测试，营销人员通过对结果的分析，可以得出有关消费者的生活方式特点。并以此为基础，制定出相应的营销战略或策略（AIO调查表详见第四章相关内容）。

②VALS调查法：即价值观和生活方式（Values，attitudes and lifestyles）调查法。这种调查法是由SRI国际研究和咨询公司开发的，它根据人们对社会问题的观点和相应的购买行为对消费者进行分类，并以此为基础，制定出相应的营销战略。

（4）行为细分。

企业按照消费者购买或使用某种产品的时机、消费者所追求的利益、使用者情况、消费者对某种产品的使用、消费者对品牌的忠诚度、消费者待购阶段和消费者对产品的态度等行为变量来细分市场。

①时机：可以根据顾客购买或使用产品的时机将他们分类。时机细分有助于提高品牌的使用率。例如，在西方，橙汁一般属于早餐饮料，营销策划者可以促使人们在午餐、晚餐或是一天中的任何想喝饮料的时候饮用橙汁，以提升橙汁总体销量。营销人员需着眼于利用各种特殊的时机（节日、庆典、升学、升职等），提供能满足这些特定时机的需求的产品或服务。

②利益：根据消费从产品中追求的不同利益将他们分类。例如，对购买手表的消费者而言，有些人只求价格低廉；有些则讲求耐用、实用；还有些人则追求手表所表现出的象征意义（身份、地位等）。每种追求不同利益的群体都有其特定的人口、行为和心理特征。营销策划人员可以利用这些依据，确定自己的品牌适应哪些利益细分市场，并相应地制定出适合的营销组合。还可以寻求新的利益区隔，并推出具有这种利益的新的品牌。

美国学者哈雷对牙膏市场的分析是运用利益细分法取得成功的一个范例（表7-5）。他发现牙膏使用者寻求的利益主要有四类：价廉物美、防治牙病、洁齿美容、口味清爽。

表7-5　牙膏市场的利益细分

利益细分	人文特征	行为特征	心理特征	符合该利益的品牌
价廉物美	男性	大量使用者	自主性强者	在减价中的牙膏
防治牙病	大家庭	大量使用者	忧虑保守者	佳洁士
洁齿美容	青少年	吸烟者	社交活动多者	美加净
口味清爽	儿童	果味爱好者	清洁爱好者	高露洁

（资料来源：梅清豪等编著，市场营销学原理，电子工业出版社，2002年，P138）

③使用者状况：一些产品或品牌可以按使用者状况分为未使用者、曾使用者、潜在使用者、初次使用者和经常使用者。企业会根据自身的情况，对不同的使用者，采用不同的营销手段。一般说来，市场占有率高的品牌特别重视将潜在使用者转变为实际使用者；而小企业则努力将使用竞争者品牌的顾客转向使用本企业的品牌。

④品牌忠诚度：所谓品牌忠诚，是指由于价格、质量等诸多因素的吸引力，使消费者对某一品牌的产品情有独钟，形成偏爱并长期地购买这一品牌产品的行为。根据消费者品牌忠诚度的高低可以将其分为忠贞不二者、不稳定的忠诚者、见异思迁者、游离分子四种类型。

⑤使用率：可根据品牌的轻度、中度和重度使用者等情况来细分市场。品牌重度使用者一般在市场上所占比例不大，但他们的消费量在全部消费量中所占比例却很高。图7-2显示了啤酒消费者存在的这种关系，我们经常称之为80/20法则。总人口中只有32%的人消费啤酒，其中16%的人口几乎消费了90%的啤

酒产品。因此，啤酒公司宁愿吸引一个重度饮用啤酒者，而放弃几个轻度饮用者。大多数营销策划者都把重度使用者作为主要的目标市场，推出针对性的营销策略。

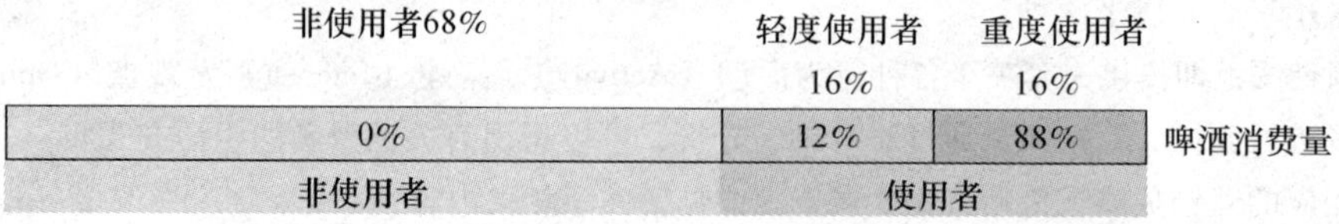

图7-2　美国啤酒消费者结构模式

营销案例 7-1

ThinkPad 的细分营销

联想 ThinkPad 和宝马汽车之间有什么共同之处？这不是一个能容易发现答案的问题。但是联想集团副总裁、中国商用事业部总经理仪晓辉却认为自己已经找到了。早在2007年，仪晓辉借鉴宝马在F1等高端体育领域营销的手法，在威廉姆斯车队身上打上了 ThinkPad 的 LOGO，牢牢稳固了 ThinkPad "高端商务"的形象。

而现在，当宝马把高端车型往下延伸，7系、5系和3系同时在中国市场销售时，ThinkPad 的产品也拓展为 T、X、R、SL、W 五大系列涵盖了高端商务、超便携、基础商务等不同细分市场。尽管一些新推出的机型，如 SL400 售价已经降到了4 000多元，价格上属于"平民"，和其他上万元的产品拉开了不小的距离——正如宝马3系和7系之间价格差距一样不小——但作为一个整体品牌而言，ThinkPad 依然在市场上以高端形象示人。

这反映的或许是笔记本电脑行业最近几最显著的一个变化。当笔记本电脑从曾经的奢侈品，逐渐蜕变成大众消费品时，市场基础一下就扩大了数倍。如何在保持笔记本区别于台式 PC，拥有一定高端品牌形象的同时，也让市场占有率随之增加，就成了所有厂商要面临的选择，其中恰当的营销手法则更为关键。

而换来的成绩是，ThinkPad 自2008年以来增长率在45%左右，远远高于行业增长水平。整体的市场份额从7%多增长到超过10%，每个季度在市场份额上都有一个百分点左右的稳步增长。

（资料来源：胡卉，市场营销案例，2010.02，第36页）

2. 工业市场细分依据

在消费者市场的细分变量中，除人口因素、心理因素中的某些具体变量如生活方式等以外，相当一部分同时可以用做细分工业市场的依据。但是由于工业市场的特殊性，有必要对细分工业市场的主要依据进行一些补充。

细分工业市场的主要依据如下：

（1）用户行业。

产品最终用户的行业是细分产业市场最为通用的依据。在产业市场，不同行业用户采购同一种产品的使用目的往往不同。比如，同是钢材，有的用户用于生产，有的用于造船，有的用于建筑。不同行业的最终用户通常会在产品的规格、型号、品质、功能、价格等方面提出不同的要求，追求不同的利益。据此来细分产业市场，便于企业开展针对性经营，设计不同的市场营销组合方案，开发不同的变异产品。

（2）用户规模。

用户或客户的规模也是细分产业市场的重要依据。在产业市场，大量用户、中量用户、少量用户的区别，要比消费者市场更为明显。大客户的采购量往往占营销者销售额的30%、50%，有的甚至高达80%以上。用户或客户规模不同，企业的营销组合方案也应不同。例如，对大客户，宜于直接联系、直接供应，由销售经理亲自负责；而对于小客户，则宜于由批发商或零售商去组织供应。

（3）用户地点。

任何一个国家或地区，由于自然资源、气候条件、社会环境等方面的原因，以及生产的相关性和连续性的不断加深而要求的生产力合理布局，都会形成若干产业地区，如我国的西部的有色金属、山西煤炭、江浙丝绸工业等。这就决定了产业市场比消费者市场更为集中。企业按用户的地理位置来细分市场，选择用户较为集中的地区作为自己的目标市场，不仅联系方便，信息反馈快，而且可以更有效地规划运输路线，节省运力与运费，同时，也能更加充分地利用销售力量，降低推销成本。

三、市场细分的方法及步骤

1. 市场细分的方法

市场细分的主要方法是运用"产品/市场矩阵图（products/market matrix）"。分别选择一个特定的要素作标准，对消费者的不同需求（产品）及不同的顾客群（市场）进行分类，并由此形成一个产品/市场矩阵。它能帮助营销人员对不同顾客群体的不同需求有更清晰的认识。

以服装市场为例，可以按消费者对服装价格的不同需求将产品分为高、中、低三档，同时，将服务的顾客群体依照年纪的不同分为青年、中年、老年市场。由此形成了一个服装市场的产品/市场矩阵图（如图7-3所示）。在进行了初步的市场细分之后，还可根据需要，进一步将某一特定细分市场分为"男、女"，将产品分为"职业、休闲、运动装"等。

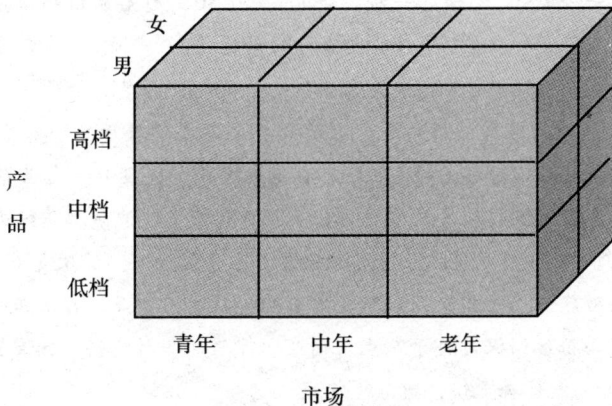

图7-3 产品/市场矩阵图

2. 市场细分的步骤

在掌握了进行市场细分的有用的方法之后，我们可以遵循以下步骤对市场进行细分：

①调研：了解消费者的购买动机、态度、行为模式等，找出影响他们购买决策的最重要的几个变量。包括定性及定量调研：属性及重要程度比率（排序）；品牌认知程度/率；产品使用模式；消费者对不同产品种类的态度；及人口、心理、媒体习惯等。

②分析：对调研结果进行分析，借助市场细分的工具，划分出几个相对同一的顾客群，然后根据需求及购买行为特点，进行进一步细分或重新合并。

③评估：市场的潜量、吸引力等。

四、有效市场细分的条件

①可衡量性：使用的市场细分须易于衡量。即市场的大小及购买力可以用数据测量和推算。

②足量性：指市场细分的大小及获利的程度。必须具备有相当市场潜力，有适当营业量及获利空间。

③可进入性：指细分市场必须能被有效地进入和服务的程度。

④可行性：指营销方案可有效吸引，并服务该细分市场的程度。即企业对所细分的市场要能提供具体可行的营销计划，公司的执行资源是否足够也须考虑。

⑤差异性：细分市场之间要有显著的差异以便彼此区分。

营销案例 7-2

黄太吉煎饼的盈利逻辑

在很多人眼里，煎饼是一个上不了台面的行当，但在北京国贸CBD（中央商务区）有一个只有13个座位、营业面积15平方米的煎饼铺，煎饼果子从早卖到晚，每天门庭若市，一年能实现500万元的流水，被风投估价4 000万元人民币，先后被BTV财经、《华盛顿邮报》报道，这就是黄太吉煎饼。

黄太吉的目标客户是80、90后的CBD白领，如何让时尚小资、个性鲜明、标新立异、充满梦想的80、90后接受街边"土气"的煎饼果子？黄太吉赋予这个"土气"的传统小吃新颖独创的产品精神，把吃煎饼果子变成了一种时尚，一种文化，代表了一种"范儿"，让80、90后的白领体验到这是一种很酷、很潮的事，觉得在黄太吉吃煎饼果子和在星巴克喝咖啡是一样的感觉。

黄太吉是怎么做到的呢？

首先是"别具匠心"的店面环境：店面设计上选择类似港式茶餐厅的小资格调，背景音乐包含了流行、爵士、蓝调等，符合年轻白领对时尚舒适的就餐环境的需求；陈设着来自世界各地的新奇玩意，满足年轻人好奇求新的心理；各种新潮接地气的宣传招贴："所有汉堡、披萨都是纸老虎！"，"在这里，吃煎饼，喝豆腐脑，思考人生。"让白领觉得吃煎饼是一种很"文化"的事。其次是新颖独特的节日推广活动：儿童节成人戴红领巾用餐赠煎饼，七夕节男女朋友来店kiss就送煎饼等。再次是粉丝们津津乐道的话题：煎饼开进CBD。老板赫畅与粉丝们探讨关于人生、创业、佛经的各种感悟，顾客买单后赠送的小票箴言，"生活总是有一些喜怒哀乐，就像摊煎饼，摊匀就好。"

（资料来源：温晶媛，黄太吉煎饼的盈利逻辑，企业管理，2014.4）

第二节　目标市场选择

一、目标市场的含义

目标市场是企业拟进入的细分市场，或打算满足的具有某一需求的顾客群体。在对不同顾客群体的不同要求作了分析之后，接下来的事情就是要在众多的细分市场中选择某一个或几个企业有能力满足的市场作为目标市场。

营销案例 7-3

资生堂的目标市场战略

日本的化妆品，首推资生堂。近年来，它连续名列日本各化妆品公司榜首。

独创品牌分生策略

与一般化妆品公司不同，资生堂对其公司品牌的管理采取所谓品牌分生策略。该公司以主要品牌为准，对每一品牌设立一个独立的子公司。这样，每个子公司可以针对这一品牌目标顾客的不同情况，制定独立的产品价格、促销策略；同时，公司同部品牌与品牌之间、子公司与子公司之间也要进行激烈竞争。例如，20世纪90年代初，该公司推出了以年龄在20岁左右、购买能力较低、对知名品牌敬而远之，对默默无闻的品牌能自主选择的女性为目标顾客，推出 Ettusais 系列化妆品。该品牌的营销管理比较特别。他们在东京银座一楼专卖 Ettusais 系列品的商店中，陈列的品种达30多种，顾客可以当场试用，且价格也较低。考虑到目标顾客的思想行为特点，他们在 Ettusais 系列化妆品包装上一律不写资生堂的名字，让人不易觉察这是大名鼎鼎的资生堂产品。通常，一般店铺中，顾客一上门，售货员就会做一大串说明，而资生堂 Ettusais 店则规定，除非顾客主动询问，售货员绝不能对其进行干扰，而应为这些年轻女性创造一种能完全独立自主挑选的购物气氛。

体贴不同岁月的脸

20世纪80年代以前，资生堂实行的是一种不对顾客进行细分的大众营销策略，即希望自己的每种化妆品对所有的顾客都适用。80年代中期，资生堂因此遭到挫折，市场占有率下降。1987年，公司经过认真反省以后，决定由原来的无差异的大众营销转向个别营销，即对不同顾客采取不同营销策略，资生堂提出的口号便是"体贴不同岁月的脸"。他们对不同年龄阶段的顾客提供不同品牌的化妆品。为十几岁少女提供的是 Reciente 系列，20岁左右的是 Ettusais，四五十岁的中年妇女则有长生不老 Elixir，50岁以上的妇女则可以用防止肌肤老化的资生堂返老还童的 Rivital 系列。

（资料来源：郭国庆，市场营销学概论，2008.02，经改写）

二、评估细分市场

企业对市场进行细分之后，就要对这些细分市场进行评估并做出选择。其市场潜力、市场结构的吸引力、及商业优势是否符合要求，是企业在确定目标市场之前需要仔细评估的，见表7-6。

表7-6　评估细分市场的主要项目及内容

项　目	内　容
市场潜力	当前销售价值 预计销售增长率 预期的利润
市场结构吸引力	竞争者 替代产品 购买者讨价还价的能力 供应商讨价还价的能力

续表

项　目	内　容
相对商业优势	企业的长远发展目标：环境、政治及社会责任 市场能力：市场占有率、市场增长率、产品独特性、良好的名誉 生产能力：低成本优势、技术优势 企业资源优势：营销技术、管理优势、向前或向后一体化、人力资源优势、资金实力

企业完成对上表中项目的考核及评估后，应用"目标市场细分组合图"（图7-4）的帮助，做出目标市场选择的决定。

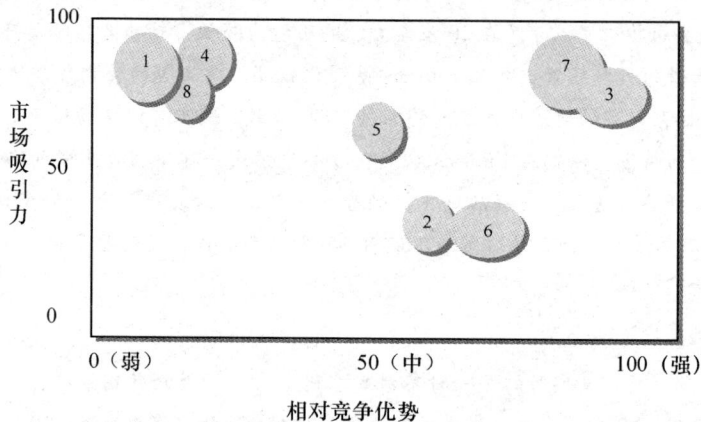

图7-4　某企业目标市场细分组合图

它以"市场吸引力"及"相对竞争优势"为要素，对所有待选的细分市场进行量化的评估，并根据得分的不同，在矩阵图上分别定位。其中市场吸引力包括表7-6中的"细分市场潜力"及"细分市场结构吸引力"两个部分；而相对竞争优势，则是与主要竞争对手相比，企业在"商业优势（见表7-6）"各方面的表现。

假设某企业对自己的细分市场做出评估后，其目标市场细分组合如图7-4所示。其中，每个圆圈代表一个细分市场，圆圈的大小代表细分市场的大小；在相对竞争优势中，"50"代表与主要竞争对手处于旗鼓相当的位置，位于50以左的细分市场，意味企业在这些细分市场中处于较弱的竞争地位，并且越靠近左边，表明企业越没有竞争优势；而位于50以右的细分市场，表明企业在这些市场中处于较强的竞争地位，并且越靠近右边，表明企业的竞争优势越强。

很明显，在这种情况下，企业对目标市场最佳的选择是市场3及市场7。因为它们不但具有较大的市场吸引力，而且企业在这两个市场中，处于绝对的竞争优势，可以确保比竞争对手更好地满足消费者的需求，从而实现企业长远发展的目标。

三、目标市场的战略选择

市场细分的目的就是为了有效地进入目标市场。所谓目标市场，就是企业为了实现企业的营销战略目标而要进入的那个市场部分。根据各个细分市场的特点和企业自身的任务目标、资源和特长等，决定进入的哪个或哪些市场部分，为哪个或哪些市场部分服务，即为目标市场的选择，共有三种目标市场选择战略（图7-5）。

A.无差异性营销战略

B.差异性营销战略

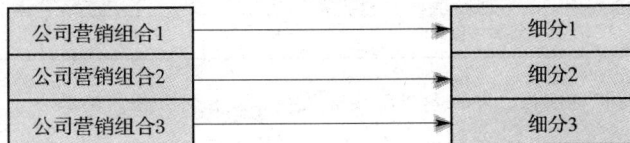

C.集中营销战略

图7-5 三种目标市场选择战略

（1）无差异性营销战略。

无差异市场营销是指企业在市场细分后，不考虑各子市场的特性，而只注重市场的共性，决定只推出单一产品，运用一种市场营销组合，也即忽略细分市场区别的大众营销。例如，可口可乐公司早期曾用单一规格、单一口味的瓶装饮料，以满足各种顾客的需要。

采用无差异营销的理由是规模效益，它是与标准化生产和大规模生产相适应的一种营销方法。它可以大大降低生产、储存、广告等成本，从而降低了企业的经营成本。

（2）差异性营销战略。

差异营销是指企业决定同时为几个子市场服务，设计不同的营销组合以适应各个子市场的需要。如爱迪生兄弟公司经营了900家鞋店，分为四种不同的连锁形式（高价鞋店、中价鞋店、廉价鞋店、及时装鞋店）。每一种都针对一个不同的细分市场，并且这几种分别针对不同目标市场的鞋店往往在一条街上，相互靠得很近，却不会影响彼此的生意。这种差异性营销策略已使爱迪生兄弟公司成为美国最大的女鞋零售商。

差异市场营销策略往往比无差异市场营销赢得更大的总销售额，但也会增加成本。

营销链接 7-1 ....

目标市场的选择与进入策略

某公司面临3个同类产品的细分市场，各个细分市场价格、成本、流动资金周转速度、收益和销售增长等5个指标的详细数据如表7-7所示。

表7-7 某公司3个同类产品的市场细分

指标符号	评价指标	甲市场	乙市场	丙市场
M_1	单位产品售价/元	5 000	3 600	2 000
M_2	单位产品成本/元	3 600	2 600	1 200
M_3	流动资金周转速度/天	300	150	400
M_4	单位产品净收益/元	1 200	1 004.5	800
M_5	销售量增长率/%	12	18	6

根据以上资料，用罗马尼亚法评价和选择目标市场的步骤如下：

①第一步：确定各个评价指标的权重。在这里，我们通常通过专家评议来确定。在上例中，专家评定权重的结果如表7-8所示。

表7-8   各指标权重

评价指标 M_i	M_1	M_2	M_3	M_4	M_5
指标权重 q_i	0.24	0.13	0.24	0.31	0.08

②第二步：评价指标标准化，即把各指标实际值换算成相对分值。换算公式如下：

$$X_{ij} = \frac{99 \times (B_{ij} - C_i)}{(A_i - C_i)} + 1$$

式中，X_{ij}——j 市场的 i 指标分值（换算后的值）；

B_{ij}——j 市场的 i 指标值（换算前的值）；

A_i——i 指标的最优值，当 i 指标是正（越大越好的指标）指标时，$A_i = \max \{B_{ij}\}$，当 i 指标是反指标（越大越不好的指标）时，$A_i = \min \{B_{ij}\}$；

C_i——指标的最劣值，其确定的方法与 A_i 相反。

我们还需用上面的例子来解释这一步的分析过程。比如，乙市场的单位产品净收益指标（1 000 元）的换算过程为：

$$X_{42} = \frac{99 \times (1\ 004.5 - 800)}{(1\ 200 - 800)} + 1 = 50.5$$

其他（X_{ij}）依次计算，结果如表7-9所示。

表7-9   各指标换算后的分值

指标符号	权重	甲市场	乙市场	丙市场
M_1	0.24	1	47.2	100
M_2	0.13	1	42.3	100
M_3	0.24	40.6	100	1
M_4	0.31	100	50.5	1
M_5	0.08	50.5	100	1

③第三步：计算各个市场的综合评价值（D_j），并选择目标市场。

$$D_j = \sum_{i=1}^{5} m_i X_{ij}$$

式中，m_i 表示 j 市场 i 指标的权重。根据该公式，各市场的综合评价值如表7-10所示。

表7-10   各市场综合评价值

细分市场	甲	乙	丙
综合评价值（D_j）	45.15	64.49	37.63

因为 D_j 反映各市场的综合优劣势，其值越大，各市场综合情况就越优，在本例中如果按最大化原则，则应选择乙为目标市场。

（资料来源：杨东龙，《细分——从客户区隔中谋取利润》，中国社会科学出版社，267-271）

（3）集中营销策略。

集中市场营销是指企业集中所有力量，以一个或少数几个性质相似的子市场作为目标市场，试图在较小的子市场上占有较大的市场份额。实施这种策略的企业，往往是资源力量较弱的中小企业，或是刚刚进入市场的新企业。

集中营销战略有利于企业在特定的子市场上通过营销专业化来取得竞争优势。但这种策略也存在着较大的风险，因为目标市场范围比较窄，一旦市场情况突然发生变化，企业可能会陷入困境。

四、影响目标市场选择的因素

以上三种目标市场的选择策略，各有利弊。在市场营销实践中，企业在选择时要综合考虑以下五大因素：

（1）企业资源。

企业的资源条件决定了企业的市场规模和营销力量。如果企业资源雄厚，可以考虑实行差异化市场营销战略；若资源有限，最好采取集中市场营销或无差异市场营销战略。

（2）产品特性。

产品特性是指产品性能、特点等方面的差异性大小。对于同质产品或需求上共性较大的产品，如大米、食糖、食盐等产品，多选择无差异营销；对于差异性较大的产品，则选择差异性营销战略，如汽车、家电、报纸与杂志等。

（3）市场特点。

市场的特点是企业决定选择目标市场营销战略的首要因素。如消费者在同一时期的偏好相同，购买的数量也相同。则可以视为同质市场，拟选择无差异营销战略，反之，市场需求差异较大，则视为异质市场，则选择差异化营销战略。

（4）产品的生命周期。

产品所处的不同生命周期阶段，营销的重点不同，则选择的目标市场营销策略也不同。处在介绍期和成长期的产品，因属启发与巩固消费者偏好，最好选择无差异营销策略或集中市场营销策略。当产品进入成熟期后，市场竞争激烈，消费者需求多样化，则选择差异化市场营销战略开拓新市场，满足新的需求，延长产品生命周期。

（5）竞争者的目标市场涵盖战略。

企业选择目标市场战略时，应与主要竞争者相区别。如果强大的竞争者实行的是无差异营销战略，则企业应实行差异化市场营销或集中性市场营销战略；如果竞争者实行差异化营销战略，则企业应实行集中市场营销或更深度细分的差异化营销战略。

第三节　市场定位

一、市场定位的含义

定位概念是由美国年轻的营销学专家 A·里斯（A. Ries）和 J·特劳特（Jack Trout）在 1972 年美国《广告时代》杂志发表的"定位时代"系列文章中提出的，引起了全行业的轰动，开创了营销理论全面创新的时代。

市场定位就是在目标顾客心目中为企业产品创造一定的特色，赋予一定的形象，以适应顾客一定的需要和偏好。这种特色和形象可以是物质的，也可以是心理的，也可以兼而有之。实际上定位就是要设法建立一种差异优势，确定产品在顾客心目中的适当位置并留下值得购买的印象，以便吸引更多的顾客。

例如，在汽车市场上，德国的大众汽车以彰显"货币价值"为特色；沃尔沃则以"最安全"为特色；梅赛德斯－奔驰则以"显示身份"为特色；而宝马（BMW）则以享受"驾驶的乐趣"为特色，等等。他们根据顾客的某一需要，树立了自身鲜明而突出的特色，成功地为自己的产品进行市场定位，得到目标消费者的认可。

正确理解市场定位的含义，了解产品营销的三个时代划分及其对应的主流策略思想是不可缺少的内容，见表7－11。

表7－11　USP论、品牌形象论、定位论的比较

	独特的销售主张 （USP）[①]	品牌形象论 （BI）	定位论 （POSITIONING）
产生时间	20世纪50年代	20世纪60年代	20世纪70年代
提出者	劳斯·瑞夫斯	大卫·奥格威	艾·里斯、杰克·特劳特
核心理论及主张	强调产品具体的特殊功效和利益	塑造形象 长远投资	创造心理位置 强调第一
方法和依据	实证	精神和心理的满足	品类的独特性
沟通的着眼点	物	艺术、视觉的效果	心理上的认同

①USP：unique selling proposition 独特的销售主张。

二、市场定位策略

定位的方式有很多，以下从产品、市场竞争、目标消费者的角度入手，介绍市场定位的三种策略，见表7－12。

表7－12　市场定位策略

从产品角度定位	从竞争角度定位	从迎合消费者角度定位
特质定位 使用/应用定位 利益定位 竞争者定位 使用者定位 类别定位 品质/价格定位	避强定位 迎头定位 重新定位	第一定位 强化定位 集团定位

1. 产品定位策略

（1）特质定位。

公司以某些特质特色来自我定位。啤酒公司会宣称它是"最老牌"的啤酒制造商；旅馆会宣称自己是该市"最高"的旅馆。以特色来定位通常是欠佳的选择，因所宣称的利益无法让人一望便知。

（2）使用/应用定位。

以产品在某些应用上是最佳产品来定位。如耐克会将某一类型的运动鞋描述为最佳跑鞋，而将另一种鞋描述为最适于打篮球的运动鞋。

（3）利益定位。

利益定位是指根据产品所能满足的需求或提供的利益、解决问题的程度来定位。如中华牙膏定位为"超洁爽口"；广东牙膏定位为"快白牙齿"；洁银牙膏定位为"疗效牙膏"；汰渍洗衣粉宣称它的洗净效果较佳；沃尔沃汽车宣称它的汽车较安全等。这些定位都各能吸引一大批消费者，分别满足他们的特定需求。营销人员主要采用利益定位。

营销案例 7-4

安踏儿童的市场定位

2008 年 8 月，安踏儿童第一家门店在成都伊藤洋华堂正式开业，安踏成为第一家进军儿童市场的国内体育用品品牌。经过五载有余的辛勤耕耘，2014 年 6 月底，安踏儿童拥有门店 987 家，2014 年年底安踏儿童将迎来千店时代。从无到有，安踏童装的成长经历成为本土品牌多元化扩张的新样本。

安踏 kids 定位于为儿童提供具有运动保护的高性价比运动装备，同时肩负培养儿童对安踏品牌的认识度和忠诚度，为大安踏导入消费者。2010 年，李宁将儿童业务授权经营给派克兰帝，2012 年，卡帕也将儿童业务授权给派克兰帝。李宁和卡帕的儿童业务采取的是品牌授权模式，安踏儿童业务则完全采取自主运营，这意味着安踏要自己独立孵化安踏儿童这块新业务。

在消费群锁定上，安踏儿童的经历亦颇为曲折。2008 年成立之初，安踏儿童定位于为 8～14 岁的儿童提供具有运动保护和高性价比的运动装，主要的目标群体是大童，接近青少年运动消费群，此时，耐克 kids 的消费群亦锁定于 8～14 岁儿童，并且安踏集团在早期也生产过这个年龄段的童鞋，有一定的经验积累，但是市场的反馈并不令人满意。2011 年，管理团队将安踏儿童的消费群定位下移至 7～14 岁，在消费群覆盖上向中童下探。2012 年，管理团队再次将安踏儿童定位于以 3～7 岁儿童为目标顾客，适合 3～14 岁的儿童着装，客户群向小童和中童下移。2013 年开始，安踏儿童目标消费群锁定 3～14 岁消费者，产品拥有运动、生活类别，按年龄段划分为 3～6 岁和 7～14 岁两个阶段。

童装市场，在近年得到快速发展，不同的企业有着不同的路径选择，短期内并无法证明哪种模式更好。安踏儿童通过自身的探索，寻找到适合自己资源和符合自身规律的发展之路，这种探索精神值得喝彩。

(资料来源：安踏儿童：多元化扩张的新样本，销售与市场（评论版），2015.1，有改写)

(4) 竞争者定位。

暗示自己的产品比竞争者优异或与竞争者有所不同。艾维斯（Avis）租车公司对自己的描述是"我们是比别人更努力的公司"（它所暗示的"别人"，指的是赫兹租车公司）；七喜汽水（7－up）把自己称为"非可乐"。

(5) 使用者定位。

用目标使用群来为产品定位。苹果电脑把它的电脑和软件描述为图像设计师的最佳伴侣；太阳微系统把其工作站描述为设计工程师的最佳伙伴；而劳斯莱斯则专门为富贵、社会地位显赫的人提供高档的轿车。

(6) 类别定位。

公司可将自己形容为该产业类别的领导者。例如，柯达即意味着摄影底片；施乐则代表复印机。

(7) 品质/价格定位。

把产品定位于某一品质与价格阶层。香奈尔五号（Chanel No. 5）被定位为一种品质极佳、价格极高的香水；塔可钟（Taco Bell，注：北美洲的一家墨西哥口味的塔可饼"Taco"连锁快餐店，是隶属于百事可乐旗下的关系企业）把塔可饼定位为同样价钱下最划算的食物。

2. 竞争定位策略

(1) 避强定位策略。

避强定位是指企业把产品定位于目标市场上的空白处，这样可以避开市场的激烈竞争，企业有一个从容发展的机会。

企业在做此决策前，必须明确以下三个问题：

①市场空白处的潜在顾客数量。市场出现空白，也许并非是因为其他竞争者没有注意到，可能是该处缺乏足够的需求。

②技术上的可行性。企业要有足够的技术能力生产市场空白处的需求产品，否则，企业选择了这种策略也只能望洋兴叹。

③经济上的合理性。即企业填补市场空位能有利可图。

营销案例 7-5

索尼公司进军美国市场

20世纪60年代初期，日本的索尼公司准备进入美国市场。经研究发现，美国企业只注重摆放在客厅里的大型电视机，而对小型电视机则不屑一顾。于是索尼公司决定用避强定位策略，将生产的小型电视机出口到美国。由于其质量好，又填补了市场空缺，满足了小型电视机用户的需求，因此很快在美国市场上站稳脚跟。美国人开始了解日本电器的质量及价格优势，利用这些优势，索尼公司小心翼翼地将较大型一些的电视推向美国市场。由于之前小型日本电视带来的良好的市场反应，使美国人不拒绝日本电器，结果日本家电逐渐蚕食美国家电市场，并最终取得成功。

（2）迎头定位策略。

迎头定位是一种与在市场上占据支配地位的，亦即与最强的竞争对手"对着干"的定位方式。显然，采用这种策略会有一定的风险，但不少企业主为这是一种更能激励自己奋发向上的可行的定位尝试。如百事可乐与可口可乐的对抗（见营销案例7-6），汉堡王与麦当劳的对抗等。实行迎头定位的策略，必须知己知彼，尤其要清醒估价自己的实力。

营销案例 7-6

百事可乐与可口可乐之争

美国可口可乐与百事可乐公司是两家以生产销售碳酸型饮料为主的大型企业。可口可乐自1886年创建以来，以其味道独特扬名全球，使晚于其"出生"的百事可乐在第二次世界大战以前一直处于望其项背的境地。

第二次世界大战后，百事可乐采用了迎头定位策略，专门与可口可乐抗衡，把自己置身于"竞争"地位。通过这场旷日持久的饮料大战，可乐饮料引起了越来越多消费者的关注，当大家对百事可乐与可口可乐之战兴趣盎然时，双方都是赢家，因为喝可乐的人越来越多，两家公司都获益匪浅。

（资料来源：周建波著，营销管理-理论与实务，山东人民出版社，2002年，P313）

（3）重新定位。

重新定位是指企业变动产品特色，改变目标顾客对其原有的印象，使目标顾客对其产品新形象有一个重新认识过程。重新定位对于企业适应市场环境、调整市场营销战略是必不可少的。企业产品在市场上的定位即使很恰当，但在出现下列情况时，也需考虑重新定位：

①竞争者推出的产品定位于本企业产品的附近，侵占了本企业的部分市场，使本企业品牌的市场占有率有所下降。

②消费者偏好发生改变。如营销案例7-7中的美国西尔斯公司根据消费者变化而进行定位调整。

营销案例7-7

百达翡丽的定位

1839年，安东尼·百达（Antoine Norbert de Patek）在瑞士创立了百达钟表公司，后邀请钟表设计师简·翡丽（Adrien Philippe）加盟，二人在1851年将公司名称改为百达翡丽（PATEK PHILIPPE）。它是目前唯一没有加入任何钟表集团的家族钟表企业，从头至尾都是自己生产，创造出卓越和最具价值的腕表，成为奢侈钟表的典型代表。

百达翡丽的目标顾客群，大多为王室成员、富有阶层和成功人士。在它的客户名单中有100名国王，54名王后。同时，其客户也不乏政治、科学、教育、文化界的名流，诸如前面提到的居里夫人、爱因斯坦、柴可夫斯基和夏洛蒂·勃朗特等。

（1）利益定位。

保值增值一方面，百达翡丽坚持的传播诉求点就是保值和增值，他们坚持不变的广告定位语："没有人能拥有百达翡丽，只不过为后代保管而已。"这句话告诉人们，百达翡丽是传家宝，随着时间的推移可以增值。另一方面，在世界顶级拍卖市场上，百达翡丽古董表常常以天价售出，大大超出它的原始价格。

（2）价值定位：关爱后代。

表，是人们贴身使用之物，与使用者有肌肤之亲和情感交流，因此会感受到它传递的价值信息。从百达翡丽广告诉求看，更加强调关爱下一代的诉求，即把百达翡丽作为传家宝，留给自己可爱的孩子。

（资料来源：李飞，百达翡丽的定位战略，http：//www.crrc.org.cn/Upfiles/20089910017.pdf，有删节）

3. 目标消费者的定位策略

（1）第一定位术。

争当第一，这是进入人们大脑的捷径。比如，人们很容易记得世界第一峰是喜马拉雅山的珠穆朗玛峰，世界第二峰却少有人知；第一个登上月球的人是尼尔·阿姆斯特朗，第二个完成同样壮举的人呢？同样，第一个占据人们大脑的公司名称很难从记忆中抹掉。例如，乐百氏在饮用水行业第一个提出27层次净化过滤的概念而被消费者认同，七喜第一个提出"非可乐"的概念，而成功地与可乐饮料区分，并给消费者留下深刻印象。

（2）强化定位术。

强化定位即在消费者心目中强化自己的地位，有利于突出个性。如北京大学宣传自己是百年老校，新思想的发源地。张裕葡萄酒的"传奇品质，百年张裕。"

（3）集团定位术。

集团定位即定位于某一集团，以提高自身的位置。如美国克莱斯勒汽车公司总是号称美国三大汽车公司之一，其实其实力与通用和福特汽车公司的差距是较大的。这种定位方式给人以与通用、福特并驾齐驱之感。再如，山东威龙葡萄酒有限公司宣称自己位居张裕葡萄酒有限公司、长城葡萄酒有限公司及王朝葡萄酒有限公司之后，是中国葡萄酒四强，其定位策略也属此类。

三、市场定位的方法与步骤

1. 市场定位的方法

定位不仅是一种思考，在实践中需要专业性的工具使之操作具体化。常用的方法有定位图法（或感知图法）、排比图法、对比图法。在此书中就定位图法作一些介绍。

（1）什么是定位图/感知图。

定位图/感知图是一种直观的、简洁的定位分析工具，一般利用平面二维坐标图的品牌识别、品牌认知等状况作直观比较，以解决有关定位的问题。其坐标轴代表消费者评价品牌的特征因子。图上各点则对应市场上的主要品牌，它们在图中的位置代表消费者对其在各关键特征因子上的表现的评价。

如图7-6所示啤酒的定位图，图上的横坐标表示啤酒口味苦甜程度，纵坐标表示口味的浓淡程度，而图上各点的位置反映了消费者对各啤酒品牌的口味和味道的评价。如百威（Budweiser）被认为味道较甜、口味较浓，而菲斯达（Faistaff）则味道偏苦及口味较淡。

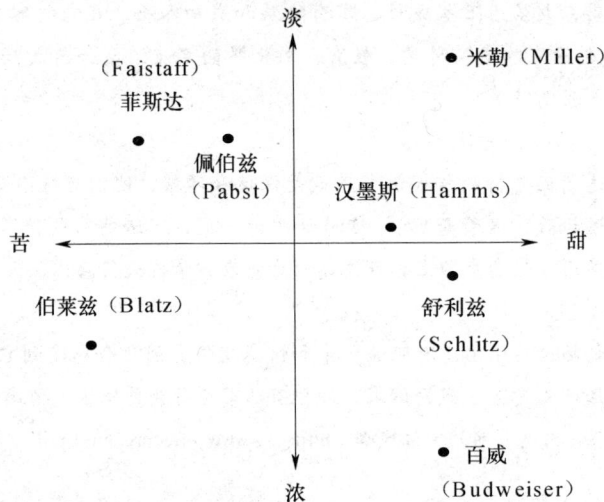

图7-6　啤酒品牌定位图

（资料来源：仇向洋等主编，营销管理，石油出版社，2003年，第172页）

通过定位图，可以显示各品牌在消费者心目中的印象及之间的差异，在此基础上作定位决策。定位图应用的范围很广，除有形产品外，它还适用于服务、组织形象甚至个人等几乎所有形式的定位。

（2）制作定位图的步骤。

①确定关键的特征因子。这是编制定位图的关键。特征因子选择的正确与否决定定位图的效果和结果，从而影响整项定位工作。

首先我们要通过市场调查了解影响消费者购买决策的诸因素及消费者对它们的重视程度，然后通过统计分析确定出重要性较高的几个特征因子，再从中进行挑选。在取舍时首先要剔除那些难以区分各品牌差异的因子（如汽油的价格因子），其次要剔除那些无法与竞争品牌形成对比的因子。最后一步就是在剩下的因子中选取两项对消费者决策影响最大的因子。有时对于相关程度甚高的若干个因子可将其合并为一综合因子以作为坐标变量。如可将运动鞋的舒适、耐用两特征因子综合为品质因子。

在确定因子的整个过程中，注意要始终把研究人员的主观偏见排除在外，力求保证客观的结果。找出关键的特征因子，是打开定位之门的钥匙。

②确定诸品牌在定位图上的位置。在选取关键因子后，接着就要根据消费者对各品牌在关键因子上的表现的评价来确定各品牌在定位图上的坐标。在确定位置之前，首先要保证各个品牌的变量值已量化。特别对于一些主观变量（如啤酒口味的浓淡程度），必须要将消费者的评价转化为拟定量的数值，只有这样才便于在图上定位。

很多时候，从市场调查中得到的数据是比较繁杂的，这时若要准确地将其转化为直观的定位图最好借助计算机的辅助。社会科学统计软件包（Statistics Package for Science：SPSS）是一种在国外的应用非常普遍的统计分析软件，它提供了用于市场数据分析的许多方法，其中的对应分析和多维尺度能有效支持编绘定位图的工作，对于数据的分析、处理很有帮助。

2. 市场定位的步骤

企业市场定位的过程通过以下三个步骤完成：

（1）确认本企业的竞争优势。

这一步骤的中心任务是要回答以下三个问题：

①竞争对手的产品定位如何？

②目标市场上足够数量的顾客欲望满足程度如何？确实还需要什么？

③针对竞争者的市场定位和潜在顾客真正需要的利益，要求企业应该怎么样？能够怎么做？

要回答这三个问题，企业市场营销人员必须通过一切调研手段，系统地设计、搜索、分析并报告有关上述问题产生的资料和研究结果。通过回答上述三个问题，企业就可以从中把握和确定自己的潜在竞争优势。

（2）准确地选择相对竞争优势。

相对竞争优势表明企业能够胜过竞争者的能力，这种优势可以是现有的，也可以是潜在的。准确地选择相对竞争优势就是一个企业各方面实力与竞争者的实力相比较的过程。比较的几个主要方面在本章第二节中已有所陈述。

（3）显示及传播独特的竞争优势。

传播步骤的主要任务是企业要通过一系列的宣传促销活动，使其独特的竞争优势准确传播给目标顾客，并在顾客心目中留下深刻印象。为此，企业要充分了解目标顾客的偏好与本企业的定位是否一致，并通过一切努力来强化和巩固与市场相一致的形象。如有偏差，则应找到原因，迅速矫正。

📖 案例评析

沃尔玛和家乐福在华市场定位的比较分析

沃尔玛公司市场定位战略的分析

（1）找位——确定目标顾客。

沃尔玛经营的每一种零售业态都有自己的目标顾客群。目前，沃尔玛在中国经营着购物广场、仓储商店和社区商店三种零售业态，并以前两种为主。这三种零售业态的目标顾客虽有一定的差异，但都有一个共同的消费特征：注重节俭。

（2）选位——确定市场定位点。

沃尔玛公司对自身的定位点的认知在于价格属性，即每日低价。每天低价定位点的选择有三大好处：一是通过薄利多销控制供应商；二是通过稳定价格而非频繁的促销获得可观的利润；三是通过诚实价格赢得顾客的信任。

沃尔玛店铺的属性定位是天天低价，利益定位是为顾客节省每一分钱，价值定位是做家庭好管家。这一定位点的选择是与目标顾客的购买心理和竞争对手的状况相吻合的。从目标顾客方面看，关注的是购买的节俭。从竞争对手来看，常用的方法或是降低商品和服务价值，或是间歇性打折。天天低价是最难做到且也是最有效的定位点。

（3）到位——实现定位战略。

沃尔玛在深圳甚至中国并没有实现"天天低价"的定位，其价格并不具有优势，这与其在中国店铺规模只有40余家、没有实行统一的采购和配送有着极大的关系。

目前沃尔玛在中国店铺，十分分散，物流成本难以降下来。另外，沃尔玛的成本优势有1/3来自人工成本，有2/3来自销售效率，因此，天天低价的定位点在中国市场短期内难以实现。

家乐福公司市场定位战略的分析

（1）找位——确定目标顾客。

家乐福大型超级市场的目标顾客锁定为大中城市的中产阶级家庭。家乐福大型超市的目标顾客大多为注重商品和服务价值的家庭主妇，她们不仅关注价格，更关注性能价格比。

（2）选位——确定市场定位点。

家乐福公司自己制定的形象宣传口号是"开心购物家乐福"，确定的经营理念是：一次购足、超低售价、货品新鲜、自选购物和免费停车。这五个理念中真正有比较优势的是超低价格和货品新鲜的集合。

家乐福大型超市的属性定位是超低价格，利益定位是使顾客获得更多的价值，价值定位于开心购物。这一定位点的选择是与目标顾客的购买心理和竞争对手的状况相吻合的。从目标顾客方面看，关注的是购买的价值，这可以从两方面实现：一是增加产品价值，二是降低价格。从竞争对手来看，或是采取增加价值的办法，或是采取间歇性打折的方法。但是，家乐福是双管齐下：一方面提供超低价格，一方面提供丰富和新鲜的商品，提高性能价格比。

（3）到位——实现定位战略。

家乐福部分商品低价、部分时间低价、部分地点低价的策略没有形成自己的价格绝对优势。

沃尔玛和家乐福在中国市场的定位战略比较（表7-13）

表7-13　沃尔玛与家乐福在中国市场的定位战略比较

定位战略内容	沃尔玛定位战略	家乐福定位战略
目标顾客	注重节俭的顾客	注重价值的顾客
定位点（行业顶级水平）	价格：天天低价——省钱	价格：超低价格——价值
价值定位	好管家	开心购物
到位策略	持久的低成本运营	低成本的促销价格运营
决定位点（行业优秀水平）	产品丰富可靠，环境舒适	产品丰富可靠、环境舒适
非定位点（行业平均水平）	服务适应顾客、购物便利、沟通亲和	服务适应顾客、购物便利、沟通亲和

沃尔玛和家乐福选择的定位点都是价格，价格趋向都是低价，但是对低价定位点选择的内容是不同的：沃尔玛是任何时间、任何地点的全部商品低价；家乐福是有限时间、有限地点的部分商品低价。沃尔玛强调的是"天天低价"，核心是低价的持久性和稳定性，可以赢得顾客的"价格诚信"印象；家乐福强调"超低价格"，核心是低价的程度和水平，可以赢得顾客的"价格便宜"印象。沃尔玛的定位内容有利于培养忠诚性顾客，取得长期竞争优势；家乐福的定位内容有利于吸引流动性的顾客，形成现实的竞争力。

沃尔玛为了实现天天低价的目标，在产品、服务、选址（便利）、沟通和购物环境等零售要素组合方面，都极力地保证低成本运营，采取的措施带有长期性和稳定性，通过高效的信息和物流系统、买断商品等策略降低成本，核心表现为比竞争对手更节约费用。家乐福为了实现超低价格的目标，在产品、服务、选址（便利）、沟通和购物环境等零售要素组合方面，采取了短期和更为灵活的方法。在促销方面，由厂商分摊费用实现商品的超低价促销，把价格敏感性商品的价格定得较低（非敏感性商品则价格一般），定期通过直达信函的方式宣传10%的超低价产品等。在采购方面，家乐福为了取得低的进货价格，制定了谈判守则"要把销售人员作为我们的一号敌人，永远不要接受第一次报价"。

（资料来源：李飞，等，沃尔玛和家乐福在华市场定位的比较研究，南开管理评论，2005.03，有缩写）

评析：从理论上讲，差异化定位点可以是产品、价格、服务、地点、沟通和店铺环境的任何一个要素。从沃尔玛和家乐福的实例来看，虽然定位点都在价格方面，但是具体内涵也是有差别的。这为国内零售公司选择差异化的定位点和塑造竞争优势提供了一个更为广泛的选择空间。

思考题

1. 竞争者分析包括哪些方面的内容？
2. 市场竞争战略有哪些？
3. 市场领导者通常可采取哪些策略？
4. 什么是 STP？它包含哪几个方面的主要内容？
5. 市场细分的主要依据有哪些？
6. 有效市场细分的标准是什么？
7. 如何进行目标市场的选择？
8. 企业定位理论的发展经历了哪几个阶段？其主要特征和代表人物是谁？
9. 制作定位图的步骤？
10. 如何应用定位图？
11. 企业的定位策略有哪些？

本章实训

一、实训目的

通过制定小型企业的创业计划，使学生能够对目标市场营销战略有感性的认知，理解目标市场营销其对企业营销决策的意义，能够发现当前环境下营销机遇和挑战。

二、实训内容

1. 实训资料：搜集不同行业的创业案例。
2. 具体任务：根据本章对目标市场营销战略的介绍，分小组讨论分析一家小型企业的创业计划。
3. 任务要求：

从自己熟悉领域出发，制订一份小型企业的创业计划，要求在创业计划里重点分析如下内容：市场机会分析、目标市场营销战略、营销策略及财务安排。

三、实训组织

1. 根据全班上课人数，将全班同学分成若干小组，采取组长负责制，全体组员协作完成课堂任务。
2. 确定所选创业项目后，各小组进行下一步分工，对案例进行分析、汇总。
3. 经过小组讨论后，完成实训报告及汇报 PPT。
4. 根据课时具体安排，不同小组分别选派成员对报告进行讲解，并回答其他组成员的问题。
5. 任课教师对实训课程的结果进行总结，提出相应的意见及建议。

四、实训步骤

1. 任课教师布置实训任务，介绍实训要点和搜集材料的基本方法。

2. 各小组明确任务后，按照教师指导根据具体情况进行分工。

3. 各小组定期召开小组会议，对取得成果进行总结，遇到问题及时与指导教师沟通。

4. 完成实训报告及展示所需要的 PPT 等材料。

5. 各小组对创业项目进行课上汇报，教师对各组的汇报进行点评及总结。

产品策略

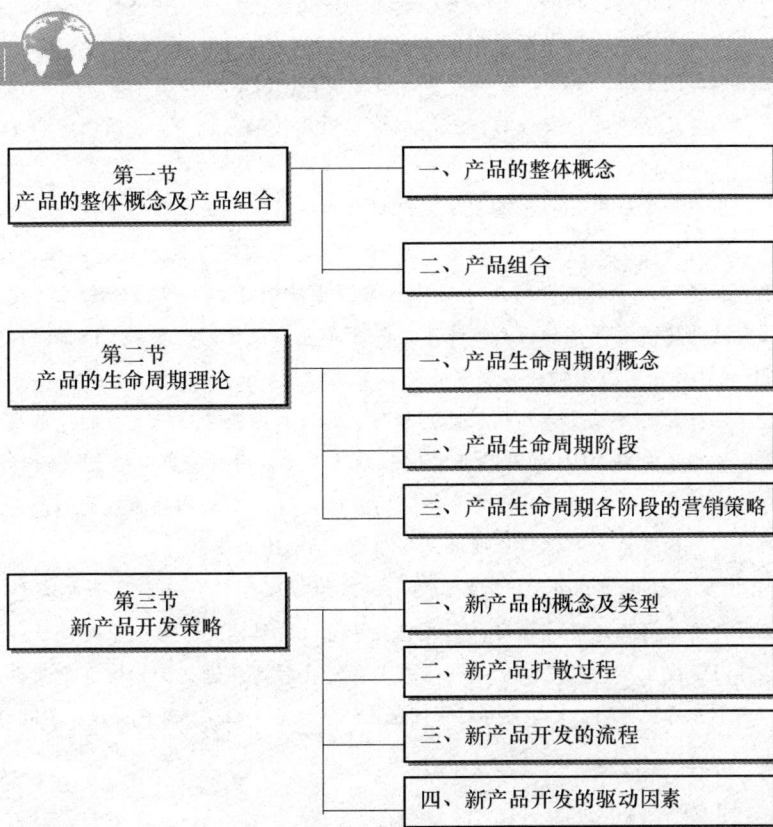

- 掌握产品策略的相关基本概念
- 熟练运用各种产品组合策略
- 能够识别产品生命周期不同阶段
- 掌握产品生命周期不同阶段的营销策略
- 掌握新产品开发的流程
- 了解新产品开发的驱动因素

关键概念

- 产品整体概念
- 产品组合
- 产品生命周期
- 新产品开发

引导案例　无印良品（MUJI）的产品策略

诞生于日本的商业品牌"无印良品"（MUJI）如今不但以其独特的产品设计理念闻名于世，而且对人们的设计、消费、生活观念产生了很深的影响。

众所周知，无印良品没有醒目 logo、华丽广告、明星代言，门店商品色泽朴素样式简单，也不做博人眼球的活动促销，一切都是恬淡的、安静的，一切推崇"简化"与"克制"，强调回归单纯、自然的品牌形象。

无印良品的产品素以简单好用著称，不用研究说明书，不用害怕误操作，在设计之初摒除一切不必要的附加功能及装饰，连品牌都不容易找到，在这个盛行"注意力经济"的时代，不强调个性，不抓眼球，甚至将产品隐没于"背景"之中。一切均来自于对全球"生活必备品"概念的深入研究，从实用的角度将特性与功能做最有效的协同设计，如坊间津津乐道的深泽直人设计的壁挂式 CD 机，甫一上市旋即成为销售冠军。这款 CD 机体积小、造型极简，安置在墙体不占空间，开关不是按钮而是一条垂下的绳子，这与电子产品一路智能化狂奔的常规设计大相径庭，却凸显其核心功能及难能可贵的简洁之美。

追求商品本质和便利性使得 MUJI 的产品开发过程颇为另类。每件商品从企划、设计、制造到售卖均需层层把关，均有设计师参与。即使产品设计方案获得最终通过，产品还将面临更为严苛的关卡。由日本顶尖设计师组成的外部咨询委员会严格讨论商品是否符合"MUJI 的理念"。

为了驱动 MUJI 实现"使用便利性"，成立了两个核心的管理部门。一个是面向消费者集思广益的生活良品研究所，使用者可在商品开发、试卖、正式售卖等阶段提供意见。另一个是设计师主动寻找需求的商品种类开发部，其门下设生活、服装、食品部等三大分支，对产品进行定期检查更新设计。

（资料来源：严莉，无印良品对中国企业的营销启示初探，现代营销，2014 年 11 月，有改写）

引导问题

1. MUJI 产品策略给我们什么启示？
2. MUJI 新产品的出发点在哪里？

产品策略是 4P 组合策略之一。企业的一切生产经营活动都是围绕着产品进行的，即通过及时、有效地提供消费者所需要的产品而实现企业的发展目标。产品策略涉及正确地认识产品的内涵、巧妙地进行产品的组合、准确地判断产品的生命周期、有效地开发出新的产品、增强产品包装物的吸引力、树立品牌、培育企业持续发展的动力等内容。其中，品牌与包装的内容详见第九章。

第一节　产品的整体概念及产品组合

一、产品的整体概念

从市场营销的角度看，产品是指为留意、获取、使用或消费以满足某种欲望和需要而提供给市场的一切东西。有形物品已不能涵盖现代观念的产品，产品的内涵已从有形物品扩大到服务、人员、地点、组织和观念等；产品的外延也从其核心产品向形式产品、期望产品、附加产品和潜在产品拓展。

一般来说，产品包含五个层次（图8-1）。

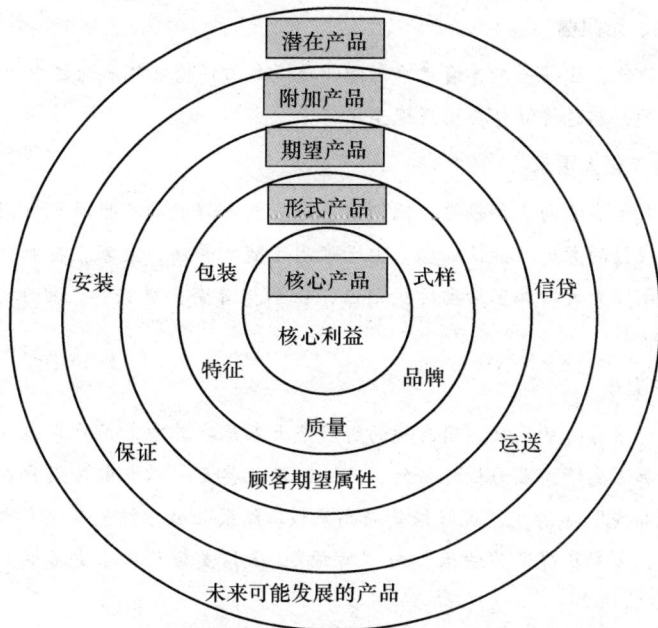

图8-1　产品整体概念层次示意图

1. 核心产品

产品最基本的层次是核心利益，即向消费者提供产品的基本效用和利益，也是消费者真正要购买的利益和服务。消费者购买某种产品并非是为了拥有该产品实体，而是为了获得能满足自身某种需要的效用和利益，其实质就是需要全面的、解决问题的方案。如洗衣机体现的它能让消费者方便、省力、省时地清洗衣物。携程网则是一种商务旅行、自助旅游服务提供商。

营销案例 8-1 ....

微信红包的"红"

微信红包是腾讯财付通团队于2014年春节前夕加班开发出来的一款"小"产品。该产品是借助微信发布的一款社交游戏，用户只需进入"新年红包"公众号，选择发红包的数目、发放的金额，写好祝福语，通过微信支付，红包就包完了。接下来，用户可以把红包发到微信群里，也可以单独发给某个好友。对方打开红包后，只需要将自己的银行卡与微信关联，一个工作日之后红包里的金额就会自动转账到该银行卡。

腾讯数据显示，2014年除夕到正月初八这9天时间内，微信红包横扫全国34个省级行政区域，800多万用户共领取了4 000万个红包，总值4亿多人民币带着新春祝福在手机里不停分发、流转。微信红包以极低的投入收获800万用户参加了抢红包活动，强化了腾讯移动支付市场地位这一巨大成果。

微信红包营销成功的关键之处如下：

- **把准营销时点**

春节期间，互送祝福几乎是国人必须要做的事情。而发红包同样是中国春节的传统，财付通借春节前夕推出微信红包时间点抓的可谓恰到好处。与支付宝钱包点对点的讨红包相比，微信红包将社交与娱乐融为一体，更适合春节气氛和公众心理，使微信红包得以迅速流行变为时尚。

- **产品简单、易用、无门槛**

该产品使用简单、快速，让每一名普通用户都能快捷地参与到抢红包活动之中。当接收方打开红包后，只需要关联微信的银行卡，就能将红包轻松提现至银行卡。

- **产品游戏化切合年轻人需求**

目前新媒体产品用户大多偏向于年轻化，他们有着追求新奇好玩的天性特征。微信红包的整体设计中就包含了对可玩性与游戏性的考虑。微信红包，由于采用了随机算法，大家在抢红包之前，没有人知道会拿到多少钱的红包，这无疑大大增加了活动的戏剧性，让参与者变得更兴奋，更乐于"晒单"，激发出用户的更大分享和传播热情。

- **微信搭台，用户唱戏**

微信坐拥6亿用户，平台力量巨大，用有趣的游戏使大家乐在其中。用户带着各种各样的目的加入其中，或为送祝福，或为加深感情，或为拉拢粉丝，不一而足。甚至，不少微信用户在微信提供的这一平台上进一步开发了红包"接龙"等游戏，玩得很是兴高采烈。结果让微信红包及腾讯移动支付产品使用率不断攀上新的高点。最终，大家获得了"快乐"与"幸福"，微信支付获得了更多的用户，大家在这一游戏中取得了共赢。

（资料来源：刘杰克，从互联网思维营销看微信红包的红，市场研究，2014年3月，有改写）

2. 形式产品

产品核心利益需依附一定的实体来实现，产品实体称为形式产品，即产品所展现在消费者面前的基本形式。它主要包括产品的构造、款式、特征、形态等方面。一个好的实体产品，能够吸引消费者的注意与兴趣，激发他们的购买欲望，促进他们做出购买决策。

3. 期望产品

期望产品是消费者购买产品时期望获得的一整套属性和条件，如对于购买洗衣机的人来说，期望该机器能省时省力地清洗衣物，同时不损坏衣物，洗衣时噪音小，方便进排水，外形美观，使用安全可靠等。

4. 附加产品

附加产品是产品的第四个层次，即产品包含的附加服务和利益，主要包括运送、安装、调试、维修、产品保证、零配件供应、技术人员培训等。

5. 潜在产品

产品的第五个层次是潜在产品，潜在产品预示着该产品最终可能的所有增加和改变。

产品整体概念的提出，十分清楚地体现了以顾客需求为中心的现代市场营销观念，这一概念的内涵和外延都是以顾客需求为准则，由顾客的需求来决定。树立产品整体概念对企业开展卓有成效的竞争具有重要意义。就产品本身而言，企业既可以分层次、分内容、分重点地开展与竞争者的竞争，也可以从整体上突出产品的优势。从目前企业竞争的现状来看，由于受核心技术的发明与应用的限制，核心产品的出现相对较难，竞争多表现在形式产品和延伸产品上。

二、产品组合

1. 产品组合的概念

产品组合又称产品搭配，是指某一企业所生产和销售的全部产品大类及产品项目的有机组合方式。产品大类（又称产品线）是指产品类别中具有密切关系的一组产品。产品组合由各种各样产品线组成，每条产品线又由许多产品项目构成。产品组合可以用广度、长度、深度和关联性来描述。产品组合的广度，是指一个公司有多少产品大类。产品组合的长度，是指一个公司的产品组合中所包含的产品项目的总数。产品组合的深度，是指产品大类中每种产品有多少花色、品种、规格。而产品组合的关联性，是指一个公司的各个产品大类在最终使用、生产条件、分销渠道等方面的相互关联程度（表8-1）。

表8-1 P&G产品组合示意图

	产品组合的广度				
	清洁剂	洗发水	条状肥皂	化妆品	纸巾
产品组合的深度	象牙雪 德来夫特 奥克雪多 碧浪 汰渍 快乐 波尔德 圭尼 伊拉	飘柔 潘婷 沙宣 润妍 海飞丝	象牙 柯克斯 洗污 佳美 香味 保洁净 海岸	玉兰油 SK-Ⅱ	媚人 粉扑 旗帜 绝顶1 100's

2. 产品组合的优化和调整

企业在调整和优化产品组合时，可根据企业自身资源条件、市场状况和竞争态势对产品组合的广度、长度、深度进行不同的组合，可选择的策略如下：

（1）扩大产品组合。

扩大产品组合包括拓展产品组合的宽度和增强产品组合的深度。前者是在原产品组合中增加一个或几个产品大类，扩大产品经营范围；后者是在原有产品大类中增加新的产品项目。扩大产品组合有利于综合利用企业资源，扩大生产和经营规模，降低生产经营成本，提高企业竞争力；有利于满足顾客的多种需求，进入和占领多个细分市场。但扩大产品组合策略要求企业拥有多条生产线，具有多条分销渠道，采用多种促销方式，对企业资源条件要求较高。

（2）缩减产品组合。

缩减产品组合策略指压缩产品组合的广度或深度，删除一些产品系列或产品项目，集中力量生产经营一个系列的产品或少数产品项目，提高专业化水平，力图从生产经营较少的产品中获得较多的利润。

缩减产品组合策略有利于企业集中资源于少数产品，提高产品质量，降低消耗；有利于企业减少资金占用，加速资金周转；有利于广告促销、分销渠道等的针对性、集中性，提高营销效率。但缩减产品组合风险较大，一旦企业的产品在市场上失利，企业的应变能力较差，可能受到严重损失。

（3）产品延伸。

每一公司的产品线只占所属行业整体范围的一部分，每一产品都有特定的市场定位。当一个公司把自己的产品线长度延伸超过现有范围时，称之为产品线延伸。产品线的延伸决策包括了向下延伸、向上延伸、双向延伸等方面的内容（图8-2）。

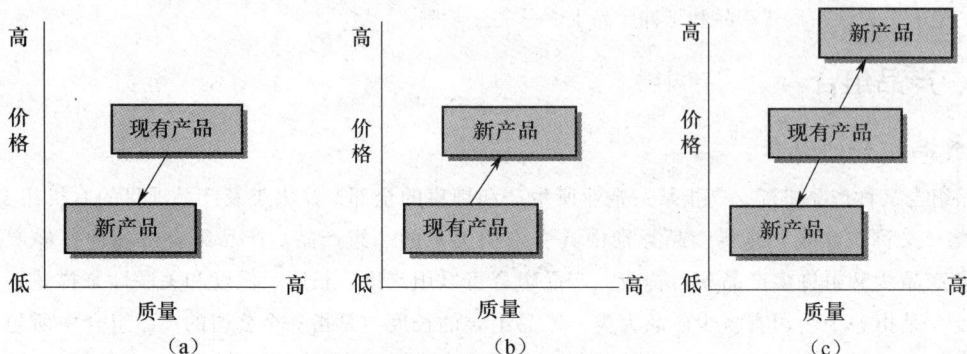

图8-2 产品系列延伸的方法

（a）下行延伸法；（b）上行延伸法；（c）双向延伸法

①向下扩展是在高档产品线中增加低档产品项目。实行这一策略需要具备以下市场条件之一：利用高档名牌产品的声誉，吸引购买水平较低的顾客慕名购买此线中的廉价产品；高档产品销售市场增长缓慢，为赢得更多顾客，只得将产品线向下伸展；企业最初进入高档产品市场的目的是建立品牌信誉，然后再进入中、低档市场，以扩大市场占有率和销售增长率；补充企业的产品线空白。实行这种策略也有一定的风险，如处理不慎，会影响企业原有产品特别是名牌产品的市场形象，而且也有可能激发更激烈的竞争对抗。新的低档产品项目也许会蚕食掉较高档的产品项目。

营销案例8-2

滴滴打车：两年崛起的产品逻辑

滴滴打车是我国国内第一家使用移动互联网技术和新型网络智能叫车系统的应用类软件。它是由北京小桔科技有限公司于2012年9月9日正式推出的，起初与北京出租车调度中心96106进行合作，继而与高德地图、百度地图进行了战略合作，实施与地图类应用共同合作联运的新模式。2015年，滴滴打车与快的打车进行战略合并。目前，滴滴打车已经成为全国最大的打车软件平台。

滴滴打车作为免费打车软件，其产品逻辑可归纳为：满足多元需求，力求简洁，离用户更近。

最早的滴滴打车只有语音叫车，因为用户只需要喊个话，告诉周边的司机要去哪里就行了，很方便。然而，在调研语音质量时，他们发现很多时候用户并不一定能够方便地使用。比如有时环境很嘈杂，司机听不到叫车者在说什么；开会时不便发送语音等。于是滴滴就增加了文本功能。文本还有个优势，它能记录以前的地址，用户不用再去重复。

滴滴有订单检索功能。当司机开车时，一旦有订单来，安卓的锁会自动被解开，可以很方便地点开它。随之而来的问题是，如果司机把手机放在口袋里，自动解锁后容易发生误点。于是他们又想了一个办法，利用智能手机上的距离感应器来区分手机是否放在司机前方的架子上，司机是否处于适合接单的状态，从而决定屏幕是不是应该被自动解锁。

很多司机在工作的时候是很寂寞的，于是滴滴添加了简单的播报服务，包括天气信息、活动信息等。

有趣的地方在于，不同的城市用的播报语言是不一样的。在广东用广东话，在上海用上海话，师傅感觉非常亲切。

滴滴在为司机提供服务方面下的功夫比较多，推出"顺风车"服务，使家住郊区的司机可以搭乘便车来市区交接班，帮助司机找到适合吃饭的地方。

（资料来源：云踪，滴滴打车：两年崛起的产品逻辑，人民邮电，2014.9，有改写）

②向上扩展是在原有的产品线上增加高档产品项目。实行这一策略的主要目的是：高档产品市场具有较大的潜在市场增长率和较高利润率的吸引；企业的技术设备和营销能力已具备加入高档产品市场的条件；企业要重新进行产品线定位。同样，采用这一策略也要承担一定的风险，因为低档产品要改变其在顾客心目中的地位是相当困难的，处理不慎，还会影响原有产品的市场声誉，有时还会受到高档市场的竞争对手的强烈反击。

③双向扩展是原定位于中档产品市场的企业掌握了市场优势后，决定向产品线上下两个方向同时进行延伸，一方面增加高档产品，另一方面增加低档产品，扩大市场阵地。

（4）产品大类现代化。

现代社会科技发展突飞猛进，产品开发也是日新月异，产品的现代化成为一种不可改变的大趋势，产品大类也有必要进行现代化改造。产品大类现代化策略首先面临这样的问题：是逐步实现技术的改造，还是以更快的速度用全新设备更换原有产品大类。逐步现代化可以节省资金耗费，但是缺点是竞争者很快就会察觉，并有充足的时间重新设计它们的产品大类；而快速现代化策略虽然在短时期内耗费资金较多，同时也存在比较大的市场风险，但竞争中却可以出其不意，给竞争者以打击。

第二节　产品的生命周期理论

美国哈佛大学的弗农（Vernon）教授于 1966 年在厂商垄断竞争理论的基础上，提出了产品（或行业）生命周期理论。该理论认为产品是有生命的，任何一种产品在市场上的销售地位和获利能力都处在一个动态的变化之中，现已成为企业在开发新产品、规划产品的更新换代、分析市场形势以及制订产品市场营销策略和经营决策的重要理论依据。

一、产品生命周期的概念

产品生命周期是指产品从进入市场开始，直到最终退出市场为止所经历的市场生命循环过程。与产品的使用寿命周期是两个不同的概念，产品的市场生命周期指的是产品的经济寿命，即产品在市场上销售的时间。其时间的长短由产品的质量、特性、价值、消费者认识与接受的程度、科学技术发展水平以及产品更新换代的速度等各种因素决定。而产品的使用寿命周期指产品的自然寿命，即产品具体物质形态的变化、产品实体的消耗磨损。其时间的长短由产品本身的理化性能等因素决定。

产品生命周期具有如下几个含义：

◆ 任何产品都有一个有限的市场生命；
◆ 产品销售经过不同的生命周期阶段时都对销售者提出了不同的挑战；
◆ 在产品生命周期不同的阶段，产品利润有高有低；
◆ 在产品生命周期不同的阶段，产品需要不同的营销、财务、制造、购买和人事战略。

二、产品生命周期阶段

典型的产品生命周期一般分为导入期、成长期、成熟期和衰退期四个阶段（图8-3）。

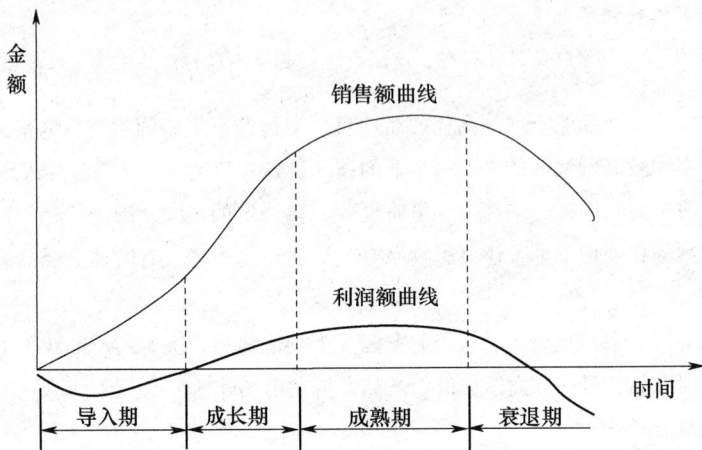

图8-3　产品生命周期

1. 导入期

新产品投入市场，便进入介绍期。此时，人们对产品还不了解，只有少数追求新奇的顾客可能会购买，销售量很低。在这一阶段，由于技术方面的原因，产品不能大批量生产，因而成本高，销售额增长缓慢，公司不但得不到利润，反而可能亏损。因新产品刚进入市场，竞争者较少，竞争尚未真正开始。

2. 成长期

成长期时顾客对产品逐渐了解，大量的新顾客开始购买，市场逐步扩大。在这一阶段，产品大批量生产，生产成本相对下降，体现出明显的经验曲线特征，公司的销售额也逐渐上升，利润迅速增长。竞争者纷纷进入参与竞争，使同类产品供应量增加，价格随之下降，公司利润增长速度逐步减慢。

营销链接8-1 ....

经验曲线和成本的关系

经验曲线是指随着一个企业生产某种产品或者从事某种业务的数量的增加，经验不断地积累，其生产成本将不断下降，并且呈现出某种下降的规律。在通常情况下，对降低成本的潜力具有最大影响因素的是行业的经验效应和需求量的增长速度。

随着累计产量的增加而出现成本下降的经验效应来自以下几个原因：

①学习。每次重复从事某种工作能提高熟练程度，从而提高完成这种工作的效率，此即通常人们所说的熟能生巧。

②专业分工。产量的增加使更为专业化和标准化的分工成为可能，例如流水线作业就是一个明显的例证，从而促使生产效率大幅度提高。

③产品和工艺的改进。随着累计产量的增大，产品和工艺改进必然会提高效率，导致成本下降。例如执行标准化，提高原材料利用率，改进设备和工装，此外以计算机技术为基础的先进生产技术也可以提高效率。

④规模经济。规模经济是指扩大生产规模形成的投资费用相对节约和成本下降。年产量的增加使固定费用可以分摊到更多的产品中去，从而导致成本降低。

⑤专门技术。随着时间的推移，企业会在生产、技术和管理等方面逐步积累出丰富的经验和知识，形成企业所拥有的重要竞争优势。例如计算机集成制造、ERP、精益生产方式等。

3. 成熟期

成熟期阶段，产品为绝大多数消费者所认识与购买，市场需求趋向饱和，潜在客户已经很少，销售额增长缓慢直至转而下降，竞争逐渐加剧，产品售价降低，分销渠道密集，促销费用增加，公司利润下降。

4. 衰退期

顾客对产品已经没有兴趣，随着科学技术的发展，市场上出现新产品或新的代用品，将使顾客的消费习惯发生改变，转向其他产品。此时，同行业企业为减少存货损失，竞相降价销售，竞争激烈，从而使原来产品的销售额和利润额迅速下降，甚至出现负数。

图8-3是一种典型的产品生命周期形式，但对某些具体产品而言并非都呈现这种形态。比如像小型厨房设备、电动刀具等产品在首次导入时销量迅速上升，达到一个峰值时销量有一定的下降，然后就稳定在某一水平上［图8-4（a）］，显示了"成长—衰退—成熟"的形态。像新药等产品的销售，制药公司积极推销其新药，于是出现了第一个周期。后来销量下降，公司对新药发动第二次促销，这就产生了第二个周期（通常规模和持续期都低于第一次周期）［图8-4（b）］，显示的"循环—再循环"形态。像尼龙的销售，在销售一段时间之后，发现了新的产品特征、用途或用户，许多新的产品——降落伞、袜子、衬衫、地毯，一个接一个地被发现而使其生命持续向前［图8-4（c）］，显示了"扇形"的生命周期特征。

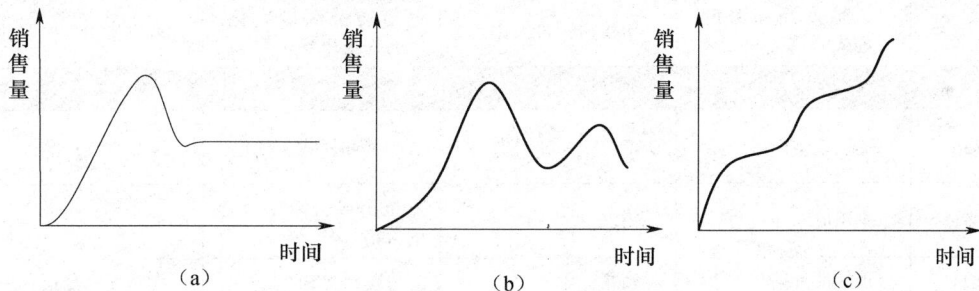

图8-4 一些常见的产品生命周期形态

（a）"成长—衰退—成熟"形态；（b）"循环—再循环"形态；（c）"扇形"生命周期

营销链接8-2

产品生命周期判断方法

判断产品处于市场生命周期的哪一个阶段，是一个比较困难且带有很大随意性的问题，一般只能作出大致的判断，常见的方法有以下两种：

（1）类比方法。类比方法是根据类似产品的发展情况做对比分析，进行判断。例如，参照黑白电视机的发展资料来判断彩色电视机的发展趋势。相互类比的产品，必须具有可比性，在各自投入市场后的情况要有相似之处。

（2）销售增长率比值法。

销售增长率比值法是以产品销售量随时间的变化率 $P = \Delta Q/\Delta t$ 来判定。ΔQ 为销售量的增加量，用销售量的增长率表示；Δt 为时间的增量，用年表示。根据国外市场学介绍的经验数据，则可知：

当 $\Delta Q/\Delta t$ 的值大于0，小于10%时，产品属于导入期；

当 $\Delta Q/\Delta t$ 的值大于10%时，产品属于成长期；

当 $\Delta Q/\Delta t$ 的值大于-10%，小于0时，产品属于成熟期；

当 $\Delta Q/\Delta t$ 的值小于-10%时，产品属于衰退期。

三、产品生命周期各阶段的营销策略

产品生命周期概念提供了在产品生命周期各个不同阶段发展有效的营销策略的一个有用的框架。在市场营销活动中，对处于不同生命周期的产品应采取不同的市场营销策略，使企业的市场营销策略达到最佳组合，形成企业独特的营销优势（表8-2）。

表8-2　产品生命周期各阶段的特点、目标和营销策略

项　目	导入期	成长期	成熟期	衰退期特点
销售	销售缓慢，批量小	销售迅速上升	销售高峰	销售下降
成本	成本高	成本中等	成本低	成本低
利润	亏损	利润上升	高利润	利润下降
顾客	创新者	早期采用者	中间多数人	落后者
竞争者	极少	数量增多	数量稳定	数量减少
营销目标				
	创造产品知名度，促进试用	市场份额最大化	市场份额最大化，同时保卫市场份额	减少支出，榨取利润
营销策略				
产品	提供基本产品	提供扩展产品、服务和担保	品牌和样式多样化	逐步淘汰产品
价格	采用成本加成法	市场渗透价格法	抗衡或击败竞争者的价格	降低价格
分销	选择性分销	密集分销	更密集分销	淘汰无利分销点
广告	在早期采用者和经销商中建立知名度	在大众市场中建立知名度和兴趣	强调品牌的差异和利益	减少到保持坚定忠诚者所需水平
促销	大力促销以吸引试用	适当减少促销，充分利用大量的消费者需求	增加对品牌转换的鼓励	减少到最低水平

1. 导入期

根据导入时期的特点，公司应努力做到：投入市场的产品要有针对性；进入市场时机要合适；设法把销售力量直接投向最有可能的购买者，使市场尽快地接受该产品，以缩短介绍期，更快地进入成长期。在产品的介绍期，我们将价格高低与促销费用高低结合起来考虑，可以形成以下四种典型的介绍期的营销策略（图8-5）。

①快速撇脂策略，是以高价格、高促销费用方式推出新产品。实行高价策略可在每一单位销售额中获取最大利润，尽快收回投资；高促销费用能够快速建立知名度，占领市场。实施这一策略须具备以下条件：产品有较大的需求潜力；目标顾客求新心理强，急于购买新产品；公司面临竞争者的威胁，需要及早树立品牌形象。

促销

	高	低
价格 高	高价高促销 （快速撇脂）	高价低促销 （缓慢撇脂）
价格 低	低价高促销 （快速渗透）	低价低促销 （慢速渗透）

图8-5 介绍期的营销策略

②缓慢撇脂策略，是以高价格和低促销费用方式推出新产品。这一策略的主要目的在于以尽可能低的费用开支求得更多的利润。实施这一策略的条件是：市场规模较小；产品已有一定的知名度；目标顾客愿意支付高价；潜在竞争者的威胁不大。

③快速渗透策略，是以低价格和高促销费用方式推出新产品。这一策略的主要目的在于先发制人，以最快的速度打入市场，尽可能扩大市场占有率，然后再随着销量和产量的扩大，使单位成本降低，取得规模效益。实施这一策略的条件是：该产品市场容量相当大；潜在消费者不了解产品，且对价格十分敏感；潜在竞争较为激烈；产品的单位制造成本可随着生产规模和销售量的扩大而迅速降低。

④缓慢渗透策略，是以低价格和低促销费用方式推出新产品。这一策略的主要目的在于通过低价来扩大销售，通过低促销费用来降低营销成本，以实现尽可能多的利润。实施这一策略的适用条件：市场容量很大；市场上该产品的知名度高；市场对价格十分敏感；存在某些潜在的竞争者，但威胁不大。

2. 成长期

根据这一时期的特点，公司为维持其市场的增长率，延长获取最大利润的时间，经常采用以下几种策略：

①改善产品品质：如增加新的功能、改变产品款式、发展新的型号、开发新的用途等。对产品进行改进，可以提高产品的竞争能力，满足顾客更广泛的需求，吸引更多的顾客。

②寻找新的细分市场：通过市场细分，找到新的未满足的细分市场，根据其需求组织生产，迅速进入这一新的市场。

③改变广告宣传的重心：把广告宣传的重心从介绍产品转到建立产品形象上来，树立产品名牌，维系老客户，吸引新客户。

④适时降价：在适当的时机，可以采取降价策略，以激发那些对价格比较敏感的消费者产生购买动机，采取购买行动。

3. 成熟期

对成熟期的产品，宜采取主动出击的策略，使成熟期延长，或使产品生命周期出现再循环。为此可以采用以下三种策略：

①市场调整：这种策略不是要调整产品本身，而是发现产品的新用途、寻求新的用户或改变推销方式等，以使产品销售量得以扩大。

②产品调整：这种策略是通过产品自身的调整来满足顾客的不同需要，吸引不同需求的顾客。整体产品概念的任何一层次的调整都可以视为产品再推出。

③营销组合调整：即通过对产品、定价、渠道、促销四个市场营销组合因素加以综合调整，刺激销售量的回升。常用的方法包括降价、提高促销水平、扩展分销渠道和提高服务质量等。

4. 衰退期

面对衰退期的产品，公司需要进行认真的研究分析，决定采用什么策略，在什么时间退出市场。通常有以下几种策略可以使用。

①继续策略：继续采用过去的策略，仍按照原来的细分市场，使用相同的分销渠道、定价和促销方式，直到这种产品完全退出市场。

②集中策略：把公司能力和资源集中在最有利的细分市场和分销渠道上，从中获利。这样有利于缩短产品退出市场的时间，同时又能为公司创造更多的利润。

③收缩策略：抛弃无希望的顾客群体，大幅度的降低促销水平，尽量减少促销费用，以增加目前的利润。这样可能导致产品在市场上的衰退加剧，但也能从忠实于这种产品的顾客中获取利润。

④放弃策略：对于衰退比较迅速的产品，应该当机立断，放弃经营。可以采用放弃的形式，如把产品完全转移出去或立即停止生产；也可采用逐步放弃的方式，使其所占用的资源逐步转向其他的产品。

第三节　新产品开发战略

一、新产品的概念及类型

1. 新产品的概念

从市场营销角度看，只要整体产品中任何一部分的创新、变革以及向市场提供企业过去未生产的产品都可以称为新产品。新产品的"新"，是相对而言的，相对于一定的时间、地点和企业而言。此外，新产品的"新"，不仅是生产者、销售者认可，更重要的是消费者认可和接受"新"属性、"新"功能、"新"用途、"新"特点等。

2. 新产品的类型

根据新产品对于公司和市场的新旧程度，可以将新产品分为六种类型（图8-6）：

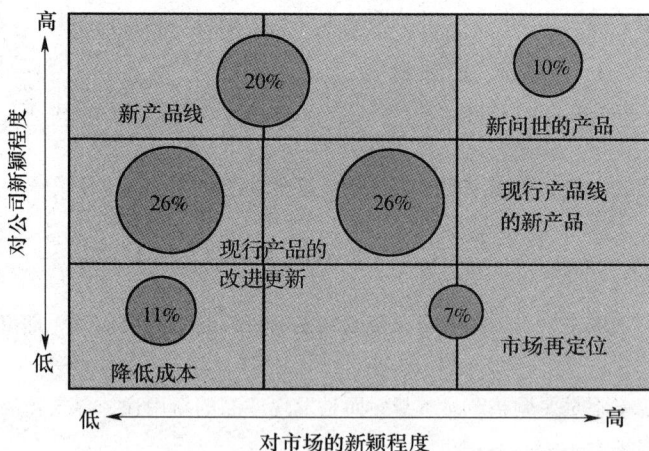

图8-6　新产品类型

◆ 新问世产品：开创全新市场的新产品。

◆ 新产品线：公司首次进入已建立市场的新产品。

◆ 现行产品线的增补品：公司在已建立的产品线上增补的新产品（包括尺寸、口味等）。

◆ 现行产品的改进更新：提供改进性能或有较大的可见价值的新产品，并替代现行产品。

◆ 市场再定位：以新的市场或细分市场为目标的现行产品。

◆ 成本减少：以较低成本提供同样性能的新产品。

营销案例 8-3

产品创新四种模式

产品创新分为四种模式（图 8-7）：

第一种是自上而下的创新，指一个高价品牌不断发掘降低成本的方法，利用物美价廉的产品吸引中下端消费者。例如梅赛德斯——奔驰，它一直以豪华与高性能著称，之后开拓了中端车型满足白领和年轻消费者的需求。

第二种创新，也就是克里斯坦森提出的价值向上方迁移的现象。"资源分配过程总是推动资源流向能够带来更高利润率和进入更大规模市场的新产品提案"。新产品不一定更好，但是它更便宜，或者更便捷，从某一方面填补了高端市场的空白。

第三种创新是 W·钱·金（W. Chan Kim）和勒妮·莫博涅（Renée Mauborgne）提出的蓝海战略，也就是由内向外发展，离开红海，进入蓝海。创新者拆分产品属性，然后重新组合，变成更高端的产品（如太阳马戏团），或更实惠的产品（如快捷酒店）。

第四种创新是大爆炸式颠覆，通常由外部意想不到的竞争对手引发。它在各个方面都优于上一代产品，可以迅速获得大市场份额。

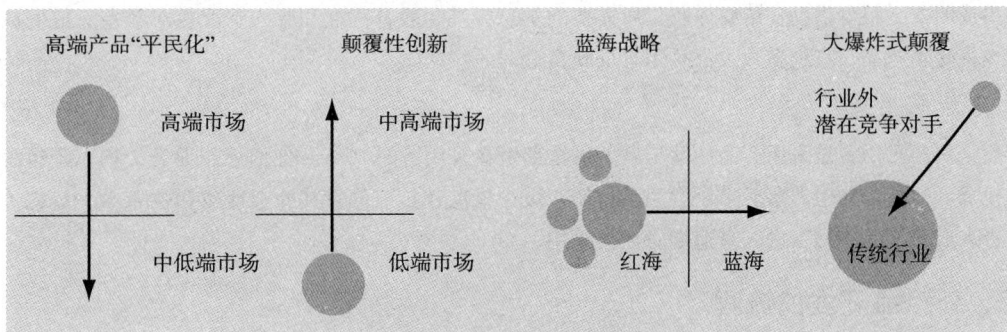

图 8-7　产品创新四种模式

（资料来源：纽恩斯，哈佛商业评论，2014 年 1 月）

二、新产品扩散过程

所谓新产品扩散，是指新产品上市后随着时间的推移不断地被越来越多的消费者所采用的过程。也就是说，新产品上市后逐渐地扩张到潜在市场的过程。

在新产品的市场扩散过程中，由于个人性格、文化背景、受教育程度和社会地位等因素的影响，不同的消费者对新产品接受的快慢程度不同。罗杰斯（1983）根据这种接受程度快慢的差异，把采用者划分成五种类型，即创新者、早期采用者、早期大众、晚期大众和落后采用者（图 8-8）。

1. 创新者

任何新产品都是由少数创新者率先使用。该类采用者约占全部潜在采用者的 2.5%。创新者通常极富冒险精神，收入水平、社会地位和受教育程度较高，一般是年轻人。

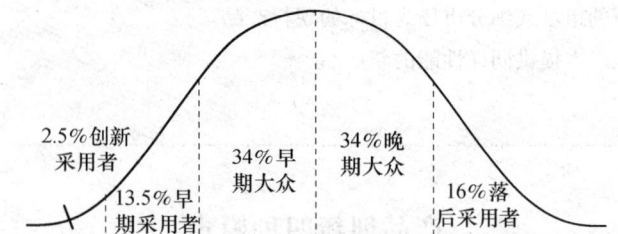

图8-8 新产品采用的时间

（资料来源：菲利普·科特勒，营销管理（第9版），上海人民出版社）

2. 早期采用者

早期采用者是第二类采用新产品的群体，占全部潜在采用者的13.5%。他们大多是某个群体中具有很高威信的人，受到周围朋友的拥护和爱戴。这类采用者多在产品的介绍期和成长期采用新产品，并对后面的采用者影响较大。

3. 早期大众

早期大众类采用者的采用时间较平均采用时间要早，占全部潜在采用者的34%。这类采用者对舆论领袖的消费行为有较强的模仿心理，他们在购买时往往深思熟虑，态度谨慎。

4. 晚期大众

晚期大众类采用者的采用时间较平均采用时间稍晚，占全部潜在采用者的34%。他们的信息多来自周围的同事或朋友，很少借助宣传媒体收集所需要的信息，其受教育程度和收入状况相对较差。他们从不主动采用或接受新产品，直到多数人都采用且反映良好时才行动。

5. 落后采用者

落后采用类采用者是采用产品的落伍者，占全部潜在采用者的16%。他们思想保守，拘泥于传统的消费行为模式。他们与其他的落后采用者关系密切，极少借助宣传媒体，其社会地位和收入水平最低。他们在产品进入成熟期后期乃至进入衰退期时才会采用。

三、新产品开发的流程

为了提高新产品开发的成功率，必须建立科学的新产品开发管理程序。不同行业的生产条件和产品项目不同，管理程序也有所差异。传统上新产品开发的程序大致如图8-9所示。

1. 创意产生

新产品开发过程的第一个阶段是寻找产品创意。所谓创意，就是开发新产品的设想。公司新产品的创意大多来源于：顾客、科学家、竞争者、雇员、经销商和最高管理层。因此，一个公司要源源不断地获得新产品创意，必须不断地举行头脑风暴法的讨论，不断地向顾客、经销商、用户等进行系统的需求调研和允许技术员进行自由地探索，更广泛地研究竞争者的产品创意、搜集相关公司与行业的信息，形成强大的创意数据库。

2. 创意筛选

新产品创意筛选是运用一系列评价标准，对各种创意进行比较判断，从中找出最有成功希望的创意的一种"过滤"工程。进行创意筛选的主要目的是权衡各创新项目的费用、潜在效益与风险，选出那些符合本公司发展目标和长远利益，并与公司的资源相协调的产品创意，放弃那些可行性较小的产品创意。在筛

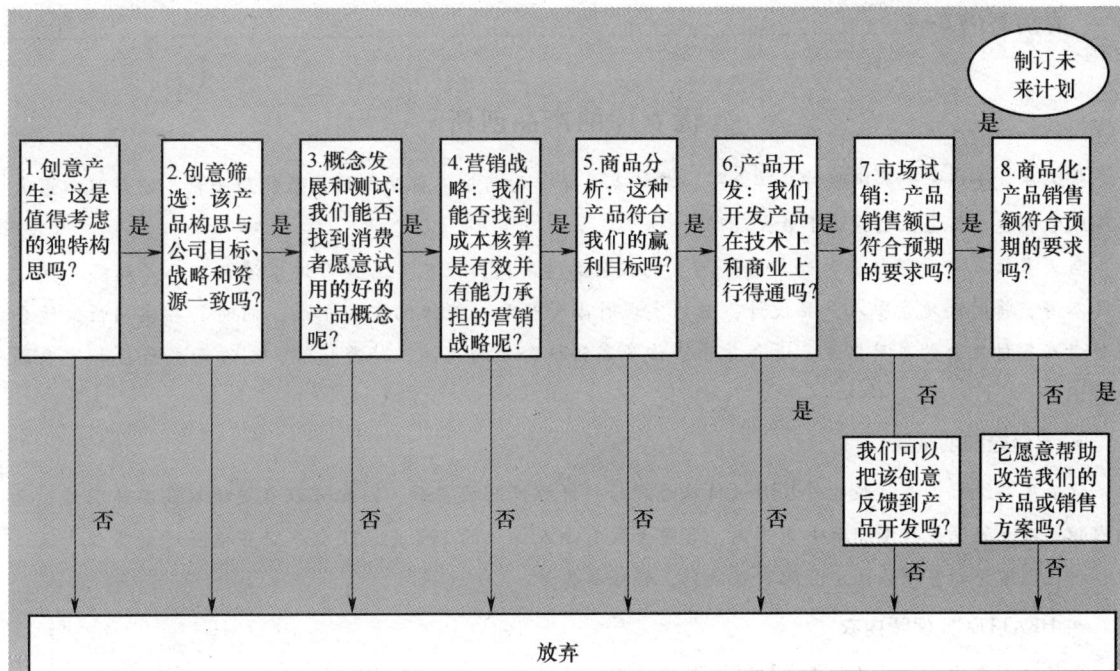

图8-9 新产品开发的决策过程

(资料来源：菲利普·科特勒，营销管理（第9版），上海人民出版社)

选阶段，公司必须避免误舍和误用错误两种错误。所谓误舍是指一家公司错过了某一有缺点但能改正的好创意。其结果就是使公司失去了一个极有潜力的利润增长点。误用错误是发生于公司容许一个错误的创意投入开发和商品化阶段。误用的结果是导致公司投入的开发费用无法收回而造成财务上的损失。因此创意筛选就是尽可能早地发现和放弃错误的创意。在筛选过程中要从目标市场、竞争状况，以及粗略推测的市场规模、产品价格、开发时间和开发成本、制造成本、报酬率等多方面对创意进行评估，取舍，最终判断每一创意的优劣。

3. 产品概念的发展和测试

经过甄别后保留下来的产品创意还要进一步发展成为产品概念。首先应当明确产品创意、产品概念和产品形象之间的区别。所谓产品创意，是指企业从自己角度考虑能够向市场提供的可能产品的构想。所谓产品概念，是指企业从消费者的角度对这种创意所作的详尽的描述。而产品形象，则是消费者对某种现实产品或潜在产品所形成的特定形象。企业必须根据消费者在上述几个方面的要求把产品创意发展为产品概念。确定最佳产品概念，进行产品和品牌的市场定位后，就应当对产品概念进行试验。所谓产品概念试验，就是用文字、图画描述或者用实物将产品概念展示于一群目标顾客面前，观察他们的反应。一个产品构思能够转化为若干产品概念。每一个产品概念都要进行定位，以了解同类产品的竞争情况，优选最佳的产品概念。选择的依据是未来市场的潜在容量、投资收益率、销售成长率、生产能力以及对公司设备、资源的充分利用等。

营销案例 8-4

优衣库的产品创新

优衣库是全球十大休闲服饰品牌之一，其特点是仓储型店铺、自助式服务及优质平价。它是日本最大休闲服装制造零售企业迅销旗下最大品牌。

与大多数以"紧跟最新时尚趋势"为主的服装品牌不同，优衣库不盲目追求流行，而是始终专注于商品本身，将时尚元素融入产品设计，努力实现时尚外观和功能性的完美平衡，同时具备实用性，适合消费者在各种场合的每日搭配。近年推出了许多高科技含量的商品，颠覆传统，创造面料科技和穿衣的新常识。

- **高级轻型羽绒服**

优衣库高级轻型羽绒服的外层经过特殊处理后，纤维缝隙被密封，因此可以直接填入高品质羽绒，无须内胆。以女装高级轻型羽绒夹克为例，其重量仅有令人惊叹的 197 克。改变冬日穿衣臃肿的常识，通过面料科技创造全新穿衣体验。且配有收纳袋，轻松易携带。

- **HEATTECH 保暖内衣**

在传统印象中冬天总是非常臃肿，而具有吸湿发热功能的 HEATTECH 保暖内衣改变了这种常识。HE-ATTECH 系列采用特别研制的高科技超细纤维，这种纤维只有头发丝的十分之一，吸收人体散发的水蒸气转化为热能，并通过面料中的气孔锁住热量，温暖舒适。一件薄若无物的 HEATTECH 内衣就能轻松抵御冬日严寒。

- **AIRism 内衣**

如果说 HEATTECH 是冬日法宝，AIRism 就是酷暑利器了。AIRism 内衣拥有卓越的吸汗速干功能，并且极细的纤维如空气般让人完全感受不到它的存在。会呼吸的内衣，质地轻薄、触感顺滑，时刻舒适干爽。

（资料来源：http//www. commo. cn/article - 187826 - 1. html，有改写）

4. 营销战略发展

公司确定了产品概念方案后，必须制定把这种产品引入市场的初步市场营销战略计划。初拟的营销战略计划包括三个方面：

（1）描述目标市场的规模、结构、消费者的购买行为、产品的市场定位以及短期（三个月）的销售量、市场占有率、利润率预期等。

（2）描述产品的预期价格、分配渠道和第一年的营销预算。

（3）分别描述较长期的销售额和投资收益率，以及不同时期的市场营销组合等。这种初拟的营销战略计划要在今后的各阶段中不断进行完善。

营销案例 8-5

老干妈的产品思维

8 块钱一瓶的辣酱，每天卖出 130 万瓶，一年用 1.3 万吨辣椒，1.7 万吨大豆，销售额 40 亿，15 年间产值更是增长了 74 倍。老干妈制造了中国品牌的一个传奇。

更传奇的还有其"奇葩"经营模式。不做推销，不打广告，没有促销，坐在家门口，经销商就来抢货。不上市、不贷款、不融资。别的企业到处找贷款，拉融资，想上市，老干妈却多次拒绝政府的融资建议。现款现货，经销商要先打款才发货，现金流充足的令人结舌。

老干妈口味的各种特色菜遍布大小餐饮饭店，成为其销量的又一重要支撑。

老干妈的市场奇迹和不走寻常路的营销模式，让快消品行业看得云里雾里，到底老干妈凭什么这么牛，真的只是陶华碧老太太的个人商业直觉？

老干妈的一切市场行为和奇迹，都是依托其强有力产品而存在的，它用产品为消费者提供了极致的用户体验。老干妈在产品上做出了硬功夫，让低门槛、易跟随的佐餐酱品类有了门槛。

● 恰到好处的复合口感和最普世口味的抢占。

食品之争，最重要的是口味之争，口味之争首先是抢占最普世的口味。老干妈很好地平衡了辣和香，让最大多数消费者接受，以至于很多消费者一段时间不吃，都会非常惦记。

● 严格到苛刻的原材料把控。

老干妈所用辣椒原料，主产地在遵义，遵义辣椒，曾为出口免检产品。现在，老干妈与当地联合建立无公害干辣椒基地和绿色产品原材料基地，搭建了一条"企业＋基地＋农户"的农业产业链，绝大部分原料都来源于老干妈的自产基地。

● 保证客户价值，把品质稳定做到极致。

一段时间品质好，几个区域品质好都不是难题，难能可贵的是，老干妈卖了这么多年，无论消费者什么时候买，在哪里买，味道都始终如一，这种高度稳定的产品品质就成了一般企业难以企及的竞争力。

● 低价不是低质，创造极致的客户体验。

低端绝对不是低质。紧紧把握这一点的企业，如牛栏山、如老干妈，才有可能成为市场的老大。老干妈的消费人群绝大部分都是中低端消费者，但其扎根这一区域，即使目标市场是中低端人群，也创造出极致的客户体验。

（资料来源：http：//www. cmmo. cn/article－187826－1. html，有改写）

5. 商业分析

商业分析阶段，公司必须复核销售量、成本和利润预算，以确定它们是否满足公司的目标。如果它们能符合，那么产品概念就能进入产品开发阶段。随着新信息的到来，该商业分析也可作进一步的修订和扩充。包括两个具体的步骤：预测销售额和测算成本与利润。预测新产品销售额可参照市场上类似的产品销售历史，并考虑各种竞争因素，分析新产品的市场地位，市场占有率。在预测新产品销售额的基础上，还要采用量本利分析等有效方法进行成本与利润测算，并进一步判定营业风险。

6. 新产品的开发

新产品的开发主要是将通过商业分析的新产品概念交送研究开发部门和技术部门试制成为实体产品模型及样品。同时，进行品牌的包装研制和品牌的设计。应当强调，新产品研究和制造必须使模型及样品具有产品概念所规定的所有特征。在此之前，新产品仅是一种语言与符号描述，其评价成本是比较小的。但在本阶段，研制过程中有时要投入大量的资金。研制的过程可能数日，也可能长达到几个月甚至几年。

7. 市场试销

通过市场试销，了解消费者和经销商对处理、使用和再购买该实际产品将产生什么样的反应。市场试销的规模既受投资成本和风险的影响，也会受时间压力和研究成本的影响。在市场试销中，公司要对以下问题做出决策：

(1) 试销的地区范围：试销市场应是公司目标市场的缩影。

(2) 试销时间：试销时间的长短一般应根据该产品的平均重复的购买率决定。

(3) 试销中所要取得的资料：一般要了解首次购买率的情况（试用率），和重复购买情况（再购买）。

(4) 试销所要的费用支出。

(5) 试销的营销策略以及试销成功后应该采取的战略行动。

8. 商品化

商品化阶段又称为商业性投放。在新产品测试成功后，把新产品批量生产，全面推向市场的过程。新产品投放市场初期往往利润微小，甚至亏损，因此，公司在此阶段应对产品投放市场的时机、区域、目前市场的选择和最初的营销组合等方面做出慎重的决策。

(1) 何时推出新产品？

企业高层管理者要决定在什么时间将新产品投放市场最适宜。例如，如果某种新产品是用来替代老产品的，就应等到老产品的存货被处理掉时再将这种新产品投放市场，以免冲击老产品的销售，造成损失；如果某种新产品的市场需求有高度的季节性，就应在销售季节来临时才将这种新产品投放市场；如果这种新产品还存在着可改进之处，就不必仓促上市，应等到完善之后再投放市场。

(2) 何地推出新产品？

企业高层管理者要决定在什么地方推出新产品最适宜。一般情况，企业是先在主要地区的市场推出，以便占有市场，取得立足点，然后再扩大到其他地区。因此，企业特别是中小企业须制定一个市场投放计划。在制定市场投放计划时，应当找出最有吸引力的市场先投放。在选择这一市场时要考察这样几个方面：市场潜力、企业在该地区的声誉、投放成本、该区调查资料的质量高低、对其他地区的影响力以及竞争渗透能力。此外，竞争情况也十分重要，它同样可以影响到新产品商业化的成功与否。

(3) 向谁推出新产品？

企业高层管理者要把新产品的分销和促销目标面向最优秀的顾客群。企业高层管理者可以根据市场试验的结果发现最优秀顾客群。对新上市消费品来讲，最优秀的顾客群一般应具备以下特征：他们是早期采用者、他们是大量使用者、他们是观念倡导者或舆论领袖且能为该产品做正面宣传、接近这一市场的费用低廉。当然，完全具备这几个特征的顾客为数很少，企业应根据这些标准对不同的顾客群打分，从而找出最优秀的顾客群。

(4) 如何推出新产品？

企业管理部门要制定开始投放市场的市场营销战略。这里，首先要对各项市场营销活动分配预算，然后规定各种活动的先后顺序，从而有计划地开展市场营销管理。

四、新产品开发的驱动因素

新产品开发的驱动因素主要有：消费者驱动、竞争驱动和技术驱动。从消费者驱动、竞争驱动和技术驱动角度看，新产品开发侧重点是不一样的，新产品开发步骤也有差异（图8-10）。

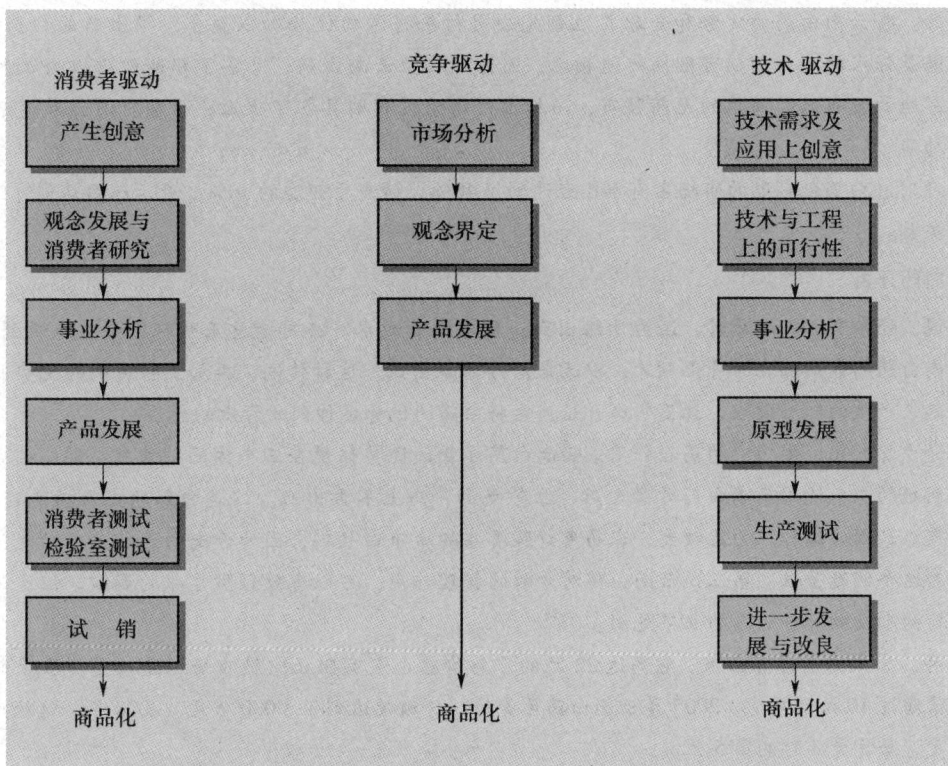

图 8-10 消费者、竞争和技术驱动的新产品开发步骤

（资料来源：吴青松，现代营销学原理，复旦大学出版社）

案例评析

云南白药的产品创新

"云南白药"由云南名医曲焕章在 1902 年创造出来。曲焕章在号称植物王国的云南境内，寻觅中草药物，制成这种 100 多年来大名鼎鼎的中药疗伤药物。它的配方就像可口可乐的配方一样，兼具巨大的商业价值和只存在于传奇中的神秘性质。1993 年，云南白药在深圳证券交易所上市。它的配方也成为国家绝密品种，属于"国家机密"，享受到严格的行政保护。

云南白药在疗伤药物中的地位和它的传奇色彩，让这家以云南白药命名的公司一直受益匪浅。它的产品在市场上总能占据优势，而且这块市场似乎永远不会消逝。即使不做太多的销售努力，它的销售额也在不断增长。到王明辉接任云南白药总经理时，决定改变公司单纯靠云南白药支撑业绩的局面。

云南白药创可贴

云南白药在面向外部竞争对手时，推出的第一个产品是云南白药创可贴。云南白药把目光对准创可贴时，强生公司生产的邦迪创可贴在中国市场正所向披靡。而且，更加致命的是，同样作为外伤治疗和快速止血产品，邦迪正在蚕食着传统的云南白药外用散剂的市场。在邦迪的全盛期，邦迪创可贴的购买率非常高，是云南白药的传统明星产品"云南白药散剂"的 20 多倍。

2001 年，云南白药委托拜尔斯道夫（常州）有限公司生产创可贴，将云南白药在外伤治疗上的优势和拜尔斯多夫材料科学方面的优势结合起来。通过这种方式，云南白药就弥补了自己在材料科学上的弱项。2004 年，云南白药开始与 3M 和一些日本、中国台湾公司合作进行材料科学方面的研发，以开发公司的新产品。将云南白药的优势和全球其他领先公司材料科学的优势加以整合，推出新的白药创可贴，其市场效果是惊人的。白药创可贴同邦迪相比，因为加入了云南白药，具备了邦迪所难以企及的竞争优势。因为邦迪的胶布只是简单的无药胶布，而加了白药的胶布则具备了止血、杀菌、消毒和促进伤口愈合的多重功能。

2007年时，白药创可贴的市场占有率已经达到了40%，领先于邦迪的30%。此后，白药创可贴的优势还在继续扩大。

云南白药牙膏

在中国，经常有人在刷牙时，因为牙龈出血，刷出满嘴血水。公司老总王明辉很偶然地听到，因此，有人将云南白药的散剂洒在牙膏上刷牙，以此来治疗牙龈出血。这种传闻，再加上将白药的优势和普通创可贴结合起来产生的制胜效应，让王明辉开始产生将白药的优势延伸到牙膏上的想法。

同普通牙膏相比，因为它的药理作用，云南白药牙膏的优势体现在三个方面。首先，那些刷牙时碰到牙龈出血问题的人，使用云南白药牙膏之后，立竿见影，马上不再出血。这是白药的止血功能在起作用。第二，长期以来因为工作压力比较大，容易患口腔溃疡的城市白领们，因为云南白药的愈伤功能，可以不再频繁地为这个问题苦恼。第三，云南白药对牙龈的护理作用，可以有效预防牙龈的萎缩。但这是长效功用，不像前两个功效那样惊人的立竿见影。

2004年，云南白药牙膏上市。它高达22元的零售价格也没有阻止它被市场迅速接受，尽管当时市场上鲜有售价超过10元的牙膏。2005年云南白药牙膏的销售额就达到了8 000万元。2008年，这款产品销售超过5亿元，居牙膏品牌的第5位。

类似思路的产品创新还有他们马上要推出的皮肤护理产品、沐浴露，以及云南白药急救包等。前两种类型的产品都是将药物加入到一个成熟产品，开发出一个具有药用功效的全新产品；急救包则是一个整合型产品，云南白药公司在全球范围内寻找最杰出的急救产品，然后打包成一个急救包——因为云南白药品牌在急救方面的专业能力和良好口碑，王明辉相信，这个急救包相应也会具备品牌优势。

到目前为止，这家公司"日化"产品贡献的利润已经占据了整个公司利润的相当份额。也就是说这家公司已经在急剧变形，它越来越像一个日化产品和快速消费品公司。但尽管如此，王明辉仍然坚持，云南白药是一家专业的制药企业。他相信这正是云南白药的核心竞争力之所在，他将专业的药品称为云南白药的"中央"，而另外两块业务，即白药创可贴代表的材料科学与医药结合的业务，云南白药牙膏为代表的个人护理产品业务，被称之为"两翼"。

（资料来源：李翔、余楠，云南白药：从老字号到常青树，长江，2010.01，有改写）

评析： 长江商学院院长项兵曾经将云南白药的这项策略，作为自己"以全球应对全球"战略的一个经典案例加以研究。"云南白药的战略，可谓是'新洋务战略'在国内市场竞争中应用的一个典范。'新洋务战略'并非仅局限于全球收购参股一途，其核心在于整合全球资源，以强制强。不是局限于本土资源，而是放眼全球，在世界范围内寻找可以借用的资源，并结合自身优势，与其融合共生，以产品与商业模式创新，造就全新的竞争优势。"

思考题

1. 请列出您对下列产品类的产品概念的五个层次？
(1) 家用小汽车和商务小汽车
(2) 笔记本电脑
(3) 旅行社

2. 请了解下列组织的产品组合，以及该产品组合的广度、长度、深度与关联性。

（1）海尔集团

（2）联想集团

（3）美的集团

3. 试从产品整体的概念出发，阐述现代企业如何构筑市场竞争优势？

4. 试述产品的生命周期各阶段的特点及营销策略。

5. 简述新产品开发的流程。

本章实训

一、实训目的

通过对实践案例的整理和分析，使学生能够对何为营销创新有感性的认知，理解营销创新出现的背景，及其对企业和消费者的意义，能够发现当前环境下营销创新的机遇和挑战。

二、实训内容

1. 实训资料：以一种自己熟知的商品为例，搜集其产品进入市场的案例。

2. 具体任务：根据本章对产品策略介绍，分小组讨论分析案例。

3. 任务要求：

（1）分析案例中这种商品是如何进入市场，并被广大消费者所接受；

（2）总结产品上市要把握的关键之处。

三、实训组织

1. 根据全班上课人数，将全班同学分成若干小组，采取组长负责制，全体组员协作完成课堂任务。为了避免不同小组所搜集案例重复，各小组组长将所选案例进行提前汇总，并进行协商，确保所选案例不重复。

2. 确定所选案例后，各小组进行下一步分工，对案例进行分析、汇总。

3. 经过小组讨论后，完成实训报告及汇报PPT。

4. 根据课时具体安排，不同小组分别选派成员对报告进行讲解，并回答其他组成员的问题。

5. 任课教师对实训课程的结果进行总结，提出相应的意见及建议。

四、实训步骤

1. 任课教师布置实训任务，介绍实训要点和搜集材料的基本方法。

2. 各小组明确任务后，按照教师指导根据具体情况进行分工。

3. 各小组定期召开小组会议，对取得成果进行总结，遇到问题及时与指导教师沟通。

4. 完成实训报告及展示所需要的PPT等材料，实训报告中应包括案例来源、案例分析及遇到的难题与解决方案、启示等内容。

5. 各小组对案例进行课上汇报，教师对各组的汇报进行点评及总结。

品牌与包装策略

章 节 图 解

第一节 品牌概述	一、品牌的概念
	二、品牌的作用
	三、品牌的特征与功能
	四、品牌资产

第二节 品牌定位与设计	一、品牌定位的概念
	二、品牌定位的理论基础
	三、品牌定位的原则
	四、品牌定位的步骤
	五、品牌定位的方式与策略
	六、品牌设计

第三节 品牌策略	一、品牌化策略
	二、品牌所有者策略
	三、品牌统分策略
	四、品牌延伸策略
	五、多品牌策略
	六、品牌再定位策略

第四节 包装与包装策略	一、包装概述
	二、包装的作用
	三、包装的设计
	四、包装策略

学习目标

- 掌握品牌的概念
- 掌握品牌资产的内容
- 了解品牌管理的内容
- 掌握品牌营销策略
- 了解包装策略

关键概念

- 品牌
- 品牌资产
- 品牌定位

引导案例　　"褚橙"的品牌营销

1979 年，褚时健 51 岁成为玉溪卷烟厂厂长，这是一位到了烟厂才开始抽烟的厂长。一手将这家地方小厂打造成亚洲第一烟草企业，被称为"烟王"。1999 年，褚时健因贪污被判处无期徒刑，后减刑至 17 年。该案引发了国企领导人薪酬制度的改革。就在褚时健被判刑的第二年，红塔集团新总裁拿到了 100 万年薪。而褚时健当了 18 年的厂长，全部收入仅 88 万。74 岁保外就医后，与妻子承包荒山开始种橙。

几年后，名为"云冠"的冰糖橙上市，老两口在街头促销。在过往行人眼里，这对老夫妻与其他的水果摊贩没有什么区别，包括他们叫卖的橙子。当地冰糖橙品牌繁多，市场竞争很激烈，橙子怎么卖出去，成了一个大问题。后来，老伴马静芬想打出一个"褚时健种的冰糖橙"的横幅。褚时健起初不同意，但马静芬坚持。结果，横幅一打出来，橙子很快销售一空，"云冠"反被渐渐淡化，"褚橙"的名字也被叫开了，成了品牌。

"褚橙"命名的成功之处在于：

- 易读、易记。品牌名称只有易读、易记，这样才能高效地发挥它的识别功能和传播功能。"褚橙"是"褚时健种的冰糖橙"，非常容易记住。它简洁明快，易于传播。它具备独特的个性，不会与其他品牌名称混淆。它有气魄，由于褚时健个人经历，使"褚橙"具备冲击力及浓厚的感情色彩，给人以震撼感。

- 暗示属性。"褚橙"暗示了质量保证，"褚时健种的冰糖橙"把自己的名字和产品联系在一起，实际上就是用信誉做了担保。

- 启发联想。品牌名称也应包含与产品或企业相关的寓意，让消费者能从中得到有关企业或产品的愉快联想，进而产生对品牌的认知或偏好。"褚橙"则给人一种生命不息，奋斗不止的精神文化。

（资料来源：王玉波，"褚橙"热卖的品牌营销启示，2014.4）

引导问题

为什么"褚橙"会热销？"褚橙"的品牌定位是什么？

第一节　品牌概述

一、品牌的概念

品牌（Brand）一词来源于古挪威文字"Brandr"，中文意思是"烙印"。当时的游牧部落在马背上打上烙印，上面写着"不许动，它是我的。"并附有各部落的标记，用以区分不同部落之间的财产，这就是最初的品牌标志和口号。

品牌的最初含义，首先是区分产品，其次是通过特定的口号在人们心中留下烙印。带意义的品牌，是指消费者和产品之间的全部体验。它不仅包括物质的体验，更包括精神的体验。品牌概念随着实践中的品牌发展而不断丰富。品牌向消费者传递一种生活方式，人们在消费某种产品时，被赋予一种象征性的意义，最终改变人们的生活态度以及生活观点。

品牌由品牌名称、品牌认知、品牌联想、品牌标志、品牌色彩、品牌包装以及商标等要素组成。它是整体产品的一部分，是制造商为其产品规划的商业名称，基本功能是将制造商的产品与竞争企业的同类产品区别开来。美国营销学权威菲利普·科特勒（Philip Kotler）认为：品牌就是一个名字、名词、符号或设计，或是上述的总和，其目的是要使自己的产品或服务有别于其他竞争者。从消费者方面讲，品牌是一种心理上、情绪上的认同。一个品牌能表达出六层意思：

（1）属性。一个品牌首先给人带来特定的属性。例如，梅塞德斯·奔驰（Mercedes – Benz）表现出昂贵、制造优良、工艺精湛、耐用、高声誉。

（2）利益。属性需要转换成功能和情感利益。例如，属性"耐用"可以转化为功能利益："我可以几年不买车了"。属性"昂贵"可以转换成情感利益："这车使我令人羡慕，帮助我体现了重要性"。

（3）价值。品牌还体现了该制造商的某些价值感。梅塞德斯·奔驰体现了高性能、安全和威信。

（4）文化。品牌可能象征了一定的文化。梅塞德斯·奔驰意味着德国文化：有组织、有效率、高品质。

（5）个性。品牌代表了一定的个性。梅塞德斯·奔驰可以使人想起一位不会无聊的老板（人），一头有权势的狮子（动物），或一座质朴的宫殿（标的物）。

（6）使用者。品牌还体现了购买或使用这种产品的是哪一种消费者。

营销链接 9—1 ....

全球品牌命名的失误

（1）当 Braniff 将一句宣传室内装潢产品的广告语"展翅飞翔"翻译成西班牙语时，却成了"赤裸裸地飞翔"。

（2）养鸡大王弗兰克·珀杜（Frank Perdue）在广告语"可以让一个粗鲁的人来喂养温柔的小鸡"用西班牙语表达却成了"让一位性感的男人对小鸡充满柔情"。

（3）丰田汽车公司在将 MR2 型车引入法国时，不得不将型号中的 2 去掉，因为听起来很像法语中的粗话。

（资料来源：凯文·莱恩·凯勒，战略品牌管理（第 2 版），2007.04，P158）

此外，比较有代表性的定义还有：

美国市场营销协会（American Marketing Association，AMA）："品牌是一种名称、名词、标记、符号或设计，或是它们的组合，其目的是识别某个销售者或某群销售者的产品或劳务，并使之同竞争对手的产品和劳务区别开来。"

大卫·奥格威："品牌是一种错综复杂的象征——它是产品属性、名称、包装、价格、历史声誉、广告方式的无形总和，品牌同时也因消费者对其使用的印象以及自身的经验而有所界定。"

唐·舒尔茨给出最简短的定义：品牌就是为买卖双方所识别并能够为双方都带来价值的东西。

综上所述，从市场营销角度，品牌应具备以下几个要素：

第一，经申请、核准注册、受法律保护的商标；

第二，有自己的产品（生产或代理）；

第三，产品能与竞争对手的产品区别开来；

第四，产品与消费者产生联系。

因此，从市场营销的角度而言，品牌就是具备经申请、核准注册、受法律保护的商标，且具备能让消费者有效地识别、区分竞争对手的产品与消费者所发生的一切关系，而这种关系必须通过市场来检验。

根据国际上通行的理解和惯例，品牌由品牌名称、品牌标志和商标组织而成。品牌名称指品牌中可用语言表达的部分，如海尔、联想、TCL、康佳等。品牌标志指品牌中可识别、辨认但不能用语言称谓的部分，包括符号、图案、色彩或字体，如可口可乐的英文图案、太阳神的标志图案。

商标是品牌的法律表现形式，指在政府有关部门依法注册，受到法律保护的整个品牌或品牌中的某一部分，如注册了的图案、符号、字体等。经注册的商标，所有者受法律保护享有该商标的专用权。在市场营销管理过程中，企业为其产品设计和规定品牌名称、品牌标志，并向政府有关部门注册登记的一切活动，则称之为品牌化（Branding）。

根据品牌概念可将品牌分为功能性、形象性、体验性三种。

功能性品牌概念，顾名思义，即该品牌强调解决外部产生的消费性需求。如飘柔洗发水强调双效合一，洗发润发一次完成。功能性的产品，因为注重产品所能提供的功能，形象概念的形成过程是由下而上的（Bottom-Up）。

形象性品牌则强调社会地位与自我形象的联结。如劳力士（Rolex）手表、蒂法尼（Tiffany）珠宝。不同类别的两种产品，其品牌概念的形成过程也不一样。形象性产品则相反，他们较难将产品的特质和产品做联结，其形象的形成过程是由上而下的（Up-Bottom）。

体验性的产品，其需求则来自产品所能提供消费者感官上的愉悦、多样性或是在认知上的刺激。这样的分类法通常指的是品牌，而非产品。不过理论上，任何一种产品都能被定位成三种之一，而且和感性消费及理性消费的概念相一致。功能性品牌属于理性消费产品，而象征性和体验性品牌产品属于感性消费产品。

二、品牌的作用

在产品日益同质化的时代，产品的物理属性已经相差无几，唯有品牌给人以心理暗示，满足消费者的情感和精神寄托。

对于消费者而言，品牌首先是一种经验。在物质生活日益丰富的今天，同类产品多达数百甚至上千种，消费者根本不可能逐一去了解，只有凭借过去或别人的经验加以选择。因为消费者相信，如果在一棵果树上摘下的一颗果子是甜的，那么这棵树上其余的果子也都会是甜的。这就是品牌的"果子效应"。其次，品牌是一种保证。对于陌生的事物，消费者不会轻易去冒险，对于品牌和非品牌的产品，消费者更愿意选择的是品牌产品。这时，品牌给消费者以信心和保证。比如一场足球赛，如果有马拉多纳出场，球迷会更愿意观看，因为球迷相信，只要马拉多纳出场，这场球赛一定很精彩。在这里，马拉多纳就是品牌，就是保证和信心。次之，品牌更是个性的展现和身份的象征。穿皮尔卡丹和穿雅戈尔，喝 XO 和喝二锅头，坐法拉利和坐夏利，使用什么样的品牌，基本上就表示你是个什么样的人。同样是牛仔，穿万宝路牛仔，表示你是个有男子汉气概的人，而穿李维斯（Levis）牛仔，则表示你是个自由、反叛、有性格的人。

对竞争者而言，品牌是一种制约。在某些领域，市场强势品牌业已形成，留给后来者的市场机会非常小。而在没有形成强势品牌的领域，竞争者将面临大好的市场机会，受到的制约相对较小，有时不需"高难动作"便可取得成功。

对于品牌自身而言，品牌是一种契约。不过这种契约不是写在纸上的，而是存在于人们的心中。品牌向天下人承诺：我是优秀的，我是值得信赖的，选择我就选择了放心。而一旦它违背了自己的承诺，那么，它在人们的心中等于已经毁约，人们将感到受欺骗而从此不再相信它。

三、品牌的特征与功能

1. 品牌的特征

（1）品牌本身没有物质实体。品牌自身是无形的，不具有独立的物质实体，不占有空间，它必须通过一定直接或间接的物质载体，如符号、色彩、文字等表现其自身。

（2）品牌属于专有，并且通过使用能为拥有者取得持续的经济效益。品牌是企业的无形资产，因此对企业的生产经营和服务能够较长期地持续地发挥其资产的作用。

（3）品牌具有明显的排他的专用性。这种排他的专用性，有时通过企业自身保密和反不正当竞争法来维护（如专有技术、经营秘密）；有时则通过适当公开其内容作为代价以取得广泛而普遍的法律保护（如专利权）；有时则又借助法律保护并以长期生产经营服务中的信誉取得社会的公认（如商标、品牌认知等）。

（4）品牌提供的未来经济效益具有较强的不确定性。品牌潜在价值可能很大，也可能很小，即有时可使产品取得很高的附加值，有时则由于在技术与经营服务更新上竞争不力，未能保持产品质量更好、性能更新、成本更低，从而使企业原有的品牌迅速贬值。这种不确定性与风险性是品牌资产评估复杂性的重要原因之一。

2. 品牌的功能

（1）识别功能。品牌可减少消费者在选购商品时所花费的时间和精力。消费者会对品牌产生一种整体感觉，这就是品牌认知。当消费者购买具有某种使用价值的商品时，面对琳琅满目的商品，他们的购买行为首先表现为选择、比较。而品牌在消费者心目中是产品的标志，它代表着产品的品质、特色。同时，品牌是企业的代号。品牌在消费者的心目中代表着企业的经营特色、质量管理要求等，从而在一定程度上迎合了消费者的兴趣偏好，节省了消费者购买商品时所花费的精力。

（2）保护消费者权益的功能。由于品牌具有排他的专用性特征，品牌中的商标通过注册以后受到法律保护，禁止他人使用。如果产品质量有问题，消费者就可以根据品牌溯本求源，追究品牌经营者的责任，依法向其索赔，以保护自己的正当权益不受侵犯。

（3）促销的功能。品牌的促销功能主要表现在两方面：一是由于品牌是产品品质标志，消费者常常按照品牌选择产品，因此品牌有利于引起消费者的注意，满足他们的欲求，实现扩大产品销售的目的。二是由于消费者往往依照品牌选择产品，这就促使生产经营者更加关心品牌的声誉，不断开发新产品，加强质量管理，树立良好的企业形象，使品牌经营走上良性循环的轨道。

（4）增值的功能。品牌是一种无形资产，它本身可以作为商品买卖。世界十大著名品牌的品牌价值都是近乎天文数字。品牌资产是一种超越商品有形实体以外的价值部分。它是与品牌名称、品牌标识物、品牌知晓度、品牌忠诚度相联系的，能够给企业带来收益的资产。品牌资产与品牌名称、品牌标识物密切相联。如果品牌名称、品牌标识物发生了变化，品牌资产也要发生变化，企业资产负债表中的有关内容也要随之进行调整。

品牌只有在其所创造的价值被目标消费群认知、认同时，品牌才能成为有意义、有吸引力的品牌。若脱离了"价值创造"的核心工作，品牌将变成一场逐梦的游戏。事实上，失去"价值焦点"的品牌，其推销活动只是一场游戏：花钱、费力，但筑起的却是沙滩城堡。

四、品牌资产（又称品牌权益）

品牌是一种超越生产、商品、有形资产以外的价值。根据美国加州大学大卫·艾克教授出版的《经营品牌权益》专著，提出了组成品牌资产（Brand Equity）的五大元素：即品牌忠诚度、品牌知名度、品牌认知度、品牌联想及其他资产。如图 9-1 所示。

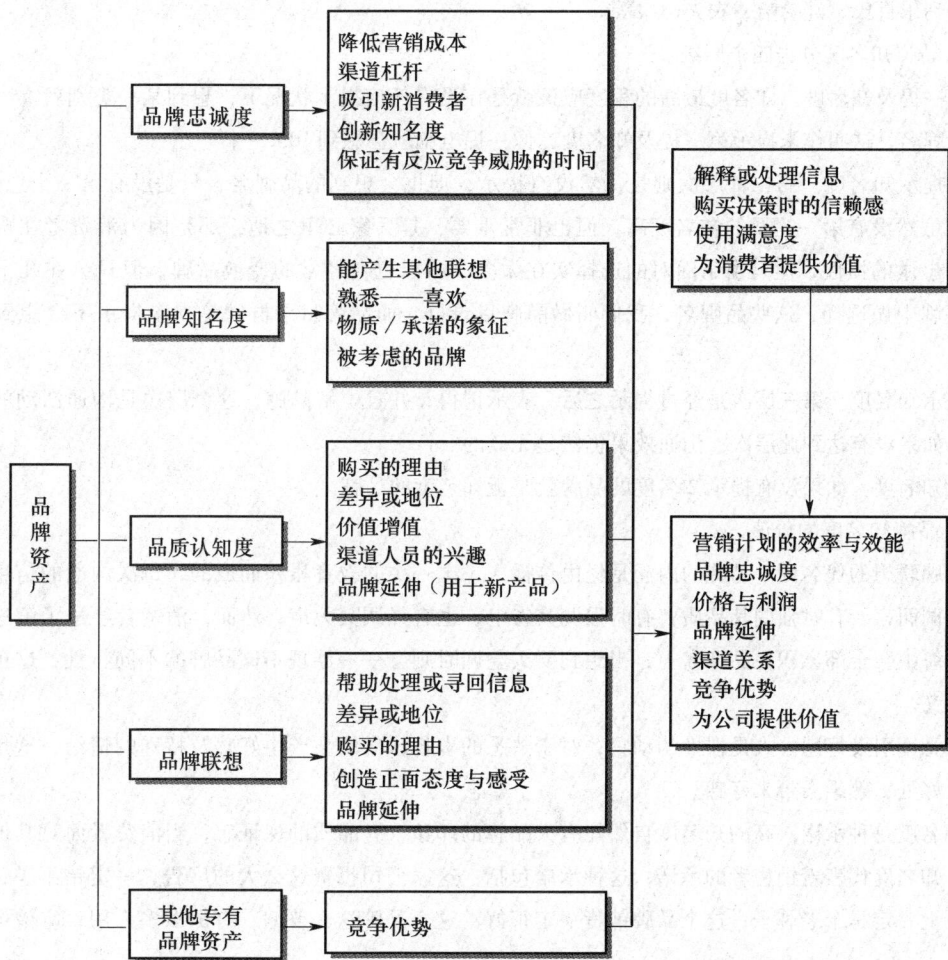

图 9-1　品牌资产的决定因素

1. 品牌忠诚度

品牌忠诚度是说消费者持续购买同一品牌，即使是面对更好的产品特点，更多的方便，更低的价钱，也会如此。一般根据忠诚度的高低分为五层：承诺购买者、情感购买者、满意购买者、习惯购买者、无品牌购买者。品牌忠诚度是品牌资产的主要核心，其价值所在可以用下列几点来说明：

①降低营销成本：品牌忠诚度高表示消费者离开的概率较低，对营销人员而言，要维持原有的业绩或是扩大成长，在营销费用的投入上，皆可以比品牌忠诚度低的品牌来得节省。

②易于铺货：好销的产品必然可以争取到较好的货架陈列位置，在通路经营上也会有较好的谈判能力。

③易于吸引新的消费者：品牌忠诚度代表着每一个使用者都可以成为一个活的广告，不仅有较高的知名度，也会为产品做见证，减少新的消费者风险的认知。

④面对竞争有较大的弹性：当同样面对竞争时，品牌忠诚度高的品牌，因为消费者改变的速度慢，所以可以有更多的时间、空间去做准备，反击竞争者。

2. 品牌知名度

品牌知名度是指消费者想到某一类别的产品时，脑海中能想到或辨别某一品牌的程度，例如想到矿泉水就会想到乐百氏、娃哈哈、农夫山泉等。

（1）品牌知名度分为四个层级。

①第一提及知名度。知名度最高的程度应该就是在没有任何提示状况下，想到某一类别就立刻想到并且说出品牌名，这叫作未提示第一提及知名度，像一提电脑就会想到 IBM 一样。

②未提示知名度。第二种层次则是仍然没有提示，但也会想到的品牌名，只是没有第一个想到而已，这个层级虽然没有第一提及的知名度高，但也非常重要，是兵家必争之地，那是因为消费者在购买时固然有品牌忠诚的惯性，但是由于面对的选择实在太多，所以也会经常的变换品牌，但只会在几个深植脑海中的品牌中做选择，这些品牌名，我们叫做品牌目录群，而品牌目录群就是在未提示下会想到的那些品牌。

③提示知名度。第三层次是经过提示之后，表示记得，并且了解品牌，这个层次是沟通活动的第一个目标站，如果没有达到此层次，沟通效果仍然是无效的。

④无知名度。如果没有提示知名度的品牌就是无知名度的品牌。

（2）品牌知名度的价值。

①品牌联想的代名词。品牌的内涵是经由传播，一次一次的教育累积而成的，每次沟通的信息不尽相同。对空调而言，有时强调其品质，有时强调其省电，也有强调其无声，然而，消费者经过了解这些信息后，在脑海中会全部累积在品牌名上，当想到要买空调时则会一一浮现不同品牌的不同特性，这正是品牌认知的意义。

②熟悉度引发好感。人是惯性的动物，对于熟悉的事物，自然会产生好感及特殊的情绪，这是知名度的第二个好处，熟悉会带来好感。

③知名度是种承诺。高的知名度自然能有大品牌的印象，有品质的保证感，当消费者面对其他同样的商品时，知名度代表着销售者的承诺，这种承诺包括：这家公司投资这么大的广告，一定错不了；这个品牌在市场上一定是个老牌子；这个品牌铺货一定很好；这个品牌这么普遍，有那么多人用，应该可以放心使用。

④品牌目录群之一。知名度高，能够成为消费者在购买时，主要考虑的品牌之一，是销售成功的关键所在。

3. 品质认知度

品质认知度是指消费者对某一品牌在品质上的整体印象。何为品质的内涵？到底什么叫做高品质？为什么德国西门子的品质能深得人心？品质指的一定是生产上的问题吗？具体而言，产品品质是指：

①功能。空调可以产生多么舒适的空气品质；洗衣机能把衣服洗得多么干净；电视机的画面有多么清晰好看。

②特点。像附有遥控装置的空调、具有直角画面的电视机、附有安全气囊的汽车，与不具备这些功能的产品相比较就有较高的品质，也就是指较低的不良率。这种比较，单纯是指生产上的品质标准是否达到。

③可依赖度。每次买到的产品其品质是否具有一致性，尤其是电子产品，如果常常买到有问题的，或是品质不稳定的产品，消费者自然会失去信心及依赖感。

④耐用度。耐用度是指产品可以使用的年限，像桑塔纳轿车，就以结实耐用而闻名。

⑤服务度。是指销售产品时，服务优劣的程度，像提供 24 小时的服务、日本汽车的售后服务。

⑥高品质的外观。单纯从外观上看，是否具有高品质的感觉也很重要，因为这是消费者能以肉眼去判断的地方。

品质认知度的价值：

①提供购买的理由：好品质的商品是所有消费者的选择，如果没有品质的认定，品牌是不可能被列入考虑范围的。

②差异化定位的基础：在选择具有竞争力的定位时，必须确定诉求点是消费者所真正喜爱的特点，而这些特点也通常是那些品质上的特点，所以在寻找定位时，如果能在品质上找到差异化的竞争优势则是最强有力的市场定位。

③高价位的基础：对于高价位的商品，消费者通常会期望具有较好的品质，所以，较好品质的商品如果卖较高的价位，消费者也是会接受的。

④通路的最爱：高品质的产品，代表着消费者购买意愿，也正是经销商的最爱，所以具有高品质印象的产品在铺货力上具有相当好的先机。

⑤品牌延伸性：具有高品质印象的品牌在品牌延伸上有更大的能力，因为消费者会将原有的品质印象转嫁到新的产品线上，这对新的产品线而言，是很大的帮助。

4. 品牌联想

品牌联想是指透过品牌而会有的所有联想，像麦当劳，消费者可能联想到汉堡、麦当劳叔叔、干净、工读生等。

如果这些联想能组合出一些意义，这个有意义的印象就叫做品牌印象。譬如说对麦当劳的品牌印象是最大、品质最好的国际性连锁公司。而品牌形象则是品牌定位沟通的结果，所以品牌定位具有操作性、参考性，经过传播之后，在消费者脑海中形成许多的品牌联想，最终构成一个销售意义的品牌印象。

品牌联想的价值：

①差异化。广告的最主要功能之一就是在于企图教育消费者，使其对品牌能立刻产生联想，而所想到的特质，正是该品牌的独特销售点（USP），进而对品牌产生差异化的认知，甚至好感及购买欲，这也正是传播上定位的主要目的。

②提供购买的理由。大部分的品牌联想，都是直接与消费者利益有关，而这些利益点也正是消费者购买的理由。如奔驰品牌象征着一种社会地位，所以奔驰轿车就成为许多大企业老板的首选。

③创造正面的态度及情感。在传播上，常有理性诉求和感性诉求两种做法，理性诉求所要说明的是为什么，所以必须提供许多的理由，而感性诉求则相反，是利用消费者对事物的自然情感转嫁到对品牌的情感，像化妆品常借美丽的画面或音乐来产生偏好，软性饮料像汽水也常利用欢乐的场合、气氛来教育喝的时机，这些联想固然不是理由，却都能产生正面的情绪联想。

④品牌延伸的依据：麦斯威尔咖啡成功地建立"好东西与好朋友分享"的品牌印象，如今依据这一印象，品牌延伸推出麦斯威尔罐装咖啡，在营销成本及效果上皆有事半功倍的好处。

5. 其他资产

除了上述四种资产以外，尚有一些归类上不明确的资产，例如著作权、专利、商标登记等。品牌除了在消费市场具有资产价值外，在法律上因为法律登记可以得到保护，所以也无形中成为另一种资产。

第二节　品牌定位与设计

一、品牌定位的概念

定位（Positioning）一词最初是由美国营销学家艾·里斯（Ai Ries）和杰克·特劳特（Jack Trout）于20世纪70年代早期提出来的。定位是针对现有产品的创造性的思维活动，它不是对产品采取什么行动，而是主要针对潜在顾客的心理采取行动，即定位不在产品本身，而在消费者心底。

品牌定位是在产品定位基础上的升华和规范化。产品定位指的是产品的市场定位，是确定企业的产品在市场上的位置。它是通过企业为自己的产品创立鲜明特色和个性，从而塑造出独特的市场形象而实现的。一般来说，产品定位要通过产品的性能、构造、形状、规格、档次、价格、质量、款式等表现出来。它与一定的消费者群体有直接的关系。产品定位既要考虑市场的需求和消费者的特点，又要考虑企业自身的资源条件和营销环境。所谓品牌定位，就是指建立或塑造一个与目标市场有关的品牌形象的过程与结果。它与这一品牌所对应的目标消费群应建立一种内在的联系。例如，在中国市场，奥迪A6轿车定位于商务与公务用车的高端用户；茅台酒则定位在贵宾或高级礼品的层次上。品牌定位要有相对的稳定性，不应随意变动。例如，美国派克品牌金笔，一向定位在高档消费的品位上，是名贵金笔的象征，后来派克金笔想占领低档大众化市场，开发出廉价低档笔，结果在消费者中引起误解，以为派克笔质量下降了，许多人便不再购买派克笔。派克笔不仅没有成功开拓低档笔市场，而且连原来具有明显优势的高档笔市场份额也被竞争对手抢占了不少。

成功品牌的特征是它们被准确地定位，并进行有效的传播沟通，把品牌定位的信息明确地、始终如一地传递给消费者。

二、品牌定位的理论基础

随着营销学理论发展，各种品牌理论从不同的角度和层面对品牌的内涵进行了深度和广度上的挖掘，但由于品牌含义的多方面性，任何简单的定义都难以概括其内涵，品牌理论内涵的演进经历了三个阶段。

第一阶段：品牌就是品牌标识。菲利普·科特勒认为"品牌是一个名称、术语、标记、符号、图案，或是这些因素的组合，用来识别产品的制造商和销售商"。品牌在这里不过是一种识别标志，是一种产品的功能和特色所能给予消费者的利益的承诺和保证。

第二阶段：品牌就是品牌形象。20世纪50年代，大卫·奥格威认为品牌是一种错综复杂的象征，是品牌属性、包装、名称、价格、历史、声誉、广告风格的无形组合。品牌同时也是因消费者对其使用的印象及自身的经验而有所界定，品牌是一种象征，是消费者的感受和感觉。在这一阶段品牌理论的内涵较之前一阶段发生了质变，已超出了功能的利益，突出心理上的利益。

第三阶段：品牌就是品牌关系。20世纪末，大卫·A·艾克认为品牌就是产品、符号、人、企业与消费者之间的联结和沟通，品牌是一个全方位的架构，牵涉到消费者与品牌沟通的方方面面。品牌被视为"关系的建筑师"，被视为一种"体验"，一种消费者能亲身参与的更深层次的关系，一种与消费者进行理性和感性互动的总和。

以上三个阶段，品牌理论的内涵在深化的同时经历了一个从有形到无形不断虚化的轨迹。随着产品同质化程度的加剧和消费者心理需要的提高，品牌的内涵越来越脱离产品有形的物质特性，而转向于消费者对品牌的全方位的体验和感受。品牌作为一种消费者所体验的"无形"资产的重要性远远超过其作为产品的"有形"资产。品牌从一种可视可以感觉的有形标识转向对品牌感受和体验的总和，越来越深入到消费者的心理层面，直至作用于终极价值。

从品牌理论发展的三个阶段我们还可以看出，品牌概念经历了从以生产者为中心转到以消费者为中心的轨迹。在品牌就是标识阶段，品牌是偏向生产者的，强调是对生产者的识别；在品牌就是品牌形象阶段，其中心开始转向消费者，着眼点转向品牌在消费者心中的形象和感受，但仍是结合了生产者和消费者二元中心；在品牌就是品牌关系阶段，则完全是以消费者为中心，着眼点在于品牌与消费者各个方面的接触点，只是强调品牌和消费者之间的紧密关系。

强调品牌与消费者的关系是无可厚非的，但我们不能忽视或脱离生产者、社会这两个中心。根据市场营销理论提出的产品整体概念，产品分为核心层、有形层和延伸层三个层次。产品核心层是指消费者使用产品所得到的利益。顾客买东西的根本目的在于它给自己带来的实际效用。产品的效用是产品满足功能需求和象征需求的能力。其中象征需求的满足必须是建立在功能需求满足的基础之上。没有生产者对品牌的生产，就不可能有消费者对品牌的认同，所以消费者中心，必须建立在生产者中心之上。从而体现出生产者这个中心在三元中心结构中的基础作用和地位（图9-2）。品牌的生产和销售过程必须考虑到其社会角色和社会责任，才能成为百年品牌。

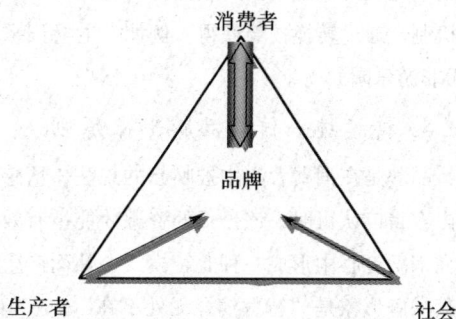

图9-2　品牌三元中心结构

三、品牌定位的原则

品牌定位要突出品牌个性，但并非可以随心所欲地定位，品牌定位更适合从传播策略的角度去进行。品牌定位是从市场定位开始的，首先必须找到我们想要开发的市场（市场定位），然后针对这个市场、这部分消费群体，我们应该开发什么样的产品去满足他们的需求（产品定位），然后是针对这部分消费群体，针对我们的产品，应该塑造一种什么样的品牌形象——品牌形象定位。在知道我们的品牌应该塑造一种什么样的形象后，就要建立完善的品牌识别系统把这种形象传达出去——靠品牌的传播传达出去。因此品牌定位时应依据一定的原则，否则会适得其反。通常有以下四项定位原则。

1. 规划和执行品牌识别原则

品牌识别是品牌策划和传播的基础，没有品牌识别，就无法对品牌产生任何传播和购买行为。当一个品牌定位存在时，必须有与之相匹配的品牌识别相组合，这样才能将品牌的价值主张传播发展。一个优秀的品牌有赖于品牌名称与商标的精心设计。有战略眼光的企业家都极其重视品牌的命名与设计。例如，美国埃克森石油公司（Exxon Mobil Corporation）为设计商标而耗资1.22亿美元，前后花了6年时间，聘请了经济学、心理学、语言学、商品学等方面的专家，研究了世界上55个国家的语言和风俗习惯，最后才从1万多个设计中，确定"Exxon"为品牌。

2. 切中目标消费者原则

品牌定位是站在消费者的角度进行的，必须设定一个特定的对象，而这个特定的对象应该是目标消费者。定位时要让品牌在目标消费者心目中获得一个有利位置，除了产品的功能利益外，还应有心理、情感、象征意义上的利益，如果目标消费者根本无法理解该品牌所传达的信息，定位则宣告失败。此外在进行品牌定位时，要始终如一地将品牌的功能、利益和消费者心理上的需要联系起来。

3. 创造品牌的差异化竞争优势原则

竞争者是影响定位的重要因素。没有竞争的存在，定位就失去了价值；没有差异，就没有竞争的存在。差异创造竞争的价值，差异创造品牌的第一位置。品牌定位本质上应展现自己相对于竞争者的优势，以自己的竞争优势占领市场是企业不变的法宝，通过定位向消费者传达自己的优势，从而达到引起消费者注意的目的。用于突出自己品牌和竞争对手之间的差异性有产品、服务、人、形象、渠道等要素。当产品同质程度太高，较难差异化时，要想取得成功的关键常常有赖于服务的增加，如海尔推出的售后星级服务。无数的事实证明：品牌的个性和形象也是创造不同品牌产品差异的有效方法。例如，百事可乐、万宝路香烟；分销渠道也可以成为公司差异化的选择，如戴尔电脑的直销模式。差异化的实行还可以利用消费者心理认知机制，通过转换技巧获得。例如，七喜汽水定位为"非可乐"饮料；香港海洋公园定位为"教育机构"（而非游乐园）等。

4. 持续统一传播品牌形象原则

品牌是在消费者心中被唤起的想法、情感、感觉的总和。因此，只有当消费者心智中关于该品牌定义的内容得以认可时，该公司的资源才能被有效地利用，产生积极的效益和联想。品牌持续统一的传播，可以在消费者心中形成一种心智模式，从而产生品牌的知名度和忠诚度。例如，摩托罗拉手机一直在全球传播其品牌形象是"智慧演绎无处不在"。成为商务人士和成功人士的首选品牌手机。

四、品牌定位的步骤

1. 市场分析

市场分析要求在为品牌进行定位之前，作详细的市场调查，了解竞争对手的特点，明确自己的竞争优势。调查包括：

（1）该产品的目标消费者群。

（2）消费者购买该品牌产品的理由。

（3）市场上同类竞争者产品情况，有什么优缺点。

（4）竞争者品牌是如何定位的，有什么不足，又有哪些方面值得借鉴。

2. 选择本品牌的竞争优势

（1）确定本品牌的优势有哪些。

（2）确定本品牌各种优势的大小。

（3）确定本品牌可以用来定位的优势。

3. 品牌定位设计

品牌定位设计就是对品牌定位进行初步的规划和筛选。主要包括：

（1）根据已确定的品牌优势进行品牌定位。

（2）如何表达品牌的定位，可设计多种不同方案，然后从中进行优选。

（3）如何把有限的资金用在定位上。

4. 品牌定位的实施

品牌定位设计完成后，要使产品在消费者心目中扎根，建立起该企业产品的形象，必须借助各种方式进行有效的传播。因此品牌定位的实施包括实施有效广告创意及选择合适的广告媒体，因为广告常常是在消费者中传播和建立品牌形象的重要手段。除此之外，也要有效地利用公关、营业推广等其他必要的市场促销活动。

营销案例 9-1

特斯拉的品牌定位

特斯拉汽车公司成立于 2003 年，总部设在硅谷，是世界上第一个采用锂离子电池的电动车公司，其生产的电动汽车成为了最畅销的电动汽车，被称为"汽车业中的苹果"。

特斯拉汽车作为新能源汽车，将其品牌定位为高端跑车，通过错位营销策略，实现了竞争优势的互补效应，通过其竞争优势的提高，进而获得了广阔的市场。特斯拉汽车将其电动汽车应用了超级跑车的标准，给消费者带来了全新的感觉。特斯拉汽车的设计者对市场进行了综合的研究，将其目标客户定位富有阶层和社会名流，这类客户对新鲜事物有着狂热的追求，对环保产品有着更大的关注，同时，还具备良好的消费能力，特斯拉的这种面向小众高端的定位，使其产品不仅具备使用功能，更多地将彰显客户的生活态度与生活品位。

（资料来源：http://www.docin.com/p-1125387466.html，有改写）

五、品牌定位的方式与策略

1. 品牌定位的方式

品牌定位的方式主要有两种：一种是以竞争为基础的品牌定位。即找到一个沟通的位置，是自己产品的强点，是被消费者所想要的，也是竞争者所不及的，如图 9-3 所示。竞争的品牌定位强调品牌在处理与竞争品牌关系时所采取的定位。

另一种是以目标市场的品牌定位。为了维持长期的成功，必须把品牌与消费者的目标联系起来。图 9-4 基于目标的品牌定位三角形。有效品牌的定位是根据竞争的环境来确定的，例如摩托罗拉手机由目标市场定位转向了竞争性定位（见营销案例 9-2）。

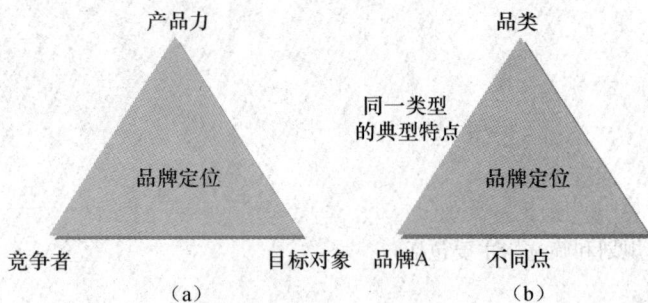

图9-3　竞争定位框图

（a）竞争定位的思考方式；（b）品牌定位三角形

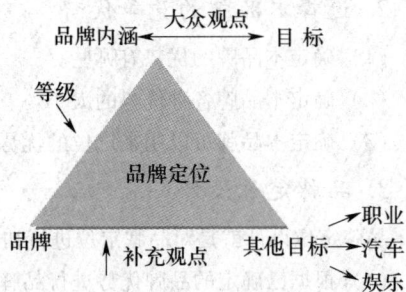

图9-4　基于目标的品牌定位三角形

营销案例9-2

茅台如何酿造品牌

茅台有着神秘悠远的历史，是大曲酱香型白酒的鼻祖，也是中国国酒。在白酒市场上，茅台站在世界的领先地位。贵州茅台开发了茅台系列酒，那么茅台系列酒是如何针对目标市场做好品牌营销的呢？

● **品牌定位：主打高端市场**

"国酒茅台，喝出健康来"。茅台品牌定位为：国酒、绿色食品、世界上最好的蒸馏酒。这个定位包含三个层次："国酒"与历史相连，"国酒"是对"茅台"品牌的形象定位和价值定位，它所反映的是"茅台"酒尊贵的价值观、丰厚的文化观、激情的民族观；"绿色"代表消费趋势，绿色即意味着对健康有利，"健康的酒"是"茅台酒"品牌再定位后的消费定位，是以消费者为导向的一种价值定位策略。"世界上最好的蒸馏酒"则表明品质地位。

茅台酒主要是发展高端品牌，定位在利润率高、有发展空间的高档白酒市场。公司实行高端品牌延伸策略，主要品种为53、43、38、33度"贵州茅台酒"以及80年、50年、30年、15年"陈年茅台酒"、20年贵宾特制、飞天特供等。从而紧紧抓住高端客户，在高端市场进行细分，占领高端市场这一利润大、竞争相对较弱的市场，获得更大的效益。

● **品牌延伸：以中低端市场为辅**

品牌延伸是指企业将具有市场影响力的成功品牌扩展到与成名产品或原产品不尽相同的产品上，以凭借现有成功品牌推出新产品的过程。

巩固核心品牌，扩展延伸子品牌。一直以来，在品牌的掌控上，茅台非常严格。多年来，茅台系列的产品品种达到一千多种，有茅台不老酒系列酒、中王龙系列酒、茅乡龙系列酒、新茅乡系列酒、天赐鸿福系列酒、星级葡萄酒、茅台啤酒等。

茅台酒以"高端品牌策略"紧紧抓住高端客户，占领高端市场这一利润大、竞争相对较弱的市场，获得了良好的效益。但由于在高端市场上遭受五粮液等其他品牌产品的冲击，其针对市场趋势，茅台集团推出了中低档的产品，中低市场也推出了中高档的"茅台王子酒"、中王龙系列酒与中低档的"茅台迎宾酒"、福缘、小幸福等茅台酒系列产品，力争在中低市场占有一席之地。除此之外，其发展思路是：在巩固、发展高档白酒细分市场的基础上，向中低档细分市场进行一定的品牌延伸。

茅台系列的品牌定位既彰显了国酒的贵族魅力，也结合了平民化的路线，受到了各消费层次消费者的青睐。

- **品牌战略**

a. 实施单一品牌战略

"茅台"是一个在社会上很具有社会地位的品牌。茅台集团从1915年开始推进自己的品牌战略，从产品名牌到企业名牌，发展到社会名牌，现在已经成功地树立了"茅台"的知名形象。茅台产品从单一的五星茅台酒发展到飞天茅台及茅台系列酒，飞天茅台出口到了世界的各个国家和地区，使用的都是单一的"茅台"品牌。使得"国酒茅台，喝出健康来"的理念拓展到它下面的系列产品。这种战略的品牌宣传成本低，市场宣传、品牌管理的成本也较低。单一品牌更能集中体现企业的意志，容易形成市场竞争的核心要素，避免消费者在认识上发生混淆，也需要在各个品牌之间的协调。

b. 采用副品牌战略

以"茅台"作为统一品牌的同时，再根据不同产品的特征起一个富有魅力的名字作为副品牌，以突出产品的个性形象。"茅台不老酒"是贵州茅台集团保健酒业有限公司推出的一种保健酒产品，是贵州茅台镇的一种酒产品。采用副品牌的意义有让人感受到全新一代和改良产品的问世、创造了全新的卖点、给品牌注入了新鲜感和兴奋点、妙趣横生而获得了新的心理认同等。

（资料来源：陈曦，茅台如何酿造品牌企业管理，2012.04）

2. 品牌定位的策略

（1）属性定位。根据产品的某项特色进行定位，例如它的历史、规模、绝活等。例如，在世界名车中沃尔沃强调它的耐用和安全，而宝马则强调它的性能及操作的优越性。

当进口红酒蜂拥进入中国市场时，以张裕为代表的国产红酒并没有被击退，而是通过其属性来塑造"传奇品质，百年张裕"的品牌形象，丰富了酒文化内涵，提高了国产干红的地位，使一个拥有传奇品质的民族老字号企业毅然挺立。

（2）利益定位。根据产品能为消费者带来的一项特殊利益的定位。例如，"高露洁，没有蛀牙"；康师傅方便面"好吃看得见"，"保护嗓子，请选用金嗓子喉宝"。利益定位也可以利用一种以上的利益。例如利比公司Um—Bongo品牌定位为"为妈妈带来健康，为小孩制造乐趣"。

（3）使用/应用定位。根据产品的某项使用或应用的定位。比如，"正式场合穿海螺""当你找不到合适的服装时，就穿香奈尔（Chanel）套装""喝了娃哈哈，吃饭就是香"。

（4）使用者定位。是指把产品和一位用户或一类用户联系起来，试图让消费者对产品产生一种独特的知觉，而不考虑它的物理构造和特征。例如，"太太口服液，十足女人味""百事可乐，新一代的选择"。美国雪菲公司（Schaefer）在推销其雪菲牌啤酒时，根据营销中的二八定律，提出广告语"再饮一杯时请用我们的啤酒"，吸引中度、重度啤酒饮用者。

（5）竞争者定位。通过使用一位竞争者作为参考点来识别产品或服务。例如，美国艾维斯汽车出租公司"我们是第二，但我们要迎头赶上"；美国克莱斯勒汽车公司宣称自己是美国"三大汽车公司之一"，借助通用、福特汽车公司来提升自己的地位。

（6）产品类别定位。把产品与某种特定的产品种类联结起来，可以通过对一种现存产品类别的细分，或用一种全新的产品类别来定位品牌，例如，七喜为"非可乐"定位；太平洋海洋世界定位为"教育机构"。

（7）质量–价格定位。价格是商品价值的货币表现。可使用高价格作为高质量的暗示，或以更多的卖点或服务来反应高质量。例如，"喜悦"香水使用"世界上最贵的香水"的广告语。

（8）文化象征定位。利用竞争者未曾使用的而能使消费者产生正面联想的"象征"事物来定位。如万宝路所使用的"美国牛仔"和"万宝路乡村"。

（9）心理认知定位。借助于品质、技术、领导地位、预期的价值、心理联想等认知因素进行品牌定位。如"人头马一开，好事自然来""听自己的，喝贝克""浪莎，不只是吸引"。

（10）生活方式定位。生活方式定位就是把品牌当作一个人，赋予其与目标受众十分相似的个性。例如"飘柔，就是这样自信""海王，健康成就未来"。

营销案例 9—3 _____

宝马主力车型定位

系 列	特 点	面向人群	竞争对手
3 系	运动	25～35 岁年轻人	奔驰 C 系，奥迪 A4，沃尔沃 S40
5 系	商务	35～45 岁商务人士	奔驰 E 系，奥迪 A6，沃尔沃 S80
7 系	豪华大型	富豪和企业家	奔驰 S 系，奥迪 A8

（资料来源：品系法则《商学院》2009.11，NO65）

（11）情感定位。它是指把品牌赋予情感，以引起消费者、受众的同情、信任或喜爱，达到共鸣和销售的手法。例如"娃哈哈纯净水，我的眼里只有你"，长虹："以产业报国、以民族昌盛为己任"等。

（12）功能定位。功能定位的实质是突出产品的效用，一般表现在突出产品的特别功效与良好品质上。比如罗尔斯·罗伊斯的广告："罗尔斯·罗伊斯的汽车以每小时 60 英里的速度行驶时，在车内听到的最大噪音是电子表走动的声音"，强调了它的运行平稳和无噪音干扰的特殊功能。红牛饮料的广告"累了，困了，喝红牛"。

（13）重新定位。重新定位策略是通过与竞争品牌的客观比较，来确定自己的市场地位的一种定位策略。它向消费者灌输一种全新的观念、全新的感觉，以建立起其品牌新形象。强生公司"泰诺"就是利用此招击败了在止痛药市场上占领导地位的阿司匹林，重新建立了定位新秩序、品牌新形象。并在击败阿司匹林后，一直位于止痛药的领导位置，领先于"拜耳""百特宁"等。中国南部的区域强势品牌燕京桂林漓泉啤酒，面对青岛啤酒的攻势，将早期的"鼓动欢乐的心"的品牌定位，调整为"好水酿好酒"，充分用足了桂林山水这一地方特色。

六、品牌设计

广义的品牌设计包括战略设计、产品设计、形象设计和 CI 设计。狭义的品牌设计是指对产品的文字名称、图案记号或两者结合的一种设计，用以象征产品的特性，是企业形象、特征、信誉、文化的综合与浓缩。这里主要研究后一种。

1. 品牌命名

一般说来，一个好的名称，从形式上应具有如下特性：

（1）独特性。容易辨识并能够与其他企业或商品的名称相区别。品牌名称越具有个性，就越具有竞争力。

（2）简洁性。简洁明快的名称可降低商品标识的成本，并便于写成醒目的文字做广告宣传，有助于提高传播效果。

（3）便利性。名称应易发音、易读、易记、易理解。

（4）营销性。品牌名称应暗示产品的利益，具有促销、广告和说服的作用，适合包装，与企业形象和产品形象相匹配。

（5）愉悦性。无论是读起来，还是看上去，品牌名称都应让人感到愉快，避免不悦和消极的感觉。

营销案例 9-4

大品牌 logo 演变史

- 苹果

初代 logo 表现了苹果准备砸向牛顿的画面，感觉需要专门设立一个展板才能看清其全貌。现在的多好，简单明了，即使大家都画不对。

- IBM

毕竟，每个人都有一段桀骜不驯的少年时代。

- 百事

由此可见，百事真的在变胖的路上一去不返……

2. 品牌图案设计

品牌图案设计应体现以下几方面：

（1）营销方面。体现产品的特征和品质，体现品牌价值和理念。

（2）视觉方面。新颖独特、醒目直观，适合各种媒体传播，有强烈的视觉冲击力。

（3）设计方面。色彩搭配协调，线条搭配合理，图案清晰、简化、对称、布局合理。

（4）情感方面。具有现代气息，感染力强，令人喜爱，使人产生丰富的联想和美的享受。

（5）认知方面。易于记忆，通俗易懂，能留下深刻的印象，符合文化背景和时代要求。

营销案例 9-5

"天和"牌系列膏药是怎样成为中国膏药行业的第一品牌？

"天和"牌骨通膏药是桂林天和药业股份有限公司膏药产品的品牌，该公司前身为桂林第四制药厂，主要生产各种卫生敷料。1992年，企业经营者果断决策，购得川南名医"海氏骨刺灵"200年秘方制成"天和"牌骨通贴膏，并于1994年正式推向市场。经历10年的发展历程，桂林天和药业股份有限公司现已成为中国膏药行业产品生产总贴数第一，销售额第二的著名专业型企业，产品远销美国、港澳、东南亚等地。2003年仅"天和"牌系列膏药就突破2亿元销售大关，创造中药外用药的又一个市场奇迹。其骄人的业绩得益于"天和"牌系列膏药品牌战略的实施。成功的关键点在于：

（1）品牌打造谋在先。聘请专业公司进行市场研究，发现在中医认为"痹症"中，骨刺疼痛是发病率较高的病症之一，发病人群多在40岁以上，尚且没有治疗的特效药，是一个巨大的潜在消费群体。

（2）准确的品牌定位。锁定骨刺人群，专治骨刺疼痛。根据中医"通则不痛，痛则不通"的理论，把其主打产品命名为骨通贴膏，加上企业名称"天和"，最终命名为"天和"牌骨通贴膏。以膏药专家的品牌身份，传播了"早贴早轻松"的理念。

（3）有效的品牌实施。在传播上，实现了"中药西买"的品牌核心价值，将西药给药的"缓释"原理首次移植中药上，并用可视化的语言"小彩球"的方式在产品包装、海报和TVC上传播。特别是在膏药基质材料的打"孔"改良，让给药看得见，开创传统膏药走向现代膏药之先河。

通过对营销手段的整合，在短短的几年时间里将"天和"牌系列膏药打造成为中国膏药行业的第一品牌。该案例1997年为华人首次荣获纽约国际广告节营销效果银奖。

（资料来源：根据梅高创意咨询公司案例整理）

第三节　品牌策略

一、品牌化策略

该策略要解决的是企业要不要给产品建立一个品牌的问题。如何定品牌所有者，如何选择品牌名称，确定品牌战略，以及如何对品牌重新定位如图9-5所示。

品牌决策	品牌所有者决策	品牌名称决策	品牌战略决策	品牌再定位决策
◆ 品牌 ◆ 无品牌	◆ 制造商品牌 ◆ 分销商品牌 ◆ 特许品牌	◆ 单个品牌 ◆ 统一家族品牌 ◆ 独立家族品牌 ◆ 组合品牌	◆ 产品线延伸 ◆ 品牌延伸 ◆ 多品牌 ◆ 新品牌 ◆ 联合品牌	◆ 重新定位 ◆ 不再重新定位

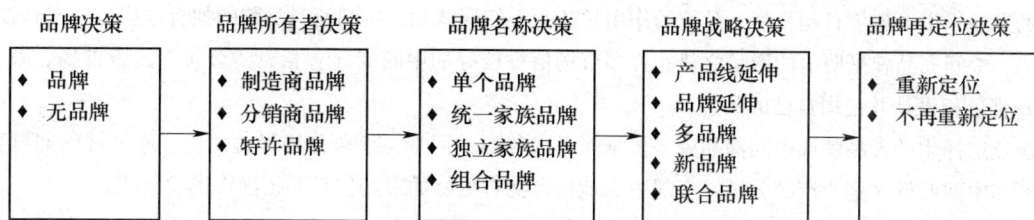

图 9 – 5　品牌化决策流程

一般来讲，现代企业都建立有自己的品牌和商标。虽然这会使企业增加成本费用，但也可以使企业得到以下好处，即①便于管理订货；②有助于企业细分市场；③有助于树立良好的企业形象；④有利于吸引更多的品牌忠诚者；⑤注册商标可使企业的产品特色得到法律保护，防止别人模仿、抄袭。

大多数购买者也需要品牌和商标，因为这是购买者获得商品信息的一个重要来源，即购买者通过品牌和商标可以了解各种产品质量的好坏，从而有助于购买者提高购物效率。

无论是在西方国家还是在我国，也有企业推出不使用品牌产品。所谓不使用品牌产品是指无品牌、包装简易且价格便宜的普通产品。企业推出不使用品牌产品的主要目的是节省包装、广告等费用，降低价格，扩大销售。一般来讲，不使用品牌产品使用质量较低的原料，而且其包装、广告、标签的费用都较低。可以考虑不使用品牌的情况是：①未经过加工和同类产品无区别的原料产品；②不会因生产商不同而形成不同特色的产品；③消费者已经习惯不用品牌的产品；④某些生产比较简单、选择性不大的小商品。

通常品牌化策略的应用是根据企业的资源情况，市场竞争空间和竞争的需要而采用（表 9 – 1）。

表 9 – 1　品牌化策略模式

品牌化策略模式	主要表现形式	典型案例
统一家族品牌战略	一牌多品	海尔、索尼旗下的所有品牌都用统一的海尔、索尼品牌；康师傅、统一的所有食品饮料都用康师傅、统一品牌；雀巢的咖啡、奶粉、矿泉水、牛奶、冰淇淋都共用雀巢这一品牌
产品品牌战略	一品一牌 一品多牌	丝宝集团有风影、舒蕾、丽涛等多个洗发水品牌；花王卫生巾用乐尔雅，护肤品用碧柔，洗发水有花王、诗芬等品牌
分类品牌战略	不同类产品用不同类品牌	上海家化的六仙、美家净、清妃是针对不同需求而设立的品牌
来源品牌战略	一牌多品企业 + 产品	雀巢—宝路薄荷糖、雀巢—美极酱、花王—飞逸洗发水、花王—乐尔雅卫生巾
担保品牌战略 （背书品牌战略）	产品品牌—企业品牌	别克—来自上海通用汽车、舒蕾—丝宝公司优质产品，海飞丝、飘柔—宝洁公司的品质
主副品牌战略	主品牌/副品牌	五粮液—金六福、浏阳河、京酒，乐百氏—健康快车、衡水—老白干桃花醉……

二、品牌所有者策略

品牌所有者策略是指品牌所有权归谁、由谁管理和负责的策略。企业有三种可供选择的策略：一是企业使用属于自己的品牌，这种品牌叫做企业品牌或生产者品牌；二是企业将其产品售给中间商，由中间商使用他自己的品牌将产品转卖出去，这种品牌叫做中间商品牌；三是企业对一部分产品使用自己的品牌，对另一部分产品使用中间商品牌。

过去，品牌几乎都为生产者或制造商所有，可以说品牌是由制造商设计的制造标识。但是，随着市场经济的发展，市场竞争日趋激烈，品牌的作用日益为人们所认知，中间商对品牌的拥有欲望也越来越强烈。近年来，中间商品牌呈明显的增长之势。许多市场信誉较好的中间商（包括百货公司、超级市场、服装商店等）都争相设计并使用自己的品牌。

企业选择生产者品牌或中间商品牌，要全面考虑各相关因素，综合分析得益损失，最关键的问题要看生产者和中间商谁在这个产品分销链上居主导地位、拥有更好的市场信誉和拓展市场的潜能。

一般来讲，在生产者或制造商的市场信誉良好、企业实力较强、产品市场占有率较高的情况下，宜采用生产者品牌；在生产者或制造商资金紧张、市场营销薄弱的情况下，不宜选用生产者品牌，而应以中间商品牌为主，或全部采用中间商品牌。必须指出，若中间商在某目标市场拥有较好的品牌忠诚度及庞大而完善的销售网络，即使生产者或制造商有自营品牌的能力，也应考虑采用中间商品牌。

营销案例 9-6

《爸爸去哪儿》的品牌营销策略

湖南卫视推出的大型明星亲子类真人秀节目《爸爸去哪儿》成了近年来最火的娱乐节目之一。

- **准确的品牌定位**

购买韩方版权后，《爸爸去哪儿》借鉴其商业模式和组织管理，准确定位节目的核心卖点。《爸爸去哪儿》定位于大型户外亲子互动真人秀的节目，娱乐中有哲理，搞笑中有感动，突出真人秀的"真"，试图打造温馨而轻松的观众体验氛围。

- **丰富的品牌传播手段**

丰富的品牌传播手段，拓展了节目的价值和影响力。在节目播出和推广期间，它综合运用了电视、报纸等传统媒体，并结合网络、短信平台、微信平台、微博平台等进行宣传推广。它与爱奇艺、腾讯视频、PPS 开展深度合作。如：爱奇艺影视推出"独家策划"、"妈妈在这儿"、"星爸育儿经"、"亲子阵容"、"现场趣图"、"亲子生活"、"亲子节目"、"奇谈热议"板块，让观众了解和回顾节目细节。该节目还开通了官方微博，节目播出期间，电视屏幕下方字幕与观众实时互动，不仅有明星的微博话语，还有网友、观众的评论。

（资料来源：汪洁，《爸爸去哪儿》的品牌营销策略，青年记者，2014.4，有改写）

三、品牌统分策略

对企业而言，全部产品都使用一个品牌，还是各种产品分别使用不同的品牌，关系着品牌运营的成败。

（1）统一品牌。企业所有的产品（包括不同种类的产品）都统一使用一个品牌。例如，海尔公司的所有产品统一使用"海尔"品牌。企业采用统一品牌策略，其好处是：①能够降低新产品宣传费用；②在企业的品牌已赢得良好市场信誉的情况下，可实现顺利推出新产品的愿望；③有助于显示企业实力，塑造企业形象。其缺点是：若某一种产品因某种原因（如质量）出现问题，就可能牵连、影响全部产品和整个企业的信誉。当然，统一品牌策略也存在着容易相互混淆、难以区分产品质量档次等令消费者不便的缺憾。

（2）个别品牌。个别品牌是指企业对各种不同的产品分别使用不同的品牌。该品牌策略有下列特点：

①有利于企业全面占领一个大市场，满足不同偏好消费者的需要。多种不同的品牌代表了不同的产品特色，便于消费者识别不同质量、档次的商品。多品牌可吸引多种不同需求的顾客，提高市场占有率。

②有利于企业提高抗风险的能力。企业每一品牌之间是相互独立的，个别品牌的失败不会影响其他品

牌及企业的整体形象。

③适合零售商按品牌安排货架的行为特性。在产品分销过程中，本企业品牌占有更大的货架空间，进而压缩或挤占竞争者产品的货架面积，为获得较高的市场占有率奠定了基础。

④有利于企业的新产品向多个目标市场渗透。

⑤促销费用较高也是不可忽视的，对企业实力、管理能力要求较高。

（3）分类品牌。分类品牌是指企业对所有产品在分类的基础上各类产品使用不同的品牌。如企业可以对自己生产经营的产品分为器具类产品、妇女服装类产品、主要家庭设备类产品，并分别赋予其不同的品牌名称及品牌标志。这实际上是对前两种做法的一种折中。

（4）企业名称加个别品牌。这种做法是企业对其各种不同的产品分别使用不同的品牌，但需在各种产品的品牌前面冠以企业名称。在各不同产品的品牌名称前冠以企业名称的做法，可以使新产品与老产品统一化，进而享受企业的整体信誉。与此同时，各种不同的新产品分别使用不同的品牌名称，又可以使不同的新产品各具特色。

四、品牌延伸策略

品牌延伸是指将某一品牌扩展到新的产品领域，也包括通过增加变形产品或同一产品领域的新产品来延伸品牌。可以考虑品牌延伸的情况是：①品牌有较高的知名度和声誉；②品牌内涵适用于新的领域；③专业知识和专业技术具有可转移性；④品牌的新产品和老产品在一起十分匹配；⑤存在扩展的市场空间。

值得注意的是，品牌延伸策略是一把双刃剑。一方面，利用了品牌资产；另一方面，若利用已成功的品牌开发并投放市场的新产品不尽人意，消费者不认可，也会影响该品牌的市场信誉。

营销案例 9-7

宝马品牌为何能延伸到衣服？

宝马之所以能延伸到服饰，是因为它的服饰和车一样，都能体现了宝马核心价值观——"潇洒、优雅、时尚、悠闲、轻松"的生活方式。宝马延伸到服饰不仅能获得服饰的利润，而且更重要的是通过涉足服饰领域向更多的消费者推广宝马生活方式与宝马这个品牌。宝马注意到，人们空闲时很少到汽车展示厅闲逛，而去商业中心成为都市人们的一种休闲方式，因此宝马希望通过宝马生活方式店的服饰向人们直接展示宝马精良的品质和完美的细节，从而将人们培育成为宝马汽车的潜在消费者。宝马希望在消费者还很年轻的时候，就钟爱宝马这个品牌，成为宝马汽车的潜在消费者。因此对宝马品牌的信任和忠诚度可提前培育，等到他事业有成，选择高档汽车时，就会先入为主，对宝马汽车情有独钟。这让我们看到宝马的长远战略眼光和创新者的开拓精神。

宝马的案例说明核心价值是否兼容于新老产品是品牌延伸能否成功的决定因素。万宝路延伸到与香烟类别相距很远的牛仔服、牛仔裤、鸭舌帽、腰带获得了很大的成功，因为这些服饰与香烟一样都张扬着"勇敢、冒险、进取"的品牌精神。而万宝路没有延伸西服，那无疑是明智的，西服品牌需要的是"绅士风度"，与万宝路的核心价值是相背离的。

五、多品牌策略

多品牌策略是指企业同时为一种产品设计两种或两种以上互相竞争的品牌的做法。这种策略由宝洁公司（P&G）首创并获得了成功。在中国市场上，宝洁公司为自己生产的洗发液产品设计了飘柔、海飞丝、潘婷、沙宣、润妍等多个品牌。宝洁公司洗发液产品的多品牌策略在中国市场上获得了令人瞩目的市场业绩，仅飘柔、海飞丝和潘婷三个品牌的市场占有率就达到了 66.7%。

多品牌策略的优点是：不同品牌的同一产品在市场上开展竞争，有时会导致两者销售量之和大于原单一品牌的先期产品销售量之和。采用此策略的目的是扩大市场份额。

多品牌策略也存在不足，由于多种不同的品牌同时并存，必然使企业的促销费用升高且存在自身竞争的风险，所以在运用多品牌策略时，要注意各品牌市场份额的大小及变化趋势，适时撤销市场占有率过低的品牌，以免造成自身品牌过度竞争。

一般来说，企业采取多品牌策略的主要原因是：

（1）多种不同的品牌只要被零售商店接受，就可占用更大的货架面积，而竞争者所占用的货架面积当然会相应减小。

（2）多种不同的品牌可吸引更多顾客，提高市场占有率。这是因为：一贯忠诚于某一品牌而不考虑其他品牌的消费者是很少的，大多数消费者都是品牌转换者。发展多种不同的品牌，才能赢得这些品牌转换者。

（3）发展多种不同的品牌有助于在企业内部各个产品部门、产品经理之间开展竞争，提高效率。

（4）发展多种不同的品牌可使企业深入到各个不同的市场部分，占领更大的市场。

六、品牌再定位策略

某一个品牌在市场上的最初定位即使很好，随着时间推移也必须重新定位。这主要是因为以下情况发生了变化。

（1）竞争者推出一个品牌，把它定位于本企业的品牌旁边，侵占了本企业的品牌的一部分市场，使本企业品牌的市场占有率下降，这种情况要求企业进行品牌重新定位。

（2）有些消费者的偏好发生了变化，他们原来喜欢本企业的品牌，现在喜欢其他企业的品牌，因而市场对本企业的品牌的需求减少，这种市场情况变化也要求企业进行品牌重新定位。

（3）经济不景气，高价位产品市场缩小。

（4）健康意识普及，人们对某些食品的需求大减。

（5）当初定位错误或营销环境发生了变化。如图 9-6 所示，重新定位一个品牌需要改变目标市场，或改变品牌的价值取向。为了改变价值取向，我们可以通过改变核心价值（产品、技术、质量、消费者购买和使用时的感受）来实现。如研究人员根据对消费者的研究，发现"预防上火"是消费者购买红色王老吉的真实动机，于是王老吉突破传统的药用"祛火"定位，重新定位于具有预防上火的饮料定位，其独特的价值在于——喝红色王老吉能预防上火，让消费者无忧地尽情享受生活：煎炸、香辣美食、烧烤、通宵达旦看足球……

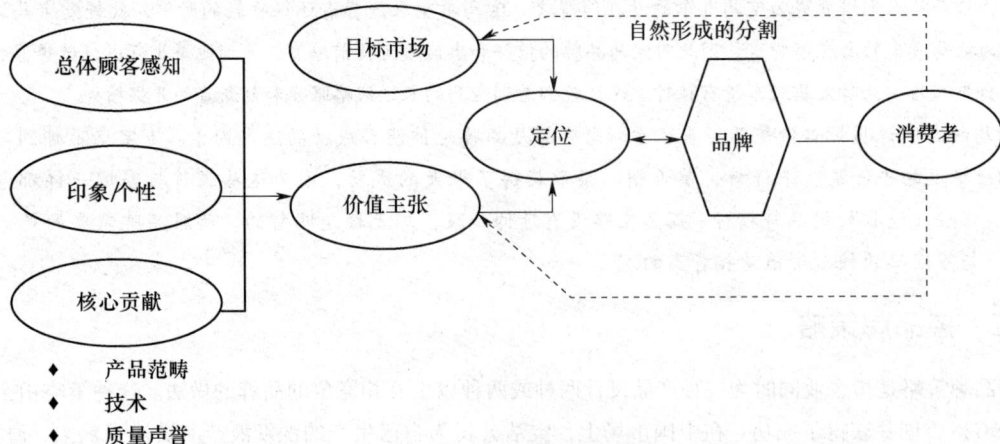

图 9-6　品牌定位框架

企业在制定品牌重新定位策略时，要全面考虑两方面的因素：一方面，要全面考虑把自己的品牌从一个市场部分转移到另一个市场部分的成本费用。一般来讲，重新定位距离越远，其成本费用就越高。另一方面，还要考虑把自己的品牌定在新的位置上能获得多少收入。

第四节　包装与包装策略

一、包装概述

1. 包装的含义

包装是指设计并生产容器和包装物的一系列活动。有两层含义：一是指产品的外部包扎和容器，即包装器材；二是指设计、生产容器或包扎物并将产品包裹起来的一系列活动。

2. 包装的构成

市场营销学认为，产品包装一般分为三个层次：

（1）内包装。指盛装产品的直接容器，如牙膏的软管、饮料的瓶子等。

（2）中层包装。指用来保护内包装和促进销售的直接容器，如白酒外的纸盒。

（3）外包装。也称运输包装，主要是便于储存、搬运、辨认商品，如装运酒类的纸箱。

二、包装的作用

营销案例 9—8

包装的价值

- 苏州的檀香扇在香港市场上售价原为 65 元，改用锦盒包装，售价为 165 元，且销量大增。
- 东北人参过去用木箱成捆包装出口每箱 10 千克，改用精致小包装后售价平均提高 30%。
- 贵州茅台酒在瓶颈系了一根红绸带，在欧美市场上售价提高 5 美元。
- 在激烈的啤酒业竞争中，不断地改变包装已成为行业竞争的有效手段之一，如从瓶酒容量从 640 mL 改变为 600 mL、580 mL 等，不断变化的瓶标，满足消费者"喜新厌旧"的心智。

包装已成为强有力的营销手段。设计良好的包装能为消费者创造方便价值，为生产者创造促销价值。包装主要有以下作用：

1. 保护商品，方便运输

保护商品，方便运输是商品包装的基本作用。商品在从生产领域向消费领域转移的过程中，要经过运输、装卸、储存、销售等环节，良好的包装可以起到使商品在空间转移和时间转移过程中避免因震动碰撞、风吹日晒而受损，保护商品完好。包装还为商品的销售和购买提供了方便。

2. 美化商品，区别商品

消费者在选购商品的时候，首先看到的是商品的包装，精美的包装会对消费者产生极大的吸引力，精美的包装本身就是一件艺术品。同时，不同的包装也使产品之间有了档次差异，使不同企业的产品有了区别，消费者可以根据包装辨别商品。如"柯达"胶卷以黄色为主色调的包装。

3. 促进销售，增加利润

一件好的包装本身就是一幅宣传广告，人们往往是根据包装来选择商品的，尤其在自选商场更是如此。因此。包装被誉为"无声的推销员"，它默默地起着宣传商品、介绍商品、激发消费者购买欲望的作用。

三、包装的设计

营销案例 9-9

绝对伏特加

在包装作为传播符号以与其他同类商品进行区别上，绝对伏特加是典型成功例子之一。绝对伏特加在几乎所有的广告中，都把其独特的瓶型当作主设计元素和符号来运用，取得了良好的效果。

企业在设计包装时应当从如下方面入手：

（1）包装应与商品的价值或质量水平相适应。贵重商品和艺术品，要烘托出商品的高贵、典雅。对于公司的某个产品系列可以采取高中低档包装相配，以满足不同消费者的需求。

（2）包装的造型应美观大方，图案力求生动形象，不落俗套，避免模仿、雷同，尽量采取新材料、新图案、新形状，引人注目。这是包装的基本要求。

（3）包装要能够显示商品的特点和独特的风格。对于以外形或色彩表现其特点或风格的商品，如服装、装饰品、食品等的包装，应设法能够向购买者直接显示水平本身，以便于顾客选购，如可采用透明包装、开天窗式包装，或在外包装上附有彩色照片等。

（4）包装上的文字设计要能够直接回答顾客最关心的问题。产品的性能、使用方法和效果常常不能直观显示，往往需要用文字来表达。包装上的文字设计应根据顾客心理突出重点。如食品包装上应说明原料、食用方法；药品类应当说明成分、功效、用量、禁忌以及是否有副作用，直接回答购买者的问题，消除其存在的顾虑。

（5）包装装潢的色彩、图案，要符合规范，不能与民族习惯、宗教信仰相抵触。同样的色彩和图案，对于不同的消费者，可能具有迥然不同的含义。中国人庆祝节日喜欢用红色，而日本人互赠白色毛巾；埃及人喜欢绿色忌用蓝色；法国人却讨厌墨绿色（法西斯军服的颜色），偏爱黄色。在信奉伊斯兰教的国家和地区忌用猪作装饰图案；欧洲人认为大象呆头呆脑，中国人则认为它憨态可掬；法国人视孔雀为吉祥鸟，瑞士人把猫头鹰看作死亡的象征；乌龟的形象在许多国家和地区都代表丑恶，而在日本表示长寿。有些色彩、图案或符号在特定的地方具有特定的含义。如在前捷克，红三角是毒品的标记；在土耳其，绿三角是免费的标记。不同年龄的消费者也有不同的偏好，如老年人喜欢冷色，稳重沉着；年轻人喜欢暖色，健康活泼。

四、包装策略

营销案例 9—10

可口可乐包装策略

品牌一向被可口可乐视为最重要的资产，而包装策略则是品牌最外在的表现。可口可乐的品质百年不变，但几乎每隔几年就会对自身的品牌形象进行一次细节上的调整和更换，以适应不断变化的市场。可口可乐认为：一个有效的包装策略应该兼顾独创性，并以满足消费者的需求为导向。

1898 年，可口可乐斥巨资购买下一个栩栩如生、惟妙惟肖的玻璃瓶包装专利，使它成为可口可乐的独特形象。2003 年 2 月 18 日，可口可乐宣布启用全新的商标形象，取代自 1979 年重返中国市场后使用了长达 24 年的中文标准字体；4 月，麾下旗舰品牌雪碧标志原有的"水纹"设计被新的"S"形状的气泡流图案所取代；其后芬达推出全新瓶型，又演绎了一场精彩的"橙味风暴"。据专家预测：可口可乐更换新标识后，可以将消费者购买欲望提高 5 个百分点。

（资料来源：http://www.31food.com/Product_ News/Detail/19956.html 改写）

包装作为整体产品的一部分，企业在包装设计上采取了各种各样的措施，形成了不同的包装策略，主要有：

1. 类似包装策略

企业生产的各种产品在包装上采用相同的图案、色彩或其他相似的特征，使顾客注意到这些是同一家企业的产品。类似包装策略具有与统一商标策略相同的好处，如节约包装设计费用与制作费用，增强企业声势，有利于介绍新产品。但是不能滥用这一策略，它只适用于同样质量水平的产品。如果质量相差悬殊，则优质产品将蒙受不利的影响。

2. 多种包装策略

把使用相互关联的多种商品，纳入一个包装容器中，同时出售，满足多种选择的需求。如现在市场上广泛出现的化妆品套盒、家用药箱、高档礼品盒、套装餐具等，既便于使用，又扩大了销路。

3. 再利用包装策略

再利用包装策略亦称双重用途包装策略，即在原包装的商品用完后，包装容器可以做其他用途。例如，糖果、饼干的包装盒，也可当文具盒；药品的包装可考虑作为饭盒、食品盒，等等。这种包装往往能引起集团购买，其优点还在于把包装容器当作流动的广告使用。但要注意包装材料的附加值不能过高。

4. 附赠品包装策略

附赠品包装是目前国内外市场上较流行的包装策略。如儿童玩具和食品中附赠连环画或识字卡；化妆品包装中附带赠券，积累一定量可以得到另外的赠品；有些商品采取包装上附带奖券，中奖后可以得到奖品。

5. 改变包装策略

商品包装的改进，如同产品本身的改进一样对销售有着重大意义。如果与同类竞争产品内在质量近似，而销路不畅，就应注意改进包装设计。一种产品的包装已采用了较长时间也应考虑推出新包装，达到刺激消费的目的。采取这种策略的前提条件是商品的内在质量达到了使用要求并具有较强的竞争力，否则，单单靠包装改头换面也无助于销售的扩大。

案例评析 ....

多品牌策略：P&G（宝洁）谁与争锋

美国宝洁（P&G）公司是世界上最大的日用消费品生产企业，其经营的300多个品牌涵盖洗涤用品、个人护理品、化妆品、食品、药品等，产品在世界140个国家和地区畅销。根据美国《财富》杂志年度调查，"宝洁"连续8年获选为美国十大最受赞赏的企业之一，是最值得长期投资的企业之一。在美国，98%的家庭使用宝洁的产品，宝洁被称为全球经营最佳的企业之一。其于1931年首创的品牌管理系统，被哈佛管理学院采用为教学课程，此系统同时也成为无数的企业所竞相超越的标杆，宝洁的多品牌策略被誉为全球品牌营销的典范。为了加强消费者对品牌的熟悉度，宝洁平均每年花费超过30亿美元进行品牌营销，远远超过世界上任何一个企业。

宝洁诞生于1837年的美国俄亥俄州的辛辛那提市，它是由威廉姆·波特（William Procter）和詹姆斯·嘉柏（James Gamble）合伙成立的，主要生产肥皂和蜡烛。最初以十字符号作为星星牌蜡烛包装上的标志，到了1859年则改为"星月争辉"商标，象征美国最初的13个殖民地，产品销量达到150万美元。南北战争时期，公司通过向战时的美国军队大量供应肥皂，而使"星月争辉"标志广为人知。

1879年，一个工人在生产肥皂时由于操作失误，使空气灌进了肥皂而使这种肥皂能浮起来，上市后，市场反应异常的好，哈利·普罗特将这种纯白肥皂重新命名为象牙皂（Ivory）。普罗特开始以印刷广告促销象牙皂，将精纯产品的优越品质告知大众。第一笔广告预算为11 000美元，用于报纸广告、看板及车身广告。同时编印"诗意的选择"小册子，随宝洁广告在各销售点散发给消费者，这就是最早的店头广告。1882年在《独立者》杂志上推出了最有名的广告标语"象牙皂……纯度99.40%～100%"。这个广告同时也传达了"象牙皂会漂浮在水面"的信息。1900年，宝洁纯利润达到100万美元。

随着电灯的普及，蜡烛生产日渐萎缩，宝洁公司开始致力于洗涤用品的开发与生产。1926年首度推出了象牙皂的竞争品牌——佳美（Camay）香皂。

品牌经理制

1931年宝洁的营销史上发生了一场深刻的变革，当时一位名叫尼尔·麦考雷的广告经理提出了"品牌经理"的概念，认为一个品牌经理只负责一个品牌的销售，即使同一公司的不同品牌也应相互竞争。宝洁以"品牌经理"制重组公司，获得极大成功，以至于宝洁后期的绝大多数高级管理人员都曾担任过品牌经理。每位品牌经理必须独立自主，负责所有与品牌相关的事务及其福利，并以销售实绩回报公司的投资及支援。

1931年5月13日，一份题为"品牌管理"的报告呈递到总裁手中。报告指出，每一品牌设立一名品牌经理。品牌经理应该在一小组人员支持下，专心致力于一个品牌的行销，并且面面俱到。此外，还需要一位品牌助理负责办公室里的日常工作，从而将自己训练成一个独当一面的负责人。麦考雷的品牌经理制弥补了宝洁以前管理制度上的不足，以往销售人员肩负着许多行销任务，并且要销售产品，现在他主张这些销售任务应由品牌管理小组来承担。当时，有的人把这种兄弟相争的理论斥为异端邪说，而实际的效果却证明了品牌经理制的成功。后来品牌经理制被美国各大包装商品、消费品、服务业以及银行等部门所遵循。

在品牌经理制中，每位经理都相当肯定商品的价值，从而倾全力击败所有的竞争者——包括自己公司的产品。

宝洁大约有一百多位品牌经理，除了少数例外，一般品牌经理均处理单一品牌或是基本品牌加上它的延伸品牌，有的人则负责未上市的品牌。在宝洁，典型的品牌经理是：他们（或她们）大都二十多岁、三十出头，在公司工作了六七年，担任品牌经理两年左右。他们从品牌助理干起，在 15 个月内成为见习销售人员，再以几个月的时间在负责区域内销货、展示及与商店经理沟通。而后成为品牌副经理，也可能转到其他品牌，最后按惯例约三年半的历练后，升任品牌经理。品牌经理需向监督三到四个品牌小组的广告协理负责，由他再向广告经理负责，广告经理再向 8 位事业部副总裁中的一位负责。在宝洁品牌小组为非利润中心，利润是以部门为单位来衡量的。

1946 年，宝洁开发出适合于洗衣机洗衣的 Tide（汰渍）洗衣粉，两年后 Tide 成为美国最畅销的洗涤用品。1950 年，开发出蓝色 Cheer 洗衣粉；1955 年，推出含氟佳洁士（Crest）牙膏，1961 年推出帮宝适（Pampers）纸尿裤、海飞丝（Head&Shoulders）洗发水，到 1980 年宝洁的销售额达到 100 亿美元。

宝洁的品牌管理系统之所以卓有成效，是因为具有一个促使此系统蓬勃发展的基本信念：消费者购买品牌而不是购买产品。由于品牌是宝洁制胜的核心，其企业核心也以品牌经理人为中心。

宝洁的多品牌战略

"如果有人想要吃你的午餐，与其让敌人吃，不如让自家人享用。假若在某个市场区隔内还有其他品牌的生存空间，最好用自己的品牌和自己竞争，而不要和其他对手的品牌竞争。"宝洁的产品品牌达到 300 多个，其内部品牌间的竞争非但没削弱公司的市场占有率，通过竞争使整体品牌组合的市场占有率大大提升。多品牌竞争，市场份额一部分来自于自有品牌，更多的都是来自于来自于竞争对手。

宝洁的每一个产品大类下都有几个不同的品牌，以洗衣粉为例，宝洁公司设计了 9 个品牌，它们是：Tide、Cheer、Oxydol、Gain、Bold、Ivory Snow、Dreft、Dash、Era 等。不同的人对洗衣粉有不同的要求，有的认为洗涤重要，有的认为易漂洗重要，有的认为使织物柔软重要，还有的认为洗后衣物具有芳香重要等等。而要满足顾客千奇百怪的欲望靠单一品牌是不可能实现的，因此宝洁就设计了不同品牌的洗衣粉以满足顾客的需求。

Tide：洗涤能力强，去污彻底。能满足洗衣量大的工作，是一种用途齐全的家用洗衣粉。"洗衣干净，请用汰渍"。

Cheer：具有"杰出的洗涤能力和护色能力，使衣物变得更干净、更明亮、更鲜艳"。

Oxydol：含有漂白剂。它"可使白色衣服更洁白，花色衣服更鲜艳。所以无须漂白剂，只要 Oxydol"。

Gain：清新亮丽。"如同太阳一样让人振奋的洗衣粉"。

Bold：加入了植物柔顺剂，能清洁衣物，柔软织物和防静电。

Ivory Snow："纯度达到 99.44%"，它碱性温和，适合洗涤婴儿的尿布和衣服。

Dreft：也用于洗涤婴儿的尿布和衣服，含有天然清洁剂硼石，令人相信它的清洁能力。

Dash：宝洁公司的价值产品，能有效去除污垢，价格相当低廉。

Era：天生的去污剂，能消除难洗的污点，在整个洗涤过程中效果良好。

通过多品牌的市场战略，宝洁公司的洗涤用品占美国洗涤市场的 55%，这靠单一品牌是无法实现的。所有品牌互相交锋，但各有所长。宝洁宁愿让自己的品牌吃掉自己的品牌，因为市场占有率仍然属于宝洁。

宝洁的成功在于多品牌策略和与之相适应的管理原则。

（1）消费者至上。

宝洁在其企业目标中写道："我们将提供高品质及高价值的产品，这些产品不但将提升消费者生活品质，也由于消费的认同，我们的销售量将领先同业并且获利成长。"消费者是有眼光且有分辨能力的，她会仔细权衡产品的价值及成本，然后选择提供真实价值的厂商。宝洁相信消费者的信念来自于其本身，因为消费者对品牌价值与品质的认知，将决定宝洁的未来。消费者以他们的实际购买行为作为对价值认知的反馈，消费者至上，要求了解顾客心声，相信顾客，不要愚弄顾客，因为只有消费者才是市场的主宰。宝洁获得成功的两个要素是：

首先，通过严谨且系统化的消费行为研究来了解消费者的需求；

其次，研制正确的产品，并规划适当的营销方案以满足消费者的需求。

（2）创造卓越产品。

不断追求卓越品质是宝洁满足顾客需求的出发点，是对顾客的尊敬。宝洁在全球拥有超过2 500项的专利，有250件技术受到保护；共有7 000位科学家任职于全球17个研究中心，其中有1 150个博士级科学家，数量超过哈佛大学、麻省理工学院、斯坦佛大学、东京大学以及伦敦帝国大学的科学家总和。100多年来，宝洁从未放弃技术领先和对新产品的研究开发。宝洁执行长约翰·佩柏说："宝洁给人的印象是一个营销导向的企业，其实我们是最早的研制企业。研制是我们经营的骨干。"宝洁每年投资于研发的费用超过13亿美元，以寻找下个年度的产品改善空间，以及远远超过现在市场所想象的创新产品。对于消费者而言，产品的真正价值在于具体功能的表现，而非外表亮丽或不实的想象。改善永无止息，宝洁不断地改善每一个品牌，光是汰渍洗衣粉的配方和包装就改了不下70次，追求完善是宝洁前进的动力。

（3）创造独特品牌。

宝洁拥有300多个品牌，但从不把公司名称和品牌混同，它允许每个新品牌在产品上市的头6个月使用如下广告词"……宝洁新推出……"。6个月以后，每一品牌必须独立自主并建立其与消费者之间的关系。这反映了宝洁的信念"品牌是独一无二的，而且每个品牌必须自我建立顾客忠诚度"。顾客忠诚是企业最大的财富，是企业最重要的品牌资产，消费者以品牌为购买取向，品牌以其个性吸引顾客。前任宝洁执行长艾德·阿兹特（Ed Artzt）说："品牌忠诚是我们事业的基础……大多数消费者每年会买10~20次的洗衣剂，而每一次的购买决定都代表一个转换品牌的机会"。创造独特品牌，尤其是创造不同品牌的个性，充分满足消费者多方面的市场需求和品牌转换的欲望。转换新口味同样也是部分消费者的消费追求，与其让消费者购买竞争对手的品牌，不如让他们购买自己公司的其他品牌。

（4）放眼未来。

品牌是无生命周期的，品牌必须永葆活力，并且不断改变。它随消费者需求的变化而变化，为满足消费需求而改变。宝洁以创造永久性品牌为企业目标，通过提高产品功效或增加产品功能（发展大型品牌）以维系品牌生命力。利润是任何企业保持其恒久生命力的原动力，宝洁同样毫不掩饰地追逐利润。宝洁不像其他企业一样忙于短期盈利，宝洁相信获利最终来自正确的决策，而正确决策的影响力将远超过一季的时间，只有保持长期获利，企业的生命才能百年不衰，放眼未来，使企业永远保持旺盛的生命力。宝洁公司的主要品牌见表9-2。

表9-2　宝洁公司的主要品牌

洗涤剂品牌			
汰渍（Tide）	达滋（Daz）	象牙（Ivory Snow）	奥格多（Oxydol）
快乐（Cheer）	甘恩（Gain）	德瑞福特（Dreft）	波德（Bold）
碧浪（Ariel）	唐尼（Downg）	依若（Era）	帮斯（Bounce）
利纳（Lenor）	（Fairy）		
厨房品牌			
唐恩（Dawn）	易洁（Joy）	克林先生（Mr. Clean）	蔻美特（Comet）
卡斯凯特（Cascade）	依芙玉（Ivory Liquid）	史毕史班（Spic and Span）	

续表

食品品牌			
帮帝（Bounty）	吉福（Jif）	克瑞史可（Crisco）	品客（Pringles）
邓肯亥（Duncan Hines）	富爵士（Folgers）	桑尼迪莱（Sunny Delight）	
医药品牌			
克瑞斯（Crest）	葛林（Gleem）	薛儿（Sure）	西克瑞特（Secret）
史科普（Scope）	维克斯（Vicks）	尼奎尔（NyQuil）	费可邓（Fixodent）
帝罗奈（Didronel）	欧斯柏斯（Old Spice）	培托比斯摩（Pepto – Bismol）	克利尔（Clearasil）
卫浴品牌			
潘婷（Pantene）	海飞丝（Head&shoulders）	飘柔（Pert Plus）	沙宣（Vidal Sassoon）
普瑞尔（Rrell）	象牙（Ivory）	激爽（Zest）	蔻斯特（Coast）
舒肤佳（Safeguard）	查尔敏（Charmin）	帕夫（Puffs）	玉兰油（Oil of Olay）
佳美（Camay）	好自在（Always）	佳洁士（Crest）	
护理品牌			
帮宝适（Pampers）	乐芙适（Luvs）	清爽宝宝（Baby Fresh）	护舒宝（Whisper）
化妆品牌			
封面女郎（Cover）	那克斯玛（Noxzema）	蜜斯祛托（Max Factor）	

（资料来源：朱立．市场营销经典案例．北京：高等教育出版社，2004，P215－220）

评析：宝洁公司成功地实施了多品牌战略，开创品牌经理制之先河，针对产品的特性，进行了有效的市场定位。实现营销的本质是质量、服务和价值。

[思考题]

1. 什么是品牌？品牌的作用与功能有哪些？

2. 品牌资产主要包括哪些内容？

3. 品牌定位的一般原则有哪些？举例说明品牌定位有哪几种方式？

4. 简述品牌化决策的流程。

5. 什么是多品牌决策？企业采用多品牌决策的主要原因是什么？有什么问题？

6. 你最喜欢什么样的包装，其原因是什么？

7. 简述包装的种类与作用，试举例说明某一品牌的包装策略。

[本章实训]

一、实训目的

通过对实践案例的整理和分析，使学生能够对品牌策略有感性的认知，理解品牌营销思路，及品牌对企业的意义。

二、实训内容

1. 实训资料：搜集中外企业品牌营销成功案例。

2. 具体任务：根据本章对品牌策略介绍，分小组讨论分析案例。

3. 任务要求：

（1）分析案例中的品牌策略成功的主要原因及其启示；

（2）该企业品牌策略产生背景，有何新的品牌营销思路。

三、实训组织

1. 根据全班上课人数，将全班同学分成若干小组，采取组长负责制，全体组员协作完成课堂任务。为了避免不同小组所搜集案例重复，各小组组长将所选案例进行提前汇总，并进行协商，确保所选案例不重复。

2. 确定所选案例后，各小组进行下一步分工，对案例进行分析、汇总。

3. 经过小组讨论后，完成实训报告及汇报PPT。

4. 根据课时具体安排，不同小组分别选派成员对报告进行讲解，并回答其他组成员的问题。

5. 任课教师对实训课程的结果进行总结，提出相应的意见及建议。

四、实训步骤

1. 任课教师布置实训任务，介绍实训要点和搜集材料的基本方法。

2. 各小组明确任务后，按照教师指导根据具体情况进行分工。

3. 各小组定期召开小组会议，对取得成果进行总结，遇到问题及时与指导教师沟通。

4. 完成实训报告及展示所需要的PPT等材料，实训报告中应包括案例来源、案例分析及遇到的难题与解决方案、启示等内容。

5. 各小组对案例进行课上汇报，教师对各组的汇报进行点评及总结。

价格策略

章 节 图 解

第一节 影响企业定价的因素	一、价格形成的机理
	二、影响定价的因素
第二节 定价的方法	一、定价步骤
	二、成本导向定价法
	三、需求导向定价法
	四、竞争导向定价法
第三节 定价策略	一、新产品定价策略
	二、产品组合定价策略
	三、心理定价策略
	四、折扣与折让定价策略
	五、地区定价策略
第四节 价格变动与企业策略	一、市场对价格调整的反应
	二、企业策略
	三、价格策略的思考

学 习 目 标

- 了解影响产品价格的因素
- 掌握定价的三种方法
- 掌握新产品的定价策略
- 熟练运用价格调整策略

关键概念

- 目标利润定价法
- 需求差别定价法
- 竞争导向定价法
- 价格调整策略

引导案例　　谭木匠的定价策略

价格与包装一样，能够体现出品牌地位。谭木匠的定价策略有以下三点。

①高价。谭木匠的梳子，最便宜的是18元，最贵的超过200元，普通的黄杨木梳子的价格是38元。和我们在地摊或商店中看到的几元钱一把的梳子相比，价格的差距非常大。谭木匠的高价不仅使谭木匠获得了很高的毛利，而且也与其专卖店的销售方式和专卖店的地理位置相协调，还能体现出品牌定位与众不同。

②统一定价。所有专卖店的价格都是一样的。

③不还价。一律按照标价出售，没有折扣，这符合专卖店经营的规律。

高价格与不还价是一切高档次品牌或产品的共同特点。谭木匠通过价格策略向消费者传递的信息是：谭木匠的梳子与其他梳子存在很大差别、谭木匠产品物有所值，从而也增加了消费者的购物信心。

（资料来源：连锁经营的威力——谭木匠，博瑞森图书，2013年3月，已改写）

引导问题

1. 谭木匠为什么在激烈的价格竞争中保持高价？
2. 谭木匠的定价策略是什么？

价格策略是4P策略中最活跃、最关键的因素，是市场竞争的重要手段，也是唯一产生收入的因素。它随市场的变化而上下波动，协调着买卖双方的利益关系，在动态的市场竞争中，企业经营者，如果能在定价的决策中正确制定价格变动的幅度，价格变动的时间和价格变动的区间，就能在瞬息万变的市场竞争格局中，吸引和保持顾客，扩大市场份额，获得竞争优势。本章主要介绍影响定价的因素、定价的方法及定价策略等。

第一节　　影响企业定价的因素

一、价格形成的机理

价格是产品价值的货币表现。对于生产者来说，产品的价值是企业在生产这个产品时所耗费的代价。因此价格就是用一定量货币表示的这些代价的报酬。对消费者来说，价格是为了获得产品或服务所支付的货币的数量。

一般说来，价格是由产品价值决定的，价格是产品价值的货币表现，价值越高，价格往往也越高，反之亦然。但由于企业和消费者的立场不同，在主观上对价格的确定有不同的表现，而市场的最终价格又必须为双方同时接受。如图10-1所示，因此，市场上的价格是由顾客需求、成本函数、和竞争者价格来形成的。

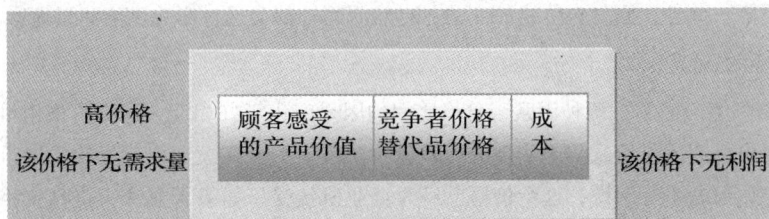

图 10-1 3C 定价模型

1. 需求量对价格形成的影响

如果产品满足顾客需求的功效固定不变，顾客支付的价格越低，其交换的利益就越大。所以，同一种商品，假如不存在影响需求的其他因素，那么价格越低，需求的量就越大。这种规律可以用图10-2来描述。它表示，价格和需求量之间存在着一种因果关系，即价格越低需求量越大。也可以反过来说，要扩大需求的数量就必须降低价格。

当然，还有其他一些因素也会通过需求量的变化来影响价格，这些因素主要有：

（1）收入。当购买者的收入增加以后，购买力得到了提高，他们会增加总的需求数量，特别是高档消费品的数量。当需求量增加后，如果供给量不变，价格就要上涨。

（2）消费心理。如果某种时髦流行起来之后，与这些时髦有关的产品需求会强烈起来。此时，如果供给量不变，价格也会趋于上涨。反之，当产品生命周期进入衰退阶段，因时髦心理的消失，需求量也会减少，此时，如果供给量不变，价格就要下降。此外，当购买者心理上预期某种产品可能涨价，在短期内也会增加需求量，从而导致价格上升。反之，购买者预期价格会进一步下降，在短期内会减少需求，如果供给量不变，价格则会下降。

（3）企业的营销努力。如产品设计、广告促销等，对市场需求有巨大影响，如果供给数量不变，企业的营销努力刺激了需求的扩大，价格也会上升。

2. 供给量对价格形成的影响

对于企业来说，产品的市场价格越高，意味着他们所获的报酬越丰厚。因此，愿意向市场提供的产品数量就越多，这种情况正好同需求相反，见图10-3。某种产品价格越高，市场供给的数量就越多。

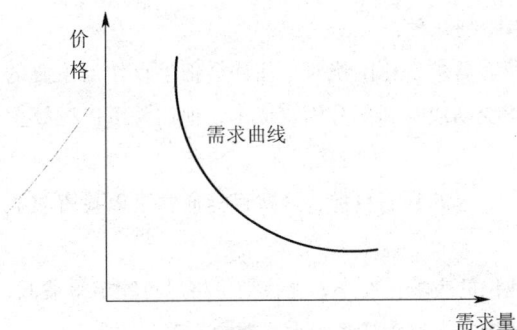

图 10-2 需求量与价格的关系

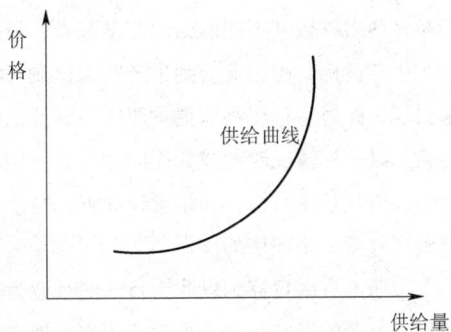

图 10-3 供给量与价格的关系

当然，除了供给本身对价格具有重大影响外，还存在一些其他的因素，它们会通过影响供给而最后影响价格。比如政府的财政政策，增加税收会提高企业的成本，从而限制了企业的供给量，假如短期内需求量不变，价格就会上扬，从而使企业把部分税收转移给购买者。如果政府对企业进行补贴，则会起完全不同的作用，价格会下跌。当企业改进了生产技术，降低生产成本后，供给会扩大，此时为刺激需求同步地扩大，价格也会下降。此外，原材料价格的变动，自然原因等都会通过影响供给间接地影响价格。

3. 市场价格的确定

（1）短期价格供给与需求这两种因素与价格之间的因果变化正好相反，那么价格由谁来确定呢？ 在市场上，短期价格是由已有的供给量与未实现的需求量共同决定的。在短期内，虽然根据市场价格企业把全部的产品销售一空，但并不等于说，这个价格已经为企业所接受。如果企业认为这种价格过低，它下一个周期的供给量就不会那么多，因此，在下一个周期由于供给量的减少，价格就会上升；而企业假如认为现有的价格比期望的还要高，它在下一个周期中就会生产更多的数量，从而使下一个周期的价格下降。

（2）长期价格长期价格又称均衡价格，即根据这种价格，市场各类生产者愿意继续供给的数量正好等于市场各类购买者愿意继续购买的数量。因此，如果没有到他因素的影响，这个价格是唯一能持久的价格。

二、影响定价的因素

一个企业的价格决策，既受到企业内部因素的影响，也受到企业外部环境因素的影响。内部因素包括企业的营销目标、营销组合策略、成本和定价组织。外部因素包括市场和需求的性质、竞争以及政府。影响企业价格决策的内外部因素如图 10 - 4 所示。

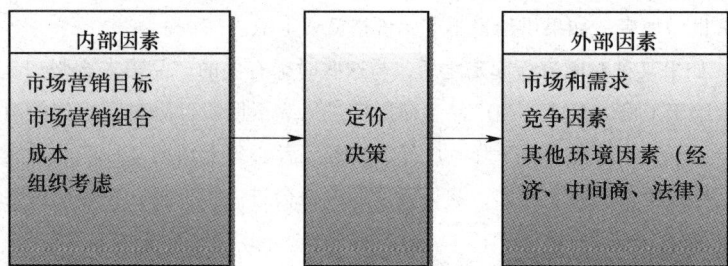

内部因素		外部因素
市场营销目标 市场营销组合 成本 组织考虑	定价 决策	市场和需求 竞争因素 其他环境因素（经济、中间商、法律）

图 10 - 4　影响企业价格决策的因素

1. 影响价格决策的内部因素

（1）公司营销目标。

企业的营销目标是影响企业定价的一个首要因素。不同企业的营销目标，或同一企业不同时间的营销目标是多种多样极其不同的，但归结起来，最通常的目标有下列几种：

①生存目标，当企业受到生产能力过剩、激烈竞争和顾客需求变化困扰时，往往会把生存作为主要的追求目标。此时生存比利润更重要，只要他们的价格能补偿变动成本和部分固定成本，他们就可以继续生产经营，以等到情况改变或其他问题得到克服后再求发展。

②投资收益率目标，在正常情况下，每个企业都要追求一定的利润目标，这些目标通常是以投资收益率或资产收益率来评估的。

③市场占有率目标，以此为目的的企业为获得占统治地位的市场占有率，往往把价格尽可能定得最低，以便把竞争者的顾客吸引到自己这边来，使自己产品在市场上的占有率达到绝大多数的份额。

④质量领先地位目标，一些企业为了在市场上树立一个产品质量最优的形象，往往在生产成本、产品开发研究以及促销方面作了较大的投入，为补偿这些支出，他们往往都给自己的产品或服务制定一个较高的价格。反过来这种较高的价格又进一步提高了产品的优质形象，增加了对追求高档产品的那部分高消费

者的吸引力。

⑤竞争优势目标，企业为了阻止新的竞争者进入同一市场，往往可采取定低价的办法，使竞争者意识到如进入此市场，所得将非常微薄，而且会卷入价格战而不能自拔，这样就可尽量减少竞争者的数目。但企业必须有承担收入相对不高的能力及思想上的足够认识。

美国俄克拉荷马州立大学教授 William G. Zikmund 和阿克伦大学教授 Michael d' Amico 在他们所著的《有效的市场营销》一书中列举了常见的组织目标及可行的价格方案（表 10 - 1）。

表 10 - 1　常见的组织目标及可行的价格方案

主要焦点或目标	采取的定价方案	为什么要采取这些方案
实现投资回收	把价格定在能带来所必需投资回收利润的水平上	组织可以制定一个必需的投资回收额，停止生产无法达到回收额的产品
利润最大化	控制成本，调节价格以求得最大的利润	所有组织都愿获得最大利润；某些产品在某些特定销售上已接近这个目标
加快资金流通	调整价格和折扣以刺激购买和及时付款	组织可能会碰到严重的资金流通问题却无力承担起义务
组织生存	调整价格使组织在商业萧条和顾客上门前维持生计	缓解经济风暴的压力，或者只是为了生存
保持市场占有率	确保该价格能将销售量维持在竞争对手相应的位置	具有优势地位的企业，要保持自己的优势地位
刺激销售增长	调整价格和折扣来刺激现有顾客大量购买和吸引新顾客	组织需要有更大顾客群来保证自身的发展
迎接挑战	将价格制定在与其他竞争对手一致的水平上，跟紧他们的打折活动	很多组织避免价格战而通过其他非价格竞争来行动
避免竞争	把价格制定在阻挠该市场出现其他竞争对手的水平上	具有当地垄断经营权的组织可能会选择低价，以便没有其他竞争对手参与这一市场

（资料来源：William G. Zikmund, Michael d' Amico：Effective Marketing, 3rd edition, 2002 by South - Western, a division of Thomson Learning）

（2）营销组合策略。

价格是企业用以达到营销目标的营销组合因素之一，各个营销组合因素之间则是相互联系、相互制约的，当其中任何一个因素发生变化时，常常会影响其他因素。因此在制定价格时，必须与产品设计、分销和促销协调一致，形成有影响力的市场营销计划，如图 10 - 5 所示。

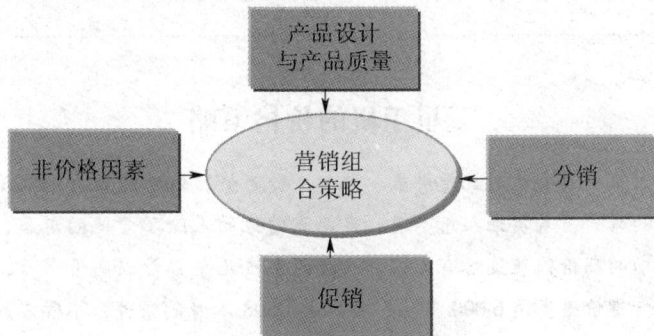

产品设计
与产品质量

非价格因素　　营销组合策略　　分销

促销

图 10 - 5　影响定价营销纵组合策略

在实际运用中也有一些公司先制定价格策略，然后再根据定价，考虑其他市场营销组合策略，这时，价格是产品市场定位的主要因素，这个因素确定了产品的市场、竞争和设计。给定的价格决定产品具有怎样的特征，也决定生产的成本定在什么水平上。

许多公司还使用一种目标成本技术来进行价格定位。目标成本定价就是把通常的定价过程颠倒了。普通的过程是设计一个新产品，决定成本，然后再问"我们能卖掉它吗？"现在的情况是先有目标成本，然后倒回去（见营销案例 10-1）。

营销案例 10-1

西尔斯百货利用大数据制定价格策略

目前，西尔斯百货正在利用大数据协助定价，并且这种行为几乎是实时的，借此西尔斯可精准为老客户定制折扣券来消化库存。

对于零售商来说，价格弹性对于价格及商品是否畅销之间的相互关联度的恰当理解，起着决定性作用。在此之前，创建动态价格体系对西尔斯公司来说，是一个巨大的挑战，因为他们的系统一直都是运营在旧式的大型机系统之上。由于大型机处理数据所需要的巨大的成本和时间，西尔斯公司花费了 8 个星期的时间，运行价格弹性算法，才能够计算出商品合适的价格区间。通常，零售企业仅仅使用了所搜集数据的大约 10%，否则将耗费更长的时间以及更大的成本。

现在，公司利用大数据制定价格。首先把数据从大型机卸载到 Hadoop 服务器上，然后运行相应的算法来分析数据，再把结果传回大型机。这样零售商就能 100% 地使用他所搜集的数据了。西尔斯公司现在计算价格弹性只需要一周的时间，而不是 8 周了。有些定价的算法甚至更短时间就可完成。

以前，西尔斯公司在全国范围内为其商品保持相同的价格。而现在，西尔斯公司与很多过渡到了区域定价模式。西尔斯公司的老客户可以收到为他们量身定做的优惠券。根据顾客所居住的地区、在哪家商店的存货、西尔斯公司认为哪些客户感兴趣的商品，及有多少商品是哪家商店想要清仓的等信息，每张折扣比例都不同。例如，假设正有一场暴风雪吹向 Des Moines，而西尔斯公司在这个区域的店面里还有很多库存的吹雪机，那么西尔斯公司就会给居住在附近的积分卡会员发送吹雪机的促销折扣券。

（资料来源：秦建秀，西尔斯百货如何利用大数据制定价格策略，《软件和信息服务》2012 年 9 月，有改写）

一些公司不强调价格，而使用其他营销组合策略形成一种非价格定位。这种情况下，最好的策略不是定低价，而是以高价格来显示市场营销所提供的产品和服务的差别（见营销案例 10-2）。

营销案例 10-2

三星手机的价格策略

说到三星的手机，大家一致公认的就是屏幕、做工、铃声好，但功能弱，但就是这一手硬一手软的手机，却能获得那么多人的喜爱，着实让人想不通，我想喜爱他的人除了爱他的屏幕，爱他的做工，爱他的铃声以外，还与三星成功的高价销售策略有关吧。三星的手机几乎都是以高价出台，比如就以 D508 为例，刚在中国上市的时候，行货价格高达 6 000 多元，要说凭 D508 本身的条件，不管以屏幕还是铃声或者做工及造型，肯定不值这个价的，但三星就是敢开出这个价格，而就是以这样的高价引起市场上的强烈反响，高价策略也就是三星的广告方式。

（3）产品成本。

由图 10 - 1 可知，某产品的最高价格取决于市场的需求，最低价取决于这种产品的成本费用。从长远看，任何产品的销售价格都必须高于成本费用，只有这样，企业才能经营。因此企业在制定价格时必须估算成本。

①产品成本的基本构成：产品成本一般由两部分构成：一部分是固定成本（FC），是企业固定开支的总和，如每月必须支付的厂房租金、管理人员薪金、保险费等。固定成本是与企业的产量无关的费用，不随产品生产或销售收入的变化而变化。

另一部分是变动成本（VC），是企业直接用于产品生产和销售的各种费用之总和，是随生产水平的变化而直接发生变化的。如所需的劳动力、原材料成本及销售佣金等。二者之和即为产品的总成本。

②边际成本和机会成本：边际成本是变动一个单位产量所导致的总成本变化的函数。既多生产一个单位产品而相应增加的成本，或少生产一个单位产品而相应减少的成本。边际成本变化趋势大体呈 U 型。在大规模生产条件下，当生产处于初始阶段时，边际成本通常随产量增加而递减；当产量不断扩大到某一特定限度之后，边际成本通常随产量的增加而递增。边际成本与平均成本相等时，平均成本处于最低水平。边际成本与边际收益相等时，企业盈利达到最高水平。

机会成本是企业在决策中选择某一方案而放弃另一方案所丧失的潜在收益。运用机会成本概念可以对某一资源的不同使用所能达到的收益进行比较，使有限的资源得到合理的利用。

（4）组织方面的考虑。

管理部门必须决定组织内部谁来决定价格。公司定价的方式有多种。小公司里，定价是由公司领导来做的，而不是由市场部或销售部来做。大公司里，定价工作一般是由生产经理或生产线经理来做的。在工业市场上，推销员被获准在一定范围内和客户还价。尽管如此，高层领导常设立定价目标和策略，批准下级提出的定价方法。在工业领域，定价是一个关键因素（如航空、铁路、石油），公司常有一个定价部门制定价格或帮助其他部门制定价格。这个部门要向市场营销部或公司总部汇报。其他对定价工作有影响的人是销售经理、生产经理、财务经理和会计。

2. 影响价格决策的外部因素

（1）市场需求因素。

市场需求是影响定价的一个重要因素。不同商品的需求特点不同，消费者对价格会有不同的反应。

①需求的价格弹性，简称需求弹性，是指因价格变动而引起的需求相应的变动率，反映需求变动对价格变动的敏感程度。用 E_p 表示需求价格弹性，则

$$E_p = \frac{需求变动百分比}{价格变动百分比}$$

为比较需求价格弹性的大小，这里仅考虑 E_p 的绝对值。事实上，需求与价格的变动有方向问题，因而 E_p 有正负之分，并且大多数产品的正常 $E_p < 0$。

需求价格弹性的强弱主要取决于以下影响因素：

◆ 商品的需要程度。需求价格弹性与商品需要程度成反比，生活必需品的需要程度高于一般商品，因而价格变化对其需求数量的影响小；反之，一般商品需求量与价格的相关程度则较大。

◆ 商品的替代性。需求价格弹性与商品替代性成正比。如果一种商品替代性强，其价格增高会引起消费需求向其他替代商品转移，反之亦然。这种需求转移加强了价格变动对该种商品需求量的影响。如果一种商品难以被替代，消费者只能提高对价格变动的承受能力，使需求量对价格的敏感程度下降。

需求价格弹性的三种类型

不同产品具有不同的需求价格弹性，从其弹性的强弱的角度决定企业的价格决策，主要分为以下三种类型（图 10-6）。

$E_p = 1$。反映需求量与价格等比例变化。对于这类商品，价格的上升（下降）会引起需求量等比例的减少（增加），因此，价格变化对销售收入影响不大。定价时，可选择实现预期盈利率为价格或选择通行的市场价格，同时将其他市场营销措施作为提高盈利率的主要手段。

$E_p > 1$。反映需求量变动的百分比大于价格变动的百分比。对这类商品，价格的上升（下降）会引起需求量较大幅度的减少（增加）。定价时，应通过降低价格、薄利多销达到增加盈利的目的；反之，则提价时务求谨慎以防需求量发生锐减，影响企业收入。

$E_p < 1$。反映需求量变化的百分比小于价格变化的百分比。对这类商品，价格的上升（下降）仅会引起需求量较小程度的减少（增加）。定价时，较高水平价格往往会增加盈利，低价对需求量刺激效果不明显，薄利并不能多销，反而会降低收入水平。

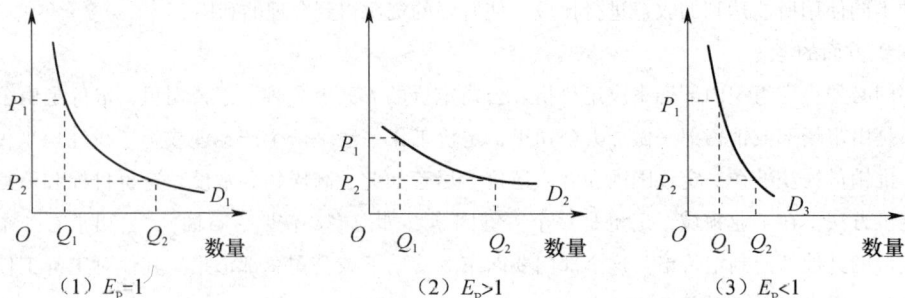

图 10-6　分别表示不同弹性状态下需求的变化

②需求的收入弹性，简称收入弹性，指因收入变动而引起的需求量的相应变动率。反映需求量的变动对收入变动的敏感程度，用 E_y 表示。

$$E_y = \frac{需求变动百分比}{收入变动百分比}$$

定价时考虑商品的需求收入弹性有着重要的意义。一方面，对于随收入变化而相应发生的不同商品需求量，企业应选择不同水平的价格，力求使价格变化与收入变化对需求量的影响相适应，达到销售量随收入增加而扩大的目的；另一方面，企业利用价格对实际收入的反向影响，适时调整价格，刺激高收入弹性商品的需求，实现更多的利润。在收入水平既定的条件下，降低高收入弹性商品的价格，意味着消费者用于这类商品的实际收入增加，需求量大幅度增长，企业可获薄利多销之利。而当收入水平增长较快时，用于高收入弹性商品的支出必定会大大增加，此时适当提高这类商品价格对需求量并无影响，企业可厚利与多销双收。例如，20 世纪 90 年代中期以前，北京市由于居民收入水平相对较低，加上福利分房的政策尚未取消，造成大量商品房滞销。20 世纪 90 年代末以来，随着福利分房政策的取消和居民购买力水平的快速增长，尽管北京市商品房的价格不断上涨，需求依然十分旺盛，销售增长连续居全国首位。

③需求的交叉弹性，简称交叉弹性，指因一种商品价格变动引起其他相关商品需求量的相应变动率。

交叉弹性用 E_BP_A 表示：A 商品价格变动使 B 商品需求量相应变动的比率，即

$$E_BP_A = \frac{B \text{商品需求变动百分比}}{A \text{商品价格变动百分比}}$$

不同商品的交叉弹性各异，企业定价时就不仅要考虑价格对其自身产品需求量的影响，也要考虑市场上相关商品价格对其产品需求的影响。这些商品价格变化对企业产品需求在客观上起着增强或抑制的作用。特别是企业本身的产品线多，且相关程度高时，定价更要重视交叉弹性的影响，区别对待。互替商品的定价要同时兼顾各品种间需求量的影响，选择恰当的比价；互补商品定价则应错落有致，高低分明，以一种商品需求的扩大带动另一种商品需求的增加，从而兼获销售量增长与盈利水平不减之利。

西方国家的一些厂家廉价供应灌装生产线、高价供应浓缩液，低价倾销汽车、高价供应零配件等均是采取此类定价策略。

营销链接 10—2

互补品与互替品

许多商品彼此在使用价值上相互关联，一种情况是互替相关，称为互替商品；另一种情况是互补相关，称为互补商品。

互替商品是消费中使用价值可以相互替代的商品，如纯棉服装与化纤服装。比价关系既定，不同的消费水平、偏好和习惯决定着对这些商品的不同需求量。然而当其中一种商品价格变化（如纯棉服装价格上升）时，一部分消费者会限于收入水平转而消费另一种商品（如化纤服装），从而导致纯棉服装需求下降，化纤服装需求上升。这种伴随一种商品价格变化，另一种商品需求量呈同方向变化的规律，使互替商品的交叉弹性为正值。

互补商品是消费中使用价值必须相互补充的商品，如照相机与胶卷。当其中一种商品价格变化（如照相机价格下降）时，不仅该种商品需求量变化（如照相机需求上升），而且另一种商品需求量亦会发生相应变化（如胶卷需求上升）。这种伴随一种商品价格变化，另一种商品需求量呈反方向变化的规律使互补商品的交叉弹性为负值。

（2）竞争因素。

竞争因素对定价的影响主要表现为竞争价格对产品价格水平的约束。可以这样说，在竞争激烈的市场上，价格的最低限受成本约束，最高限受需求约束，介于两者之间的价格水平确定则以竞争价格为依据（图 10－7）。

①价格竞争。同类产品的竞争最直接地表现为价格竞争。企业都试图通过制定适当的价格及价格的调整来争取更多的顾客，这就意味着企业要失去一部分市场，或者维持同样的市场份额要付出更多的营销努力。因而在竞争激烈的市场上，企业都会认真分析竞争对手的价格策略，密切注视其价格变动动向并及时做出反应。比如，美国

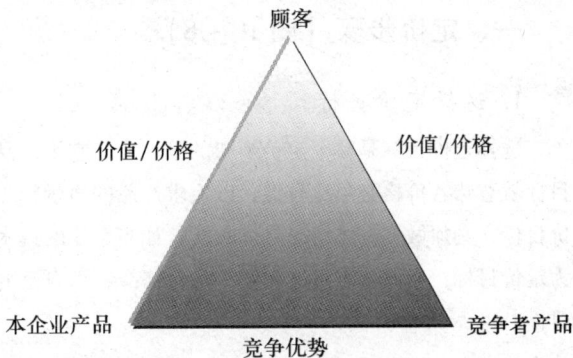

图 10－7　竞争三角定价策略

柯达胶卷和日本富士胶卷从 20 世纪 80 年代初打入我国市场以来，价格已几经调整，但总保持一定的价差。这说明两家公司采用的是不同的价格策略，但一方价格的调整会迅速引起另一方相应的调价行为。价格竞争的激烈程度由此可见一斑。

②以产品为核心的全面竞争。价格竞争只是同类产品竞争的一个方面。实际上，同类产品竞争体现在产品的开发、研制直至销售的全过程，包含了以产品为核心的价格、渠道及促销的全面竞争。价格竞争的实质，是通过价格调整，改变产品的质量价格比或效用价格比，促使消费者对商品重新做出评价。因此，企业定价时不仅要关注竞争者的价格策略，对其产品策略、渠道策略及促销策略也不能忽视。

③市场结构。市场竞争的激烈程度被称为市场结构。在不同的市场结构条件下，对企业的定价是有影响的。如表 10－2 所示。

表 10－2　市场结构类型与企业定价方法

特　征	完全竞争	完全垄断	垄断竞争	寡头垄断
竞争者数量	很多	没有直接的竞争者	较多	较少
进入难易度	容易	政府管制	有点难	困难
竞争对手提供产品的相似性	相似	没有与之竞争的产品或服务	不同	可能相似也可能不同
单个公司的价格控制力	无	相当大	有一定控制力	有较大控制力
单个公司面对的需求曲线	完全弹性	可能有弹性也可能无弹性	比较有弹性	拐点下无弹性，拐点上有弹性
定价方法	均衡价格	利润最大化	价格与非价格竞争	协议价格

（3）其他环境因素。

公司在制定价格时还要考虑其他一些外部环境因素。首先是社会经济状况，如通货膨胀、经济繁荣与否、利率变化等因素，其次国家有关物价的法律法规，如《中华人民共和国价格法》和《中华人民共和国反不正当竞争法》等是企业定价的重要依据。次之对经销商做出的定价策略，应有足够的利润空间，以赢得它们的支持，因为它们要进行销售和促销活动。高质量产品的市场定位，意味着销售商必须制定较高的价格，用来补偿较高的成本。

第二节　定价的方法

一、定价步骤（图 10－8）

1. 选择定价目标

选择定价目标是整个定价步骤的第一步，它为产品的价格确定了基调。如，以扩大市场占有率为定价目标就意味着价格必须比较低；以追求产品的质量领先为定价目标就必须把价格定得比较高。企业确定定价目标，必须做到具体情况具体分析。如当企业的技术水平还不高时，就不应立即以争取产品质量领先作为定价目标；当低价有可能引发一场价格战，而自己的实力又不够强时，就不能以扩大市场占有率为定价目标。

2. 估计市场需求

所谓定价，就是确定价格的具体数值。为此，首先要确定价格的上下限，购买者的接受程度、企业的承受程度和国家政策的允许程度构成了企业定价的"二限"与"三度"。因此，要定出合适的价格，就必须对需求作出正确的估计，以便进一步确定购买者的接受程度。

一般来说，需求的大小随价格而变。因此，所谓估计市场需求，是指估计某种商品在不同价格下的需求量，或者说，估计需求量与价格之间的函数关系。在此基础上，再进一步分析价格的上限，也就是价格制定多高也能被购买者所接受，或者说，能使企业获得最大利润。

3. 测算成本

测算成本的目的是为了确定产品价格的下限。与估计需求量相比，测算成本比较容易。结果也较为准确，因为测算成本只需企业内部的资料。

4. 分析竞争者的产品成本、价格和质量

当企业推出的产品与市场上竞争者的产品类似时，了解一下竞争者的产品价格是十分必要的。例如，假设某企业通过估算本企业某产品的市场需求和生产成本，初步确定产品的售价为每个9元，但若竞争者生产的同类产品的售价为每个10元，则应考虑把企业产品的售价也定为10元左右。否则，过低的价格会造成利润的流失，还有可能导致一场价格战。当然，若企业的定价目标是扩大市场占有率，并且一旦发生价格战也有实力应对时，则每个产品9元的价格也是合适的。

5. 选择定价方法

定价方法与定价目标是密切相关的，但定价方法更为具体。定价方法确定后，产品的价格就基本确定了。

6. 确定最后售价

最后售价是面向顾客的价格。在确定了产品的基本价格后，有时需使用一些定价策略和技巧来使产品的价格更有吸引力。

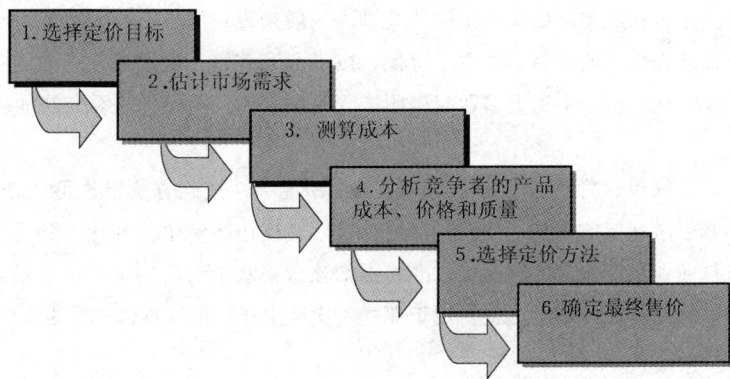

图 10 - 8　定价的六大步骤

二、成本导向定价法

企业的定价方法是为了实现其定价目标所采用的具体方法。通常考虑成本费用、市场需求和竞争状况等三方面的因素，归纳起来有三种类型：成本导向、需求导向、竞争导向，如图 10 - 9 所示。

1. 成本加成定价法

成本加成定价法，即在某具体产品大类中的所有产品成本上加一个固定的百分比，但这个百分比是以销售价格为基础计算的。成本定价法包括完全成本加成定价和进价加成定价。前者为蔬菜、水果商店普遍采用，方法是首先确定单位变动成本，再加上平均分摊的固定成本组成单位完全成本，在此基础上加上一

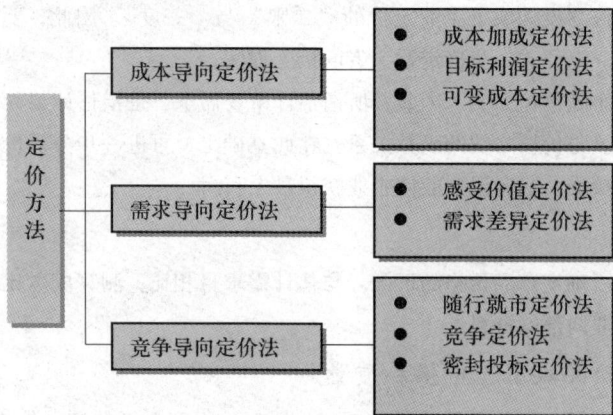

图 10 - 9　三种定价方法

定的加成率（毛利率）形成销售价格。计算公式为

$$产品售价 = 单位完全成本 \times (1 + 成本加成率)$$

式中：

进价加成定价是零售业（百货商店、杂货店等）流行的一种做法。其计算公式为：

$$产品售价 = \frac{进货价格}{1 - 加成率}$$

式中：

$$加成率 = \frac{售价 - 进价}{售价} \times 100\%$$

在这两种定价方法中，加成率的确定是定价的关键。一般来说，加成率的大小与商品的需求弹性和企业的预期盈利有关。需求弹性大的商品，加成率宜低，以求薄利多销；需求弹性小的商品，加成率可以稍高。在实践中，同行业往往形成一个为大多数商店所接受的加成率，例如美国香烟的加成率为20%，照相机为28%，等等。

加成定价法具有计算简单、简便易行的优点，在正常情况下，按此方法定价可使企业获取预期盈利。缺点是忽视市场竞争和供求状况的影响，缺乏灵活性，难以适应市场竞争的变化形势。特别是成本加成定价，加成率的确定仅从企业角度考虑，因而难以准确得知该价格水平对应的市场销售量，使固定成本费用的分摊难保其合理性。因此，加成定价法主要用于那些一次性生产，事先难以确定成本的产品。

2. 目标利润定价法

目标利润定价法指在既定的固定成本、单位变动成本和价格条件下，确定能够保证企业收支平衡的产（销）量。收入平衡点也称损益平衡（或盈亏分界）点，如图10 - 10所示。

图中，E 为盈亏分界点；Q 为保本销售量（称损益平衡时的销售量）。

根据图10 - 10，得出 Q 的计算公式：

$$损益平衡点销售量 = \frac{固定成本}{价格 - 单位变成成本}$$

在此价格下实现的销售量，使企业刚好保本，因此，该价格实际是保本价格。即在企业定价实务中，可利用此方法进行定价方案的比较与选择。对于任一给定的价格，都可以计算出一个保本销售量。

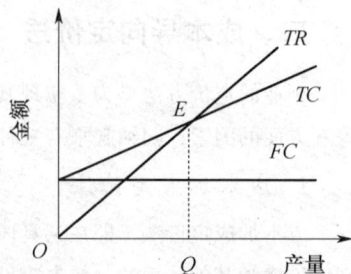

图 10 - 10　盈亏平衡图

$$保本价格 = \frac{固定成本}{损益平衡点销售量} + 单位变动成本$$

如果企业要在几个价格方案中进行选择，只要给出每个价格对应的预计销售量，将其与此价格下的保本销售量进行对比，低于保本销售量，则被淘汰。而在保留的定价方案中，具体的选择取决于企业的定价目标。利用盈亏分析，实际价格的计算公式如下：

$$实际价格 = \frac{固定成本 + 预期赢利总额（目标利润）+ 单位变动成本费用}{预计销售量}$$

损益平衡定价法侧重于总成本费用的补偿，这一点对于经营多条产品线和多种产品项目的企业极为重要。因为一种产品盈利伴随其他产品亏损的现象时有发生，经销某种产品时所获取的高盈利与企业总盈利的增加并无必然联系，因此，定价从保本入手而不是单纯考虑某种产品的盈利状况无疑是必要的。在某种产品预期销售量难以实现时，可相应提高其他产品产量或价格，逐步在整体上实现企业产品结构及产量的优化组合。

3. 可变成本定价法

可变成本定价法又称为目标贡献定价法，即以单位变动成本为定价基本依据，加入单位产品贡献，形成产品售价。即

$$价格 = 单位可变成本 + 单位产品贡献额$$

可变成本定价法的关键在于贡献的确定。其步骤如下：

①确定一定时期内企业目标贡献：

$$年目标贡献 = 年预计固定成本费用 + 年目标盈利额$$

②确定单位限制因素贡献量：

$$单位限制因素贡献量 = \frac{年目标贡献}{限制因素单位问题}$$

其中，限制因素指企业所有产品在其市场营销过程中必须经过的关键环节，如劳动时数、资金占用等，也可根据企业产品自身特性加以确定。各种限制因素单位加总即为限制因素单位总量。

③根据各种产品营销时间的长短及难易程度等指标，确定各种产品在营销过程中对各种限制因素的占用数量（或比例）。

④形成价格：

$$价格 = 单位可变成本费用 + 单位限制因素贡献量 \times 单位产品所含限制因素数量$$

目标贡献定价法有以下优点：

◆ 易于在各种产品之间合理分摊固定成本费用。限制因素占用多，其价格中所包含的贡献量就大，表明该种产品固定成本分摊额较多。

◆ 有利于企业选择和接受市场价格。在竞争作用下，市场价格可能接近甚至低于企业的平均成本，但只要这一价格高于平均变动成本，企业就可接受，从而大大提高企业的竞争能力。

◆ 根据各种产品贡献的多少安排企业的产品线，易于实现最佳产品组合。

三、需求导向定价法

1. 感受价值定价法

感受价值定价法又称直觉价值定价、理解价值定价。是以消费者对商品价值的感受及理解作为定价的基本依据。根据顾客对产品价值的理解来定价，而不是以卖方成本为依据。采用这种方法，企业需要研究其产品在顾客心目中的价格标准。以及在不同价格水平下的不同销售量，并作出较为恰当的判断，进而有

针对性地运用市场营销组合中的非价格因素去影响顾客，使顾客对产品价值形成一定的理解。然后估算投资额、销售量、单位产品成本和利润，最后定出顾客要求的期望价格，如图 10 - 11 所示。

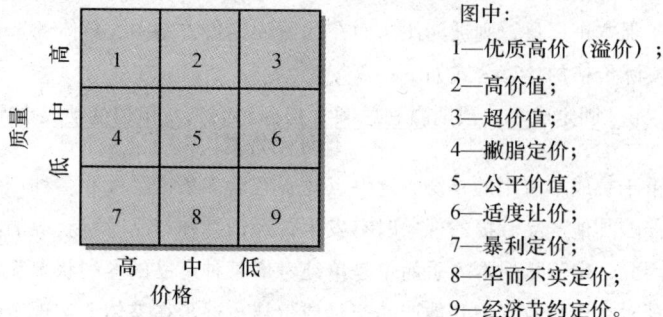

	高	中	低
质量 高	1	2	3
中	4	5	6
低	7	8	9

高　中　低
价格

图中：
1—优质高价（溢价）；
2—高价值；
3—超价值；
4—撇脂定价；
5—公平价值；
6—适度让价；
7—暴利定价；
8—华而不实定价；
9—经济节约定价。

图 10 - 11　质量—价值直觉定价方法图

感知价值定价必须考虑顾客的消费心理和需求价格弹性两个因素。从消费心理来看，某些名牌产品在顾客心目中已树立了良好的形象，顾客对这些产品认定的价值较高，可以定较高的价格；从需求弹性来看，对于不同产品，价格高低对市场需求量有不同影响，需求弹性大的产品，可以用较低的价格刺激需求量的增长，需求弹性小的产品，在必要时可定较高的价格。

2. 需求差别定价法

差别定价法就是以不同的时间、地点、产品和不同的消费者的需求强度为定价的基本依据。这里的价格差异不是由于商品成本因素所引起的，也不是附加价值不同所引起的，而是由于消费者不同的需求特征所引起的。

营销案例 10-3

泛美航空公司的差别定价

泛美航空公司抓住了不同类型消费者的消费需求，实行差别定价。同等舱位支付的机票价格可能大不一样，常规经济舱票价约 1 000 美元，而特别折扣价机票只要 300 美元就可以买到，这种机票通常要求在两个星期以前预定并且不能退票，或者要求乘客不能在本星期六以前乘坐返程飞机与家人团聚。需求弹性差别很大的不同类型的顾客会分别购买不同类型的机票，从而使得航空公司能够实行这种差别定价。

（资料来源：《经济学》，（美）斯蒂格利茨，中国人民大学出版社，2000 - 09 - 01）

差别定价法形式主要包括：

①以不同顾客群为基础，因职业、阶层、年龄等原因，顾客会有不同的需求。例如铁路客运中的小孩票、学生票。

②以地点不同而异，例如娱乐场所与餐饮场所对啤酒的需求是不一样的，前者价格高于后者。

③以时间效用为基础，许多产品的需求有时间性，例如长途电话的收费；旅游景区的淡旺季定价也是不一样的。

④以产品特征为基础。各种品牌产品的价格往往比非品牌产品的价格要高。有特殊纪念符合的产品也会比其他无纪念意义的产品价格要高。例如在奥运会期间，标有会徽或吉祥物的产品价格。实行差别定价法应具备的条件：

（1）能根据需求强度进行不同的细分。

（2）细分后的市场能在一定时期内相对独立，互不干扰。

（3）市场细分和管理市场的成本不应高于从差别价格中获得的收入。

（4）合法性与合理性，以消费者能够接受和不构成价格歧视为前提。

营销案例 10-4 ....

比亚迪——有技术含量的"价格战"

比亚迪股份有限公司（以下简称"比亚迪"）创立于 1995 年，是一家香港上市的高新技术民营企业。2003 年，比亚迪正式收购西安秦川汽车有限责任公司（现"比亚迪汽车有限公司"），进入汽车制造与销售领域，开始民族自主品牌汽车的发展征程。

当比亚迪一脚踏入汽车业时，并没有从汽车的心脏——发动机开始，反而选择了自造汽车模具。因为在比亚迪看来，"汽车是模具的产业"，而做模具恰好又是比亚迪最擅长的领域。在以非常低的价格收购到当时亏损得一塌糊涂的北京吉驰汽车模具有限公司后，光模具就可以为比亚迪节省下整车造价中不少一块。比亚迪已经从第一款车开始，早早将在模具上的投资收回，他们现在还在为其他汽车厂商制造汽车模具赚取利润。而自己造模具，还为设计改进提供了方便，例如，比亚迪 F3 的车体就是一体化冲压而成，而非前后两块焊接而成，这样的设计很大地提升了车辆的安全性能。

就连汽车中的座椅，比亚迪也自己制造，理由很简单，尽管身处于零部件工业非常发达的中国，比亚迪自信很难找到和自己在性价比上比肩的合作伙伴，几乎没有企业既有它那么成熟的质量控制体系，又可以便宜、快捷、灵活地把座椅生产出来，即使与那些参与到全球供应链中的座椅厂商相比，也是如此。

比亚迪真正能施展拳脚的舞台在产品的后台，与竞争对手相比——无论是拥有强大科技实力的行业领导者，还是在降低人力、管理甚至环境成本方面都极具创造性的国内对手，比亚迪能持续地将价格压到对手的成本线之下，仍然不影响维持运转所需的资金血液。

在比亚迪看来，打价格战能够打到改写产业价格底线的水准，其中的技术含量并不简单。虽然在产品差异化上缺乏令人信服的表现，这也是在扬长避短，不在自己并不擅长的洞察客户需求上花费太大精力。比亚迪曾预言："我们打价格战，要打得让对手跟不上"，它的价格战却并非中国企业熟悉的那种以低价抢占市场份额的价格战，而是一场基于技术、管理和供应链洞察力的硬仗。

所以，在早已被吉利和奇瑞"等鲶鱼一代"锻造出超强心理承受力的汽车界，还是再次被比亚迪改写产业价格底线的恐怖能力而震撼。F3 以 7 万多元的价格一举击破了很多消费者的心理防线，短短一个月内，F3 就接到了 9 000 辆的订单，与当时最畅销的通用凯越不相上下，13 个月后，它成为中国最快突破 10 万辆销量的自主车型。

（资料来源：柴文静，21 世纪商业评论，2008.12）

四、竞争导向定价法

竞争导向定价是以供求关系为基础，以市场上相互竞争的同类产品的价格为定价的依据并随竞争状况的变化进行调整。有三种情况：与竞争对手价格完全一样；高一点；低一点。选用哪一种情况，要根据产品特征、生命周期、企业目标等来决定。具体做法有三种：

（1）随行就市价格定价法即本企业产品与同行业竞争产品的平均价格（即现行市场价格水平）保持一致，这是一种最简单、最常见的方法。这样做易为顾客接受，能与竞争产品"和平共处"，也能带来合理、适度的利润。这种方法主要应用于差异性小的产品。

（2）竞争价格定价法与上述"随大流"相反，这是一种主动竞争的定价方法。一般为实力雄厚或产品独具特色的企业所采用。这种定价法的关键在于知己知彼，勤于分析，随时调整。

（3）密封投标定价法这种定价方法适用于投标交易方式（大型成套设备订货、承包公共事业工程等）。投标定价，应预测竞争对手的报价，做出本企业的成本与预期利润，然后提出自己的报价。投标定价的目的是中标订合同，每个企业都要争取自己的报价低于竞争对手的报价，但报价低总有一个限度，这就是困难之所在。因此，定价时，既要考虑实现企业的利润目标，也要结合竞争状况考虑中标概率。

第三节　定价策略

定价策略与定价方法是有区别的。方法主要用于具体地确定产品的价格，而策略则是提供了一种思想或者技巧，基于一种竞争的需要。在运用适当的定价方法确定了基本价格以后，针对不同的消费心理、销售条件，采用灵活的定价策略对基本价格进行修正，是保证价格策略取得成功的重要手段。

营销案例 10—5

富士通一元中标获厚利

有一年，日本广岛市水道局打算将埋在市区的电线、煤气管和卜水管的阀门装置、管道种类和铺设时间等绘制成一幅能用电子计算机控制的示意图。水道局内部预定的价格为1 100万日元。当时有8家公司参加投标，最高报价要2 700万日元，其余分别为980万日元、55万日元、45万日元和35万日元，而制造大型电子计算机的厂家富士通公司报出的价格仅为1日元。这是"绝对优势"，其他公司都不敢跟富士通公司继续对抗，而且也不明白富士通公司为何要这样做，只好退出了竞争。

富士通公司是怎样想的呢？他们从全盘考虑，看到了中标以后比这大几十甚至上百倍的生意。因为日本政府建设省早已发出通知：要求包括东京在内的全国11个城市，都要将铺设在地下的管道绘制成电子计算机能够控制的示意图，广岛市不过是先行一步而已。这个巨大的计划分两步进行，第二步是设计示意图，第二步是安装电子计算机。富士通公司之所以愿以1日元的象征性价格夺标，是为了争取到示意图的设计权，这样就可以设计出符合自己计算机特点的图纸，也就等于拿到了订购电子计算机的订单。只要示意图的设计具有富士通的"特性"，不论需要电子计算机的什么硬件或软件，就非找富士通公司不可，其他公司也就无法争取这个独一无二的大市场了。

一、新产品定价策略

1. 撇脂定价策略

撇脂定价策略又称撇奶油定价，是针对部分购买者追求时髦、猎奇的求新心理，把价格适当定得尽可能高些，像撇取牛奶中的脂肪层那样，以尽快取得最大利润。撇脂定价策略是一种短期最大利润目标下采取的定价策略。实行撇脂定价的条件包括：

（1）新产品具有独到特点，竞争者不易仿制，为消费者带来较大利益，新产品的需求价格弹性较小。

（2）市场容量大，要有足够的潜在顾客，愿意按较高的初始价格立即购买这些新产品。

（3）新产品具有专利和技术秘密，高价不会吸引新竞争者。

（4）顾客认为该产品定高价是由于它具有很高的质量。

企业采用这一策略。其优点是能尽快收回投资，取得最大利润；为今后调低价格留下伏笔。缺点是价高利厚，会引来竞争者的加入；影响及时打开的销路，不利于市场开拓。

2. 渗透定价策略

渗透定价策略就是利用购买者的求廉心理，以较低价格出售产品，其目的是为了扩大本企业产品的市场份额。渗透定价策略的思路与撇脂定价相反，以低价位进入市场，当建立声望、打开市场后，再逐步提高价格。实行渗透定价的条件是：

（1）新产品的需求价格弹性较大，该市场的许多细分市场具有较高的价格意识，价格变动会很快导致需求的变化。

（2）随着产量的提高，单位生产和营销成本会急剧下降。

（3）企业有足够的生产能力。

渗透定价适用对象是低档商品、易耗商品、专业性不强的商品和生活必需品。

二、产品组合定价策略

1. 单一价格定价

企业销售品种较多而成本差别不大的商品时，为了方便顾客挑选和内部管理的需要，企业所销售的全部产品实行单一的价格。

2. 产品线定价

当企业生产的系列产品存在需求和成本的内在关联性时，为了充分发挥这种内在关联性的积极效应，可采用产品线定价策略。在定价时，首先确定某种产品的最低价格，它在产品线中充当领袖价格，吸引消费者购买产品线中的其他产品；其次，确定产品线中某种商品的最高价格，它在产品线中充当品牌质量和收回投资的角色；再者，产品线中的其他产品也分别依据其在产品线中的角色不同而制定不同的价格。

市场营销大师 Philip Kotler 和 Gray Armstrong 在他们所著的《市场营销原理》一书中对产品组合定价作了具体的描述，见表 10 – 3。

表 10 – 3 产品组合定价表

定价策略	描述
产品线定价策略	对同一产品线内的不同产品差别定价
备选产品定价策略	对与主体产品同时卖出的备选品或附件定价
附属产品定价策略	对必须与主体产品一起使用的产品定价
副产品定价策略	对低价值的副产品定价以抵消处理成本
产品束定价	对共同出售的产品组合定价

（资料来源：Philip Kotler, Gray Armstrong: Principles of marketing, 9th ed. 2001 by Pearson Education.）

三、心理定价策略

1. 声望定价

所谓声望定价，是指企业利用消费者仰慕名牌商品或名店的声望所产生的某种心理来制定商品的价格，故意把价格定成整数或高价。质量不易鉴别的商品的定价最适宜采用此法，因为消费者有崇尚名牌的心理，往往以价格判断质量，认为高价代表高质量，但也不能高得离谱，使消费者不能接受。有报道称，在美国市场上，手工做的布鞋很受欢迎。但质量好、价格低的中国货却竞争不过质量相对差、价格却高的外国货，其原因是在美国人眼里，低价就意味着低档次。在现代社会，消费高价位的商品是财富、身份和地位的象征。因此，对于非生活必需品及具有民族特色的手工产品，则应采取极品价格形象。设计极品价格形象，主要应强调产品品牌的著名、质量上乘、包装的精美与豪华，以及给消费者精神上的高度满足。提到领带，人们都会想到金利来；提到旅游鞋，人们会想到阿迪达斯、耐克；而提到服装，人们又会想到皮尔·卡丹。这些名牌产品不仅以优质高档而闻名于世，更以其价格昂贵而引人注目。

📖 营销案例 10-6

小米手机巧妙的价格策略

制定合适的价格策略不仅有利于提高产品销量，而且有利于提高企业利润。面临竞争如此激烈的智能手机市场，小米手机巧妙地运用了以下几种定价策略，赢得了消费者的青睐。

(1) 运用渗透定价，提高市场占有率。渗透定价是指在产品上市前将价格定得较低，引起消费者的购买欲望，从而扩大该产品市场占有率。小米手机定价为 1 999 元，这样高端的配置加这么低的价格可以说是前所未有的。目前国内智能手机市场上，能够达到小米手机这样配置的智能机大多价格都在 2 500 元以上。如此高配低价的手机，这对消费者来说诱惑极大，从而使小米手机第一次在线上销售就被一抢而空。这个定价策略对小米手机提高市场占有率功不可没。

(2) 运用捆绑策略，提高产品销量。捆绑策略是指把两种或两种以上的相关产品作为一个整体包，并制定优惠的价格卖给消费者的定价策略。小米手机官网上出售配件专区，经常以电池套装和保护套装进行搭配销售，例如 1 930 mAh 电池＋原装后盖＋直充，原价 258 元，现价 148 元，立省 110 元。另外小米手机在网上销售的时候会给顾客提供几个套餐，每个套餐里面包含不同的配件以及小礼品之类的，不同的套餐报价不同。小米运用捆绑策略，不仅提高了手机的销量而且带动了其他产品的销售。

(3) 运用心理定价，吸引顾客购买。小米手机主要运用了：一是尾数定价，小米官网所卖的商品几乎都是以"9"结尾来定价的，给人一种便宜的感觉，从而提高购买的可能性。二是招徕定价，即故意将一部分商品的价格定得很低，以吸引顾客购买的定价策略。小米官网定期举行限量秒杀活动，一般每周一至周五早上 10：00 准时开始抢购，并且每个账号限购一件，参加秒杀活动的商品大多数是手机配件，以超低的价格吸引人气和关注度，同时也迎合了消费者追求便宜的心理。

（资料来源：邓健，郑传勇.小米手机营销策略分析与发展建议［J］.中国市场，2014，经删减）

2. 尾数定价

尾数定价又称奇数定价，即利用消费者以数字认识的某种心理制定尾数价格，使消费者产生价格比较低廉的感觉，还能使消费者产生定价认真，有尾数的价格是经过认真的成本核算才产生的感觉，使消费者对定价产生信任感。

3. 整数定价

高档名贵的产品宜采用整数定价策略。把产品价格定为整数，会使消费者感到产品的档次高、价值大，满足某些消费者追求高消费或显示身份的心理。

4. 招徕定价

利用部分顾客求廉的心理，特意将某几种商品的价格定得较低以吸引顾客。某些商店随机推出降价商品，每天、每时都有 1～2 种商品降价出售，吸引顾客经常来采购廉价商品，同时也选购了其他正常价格的商品。

5. 习惯定价

许多产品，尤其是日用消费品，其价格一旦固定下来，习惯了这一价格的消费者在心理上会形成一种价格倾向和定势。对这类产品的价格一般不宜轻易变动，否则，价格高了，会引起涨价的社会影响，价格低了会引起是否货真价实的怀疑。若确需变动和调整价格，则应同时采取加强宣传等配套措施。

四、折扣与折让定价策略（表 10 - 4）

1. 数量折让定价策略

数量折让就是按顾客购买量多少给予不同折让的一种定价策略。数量折让可以分为非累计折让和累计折让。非累计折让是一种一次性折让，这在产品批发中使用较为普遍。累计折让则规定，当顾客的累计购买量达到一定数量或金额时，给予一定的折让。

2. 现金折让定价策略

现金折让就是当顾客按约定日期付清购买产品的款项时，供货方给予顾客的一种折让。现金折让一般在生产厂家与批发商或批发商与零售商之间进行。

3. 季节折让定价策略

季节折让是生产者为了维持季节性产品的全年均衡生产而鼓励商业企业淡季进货和消费者购买的一种定价策略。

4. 交易折让定价策略

交易折让是指生产企业根据不同中间商在营销活动中所执行的职能不同，分别给予一定的额外折让。其目的是调动中间商的销售积极性。

表 10 - 4　折扣和目标

折扣方式	折扣目标
现金折扣	鼓励消费者在规定的时间付款，比如 10 天
预期折扣	用特别的方法鼓励消费者尽快付款，比如 10 天或 5 天
同业或功能性折扣	为消费者体现的特殊功能而奖励，比如在商店里购买了某品牌的服装或在房间里安装了某品牌的风扇
非积累性数量折扣	鼓励买方一次性大量购买
积累性数量折扣	鼓励买方继续向供货商订购
季节折扣	在淡季鼓励消费者消费，如在秋冬季买室内装饰画或浴室设备，在夏季浏览冬季商品
促销折让	鼓励中间商向当地顾客推销产品

（资料来源：William G. Zikmund, Michael d' Amico: Effective Marketing, 3rd edition, 2002 by South – Western, a division of Thomson Learning）

五、地区定价策略

一般地说，一个企业的产品，不仅卖给当地顾客，而且同时卖给外地顾客。而卖给外地顾客，把产品从产地运到顾客所在地，需要花一些装运费。所谓地区性定价策略，就是企业要决定：对于卖给不同地区（包括当地和外地不同地区）顾客的某种产品，是分别制定不同的价格，还是制定相同的价格。也就是说，企业要决定是否制定地区差价。

1. FOB 原产地定价

FOB 原产地定价，就是顾客（买方）按照厂价购买某种产品，企业（卖方）只负责将这种产品运到产地某种运输工具（如卡车、火车、船舶、飞机等）上。交货后，从产地到目的地的一切风险和费用概由顾客承担。如果按产地某种运输工具上交货定价，那么每一个顾客都各自负担从产地到目的地的运费。

2. 统一交货定价

这种形式和前者正好相反。所谓统一交货定价，就是企业对于卖给不同地区顾客的某种产品，都按照相同的厂价加相同的运费（按平均运费计算）定价。也就是说，对全国不同地区的顾客，不论远近，都实行一个价。

3. 分区定价

所谓分区定价，就是企业把全国（或某些地区）分为若干价格区，对于卖给不同价格区顾客的某种产品，分别制定不同的地区价格。距离企业远的价格区，价格定得较高；距离企业近的价格区，价格定得较低。在各个价格区范围内实行一个价。这种方式是前两种方式的折中运用。

4. 基点定价

基点定价方式是企业选定某些城市作为基点，然后按一定的厂价加从基点城市到顾客所在地的运费来定价（不管货实际上是从那个城市起运的）。有些公司为了提高灵活性，选定许多个基点城市，按照顾客最近的基点计算运费。

5. 运费免收定价

有些企业因为急于和某些地区做生意，负担全部或部分实际运费。这些卖主认为，如果生意扩大，其平均成本就会降低，因此足以抵偿这些费用开支。采取运费免收定价，可以使企业加深市场渗透，并且能在竞争日益激烈的市场上站得住脚。

第四节　价格变动与企业策略

企业处在一个动态变化的环境中，产品定价不可能一劳永逸。随着市场环境的变化，企业对价格也要不断进行调整。在竞争的市场上，企业的价格调整有两种情况：一是根据市场条件的变化主动进行调价；二是当竞争对手价格变动以后进行的应变调价。

一、市场对价格调整的反应

价格是一把双刃剑，当商品价格的变动，影响到顾客、竞争者和经营者不同程度的反应，必然会引起某些市场变化。

顾客的反应一般是改变他们原来购买商品的种类和数量。一般情况下，当某种商品的价格发生变化时，由于顾客受到各种主客观条件的限制，使他们很难正确理解商品价格的调整变化。所以，当一些商品调低价格后，本来应刺激顾客大量和重复购买，结果却有相当部分顾客做出相反的一些反应，使购买反而减少。这种心理反应主要包括：认为商品降价是由于品质下降造成的；或商品款式过时了，将有新的替代品出现；降价幅度仍不够；经营者财务困难，经营前景悲观，售后服务无保障等。当一些商品价格调高时，本来应抑制一些消费者的需求，减少购买这些商品的数量，结果却发现，一些顾客反而积极购买。这类心理反应主要有：产品畅销才提价，不赶紧买就买不到了；提价幅度还不够，尽早买以防将来付出更高代价；产品质量和功能提高才提价，买后肯定不吃亏等。

竞争者的反应，也是价格调整应考虑的重要因素。如经营者在调低商品价格时，竞争者的反应主要有以下几种选择：

（1）价格不变，用非价格竞争回击，如改进产品、服务、沟通等。

（2）降低价格，通过价格竞争的利器进行反击。

因此，经营者在发生变价时，必须善于利用各种信息来源，力求掌握竞争者可能做出的反应，以便及时采取进一步的对策。

二、企业策略

商品价格调整一方面要尽量反映内外条件的变化，另一方面还必须考虑消费者对调价的反应，科学运用商品调价策略。

1. 商品降价策略

经营者采取降价措施时，应注意降价的幅度，频率和降价时机的选择。

（1）降价幅度要适宜。降幅过小，不能引起消费者的注意和兴趣，起不到降价的效果；降价幅度过大，则会引起消费者对商品质量的疑虑，同样达不到降价目的。因此消费者对降价客观存在一个知觉"阈限"，经营者降价应在此阈限范围内。根据经验，消费者对价格降低10%～30%，能正常知觉和理解。当然这一知觉阈限依商品特性及经济环境的不同而有差异。

（2）降价不宜过频。为避免由于商品价格降低幅度把握不准，造成多次降价，使消费者产生不信任的心理效应，必须保持降价后的相对稳定。

（3）准确选择降价时机。流行性商品，当流行高峰一过就要马上采取降价策略，否则，失去时机后即使降价也难以收到预期效果；对于季节性商品，当时至季中仍然库存过大，应立即采取适当的降价措施；对于一般性商品，降价的最佳时机在进入成熟期后的峰点临近时，因为此时消费者对产品评价尚高，降价有可能刺激需求，使峰点后移，延长成熟期。

2. 商品提价策略

无论什么原因造成的提价对消费者利益总是不利的。因此，必须注意消费者的心理反应，采取合适的提价策略。

（1）对于因成本上升而造成的提价，要尽量降低提价幅度，同时努力改善经营管理，减少费用开支。

（2）对于供不应求而造成的提价，要在充分考虑消费者承受能力的前提下，适当提价，切忌哄抬物价招致消费者报怨。

（3）属国家政策调整而提高商品价格，要多做宣传解释，以消除消费者不满，并积极开发替代品以更好满足需求。

（4）属经营者为获利而提高价格，要搞好销售服务改善销售环境，增加服务项目，靠良好的声誉适量提价。

3. 根据产品的生命周期调整价格策略

根据生命周期理论，产品从进入市场到从市场上被淘汰将经历引人期、成长期、成熟期、衰退期四个阶段，每个阶段的市场需求特征和竞争状况不同，要求企业采取不同的营销策略，企业的定价目标、定价方法也要相应做出调整。

（1）引入期的价格策略。

在产品刚刚投放市场的最初阶段，消费者对该产品缺乏了解，企业需要花大气力进行市场的开拓工作。就价格策略而言，可以根据产品的市场定位而采取高、中、低三种价格策略。

①高价"撇脂"策略。在短期利润最大化的目标下，以远远高于成本的价格推出新产品。销售对象是那些收入水平较高的"消费革新"者或猎奇者。在中国家电市场上，VCD、DVD机刚刚投放市场时，采用的就是"撇脂"策略。高价策略的好处是不仅在短期内迅速获取盈利，而且以后的降价留出空间。缺点是较高的价格会抑制潜在需求，同时高价厚利易诱发竞争，从而缩短新产品获取高额利润的时间。

②低价"渗透定价"。以较低的价格投放新产品，目的是通过广泛的市场渗透迅速提高企业的市场占有率。在20世纪90年代中期的微波炉市场上，格兰仕就是以此策略迅速占领市场，成为市场第一大品牌，使微波炉从原来少数高收入家庭的宠儿变为寻常百姓家的必需品。低价策略的优点是能迅速打开新产品的销路，低价薄利不易诱发竞争，便于企业长期占领市场。缺点是投资回收期较长，价格变动余地小。相对而言，采取低价策略需要企业有比较雄厚的财力的支持。

③满意定价。介于"撇脂"和"渗透"策略之间的中等价格策略，价格水平适中，同时兼顾生产厂家、经销商和消费者的利益。优点是价格比较稳定，在正常情况下盈利目标可按期实现。缺点是比较保守，不适合需求复杂多变和竞争激烈的市场环境。

（2）成长期的价格策略。

随着消费者对新产品的逐渐了解，产品的销售会有较快的增长，竞争者陆续加入。企业应视市场增长和竞争情况而在适当的时机调整价格。成长期企业营销的重点是扩大市场占有率，加强企业的市场地位和竞争能力，因而通常的做法是在不损害企业和产品形象的前提下适当降价。

（3）成熟期的价格策略。

产品经过一段时间的快速增长，市场需求趋于饱和，市场竞争异常激烈，这时进入产品的成熟期。该阶段的定价目标多为维持原有的市场份额、适应价格竞争。由于一些实力薄弱的中小竞争者被迫退出，市场上多呈现寡头垄断竞争的格局，各企业在原有产品价格的调整上比较慎重，竞争更多地集中在其他方面。随着改良产品的出现，企业需要为这些产品重新定价。总体而言，成熟期的价格策略多呈现低价的特点。

（4）衰退期的价格策略。

随着市场的进一步饱和，新产品出现，消费者的兴趣开始转移，经过成熟期的激烈竞争，价格已降至最低水平，这是产品衰退期的主要特征。

这一阶段的价格策略主要以保持营业为定价目标，通过更低的价格，一方面驱逐竞争对手，另一方面等待适当时机退出。

价格调整是指经营者在原定价格的基础上调低或调高。经营者在不断变化的市场营销环境中为求得生存和发展，有时须主动削价或提价，有时又须对竞争者变价作出正确的反应。

4. 变价的发动者

在营销过程中，由于内外部环境的变化而要求企业调整其价格。这时，企业需要决策的是：是否充当变价的发动者，即主动发动降价或提价。降价可能基于以下原因：

（1）企业的生产能力过剩，需要扩大销售，而通过其他营销策略（比如产品改进、加强促销等）来扩大销售的余地很小。

（2）在强大的竞争压力之下，企业的市场份额下降。

（3）企业的成本费用低于竞争者，降价可以扩大销售，提高市场占有率。

（4）由于技术的进步而使得行业生产成本大大降低。

（5）宏观经济环境和政府政策变动。当出现通货膨胀，导致物价上涨和经营者成本费用上升时，经营者趋于提高价格；而当出现通货紧缩时，由于币值上升，竞争产品的价格下降，因而经营者也须削价。同时，政府对国民经济的宏观调整政策将对市场供求、产业结构的变化及消费者收入水平等产生影响，经营者应根据上述方面的变化及时调整自己的经营方向及产品结构，并相应调整价格与之相适应。

综上所述，影响经营者价格调整的因素既有宏观的也有微观的，经营者只有在充分考虑并分析这些因素的基础上，才能做出符合实际并有科学依据的价格调整。

三、价格策略的思考

价格策略在今天的营销实践中已开展了更广泛的研究，《长尾理论》的作者克里斯（安德森的新作《免费》一书更深入地探讨价格策略在21世纪营销中的全新商业模式，通过免费过程本身创造新价值，如Google，QQ，360安全卫士等；而国内学者提出了现代营销策略归结为1P（产品价格），即消费者成本，通过多赢合作的战略思维，寻找第三方与企业和顾客共同支付，例如，打火机厂商原来是直接卖给使用者，现在通过厂商价值关联，把打火机卖给餐饮、咖啡店，再免费送给使用者，结果消费者得到了免费打火机，厂商赚到了更多的利润，第三方节省了广告费。

价格策略不仅可以引发创新，而且能形成创造性破坏，造成产业颠覆性巨变。以价格策略为突破口的美国西南航空是全球第一家以价格创新为核心竞争力的航空公司，从洛杉矶到阿拉斯加的机票平均售价为138美元，而西南航空仅售38美元。它在大多数市场的票价都接近或低于火车、公路巴士、城际长途汽车等地面运输工具，甚至比自己开车加油钱还便宜，但时间却大大缩短。西南航空不是和航空公司竞争，而是把地面运输系统当作竞争对手。它的目标是把地面交通系统的乘客变成飞机乘客，为航空客运创造新客户、新市场，而不是与同行抢夺现有的客户。

义乌小商品城是一个以低价格为核心的商业模式创新。它的核心业务是小商品批发交易，货品达28大类之多，为全球最大的小商品集散地。义乌小商品城的商业模式包括三个高度关联并互为加强的核心能力：数万家本地、外地生产企业以及来自212个国家和地区的商务代表形成的巨大商业网络，使交易双方以很低的成本联结在一起；中国小商品城、各专业市场和各专业街组成的批发市场构成了高效、即时交易系统；流畅的物流网络，使商品可以迅速达到全球任何指定地点。

案例评析

神奇的珠宝定价

位于深圳的异彩珠宝店，专门经营由少数民族手工制成的珠宝首饰。位于游客众多，风景秀丽的华侨城（周围有著名的旅游景点：世界之窗，民族文化村，欢乐谷等），生意一直比较稳定。客户主要来自两部分：游客和华侨城社区居民（华侨城社区在深圳属于高档社区，生活水平较高）。

几个月前，珠宝店店主易麦克特（维吾尔族）进了一批由珍珠质宝石和银制成的手镯、耳环和项链的精选品。与典型的绿松石造型中的青绿色调不同的是，珍珠质宝石是粉红色略带大理石花纹的颜色。就大小和样式而言，这一系列珠宝中包括了很多种类。有的珠宝小而圆，式样很简单，而别的珠宝则要大一些，式样别致、大胆。不仅如此，该系列还包括了各种传统样式的由珠宝点缀的丝制领带。

与以前的进货相比，易麦克特认为这批珍珠质宝石制成的首饰的进价还是比较合理的。他对这批货十分满意，因为它比较独特，可能会比较好销。在进价的基础上，加上其他相关的费用和平均水平的利润，他定了一个价格，觉得这个价格应该十分合理，肯定能让顾客觉得物超所值。

这些珠宝在店中摆了一个月之后，销售统计报表显示其销售状况很不好，易麦克特十分失望，不过他认为问题原因并不是在首饰本身，而是在营销的某个环节没有做好。于是，他决定试试在中国营销传播网上学到的几种销售策略。比如，令店中某种商品的位置有形化往往可使顾客产生更浓厚的兴趣。因此，他把这些珍珠质宝石装入玻璃展示箱，并将其摆放在该店入口的右手侧。可是，当他发现位置改变之后，这些珠宝的销售情况仍然没有什么起色。

他认为应该在一周一次的见面会上与员工好好谈谈了。他建议销售小姐花更多的精力来推销这一独特的产品系列，并安排了一个销售小姐专门促销这批首饰。他不仅给员工们详尽描述了珍珠质宝石，还给他们发了一篇简短的介绍性文章以便他们能记住并讲给顾客。不幸的是，这个方法也失败了。

就在此时，易麦克特正准备外出选购产品。因对珍珠质宝石首饰销售下降感到十分失望，他急于减少库存以便给更新的首饰腾出地方来存放。他决心采取一项重大行动，选择将这一系列珠宝半价出售。临走时，他给副经理匆忙地留下了一张字条。告诉她："调整一下那些珍珠质宝石首饰的价格，所有都 ×1/2。"

当他回来的时候，易麦克特惊喜地发现该系列所有的珠宝已销售一空。"我真不明白，这是为么，"他对副经理说，"看来这批首饰并不合顾客的胃口。下次我在新添宝石品种的时候一定要慎之又慎。"而副经理对易麦克特说，她虽然不懂为什么要对滞销商品进行提价，但她惊诧于提价后商品出售速度惊人。易麦克特不解地问："什么提价？我留的字条上是说价格减半啊。""减半？"副经理吃惊地问，"我认为你的字条上写的是这一系列的所有商品的价格一律按双倍计。"结果，副经理将价格增加了一倍而不是减半。

（资料来源：市场营销案例集）

评析：珠宝类产品是一种特殊的选购产品，采用常规的定价方式不一定是一种有效的定价方法，如何根据产品特点和消费者的心理相结合，是一个重要因素。

思考题

1. 简述企业定价的三种方法。

2. 影响企业定价的主要因素有哪些？

3. 企业在对产品进行定价时，往往不仅仅考虑产品的成本因素，还要考虑其他诸多因素的影响，你认为快速消费品除了成本因素外还需要重点考虑哪些因素？

4. 试述新产品定价的策略。

5. 你认为哪些产品适合进行心理定价？

6. 企业在对产品价格调整时应注意哪些问题？

本章实训

一、实训目的

通过对实践案例的整理和分析，使学生能够对价格策略有感性的认知，理解定价和调价的具体思路，能够根据实际情况选择合适的价格策略。

二、实训内容

1. 实训资料：搜集不同行业、不同类型的价格调整案例。

2. 具体任务：根据本章对价格策略介绍，分小组讨论分析案例。

3. 任务要求：

（1）分析案例中的价格调整是在什么背景下产生，企业采取什么方法调整价格；

（2）该企业价格调整是否有改进方面，为什么？

三、实训组织

1. 根据全班上课人数，将全班同学分成若干小组，采取组长负责制，全体组员协作完成课堂任务。为了避免不同小组所搜集案例重复，各小组组长将所选案例进行提前汇总，并进行协商，确保所选案例不重复。

2. 确定所选案例后，各小组进行下一步分工，对案例进行分析、汇总。

3. 经过小组讨论后，完成实训报告及汇报 PPT。

4. 根据课时具体安排，不同小组分别选派成员对报告进行讲解，并回答其他组成员的问题。

5. 任课教师对实训课程的结果进行总结，提出相应的意见及建议。

四、实训步骤

1. 任课教师布置实训任务，介绍实训要点和搜集材料的基本方法。

2. 各小组明确任务后，按照教师指导根据具体情况进行分工。

3. 各小组定期召开小组会议，对取得成果进行总结，遇到问题及时与指导教师沟通。

4. 完成实训报告及展示所需要的 PPT 等材料，实训报告中应包括案例来源、案例分析及遇到的难题与解决方案、启示等内容。

5. 各小组对案例进行课上汇报，教师对各组的汇报进行点评及总结。

分销渠道策略

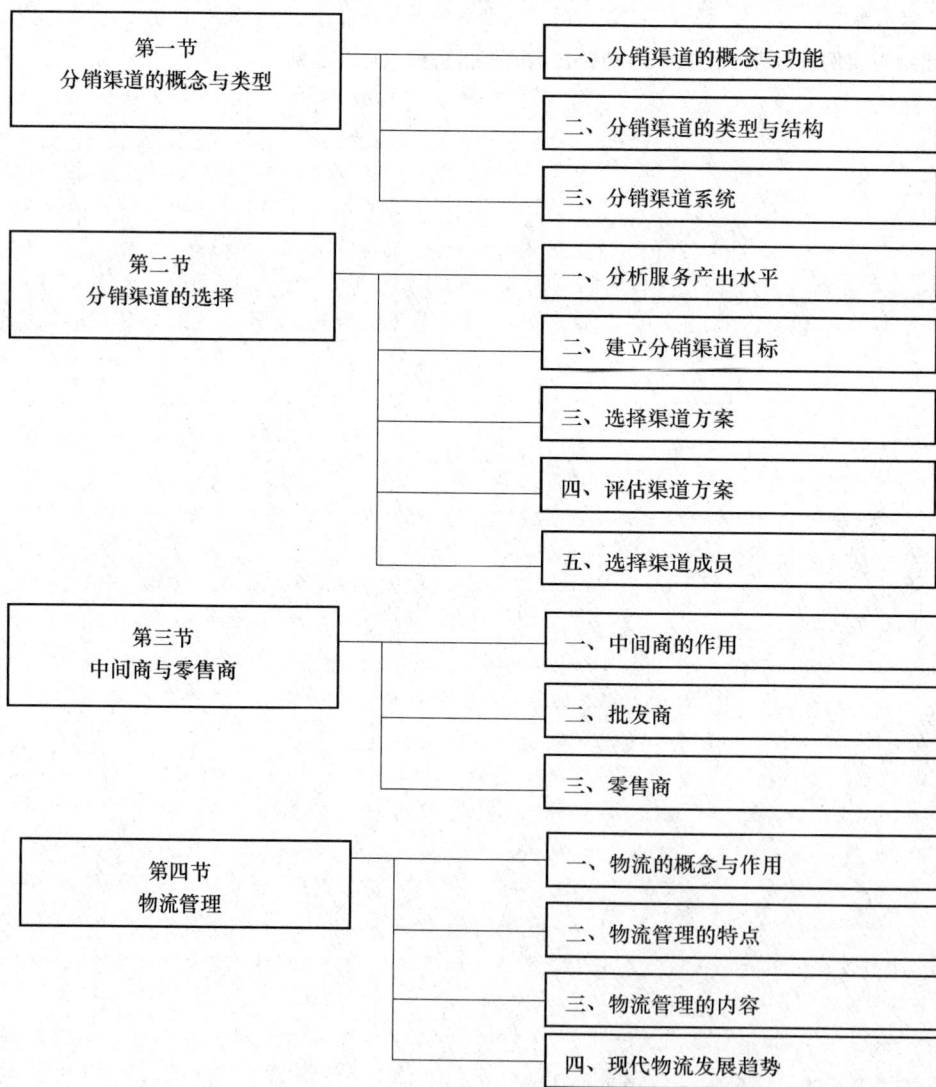

学习目标

- 了解分销渠道的类型
- 掌握分销渠道的选择标准
- 了解中间商与零售商
- 掌握物流管理的内容

关键概念

- 分销渠道
- 中间商与零售商，连锁经营与特许经营
- 物流管理

引导案例　　娃哈哈渠道变革，路在何方？

2014年12月初，娃哈哈老板宗庆后在集团2015年销售工作会议上说，2014年是近几年娃哈哈整体销售最差的一年，整体销售额不但没有增长，反而有所下滑。不同于蓬勃向上的电商市场，娃哈哈、康师傅等传统企业正在面临着传统渠道增长乏力的巨大问题。

面对传统渠道增长乏力的问题，娃哈哈掌门人宗庆后的药方是：

● 渠道进入了细分化时代，企业不能用"单一"思维来看待渠道的拓展，要关注批发流通渠道、团购渠道、专营渠道等，尤其是互联网与电商的发展，逼迫食品企业顺应互联网的思维潮流。

● 完善经销商网络，继续扶持上规模、有销量、有能力的大经销商，由于大经销商所占比例越来越小，因此今后销售人员开辟经销商的规模都要在500万元以上。

宗庆后的这种期待，说明了娃哈哈既有渠道模式面临着巨大的发展困境，必须要用"不同"的思维去广开渠道，以探索新的渠道红利，同时，要避免经销商小型化、碎片化，去扶植"优质"经销商。

（资料来源：段文智，渠道升级爆暗礁，销售与市场（渠道版），2015.1，有改写）

引导问题

1. 快速消费品的渠道管理主要包括哪些方面内容？
2. 娃哈哈的渠道变革的思路是否妥当？为什么？

分销策略是4P中第三个可控的营销要素。企业所拥有的渠道资源已经成为参与市场竞争，获取竞争优势的关键资源。在市场竞争中，企业若能有效管理渠道成员和协调渠道成员利益，就能构筑竞争壁垒，实现产品的流通，获取竞争优势。分销渠道承担着将所要销售的产品准确、快捷、方便、经济地送达到消费者手中的职责。价格策略与促销策略在很大程度上要依靠企业的分销渠道模式的实现。本章主要介绍分销渠道的概念与功能、分销渠道设计、分销渠道管理及渠道冲突与合作等内容。

第一节　分销渠道的概念与类型

一、分销渠道的概念与功能

1. 分销渠道的概念

分销渠道是指某种货物和劳务从制造商向消费者移动时取得这种货物和劳务的所有权或帮助转移其所有权的所有企业和个人。它主要包括中间商、代理中间商以及处于渠道起点和终点的制造商与消费者。

2. 分销渠道的功能

制造商通过分销渠道将商品转移到消费者手里。在这个过程中，分销渠道成员间需要承担一系列重要功能（见表11－1）。

表 11 – 1　分销渠道的功能

渠道的功能	渠道的作业
信息收集与传播	收集和传播有关潜在顾客、现行顾客、竞争对手和其他参与者的营销调研信息
实体占有与转移	从制造商到最终顾客的连续的储运工作与转移工作
所有权转移	产品物权通过渠道成员从制造商最终转移到消费者
分担风险	渠道成员分担各种经营风险
付款（回款）	通过银行和其他金融机构向生产者承付销售账款
订货	渠道成员向制造商进行有购买意图的反向沟通行为
促销	通过渠道成员传播有关产品的富有说服力的沟通材料，吸引更多的顾客购买
谈判	相互协商以达成有关产品的价格和其他条件的最终协议
融资	渠道成员间通过汇集和分散资金，以负担渠道工作所需费用
服务	售前、售中、售后服务及管理咨询服务

二、分销渠道的类型与结构

1. 分销渠道的类型

按流通环节的多少，可以将分销渠道划分为直接渠道和间接渠道。

（1）直接渠道。

直接渠道是指产品从生产领域转移到消费领域时不经过任何中间环节的分销渠道，是企业采用的产销合一的一种方式。

直接渠道是工业品分销渠道的重要类型，大约80%的生产资料是直接销售的。消费品分销有时也采用直接渠道，这主要表现在传统产业和新兴服务业这两大领域中。直接渠道有利于生产者掌握市场状况与发展趋势，降低产品在流通过程中的损耗。但直接渠道在生产集中，消费需求分散的情况下，就不能胜任。生产企业若缺乏销售方面的经验，自己承担分销业务，会加重生产者的工作负荷，分散生产者的精力。

（2）间接渠道。

间接渠道是指产品从生产领域转移到消费领域时经过若干中间环节的分销渠道，是产销分离的一种形式。

间接渠道是消费品分销渠道的主要类型，大约95%的消费品通过间接渠道销售，工业品也可通过间接渠道进行销售。大多数生产者缺乏直接销售的财力和经验，而采用间接渠道，能够发挥中间商在广泛提供产品和进入目标市场的效率。利用中间商的销售网络、业务经验、专业化和规模经济优势，通常会使生产者获得高于直接销售所能取得的利润；利用中间商能减少交易次数，达到降低成本目的。此外，还有助于生产者降低风险，加快资金回笼。

2. 分销渠道的结构

一般从渠道的长度、宽度和渠道网络几个方面来描述分销渠道结构。

（1）渠道的长度。

渠道的长度是按其包含的中间商购销环节即渠道层次的多少来表述的。具体地如图 11 - 1 所示可以将渠道的层次表述为：

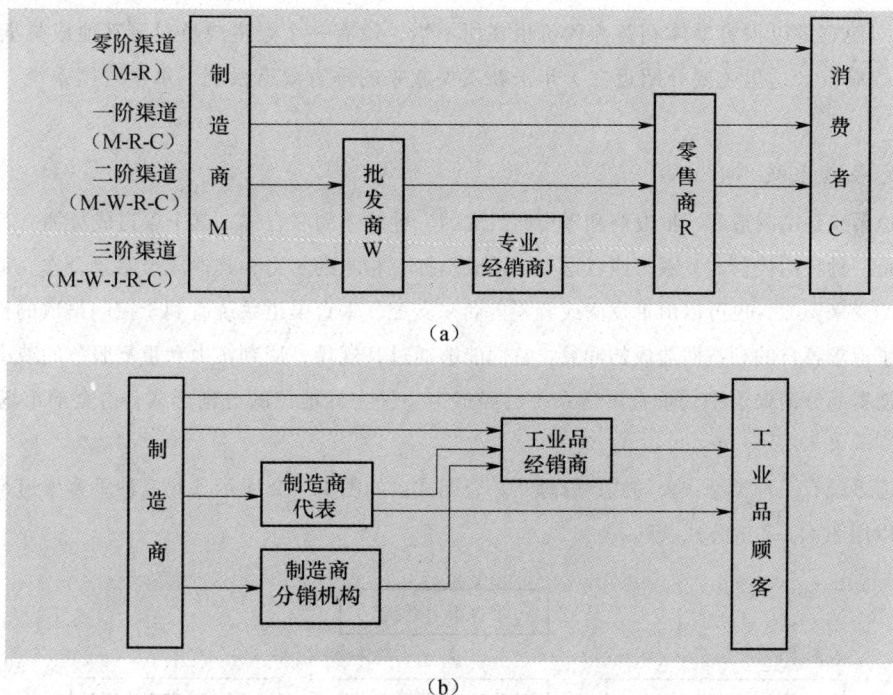

（a）

（b）

图 11 - 1　分销渠道层级结构

（a）消费者市场分销渠道；（b）工业品市场分销渠道

①零阶渠道：零阶渠道是制造商直接把产品销售给消费者的直销类型。其特点是没有中间商参与转手。直销的主要方式有上门推销、邮购、互联网直接推销以及厂商自设机构销售。

②一阶渠道：它包括一个中间商。在消费品市场，这个中间商通常是零售商；而在工业品市场，它可以是一个代理商或经销商。

③二阶渠道：它包括两个中间商。消费品二阶渠道的典型模式是经由批发和零售两级转手分销。在工业品市场，这两级中间商多是由代理商和批发经销商组成。

④三阶渠道：它包含三个中介机构的渠道类型。在消费品市场，通常为批发商、专业经销商和零售商。级数更多的分销渠道并不常见。一般而言，渠道级数越多，控制与管理难度也就越大。

（2）渠道的宽度。

渠道的宽度是指在渠道的同一层次上利用同种类型中间商的数目。生产者选择较多的同类型中间商销售产品，则这种产品的分销渠道谓之宽渠道；反之，则称为窄渠道。渠道宽度有三种类型：独家分销、密集分销和选择分销。

（3）渠道网络。

在分销过程中，许多渠道成员通过分工和合作，形成系统性的网络化分销渠道。这种促使产品和服务有效地从生产者向顾客转移的一系列相互联系的组织和个人的集合，就称渠道网络。

三、分销渠道系统

常见的渠道系统包括了传统渠道系统、垂直渠道系统、水平营销系统、多渠道营销系统。传统渠道系统由独立的制造商、批发商和零售商组成，每个成员都是作为一个独立的企业实体追求自己的利润最大化，即使它是以损害整体利益为代价也在所不惜，没有一个渠道成员对于其他成员拥有全部的或者足够的控制权。这里主要介绍近二十年来新发展起来的垂直渠道系统、水平营销系统、多渠道营销系统。

1. 垂直渠道系统

垂直渠道系统是由制造商、批发商和零售商组成的一种统一的联合体，某个渠道成员拥有其他成员的产权，或者是一种特约代营的关系，或者这个渠道成员拥有相当的实力，其他成员愿意合作。垂直渠道系统可以由生产商来支配，也可以由批发商或者零售商来支配。垂直渠道系统有利于控制渠道的行动，消除渠道成员为了追求各自的利益而造成的冲突。它们能够通过其规模，谈判实力和重复服务的减小而获得效益。在国外消费品分销渠道中，垂直渠道系统已经成为一种主导地位的分销形式，占全部市场的 70% 到 80% 之间。

垂直渠道系统有三种类型：公司式、管理式、合同式，如图 11 - 2 所示。此三种垂直渠道系统的组织关系结构可以用图 11 - 3 的方式表达。

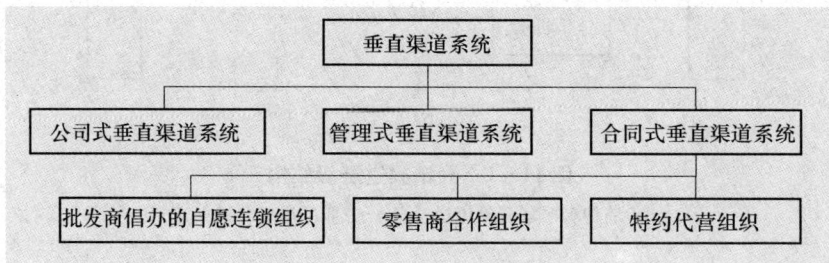

图 11 - 2　垂直渠道系统示意图

2. 水平营销系统

水平营销系统是由两个或者两个以上的公司联合开发一个营销机会。这些公司缺乏资本、技能、生产或者营销资源来独立进行冒险，或者承担风险；或者他发现与其他公司联合可以产生巨大的协同作用。公司间的联合行动可以是暂时性的，也可以是永久性的，也可以创立一个专门公司。

3. 多渠道营销系统

多渠道营销系统指一个公司建立两条或者更多的营销渠道以达到一个或更多的顾客细分市场的做法。通过增加更多的渠道，公司可以增加产品的市场覆盖面，降低渠道成本，为顾客提供定制化销售以适合顾客要求。不过要特别关注的是引进新渠道会产生冲突和控制问题。

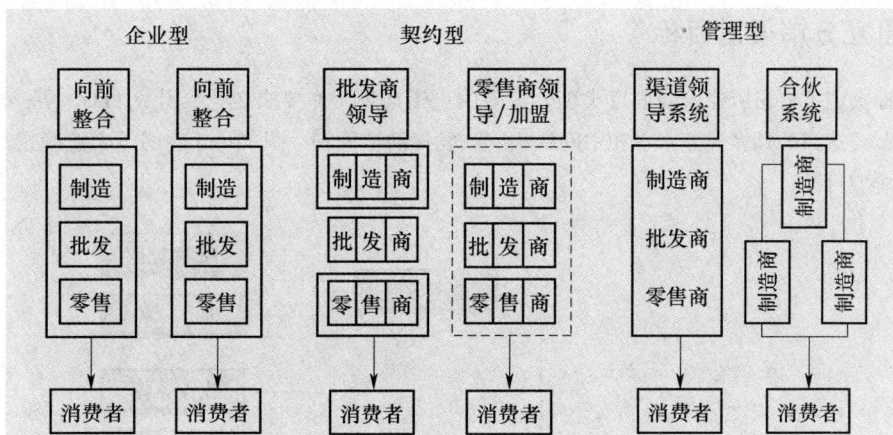

图 11 - 3 垂直渠道系统的组织关系结构

（资料来源：Warren J. keegan，Sandra E. Moriarty 与 Thomas R. Duncan，Marketing，1995）

第二节 分销渠道的选择

合适的分销渠道是提升公司销售力的重要基础。一个公司渠道系统是在适应当地市场机会和条件的过程中逐步形成的。设计一个渠道系统要分析服务产出水平，建立渠道目标，选择渠道方案，并对其作出评价（图 11 -4）。

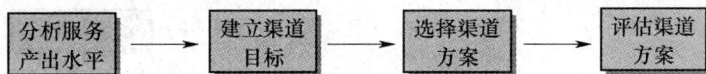

图 11 - 4 分销渠道设计的流程

一、分析服务产出水平

了解公司所选择的目标市场中消费者购买什么商品、在什么地方购买、为何购买、何时购买和如何购买是设计分销渠道的第一步。营销人员必须了解目标顾客需要的服务产出水平：即人们在购买一个产品时，想要和所期望的服务类型和水平。分销渠道可以提供的服务水平包括批量大小、等候时间、便利、产品品种和服务支持等。

批量大小：是渠道在购买过程中提供给典型的顾客的单位数量。

等候时间：是指顾客等待收到产品的平均时间，顾客一般喜欢快速交货的渠道，快速服务需要一个高的服务产出水平。

空间便利：是渠道为顾客购买产品所提供的方便程度。

产品品种：是渠道提供的商品花色品种的宽度。

服务支持：是渠道提供的附加的服务（信贷、交货、安装、修理）。服务支持越强，渠道提供的服务工作越多。

二、建立分销渠道目标

渠道目标决定了公司所要求的渠道类型。有效的渠道计划工作要决定达到什么目标、进入哪些市场。目标包括预期要达到的顾客服务水平和中间机构应该发挥的功能等。图 11－5 表明了企业确定分销渠道目标的导向和典型目标。

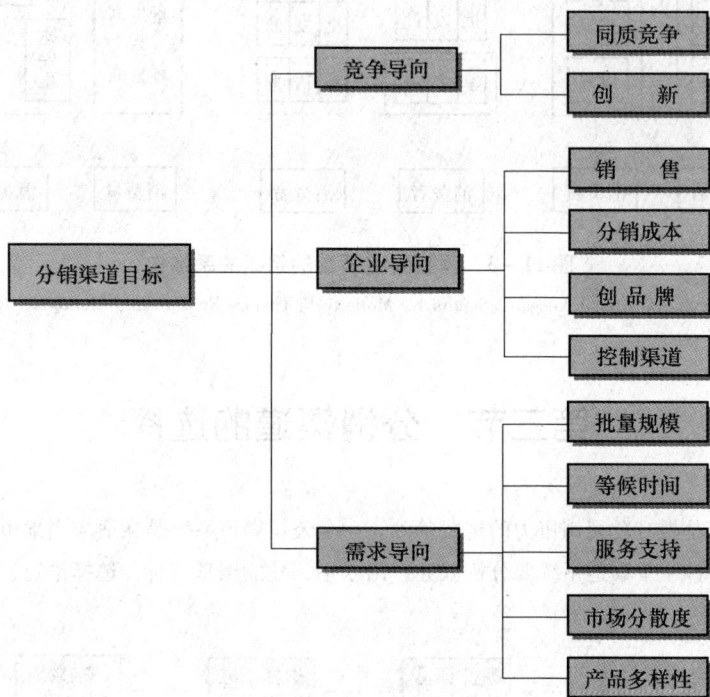

图 11－5　分销渠道目标

通常生产者制定渠道目标必须考虑来自顾客、商品、渠道、竞争等各方面的限制因素。

1. 顾客因素

渠道设计很大程度上受到顾客特性的影响。如果要进入一个大规模的或者顾客人口分布很广的市场时，就需要长渠道；如果顾客的购买量小，购买次数多，渠道就要少，因为满足少量而频繁的订货，成本比较高。

2. 商品因素

易腐商品要求较直接渠道；体积庞大的产品，如建筑材料或者软饮料，要求采用运输距离最短；非标准化产品，如顾客定制机器和特制模型等则由公司销售代表直接销售；单位价值高的产品一般由公司推销员销售，很少通过中间商。

3. 渠道因素

渠道设计应反映不同类型的中间机构在执行各种任务时的优势和劣势。一般来说，营销中介机构因其从事促销、谈判、储存、交际和信用诸方面的能力不同而各异，对能力强的中间商可以多让些利。

4. 竞争因素

渠道设计受到竞争者使用的渠道的制约。生产者可能要进入或接近经营竞争者产品的同样的销售点。

而有的行业，生产者则希望避开竞争者所使用的渠道。

三、选择渠道方案

一个渠道选择方案由三个方面的要素确定：中间机构的类型，中间机构的数目，每个渠道成员的条件及其相互的责任。

1. 识别中间机构的类型

识别中间机构类型则要公司识别有哪些类型的中间商组织供选择。比如一家专门生产汽车用的调频收音机的消费电子产品公司，可供选择的中间机构有：OEM 市场、汽车经销商市场、汽车部件零售商、汽车电话专业经销商和邮购市场等。

2. 确定中间机构的数目

公司必须决定在每个细分市场，每个渠道层次使用多少个中间商。一般有三种策略可供选择：独家分销、选择性分销和密集性分销。

①独家分销：独家分销是严格地限制经营公司产品或者服务的中间商个数。它适用于制造商想对经销商执行大量的服务水平和服务售点的控制。

②选择性分销：选择性分销利用有限几家中间机构来经营某一种特定产品。选择性分销商能使制造商获得足够的市场覆盖面，与密集性分销商相比有较大的控制力和较低的成本。

③密集性分销：密集性分销的特点是尽可能多地使用商店销售商品或劳务。当消费者要求在当地大量、方便地购买时，实行密集分销就显得尤为重要了。该策略一般适用于日用消费品，如，香烟、汽油、肥皂、口香糖等（见营销案例 11－1）。

营销案例 11—1 ....

欧莱雅在中国的渠道策略

销售区域广泛

欧莱雅通过调查发现中国人对现代美的追求愈显迫切，他们在美容品上的花销越来越多。而且新产品很容易在中国市场流行，中国消费者乐于接受高品质新概念的全新产品。因此近年来，欧莱雅在中国的覆盖区域日益增多，在立足于大城市的同时，越来越注重深入中小城市的销售。

销售渠道细分

欧莱雅的品牌金字塔让她不得不同时而对化妆品市场的各个层次、甚至各个细分市场，采用不同的营销渠道，透过其完整的品牌链渗入市场的各个层而，从而形成作为一个企业的整体优势。

针对塔尖部分，如赫莲娜等在一些大城市当中有选择性的通过高档化妆品店、百货商店和旅游零售渠道销售。

针对塔中部分：①美发产品，需要通过发廊美发师的特殊技巧和极具个性化的服务，使顾客得到整体享受，所以仅限于发廊及专业美发店销售。②活肤健康产品，有薇姿和理肤泉两个品牌，通过指定药房及其他专门渠道销售，由专业药剂师和皮肤学家提供专业的咨询服务。

针对塔基部分的大众化妆品都通过大众零售渠道销售，销售渠道十分广泛，使欧莱雅的产品进入了普通消费者的生活。销售区域广泛。

3. 确定渠道成员的条件和责任

制造商必须确定渠道成员的条件和责任。而这些渠道成员应具备的条件和需要承担的责任主要受价格政策、销售条件、地区权利及每一方所应提供的具体服务等一系列的要素影响。

四、评估渠道方案

制造商在初步识别了几种可行的渠道方案后，就要确定哪一个渠道最能满足公司长期目标。其选择要以经济性、可控性和适应性三个标准来进行评估。

1. 经济性标准

评价一个渠道方案的优劣首先要从经济的角度来考察其运行成本和对销售的贡献大小，从而计算出每个渠道方案的经济效益。因此制造商首先要考虑的问题是使用哪种渠道方案所带来的销量更大；其次要估计每个渠道的运行成本；一般而言，利用经销商的固定成本比公司自己设立销售办事处低，但利用经销商的变动费用较大。最后比较各方案的销售量和成本。

图 11-6 是采用公司自建推销队伍与采用经销商两个渠道方案的销售与成本分析的示意图，两条线相关点表示在某一销售水平时两种渠道的成本相等。当销售量小于该点时，利用经销商较为有利；而当销售量大于该点时，利用公司自建销售队伍方案则较为有利。

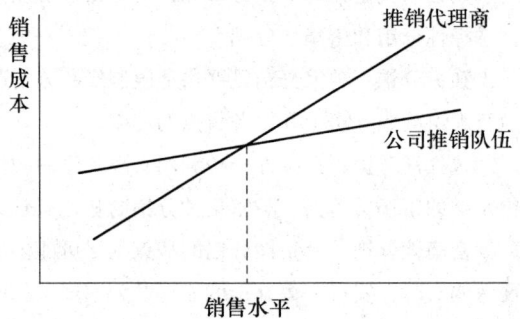

图 11-6　两种不同渠道方案的销售与成本分析

2. 可控性标准

评价必须进一步考虑两种渠道的问题。使用销售代理商意味着会产生更多有关控制的问题。销售代理商是一个独立的公司，它关心的是公司的利润最大化，代理商可能集中在那些从其所购买的商品品种组合角度上而言的最重要的顾客，而不是从对某个特定制造商产品感兴趣的程度方面考虑的。此外，代理商的推销人员可能没有掌握有关公司产品的技术细节，或者不能有效的运用它的促销材料。

3. 适应性标准

为了发展渠道，渠道成员互相之间都允许在某种程度下在一个特定的时期内持续维持义务，但由于生产商对变化市场响应的能力问题，其允许的时间在缩短。在迅速变化、非持久和不确定的产品市场上，生产商需要寻求能获得最大控制的渠道结构和政策，以适应不断变化的营销战略。

营销案例 11-2

格力营销渠道演变历程

成立于 1991 年的珠海格力电器股份有限公司是目前全球最大的集研发、生产、销售、服务于一体的国有控股专业化空调企业。

企业初创期，格力重点经营专卖店和百货店，通过良好的售后服务吸引并维持客户关系。然而，随着销售业务的不断扩大，其销售渠道却变得混乱不堪。1994 年空调市场竞争激烈，商家损失严重，但格力却制定并实施了"淡季贴息返利"和"年终返利"政策，使经销商对其信心大增。1996 年湖北四个经销商的恶性竞争致使多方遭受损害。

1997 年格力倡导厂商联合组成区域性品牌销售公司，"湖北格力空调销售公司"随之诞生，这标志着格力区域股份制销售公司模式正式开始实施。在 2001 年之前，格力只输出品牌和管理，在销售分公司中占少许股份，销售分公司负责格力在某一区域市场开拓和公司管理的全部工作。

2001 年多地区域销售公司与格力发生矛盾，格力认为区域销售公司一些人个人注册小公司，借自身品牌搞"体外循环"，从中牟取暴利。为此，格力针对渠道管理进行了改革：一方面吸收小经销商参股和加大总部的持股比例从而削弱原经销商大股东的地位，达到控股目的；另一方面，总部派遣管理人员到各销售公司管理层任职。与此同时，格力积极与以国美、苏宁为代表的新兴家电连锁企业合作，拓宽营销渠道。

2004 年，国美开展"空调大战"计划，格力认为国美破坏了其长期稳定统一的价格体系，遂停止向国美供货。而国美则宣称格力违背了其"薄利多销"的卖场原则，开始在全国卖场清理格力空调。其后，格力转而完善自建渠道体系，联合各省市的经销商全面发展区域销售公司，形成以专卖店为终端的销售体系。

2014 年，时隔 10 年之后，格力宣布与国美再次合作，再次进入其多元化渠道时代。

（资料来源：王成，格力渠道策略探析，商业经济，2014.7，有改写）

五、选择渠道成员

选择中间商首先要确定其能力的标准。对于不同类型的中间商以及它们与企业的关系，应确定不同的评价标准。这些标准包括四个基本方面：

1. 销售能力

要了解该中间商是否有训练有素的销售队伍？其市场渗透力有多强？销售地区有多广？曾经营哪些其他产品？能为顾客提供哪些服务？等等。

2. 支付能力

为确保销售商的财务实力，要了解该中间商是否有足够的支付能力。

3. 经营管理能力

要了解包括中间商的管理人员是否有足够的才干、知识水平和业务经验等。

4. 信誉

要了解包括中间商在社会上是否得到信任和尊敬？是否愿意和生产厂商真诚合作？等等。

要了解中间商的上述情况，企业必须收集大量的有关信息。如果必要的话，企业还可以派人对被选中的中间商进行直接调查。

营销案例 11-3

华润雪花啤酒渠道分销管理策略

在日趋激烈的中国啤酒业竞争中，各个企业都想占据中国庞大市场的领导地位。然而，在目前的市场环境下，产品等因素已不再成为企业成败的关键，营销渠道逐渐成为市场的主导因素，对企业生存与发展起着至关重要的作用。在做大市场的过程中，原来多层级的渠道结构与管理体系曾一度使华润快速提高市场占有率。然而，随着华润雪花全国啤酒工厂数量的增加，市场区域逐渐由散落的"点"形成相互接壤的"面"，华润雪花啤酒逐渐发现：原来通过多层级营销渠道提高市场覆盖率及市场份额的渠道模式，不能有效控制啤酒的流向，市场经常出现窜货等混乱，管理上存在诸多问题。华润雪花啤酒从2002年开始在全国范围内对营销渠道进行改造与提升。

1. 分区划片，严控产品流向

早在东北创业期间，辽宁市场做了一些超前的创新探索。时任大连工厂总经理的王群在大连开始对渠道进行延伸管理，建立销售组织，实行区域化管理，把客户分区域，对分销商进行延伸管理（例如到二批处检查销售情况，拜访销售终端等），这为整个雪花啤酒以后渠道管理树立了一个成功的典范。棋盘山会议之后，王群任总经理负责啤酒业务，在东北成立华创啤酒东北集团，负责协调东北区域的业务。随后组建人力资源委员会、市场委员会、质量委员会、采购委员会等管理啤酒渠道、协调区域、制定价格，后又成立财务部、采购部、市场部3个部门进行专门管理，逐渐建立了全国管理的组织架构与管理体系的雏形。

在产品流向控制上，逐步梳理物流关系，在全区域实现"以区域划分为主，网络划分为辅"的方式，对所有渠道（含承运商）的销售区域和终端网络进行100%的界定，实现雪花啤酒产品的流量流向可控，同时加强对营销费用投入的重点终端进行销售数据分月跟踪。通过区域化运营，合理布局销售终端，保障经销商利润，使经销商对华润雪花的黏性增强，充分实现了通过渠道推动销售的战略目标。

2. 纵深优化，强化终端控制

华润雪花对已有的渠道商进行精细化分类。按照渠道中间商的业态形式分为四大类，第一是传统的流通渠道，主要指分销商、直销商和零售商等；第二是餐饮的终端渠道，主要指中高低档餐饮终端等；第三是零售终端，主要是KA大卖场在内的现代零售终端和传统零售中含有POS的便利店等；第四是夜场，主要是酒吧、迪吧、KTV等一些娱乐场所。同时又将这些渠道商根据其现在经营状况与未来发展前景分成支持类经销商、维持类经销商、调整类经销商和淘汰类经销商四类。

渠道优化的整体方向是减少渠道层级和数量、强化零售终端控制，以零售终端为导向，通过掌控零售终端来协同经销商构建渠道壁垒，努力实现一个市场所有零售终端由华润雪花啤酒的支持类一级经销商直接供货，且直供的零售终端是产品专营，所专销的产品符合华润雪花的盈利要求。通过终端普查、渠道普查掌握的数据进一步减少渠道密度和层级，以获得长期的、持续的竞争优势。优化提升实施后，渠道数量大大减少，渠道层级大大降低，既留住了核心经销商，又提高了对经销商和终端的掌控能力。同时，加强华润雪花啤酒业务人员对零售终端线路拜访；不断动态调整渠道成员的数量和质量，保证华润雪花始终掌控市场上的优秀经销商，并扩大经销商对零售终端的掌控数量和质量，进一步提高消费者对雪花产品的认知度，从而建立起坚固的渠道壁垒。

3. 画龙点睛，大客户管理制

华润雪花虽然建立了区域化与深度分销的立体化渠道管理体系，但是现实中也有一些矛盾，比如沃尔玛、家乐福这样的连锁型超市企业，到底按照专营化渠道来管理还是各区域分别对接？如果各区域分别对接，价格体系如何做到统一？

实施大客户管理是解决之道的一种。为大客户提供优秀的产品/解决方案，建立和维护好持续的客户关系，帮助华润雪花建立和确保竞争优势。同时，通过大客户管理，解决采用何种方法将有限的资源（人、时间、费用）充分投放到大客户上，从而进一步提高华润雪花在每一领域的市场份额和项目签约成功率，改善整体利润结构。华润雪花由公司总部营销中心负责与大客户进行合作，直管直供，既增加了华润雪花的谈判能力，也有助于提升合作效率，降低管理成本。

4. 一一对应，产品与渠道有效对接

雪花啤酒凭借企业对啤酒行业多年经验以及对主要竞争对手的深入分析，做出选择性放弃部分低端产品市场，集中开发以中高档甚至超高档的脸谱、纯生、原汁麦为主的产品系列的策略。脸谱、纯生、零点、晶尊等品牌主要走高档酒店、宾馆、酒吧、夜场、大型超市，同时买断部分酒店；中档的"勇闯天涯"、精制酒等主要进即饮场所、餐饮终端酒店、酒吧和非即饮场所的便民店、超市等；低档的雪花特制、雪花环标等进入便民店、小超市、食杂店、副食店和某些小型餐饮、排档、小吃店。

（资料来源：刘凤军，史俊敏，李敬强，企业管理杂志，2014.03）

第三节　中间商与零售商

批发商和零售商是中间商的两大组成成员。要研究分销渠道就必须研究批发商与零售商。

一、中间商的作用

中间商主要作用在于减少交易次数，降低交易成本（图 11 - 7）。同时利用中间商还可以协调产品的供需，及时沟通产销。另外，利用中间商也可以发挥其在产品运输、储存、资金及时回笼等方面的作用。

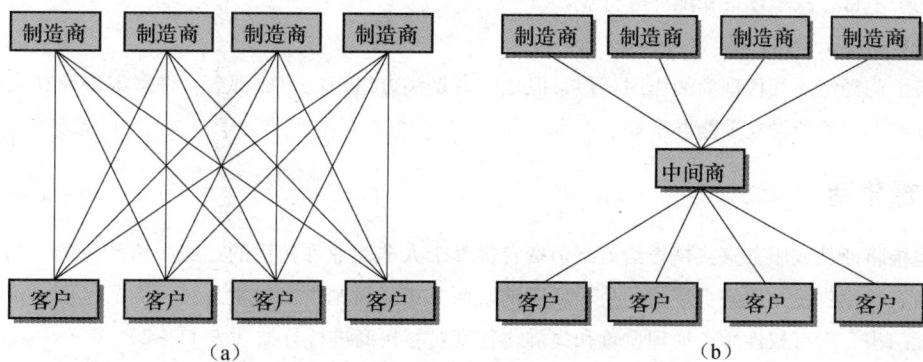

图 11 - 7　中间商作用示意图

二、批发商

批发是指将商品或者服务销售给那些为了转卖或商业用途而进行购买的个人或组织所发生的一切活动。批发商则是指从事批发活动的组织或个人经营者。

批发商可以分为三种类型：商业批发商、经纪人或代理商、制造商和零售商的分部和营业所等。

1. 商业批发商

独立的商业企业，他们买下所经销商品的所有权，然后出售。商业批发商还可以进一步细分为完全服务批发商和有限服务批发商。

（1）完全服务批发商。

完全服务批发商提供全面服务包括存货、推销队伍、顾客信贷、负责送货以及协助管理等服务。他们包括两种类型：批发中间商和工业分销商。

（2）有限服务批发商。

相对于完全服务批发商而言，他们向其供应者和顾客只提供极少的服务。有限服务批发商有六种类型：现款交易运货自理批发商、卡车批发商、直送批发商、专柜寄售批发商、生产合作社、邮购批发商。

2. 经纪人和代理商

经纪人和代理商不拥有商品所有权并且仅执行有限的几个功能。他们的主要功能就是促进买卖。为此，他们将获得按售价的一定比例提成作为佣金。

（1）经纪人。

经纪人主要作用是为买卖双方牵线搭桥，协助谈判，由委托方付给佣金。他们没有存货，不卷入财务，不承担风险。如食品经纪人、不动产经纪人、保险经纪人和证券经纪人。

（2）代理商。

代理商不是代表买方，就是代表卖方，委托关系比较持久。代理商有四种类型：制造商代理商、销售代理商、采购代理商、佣金代理商。

3. 制造商和零售商的分部和营业所

不是通过独立批发，而是卖方或买方自己进行的批发业务。它有两种形式：

（1）销售分部和营业所。

制造商为了加强存货控制，改进销售和促销工作，经常开设自己的销售分部和营业所。销售分部备有存货，常见于木材、汽车设备和配件等行业。

（2）采购办事处。

作用与采购经纪人和代理商的作用相似，但是前者是买方组织的组成部分。许多零售商在大的市场中心，如北京和上海等地设立采购办事处。

三、零售商

零售是指将商品或服务直接销售给最终消费者供其个人非商业性使用的过程中所涉及的一切活动。零售商则是指它的销售量主要来自零售的公司或店铺。西方市场营销学者通常从经营商品范围、价格与服务水平、有无门市、所有权性质、地理位置和集群化程度对零售商进行分类（表11-2）。

表11-2　西方国家零售商类型

按经营范围分类	专业商店、百货商店、超级市场、超级商店和特级市场
按价格与服务水平分类	提供一般顾客服务，价格中等的商店（普通商店） 提供更多顾客服务，价格较高的商店（专业商店、百货商店） 提供较少顾客服务，价格低廉的商店（折扣商店） 顾客自我服务，价格更低的商店（仓库俱乐部）
按有无门市分类	有门市的零售商 无门市的零售商（自动售货、上门推销、邮购和电话订购、网上购物）
所有权性质分类	独立商店 连锁商店
地理位置和集群程度	邻里购物中心、社区购物中心、地区性购物中心和中心商业区

（资料来源：纪宝成主编，市场营销学教程第三版，中国人民大学出版社，2002年版）

国内学者通常将零售商分为商店零售商、无商店零售商和合作零售组织三大类进行研究（表11-3）。

表 11 - 3　零售商类型

商店零售商	专业商店、百货商店、超级市场、便利商店、折扣商店、廉价零售商、工厂门市部、仓库俱乐部、超级商店、样品目录陈列室
无商店零售商	直销公司、直复营销、自动售货、购物服务
合作零售组织	公司连锁、自愿连锁店、零售商合作组织、消费者合作社、特许经营组织、商业联合大公司

1. 商店零售商

（1）专业商店。

专业商店经营一条窄产品线，而该产品线所含的花色品种却较多。如服饰商店、运动用品商店、家具店、花店、书店等。

（2）百货商店。

一家百货商店要经营几条产品线，通常有服装、家庭用具和家常用品，每一条产品线都作为一个独立的部门，由一名进货专家或者商品专家管理。如：北京王府井百货大楼、桂林微笑堂商厦等。

（3）超级市场。

超级市场是一种相对规模大，低成本，低毛利，高销售量，自助服务式，为满足消费者对食品、洗衣和家庭日常用品的种种需求服务的零售组织。

（4）便利商店。

便利商店相对较小，位于住宅区附近，营业时间长，每天都开门，并且经营周转较快的方便商品，但是其种类有限。这类商店营业时间长，主要满足顾客的不时之需，而商品的价格相对高些。如 7 - 11 就是这一类型的典型。

（5）折扣商店。

折扣商店出售标准商品，价格低于一般商店，毛利较少，薄利多销，销售量较大。偶然的价格折扣和临时的价格折扣以及低价出售廉价品或劣质品都不属于折扣商店的范畴。沃尔玛是这种类型的成功代表。

（6）工厂门市部。

工厂门市部由制造商自己拥有和经营，它们销售多余的、不正常和不规范的商品。这些门市部有时联合起来在工厂门市部大厅联销。

（7）仓库俱乐部（或批发商俱乐部）。

销售有限的有品牌名的杂货、器具、衣服和其他东西，参加者每年交纳一定额度的会费，便可得到高折扣。这种形式的仓库俱乐部主要为小企业服务，并为政府机构、非营利组织和某些大公司服务。仓库俱乐部以大量的、低管理费、类似仓储设施的方式来经营，销售种类少。其成本较低，因为它们低价买进并且很少使用仓储劳动力，它们不送货上门和赊账买卖，但它们提供最低价——通常比超级市场和折扣商店低 20% ~40%。如沃尔玛拥有的山姆俱乐部。

（8）超级商店。

有比超级市场大得多的场地，主要满足消费者日常购买的食品和非食品类商品方面的全部需要，它们通常提供诸如洗衣、干洗、修鞋、支票兑换和付账等服务。这种形式的种类有综合商店和巨型超级市场。

（9）样品目录陈列室。

应用于大量可供选择的毛利高、周转快的有品牌商品的销售。它们包括珠宝、电动工具、照相机、皮包、小型设备、玩具和运动器材等。顾客在陈列室里开出商品订单，在该商店的发货点为顾客送货上门。样品目录陈列室利用减少成本和毛利以吸引大量销售。

2. 非商店零售商

（1）直接推销。

直接推销有三种形式：一对一推销，一对多（聚会）推销和多层次（网络）营销。

（2）直复营销。

直复营销起源于邮购和目录营销，但今天还包括了其他能接触人的形式，如电讯营销、电视直复营销（家庭购买程序和信息商品）以及电子购买等。

（3）自动售货。

自动售货已经用于多种商品，包括带有很大方便价值的冲动型商品（香烟、软饮料、糖果、报纸、热饮料等）和其他产品（袜子、化妆品、食品快餐、热汤和食品、纸面簿、唱片集、胶卷、T恤衫、保险单、鞋油，甚至还有鱼饵）。

（4）购物服务。

购物服务是指一种为人服务的无店零售方式，这些委托人通常是一些大型组织如学校、医院、协会和政府机构的雇员。这些组织的成员就成为购物服务组织的成员，有权向一组选定的零售商购买，这些零售商同意给予购物服务组织的成员一定的折扣。

3. 合作零售组织

（1）公司连锁。

两个或两个以上的商店同属一个所有者所有和管理，经销同样的商品，有中心采购部和商品部，甚至连商店建筑也可以采用统一的基调。公司连锁已在各类零售经营业中出现，但在百货商店、综合商店、食品商店、药店、鞋店和妇女服装商店力量最强。

（2）自愿连锁店。

由某个批发商发起，若干零售商参加的组织，从事大规模购买和统一买卖。

营销案例 11-4 ....

好又多连锁超市

好又多公司是经国家商务部批准的外资商业企业，自1997年8月成立至今，队伍不断发展和壮大。旗下经营的大型连锁店（含加盟店）达100多家，总营业面积40多万平方米，员工总数30 000余人，经营品项近2万种。好又多成为中国大陆连锁分店数量最多的外资商业企业。

公司销售网络遍布国内20多个省、区、直辖市。广州、深圳、湛江、中山、东莞、番禺、佛山、福州、福清、厦门、上海、南京、无锡、苏州、杭州、温州、宁波、绍兴、义乌、嘉兴、常州、武汉、长沙、北京、大连、哈尔滨、成都、南充、绵阳、重庆、昆明、西安等城市均设有分店。

随着开店数的迅速增加，好又多公司的管理机制日臻完善。营运、系统等方面都不断精益求精、整合及规范。工程招投标，做到公平、公正、公开；新店设计、规划实行标准化；管理干部实行本土化战略；育才留才上提供完善的教育训练体系和晋升制度。

公司开通了总经理投诉专线，内容涉及商品面、服务面、财务面等方面，全面接受厂商、顾客的建议和监督，以求做到良性互动。

"服务永远第一，顾客永远第一，保证满意"，公司始终以顾客为中心，会员制度正在进一步推动中。

（资料来源：好又多超市2004年度盘点）

（3）零售商合作组织。

由若干零售商组成，它们成立一个中心采购组织，并且联合进行促销活动。

（4）消费者合作社。

消费者合作社指为顾客自己所有的零售公司。消费者合作社最初创办是由于同一地区的居民感到当地的零售商不能为他们提供良好的服务，不是价格太高，就是供应的商品质量低劣。居民们捐款开设自己的商店，他们投票确定办店方针和选举管理小组。

（5）特许经营组织。

特许经营组织指特许人（一家制造商、批发商或服务组织）和特许经营人（在特许经营系统中，购买拥有或者经营其中的一个或几个单元的独立的生意人）之间的一种契约性联合。特许经营与连锁经营是所有区别，如表 11-4 所示。

表 11-4　特许经营与连锁经营比较

比较项目 ＼ 经营方式	连锁经营	特许经营
资本结构	自有资本	受许方资本
经营风险	自己承担风险	风险转移至受许方
发展速度	扩张速度慢	扩张速度快
管理模式	移植管理模式，全程管控	接受特许方管理输出及政策监管

（6）商业联合大公司。

商业联合大公司由几种不同的零售业务和形式联合组成的所有权集中的松散型公司组织，组织内各零售商的分销和管理职能实行若干程度的一体化。

第四节　物流管理

物流管理是分销渠道管理中的一项重要内容，它就是通过计划、执行和控制，使原材料和制成品在适当的时间和地点到达用户手中。

一、物流的概念与作用

1. 物流的概念

物流的概念有狭义物流和广义物流之分。广义的物流包括原材料的"采购物流"、加工场所内半成品的"生产物流"和制成品的"销售物流"，形成整体的供应链管理。从市场营销的角度看，物流管理只涉及制成品从生产者到消费者这一流通过程中的时间、空间转移。或者说，市场营销研究的是发生在分销渠道内的产品实体转移与经营管理问题。物流活动涉及多方面的工作，主要由运输、仓储、存货控制、搬运装卸、保护性包装、订单处理等组成。

2. 物流的作用

物流的作用主要是实体分配以填补生产与消费之间的桥梁，具体如图 11-8 所示。分销物流的目标解释为以最小的成本向顾客提供最满意的服务。因此，分销物流的任务可以概括为：以最少的成本，在正确的时间，正确的地点，正确的条件，将正确的商品送到正确的顾客手中。物流管理所创造的价值体现在商品的时间和地点效用上，即保证顾客在需要的时候方便获取。

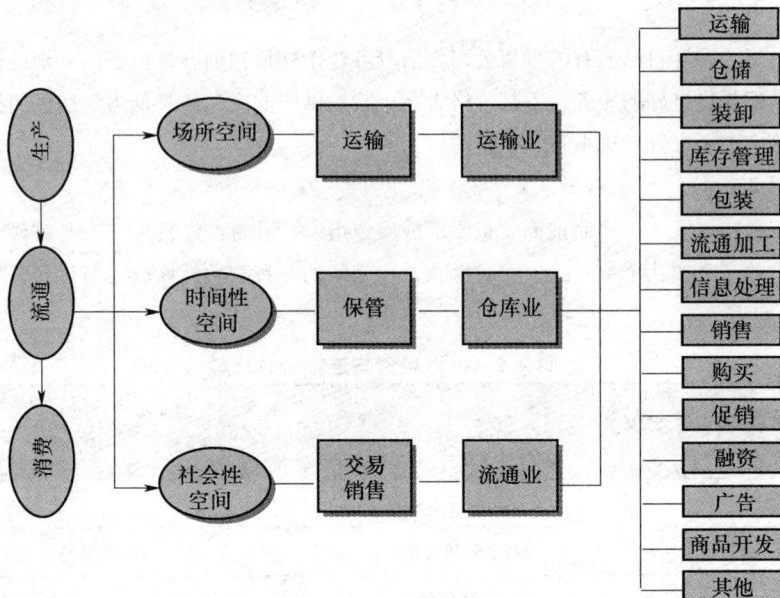

图 11 – 8　物流的功能

二、物流管理的特点

1. 系统观念

物流管理绝不等同于企业的运输管理、储存管理、搬运管理等单项职能管理，也不是它们的简单机械相加。从市场营销学的意义上讲，物流管理就是把分散的产品实体活动联系起来视为一个物流大系统，进行整体设计和管理，以最优的结构、最好的组合发挥系统功能的效率，实现整体效果最优。

2. 营销观念

脱离企业的市场营销战略，孤立地评价一个物流系统的效能（如吞吐能力、订货效率等）是没有意义的。企业的物流决策必须纳入企业的营销战略进行综合管理，即围绕目标市场需要，与企业的产品开发、定价、促销，特别是渠道选择等基本策略结合起来。

3. 降低成本

据西方国家有关方面估计，物流成本已占到全部营销成本的50%，且总额还在迅速增长中。因此，降低物流成本被西方国家企业界视为"经营上的黑大陆""第三利润源泉"。而且事实上也存在未充分使用现代技术和决策方法提高物流效率和降低成本的问题。因此，通过降低物流成本，可以吸引更多对价格敏感的顾客。

4. 费用权衡

在物流管理中，常会遇到这样的情况：当某项目标较好地完成时，另外一个目标却不能达到；当某项费用减少时，另一项费用却反而增加。这是因为物流的各成本项目之间存在着相互制约、此消彼长的关系，如降低商品储存量可降低存货费，但由此可能发生因订货频繁、进货批量小、订货费和送货费上升的问题。

由于客观上存在着费用权衡问题，所以，物流决策一定要从总体的观念来把握，即在一定的约束条件下求得目标函数——总费用最低。

5. 顾客服务观念

与其说物流作业是一种生产性活动，不如说是一种特殊的服务活动更确切。在物流过程中向顾客提供的服务水平是影响顾客购买和连续购买企业产品的关键因素，服务的水平越高，预期的销售量也就越高。当然，为顾客提供的服务项目越多，水准越高，产生的费用也越大。这时就需要权衡决策，在成本增加与销售扩大之间，选择最大限度的利润，特别是要考虑到长远的利益。

6. 使用定量模型

定量模型对物流决策十分有用，特别是在今天物流信息量庞大、计算机得到广泛应用的情况下。当备选方案中存在权衡抉择的问题时，利用定量模型才能得出精确的答案，如运用线性规划决策配送路线、运输计划，用排队论决定仓库接收和提出货物的程序。

7. 提高物流自动化水平

要积极利用先进的物流技术提高物流自动化水平。先进的物流技术包括由计算机全程控制的配送中心、条形码自动识别系统、公路运输的卫星追踪、利用电子数据交换系统（EDI）进行订单处理和电子分销等（见营销案例11-5）。

营销案例11-5

日本安达尔公司的一站式物流服务

随着国际一体化的进程加剧，国际贸易日益频繁，国际物流的复杂性越高。国际"门到门"的物流过程一般需要海陆空联运的方式进行，物流企业的角色就是依靠其专业性，通过整合各种物流资源，为客户给出恰如其分的物流整体解决方案，所以物流企业以专业化实现规模化，做到"成本共享"从而实现"利润共享"。

安达尔公司是一家负责承运国际物流的专业第三方物流公司，例如从日本到美国的"门到门"的物流，即供应商的工厂"门"到用户的车间"门"。首先货物在长野交给安达尔公司，其客户产品从长野工厂的车间门出发，由安达尔公司的人员将产品包装好，无须采取特殊保护性的运输包装，因为客户产品自离开工厂开始就一直处于安达尔公司的监控之中。

货物从进入物流链开始，所有物流链上的所有合作企业都可以得知货物在途中的信息。从长野到成田机场，卡车运输由日本安达尔公司选定的藤津物流公司承担，第一站到达藤津物流公司的室内集装箱仓库，然后装入日本安达尔公司选定的航空公司的飞机；这一段停留时间不超过12小时；安达尔公司事先订好了货物中转次数，飞机一起飞，电子邮件就通过互联网发送出去，通知下一个接货环节。日本安达尔公司就要通知在美国的集装箱处理商BAX全球公司。当货物还在太平洋上空的时候，日本安达尔公司就事先向美国海关报关，BAX全球公司提前安排接货。如在美国还需依靠航空中转一次，由BAX全球公司选择离用户最近的机场，接到货后BAX全球公司通过电子邮件通知安达尔公司和联邦捷运公司准备下一个接货环节。BAX全球公司的货运飞机起飞后，通过电子邮件通知联邦捷运公司，再由联邦捷运公司通知他的车队准备接货；这个联邦捷运公司在全球范围配备高科技运输车队，由安装全球卫星定位系统的拖车接运；联邦捷运公司接到货物直接送到用户的车间拆卸，在那里有安达尔公司的人员在场监督。在这个运送过程中，运输联邦捷运公司通过GPS和电子邮件向安达尔公司通告交货过程，通过互联网每个小时更新一次货物进展情况。运输联邦捷运公司的卡车卫星定位系统，每隔一百英尺①就能标记新的所在位置。整个过程都在安达尔公司严格的监控之下，实现无缝的"门到门"一站式运输。

（资料来源：AMT公共知识库，2007.06）

三、物流管理的内容

企业在确定了物流服务目标以后，就要对物流系统进行规划与设计，并开展具体的物流作业活动。物流管理涉及的主要决策内容如下：

1. 订单处理

商品实体的分销是从订单处理开始的，对订单的处理，要求做到迅速而准确。为提高订单处理的效率，许多企业都采用了计算机处理系统，从接到顾客订单开始，计算机就会依次完成如下工作：检查顾客信用状况及是否有存货，若有存货，则显示货物存放地点；发出装运指令，并开出收款单，同时改写库存记录；发出生产（进货）指令，以补充库存；通知销售人员货已发出。

2. 仓储决策

仓储决策包括仓库数目决策、仓库选址决策及仓库类型决策。

（1）仓库数目决策。仓库数目较多，可较快地将产品送达顾客，并节约运输费用，但同时也会增加储存成本。因此，仓库数目决策必须在顾客服务水平与物流成本之间取得平衡，在既定的顾客服务水平下尽可能使物流成本最低。

（2）仓库选址决策。可根据顾客对服务的要求、运输距离、运输费用等，运用线性规划法进行。

（3）仓库类型决策。即决定自建仓库还是租用仓库。自建仓库便于加强控制，但需投入较多资金，且缺乏灵活性；租用仓库选择余地较大，方式也较灵活。企业可结合待储存商品的规模等，选择适当的仓库类型。

3. 存货决策

存货决策主要包括进货时间决策及进货数量决策两方面。适当的进货时间和进货数量，不仅可以保证商品的及时供应，提高服务质量、降低经营风险还可以减少不必要的费用。

（1）进货时间决策。进货时间决策，其目的是确定适宜的进货时间，从而既能保证销售需要，又不会导致存货过多而增加不必要的开支，即"供应不中断，存货不积压"。"订货点法"是进货时间决策的常用方法。该方法的原理是：两次进货期间商品储存量会因销售而减少，为保证商品供应，当商品储存量下降到一定数量时，就需要再进货否则就会脱销。这一水平的存货量就称为订货点。订货点取决于订货到交货时间间隔的长短、商品销售速度等因素，若面临的不稳定因素较多，还应确定一个安全存货量，以备不测。订货点的计算公式为：

订货点 = 日均销售（出库）量 × 产品备运天数 + 安全存货量

产品备运天数为提出订货到货物入库的间隔天数。

（2）进货数量决策。进货数量决策即经济订购批量的确定，要求既保证企业经营活动正常进行，又要使总库存费用（包括订购费用和保管费用）最小。经济订购批量的计算公式中是：

$$EOQ = \sqrt{\frac{2AP}{C}}$$

---

① 1英尺 = 0.304 8米。

式中：*EOQ*——经济订购批量；

　　　　P——每次进货费用；

　　　　A——产品年需求量；

　　　　C——单位商品年存货成本。

以上介绍的是不允许缺货的瞬时供货模型。所谓瞬时供货，即从订货到货物到达的时间间隔为 0，每次订货商品立即一次到达。

4. 运输决策

储存和运输是对产品的可得性影响最大的两个物流功能环节，是物流管理的核心。据统计，对一般制造业来说，运输成本要占物流总成本的 45% 左右，存货维持成本占 37% 左右。

由此可见，运输是物流过程中最具潜力的成本控制领域。运输决策主要涉及选择合理运输路线和最佳运输方式两方面。

（1）选择运输路线。在组织商品运输前，首先必须选择合理的运输路线，就近供应，减少运输，避免对流、迂回、重复等不合理运输，努力使运费降至最低。对运输路线的选择，可采用最小元素法进行。

（2）选择运输方式。企业可选择的运输方式有：铁路运输、公路运输、水路运输、航空运输和管道运输。每种运输方式各有其特点和优缺点，企业应结合产品特点、顾客要求、运输距离等因素综合考虑进行选择。另外，联运方式将两种或两种以上的运输方式结合使用，不仅给企业带来了许多便利，也节省了运输费用，因此被越来越多的企业所采用，企业在做运输方式决策时也必须加以考虑。

四、现代物流发展趋势

随着物流业的发展，物流已经不仅仅限于分销领域，而已经涉及包括企业物资供应、企业生产、企业分销以及企业废弃物再生等全范围和全领域，全球一体化进一步导致了物流专业化、技术化和集成化，实现了生产和物流的分工合作，提高了各自的核心竞争力。并在 20 世纪 90 年代诞生了供应链管理理论，供应链管理系统的形成进一步导致了物流管理的联合化、共同化、集约化和协调化。

1. 第三方物流

第三方物流是一个提供全部或部分企业物流功能的外部服务提供者，或者以商品交易为参照系，第三方物流是除商品买卖双方之外的第三方的物流服务提供方，又称为合同物流、集成物流和供需之外的第三方物流。国际"门到门"的物流过程一般需要海陆空联运的方式进行，第三方物流企业的角色就是为客户给出恰如其分的物流解决方案，并且通过整合各种运输方式最终实现客户所要求的零库存。第三方物流目前提供的物流服务主要有：运输类业务、仓储/配送类业务、增值服务、信息服务。

2. 供应链管理

供应链管理是围绕核心企业，通过对信息流、物流、资金流的控制，从采购原材料开始，制成中间产品以及最终产品，最后又通过销售网络把产品送到消费者手中的。将供应商、制造商、分销商、零售商，直到最终用户连成一个整体的功能网链结构模式，它是一个范围更广的企业结构模式，它包含所有加盟的节点企业，它不仅是一条连接供应商到用户的物料链、信息链、资金链，而且是一条增值链，物料在供应链上因加工包装、运输等过程而增加其价值，给相关企业都带来收益。

供应链管理的主要管理方法有：联合库存管理、供应商管理库存（VMI）、连续补充货物（CRP）、准时化技术和快速、有效的响应系统（QR）。

供应链的结构模型，其核心是信息共享（图 11-9）。

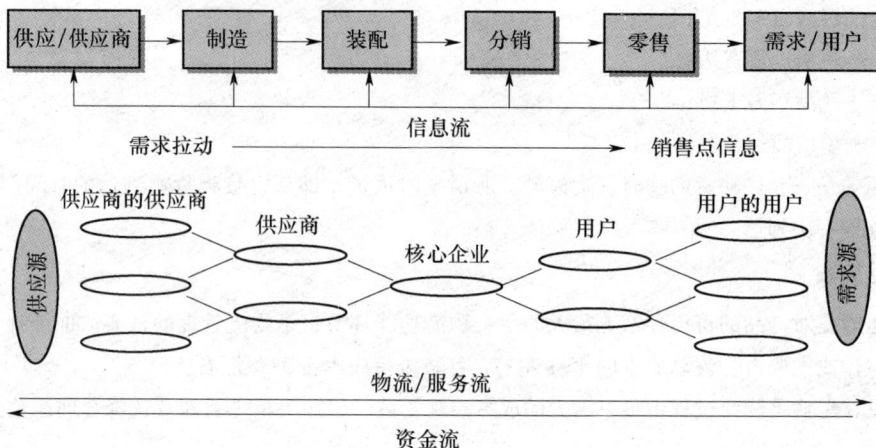

图 11-9　供应链的网链结构模型

3. 物流信息化

物流信息化，把物流作业处理通过相应的信息反映出来，实现作业反映信息，信息协助作业的模式，其主要技术包括：数据库技术、条形码技术、电子数据交换（EDI）、电子自动订货系统（EOS）和销售时点信息系统（POS）。

营销案例 11-6 ....

韩都衣舍如何做到款多量少库存低？

韩都衣舍（以下简称韩都）是一个网络零售制造商，目前在淘宝（天猫）平台和京东商城均为女装类目销量排名第 1 位。

- **适销对路的款式**

韩都是如何做到"每日的上新量能达到 50~60 多款"，并且要保证这些款式不是生拼硬凑出来的，具备一定时尚水准，适销对路呢？

靠的就是韩都自创的小组制。

韩都现在有 200 多个小组，其中子品牌女装 Hstyle 大约 140 个小组。韩都从韩国 3 000 多个服饰品牌中，选择符合韩都年龄段定位的 1 000 多个品牌。小组中的选款师就每天浏览韩国各大电商网站的这些品牌，从中选择自己中意的款式，上架销售。

这个看起来很简单的运作模式，规避了服装行业最核心的市场风险。韩都几乎就不用养设计师，只选择那些经过市场初步检验的品牌，然后再做二次判断。

- **选择匹配的工厂**

韩都现在 140 个供应商当中，只有 20 家是全做韩都的单子，剩下的工厂中，每家只有几条线为韩都服务，占用其一半左右的生产线即可。在加急比如旺季的时候，工厂再照顾一下，其他线也来赶韩都下的单子。最后，一些贸易工厂"打补丁"，灵活处理一些单子。

这些都构成了供应链中"柔性"的一部分，可伸可缩，知根知底。

- **重组供应链**

韩都的供应链条是线形——韩都对接工厂，现在提炼成三角形——三个点分别是韩都、工厂、面料供应商。

为什么要加进面料商？

因为"款多"，面料就千差万别，但是又"量少"，才生产几百件，工厂只能到库存面料市场去找。库存面料有可能存放了一两年、两三年，这种面料缝制出来的时候感觉还不错，但是洗一次，衣服就泄了，客户体验很不好。

供应链重组后，一个单品的上架可以简单总结为：产品部从韩国选款，交给产品企划部分析面料，产品企划部再与产品部确定面料，双方确定之后交给生产部，这个过程1~2天完成。在生产部拿到单品之后，寄到工厂（1天），向工厂下单。同时，他们也向面料供应商下单，工厂去韩都指定的面料供应商那找到所需面料（1天），当晚打版完成，第二天缝好同时往回寄（1~2天收到）。这样，韩都实现了从源头控制面料的品质。这个流程下来，从选到款到上架销售，也不过12~15天。这样的供应链重组，韩都不怎么增加成本，就大幅度地提高产品的面料水平，这将极大地改善客户的体验。

当然，面料环节要控制好，相当复杂。产品企划部首先把这一季要用的一些主面料信息告知产品部。现在，韩都甚至有了一个自己的面料库，与产品部同一个办公区。面料库跟一些南方的大型面料工厂同步，选款师（产品部）在定款的时候，会参考这些面料，尽可能选择其中的面料。这将进一步降低成本，稳定品质。品质的提升，加之原有的价格优势，带来最直观的效果是，韩都的二次购买率从此前的9%~10%上升到如今的30%，虽然成本其实没有上升多少。

- 控制库存

韩都"款多量少"的初衷，就是为了避免库存风险。但是随着款式越来越多，尽管每一款下单量并不大，但是如果管理不善，加总的库存也将非常惊人！这个难题在多品类多SKU的企业里，不论是制造商、经销商还是零售商，屡见不鲜。

从顶层设计上看，韩都对下单这件事是很保守的，他们担心库存多于担心缺货。因为缺货还可以补（返单一次15~20天），但是一旦产生库存，就被动了。

韩都摸索的方向是"单品全程运营体系"。单品全程运营的核心是考量每一款货，而不是一批货。而产品小组是这个单品全程运营体系的核心。比如女装小组就有140个，一天上新才五六十款的，平均一个组两天才一款，这个压力并不大，因此每个小组就有足够的精力对某一个单品全程监督与管理。这个"单品全程运营体系"决定了超乎寻常的售罄率，只有管理到每一个SKU，才有可能控制住海量SKU带来的总库存风险。

（资料来源：唐亚男，冯华魁，杨启敏，韩都衣舍如何做到款多量少库存低？销售与市场（渠道版），2013.11，有改写）

案例评析

P&G 的无缝营销渠道策略及其分析

享有"日用消费品大王"美誉的P&G公司于1988年正式进入中国大陆市场。P&G公司在中国历时10年的成功消除了西方品牌是否能占领中国市场的疑虑。经过投资初期几年的高投入、大亏损后，P&G在1994财政年度扭亏为盈，其销售额以每年50%的速度递增。据中华全国商业信息中心市场监评部1998年5月对化妆洗涤用品市场的抽样调查显示，在香皂、美容护肤品、洗发护发品等众多市场上，P&G产品的市场占有率均名列前茅。

P&G公司在中国市场取得如此骄人的成绩是与其成功的营销策略分不开的，其中，P&G公司在渠道管理上大胆引进无缝营销渠道策略尤为让人刮目相看。P&G 无缝营销渠道策略主要在以下三个方面展开：

合理分工

为避免因职能上的重复而造成的资源浪费，P&G 与其渠道成员根据各自的长处确定了各自的分工，经销商是 P&G 在各地精心挑选的实力雄厚的批发商。它们必须符合一定规模、财务能力、商誉、销售额、仓储能力、运输能力和客户结构等指标。其中所谓客户结构是指，候选的经销商必须具备一个较为完善的、有一定广度和深度的客户网络；网络中应包括一定数量和一定层次的二级批发商和零售商，并且能较为完善地覆盖一个区域市场。这一选择标准表明 P&G 更重视渠道资源本身。

由此可以看出，无缝营销渠道策略的核心是建设性的协作关系。这种建设性的协作关系是以双方核心能力（Capabilities）的差异性或者说互补性为基础的。这种互补性决定了无缝营销渠道策略创造价值的潜在空间，双方合作才具有价值。只有当双方各有所长时，一种比较平衡的合作伙伴关系才能确立。无缝营销渠道可以促进渠道成员利用各自的优势通过合理分工，各自负责擅长的渠道职能，以避免重复、无效的工作，从而降低各自的成本。这种降低成本的源泉在于相互定向的整合，而不是各自独立的内部优化。

IBS（Integrated Business System）一体化营销改造计划

P&G 意识到批发商、零售商等各渠道成员作为独立的经济实体，与 P&G 有着不同的经济利益，其中不乏与 P&G 相悖的利益，如批发商或零售商希望能自主地决定价格，希望 P&G 能尽量提供信用、延长支付期等。另一方面，P&G 为维护市场领导者地位，实施全方位覆盖策略，必然会尽可能多地发展渠道成员，开拓渠道范围。因此，如果不与渠道成员达成某种方式的合作关系，渠道发展可能失控。IBS 计划就是为适应 P&G 的要求而设计的合作方式。

IBS 计划是指 P&G 帮助经销商进行 P&G 式的改造。改造后的经销商将在与营销有关的职能部门拥有与 P&G 相似的组织机构和运作方式。这样 P&G 与经销商很容易对面临的问题达成共识，即便发生冲突，双方的管理人员也容易沟通、解决。

IBS 改造计划的步骤是：P&G 内部组成一个跨部门的工作小组，小组成员来自营销、销售、财务、技术等各部门。IBS 小组对经销商进行诊断，找出它管理上的问题和不足，并同经销商一起制定符合 P&G 标准的改造计划。经销商自行按照计划进行改造，IBS 小组提供各种支持。事实上，IBS 小组为经销商提供的是一种有导向性的咨询服务。

作为 P&G "无缝营销渠道" 策略的重要组成部分，IBS 计划充分体现出无缝营销渠道成员间的合作作用并能引发整个组织层面的变革。无缝营销渠道成员间的合作范围一般只涉及渠道成员之间部分职能部门的跨组织合作，而并非两个企业整体层面上的共同运作。但值得注意的是，这种合作的成功往往需要合作者在整个组织层面上进行互动式的调整，这一方面是因为现代企业市场营销已经越来越演变成为企业的整体营销，有牵一发而动全身之功效；另外，无缝营销渠道策略得以实施的基本动因在于这种策略能够明显地给各合作方都带来更多的利益。

零售商教育政策

虽然零售商拓展的职能主要由经销商承担，但 P&G 仍没有放弃和零售商的合作，没有放弃对他们施加影响。由于零售商的数目众多，要对他们实施 IBS 改造计划，需要耗费大量的人力、财力与物力，从表面上看未免多此一举。但是实际上，零售商直接与消费者打交道，掌握着大量有关消费者的一手信息，且零售的工作效率又与 P&G 的销售密切相关，所以 P&G 决定采用教育零售商的方式来加强与零售商的联系。P&G 在各个销售区域雇用当地人作为促销员，他们不属于 P&G 的正式员工，因此他们的收入也比正式员工稍低。他们负责定期拜访零售商（通常每月一次）既利用 P&G 的促销品向零售商宣传 P&G 产品特点，传授销售技巧和 POP 陈列技巧，同时也向零售商搜集 P&G 产品的消费信息，并将这些信息反馈给 P&G 的营销部门。

无缝营销渠道的合作方式已经越来越倾向于共享信息。信息在创造并维持渠道的竞争优势方面起着至关重要的作用。美国当代创意开发权威塔克尔在《未来赢家》一书中指出企业成功的关键在于：尽量接近顾客。真正的接近，是每一分钟都要接近。要做到每一分钟都接近，就需随时掌握信息。如果渠道成员之间能够通过相应的机制部分或全部地共享信息，则合作的成员必能获得更多的信息，从而更能接近和了解消费者，更好地满足他们的需求。众所周知，在营销渠道中，零售商因为其所处的地位而近水楼台先得月，更容易地获取消费者的一手资料。P&G 之所以愿意投入大量的人力、物力实施其零售商教育策略，其根本的原因就在于想通过这种途径，与零售商保持密切的联系，共同分享信息。

（资料来源：王方华、范凯利、方芳，经济与管理，1999.08）

评析： 宝洁公司成功地运用分销策略，将市场公共的渠道资源转化为自己可以控制与管理的资源，充分地发挥了渠道的功能与作用，值得本土企业学习与借鉴。

思考题

1. 何谓分销渠道？它有哪些类型？
2. 影响分销渠道策略选择的主要因素有哪些？
3. 中间商有何作用，它有几种类型？
4. 零售商的主要类型有哪些？
5. 连锁经营与特许经营的区别。
6. 企业重视物流管理的原因何在？

本章实训

一、实训目的

通过对实践案例的整理和分析，使学生能够对渠道策略有感性的认知，理解渠道管理的具体思路，能够根据实际情况选择合适的渠道策略。

二、实训内容

1. 实训资料：搜集不同行业、不同类型的渠道管理案例。
2. 具体任务：根据本章对渠道策略介绍，分小组讨论分析案例。
3. 任务要求：
（1）分析案例中的渠道策略是在什么背景下产生，企业采取什么方法管理渠道；
（2）该企业渠道管理是否有改进方面，为什么？

三、实训组织

1. 根据全班上课人数，将全班同学分成若干小组，采取组长负责制，全体组员协作完成课堂任务。为了避免不同小组所搜集案例重复，各小组组长将所选案例进行提前汇总，并进行协商，确保所选案例不重复。
2. 确定所选案例后，各小组进行下一步分工，对案例进行分析、汇总。
3. 经过小组讨论后，完成实训报告及汇报 PPT。
4. 根据课时具体安排，不同小组分别选派成员对报告进行讲解，并回答其他组成员的问题。
5. 任课教师对实训课程的结果进行总结，提出相应的意见及建议。

四、实训步骤

1. 任课教师布置实训任务，介绍实训要点和搜集材料的基本方法。

2. 各小组明确任务后，按照教师指导根据具体情况进行分工。

3. 各小组定期召开小组会议，对取得成果进行总结，遇到问题及时与指导教师沟通。

4. 完成实训报告及展示所需要的PPT等材料，实训报告中应包括案例来源、案例分析及遇到的难题与解决方案、启示等内容。

5. 各小组对案例进行课上汇报，教师对各组的汇报进行点评及总结。

促销策略

学习目标

- 掌握促销与促销组合的概念
- 掌握人员推销的概念和技巧
- 掌握广告的概念、类型和广告活动的步骤
- 掌握营业推广的概念和主要方式
- 掌握公共关系的概念和主要活动形式

关键概念

- 促销与促销组合
- 推式策略与拉式策略
- 人员推销
- 广告
- 营业推广
- 公共关系

引导案例　　"ALS冰桶挑战"事件

2014年夏天，"ALS冰桶挑战"风靡全球。这项挑战要求参与者用冰水淋遍全身，并录下视频上传至互联网。按照规则接受挑战以后，参与者可以点3名他人来参与这一活动，被邀请者必须在24小时内接受挑战，或者选择捐出100美元。这项由美国肌萎缩性脊髓侧索硬化症协会（ALS）发起的慈善活动迅速成为众星云集的社会化营销活动，带来了显著的名人效应和良好的传播效果。最终在全球范围内为ALS基金募集了1亿的善款，比去年同期增长了3500%。

硅谷的科技大佬在"冰桶挑战"走红过程中发挥了巨大的作用，比尔·盖茨、脸谱掌门人马克·扎克伯格、苹果CEO蒂姆库克等接受并完成挑战不仅吸引了人们的眼球，而且将这一挑战延伸到其他行业。"冰桶挑战"是从8月17日开始在我国传播的，国内的挑战有两个起源：一个是一加手机的CEO刘作虎自己主动进行"冰桶挑战"，成为完成此挑战的国内第一人，然后点名周鸿祎、罗永浩和刘江峰参加。另一个是小米公司的CEO雷军接受国外的投资人Yuri的挑战，然后点名李彦宏、郭台铭和刘德华参加。"冰桶挑战"不仅在IT行业、体育娱乐界掀起了新的潮流等，而且从一个单纯的公益活动发展成一个全球热门的社会事件。

（资料来源：张艺凝，靖鸣，"ALS冰桶挑战"事件的传播学思考，新闻爱好者，2014年10月，有改写）

引导问题

1. 从促销方式看，"冰桶挑战"是什么类型的促销活动？它成功的原因是什么？
2. 如何进行有效的促销？

促销策略是4P组合策略之一，也是市场营销组合中的一项重要内容。企业制定产品、价格、渠道策略之后，还要利用各种方法，把企业相关信息传递给目标顾客、渠道成员和社会公众等，同时收集来自这些方面的反馈信息，促进企业完成经营目标。本章将详细阐述广告、人员推销、营业推广和公共关系等促销手段。

第一节 促销与促销组合的概念

一、促销的概念

1. 促销与促销组合

促销是企业通过人员和非人员的方式，沟通企业与消费者之间的信息，引发、刺激消费者的消费欲望和兴趣，使其产生购买行为的综合性策略活动。

人员促销是企业通过人员沟通方式说服消费者购买，其针对性较强但影响面较窄。非人员促销是企业通过一定的媒介传递产品或服务的信息，从而促使消费者产生购买行为，其影响面较宽而针对性较差。非人员促销的主要形式有广告、营业推广和公共关系。

营销案例 12-1 ··

电影营销常用手法

自《手机》大获成功后，越来越多的企业开始留意电影，并在预算中安排相应预算，电影营销意愿大幅提高。总体来讲，电影营销最常用的手法。就是剧情植入：润物无声。

剧情植入是企业最容易理解也是效果较好的方法之一，它是指企业将产品或企业信息，通过电影的镜头语言、道具场景、人物台词等手段展示给观众，达到宣传目标的操作手法。

剧情植入根据操作手法不同，又可分成3个方式：

1. 定制剧情

片方根据企业切实需求，为赞助商定制既符合商业需要，又顺乎剧情发展的场景。

以《手机》为例，为了回馈赞助商宝马汽车，出品方专门设计了一场广院学生偷偷出去玩，12个女孩同挤一辆宝马车返校被抓，挨徐帆批评的剧情。这个段落在幽默的同时把宝马车内部空间的宽敞表现得淋漓尽致，观众印象非常深刻，对产品起到了很好的卖点宣传效果。

这样的操作手法需要对剧本进行较大修改，必须跟片方、导演、编剧等做好沟通，如果不是首席赞助商或有长期合作关系的客户，一般较难做到。

2. 道具或场景植入

将赞助企业的产品或包含企业信息的物料（如广告牌）作为剧中道具或剧情背景使用，无声无息中传播企业信息。

《天下无贼》中，刘德华和刘若英合伙诈骗傅彪的戏中，刘德华偷拍用的佳能dv，即是剧情必需的道具，也为企业提供了植入的契机。

总的来说，道具及场景植入要求相对低些，对于影片原本就需要的道具或场景，赞助商更容易协调操作，所以更常用。

3. 旁白及人物对话

把企业名称、产品等目标信息通过剧中人物对白或旁白传递出去。

台词广告最经典的莫过于《大腕》中李成儒那段台词："……不是开奔驰就是开宝马，你要是开一日本车，都不好意思跟人打招呼……"像这样能成为经典对白，被老百姓广为传颂、调侃的隐形广告，其影响力无法估量。

植入广告做的好，可以喜闻乐见、历久弥香，影片、赞助商双赢；做的不好不仅会折损影片效果，也会令人对赞助商产生负面情绪。植入广告成功的标志是观众看不出广告痕迹而接受企业诉求，而不是把企业的盆盆罐罐都堆砌上去才叫成功。

（资料来源：http：//www. sino-manager. com/20121217_ 44038. htm，有改写）

促销组合是指企业根据产品的特点和营销目标，综合各种影响因素，对各种促销方式的选择、编配和运用。促销组合手段一般包括广告、人员销售、营业推广和公共关系四个要素。

（1）广告。

广告是一种通过大众媒体与有选择的受众进行付费的、非人员的信息沟通。广告作为一种信息沟通活动，它是企业在促销组合中应用最广泛的促销方式。

（2）人员推销。

人员推销是一种推销人员与一个或一个以上的顾客进行面对面交谈，旨在通知和说服消费者购买企业产品的沟通方式。通过人员推销来与受众沟通远比通过广告沟通昂贵得多，但这种方式可即时得到反馈并往往比广告更有说服力。

（3）营业推广。

营业推广通常是指企业运用各种短期诱因来刺激需求，鼓励消费者和中间商购买、经销或代销企业产品和服务，使需求能立即增加的一种短期工具。营业推广可以针对最终消费者、组织顾客、渠道成员或是企业内的员工。

（4）公共关系。

公共关系是一种非付费的、非人员沟通方式。在公共关系的运作下，企业针对顾客、供应商、股东、政府官员及社会大众进行沟通，企图塑造企业本身与其产品或品牌的良好形象。

2. 促销的作用

（1）传递信息。

促销的主要任务就是通过信息传递，一方面将企业商品的性能、特点、作用及可以提供的服务等信息传递给消费者，引起其注意，促使其购买；另一方面也可及时了解消费者和营销协作者对商品的看法和意见，迅速解决经营中的问题。

（2）促进需求。

主动向消费者、批发商、零售商介绍本企业产品给他们带来的实际利益，使他们产生偏爱本企业产品，接受本企业产品，从而达到促进销售的目的。

（3）突出特点。

在同类产品竞争比较激烈的情况下，许多产品之间的差别不大，不易为顾客所觉察，企业通过促销活动，重点宣传本企业产品和竞争品不同的特点，使顾客了解到本企业产品给他们带来的特殊利益，以激发顾客购买欲望。

（4）提高声誉。

企业的形象和声誉是企业的无形资产，直接影响其产品销售。通过促销活动，可以提高企业声誉，美化企业形象，并进而巩固其产品的市场地位。

二、推式策略与拉式策略

推式策略是企业通过促销努力，将产品由制造商销售给批发商、批发商转而销售给零售商、零售商转而销售给消费者的一种有方向的链式系统。在推式策略中，人员推销是其主要手段，辅之以广告、公共关系和营业推广，策略是使前一环节能尽力地把产品推销给下一环节（图 12 – 1）。

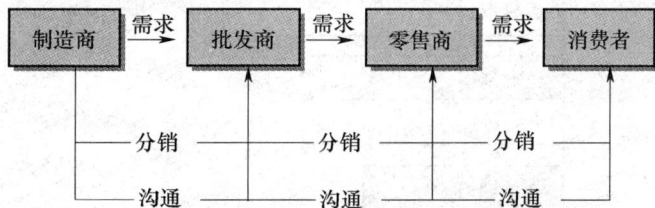

图 12 – 1　推式策略

拉式策略是企业通过树立良好的企业形象、品牌形象与产品形象，使消费者产生需求，并向零售商购买，零售商转而向批发商订货，批发商转而向制造商订货的这样一种与推式逆方向的链式系统。在拉式策略中，广告、公共关系、营业推广是其主要手段，通过这些手段树立形象、产生拉力，人员推销只是辅助（图 12 – 2）。

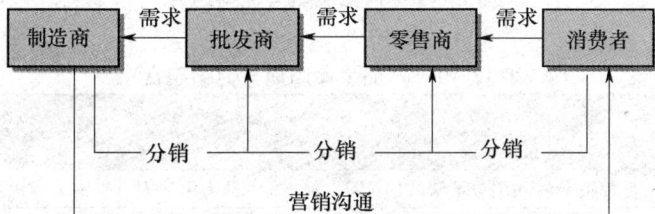

图 12 – 2　拉式策略

在企业的营销实践中，任何一个企业都不会采取单一的拉式或推式策略，而是两种策略并用，但要根据具体情况突出重点。

三、影响促销组合策略的因素

1. 营销目标

企业是以长远占领市场为主，还是以短期快速收获现金为主；是以产业市场为主，还是以消费市场为主；都会影响到促销策略的选择。

2. 促销组合

产品类型消费品和工业品各有特点，必须采用不同的促销组合。消费品宜以使用广告为主，辅之以营业推广、人员推销和公共关系；工业品宜以人员推销为主，辅之以营业推广、广告和公共关系（图 12 – 3）。

3. 促销对象

促销对象是消费者，还是工业用户、政府机构、商业组织，是专业技术人员，还是一般普通人员。促销对象不同，促销策略的重点也有所不同。

4. 产品生命周期

产品在生命周期的不同阶段，促销目标不同，促销组合也应不同（表 12 – 1）。

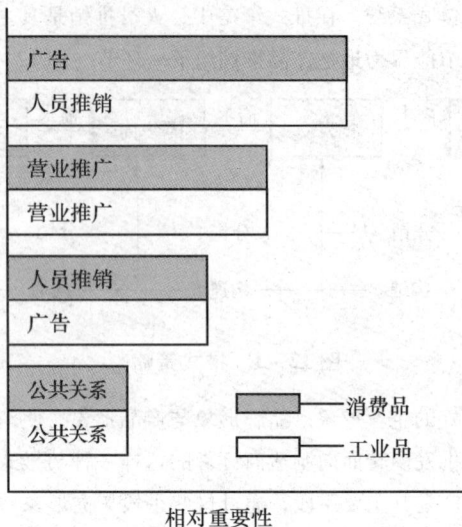

图 12 - 3　产品类型与促销组合

表 12 - 1　产品生命周期与促销组合

产品生命周期	促销目标	促销手段	
		消费资料	生产资料
投入期	促使消费者和用户了解认识产品	广告为主，人员推销为辅	人员推销为主，广告为辅
成长期	促使消费对产品产生偏爱	广告	人员推销
成熟期	保持已有市场占有率	营业推广	人员推销
衰退期	巩固市场，争取少量购买	营业推广	人员推销 + 营业推广

营销案例 12—2

清嘴含片的生命周期促销策略

养生堂公司推出清嘴产品时，配合有了一则很有中国文化的媒体广告："你想知道清嘴的味道吗？"一位甜甜女生用少女特有的清脆音调对旁边的男生说，男生的脸上马上有了丰富的表情，"亲嘴"？这是怎么一回事呢？"你想到哪里去了"。从播出后的反响来看，这不失为一则定位准确的广告。针对以少男少女为主的细分市场，广告中清新诙谐的氛围以及"你想知道清嘴的味道吗？"的提问，都容易引起这一群体的兴趣和好奇心，尝试一下新产品。

养生堂公司针对其不同产品在不同阶段所采取的营销结合，可以归纳出其中的一些成功经验：在新产品的市场导入期，着重概念、观念的传播，实施差异化策略，确立品牌特质。当产品进入成长期后，配合广告宣传和公关活动，进一步明确产品定位和细分市场，扩大市场份额。而步入成熟期后，巩固原有的消费群体，借助广告和促销活动重申和强化产品的优良品质。

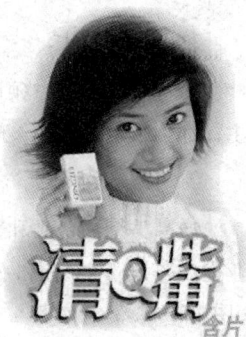

5. 市场状况

从市场范围来看，小规模本地市场，应以人员推销为主；对大规模的市场，则宜以广告为主；从市场集中程度来看，如消费对象相对集中，可采用人员推销，反之宜选择广告、营业推广等；从顾客的数量来看，用户行业广泛、顾客数量多则以广告为主，反之宜用人员推销。

6. 竞争状况

竞争的强弱也影响到促销组合，在市场竞争激烈时，企业需要投入较多的促销预算，并且要根据竞争对手所采取的促销组合策略调整或改变自己的促销组合。

7. 促销预算

不同促销手段所花的费用是不一样的。有的费用开支较大，如电视广告、大型展销会、新闻发布会等；有的费用开支较小，如直接邮寄广告、销售点广告、商场展销等。企业应该根据自身财力的大小，确定适当的促销组合策略。

8. 营销组合

在企业营销组合中，促销组合所起的作用是通过信息传播，促进和帮助销售，因此，它必须依赖于企业的产品策略、价格策略和分销策略。所以，这些策略既影响着促销组合策略的制订，同时也影响着促销组合作用的发挥。例如，尽管促销组合策略是正确的，信息已经被消费者接受和理解，但是由于渠道策略不正确，消费者在自己经常光顾的商店里不能够买到该商品，因此促销的作用就不能很好地发挥出来。

第二节　人员推销

营销案例 12-3

乔·吉拉德销售秘诀

乔·吉拉德因售出 13 000 多辆汽车创造了商品销售最高纪录而被载入吉尼斯大全。他曾经连续 15 年成为世界上售出新汽车最多的人，其中 6 年平均年售出汽车 1 300 辆，被誉为"最伟大的推销员"。销售是需要智慧和策略的事业。乔·吉拉德的秘诀主要有：

250 定律：不得罪一个顾客

在每位顾客的背后，都大约站着 250 个人，这是与他关系比较亲近的人：同事、邻居、亲戚、朋友。乔·吉拉德说得好："你只要赶走一个顾客，就等于赶走了潜在的 250 个顾客。"

名片满天飞：向每一个人推销

每一个人都使用名片，但乔·吉拉德的做法与众不同：他到处递送名片。乔·吉拉德认为，每一位推销员都应设法让更多的人知道他是干什么的，销售的是什么商品。

建立顾客档案：更多地了解顾客

乔·吉拉德说："不论你推销的是什么东西，最有效的办法就是让顾客相信——真心相信——你喜欢他，关心他。"要使顾客相信你喜欢他、关心他，那你就必须了解顾客，搜集顾客的各种有关资料。

猎犬计划：让顾客帮助你寻找顾客

乔·吉拉德认为，干推销这一行，需要别人的帮助。乔·吉拉德的很多生意都是由"猎犬"（那些会让别人到他那里买东西的顾客）帮助的结果。乔·吉拉德的一句名言就是"买过我汽车的顾客都会帮我推销"。

推销产品的味道：让产品吸引顾客

每一种产品都有自己的味道，乔·吉拉德特别善于推销产品的味道。与"请勿触摸"的做法不同，乔·吉拉德在和顾客接触时总是想方设法让顾客先"闻一闻"新车的味道。他让顾客坐进驾驶室，握住方向盘，自己触摸操作一番。根据乔·吉拉德本人的经验，凡是坐进驾驶室把车开上一段距离的顾客，没有不买他的车的。即使当即不买，不久后也会来买。

诚实：推销的最佳策略

诚实，是推销的最佳策略，而且是唯一的策略。乔·吉拉德对此认识深刻。推销过程中有时需要说实话，一是一，二是二。说实话往往对推销员有好处，尤其是推销员所说的，顾客事后可以查证的事。乔·吉拉德还善于把握诚实与奉承的关系。少许几句赞美，可以使气氛变得更愉快，没有敌意，推销也就更容易成交。

每月一卡：真正的销售始于售后

乔·吉拉德有一句名言："我相信推销活动真正的开始在成交之后，而不是之前。"推销员在成交之后继续关心顾客，将会既赢得老顾客，又能吸引新顾客，使生意越做越大，客户越来越多。乔·吉拉德每月要给他的1万多名顾客寄去一张贺卡。凡是在乔·吉拉德那里买了汽车的人，都收到了乔·吉拉德的贺卡，也就记住了乔·吉拉德。

一、人员推销的含义与特点

1. 人员推销的含义

人员推销是指企业的销售人员通过语言沟通的方式向可能购买的顾客作口头宣传，以达到推销产品，满足消费者的需求，实现企业营销目标的一种直接销售方法。

2. 人员推销的特点

（1）机动灵活，适应性强。推销人员本身即是信息传递的媒介，所以他可以根据面对的具体情况随时调整信息传播的方式和内容，适应各种不同的情况。

（2）区别对待，针对性强。推销人员可以根据选定的不同对象。制定不同的推销策略，并配合广告和其他促销手段，从而使推销效果提高。

（3）双向沟通，反馈性好。人员推销属于信息的双向沟通，意见可以迅速地在双方之间交换，一方面可以使推销人员对顾客的意见进行解释和说服，另一方面，也可以及时地将意见反映给有关部门，使其做适当的调整。

（4）促成交易，一步到位。在人员推销中，传递信息与达成销售是融为一体的，推销人员在传递信息的同时，根据顾客的情况，适时的提出销售建议，从而达成销售。

（5）收集信息，兼做服务。推销人员在推销商品时还可以进行市场调研，收集市场信息，同时，还可以兼做一些商业性业务和售后服务工作，例如签约、收钱、送货、安装和维修等。

（6）费用较大，对人员要求高。推销人员是信息的载体，因此，单位信息的传播成本较大，推销人员必须具备丰富的专业知识和较强的人际沟通能力才能胜任该项工作。

二、人员推销的程序

虽然没有两个完全相似的推销情境，也没有两个推销员按完全相同的方法去完成自己的推销任务，但大多数推销员是按图12-4所示的六步推销程序去执行推销任务的。

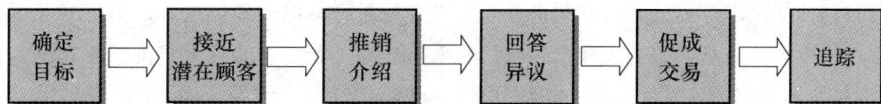

图 12-4　六步推销程序

1. 确定目标

人员推销的第一个步骤就是要先研究潜在的消费者，选择极可能成为顾客的人——即与潜在顾客进行接触。这些潜在顾客可直接从消费者、产业会员调研，公共档案、电话号码簿、工商会员名单、公司档案等途径获得。

2. 接近潜在顾客

推销人员与潜在顾客的第一次接触往往是能否成功推销产品的关键。最好的方法就是要立足于对潜在顾客的了解，凡是能了解每个顾客特殊情况的推销人员，大都能造成良好的第一印象，并做成交易。

3. 推销介绍

在这一过程中，推销人员应指出产品的特点和利益，以及它们如何优于竞争者的产品，有时甚至也可指出本产品的某些不足，或可能出现的问题及如何减免和防范。在展示产品时，推销人员还可提请潜在顾客亲自使用展示品。这种展示和试用，必须把重点放在推销介绍时所指出的特点上。

4. 回答异议

潜在顾客任何时候都可能提出异议或问题，这就给推销人员提供一个机会去消除可能影响销售的那些反对意见，并进一步指出产品的其他特点，或提示公司能提供的特别服务。潜在顾客所提问题可分为两类：第一类所提异议必须在成交前加以解决；第二类需要进一步沟通。

5. 促成交易

一旦对潜在顾客所提问题作回应后，推销人员就要准备达到最重要的目标——成交。此时推销人员必须确保在成交前再没有遗留重要的问题，而且推销人员不应与消费者再发生争议。许多有经验的推销人员，还往往会以顾客已打算购买的假设为据，向顾客提出："您希望什么时候送货？""您要买标准型还是豪华型？"等问题。这就可使犹豫不决的潜在顾客立即做出购买决定，而不会再说："我将要购买这个产品"。

6. 追踪

成交是营销的开始，对售出后商品，推销人员必须跟踪，以确保产品按时、保质送达消费者手中，并及时了解顾客使用产品的意见。这种追踪能给顾客留下一个好印象，并为后续推销铺平道路，因此它是推销过程的重要一环。总之，推销人员的职责并不随销售工作的结束而结束，它将随着推销人员与顾客之间保持良好、有效的相互关系而延续下去。

三、人员推销的技巧

人员推销是一种对象各异、环境多变的促销手段，随机性很强，因此推销人员的推销技巧对推销活动的成败有很大影响。推销技巧是一种艺术，变幻无穷。这里只介绍一个合格的推销人员所应掌握的一些基本技巧。

1. 把握时机

推销人员应能准确地把握推销的时机，因人、因时、因地制宜地开展推销活动。一般而言，推销的最佳时机应选择在对方比较空暇，乐意同人交谈或正好有所需求的时候，如社交场合、旅行途中、茶前饭后或参观游览的时候，都是进行推销的较好时机；而应当避免在对方比较繁忙或心情不好时开展推销。有时候，环境的变化往往会造成对某些企业和产品有利的推销时机（如炎热的夏天是推销冰淇淋等食品的最佳时机）。推销人员应能及时抓住这些时机，不使其失之交臂。

2. 善于辞令

语言是推销人员最基本的推销工具，推销人员必须熟练掌握各种语言技巧，充分发挥语言对顾客的影响力。具体来讲，一是要在各种场合下寻找到便于接近对方的话题；二是在谈话中要能牢牢把握交谈的方向并使之逐渐转入推销活动的正题；三是善于运用适当的词句和语调使对方感到亲切自然；四是对顾客的不同意见不轻易反驳，而是在鼓励顾客发表意见的同时耐心地进行说服诱导。

3. 注意形象

推销人员在推销过程中同时扮演着两重角色：一方面是企业的代表，另一方面又是顾客的朋友。因此推销人员必须十分重视自身形象。在同顾客的接触中，应做到不卑不亢，给顾客留下可亲可敬的印象，以使顾客产生信任感。在同顾客进行的交易活动中应做到言必信、行必果，守信重诺，以维护自身和企业的声誉，努力创造亲密和谐的推销环境。

4. 培养感情

推销人员应重视发展同顾客之间的感情沟通，设法同一些主要的顾客群体建立长期关系。

同顾客之间超越买卖关系而建立起的个人友情，能形成一批稳定的顾客群。要做到这一点，推销人员不能仅局限于站在企业的立场上同顾客发生联系，而应学会站在顾客的立场上帮其出主意、当参谋，指导消费，甚至可向其推荐一些非本企业的产品，以强化推销活动中的"自己人效应"。

营销链接 12—1 ....

推销的八大要诀

D·G·博登和A·P·巴斯是两个美国当今著名的推销研究专家，在拜访过数千家企业和推销员后，总结出"推销的八大要诀"。

（1）不可以自己一个人讲，应让客人多讲。

（2）顾客在讲话时，千万不要随意打断顾客的话。

（3）要避免争辩的态度，应用策略来代替强制。

（4）要培养洗耳恭听，专心聆教的心态。

（5）应该抓住接洽生意的中心点。

（6）应该增加拜访的次数。

（7）在说明商品优点遇到顾客异议时，不要匆忙反驳。

（8）如果遇到态度冷淡或直接说"不"的顾客，不妨以恭敬的态度讨教他"为什么"。

四、销售人员管理

1. 销售人员的选择

销售人员的来源主要有两条途径，一是外部招聘培养；二是从企业内部现有人员中选拔和培养自己的推销员。无论采用哪种方式，都应对推销员的基本素质有一个衡量标准，如个人品质、心理素质和态度。从最基本的角度考虑，一名合格的销售人员至少应具备如下一些条件：

（1）熟悉产品情况。销售人员应对自己所推销的产品十分熟悉，能详细地为顾客进行介绍，并且应了解市场上同类产品的基本情况，可以正确地进行比较和鉴别。

（2）熟悉企业情况。销售人员应充分了解自己企业的基本情况，对企业的经济实力、技术设备、生产能力、经营方式、销售条件等都应当很清楚，以便能随时回答顾客的咨询。

（3）熟悉营销知识。销售人员应掌握市场营销的基本知识和技能，在市场上灵活地开展推销活动。

（4）熟悉同推销活动有关的各种政策法规。销售人员应认真学习并努力掌握各种政策法规，以便使自己的推销行为能时刻符合政策法规的要求，不至于出现违法违纪的现象。

2. 销售人员的培训

销售人员培训内容要根据企业和受训人员的情况来确定。对新招销售人员来说，训练内容应包括以下几个方面：①企业情况介绍；②产品知识学习；③市场状况分析；④推销技巧培训；⑤基本能力练习。

3. 销售人员数量确定和合理分配

（1）销售人员数量的确定。销售人员的数量确定，一般可采用以下几种方法：

①工作量法。就是根据企业销售工作量来决定销售人员的数量。其计算公式为：

$$S = \frac{(C_1 + C_2) \cdot V \cdot L}{T}$$

式中，S——销售人员数量；

C_1——现有顾客数量；

C_2——需访问的潜在顾客数量；

V——每年访问顾客（现有和潜在）次数；

L——每次访问的平均时间（以小时计）；

T——每个销售人员用于推销的有效工作时间（以小时计，扣除公司内工作时间和用于路途的时间）。

工作量法对于大体估算销售人员的数量是有用的，但是对于顾客分布比较分散的情况，此法计算的结果不够精确。

②销售百分比法。这是根据企业历史资料计算出的销售队伍的各种耗费占销售额的百分比以及销售人员的平均成本，并在销售额预测的基础上确定人员总量的方法。

③销售能力法。这是根据每位销售人员的销售能力和企业的销售目标确定人员总量的方法。

（2）销售人员的分配。通常有以下四种形式：

①按地区分配销售人员。这是企业采用较多的一种分配形式，通过在指定区域内将客户分配给销售人员，可以更好地实现客户需求与推销人力资源的配置。这种分配形式适合于产品或顾客比较单一的情况。要想设计好销售区域，必须做好以下工作：a. 分析客户的数量与销售要求；b. 评估销售人员的工作量与工作难度；c. 在销售需求与销售人员工作量之间寻找平衡，分配人员。

②按产品分配销售人员。当产品技术复杂，各种产品在技术上差别较大，一位销售人员难以熟悉几种不同的产品时，可以按产品分配人员。这样，有利于销售人员熟悉产品，推销技术复杂的产品。采用此种分配方式时还要考虑目标对象。如果目标对象不同，则较为合适，如果目标对象相同，则显得人力资源配置不经济。

③按用户类型分配销售人员。这种方式可以按行业分配、按新老用户分配、按客户对企业的重要程度分配、按批发商及零售商分配、按用户规模分配等。这样，销售人员对顾客的需求了解清楚，目标明确，容易提高促销效果。但当同一类顾客较分散时，则工作量与出差费用大大增加。

④复合式分配。可以把上述三种分配形式有机结合起来使用，如地区和产品的结合，地区和用户的结合，产品和用户的结合及地区、产品和用户的结合等。

4. 销售人员的考核与管理

对销售人员的考核内容可以从工作投入、工作过程、工作结果这三个方面来进行。其中，工作结果的考核主要包括：销售额、信息量和顾客满意程度、客户关系这四大方面。围绕上述内容进行考核时，可以通过一系列指标如销售量、销售额、销售费用、访问顾客次数、增加顾客数量、销售完成率（实际销售额/计划销售额）、推销费用率（推销费用/企业销售收入）、失去顾客数、每位顾客平均毛利、回款额、客户重复购买次数、客户购买潜力等来进行考评。

在管理销售人员的过程中，要建立完善的财务制度与日常考核制度。要制订应收款管理制度，建立客户档案，密切与客户的关系，尽可能用转账支票、银行汇票结算，防止回笼货款不及时上缴，公款私用，甚至携款潜逃。同时，要建立相对稳定与合理流动相结合的销售队伍结构，尽可能了解并设法满足销售人员的各种合理需求，调动其积极性，坚持使用与培养相结合的原则，投资培训销售人员，使他们感受到企业的关心，从而留住优秀销售人员。

五、销售人员激励

对销售人员激励的目的就是激发他们的潜力更好地实现企业的市场营销目标，从而实现企业经营的最终目的——价值最大化。一般采用以下激励方式。

（1）薪酬激励。要激励销售人员，首先必须通过合理的薪酬来激发他们工作的积极性。尽管薪酬不是激励销售人员的唯一手段，也不是最好的方法，但却是一个非常重要、最易被运用的方法，因为追求金钱以提高生活的水平是人的本能。

（2）目标激励。对于销售人员来讲，由于工作地域的分散性，进行直接管理难度很大，企业可以将对其分解的销售指标作为目标，进而授权，充分发挥其主观能动性和创造性，达到激励的目的。

（3）精神激励。销售人员常年在外奔波，压力很大，通过精神激励，可以使压力得到释放，有利于取得更好的业绩，比如在企业的销售人员中开展营销状元的竞赛评比活动等。精神激励的目的就是给"发动机"不断加油，使其加速转动。

（4）情感激励。利益支配的行动是理性的。理性只能使人产生行动，而情感则能使人拼命工作。对于销售人员的情感激励就是关注他们的感情需要、关心他们的家庭、关心他们的感受，把对销售人员的情感激励直接与他们的生理和心理需要有机地联系起来，使其情绪始终保持在稳定的愉悦中，促进销售成效保持高水准。

（5）民主激励。实行民主化管理，让销售人员参与营销目标、顾客策略、竞争方式、销售价格等政策的制定；经常向他们传达企业的生产信息、原材料供求与价格信息、新产品开发信息等；企业高层定期聆听一线销售人员的意见与建议，向销售人员介绍企业发展战略，这都是民主激励的方法。

此外，企业应适时创造条件对他们进行产品知识、营销知识、财务知识、税务知识、法律知识等方面的培训，让他们感觉到企业很关心自己的成长，自觉地将个人目标和企业目标统一起来，为自己的明天而努力工作。

第三节　广　告

一、广告的概念和类型

1. 广告的概念

广告是指广告主借助传播媒介进行的有偿的、非人员的、有组织的一种劝服性信息传播活动。广告主不仅包括商业性公司，还包括向目标公众通告其宗旨的慈善机构、各类社会组织、专业团体、政府部门及个人。

广告是一种成本与效率都很高的信息传播方式，不管它是用来建立品牌声誉，还是用来教育公众。不过在一般市场营销学中所研究的，主要还是以推销商品或者服务为目标的商业广告（见营销案例 12-4）。

营销案例 12-4 ......

国际知名品牌广告语欣赏

1. Just do it. 只管去做。（耐克运动鞋）

2. The choice of a new generation. 新一代的选择。（百事可乐）

3. The taste is great. 味道好极了。（雀巢咖啡）

4. Take TOSHIBA, take the world. 拥有东芝，拥有世界。（东芝电子）

5. Let's make things better. 让我们做得更好。（飞利浦电子）

6. No business too small, no problem too big. 没有不做的小生意，没有解决不了的大问题。（IBM 公司）

7. Good to the last drop. 滴滴香浓，意犹未尽。（麦斯威尔咖啡）

8. Obey your thirst. 服从你的渴望。（雪碧）

9. Come to where the flavor is. Marlboro Country. 光临风韵之境——万宝路世界。（万宝路香烟）

10. To me, the past is black and white, but the future is always color. 对我而言，过去平淡无奇；而未来，却是绚烂缤纷。（轩尼诗酒）

2. 广告的类型

广告可根据多种不同的标准分类，但最具实际意义的则是按广告目标，可将广告分为三大类型。

（1）信息性广告。这种广告主要用于大类产品的市场开拓阶段。此时的目标重点是建立该类产品的原始需求或基本需求，而不在于建立该类产品对某一特定品牌的需求，即是告知消费者现在新出现了某类新产品，以便促进整类商品的销售。例如，我国的乳酸饮料产业在发展之初，相关广告就只着重向消费者介绍乳酸饮品的营养价值及多种用途，而不是专门介绍伊利或光明等个别品牌的特色和优点。

（2）说服性广告。这种广告主要用于进入竞争阶段的产品。此时公司的目标是为特定的品牌培植选择性需求。市场上大多数的广告都属于这种类型，生产者利用这种品牌导向的广告，说服消费者购买他们所生产的产品。

（3）提醒性广告。这种广告主要用于处于成熟期的产品。此时广告的目标不是通知或说服消费者购买某一为人们所共知的产品，而是提醒消费者不要忘记购买某一特定品牌的产品。为了使这种提醒的作用更广，通常还辅以相关的机构广告，其目的在于增强企业的形象和声誉，间接刺激消费者购买本企业的产品。

二、广告媒体

广告媒体是广告主借以传达给受众信息的各种载体，包括报纸、杂志、电视、广播、直接邮件、户外广告媒体等。广告媒体策略主要是在寻找一种最有效的媒体组合方式。

1. 与广告媒体策略相关的概念

在拟订广告媒体策略时，应了解以下几个相关的概念：

（1）触及率（Reach，简称 R）。这是指在某一特定期间内，从某一特定媒体上至少看到一次广告信息的目标视听众的数目。

（2）频率（Frequency，简称 F）。这是指在某一特定期间内，平均每一个目标视听众所接触到信息的次数。

（3）冲击度（Impact，简称 I）。这是指某一特定媒体展露所产生的定性价值，亦即其展露质量。

（4）毛评点（Gross Rating Point，简称 GRP）。这是触及率与频率的乘积，又称为总展露次数（GRP = R × F = E）。GRP 只考虑定量因素，没有考虑定性因素，亦即没有考虑广告的质量。

（5）加权后总展露冲击（Weighted Exposures，简称 WE）。这是考虑广告的质量后的总展露冲击（WE = R × F × I）。

（6）每千人成本（Cost Per Thousand Persons Reached，简称 CPM。M 来自拉丁文 millenary，实际应写为 Cost Per Thousand）。这指是广告平均每接触 1 000 位目标视听众所花费的成本。

2. 广告媒体的种类及特点

广告的主要媒体包括传统四大传媒：报纸、杂志、广播、电视；以及户外媒体、互联网，直邮媒体等。每种媒体各有其主要特性，表 12 – 2 对此有完整的比较。

表 12 – 2　广告媒体的种类及特点

广告媒体种类	优　点	缺　点
报　纸	弹性大，及时，对当地市场的覆盖率最高，易被接受和信任	印刷质量一般，广告寿命短，传阅者少
杂　志	印刷质量精美，可选择适当地区和对象，传阅者多，时效长	广告作业前置时间长，无法快速回应市场变化
电　视	视、听、动作紧密结合，引人注意，送达率高	成本高，展露瞬间即逝，观众选择性低
广　播	可选择地区和对象，成本低，能快速回应市场变化	仅有声音效果，广告寿命短
户外广告	比较灵活，展露重复性强，成本低	受地区限制，不能选择对象，创造力受到局限
直　邮	沟通对象准确，有灵活性，无同一媒体的广告竞争	成本比较高，容易造成滥寄现象
互联网	个人化服务，有互动机会，相当低成本	有语言范围较窄，限于上网人口

（1）报纸。报纸是传统媒体之一，报纸的涵盖面也很广，利用报纸来做广告的主要优点是具有弹性和时效性。大多数报纸天天出刊，因此可以使广告主在合理的成本下，快速地反映市场需求，从而使厂商得以快速地接触到其目标市场。

（2）杂志。杂志因其针对性强，实效长，转阅读者多，选择性好和印刷精美、图文并茂等优点，较适合香水、唇膏等化妆品以及鞋帽、手表、汽车等需要突出强调表现其外形、款式、色彩等产品。在四大媒体中，杂志属于小而细致的广告媒体。

（3）电视。电视是同时具有视觉与音效的媒体，因此电视广告信息所能产生的冲击往往很大。通过电视广告可以接触到广泛而多样的市场。在电视上作广告，往往也能塑造产品高格调的形象。然而利用电视广告也有它的缺点，电视广告是相当昂贵的，而且电视广告的信息寿命也很短，稍纵即逝。

（4）广播。广播媒体的最大优点是广告信息传播迅速、及时、范围广，针对性也较强。通过在各种专题广播节目中插播相关的广告，可很有效地把广告信息传达给相关的目标顾客群体，费用较其他媒体低。但是，广播注意率较低，在黄金时段，广播广告的收听率很低，因为大多数人此时都习惯于收看电视节目。

（5）直邮媒体。直邮广告除了广告信和传单、商品目录、购买券等以外，还包括产品样品、纪念品及其他小工艺品等。直邮广告最具选择性，差不多可传达给任何目标市场，且其效果也最易衡量。直邮广告的主要缺点是传播范围较窄，受众人均覆盖成本较高。

营销链接 12-2

软性植入性广告

近年来，国内对于软性植入营销的关注异常热烈，从蒙牛酸酸乳植入《超级女声》、莱卡赞助《我型我秀》到《天下无贼》里频频现身的宝马轿车、惠普电脑⋯⋯真人秀节目和电影媒体内的软性植入已经非常普遍，据央视索福瑞媒介研究公司所做研究表明，2006 年，中国仅综艺节目中的植入式广告产值已近 10 亿元！而消费者对于植入式广告的关注度和接受度也越来越高：44% 的中国消费者注意到了植入式广告，这一比例在 35～40 岁的社会中坚群体中更高达 53%（Media Edge：CIA Medialab 媒介实验室 2004 年）。植入式营销如火如荼！而另一方面，伴随着中国电视广告时间资源临近饱和的不争事实（2006 年 CTR 数据显示：电视全频道广告时长已占整体播出时长的 15%！即 1 个小时的节目中，有 9 分钟的广告播出），这一切都在提示一个重要信息，植入式广告的发展前景非常可观。

365 集大型情景喜剧《家有儿女》是近年来不可多得的以现实生活为蓝本，充满家庭气息的优秀剧目，自 2005 年 1 月在全国范围播出以来，受到了广大电视观众的普遍欢迎，被誉为中国版《成长的烦恼》。迄今前两部 200 集已播出完毕，第三部 100 集正在热播中。前三部的发行推广及广告运作已经非常成熟，客户反馈良好，在此基础上，《家有儿女》最后 65 集已于 2007 年 5 月开拍，并进一步发掘出一系列与企业产品、品牌接轨的软性植入传播的合作形式。

（资料来源：http://acad.cnki.net/Kns55/detail/detail）

（6）户外广告媒体。户外媒体是一种具有弹性而成本低的媒体，它包括路牌、广告牌、招贴、招牌、交通工具等。户外广告最主要的优点在于它的高展露频次，且不易受到其他竞争者的干扰。此外，它也能针对当地市场的独特需求特性来设计。但户外广告不适合传达太复杂的信息，因为视听众的注视时间很有限。

（7）互联网。互联网是一种新兴媒体，也是一个相当重要的媒体。网络结合了文字、图片、声音、动画及影像，将触角伸至全世界。互联网使用超链接（hyperlink）的方式，可使顾客迅速取得他所需要的相关资料。组织可利用建立自己网页的方式，以很低的代价来提供信息给其目标顾客。也可通过和一些相关网站的链接，轻易找到对自己产品或服务可能感兴趣的顾客。此外，互联网可以通过聊天室、留言板、电子邮件的方式和顾客进行互动。

（8）其他媒体。除了上述广告媒体外，近几年发展起来的楼宇广告媒体，很有中国的特色，成为新的媒体，此外还包括传真机、CD - ROMs、电话卡以及电影、录影带等都能成为广告载体。

营销链接 12-3

中国互联网广告的受众极具价值：6 800 万活跃的城市消费群体

传播范围最广

网络广告的传播不受时间和空间的限制，它通过国际互联网络把广告信息 24 小时不间断地传播到世界各地。只要具备上网条件，任何人，在任何地点都可以阅读。这是传统媒体无法达到的。

交互性强

交互性是互联网络媒体最大的优势，它不同于传统媒体的信息单向传播，它是信息互动传播，用户可以获取他们认为有用的信息，厂商也可以随时得到宝贵的用户反馈信息。

针对性强

根据分析结果显示，网络广告的受众是最年轻、最具活力、受教育程度最高、购买力最强的群体，网络广告可以帮您直接命中最有可能的潜在用户。

受众数量可准确统计

利用传统媒体做广告，很难准确地知道有多少人接收到广告信息，而在 Internet 上可通过权威公正的访客流量统计系统精确统计出每个广告被多少个用户看过，以及这些用户查阅的时间分布和地域分布，从而有助于客商正确评估广告效果，审定广告投放策略。

实时、灵活、成本低

在传统媒体上做广告发版后很难更改即使可改动往往也须付出很大的经济代价。而在 Internet 上做广告能按照需要及时变更广告内容。这样，经营决策的变化也能及时实施和推广。

（资料来源：www.China – EA.com）

3. 影响广告媒体选择的因素

（1）产品特性因素。广告产品特性与广告媒体的选择密切相关。广告产品的性质、使用价值、质量、价格、包装、产品服务的措施与项目以及对媒体传播的要求等，对广告媒体的选择都有着直接或间接的影响。例如，化妆品常常需要展示产品的高贵品质及化妆效果，就需要借助具有强烈色彩性和视觉效果的宣传媒体，如杂志、电视媒体等，而广播、报纸等媒体就不宜采用。

（2）媒体受众因素。广告媒体受众即广告信息的传播对象，也就是接触广告媒体的视听众，它是影响广告媒体选择的重要因素。媒体受众在年龄、性别、民族、文化水平、信仰、习惯、社会地位等方面的特性如何，以及经常接触何种媒体和接触媒体的习惯方式等，直接关系到媒体的选择及组合方式。例如，如果广告信息的传播对象是追求流行的青年女性，那么时尚型的服饰杂志就是理想的媒体。

（3）营销策略因素。广告主的市场营销策略直接影响着广告媒体的选择与组合。产品究竟以何种方式销售？是批发给经销商，还是直接向消费者或用户推销？营销范围真正有多大？营销的各个环节如何配合？全面了解这一系列营销系统的特点，是确保所选择的广告媒体触及目标对象并促进产品营销的前提。一般来说，在拉式策略下，广告主就会选择较多的大众广告传播媒体；在推式策略下，广告主就会选择较多的小众广告媒体。

（4）竞争对手因素。竞争对手广告战略与策略，包括广告媒体的选择情况和广告成本费用情况，对广告主（或广告代理）的媒体策划也有着显著的影响。如果没有竞争对手，那么广告主就可以从容选择自己的媒体和安排其费用；如果竞争对手尚少，不足以对广告主构成威胁，就只需要在交叉的广告媒体上予以重视；如果竞争对手多而强大，广告主在财力雄厚的情况下，可采取正面交锋，力争在竞争媒体上压倒对方。在财力有限的情况下，就采用迂回战术，采用其他媒体渠道。总之，广告主要针对竞争对手的特点而采取适合自己需要的媒体及推出方式。

（5）广告预算因素。广告预算是广告主投入广告活动的资金费用使用计划，包括规定在广告计划期内从事广告活动所需的经费总额、使用范围和使用方法。一个广告主所能承担的全部广告费用的多少，对广告媒体的选择产生直接的影响。例如，一些效益不佳的中小企业，因受其广告费用的限制，就很少采用报纸、杂志、广播、电视等费用昂贵的广告媒体；而一些经济效益好的大型企业，因其有较多的广告费用开支，像报纸、杂志、广播、电视、网络等五大媒体就是其经常采用的媒体对象。

（6）媒体的成本因素。广告媒体的成本是媒体选择中需倍加关注的一项硬性指标。不同的媒体，其成本价格自然不同；同一媒体，不同的版面，不同的时间，也有不同的收费标准。在媒体选择中，可能会有多个媒体颇为适合广告信息的传播，但由于费用过高而使广告主难以负担，那就不得不忍痛放弃，另择价格品位适合于自己的广告媒体渠道。

（7）媒体的寿命因素。广告媒体触及受众的时间有长有短，这就是媒体的寿命因素，它直接影响着广告媒体的选择。总体来说，播放类媒体寿命最短，印刷类媒体寿命长短不一。例如，报纸媒体的寿命为3～5天，杂志媒体的寿命为一个月至两个月，电话号码簿上的广告寿命约为一两年。媒体寿命期一过，受众便难以或很少再触及这一媒体上的广告了。因此，若要广告发挥更大的效果，就应多次重复推出，以延长整体的广告触及受众的时间。可见，广告媒体的时间要求、信息传播的速度与持久性等问题，是广告媒体策划时需要认真考虑的问题。

（8）媒体的灵活性因素。广告主选择广告信息传播的媒体，必然会考虑其灵活性。能否对媒体上的广告作一定程度的调整和修改，这是衡量广告媒体灵活性高低的标准。一般来说，若在广告推出前，可较容易地修改广告文本，调整推出的时间与形式，则此媒体的灵活性就高；若在某一媒体上确定广告，推出之前不太容易修改文本或调整推出时间、形式，则此媒体的灵活性就差。例如，电视广告媒体灵活性就很差；广播广告媒体的灵活性就很强。凡是促进短期销售、推销产品多样化、推销产品多变、广告文本中需标示可能调整的价格等情况，就应该选择灵活性较强的媒体为佳。

除此之外，广告文本的特点、广告活动的各种法规限制、干扰度等也是影响广告媒体选择的重要因素。

三、广告诉求策略

广告诉求是广告信息内容，是界定消费者去购买产品的理由。广告活动可以把焦点放在一个或更多的广告诉求上。要选择一个最好的广告诉求，通常需要先进行营销研究。

一般来说，广告诉求策略可分为理性诉求策略、情感诉求策略和情理结合诉求策略。

1. 理性广告诉求

理性广告诉求是指直接向消费者实事求是地说明产品的功能、特点、好处等，让接受信息的消费者进行理性的思考，做出合乎逻辑的判断、推理、选择的一种广告表现形式。如乐百氏纯净水广告强调自己的27层净化水技术；农夫山泉强调水源在千岛湖等。

2. 情感广告诉求

情感广告诉求是指依靠图像、音乐、文字的技巧，诱导消费者的情绪或情感使其产生购买欲望的一种广告表现形式。情感广告诉求容易引人注目（见营销案例12－5）。

营销实例 12—5 ....

百事可乐广告策略分析

百事可乐作为世界饮料业两大巨头之一，100多年来与可口可乐上演了一场蔚为大观的两乐之战。20世纪80年代之前，百事可乐一直惨淡经营，被可口可乐远远甩在后头。然而经历了与可口可乐无数交锋之后，百事可乐终于明确了自己的定位，以"新生代的可乐"形象对可口可乐实施了侧翼攻击，从年轻人身上赢得了广大的市场。

百事可乐的定位是具有其战略眼光的。因为百事可乐配方、色泽、味道都与可口可乐相似，绝大多数消费者根本喝不出二者的区别，所以百事在质量上根本无法胜出，百事选择的挑战方式是在消费者定位上实施差异化。百事可乐摒弃了不分男女老少"全面覆盖"的策略，而从年轻人入手，对可口可乐实施了侧翼攻击。并且通过广告，百事力图树立其"年轻、活泼、时代"的形象，而暗示可口可乐的"老迈、落伍、过时"。

百事可乐完成了自己的定位后，开始研究年轻人的特点。精心调查发现，年轻人现在最流行的东西是酷，而酷表达出来，就是独特的、新潮的、有内涵的、有风格创意的意思。百事抓住了年轻人喜欢酷的心理特征，推出了一系列以年轻人认为最酷明星为形象代言人的广告。

百事可乐广告语也是颇具特色的。它以"新一代的选择"、"渴望无限"做自己的广告语。百事认为，年轻人对所有事物都有所追求，比如音乐、运动，于是百事可乐提出了"渴望无限"的广告语。百事提倡年轻人作出"新一代的选择"，那就是喝百事可乐。百事这两句富有活力的广告语很快赢得了年轻人的认可。

（资料来源：http：//www.docin.com/p-195556352.html，有改写）

3. 情理结合广告诉求

情理结合的广告诉求是指在广告宣传中既同消费者讲道理，又同消费者交流感情，即大家常说的晓之以理，动之以情。在现实中纯粹用理性诉求和感性诉求的广告所占比例是相当少的，绝大多数都是情理交融的，所不同的是有的偏重于理，有的偏重于情。如加拿大电信公司的广告通过儿子在成长过程中与父亲之间的往事，表达了父子之间的感情，又强调了长途电话优惠的信息，说明应该多关心暮年的父亲。

四、广告决策的内容与步骤

广告活动的开展，一般都要经由好几个步骤，由于公司的资源、产品及受众的不同，这些步骤的多少及其实施的目标也互不相同。但是任何一个机构的广告决策，一般都将包括确定广告目标、确定广告预算、拟订广告信息、确定广告媒体计划、测定广告效果等五个步骤（图12-5）。

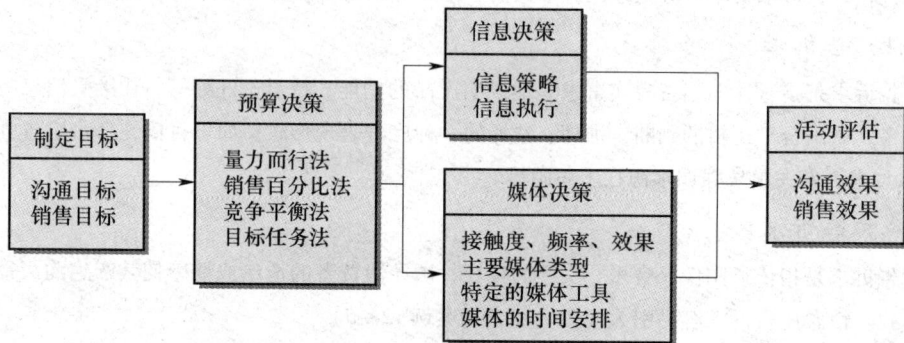

图12-5　广告决策步骤

1. 确定广告目标

广告规划的第一步是制定广告目标。这些目标应根据过去有关目标市场、定位和营销组合来决策。营销定位和组合策略界定了广告在整个营销规划中必须做的工作。

广告目标指在一定期限内，针对既定的目标接收者要达到的特定的沟通任务。广告的目标可依据告知、劝说，或提醒等主要目的来分类，如表12-3所示。

表12-3　广告目标

告　知	
向市场推出新产品	描述所能提供的服务
揭示一种产品的新用途	更正错误的印象
通知市场价格变动	减少购买者的忧虑
介绍产品功能	建立公司形象

劝　说	
树立品牌偏好	劝说顾客立即购买
鼓励消费者改用公司的产品	劝说顾客接受推销访问
改变购买者对产品特性的感觉	

提　醒	
提醒购买者不久可能会用得上该产品	在产品的淡季使顾客仍记得该产品
提醒顾客购买的地点	维持极高的知名度

2. 确定广告预算

广告预算是预定用于某一时期开展广告活动所需之货币总额。这一步骤对广告活动的成功与否至关重要，因为如果广告活动各项努力建立在不充分的预算上，就会削弱广告对刺激消费者需求的作用；如果广告预算过大，又会造成企业的资财浪费。

决定广告预算的主要方法有：量力而行法、销售额百分比法、竞争平衡法、目标任务法等。量力而行法是将广告预算制定在企业能够负担的水平上；销售额百分比法是以目前或预测的销售额的某种百分比来制定广告预算，或者以单位销售价的百分比来做预算；竞争平衡法是通过监视竞争者的广告或从刊物和商业协会获得行业促销费用的估计，然后根据行业的平均水平来制定预算；目标任务法是企业依据促销目标任务来制定它的促销预算。

3. 拟订广告信息

有了广告预算后，接着便是拟订广告信息。广告信息策略包括四个部分：信息内容（说什么）、信息结构（信息的条理及逻辑顺序）、信息形式（信息表现）及信息来源（谁来阐述信息）。其中，广告信息的内容是关键。广告信息的内容表达必须言简意赅，并应在深入研究消费者意见的基础上形成，否则会抓不住要害，或所宣称的特点与消费者的偏好南辕北辙，大大降低或损坏整个广告活动的预期效果。

4. 选择广告媒体

媒体计划应详细说明广告活动中将使用何种媒体和广告将在何时出现。媒体计划制定者的最重要任务，就是要使在广告活动中所花的钱都能使广告信息到达最大多数广告目标受众身上。除费用外，媒体计划者还必须考虑广告目标的居住地区及人口统计方面的各种因素，以及广告信息的内容和各种媒体沟通之受众的各种特点。媒体计划工作一般是从总体媒体决策开始，接着是进一步选择各种媒体中的亚属媒体，最后选择为开展该项广告活动的具体媒体。

营销案例 12—6 ....

脑白金的广告媒体策略

脑白金这个神秘的保健品，在国内市场上刮起了阵阵旋风，在短短的两至三年内，即创造出了十几亿元的销售奇迹。脑白金的成功靠的是什么？有效选择广告媒体是其成功因素之一。

脑白金的媒体组合策略，追求最有效的途径、最合适的时段、最优化的组合，不求全但求到位。

脑白金最早以报纸媒体、小册子为主导启动市场，以终端广告相辅助。在市场启动期，脑白金基本以报纸媒体为主，选择某城市的1~2家报纸，以每周1~2次的大块"新闻"软文，集中火力展开猛烈攻势，随后将十余篇的"功效"软文轮番刊登，并辅以科普资料作证。之后，随着产品渐入成长期，脑白金的媒体投放开始发生变化：报纸、电视广告成为重要的媒体组合，宣传册子成为集团购买与传播产品知识的主力媒体。

脑白金在成长期或成熟期，媒体重心向电视广告转移。电视广告每天滚动播出，不断强化产品印象，广大中老年人有更多的机会接触电视，接受产品信息。脑白金电视广告分为三种版本：一为专题片，二为功效片，三为送礼片。此外，户外广告也成为脑白金中后期新增长的媒体亮点。户外广告主要是根据各区域的市场特点，有选择地开展以下宣传：如车身、墙面广告与横幅。

5. 测定广告效果

广告效果评估是整个广告活动中所不可缺少的部分。通过广告效果评估，营销人员可以调整其广告活动。广告的效果要依据广告目标来加以衡量。广告效果的测试可分为广告活动之前、之中、之后的效果测定。具体的广告效果测定方法基本上可分为直接测定与间接测定两大类。直接测定的方法主要有访问法、观察法、实验法和统计法等。间接测定则是测定者根据广告原始调查资料对广告效果所进行的分析与测定。

第四节　营业推广

一、营业推广的概念和特点

1. 营业推广的概念

营业推广又称为销售促进，是指除人员推销、广告和公共关系之外的其他促销形式，是在短期内刺激顾客或中间商迅速和大量地购买某种特定产品或服务的促销活动，见营销案例 12 - 7。

营销案例 12—7

GAP 的花样折扣

为了清理库存，GAP 设置了多种折扣形式。除常见的单品折扣外，还常采用"多买多折"的形式。比如在夏季促销中，就会采用购买三件商品享折上 7 折，购买五件商品享折上 6 折的方式。这种折扣只针对打折货品，新品及原价货品不参加活动。

GAP 的库存折扣也会同时配合店内的一些当季折扣商品，新旧搭配，避免让顾客觉得好像全是一些过时的服装，再加上鞋包、内衣、配饰，每件货品的吊牌上都贴有鲜艳的打折价标签刺激顾客的购买欲。虽然单价提高，但顾客仍然觉得占到了便宜。

常去 GAP 就会发现，门店内的活动是长年不断的。即使是非折扣季，依然能找到不少优惠商品及活动。常规性的折扣吸引着顾客不断来店。促销活动以各种不同的形式不定期推出，让新品不会因为顾客"等待打折"而卖不出去，也让顾客不至对同样的活动方式感到厌烦。

GAP 还有一种有趣的折扣玩法，即指定商品折扣。不少顾客都是冲着 GAP 的徽标系列 T 恤、卫衣来的，GAP 就抓住顾客这样的心理，不定时地推出全场徽标系列折扣。当然还有长裤折扣、裙装折扣、牛仔折扣甚至全场蓝色商品打折等。顾客来店看一看，除了折扣商品，保不齐也就看上别的货品。

品类折扣其实是一次小型的无差别促销，实际上无形中给顾客一种全场折扣的暗示，会更愿意进店逛逛。

而最有趣的折扣则是指定试穿折扣。牛仔系列是 GAP 的当家系列商品，每年都会推出几款主打新品。当新品到店时，门店就会推出活动，试穿指定牛仔裤享折扣。不用留电话，不用抽奖，只要试穿一下就有折扣，也不强制购买。对顾客来说太有吸引力了，就算不想试，也忍不住要进店看一下这条牛仔裤是什么样子。这样就大大增加了顾客对新品的接触率，买不买都留下了印象。第一次不买，再来店时也会因为之前试穿过，对这件商品特别关注，提高了成交概率。

（资料来源：《销售与市场》杂志渠道版，2014 年 08 期）

2. 营业推广的特点

（1）短期性。这是营业推广最主要的特点。营业推广适用于如新产品上市时、重要节假日等短期内进行促销，它能有效地吸引新的消费者或破坏消费者对竞争对手产品的购买和品牌忠诚。

（2）非规则性。营业推广不像广告、人员推销、公共关系那样经常出现，而是用于短期和额外的促销工作，目的是解决一些更为具体的营销问题。

（3）灵活性。营业推广的形式非常繁多，这些方式各有各的长处和特点，可以根据企业经营产品的不同和市场营销环境的变化而加以灵活地选择和运用。

二、营业推广的工具

许多营业推广工具可以用来完成营业推广目标。不同的促销对象，各有适用的营业推广工具（表 12 - 4）。

表 12 - 4 营业推广工具

营业推广对象	营业推广工具
消费者	样品、赠品、折扣优惠、赠券、有奖销售、特价包装、购买点陈列与展示、免费试用、产品保证、抽奖及游戏等
中间商	折扣鼓励、现金折扣、免费赠品、合作广告、经销津贴和经销商销售竞赛等
推销人员	红利提成、特殊推销奖金、推销竞赛等

1. 对消费者的营业推广工具

（1）样品。样品是指向消费者提供产品的货样或试用品。有些样品是免费的，有些适当收一些工本费。样品可挨家挨户地递送、邮寄、摆在商店分发、随同另一种产品或广告附赠。赠送样品是最有效但也是最昂贵的介绍新产品的方法。

（2）赠品。赠品主要是一些能够向消费者传递企业有关信息的精美小物品，如印有本企业名称、地址、电话号码，带有企业口号的日历、台历、挂历、打火机、火柴盒等，以刺激顾客的购买行为。赠送物品的形式灵活多样，主要有：①随货赠送：购买某一商品则免费得到相应的赠品；②批量购买赠品：顾客购买企业其产品数额达到既定批量，或顾客购买本商店商品的金额达到一定标准，可以免费得到赠品；③随货中彩奖品：并非所有商品都随货赠送物品，只是其中有少数商品内装有赠品。

（3）折扣优惠。企业或产品推销者事先通过多种方式将折扣优惠券发到消费者手中，使消费者在购买某种商品时，可凭证免付一定金额的钱款。折扣优惠券可以邮寄、附在其他商品上或广告中赠送。一般来说，优惠券的持有者通常是对企业有直接或间接贡献的消费者，或是社会影响较大且与企业业务关系密切的长期顾客，也有一部分是企业要争取的新顾客。

（4）赠券。当消费者购买某一商品时，企业给予一定数量的交易赠券，购买者将赠券积累到一定数额时，可以到指定地点换取赠品。赠券的实施可以刺激消费者大量购买本企业的产品，扩大企业的市场占有率，但对小批量购买的消费者来说，吸引力不大。

（5）有奖销售。顾客在购买产品或享受服务后，按一定金额领取一定数量的对奖券，参加企业举办的抽奖活动，若中奖则可领取奖金或实物。这种方式是通过给予奖励的刺激，来吸引消费者的注意及参与，最终达到购买产品的目的。

（6）特价包装。这是指以低于正常价格向消费者提供产品。这种价格通常在标签或包装上标明。它有多种形式，如减价包装——即减价供应的单个包装（如买一送一），或组合包装——把两件相关的产品合包装在一起。特价包装对刺激短期销售效果较好，甚至超过了折扣优惠。

除上述这些方式外，还有购买点陈列与展示、免费试用、产品保证、抽奖及游戏等，其作用也是很明显的。

2. 对中间商的营业推广工具

（1）折扣鼓励。折扣鼓励主要是生产企业对第一次进货或大量进货的中间商给予购货折扣。另外，若中间商登广告，可以给予广告折扣，若中间商为产品办展销会，给予陈列折扣等。这些都是对中间商的合作表示鼓励。

（2）现金折扣。现金折扣是指在商业信用和消费信贷普遍使用的市场上，企业为鼓励顾客用现金购货，对现金购货物顾客给予一定的折扣。在正常情况下，企业应该预测折扣率与资金周转速度、折扣率与利息支出变动的比例关系，寻找盈亏均衡点，在此基础上确定现金折扣率。

（3）推销竞赛。推销竞赛是指企业对业绩优秀的中间商进行特殊鼓励。这种竞赛优胜者的奖励可以是现金，也可以是物品，或提供旅游机会。

（4）经销津贴。为促进中间商增加购买本企业产品，鼓励其对购进产品开展促销活动，给中间商一定的津贴，主要包括新产品的津贴、清货津贴、广告津贴、降价津贴等。

（5）免费赠品。免费赠品是指企业为了加强与中间商的感情，免费赠送附有厂名的各种礼品。礼品一般为挂历、钢笔、拎包、晴雨伞、烟灰缸等日用小物品。

3. 对推销人员的营业推广工具

（1）红利提成。红利提成的做法主要有两种：一是推销人员的固定工资不变，在一定时间内（通常是季末或年度终了），从企业的销售利润中提取一定比例的金额作为奖励发给推销人员。二是推销人员没有固定工资，每达成一笔交易，推销人员按销售利润或销售额的多少提取一定比例的金额，销售利润或销售额愈大，提取的百分率也愈大。

（2）特殊推销金。企业给予推销人员一定的金钱、礼品或本企业的产品，以鼓励其努力推销本企业的产品。

三、营业推广的计划

拟定营业推广计划通常要考虑如下一些内容：

1. 营业推广的目标

企业应当根据目标市场的特点和整体策略来制定推广目标。对于消费者个人、中间商、企事业单位等应当区别对待，短期目标必须与长期目标相结合。

2. 营业推广的对象

各种营业推广手段对于不同对象的作用差异很大。实践证明，营业推广的对象主要是那些"随意型"

顾客和价格敏感度高的消费者。对于已养成固定习惯的老顾客，营业推广的作用相对要小一些。

3. 营业推广的规模和水平

规模和水平决定了营业推广的效果。因此，必须了解各种推广手段的效率，确定刺激强度和销售量的比例关系，争取最佳的推广效果。

4. 营业推广的媒介

企业必须通过最佳的途径来实施营业推广。比如为了扩大某种产品的销售，拟给予顾客10%折扣。那么至少可通过包装、挂牌、邮寄、广告四种媒介来传递这一信息。其中，包装只能吸引接触过产品的顾客，邮寄可以向特定的顾客推广，广告有利于大范围快速传播，而挂牌注明则能制造推广气氛。

5. 营业推广的时间安排

营业推广的时间安排必须符合整体策略，与其他经营活动相协调，以免出现脱节现象。应当利用最佳的市场机会，有恰当的持续时间。既要有"欲购从速"的吸引力，又要避免草率从事。

6. 营业推广的预算

营业推广的预算可以用三种方法来制定。一是参照法，这种方法参照上期费用来决定当期预算，但必须估计到各种情况的变化；二是比例法，即根据占总促销费用的比例来确定营业推广的费用，再将预算分配到每个推广项目上。在实行中，各项目所占的比例可根据情况灵活决定。三是总和法，这种方法和比例法相反，先确定营业推广项目的费用，再相加得总预算，其中，各推广项目的费用包括了优惠成本和实施成本（如邮寄费）两个部分。

第五节 公共关系

一、公共关系的概念和特点

1. 公共关系概念

公共关系是指组织为改善与社会公众的关系，增进公众对企业的认识、理解和支持，树立良好的组织形象，采用非付费方式而进行的一系列信息传播活动。随着市场营销活动的日趋复杂，公共关系在营销中的地位和作用被重新认识。当代最有影响力的市场营销大师艾·里斯（Ai Ries）提出了"广告的衰落和公关的崛起"的观点，体现了西方发达国家市场营销界人士对公共关系作用的认同和肯定。

2. 公共关系的特点

从市场营销学的角度来谈公共关系（即营销公关），只是公共关系的一小部分。公共关系作为促销组合的一个重要组成部分，具有如下特点：

（1）注重长期效应。公共关系要达到的目标是树立企业良好的社会形象，创造良好的社会关系环境。实现这一目标是一个长期的过程，并不强调即刻见效。企业通过各种公共关系活动的运用，能树立良好的产品形象和企业形象，从而长时间地促进销售和占领市场。

（2）注重双向沟通。公共关系的工作对象是各种公众，包括企业内部和外部公众两大方面。它是全方位的关系网络，它强调企业与公众之间的感情传播与沟通。在企业内部和外部的各种关系中，如果处理得当，企业会左右逢源，获得良好的发展环境；企业通过公共关系听取公众意见，接受监督，也有利于企业全面考虑问题，追求更高的社会形象目标。

（3）注重间接促销。公共关系传播信息，并不是直接介绍和推销商品，而是通过积极地参与各种社会活动，宣传企业宗旨、联络感情、扩大知名度，从而加深社会各界对企业的了解和信任，达到间接促进销售的目的。

二、公共关系在营销中的作用

1. 收集信息，提供决策支持

借助公共关系，企业可采集到大量相关信息，这不仅可以帮助企业密切关注环境变化，而且能够引导企业针对性地调整各项营销决策，改善营销工作的效果。

2. 对外宣传，塑造良好形象

作为企业的宣传手段，公共关系通过将有关信息向公众传递，加深公众对企业的理解、认识，为企业创造良好形象并赢得舆论支持。成功的公共关系，不仅可以提高企业的美誉度、知名度，还可以消除公众的误解，化害为利。

3. 协调关系，加强情感交流

公共关系可帮助企业妥善处理与各类公众的关系。交际、沟通是理解、信赖的基础，而公共关系正是企业与公众沟通的桥梁，由于公共关系强调与公众的平等对话，给予公众充分的尊重，使得公众可以与企业进行深入的情感交流，这使得企业可以获得公众的深度支持。

4. 服务社会，追求社会效益

公共关系活动更多的是通过服务于社会，造福于公众而展现出自身的意义和价值，企业因此确保了社会效益目标的实现，同时自身的无形资产也得到了增值。

三、公共关系的构成要素

公共关系运作的构成要素可以分解为运作主体——社会组织，运作客体——公众，运作手段——信息传播三大板块（图 12 - 6）。

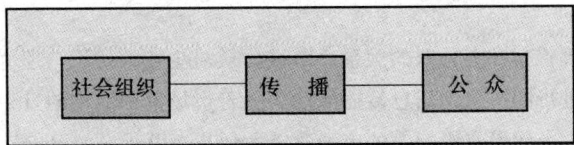

图 12 - 6　公共关系的构成要素

1. 公共关系的主体——社会组织

社会组织是一个群体，它是人们按照一定的目标、任务和形式建立起来的协调力量和行动的合作系统。从市场营销角度说，公共关系的运作主体指的是主动开展公共关系活动，向社会公众施加影响的各类企业。

2. 公共关系的客体——公众

公众指任何因面临某个共同问题而形成并与社会组织的运行发生一定关系的组织、群体或个人。它们是公共关系活动的直接对象，公共关系的一切活动都是围绕了解公众、沟通公众、满足公众而展开的。不同组织有不同的公众，甚至同一个组织的不同公共关系活动，其公众也大不相同。

以工业企业为例，其公众有员工、社区、股东、顾客、政府、媒介、竞争者、供应商、经销商等

（图 12 - 7）。

3. 公共关系的手段——信息传播

信息传播是公共关系主体与客体的中介，是联系企业与公众的纽带与桥梁。公共关系的传播以引起公众赞同进而产生合作行为已任，高度重视与公众之间的信息交流与反馈。公关信息传播的过程是社会组织与公众之间的双向沟通过程，信息反馈的介入使公共关系的信息传播具有了明显的互动性。

四、公共关系的活动方式

企业要实现公关目标，就必须善于运用各种公共关系活动方式。常用的营销公关活动方式有以下几种：

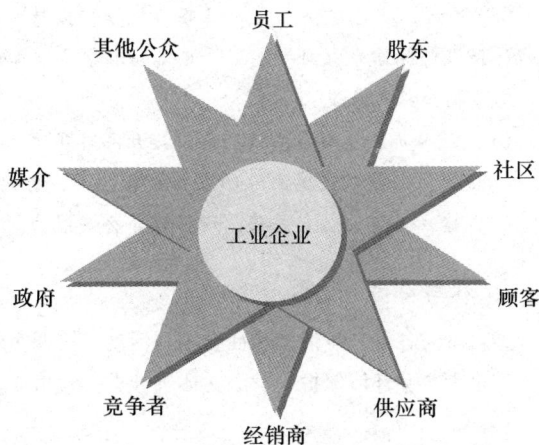

图 12 - 7　工业企业公众

1. 策划新闻事件

策划新闻事件是企业营销公关最重要的活动方式。它主要是通过制造有"热点新闻"效应的事件，吸引新闻媒介和社会公众的注意与兴趣，以达到提高社会知名度、塑造企业良好形象的目的。如邀请某些新闻界人士参加企业的活动；以某些新奇的方式开展企业的活动；在社会公众普遍关心的问题上采取某些姿态或行为等等。这一做法不仅可以节约广告费用，而且由于新闻媒介的权威性和广泛性，使得它比广告更为有效。

2. 借助公关广告

通过公关广告介绍宣传企业，树立企业形象。常用的公关广告有三种类型：①致意性广告，即向公众表示节日祝贺，感谢或道歉等；②倡导性广告，企业率先发起某种社会活动或提倡某种新观念；③解释广告，即就某方面情况向公众介绍、宣传或解释。

3. 加强与企业外部公众的联系

公共关系可促进企业同政府机构、社会团体以及供应商、中间商等建立公开的信息联络，争取他们的理解。还可通过他们的宣传，加强企业及其产品的信誉和形象，如赠送企业产品或服务项目的介绍说明、企业日报、季报和年报资料等。

营销案例 12—8

瑞丽联名信用卡：传媒借用外部资源进行品牌推广

时尚生活杂志《瑞丽》和招商银行推出的瑞丽联名信用卡是一个典型的传媒借用外部资源进行品牌推广的案例。

对于《瑞丽》来说：

（1）将《瑞丽》"设计美丽、设计生活"的理念延伸至金融领域、日常消费领域，提升品牌知名度。

（2）在中国的时尚媒体中，《瑞丽》代表了一种独特的模式：实用的时尚。实用、时尚，这是《瑞丽》的核心价值，是《瑞丽》区别于其他时尚媒体的 DNA。值《瑞丽》创刊十周年之际，《瑞丽》联手招商银行推出面向广大女性的联名信用卡，是《瑞丽》把时尚生活和时尚文化进一步落实到实用层面的重要举措，是一种基于品牌发展理念的商业化创新。

（3）《瑞丽》将整合更多的服务奉献给广大持卡用户。《瑞丽》将通过不断增加媒体产品和服务的附加值，强化自身作为中国领先品牌媒体的形象，增加读者忠诚度。

对于招商银行来说：

（1）引入新锐时尚的品牌元素，提升品牌层次。

（2）利用合作方《瑞丽》的发行销售渠道，扩大用户圈。

（3）建立良好的媒介关系，增强媒介公关能力。

4. 参与公益活动

通过参与各种公益活动和社会福利活动，协调企业与社会公众的关系，树立良好形象。这方面活动包括：安全生产和环境保护、赞助文体等社会公益事业、为社会慈善机构募捐等。

■ 营销案例 12-9

雪花啤酒——勇闯天涯的品牌推广活动

"雪花啤酒·勇闯天涯"活动是由华润雪花啤酒（中国）有限公司独立创新的具有原创性的品牌推广活动。2005 年探索雅鲁藏布大峡谷、2006 年探秘长江源、2007 年远征国境线、2008 年极地探索、2009 年挑战乔戈里、2010 年共攀长征之巅、2011 年穿越可可西里、2012 年冲破雪线挑战贡嘎雪线、2013 年翻越喜马拉雅。活动以其自然地理的独特挑战方式和对自然、环境的探访、环保等举动，引起业界的广泛关注和社会各界的高度评价，至今已成为中国最具原创精神和持续时间最长的品牌推广活动。

"雪花啤酒勇闯天涯"所代表的以探索及户外活动为核心的"体验营销"模式，已经形成了雪花啤酒清晰、坚实的营销体系，使其品牌内涵不断丰富，品牌个性日益凸显。在确保安全性、专业性的同时，将对地理地貌、环境保护、户外技巧等知识进行普及，在智慧与勇气的双重历练下，继续传承雪花啤酒"积极、进取、挑战、创新"的品牌理念。

（资料来源：http：//pinpai. 9928. tv/. huarunxuehuapijiu/zixun/，有改写）

5. 举办专题活动

专题活动是企业与公众直接面对面接触的沟通形式。企业通过举办各种专题活动，可扩大企业的影响。在公关专题活动中，形式可多种多样，有传播性质的、公益性质的、交流性的、娱乐性的等等。常用活动形式有举办开幕式、庆祝活动、研讨会、开展竞赛活动等。

■ 案例评析

太平洋咖啡绿色竞争力

太平洋咖啡是一个连锁美式咖啡店品牌，由一对美国夫妇于 1992 年来香港创立。2010 年，华润创业集团以约 3.27 亿港元收购了太平洋咖啡 80% 的权益，并将此品牌纳入了华润万家旗下。目前，在中国香港、中国澳门以及中国大陆地区和新加坡、马来西亚等地开了 414 家店。

一杯一念一世界，是太平洋咖啡的品牌口号。一杯，就是为客人冲调每一杯香浓的咖啡饮料；一念，即是透过每天在黑板写上的名言警句让顾客有所启发；一世界，是希望顾客能在太平洋咖啡店内有一个属于自己的小世界。作为一个中西方文化融合充满书卷气的咖啡连锁品牌，太平洋咖啡一直提倡慢生活。

太平洋咖啡将自身定位锁定在"文化及商务一族的首选"，并不断努力以加深顾客对品牌的认知度、信任度。

这个快速成长的连锁咖啡品牌，其独特发展之道之一竟然就是基于企业社会责任的绿色竞争力。

● **承担环保理念的传播责任**

太平洋咖啡致力于实践社会责任，长期关怀教育、低碳环保以及引领积极健康生活式等领域。

太平洋咖啡的门店，从曾获环保奖的香港店到北京的前门总店、各地分店，都尽可能使用环保建材、节能灯具与回收再造产品。在北京国贸三期店，展示架是用旧枕木做的，装饰灯改装自旧的手提道灯和道路指示灯，很多分店都能买到回收咖啡渣做的保温杯、小玩具，植物纤维（牛奶纤维、菠萝纤维等）合成而成的购物袋。太平洋咖啡还以优惠 1~3 元的方式鼓励大家自带杯具喝咖啡，以减少一次性用品的使用。

所有分店内的绿植均用咖啡渣施肥，并欢迎客人"把咖啡渣带回家"——它可以清洁地板、消除卫生间和厨房异味，太平洋咖啡通过分享小常识，传播循环利用旧物的理念。

挑战咖啡原产地农民"勤劳而不富裕"现状。第三世界国家咖啡种植园的农民们长期"勤劳而不富裕"，于是太平洋咖啡去产地直购咖啡豆，并且设立最低交易价，这样去除中间商的公平贸易，能帮助农民提高收入，进而有利于保护原产地的生态平衡，推动优质耕作模式和高水平农业发展的良性循环。2009 年，太平洋咖啡首次从产地直购有机咖啡豆，并将回收的咖啡渣送往产地加工成有机肥。

● **帮助员工成长，帮助弱者**

太平洋咖啡还成立了咖啡学院。对内培养优秀咖啡师，帮助员工成长，对外开放"咖啡工坊"分享咖啡文化，让咖啡无形中成为人们感受品质生活、扩大交际圈的纽带。

帮助弱者，关心儿童教育。汶川地震时，太平洋咖啡在香港隔海捐款；从 2012 年开始，通过慈善机构，定期将当天闭店后剩余的食品送给流浪者；2014 年，为甘肃省的一个小学盖了一座"太平洋咖啡苗圃希望综合楼"，帮助当地的孩子上学。

● **跨界共赢的"咖啡银行""医院咖啡"**

同在华润旗下太平洋咖啡借近水楼台之势，2012 年把咖啡馆开进了华润银行的营业厅，开"咖啡银行"之国内先河。顾客持华润银行的信用卡买咖啡还能打折，排号等待似乎也变得有趣。继最初在香港伊丽莎白医院开咖啡店之后，2014 年，太平洋咖啡在上海仁济医院开了大陆第一个"医院咖啡店"。

对于银行和医院，咖啡店的出现让它们冷冰冰硬邦邦的固有形象一下子变得亲切许多，让人有了服务升级的感觉，这种新鲜感带来了更多的人流量。对于太平洋咖啡而言，出现在这样意想不到的空间，品牌给人的印象会加倍深刻，广告效应不言而喻。对于顾客，当然是更加便利。可谓一举三得。

（资料来源：和斌斌，太平洋咖啡的"绿色竞争力"，中外管理，2015.1，有改写）

评析： 太平洋咖啡看到了咖啡产品所处产业链的自身位置，也看到了咖啡文化存续发扬所在环境的变化与需求，将企业的进化与社会责任的履行融入了整个商业环境中。

思考题

1. 什么是促销？促销组合包含哪些内容？
2. 人员推销有哪些独特的优点，人员推销的关键是什么？
3. 广告媒体主要有哪些？广告活动的步骤有哪些？
4. 营业推广有哪些主要工具？如何确定营业推广的时机。

5. 公共关系有哪些特点？公共关系构成要素有哪些？

6. 针对下列产品，请举出您认为最适合的三种促销工具？并说明理由。

①手机；②饮料；③健身活动；④商用电脑；⑤培训班；⑥五星级酒店。

本章实训

一、实训目的

通过对实践案例的整理和分析，使学生能够对促销策略有感性的认知，理解促销方式灵活性及其对企业意义，能够根据具体情况选择合适的促销方式。

二、实训内容

1. 实训资料：搜集不同行业、不同类型中外企业的促销案例。

2. 具体任务：根据本章对促销策略介绍，分小组讨论分析案例。

3. 任务要求：

（1）分析案例中的促销方式属于哪几类；

（2）该促销方案实施效果及改进之处。

三、实训组织

1. 根据全班上课人数，将全班同学分成若干小组，采取组长负责制，全体组员协作完成课堂任务。为了避免不同小组所搜集案例重复，各小组组长将所选案例进行提前汇总，并进行协商，确保所选案例不重复。

2. 确定所选案例后，各小组进行下一步分工，对案例进行分析、汇总。

3. 经过小组讨论后，完成实训报告及汇报 PPT。

4. 根据课时具体安排，不同小组分别选派成员对报告进行讲解，并回答其他组成员的问题。

5. 任课教师对实训课程的结果进行总结，提出相应的意见及建议。

四、实训步骤

1. 任课教师布置实训任务，介绍实训要点和搜集材料的基本方法。

2. 各小组明确任务后，按照教师指导根据具体情况进行分工。

3. 各小组定期召开小组会议，对取得成果进行总结，遇到问题及时与指导教师沟通。

4. 完成实训报告及展示所需要的 PPT 等材料，实训报告中应包括案例来源、案例分析及遇到的难题与解决方案、启示等内容。

5. 各小组对案例进行课上汇报，教师对各组的汇报进行点评及总结。

营销行动管理

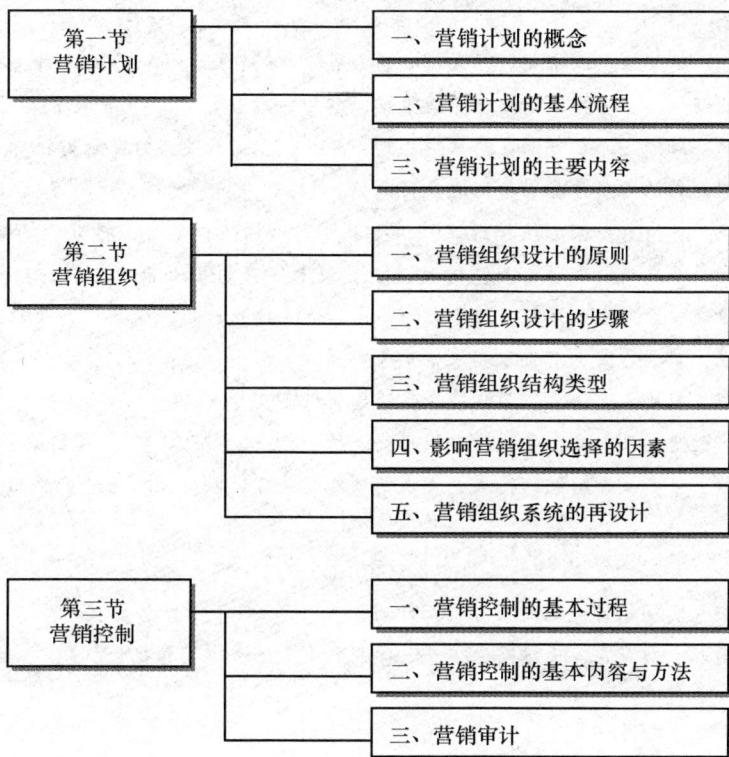
学 | 习 | 目 | 标

- 了解不同营销观念下营销组织的设计模式
- 掌握营销计划的流程
- 掌握营销控制的内容和方法
- 学会制订营销计划

关键概念

- 营销计划
- 营销组织
- 营销控制
- 营销审计

引导案例　夜访家乐福——你究竟丢失了多少销售机会？

区　　域：某公司北京大区

检查项目：订单准确率

检查问题：你究竟丢失了多少销售机会

检查方式：联合检查——夜访

检查卖场：家乐福

检查描述：家乐福是某公司北京大区非常核心的KA店，有专业销售、导购人员进行维护。该公司北京大区为提升销售业绩，推出了终端精细化管理策略，其中一项就是"订单准确率"，对销售人员下达的执行标准为：早上第一时间，顾客可以在商店中买到产品；晚上商店关门时，刚好把货卖完。标准推出后一个星期，各业务组反馈的信息是全部按标准执行到位。

某周末晚上8点，各城市经理突然接到通知，要求到家乐福门口集合，召开现场会议。晚上8：30，人员全部到齐，开始进店检查。令所有人吃惊的是，货架上仅存的几十箱产品被一扫而光，马上成为空架，从8：40后消费者尽管光临了货架，但拿走的却是其他品牌的产品。从8：45开始，消费者几乎已经不再选择什么品牌了，只要货架上有货拿起来就走。

检查结果：订单不准确，大约丢失500箱产品的销售机会。

现场会议：最好的店尚且如此，其他店可想而知。举一反三，每天有多少销售机会从我们眼前溜走。马上要求各区域自检，一个星期后继续检查，发现问题及时处理，做得优秀的进行奖励。

引导问题

如何准确地制订大卖场销售计划和及时校正计划？

（资料来源：刘燕青，夜访家乐福——你究竟丢失了多少销售机会？《销售与市场》2005，12）

第一节　营销计划

一、营销计划的概念

营销计划（Marketing plan）是企业从顾客导向的角度来分析现状，指出企业面临的需求、问题及机会，然后订出企业期望达成的目标及探讨出达成目标的策略。

营销计划探讨的内容为：您的企业是个什么样的企业（Who you are?）、您服务的对象是谁（Who you serve?）、您提供什么（What you offer them?）、您目前所处的状况及地位如何（Where you are today?）、您日后想成为什么样子（What you want to be tomorrow?）、您如何从目前的状况达到您期望的状况（How you a-chieve it?）。并将如何达成目标的状况做成一些执行计划（action plan），明确地指出在何时（When）、何地（Where）、用什么资源（Which）、期望完成什么（What）、如何完成（How）、谁负责（Who）。

二、营销计划的基本流程

营销计划制订的基本过程如图 13 – 1 所示。

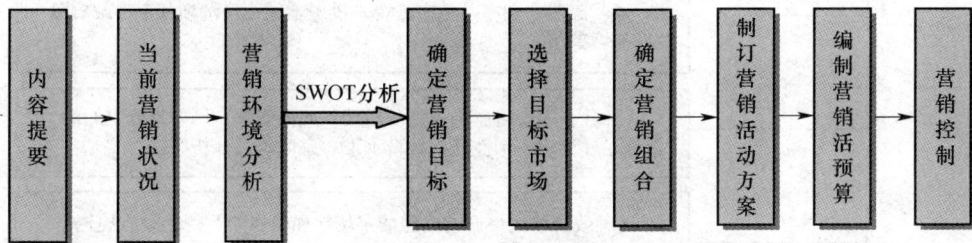

图 13 – 1　营销计划流程

1. 内容提要

内容提要是对企业主要营销目标和措施的简明概括的说明，以便于企业领导者很快掌握整个计划的核心内容。

2. 当前营销状况

主要对企业产品当前营销状况的简要而明确的分析：

（1）市场情况。市场的范围有多大、包括哪些细分市场、市场及各细分市场近三年营业额、顾客需求状况及影响顾客行为的各种环境因素等。

（2）产品情况。产品组合中每个品种的价格、销售额、利润率等。

（3）竞争情况。主要竞争者是谁，各个竞争者在产品质量、定价、分销等方面都采取了哪些策略，他们的市场份额有多大以及变化趋势等。

（4）分销渠道情况。各主要分销渠道的近期销售额及发展趋势等。

3. 营销环境分析

营销环境分析的内容主要有两个方面：外部环境因素分析和内部环境因素分析。外部环境因素包括关键宏观环境因素（PEST 因素，即政治法律、经济、社会文化、技术）（图 13 – 2）与微观环境因素（顾客、竞争者、分销商和供应商）；内部环境因素的分析包括企业基本素质、企业财务状况、设备能力、技术能力、销售活动能力、新产品开发能力、市场决策能力、组织机构、经营者及员工队伍、经营管理基础、产品的市场地位、企业形象、企业文化等。通过对企业内外部环境的分析，发现企业所面临的机会与威胁，找出企业的优势与劣势。

具体的分析方法有：①外部环境要素评价矩阵；②"雷达"图分析法；③产品评价法；④内部要素评价矩阵；⑤SWOT 分析法。其中，SWOT 分析法运用较多。

4. 确定营销目标

营销目标的确定是为了指导营销行动，其主要内容包括销售量、销售额、销售成本、经营利润、市场占有率、品牌知名度等。

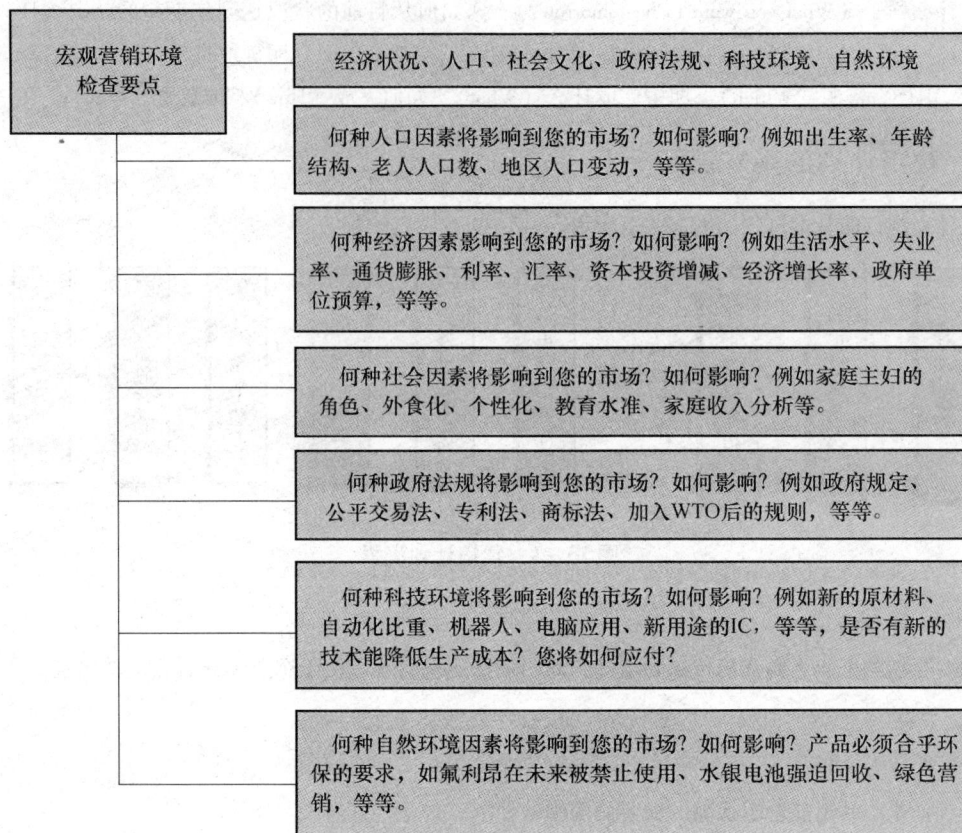

图 13 – 2　宏观营销环境检查要点

5. 选择目标市场

在选择目标市场时，需要在详细评价各细分市场的发展前景、潜在利益、可接近性、差异性、行动可能性的基础上，根据市场竞争状况、企业的目标和资源以及企业高层决策偏好来确定企业的服务对象（表 13 – 1）。

表 13 – 1　公司层次目标、事业层次目标及营销功能层次目标

公司层次目标	事业层次目标	营销功能层次目标
维持不低于 10% 的股利发放 建立提升客户满意度的服务体制 多角化经营使营销资源利用率极大化	维持市场领导地位 市场占有率 30% 产品获利率 10% 产品收入金额及成长率 15%	导入加盟店经营的方式 营销渠道上建立各种营销渠道 售后服务维持 90 分以上的知名度

6. 确定营销组合

市场营销组合的确定是根据企业所处的市场竞争环境而决定，以满足消费者需要为行动准则，由于产品、价格、渠道和促销这四大因素相互依存、相互影响、相互制约。因此在进行市场营销决策时，不能孤立地仅考虑某一因素，因为单一因素并不能保证营销目标的实现。只有对四大因素进行优化组合，才可能达到预期目标。

美特斯·邦威的不同寻常路

美特斯邦威企业始创于 1995 年。在 14 年的发展历程中，美特斯邦威公司以"生产外包、直营销售与特许加盟相结合"的经营模式，通过强化品牌建设与推广、产品自主设计与开发、营销网络建设和供应链管理，组织旗下品牌时尚休闲服饰产品的设计、生产和销售。

公司旗下拥有"美特斯·邦威"和"ME&CITY"两大时尚休闲品牌。"美特斯·邦威"通过多年发展已成为中国内休闲服饰的领导品牌之一；为了提升消费者心目中的低端学生装、马路服的品牌形象，美邦积极向中高档细分市场延伸，并走出了一条不同寻常之路，那就是在 2008 年 8 月 28 日创立了全新品牌——ME&CITY。该品牌定位于全新的人群，拥有全新的品牌诉求。"ME&CITY"品牌的推出，主要为职场新贵提供高品质、高性价比的时尚流行服饰。

从这里我们可以看出，美邦推出 ME&CITY 的意图，那就是借助新品牌提升自己的品牌形象，做高端品牌，从原有的中低端休闲服装市场走向高端商务装，甚至可以走向国际服装市场。

（资料来源：美特斯·邦威的不同寻常路，销售与市场（评论版），2010.02，第 57 页，经改写）

7. 制订营销活动方案

营销组合策略需要通过具体的营销活动来实施。由于营销组合的变量和组合模式较多，因此，相应的营销活动方案也较多。如广告活动方案，新产品开发行动，促销方案，市场调研方案等。无论营销活动方案有多少种，其方案设计要素主要为：活动的目的、项目内容、时间进度、预算、人员安排、负责人等。

8. 编制营销预算

营销预算是编制企业预算的基础。营销预算编制的基本思路为：以企业的总体目标为前提，根据市场预测和以往预算基础数据及新增预算规模，经过综合平衡进行编制。编制营销预算包括预算总额和预算分配两项工作。

9. 营销控制

营销活动的开展，除了做好营销计划工作外，必须对营销活动过程加以控制，以防止营销活动与营销目标偏差的积累超过承受范围，达不到预期的营销目标。营销控制一般围绕营销战略、营销运行状态这两方面进行。

三、营销计划的主要内容

企业市场营销计划的制订，因其行业、市场需求、竞争状况和企业实力的差异各不相同。表 13-2 中的计划内容是较全面的，实际应用可适当增减。

表 13-2　营销计划大纲

计划步骤	计划内容
第一部分：市场环境分析	政府法规、经济、人口、社会文化、技术环境、自然资源 市场状况 竞争状况 产品状况 分销状况 创新效果 制造能力 供应链整合能力

续表

计划步骤	计划内容
第二部分：SWOT 分析	SWOT 分析总结
第三部分：确定目标	财务目标 营销目标
第四部分：确定营销战略	目标市场 定位 调研与研发 产品与服务 价格 分销渠道 广告与公关 促销 推销人员管理
第五部分：营销活动方案	各种方案与策划 方案的具体落实
第六部分：营销预算	营销预算总量的确定与分配 损益表
第七部分：营销控制	营销战略控制 营销运作控制
第八部分：营销计划概述	目标 实现目标的战略 行动方案

1. 计划概述

这是营销计划的高度概括。企业高层决策者往往通过目标的可实现性，战略的可行性及方案的可操作性来把握计划的要点。

营销案例 13-2

"一汽大众"的数据库营销

一汽大众公司成立于 1991 年。成立早期，一汽大众以大批量的生产方式追求形成规模效应进而降低成本。在这种刚性生产的要求下，材料供应商无须注重供给灵活性。这就使得供应商各自为政，联系欠缺，与企业互动性差。随着经济全球化进程加快，管制放松、竞争压力增大等影响因素正推进商品化在各个行业的发展，刚性的、大批量的生产模式遭到淘汰。为了适应灵活的生产方式，一汽大众逐渐加强了供应商管理，供应商的发展也愈加规范。此外，在成立初期的一汽大众销售方针为"抢市场，趟路子，带队伍"，其营销网络层次并不清晰。经销商大多进行多品牌、多元化的经营，功能单一，并不能够体现用户的真实满意度。为此，一汽大众决定通过"梳理、改造、整顿、提高"的原则改造营销网络，并逐渐重视公司与客户的直接联系，对经销商活动进行监督。经过 1998 年和 1999 年两年的努力，经销商的营销能力得到极大提高，公司与客户关系也逐渐密切，客户资料也得到积累。

自成立以来，一汽大众公司在营销体系的建设上始终把工作重心和发展重点放在产品更新、价格策略、网络建设、广告促销这四个环节上，客户感受并未得到太多关注，这也就形成了一汽大众在初期开展数据库营销时所出现的问题。建造之初的数据库营销作为一汽大众营销部门的内部职能，具有很强的局限性。

从当时的发展情况看，一汽大众公司在数据库营销过程中存在很多问题，诸如客户信息分别存放于一汽大众与经销商处而无法及时共享、数据信息不完整且仅停留在收集层次、缺乏与客户互动的统一平台、缺乏满意度数据库、数据信息应用只限于营销部门等。对此，一汽大众公司逐渐意识到，增加销售业绩仅仅是数据库营销的表面项目，增强用户体验效果和关注用户感受才是市场竞争中数据库营销更应注重的内在品质。此时，一汽大众希望通过数据库营销的优势功能找出企业自身不能满足客户需求的不足之处，寻找新的竞争手段来不断地充实和完善自己。

在上述改革的基础上，一汽大众开始着手完善数据库营销。然而，加剧的竞争和变化要求公司要以合作的方式更快地对日益复杂的环境做出反应。新的竞争模式需要通过合作求解、知识求解、速度求解、创新求解等方法来解决组织的环境适应性难题。一汽大众逐渐认识到数据库营销并非某个部门或某个公司的独立职能，以客户为中心的营销运作需要由整个价值链来完成，由客户需求挖掘带来的信息资源也应有效利用于整个价值链之中。供应商、生产企业、经销商及客户需要以价值链的利益增值为目标进行共同努力，才能够保证整个生产链条运营成本降低、管理水平提升，进而塑造更大的价值空间，创造难以模仿的竞争优势。为此，一汽大众在其价值链主导地位的基础上，积极联合原材料供应商、产品经销商及客户群体，从战略方针规划、组织部门组建、业务流程设计、信息技术升级等方面着手，发起组建联动式数据库营销模式，推进了价值链运营管理理论及实践的进一步发展。

（资料来源：金晓彤，王天新，杨潇，大数据时代的联动式数据库营销模式构建——基于"一汽大众"的案例研究，中国工业经济，2013.6）

2. 环境分析

环境分析是制订计划的基础。通过对营销环境进行扫描，提出利用机会、避开威胁、发挥优势、减少劣势的相应思路与措施。

3. 目标

提出指导制订营销战略和行动方案的目标体系。无论是财务目标，还是营销目标，都要强调目标的适度激励、明确与可量化、时间约束与可实现性。

4. 营销战略

营销战略是指企业要达到目标所应采取的营销战略、途径、营销组合等，包括了成长、竞争、产品、战略等诸多内容。在制定营销战略的过程中，需要分析企业的资源配置能力。任何一种营销战略的实施，都将需要得到供应链成员、人力资源、财务、生产、采购、后勤等部门的大力支持。

5. 行动方案

行动方案是营销战略的具体化结果。方案中将以表格的形式分列行动内容、时间安排、由谁负责、承办人、预计成本与效果等内容。

6. 预算

营销预算是营销活动开展的硬约束。预算的提出依据要充分、合理、切合企业实际情况，并要区别不同情况，做到刚性预算与柔性预算的统一。

7. 控制

企业依据目标、行动方案、预算定额等定期检查营销计划的执行情况。控制的基础是计划目标的拟定，而计划目标的准确性需要预测来保证。强化对营销活动开展的判断力训练和基于权变导向的应变计划准备都是控制环节中必不可少的。此外，各种简单易行、切合企业实际情况的控制机制、模式、手段、方法是防止营销计划偏离正常目标的重要保证。

营销链接 13—1

广告计划表

实施项目	负责人	预估费用	进　度											
			1月	2月	3月	4月	5月	6月	7月	8月	9月	10月	11月	12月
①产品分析														
②消费者购买分析														
③市场规模及需求动向														
④广告战略														
⑤拟定文案表现计划														
⑥制作试作品														
⑦媒体计划														
⑧广告预算														

第二节　营销组织

市场营销计划的落实，必须通过营销组织来进行。没有高效运行的营销组织作保证，再好的计划都可能达不到预期的目的，甚至会成为一堆废纸。因此，企业要在市场营销部门与其他职能部门之间建立一种组织关系。在营销部门内部，企业也必须有一个高效地执行计划的组织形式。

一、营销组织设计的原则

（1）组织与环境相适应的原则。比起企业的其他组织机构，市场营销组织与企业外部环境尤其是市场环境存在着更加紧密的相互影响关系。设计和建立市场营销组织首先要考虑与环境的适应性问题。

（2）目标原则。市场营销组织的设计和建立，一定要服从于企业目标的实现，即营销组织机构的设置与规模，要与所承担的任务与规定达到的目标一致。

（3）责、权、利相统一原则。即每个部门的设置，在明确其任务与目标的基础上，一定要弄清楚其职能与职责范围，明确规定其应拥有的权力，并把职责、权力与经济利益联系起来。三者的有机结合，才能促使营销组织积极主动有效地完成各项任务。

（4）统一领导原则。无论企业的营销组织机构由多少个部门和环节组成，它必须是一个统一的有机整体，需要贯彻局部服从整体，实行统一领导的原则。

（5）精简原则。组织机构要根据营销业务发展与管理要求，设备齐全，但要力求精简，使管理部门划分得当，管理层次合理。因为部门过多，难以控制；管理层次过多，信息交流不畅。

（6）灵活性原则。营销组织应具有一定灵活变通性。一般说来，当企业面临的市场环境不利，营销规模与范围有所减少时，营销组织要有收缩能力，以使企业能生存下去；相反，随着市场的活跃与繁荣，营销规模和范围有所扩大时，营销组织则要有扩张能力，便于企业迅速捕捉有利机会，求得更大发展。

（7）效率原则。营销组织的设置，要求达到运转灵活，高效率。市场形势瞬息万变，营销活动要反应快捷迅速，制定决策和策略安排要果断，上下传递和拍板要敏捷，协调一致。否则，将会丧失有利的盈利机会。

（8）注重人才发现与培养。人、机构、程序是构成组织的三大要素。营销组织的不同部门和不同管理层次，需要不同素质的人才。因此，人才的发现与合理使用，对营销经理来说是至关重要的。

二、营销组织设计的步骤

营销组织设计的基本步骤如表 13-3 所示。

表 13-3　营销组织设计的基本步骤

基本步骤	主　要　内　容
设计导向	企业目标与战略、规模 行业特点 竞争状态 市场环境
职能设计	经营、管理职能 销售、市场、服务等管理业务总体设计
结构设计	职能结构 层次结构 部门结构 职权结构
横向协调设计	信息方式与制度 协调方式与制度 控制方式与制度 综合方式与制度
规范设计	管理工作程序 管理工作标准 管理工作方法
人员设计	员工总量确定与岗位分配
完善与再设计	根据环境变化、企业状况和现有营销组织的运行，对上述各设计要点进行调整和创新设计

三、营销组织结构类型

1. 不同市场营销观念的企业营销组织

表 13-4 表明了不同营销观念导向下的企业组织系统。

表 13-4　观念导向与企业组织架构设计

营销导向	主要观点	企业组织架构示意图
生产观念	核心部门是生产部门 推销部门只负责推销产品 其他营销活动由相关部门负责 销售经理的地位低，职能单一，仅管理销售队伍	总经理 人事　财务　生产　供销 人事 行政 销售 培训　会计 预算 审核 预测　工厂管理 市场调研 产品研发 生产控制　销售产品 原材料采购 设备供应

续表

营销导向	主要观点	企业组织架构示意图
推销观念	销售部门与生产部门同样重要 成立专门处理市场营销、销售方面的部门，销售部门规模扩大、功能增加 销售经理职责变大	<table><tr><td colspan="4">总经理</td></tr><tr><td>人事</td><td>财务</td><td>生产</td><td>销售</td></tr><tr><td>人事 行政</td><td>会计 预算 审核</td><td>工厂管理 产品计划 运输存储 存货控制</td><td>推销员 广告促销 市场调研 产品服务 销售训练</td></tr></table>
市场营销观念	设立市场营销部门，成为企业组织结构中的核心 营销经理地位与生产经理同等重要 以营销为导向构建组织系统	<table><tr><td colspan="4">总经理</td></tr><tr><td>人事</td><td>财务</td><td>营销</td><td>生产</td></tr><tr><td colspan="2">销售</td><td colspan="2">市场</td></tr><tr><td colspan="2">推销 组织与管理一般销售事务 管理顾客与产品服务</td><td colspan="2">产品决策 广告宣传 销售促进 市场研究 市场预测 存货控制</td></tr></table>

（资料来源：仇向洋等主编，营销管理，石油工业出版社，2003.09，改编）

2. 营销组织结构的类型

（1）按功能设置的营销组织。这是一种常见的营销组织结构，它是按照各种功能进行组织安排。例如，从事广告活动的人员隶属广告部，由广告部经理领导。而每个部门经理则向分管营销的副总经理负责，见图 13-3。这一组织形式较适用于产品种类不多、市场相对集中的小企业。

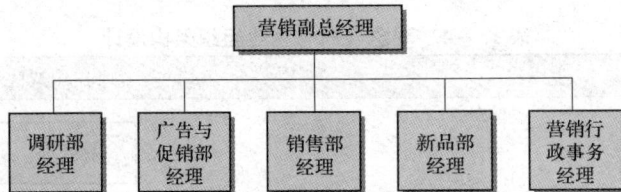

图 13-3　按功能设置的营销机构

（2）按任务导向设置的营销组织。这是按不同性质的营销目标和任务进行组织安排的一种方法。它根据不同类别的产品、地区或者不同的顾客群体来设置营销组织，见图 13-4。

任务导向的营销组织通常细分为产品导向、地区导向和顾客导向这三种具体的营销组织。一般而言，产品导向营销组织适合于那些具有多条产品线的企业；地区导向营销组织适合于那些目标顾客相对集中的企业；顾客导向营销组织适合于那些目标顾客价值大，数量不多且分散在各地的企业。

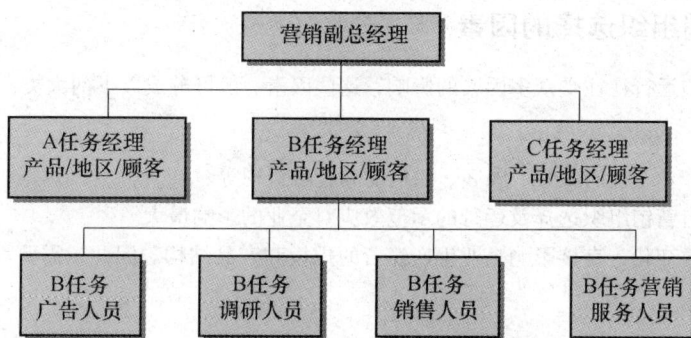

图13-4 按任务设置的营销机构

（3）按项目与功能双重因素设置的营销组织——矩阵组织。矩阵组织将组织内各有关部门有机地联系在一起。从而加强了组织内各职能部门之间、职能部门与产品项目之间的协作。产品经理组织是一个很典型的矩阵组织，如图13-5所示。

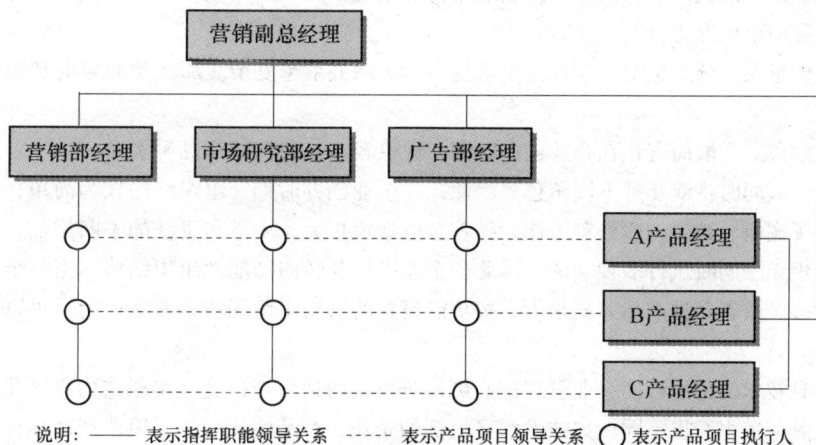

说明：—— 表示指挥职能领导关系 ---- 表示产品项目领导关系 ○ 表示产品项目执行人

图13-5 产品经理矩阵组织

在营销副总经理下设各职能部门经理，各职能部门下都有管理或执行人员。营销副总经理既领导产品项目经理，又领导各职能部门。每个产品经理都要对其负责。而每一职能部门，如广告部、市场研究部等都要为各产品部配备相关的工作人员，以协助该产品经理工作。因而职能部门配备的产品项目工作人员则受双重领导，即在执行产品项目方面受产品经理领导，而在执行其他日常工作方面，则受职能部门的经理领导。由于各职能部门的垂直系统和各产品项目的水平系统组成一个矩阵，因此，这种组织结构就叫做矩阵结构。这种组织结构往往被一些大型公司或跨国公司所使用。

当企业的规模进一步扩大，并存在关联度不大的产品系列时，上述三种组织结构均不适应，事业部制的组织结构也就应运而生。一般而言，营销部门在事业部制的设置有以下三种形式：

①公司层不设营销部门，事业部中设营销部门。

②公司层设适当的营销部门，事业部中设相应的营销部门。

③公司层设强大的营销部门，事业部中设较小的营销部门。

上述三种形式的选择导向为：营销部门在不同层级的设置所产生的营销利益最大化。

事业部制组织结构往往被巨型跨国公司和多角化经营的企业集团所选用。

四、影响营销组织选择的因素

营销组织的选择与运行往往受众多因素的影响，这些因素一般可分成以下两大类：

1. 外部因素

①环境。主要有产业、政府政策、顾客、供应商和金融机构等。

②竞争者。竞争者营销组织选择及运行的示范效应对企业的影响最大。

③供需关系。供需变化，直接影响企业生产经营的规模和产品结构。因此，需要按供需变化对组织进行调整。

2. 内部因素

①组织目标。实现组织目标是设计营销组织时首先要考虑的问题。如当企业旨在完成某项任务而非注重日常管理时，任务导向的组织结构较为有效。

②战略。企业营销组织系统应适应企业战略的需要，战略决定组织，而组织又会随着战略的变化进行调整。如具有多条产品线的企业，选择产品导向组织形式。而当企业战略调整引起的产品结构调整，把多样产品调整为成熟的标准化产品，而且，发展战略为开拓更多的区域市场，此时，就需要将产品导向组织形式调整为地区导向组织形式。

③规模。规模越大，分工越细，专业化要求越高，协调关系越复杂。那么功能导向和矩阵组织形式是优先考虑的对象。

④企业发展阶段。一般而言，在企业创办时期，规模较小，经营的产品种类单一，专业人员有限，工作任务较轻，一个人同时扮演几种不同角色。因此，在企业创办时期，组织结构较为简单，通常是由营销经理一个人承担了调研、销售、广告等工作。随着企业规模扩大，人员和责任的不断增加，专业化程度越来越高，营销经理无法同时执行多种功能。因此，企业必然就转向功能性组织结构。当一个企业所生产的产品品种数量很多，或者各种产品差异很大，按功能设置的营销组织无法正常运行时，可以采用产品经理组织结构。

⑤技术。信息技术的采用可使企业管理控制更加分权，增加管理幅度，实现结构扁平化。具有不同技术特点的企业，其营销组织也不同。如技术水平较低的企业，产品性能简单，简单产品多样化，因此适宜用产品导向组织形式。

⑥组织成员的能力。在设计组织结构时，必须考虑本企业可利用的人力资源。如果企业决定采用产品经理组织形式，那么就必须要有足够数量的合适的产品经理，如果企业一时找不到合适人选，则只好改用传统的功能性组织。

⑦组织文化。组织结构必须适应本企业的组织文化。如果一个企业习惯于一种分工明确、领导绝对权威的组织文化，那么突然改用矩阵组织结构就不合适。

五、营销组织系统的再设计

由于企业发展、企业内部条件的变化和企业外部环境的变迁，企业营销组织的变革与再造已成为营销组织设计的一个重点。营销组织再造是一项涉及面广、影响深远、时间较长、阻力不小的系统工程。因此，应当在以下几方面做好工作。

1. 做好营销组织诊断工作

营销组织诊断工作是营销组织再造的重要基础，其工作内容包括两个方面：

①组织调查。通过系统地收集现有资料、组织问卷调查、召开座谈会等方式了解有关营销组织的信息。

②组织分析。重点围绕营销职能、营销组织关系、营销业务活动流程和营销决策这四大方面分析研究，明确现行营销组织结构设计和运行中的成功经验和存在问题，为下一步再造方案的设计打下基础。

2. 积极稳妥的再造思想

采取系统综合调整方针。营销组织结构的再造对企业影响很大，一旦再造失误，直接影响企业产品销售，甚至会导致企业经营业绩的严重下滑。因此，需要有计划有步骤地推进再造工作。加强宣传教育，引导全员参与，力争不出现大的波折。而且，营销组织的再造，往往会涉及责权利的分工，规章制度调整，部门与人员的利益变化。所以，再造必须采取系统综合的调整方针，重点做好营销组织结构设计的配套调整，企业营销系统内部包括人员、任务、结构和技术的平衡配套调整，企业营销组织内部与外部供应链的配套调整这三个方面的工作。

3. 选择恰当的营销组织再造方式

企业营销组织的再造，需要在改良式、突变式、计划式及其组合的方式中进行选择。企业应当在组织诊断的基础上，根据市场环境、竞争态势、企业承受能力、员工素质等诸多因素的综合分析，确定适应本企业营销组织再造的方式。

营销链接 13—2 ....

一个市场导向、客户驱动的公司怎么做？

沟通

沟通是对待这些老油条最基础的一条。老油条们阅人无数，上当受骗也不少，老板们心里到底玩什么花样，他们比你还清楚。你要点小花招就让他们信任，肯定没门。这时候管理者除了给予他们尊重和充分表达的空间外，还要从小事开始，说到做到。通过一言一行建立他们对你的信任，并通过正确的沟通方式，让他们认识到，你是真的要帮助他们，而不是利用他们。

言传身教，提高他们的个人能力

老油条们通常会眼高手低，好高骛远，认为工作没有挑战性和成就感，而实际能力又不足以把手头上的工作做好。采用参与式的领导方式，用一种更有说服力和容易领会的方式去培训老油条，可以有效提高他的销售能力并激发他的进取心。这种方法要求销售经理本身有足够强的个人能力。如果销售经理的个人能力不是足够强，也不用担心，给一些理论上的建议、主动提供更多资源给老油条们，也可以起到改变他们工作态度、提高业绩的目的。

合适的位置

给老油条一个不影响大局的新工作位置，给他们一个新起点，往往也能取得皆大欢喜的结果。需要强调的是，在给老油条一个新岗位之前，需要通过一段时间的沟通和培训，一定程度上改变"老油条"的态度，才能促使其在新的岗位上有个新的开始。

（资料来源：亦湘，管好老油条的"三板斧"，《销售与市场》，2005 年第 6 期）

第三节　营销控制

所谓营销控制，是指市场营销管理者检查市场营销计划的执行情况，如果计划与执行结果不一致，则要找出原因，采取措施，以保证计划的完成。营销控制的中心是目标管理。

一、营销控制的基本过程

市场营销控制过程较为复杂、涉及要素较多。一般的市场营销控制过程如图13-6所示。

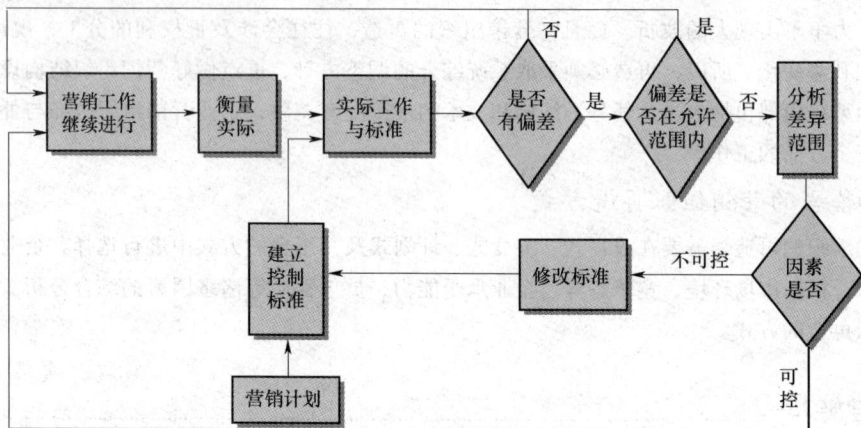

图13-6 营销控制过程

在市场营销执行与控制的基本过程中，必须做好以下四个方面的工作：

1. 建立标准

建立标准是检查和衡量营销实际工作的依据。而且，标准的制定，应当具体、尽可能量化。例如，麦当劳的衡量标准就包括：①95%以上的顾客进餐馆后3分钟内，服务员必须迎上前去进行接待；②事先准备好的汉堡包必须在3分钟内热好供应顾客；③服务员必须在就餐人离开后5分钟内把餐桌打扫干净……

控制标准的制订应切合企业实际，并有激励作用。制订标准还需考虑因产品、地区、竞争等的不同而产生的统一性与差别化的协调，不能要求两个不同地区的推销员创造同样的销售业绩。此外，一般控制标准还应有一个变动范围，如规定每次访问一个用户的费用标准为100元±20元。

2. 衡量绩效

衡量绩效就是将控制标准与实际结果进行比较。若结果与标准相符，或好于标准，则应总结经验，继续工作；若结果未能达到预期标准，而且超过承受范围，则应找出原因。

3. 偏差分析

产生偏差通常有两种情况：一是计划执行过程中的问题；二是计划本身的问题。例如，企业的推销员没有完成预定的销售指标，可能是因为自己的能力或投入不足，也可能是由于销售指标定得过高。在实践中，造成偏差的原因往往是复杂多样的，因此，营销经理必须综合考虑各种因素。

4. 纠偏行动

明确了产生偏差的原因后，一般有两种应对措施。

（1）修改标准。当导致偏差的因素为不可控时，企业需要修改标准。如预计市场份额太高，企业根本无法达到，而影响市场份额的因素多且有些不可控，此时，就需要调低市场份额标准。

（2）采取纠偏措施。当导致偏差的因素为可控时，企业没有必要修改标准，而是要针对可控因素，采取纠偏措施。如原定降低促销费用8%，而实际降低了5%。分析原因发现：推销人员的差旅费几乎没有下降。因此，需要严格控制、减少推销人员的出差，通过其他低成本方式与客户保持联系。

二、营销控制的基本内容与方法

表13-5说明了营销控制的主要内容与方法。

表 13 – 5　营销控制的内容与方法

导向	内容			对象、方法、指标
营销战略控制	营销效率等级			顾客导向　整合营销组织　营销信息
				战略导向　工作效率
	营销审计			营销环境　营销系统　营销战略
				营销效益　营销组织　营销功能
营销运行控制	年度计划控制	销售分析		销售差异分析，即分析绝对不同因素对销售的不同影响
				地区销售差异分析，即具体地区的销售差异分析
		市场占有率分析		全部市场占有率
				服务市场占有率
				相对市场占有率
		营销费用率分析		营销费用与销售额之比
		财务分析		销售利润率　资产收益率　资本报酬率
				资产周转率等
		客户态度		建议与投诉系统
				固定客户样本
				客户调查
		预算		按产品销售、地区销售编制预算及销售预算总表
				营销预算日进度控制
				营销预算每周评估
				营销预算月度检查
				营销预算季度评估
	赢利能力控制	渠道费用		工资、奖金、差旅费等直接推销费用
				广告、销售促进、展览会等促销费用
				租金、折旧费、保险费、包装费等在内的仓储费用
				托运费、运输工具折旧费、运输保险费等在内的运输费用
				营销管理工资、交通、办公费等其他营销费用
				生产的材料费、人工费和制造费
		损益表		把工资、租金等各种性质的费用分解到推销、广告、包装、运输、开单、收款等各项功能性营销活动中
				将各项功能性费用分配给批发、零售等营销渠道
				收入、生产成本和营销费用综合
		重要赢利能力指标		销售利润率、资产收益表和净资产收益率
				资产周转率　存货周转率
				现金周转率　应收账款周转率
	效率控制	销售人员效率		每位销售人员平均每天推销访问次数
				每次推销的平均时间
				每次推销的平均收入与成本
				每百次推销的订单百分比
				每次赢得的新客户数和失去的老客户数
				销售人员成本占销售收入的百分比等
		广告效率		每种媒介的广告成本
				客户对每一媒介注意、联想和阅读的百分比
				客户对广告内容与效果的评价
				广告前后客户态度的变化
				受广告刺激引起的访问或购买次数等
		促销效率		优惠销售所占百分比
				每一销售的陈列成本
				赠券回收百分比
				示范引起访问次数等
		配送效率		存货水平、仓储位置、分装、配货重组与运输效率等

三、营销审计

营销审计是指对企业市场营销环境、目标、战略和活动进行全面的、系统的、独立的、定期的检查，以便确定问题的范围和各项机会，并提出行动计划的建议，以提高公司的营销业绩。它具有全面性、系统性、独立性、定期性等四个特征。

市场营销审计由检查企业营销形势的六个主要方面组成：

1. 市场营销环境审计

市场营销环境审计包括宏观环境与任务环境两种环境的审计。①宏观环境：指人口、经济、生态、技术、政治、文化等环境因素。②任务环境：指市场、顾客、竞争者、分销和经销商、供应商、公众等环境因素。

2. 市场营销战略审计

企业是否用市场导向确定自己的任务、目标并设计企业形象，企业的营销是否与公司的竞争地位、资源和机会相适应，能否使确定的战略适应产品生命周期的阶段、竞争者的战略以及经济状况。企业是否运用了细分市场的最好根据，是否为每个目标细分市场制订了一个正确的市场地位和营销组合；企业在市场定位、企业形象、公共关系等方面的战略是否卓有成效，所有这些都需要经过市场营销战略审计的检验。

营销案例 13-3

淘迪糖果公司的营销审计

淘迪公司是一家坐落在印度新德里的中型糖果公司，其目标是针对成年人销售名牌糖果。在过去两年里，它的销售额和利润只能维持公司的保本经营。

最高管理部门认为，问题出在销售队伍身上，他们"没有努力工作或不够精明"。为纠正这个问题，管理部门计划引进一种新的工资激励制度，并邀请一位销售人员指导教师来培训销售人员的现代经商与推销技巧。但在开始之前，它们决定请一位市场营销顾问来开展一次市场营销审计。审计员同经理、顾客、销售代表及经销商进行了会谈，并检查了各种资料数据。下面是审计员发现的结果。

（1）公司的产品线主要包括 18 种产品，大部分是方块糖。它的两个领先的品牌正处于成熟阶段，其销售额占总销售额的 76%。公司已注意到巧克力点心与巧克力糖果的市场正迅速增长，但还没有采取任何行动。

（2）公司最近调查了顾客的分布状况，发现公司的产品特别吸引低收入者和老年人。在征询被访问者就"与竞争对手的产品相比，淘迪公司的巧克力产品如何"的意见时，答案是："它的质量一般，有些过时"。

（3）将它的产品推销给糖果批发商和大型的超级市场。公司的销售人员访问了许多由糖果批发商供货的小型零售商，以加强商品陈列及提供新产品开发的构思。同时，销售人员还访问了许多不是由糖果批发商供货的小型零售商。淘迪在小型零售商中享有很好的渗透率，尽管不是在所有的细分市场，例如快速增长的餐饮业。公司接近中间商的主要方式是一种"拉拢"策略，例如给予折扣、独家经营的合同以及存货融资等。与此同时，淘迪公司对大型连锁店却没有充分渗透。它的竞争对手则更多地依赖大量的消费者广告和商店推销，较为成功地渗入大型连锁商店中去。

（4）淘迪的市场营销预算占总销售额的 15%，与之相比，竞争对手的市场营销预算接近 20%。市场营销预算的大部分用于支持销售人员，其余的用于支持广告，而用于消费者促销方面的预算则极为有限。广告预算主要花费在公司的两个领袖品牌的提醒广告上。公司并不经常开发新产品，而一旦开发了新产品，也是使用"推动型"策略向零售商推销。

（5）市场营销组织由一位销售副总经理领导，向销售副总经理报告的有销售经理、市场营销调研经理、广告经理。由于销售副总经理是从基层一步步提拔上来的，他偏重于销售人员的活动，而对其他市场营销功能重视不够。销售人员分派到各个地区，由地区经理领导。

市场营销审计员得出结论：淘迪公司的问题不会因为销售队伍的行动改进而得到解决。销售人员问题只是公司内在问题的一个症状。因此，审计员准备了一份报告提交管理部门，内容包括如下研究结果及建议：

（1）结论：①公司的产品线处于一种危险的不平衡状态。两个领先产品的销售额占总销售额的 70%，但没有增长的潜力，18 个产品中有 5 个是没有盈利能力和发展潜力的；②公司的市场营销目标既不明确，也不现实；③公司的市场营销策略没有考虑不断变化的分销模式，也没有顺应迅速变化的市场；④公司是由销售组织指挥，而不是由市场营销组织指挥；⑤公司的市场营销组织不平衡，在销售人员方面的花费太多，而广告方面的花费不足；⑥公司缺乏成功地开发和推出新产品的措施；⑦公司的销售努力没有针对有利可图的客户。

（2）短期的建议：①检查现有的产品线，剔除那些发展潜力有限的边际产品；②将支持成熟期产品的某些费用转向支持较新的产品；③将市场营销组合的重点从直接推销转向全国性广告，尤其是为新产品做广告；④进行一次关于糖果市场中增长最快的细分市场的市场轮廓研究，并制定出一项打入这些细分市场的计划；⑤通知销售人员关闭某些较小的销售部门，而且不要接受低于 20 个单位的商品订货单，同时，停止销售代表与批发商共同访问同一客户的重复性努力；⑥制定销售培训方案，并制定一项提高薪金的计划。

（3）中长期建议：①从公司外部聘请一位经验丰富的市场营销副总经理；②确立一个正式的、可行的市场营销目标；③在市场营销部门引进分设产品经理的观念；④设计有效的新产品开发方案；⑤设计有吸引力和竞争力的品牌名称；⑥找出向连锁商店推销公司品牌的有效方法；⑦将市场营销费用的水平提高到占总销售额的 20%；⑧根据分销渠道来设置销售代表，重组推销功能；⑨确立销售目标，在销售实绩的毛利基础上支付销售报酬。

（资料来源：菲利普·科特勒，市场营销管理，中国人民大学出版社，1997 年）

3. 市场营销组织审计

场营销组织审计主要是对企业正式结构、功能效率及部门间联系效率的检验。包括：企业的市场营销主管人员是否有足够的权力和明确的责任开展影响顾客满意程度的活动，营销活动是否按功能、产品、最终用户和地区最理想地进行组织，是否有一支训练有素的销售队伍，对销售人员是否有健全的激励、监督机制和评价体系，市场营销部门与企业其他部门的沟通情况以及是否有密切的合作关系等。

4. 市场营销系统审计

企业市场营销系统包括市场营销信息系统、市场营销计划系统、市场营销控制系统和新产品开发系统。对市场营销信息系统的审计，主要是审计企业是否有足够的有关市场发展变化的信息来源，企业管理者是否要进行充分的市场调研，企业方面是否运用最好的方法进行市场和销售预测。对营销计划系统的审计，主要是审计营销计划工作系统是否有效，销售预测和市场潜量衡量是否正确地加以实施，是否进行了销售潜量和市场潜量的科学预测，是否将判定的销售定额建立在适当的基础上。对市场营销控制系统的审计，主要是审计控制程序是否足以保证年度诸目标的实现，管理当局是否定期分析产品、市场、销售地区和分销渠道的盈利情况，是否定期检查营销成本。对新产品开发系统的审计，主要包括审计企业开发新产品的系统是否健全，是否组织了新产品创意的收集与筛选，是否在新产品构思投资之前进行适当的概念调研和商业分析。

5. 市场营销生产率审计

市场营销生产率审计，是审计企业的盈利率和成本效益，主要包括审计企业不同的产品、市场、地区和分销渠道相应的盈利率分别是多少，企业是否要进入、扩大、缩小或放弃若干细分市场，其短期和长期的利润率。审核市场营销费用支出情况及其效益，进行成本效益分析，包括营销活动花费是否合理，是否可采取降低成本的措施。

6. 市场营销职能审计

市场营销职能审计是对企业的产品、价格、分销、促销及销售队伍效率的审计。包括企业产品线目标是否合理，产品线的制定是否科学，企业的产品质量、特色、式样、品牌的顾客欢迎程度，企业定价目标和战略的有效性、市场覆盖率，企业分销商、经销商、代理商、供应商等渠道成员的效率。广告目标、费用、预算、顾客及公众对企业广告的效果影响，公关宣传预算是否合理，公共关系部门的职员是否精干，销售队伍的目标、规模、素质、能动性等。

案例评析

··

顺丰速运的成长

顺丰速运有限公司于1993年在广东顺德成立，总部设在深圳，是一家主营国内、国际快递及相关业务的综合服务性企业。经过将近20年的发展，顺丰速运的业务范围已经覆盖了全国31个省市以及新加坡、韩国、马来西亚、美国、日本等国，每年以50%的速度在增长，拥有职工15万人，4个分拨中心，2 200多个营业网点，100多个中转场，日处理200万快递件。

顺丰速运成功的原因如下：

- **直营连锁的经营模式**

在发展的初期，顺丰速运为了迅速拓展规模、建设更多的网店占领市场，与国内大多数民营快递企业一样，采用加盟连锁的方式。出现问题之后，王卫果断采取新的战略，暂缓扩展市场，不惜一切代价收购原有的加盟网点，采用直营的经营模式，将服务质量放在第一位，对各个网点进行有效的监控，实行公司定制的标准化工作流程，对员工的培训与发展采取统一的策略，让服务质量和运营效率得到体制上的保障，这对于顺丰速运的形象建设有重要的作用。

- **"安全快速"的品牌建设**

"安全快速"是消费者在听到顺丰速运时的第一感觉，这是顺丰速运从一开始就致力建设的品牌。顺丰明白消费者们对快递服务最核心的要求，为了保证快件的安全，利用先进的技术设备和严格的规范操作，360度全场监视系统保证作业操作的安全，每个员工在工作时都有GPS全球定位系统跟踪，全程跟踪运输过程。为了速度上满足消费者，顺丰还不惜重金买来飞机，是国内第一家使用全货运专机的民营快递企业。

- **中高端的市场定位**

顺丰速运在建设初期，就明确了自身的市场定位，不与其他民营快递企业打价格战，走差异化路线，将客户目标锁定在对价格不敏感但关注快递价值本身的客户群体上，不做大件的重货运输和派送，主要做中高端的文件和小件业务，尤其以商业信函为主。顺丰速运通过中高端的市场定位，坚持走差异化路线，占领了足够的市场份额，也有效维护了企业的形象。不断地创新和完善服务。

创新对于一个企业来说至关重要，顺丰在运营的过程中推陈出新，为客户提供更多的产品和不断完善服务质量。顺丰对快递的派送实行"收一派二"标准，即工作人员上门收件的工作时效为一个小时，派件两个小时，不分节假日一年365天都一如既往为客户提供优质服务，同时提供多项增值服务，如提供代收货款、限时派送、委托收件、免费供应纸箱等。近日，顺丰又推出了"四日件"经济产品，主要针对异地配送和一些不能通过航空运送的产品，承诺在四日内运送到达。

● **重视人才培养**

顺丰非常重视人才培养和员工素质，每年都以校园招聘和社会招聘的形式引进高素质的人才，对内部员工的培训和职业生涯规划有一套严格的标准。对于中高层的管理人员，顺丰定期安排见习活动，并将MBA等课程也列入其中；对于基层员工，顺丰努力营造好的工作环境和平台，为他们提供专业的培训，同时以工作绩效为基础计算薪酬，极大鼓舞了员工的工作热情。

● **完善的物流体系**

顺丰速运的成功得益于其发达完善的物流体系。顺丰速运通过高科技信息技术建设了货物安全跟踪系统，并组建了自己的运输网络，在中国大陆、中国香港、中国澳门及海外都有服务网络，并且每个区域都有一个大的集散地，集散地主要是通过包机的方式承运业务。同时顺丰也有建立自己的航空运输队，这是其极大的优势所在。

● **谋求多元化发展**

顺丰速运在激烈的市场竞争中努力巩固自身的市场份额，同时也在谋求多元化发展，不断延伸业务，拓展新的领域。中国的电商发展空间很大，基于自身强大的物流体系，顺丰不甘为电商服务，创建自己的电商网店——"顺丰优选"，主要做高端食品，为中高端客户群服务。其次，顺丰还发展连锁便利店，并在便利店里经营快递收发业务，开拓快递与便利店结合的新模式。

（资料来源：范露华、钟晓燕，浅谈顺丰速运对民营快递企业的发展启示，福建商业高等专科学校学报，2014.6，有改写）

评析： 顺丰快递在一个充分竞争的市场中，通过精准自己的定位，找到差异化成长与发展的空间，定位于中高端，而区别于低端的血拼；始终以顾客需求为导向，不断挖掘顾客的潜在需求，便利服务，将需求转化为商业机会。

| 思考题 |

1. 营销计划的价值主要体现在哪些方面？
2. 营销计划的制订步骤有哪些？
3. 营销组织结构有哪几种类型？各有什么优劣势？
4. 营销控制的基本内容与指标是什么？
5. 一家大型航空公司营销副总经理被要求去提高航空公司的市场份额，然而，他没有比其他职能部门更多的权力去影响乘客的满意程度：

他不能雇佣或培训机组人员（人事部门）。

他不能决定食品的种类和质量（供应部门）。

他不能执行飞机上的清洁标准（维修部门）。

他不能确定飞行的进度表（业务部门）。

他不能确定票价（财务部门）。

他能控制什么？他只能控制营销调研、销售人员、广告和促销。然而，他必须花力气地通过其他部门逐渐形成能使乘客旅行舒适的主要因素。造成这种现象的原因是什么？应该如何改进？

本章实训

一、实训目的

通过制订营销计划，使学生能够对营销行动管理内容认知，理解营销计划制订思路。

二、实训内容

1. 实训资料：搜集不同行业、不同类型的营销计划书。

2. 具体任务：根据本章对计划介绍，分小组讨论制订一份营销计划书。

3. 任务要求：

以自己熟悉的本地零售企业为例，试对其经营进行调查分析，并在此基础上撰写一份下年度的营销计划书。

三、实训组织

1. 根据全班上课人数，将全班同学分成若干小组，采取组长负责制，全体组员协作完成课堂任务。

2. 确定所选企业后，各小组进行下一步分工，对企业进行调查分析。

3. 经过小组讨论后，完成实训报告及汇报 PPT。

4. 根据课时具体安排，不同小组分别选派成员对报告进行讲解，并回答其他组成员的问题。

5. 任课教师对实训课程的结果进行总结，提出相应的意见及建议。

四、实训步骤

1. 任课教师布置实训任务，介绍实训要点和搜集材料的基本方法。

2. 各小组明确任务后，按照教师指导根据具体情况进行分工。

3. 各小组定期召开小组会议，对取得成果进行总结，遇到问题及时与指导教师沟通。

4. 完成实训报告及展示所需要的 PPT 等材料。

5. 各小组对案例进行课上汇报，教师对各组的汇报进行点评及总结。

营销策划

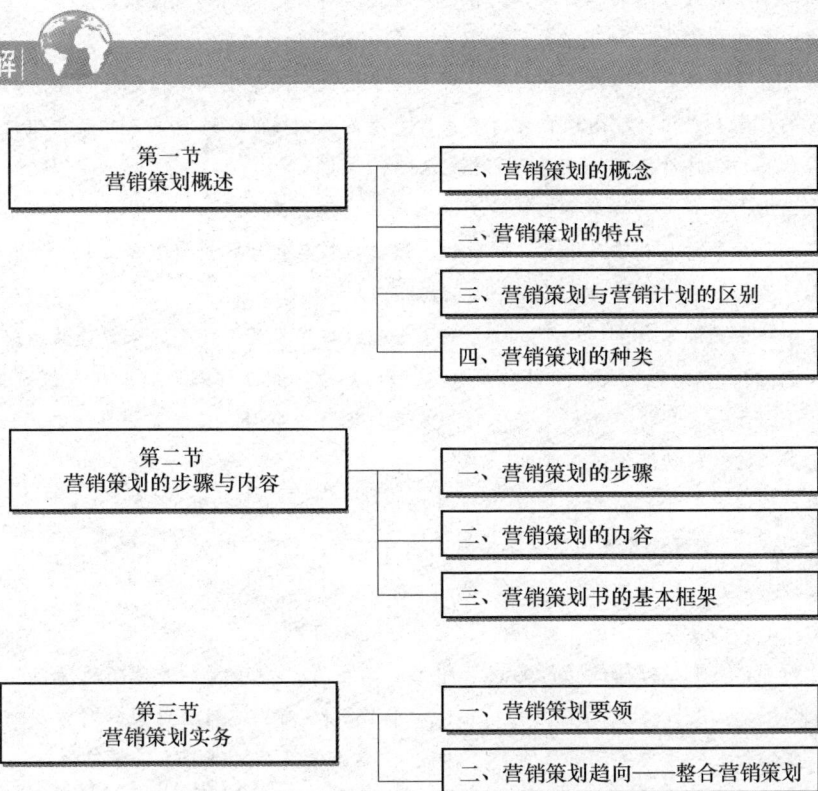

章节图解

第一节 营销策划概述	一、营销策划的概念
	二、营销策划的特点
	三、营销策划与营销计划的区别
	四、营销策划的种类
第二节 营销策划的步骤与内容	一、营销策划的步骤
	二、营销策划的内容
	三、营销策划书的基本框架
第三节 营销策划实务	一、营销策划要领
	二、营销策划趋向——整合营销策划

学习目标

- ■ 了解营销策划的概念和特点
- ■ 掌握营销策划的基本步骤与内容
- ■ 学会撰写营销策划书

关键概念

- ■ 营销策划

引导案例　　　　一个杯子的 8 种不同营销方案

一家红酒公司做产品策划，在做定价策略策划时，营销策划公司与企业主发生了激烈争论，原因是定价太高了，每款产品都比原来高了将近一倍，企业主感觉高得离谱，肯定没法卖了。营销公司对企业主说："如果你只想卖原来的价格，那就用不着请我们来策划，我们策划人最大的本事就是将好产品卖出好价钱"。最终营销策划公司以"一个杯子到底能卖多少钱"的例子说服了企业主，提出了八种卖法的思考：

第 1 种卖法：卖产品本身的使用价值，只能卖 3 元/个

如果你将它仅仅当一只普通的杯子，放在普通的商店，用普通的销售方法，也许它最多只能卖 3 元钱，还可能遭遇邻家小店老板娘的降价招客暗招，这就是没有价值创新的悲惨结局。

第 2 种卖法：卖产品的文化价值，可以卖 5 元/个

如果你将它设计成今年最流行款式的杯子，可以卖 5 元钱。隔壁小店老板娘降价招客的暗招估计也使不上了，因为你的杯子有文化，冲着这文化，消费者是愿意多掏钱的，这就是产品的文化价值创新。

第 3 种卖法：卖产品的品牌价值，就能卖 7 元/个

如果你将它贴上著名品牌的标签，它就能卖六七元钱。隔壁店 3 元/个叫得再响也没用，因为你的杯子是有品牌的东西，几乎所有人都愿意为品牌付钱，这就是产品的品牌价值创新。

第 4 种卖法：卖产品的组合价值，卖 15 元/个没问题

如果你将三个杯子全部做成卡通造型，组合成一个套装杯用温馨、精美的家庭包装，起名叫"我爱我家"，一只叫父爱杯，一只叫母爱杯，一只叫童心杯，卖 50 元一组没问题。隔壁店老板娘就是 3 元/个喊破嗓子也没用，小孩子一定会拉着妈妈去买你的"我爱我家"全家福。这就是产品组合的价值创新。

第 5 种卖法：卖产品的延伸功能价值，卖 80 元/个绝对可以

如果你猛然发现这只杯子的材料竟然是磁性材料做的，那就可以挖掘出它的磁疗、保健功能，卖 80 元/个绝对可以。这个时候隔壁老板娘估计都不好意思叫 3 元/个了，因为谁也不信 3 元/个的杯子会有磁疗和保健功能，这就是产品的延伸价值创新。

第 6 种卖法：卖产品的细分市场价值，卖 188 元/对也不是不可以

如果你将你的那个具有磁疗保健功能的杯子印上十二生肖，并且准备好时尚的情侣套装礼盒，取名"成双成对"或"天长地久"，针对过生日的情侣，卖个 188 元/对，绝对会让为给对方买何种生日礼物而伤透脑筋的小年轻们付完钱后还不忘回头说声"谢谢"，这就是产品的细分市场价值创新。

第 7 种卖法：卖产品的包装价值，卖 288 元/对卖得可能更火

如果把具有保健功能的情侣生肖套装做成三种包装：一种是实惠装，188 元/对；第二种是精美装，卖 238 元/对；第三种是豪华装，卖 288 元/对。可以肯定的是，最后卖得最火的肯定不是 188 元/对的实惠装，而是 238 元/对精美装，这就是产品的包装价值创新。

第 8 种卖法：卖产品的纪念价值，不卖 2 000 元/个就失去创造价值的机会

如果这个杯子被奥巴马或马云等名人喝过水，后来又被杨利伟不小心带到了太空去刷牙，这样的杯子，不卖 2 000 元/个就失去了价值创造的机会，这就是产品的纪念价值创新。

营销解码：

（1）消费者往往购买产品时，除了产品本身的使用价值外，更多的是购买一种感觉、文化、期望、面子、圈子、尊严、尊重、理解、地位等象征性的意义。

（2）同样一个杯子，杯子里面的世界——它的功能、结构、作用等依然如故，但随着杯子外面的世界变化，它的价值却在不断地发生变化。

（3）同样的杯子，采用不同的价值创新策略，就会产生不同的营销结果，如果能够深悟策划的含义，你还会一头栽进"杯子里面的世界"而出不来吗？

（资料来源：http://www.qq-online.net/qq/News-9-1983.html，有改写）

引导问题

如何在营销策划中进行价值创造？

第一节 营销策划概述

一、营销策划的概念

市场营销策划及其相关概念是 20 世纪 60 年代末 70 年代初在美国提出来的。在短短的十几年时间内，营销策划在西方国家得到了广泛的发展与传播，正如菲利普·科特勒所说："市场营销策划作为一种较高级的企业市场营销观念，体现了现代市场营销的精髓。"菲利普·科特勒认为："营销策划是一种管理程序，其任务是发展和维持企业的资源、目标与千变万化的市场机会之间切实可行的配合，策划的目的就是发展或重新开拓企业业务与产品，将它们组合起来，以期获得令人满意的利润和发展。"

国内学者认为市场营销策划是一种具有创意性的专业实践，它通过人们的理念加工，以一种新颖的形式将营销理论转化为具有针对性的操作程序，从而帮助企业制定决策并加以执行和有效地控制，以期获得满意的效果。

营销案例 14-1

招商银行"微营销"之路

2010 年 3 月招商银行官方微博正式上线。目前，招商银行官方微博（以下简称"招行微博"）拥有 300 万粉丝，是我国主要银行微博关注量最大的平台。招商银行微博营销获得"中国广告长城奖"营销传播金奖、第十二届金融 IT 创新暨中国优秀财经网站"优秀微博营销银行"奖、第四届中国理财总评榜"金融微博营销人气奖"、艾瑞金融行业类"中国最佳效果营销奖"等多个奖项。

纵观招商银行微博平台的成功营销，固然是由于其在全行层面的高度重视，并形成了包括内容发布规范、品牌-产品协同推广、客户服务管理、独立绩效考核体系在内的全面管理措施。单纯从创新管理和营销学理论出发，其成功关键在于对微博的三大平台功能的清晰定位，并辅以扩散式的交叠外延价值附加。

（1）金融方案营销平台。通过互联网渠道推广银行产品，吸引潜在客户是微博平台作为银行渠道创新最为核心的目的。招行微博会配合招商银行所发布的各类新产品、新服务进行协同推广，通过互动活动形式实现金融产品服务的病毒式扩散传播效果。如招行微博在情人节期间配合"爱 TA 就来 i 理财"产品发布爱情宣言、开通情侣账号上传爱意卡片等活动，并通过"三亚五星酒店住宿，999 朵玫瑰"等奖品吸引眼球，获得了数十万人参与的理想效果。

（2）声誉维护推广平台。根据招商银行内部资料，其中的微博危机预案和微博问答数据库能够保证招商银行在第一时间沉着适当地处理问题，化被动为主动。

（3）社会责任公益平台。在2010年3月招商银行官方微博正式上线第一天，招行就开展了"三个粉丝一棵树"的活动，借助植树节宣传绿色金融低碳理念。之后招行微博持续开展各项公益活动，如"出行易，关爱父母"、"地球一小时"、"爱财富，爱读书"等活动，吸引了大量粉丝参与，赢得了社会好评。值得注意的是，其在每个公益活动中都通过受众互动选取若干名参与者提供相应奖品，这也在一定程度上激发了大家的参与积极性和早期微博粉丝数量的急剧增加。

（4）两大辅助功能中心。除了营销、声誉、公益三大平台定位外，招行微博还开创性地设置了两大辅助功能，在丰富微博内容、提高客户吸引力的同时还有力地对三大平台功能起到促进协同作用。①建立了传递金融理财信息的资讯中心。②建立了客户关系维护的互动中心。招行微博会在每天的八点和二十三点准时发布"早安、晚安"的问候。其内容或是名人名言，或是生活小知识，并以"早/晚安，朋友"结语。该中心功能定位介于营销平台和声誉平台之间，一方面通过高频率的互动提升招商银行在受众群体中的美誉度，另一方面能够在展示银行形象同时增强潜在客户对金融产品的兴趣和信心。

（资料来源：杨跃，杨妮，银行营销渠道创新：基于招商银行"微营销"案例研究，金融经济，2014.10，有改写）

二、营销策划的特点

1. 目的性

营销策划，首先必须明确营销发展的目标。对任何企业来说，没有明确的营销发展目标，很容易出现营销方向偏差、缺乏营销动力等非正常状态。因此，确立正确的营销目标是企业营销策划的首要任务。只有目的明确、方向正确，才能进一步考虑什么是达成目标的最好路线，应由哪些人，在什么时间和地点，采取什么具体行动。因此，明确的目的，是制定科学有效的市场营销策划方案的前提。

2. 系统性

市场营销策划是关于企业市场营销的系统工程。营销策划的系统性首先表现在对市场环境与企业自身状况的系统、准确的分析和判断上。其次，营销策划的系统性表现在它是一种战略与战术的协调和统一。营销策划首先必须确定完成营销目标的营销战略，在营销战略的指导下，构思营销策略组合与具体的营销运作方案。再者，营销策划的系统性还表现为时间上与空间上的呼应与连续。营销策划的每一个环节总是环环相扣的，一个活动的结束，意味着下一个活动的开始，循环往复，构成了营销活动链。

3. 指向性

营销策划必须以消费者为中心，即围绕消费者消费需求与消费行为、消费心理来做出营销决策、制定营销方案。营销策划的指向主体是现在和潜在的消费群体（顾客），除此以外还有政府、社区、供应商、股东、内部员工等。能否充分体现消费者的利益，是营销策划是否成功的关键。

4. 可操作性

不能操作的方案，创意再奇特再巧妙也无任何价值；不易操作的方案，则必然耗费大量的人力、物力和财力，而且也使管理复杂化，成效不高甚至毫无成效。所以，营销策划必须结合企业的环境，面对企业的现实，设计出务实的、可操作的营销方案。

5. 可调适性

营销策划从本质上来说是一种超前行为，它不可能预见未来市场的一切因素，不可避免会在一些特定情形下出现某些营销方案与现实脱节的情形。因此，任何策划方案都需要在实施过程中根据实际情况加以调整和补充。可见，营销方案必须具有可调适性的"弹性"，能因地制宜。

三、营销策划与营销计划的区别

营销策划与营销计划既有区别，又有联系。而造成两者差别的关键要素在于创意。具体可以从以下五个方面来把握它们之间的关系，见表 14 – 1。

表 14 – 1　营销策划与营销计划的区别

营销策划	必须有创意	无中生有 天马行空	掌握原则与方向	做什么? What to do?
	活的、变化多端	开创性	挑战性大	需要长期专业训练
营销计划	不需创意	循规蹈矩 按部就班	处理程序与细节	怎么去做? How to do?
	死的、一成不变	保守性	挑战性小	只需短期培训

第一，营销策划必须要有创意，它必须有自由想象的空间，有任由思维驰骋的余地。而营销计划则不需有创意，它只要按照一定的依据（如经营方针、经营战略等），遵循一定的思路，按部就班地去做即可。从这个意义上讲，企划家最不适合做营销计划工作了。

第二，营销策划所要把握的是原则与方向，是一种大框架和总体思路。而营销计划则需解决具体的程序与细节。前者需要"大手笔"，后者要求做耐心细致的具体工作。

第三，营销策划所要解决的是做些什么的问题，而如何做的问题则由营销计划去解决。

第四，营销策划富有开创性，无章可循，循规蹈矩是营销策划的大敌，营销策划家最喜欢的是挑战性、刺激、风险和机会。而营销计划绝不能异想天开，思想趋于保守的人，或许更适合担当营销计划工作。

第五，营销策划需要较强的和综合的个人素质。没有经过长期训练的人，是难以胜任这一工作的。搞营销策划，必须是"全才"或"通才"。营销计划同样也需要较高的素质，但其要求并不像经营企划那么严格，它有较规范的程序与方法。

换个角度讲，营销策划与营销计划的联系在于现实性和理性，两者的区别则在于以想象力为基点的创造性。营销策划是现实性、创造性和理性的有机结合，它容纳了创意中的创造性和营销计划中的理性与现实性。没有创造性的营销策划，仅仅是灵机一动的创意；仅仅有现实性和理性的策划，不过是一种计划。如图 14 – 1 所示。

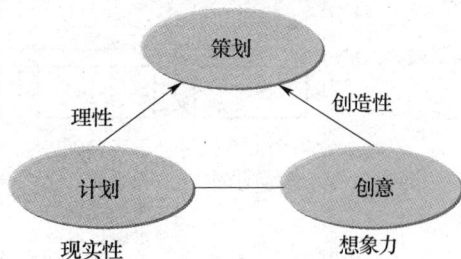

图 14 – 1　策划、创意与计划的关系

四、营销策划的种类

营销策划一般分为两大类十个类型。两个大类一类为战略性策划，另一类为战术性策划。10 个类型为：

（1）事业策划。

（2）年度营销策划。

（3）新产品开发策划。

（4）广告策划。

（5）促销策划。

（6）公共关系策划。

（7）员工训练策划。

（8）投资可行性策划。

（9）企业长期发展策划。

（10）企业形象策划。

第二节　营销策划的步骤与内容

英国学者 P·R·史密斯关于 SOSTAC 计划系统以及 3M（三个关键资源）的论述很精练地概括了市场营销策划的主要内容与步骤。SOSTAC 计划系统包括：

S，即 Situation analysis（形势分析），意思是我们现在在哪里？

O，即 Objective（目标），意思是我们现在想往哪里去？

S，即 Strategy（战略），意思是我们将怎么样？

T，即 Tactics（战术），意思是战略的具体内容。

A，即 Action（行动），意思是对计划的实施。

C，即 Control（控制），意思是尺度、监控、检查、升级和修改。

而要完成市场营销策划，应当明确完成工作所需要的资源，即 3M。指 Men（人）、Money（资金）、Minutes（时间）三个自始至终都要使用的重要资源。

一、营销策划的步骤

我们强调，任何一个全面而完整的市场营销策划，均包括计划、分析、思考、构想与执行五个阶段，这是市场营销策划的基本步骤（图 14 – 2）。

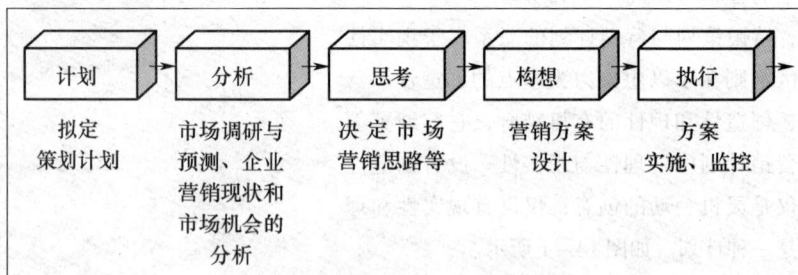

图 14 – 2　市场营销策划的基本步骤

1. 第一阶段——计划阶段

在进行正式策划之前，必须拟定关于策划的计划。它通常以文字的形式——计划书呈现出来，以指导整个营销策划工作。策划计划书主要内容包括三个方面：

（1）确立策划目的：策划目的部分要对本次营销策划所要实现的目标进行全面的描述。

（2）拟定策划进程：在拟定营销策划计划书时，必须明确策划的具体进程，列出详尽的策划进度时间表。

（3）经费预算：在拟定营销策划计划书时，必须明确策划的具体进程，列出详尽的策划进度时间表。根据该进程，预算所需要的策划费用。一般而言，用于策划方面的费用，包括以下几项：

①市场调研费：市场调研费的多少，取决于调研规模的大小和难易程度。规模大，难度大，费用必然高；反之则费用低。

②信息收集费：主要包括信息检索费、资料购置费、复印费、信息咨询费、信息处理费等。其数量由收集的规模及层次来决定。

③人力投入费：策划过程中要投入必要的人力，其费用的多少可通过预计投入人力的多少来决定。

④策划报酬：也即支付给策划人的报酬。如果由本企业内部的人员来策划，就没有这笔开支。而如果是外聘策划专家，就要支付策划报酬，其数额多少，由双方协商而定。

（4）策划效果预测：在拟定营销策划计划书时，必须对策划方案实施后的可能效果进行预测。主要包括两部分：

①预测经济效果。预测经济效果的好坏，是决定营销策划是否需要开展的前提。在预测时，应当客观地进行，防止夸大和低估的现象，以使决策准确，实施得力。

②预测形象效果。即对方案实施后企业可能因此提高的知名度、美誉度等情况进行预测。虽然这些指标未必能立即产生经济效益，但它为企业开辟了潜在市场，是企业未来经济效益的重要保证。

2. 第二阶段——分析阶段

当营销策划计划书被企业认可后，即进入市场调查与预测与分析阶段。这一阶段要求通过分析问题发生的原因并提出必须解决的课题。包括掌握营销策划的主题与目标，收集与调查信息，把握现状提出营销存在的问题。企业营销现状分析是找出企业营销中存在的具体问题，并分析其产生原因的过程。市场机会分析是根据企业营销中存在的具体问题，仔细在市场中寻求机会，为营销方案的顺利出台进行铺垫。

3. 第三阶段——思考阶段

在调查、预测与分析的基础上，营销策划进入到设想解决营销问题的思路与方法阶段。这一阶段伴随着相关建议、意见的提出，通过对比、取舍与脑力激荡，决定市场营销思路。市场营销思路是营销策划的"主轴"。思路确定之后，各项营销策划与营销运作工作都要围绕这个思路进行。

营销链接 14—1

创造性思维常见方法

● 脑力激荡法：为集体进行创造性思维的一种方法。该方法遵循"不能批评，只能补充""欢迎自由奔放的想法""努力争取尽可能多的想法"等原则。

● 互相启发法：也是集体思维的一种。每个人在一张（或几张）纸张、卡片上写出自己对议题的思路，然后由专人将分散的想法分类整理，归纳而发展成一种新颖而全面的想法。

● 特征分析法：将特定营销问题的特征和构成因素列成图表，然后逐一审查从而得到新思路。该方法可以集体进行也可以个人进行。

- 自由联想法：随意将想到的记录下来，在一大张纸上想想画画从而得到新的思路。

4. 第四阶段——构想阶段

营销方案的设计就是针对企业营销中存在的问题和所发现的市场机会，提出具体解决问题的方案。有了思路和建议，如果不加以完善，还只是一时的设想而已。要通过系列化和结构化，加以充实后，才能形成基本完整的营销方案（图14-3）。

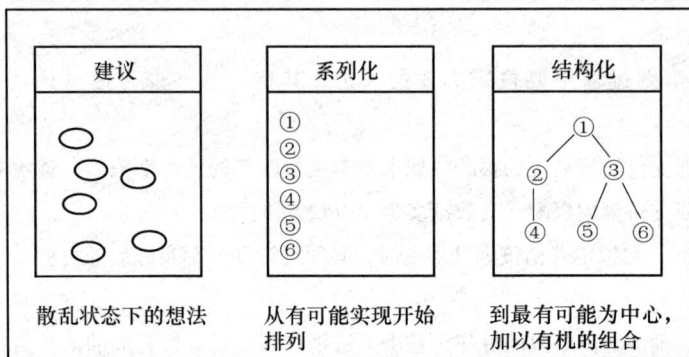

图 14 - 3　建议的构想

营销策划方案的内容对市场的分析包括市场机会的捕捉与利用、目标市场的选择、市场定位、产品、订价、销售渠道、促销以及实施日程安排。

从营销策划的操作实务看，营销方案的设计与制定一般要经历以下几个阶段：

（1）准备阶段。即为营销方案的正式设计与制定进行前期准备。包括必要的物质准备、人员准备、资金准备等。这一阶段时间不宜太长。

（2）调研阶段。主要是为营销策划收集相关信息资料。包括实地调研所获得的第一手信息与通过媒体、行业资讯等途径获得的第二手资料，它是决定策划成功和失败的第一环节。全面而准确的信息，有助于帮助制订正确、有效的营销战略与战术。因此，该阶段必须分配较多的时间，并应当有相应的费用预算。

（3）酝酿、拟定、论证与选择阶段。即借助于信息、知识和经验，酝酿、构思各种可行方案，并对设计好的方案进行可行性评估、论证，选择最好的可行方案。方案酝酿、拟定是基于大量的调研材料，并借助理论知识和实践经验所进行的智力操作活动，这是营销策划的核心。而论证与选择，则是根据具体需要，对拟订的方案进行尝试性运作。由于涉及面大、投入多，除了采用上述方式进行论证外，还应在一定范围内进行试运行，借助试运行的反馈信息来确认方案的可行性。

（4）确定阶段。即当策划方案经过论证认为可行时，就可以将设计好的方案用文字等形式表达出来，写成具体的、方案明确的、可操作的策划书，以指导企业营销策划实施过程的各项工作。

5. 第五阶段——执行阶段

方案实施与监控，就是根据制定好的策划书，按照实施日程表变成具体的营销行动。这一阶段包括方案的具体实施、实施过程中的监控以及相关实施效果的测评与反馈。

二、营销策划的内容

营销策划涉及的内容很多，但归纳起来，主要有五个方面，即：营销分析、营销目标、营销定位、营销战略与营销策略组合（战术）、执行方案。这五个方面依序进行，相互关联（图 14 – 4）。其中，营销分析是营销策划的基础，营销思路是营销策划的思维轨迹，营销定位则是在营销分析与营销思路基础上质的飞跃，是基础分析与营销切入思路"升华"为营销战略与营销策略的原点；营销战略与营销策略组合围绕营销定位来确定与展开；实施与监控，则是营销战略与营销策略组合的具体实践。如此循环往复，不断发展。

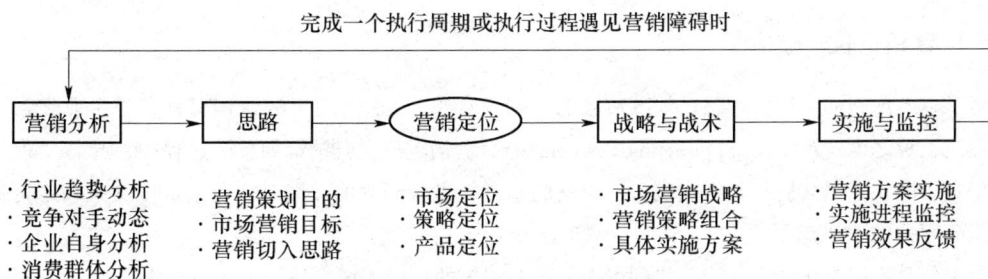

图 14 – 4　营销策划进程示意图

（一）营销分析

营销分析是营销策划过程中最基础的部分。它能告诉你"我们在哪里？"，然后你才能决定"我们要往哪里去"。

首先，需要对企业外部和内部的形势进行分析。外部分析主要是审视企业直接掌握之外的各个因素。比如行业发展趋向、直接竞争对手动态、替代产品状况等。内部分析内容包括企业一些关键方面的表现，如产品销售的市场占有率、收益率、消费者忠诚度、新产品数量，等等。

其次，我们还需要注意分析自身与竞争对手相比的优劣势。如我们所处的地理位置是否更方便？我们的服务是否更友好更到位？我们的产品是否质量更优，价格是否更低？企业及其品牌在市场上的反应如何？我们的竞争优势是什么？能否保持下去？是否更有持久性？

最后，对消费群体的消费心理与消费行为进行分析也必不可少。谁是我们的消费群体？其中消费群体的主体部分是哪些？依据重要程度而言的不同层次消费群体分别有哪些消费心理和消费行为习惯？不解决这些问题，将无法界定营销目标，更难以确定营销定位。

（二）营销目标

营销分析的一个基本问题是"我们在哪里？"，而营销目标的分析是明确"我们要去哪里？"。营销策划有许多种不同的目标，它根据企业的规模和结构而变化。对企业来说，确立中长期目标相对容易，但营销策划更多的是确立短期战术目标。由于影响短期目标的市场因素比较多，故此类目标的确立就相对困难。

比较常见的营销目标有两个，一个是市场营销目标，另一个是沟通（传播）目标。

典型意义的市场营销目标涉及的是销售量、市场占有率、消费者满意度、消费者保有量、行销渗透、新上市产品数量、收益率等。这些目标既有定性对比含义的目标，也包括量化指标，如在 6 个月内在某市场的销量增加 10%。市场营销目标还可能包括一些财务指标，如利润、贡献、收支平衡以及现金流动等。

沟通目标是常见的第二种营销目标。沟通目标一般是指目标市场中人们的心理状态。AIDA 模式是应用最广泛的沟通模式之一，常常用于界定沟通目标。AIDA 是指 Attention（注意力）、Interest（兴趣）、Desire（欲望）和 Action（行动），它表明消费者在购买之前需要经过一系列心理过程，而沟通目标可以根据这些过程来制定。策划报告经常提到增加知名度，但是单纯提及"增加知名度"不是一个精确的、量化的目标。"在一年内让30%的购买者将A牌洗衣粉列入选择范围"则是一个量化的沟通目标。

确立目标是营销策划的关键。著名管理学家彼得·德鲁克说，企业必须要有一个目标，企业没有目标就等于没有灵魂，没有目标就迷失了方向。P·R·史密斯的说法异曲同工："如果你不知道自己要去哪儿（目标），那么你将永远不可能到达目的地"。

目标应当尽可能精确、量化、可行、现实，而且有时间限制。

（三）营销定位

在竞争日益激烈的市场上，怎样找准市场的"切入点"，以达到预定的营销目标，是企业经常碰到的问题，理论上称之为营销定位（Marketing Positioning），营销定位在营销策划整个过程中，起着"枢纽"作用。营销定位是在营销分析与有了初步营销思路的基础上进行确立的。同时，营销定位又是确定营销战略与营销策略组合的"原点"。

营销定位是根据市场细分理论，找到本企业产品销售的目标市场。是为了适应企业进行市场营销行为，而对目标市场（区域）、目标消费群体、营销推广与传播的特定"位置"而进行的界定。营销定位的准确与否直接关系到目标完成的成效及企业今后采取的营销措施。现代企业经营注重以市场为中心，按照市场—产品—销售这一过程模式，可以把营销定位分为市场定位、产品定位、策略定位三个类别。

1. 市场定位

市场定位一般分为地域定位和消费群体定位两个方向：

（1）地域定位。

在营销策划时，首先要考虑产品的市场区域。是面对全球市场还是国内市场？面对全球市场时，是面对所有国家还是某些国家（美国、欧洲、东南亚）？面对国内市场时是一个省还是几个省或者全国？重点城市还是中等以上城市？或小城市？农村？等等。

面对不同地域，要充分考虑地域特点。如人口、城市交通情况、风俗习惯等。如统一方便面，专门针对四川消费者推出麻辣风味系列，受到广泛欢迎。

（2）消费群体定位。

我们的产品是面对男性还是女性？或者二者都面对？目标消费者的年龄段？收入情况？目标消费群的职业特点？收入？文化层次？个性？

2. 产品定位

产品定位是在营销策划时，确定产品各属性的定位位置。它包括产品的质量定位、功能定位、造型定位、体（容）积定位、颜色定位和价格定位等。如感冒药，面对不同的消费群体，可以开发不同包装档次、不同剂量规格的药品。高质高价感冒药，一般要求包装精美；低价普通感冒药，包装要求较低；而面对儿童的感冒药，通常会减小剂量，包装设计得轻松、活泼、可爱。

营销案例 14—2

吉列：比男人更了解男人

在吉列新推出的广告篇中，作为吉列本土第一代言人的林丹为手中演绎了一段男人的故事：剃须让自己变得更自信，勇敢追求属于自己的幸福。

不得不说，吉列的这则广告篇做得十分巧妙，广告创意以春节和情人节碰撞为出发点，把爱情与亲情放在了天平的两端。面对恋人与家人的两难选择，价值观的去向将受众带入思考之中。然而跳出思维定势，谁说亲情与爱情是一道单选题？吉列巧妙地将恋人与家人的概念进行了转换，简洁清爽的剃须效果给了男人自信，兑现承诺，恋人也可以成为家人。吉列的这则广告无形中将受众对恋人与家人的情感渗入到对品牌的感情中，将吉列自信完美的品牌形象植入到消费者心中。

对于品牌而言，传播效果的最高境界是在精神层面上与受众产生共鸣，而要连贯地维持这种共鸣，重点则在于为受众提供一种理念，一个始终让消费者动心的诉求点。宝洁的基本理念是"消费者是我们的老板"，他们想要的东西就是我们想为他们提供的，所以品牌诉求点更多的是来源于生活，来源于消费者需求。在春节期间推出新的广告片已经成为中国吉列品牌的一个标志性活动，吉列没你那通过春节这一中国传统的节日抓住受众的生活状态和心理，已达到品牌与消费者之间的一种良性沟通。

(资料来源：闫芬，吉列比男人更了解男人，北大商业评论，2010年03月，P78-79)

3. 策略定位

策略定位是在进行营销策划时，所起用策略的立足基点。通常可见奇正定位、新老定位、正反定位、借势或造势定位，等等相互对应的一些策略定位方法。这些方法之间没有绝对界限，往往互为弥补、相互交叉。

（四）营销战略与营销策略组合

1. 营销战略

战略是长期的计划。公司发展战略一般分为公司层战略、事业层战略、职能层战略三个层次。营销战略是企业发展战略的第三层次——职能层战略的重要组成部分。

营销战略是完成营销目标的方向，给我们构筑一幅营销运作的全景图。

2. 营销策略组合

营销策略组合是战略实施的细节，通常也被称为营销战术，它是使营销战略发挥效果的具体决策。如图14-5给出一个思考的模式。

营销组合一般倾向于短时间内的计划，比较灵活。如果营销组合与合理的长期战略相契合并有助于营销战略的实施，就是优秀的营销组合（战术）。大量的实践表明，即使企业制定的目标很科学，选择的市场很有潜力，确立的产品质量很高，价格合理，性能优越，但是，若企业营销策略组合不力，消费者就不能很好地认识和理解其产品，市场反应势必冷淡。反之，则企业会收到极佳的效果。

营销组合的内容比较广泛，包括产品、品牌、包装、服务、定价、渠道及促销组合等方面的策略规划（具体可参看本书有关章节的内容）。

（五）实施与监控

有了扎实的营销分析，明确了可行的营销目标，勾勒了清晰的营销思路并决定了营销战略与营销组合之后，下一步该做什么？当然是行动——实施与监控的具体执行！任何战略与战术最后都变为需要具体实施的行动，而且要在实施中检验错误，纠正错误。

第一，实施与监控必须有战略、策略指导下的实施、进展计划，即行动的日程安排。

第二，要有明确的人员安排（人数、组织机制、人员分工）。

第三，实施计划中的费用预算（费用、收支）相当重要。

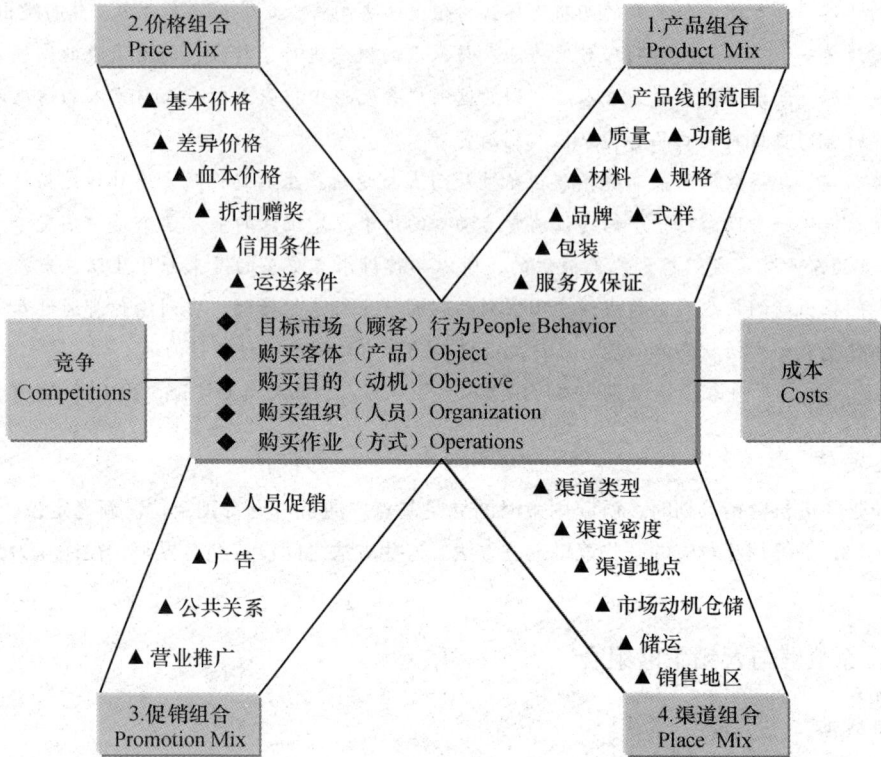

图 14-5　4P-2C-4O 组合分析模式

第四，具体行动应该有一个良好的监控反馈机制，以便随时对计划中的不够合理或始料未及的状况进行调整与应对，并对实施效果进行反馈。

营销链接 14-2 ....

搜索引擎营销

"搜索引擎营销"概念最先是由 GoTo 公司提出的（Edelman 等，2006）。从用户的角度来说，搜索引擎营销是指根据用户使用搜索引擎的方式，利用用户检索信息的机会，尽可能地将营销信息传递给目标用户（冯英健，2004；Sen，2005）。从企业的角度来说，搜索引擎营销是指企业通过企业网站采取提升自然排名、推出付费搜索广告等与搜索引擎相关的行为，来使企业网站在搜索引擎上显著列示的营销手段，其目的是吸引目标受众访问企业网站（Telang，2004；李莎，2005）。

当今主流的搜索引擎营销模式有两种，即付费搜索广告和搜索引擎优化。

在付费搜索广告模式下，作为广告主的企业根据自身产品和服务的特点向搜索引擎提供商购买关键词。如果用户在进行搜索时所输入的关键词与广告主购买的关键词相符，搜索结果页的推广链接区域就会出现广告主的网页链接。

搜索引擎优化就是让企业的网站更容易被搜索引擎收录并且在用户通过搜索引擎进行检索时在检索结果中获得好的位置，从而达到网站推广的目的（Malaga，2008；Li 和 Lin，2013）。

（资料来源：李凯，邓智文，严建援，搜索引擎营销研究综述及展望，外国经济与管理，2014.10）

三、营销策划书的基本框架

一份完整而严密的营销策划书（也称为营销策划报告），应包括营销环境分析、营销策划思路、市场定位、营销策略组合、营销方案构想、实施计划以及营销执行与控制几个部分内容。其基本框架如表14－2所示。

表14－2　营销策划报告的基本框架

序号	项目	内容	备注
1	引言部分	包括封面、前言、目录	策划导读部分
2	营销策划概要	主要为营销策划思路示意图	策划的主题思想
3	营销策划分析	行业背景分析、竞争对手分析、企业/产品自身优劣势分析、市场机会分析等	策划基础分析
4	思路	包括营销策划目的、营销策划目标以及营销切入思路	策划思维轨迹
5	营销策划构想	为营销策划报告的核心部分。包括营销战略的确定、营销定位、营销策略组合、营销运作总体方案、每个具体的营销执行方案、替代方案或备用方案	策划核心成果
6	实施计划	包括日程安排、费用预算与人员配备	策划执行指南
7	参考资料	主要参考文献、数据来源及重要的理论参考资料之出处	理论与资讯依据

第三节　营销策划实务

一、营销策划要领

熟悉策划流程，掌握策划要点是做好策划案的关键，要成功地撰写好策划书，最好的方法是先掌握要点。然后在从实例中学习要领。撰写营销策划书一般要掌握要点如下：

1. 问题解决导向

在撰写策划书时，必须先明确地找出战略上及战术上的问题，并加以解决。具有"问题解决"的意识为撰写策划书时第一要务。因此可以说，策划书就是一本"问题解决书"。

在"问题"方面分为战略上的问题及战术上的问题。

比如：传播战略上的问题有：

第一是如何将商品在市场上定位，即如何巧妙地设定商品概念、明确抓出目标对象等营销方面的问题。

第二是诉求内容及表现方法等，有关信息方面的问题。

战术上的问题较偏向于"效率化"——执行效率及成本效率。举例来说：媒体的到达率及频次如何才能达到"最低成本、最高效果"的效率化？表现方面也是如何采用反应最佳的表现方法？这些为解决问题的要点。

2. 成果导向

好的策划书不能只提出种种"可能性"，必须具有较高的"具体性"，因此在撰写策划书时必须注意以下几点：

（1）目标化：营销目标包括销售额、市场占有率、试购率、品牌转换率及再购率等各种目标；而传播目标则包含知名度、认知度、理解度、品牌偏好及购买欲等。不论是营销目标或是传播目标，都必须明确地标示出来。

（2）数字化：目标必须数字化才明确。举例来说；本次广告活动的目标为试购率由 42% 提高至 56%。

（3）监督与控制：成果导向的策划书必须重视成果的监督与控制。期间可以不表示所期待之成果，在执行期间加以管理控制，待广告活动后再和实际成果验证。

3. 不能脱离市场与商品

营销策划书必须密切联系商品、市场及消费者。在策划前，策划者应做好了解市场、访问经销商、接触消费者的消费场所等工作，充分去了解商品、市场及消费者。

4. 在设想面必须大胆，在执行面必须精细

"想得大胆、做得精细"是笔者多年策划的心得，也就是说在解决问题的大原则下，真正执行的行动策划案越精密越好。否则在粗略的执行案下，所呈现出的成果必定会有疏漏的地方。

5. 积极向前、具有前瞻性

策划书也可说是向前看的行动策划（Action Plan）。真正具有积极向前（Forward Plan）的策划案，必须将每年或每次的传播活动都视为一个新的出发点（Zero-Base），简要来说，一个营销活动策划同时必须是：

①Action Plan；②Forward Plan；③Zero-Base。

6. 系统化

有系统化的策划书才具有一贯性。特别是整合营销传播策划书更需要系统化。此外，为了策划内容的完整与充实，有一套策划的系统或纲要，不失为一个好方法，这样才不会遗漏那些步骤或内容。

二、营销策划趋向——整合营销策划

整合营销策划是由于信息技术的迅猛发展，媒体噪音太大，营销权力从制造商向消费者转移过程中衍生出的策划概念。自 20 世纪 90 年代中期以来，伴随 4C 理论的提出，很快被营销实践所采用。传播的"整合"，到底对谁最有利？整合传播的最大优点是使消费者"听见一种声音"，并且能毫不费力地了解产品及服务，不会产生混淆。对广告主而言，是实现传播资源（预算）效率化的机会，"用一种声音说话"，在多样化营销（传播手段）需求下，传递同一诉求。因为现在消费者已不单看商品，而且会考虑其背后企业的表现，针对这点，整合传播可将商品与企业的形象结合。而对广告公司来说，过去的工作仅需企划广告，现今则趋向综合方面的考虑，也因此企划效率高，且服务范围渐广，更能与广告主密切合作。

本节精选几个实例，较完整地反映了营销策划的内容，供读者理解与体会。

案例评析 ....

可伶可俐"油击马拉松"营销策划案例

背景

通过深入的调查研究表明：：中国大城市的 90 后小女生，因为很希望能有自信的外表，对青春期女生莫过于脸上太油的烦恼；而且在网络时代长大的 90 后来说，他们非常难被取悦，也不容易对新产品产生集

中的关注度。

超过半数的青春期少女（13～18岁）极其热衷于网络，同时，她们为自己的油性肌肤感到非常苦恼。因为她们成长在一个到处充满竞争的社会，自然倍感压力。但是她们不甘平庸，努力使自己变得出色，成为人中龙凤。对自己的外表感到自信，自然充满力量，勇敢迎接各种挑战。她们喜欢网络聊天、更新个人主页和上传个人录像。比起其他国家的女孩子来说，她们更喜欢参与各种网络活动。

目标

针对"可伶可俐"目标用户——申城的青少年女生，期望通过活动，加强她们对产品的喜爱，吸引她们亲身体验购买"可伶可俐"深层去油洗面乳。

活动策划

活动最初以网络数字平台闪亮登场，最终以"油击马拉松"真人秀活动华丽谢幕活动。

DDB设计的这个建立在数字平台上的传播活动——"油击马拉松"。带上闺中密友一起参与"油击马拉松"活动，体验趣味十足的考验：品尝麻辣美食，参与热舞竞赛等项目。经过层层考验后，脸上出油最少的那对姐妹淘就能夺冠，赢得5 000元奖金。胜出的那对姐妹淘还能成为"可伶可俐清痘调理凝露"广告明星。

活动还邀请到了"可伶可俐"赞助的08型秀新星——丁丁和文筱丙参与其中。

该活动能够同时兼具"社区网络"与"消费者创意"。并将这个活动提升到一个真人秀活动，让所有通过虚拟网络参赛的选手们能够"真实"地见面。该活动让所有参赛者明白，"可伶可俐"深层去油洗面乳不仅能洗尽脸上的油污，更能带给人自信。

活动传播

通过醒目有趣的广告语，广为流传的电视广告片以及生报名参加，更在网络上展开了激烈的讨论。每对参与活动的姐妹淘都将她们的靓照上传至活动网站。参与活动的选手们可以在官网上相互了解，增进友谊。她们更将活动信息传播介绍到其他各个网站。

超过42万名网友参与评选，选出他们最喜欢的一对姐妹淘。最终有10对选手参与"油击马拉松"。网站更为选手们开通了博客，以便她们能够为自己争得更多人气和支持。有超过6万名网友浏览了选手们的博客。真人秀活动设在潮人聚集的353广场，吸引成百上千的路人驻足观看。国内最大的视频网站优酷网则在活动现场拍摄，并上传至网络，共计有100万网友观看了活动视频。

活动效果

活动期间，约有70万网友访问了活动官网，页面浏览超过250万。超过32 000张图片上传至官网，10对选手连同一对明星选手共同参与"油击马拉松"，体验趣味考验诸如双人甲腿，劲舞秀等等，胜出的姐妹淘更赢得现金奖励。

可伶可俐控油产品优势传递给了目标消费群——90后女生，让她们体验一整天不出油的清爽感受，体验产品带来的全天控油的优点。而活动期间，可伶可俐产品销量大幅上升，增长率达37%。

（资料来源：DDB中国，"油击马拉松"可伶可俐广告案例分享，广告大观综合版2010.01，有改写）

评析： 该营销策划无论从活动设计，还是宣传手段上都完全贴合90后爱玩爱炫爱出名的心态。

| 思考题 |

1. 什么是营销策划？它有何特点？

2. 营销策划的基本程序如何？

3. 营销策划主要涉及哪些内容？

4. 撰写营销策划书应遵循哪些原则及程序？

5. 简述营销策划的内容。

6. 试对一家企业的产品进行调查分析，并在此基础上撰写一份营销策划书。

本章实训

一、实训目的

通过对企业的产品（服务）或某一事件营销策划，使学生了解营销策划流程与方法，理解营销策划其对企业市场营销的作用与意义，学会撰写营销策划书。

二、实训内容

1. 实训资料：拟定企业的产品或某一事件营销案。

2. 具体任务：根据本章对营销策划的学习，分小组策划某企业产品营销方案或事件营销方案。

3. 任务要求：

以自己熟悉的本地企业为例，撰写企业产品或事件营销的策划书，要求根据营销策划流程掌握策划流程5个方面的内容：营销（市场）分析、营销目标、营销定位，营销战略与策略组合（战术），实施与监控。

三、实训组织

1. 根据全班上课人数，将全班同学分成若干小组，采取组长负责制，全体组员协作完成课堂任务。

2. 确定所选企划项目后，各小组进行下一步分工，对营销企划案进行分析、汇总。

3. 经过小组讨论后，完成实训报告及汇报PPT。

4. 根据课时具体安排，不同小组分别选派成员对报告进行讲解，并回答其他组成员的问题。

5. 任课教师对实训课程的结果进行总结，提出相应的意见及建议。

四、实训步骤

1. 任课教师布置实训任务，介绍实训要点和搜集材料的基本方法。

2. 各小组明确任务后，按照教师指导根据具体情况进行分工。

3. 各小组定期召开小组会议，对取得成果进行总结，遇到问题及时与指导教师沟通。

4. 完成实训报告及展示所需要的PPT等材料。

5. 各小组对创业项目进行课上汇报，教师对各组的汇报进行点评及总结。

市场营销新发展

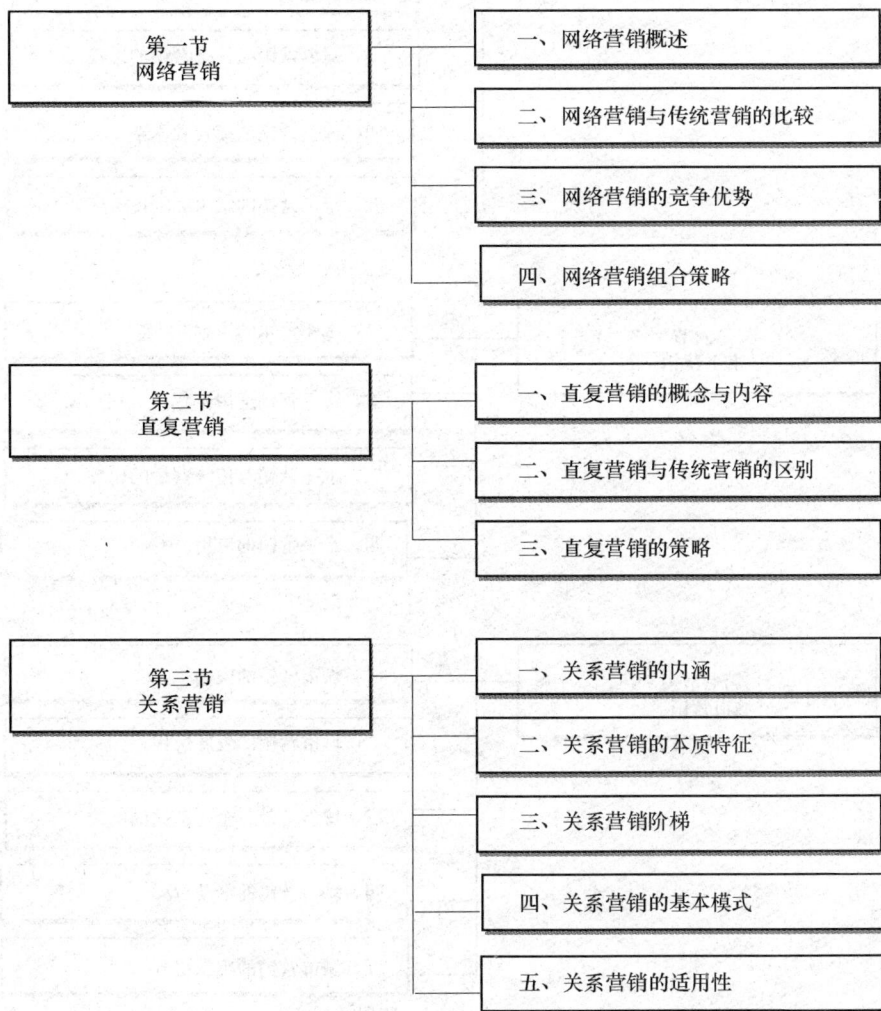

第一节 网络营销	一、网络营销概述
	二、网络营销与传统营销的比较
	三、网络营销的竞争优势
	四、网络营销组合策略

第二节 直复营销	一、直复营销的概念与内容
	二、直复营销与传统营销的区别
	三、直复营销的策略

第三节 关系营销	一、关系营销的内涵
	二、关系营销的本质特征
	三、关系营销阶梯
	四、关系营销的基本模式
	五、关系营销的适用性

```
┌─────────────┐     ┌──────────────────────────┐
│   第四节     │─────│ 一、服务业和服务产品       │
│  服务营销    │     └──────────────────────────┘
│             │     ┌──────────────────────────┐
└─────────────┘─────│ 二、服务营销核心理念       │
                    └──────────────────────────┘
                    ┌──────────────────────────┐
              ──────│ 三、服务营销组合           │
                    └──────────────────────────┘
                    ┌──────────────────────────┐
              ──────│ 四、服务营销战略的整合     │
                    └──────────────────────────┘
                    ┌──────────────────────────┐
              ──────│ 五、服务质量SERVQUAL模型   │
                    └──────────────────────────┘

┌─────────────┐     ┌──────────────────────────┐
│   第五节     │─────│ 一、绿色营销的概念         │
│  绿色营销    │     └──────────────────────────┘
│             │     ┌──────────────────────────┐
└─────────────┘─────│ 二、绿色营销观念           │
                    └──────────────────────────┘
                    ┌──────────────────────────┐
              ──────│ 三、绿色营销与传统营销的比较│
                    └──────────────────────────┘
                    ┌──────────────────────────┐
              ──────│ 四、绿色营销的模式和体系   │
                    └──────────────────────────┘
                    ┌──────────────────────────┐
              ──────│ 五、绿色营销的组织和制度保障│
                    └──────────────────────────┘

┌─────────────┐     ┌──────────────────────────┐
│   第六节     │─────│ 一、水平营销的概念         │
│  水平营销    │     └──────────────────────────┘
│             │     ┌──────────────────────────┐
└─────────────┘─────│ 二、水平营销运用步骤       │
                    └──────────────────────────┘
                    ┌──────────────────────────┐
              ──────│ 三、水平营销与传统营销的比较│
                    └──────────────────────────┘
                    ┌──────────────────────────┐
              ──────│ 四、水平营销的应用         │
                    └──────────────────────────┘

┌─────────────┐     ┌──────────────────────────┐
│   第七节     │─────│ 一、城市营销的内涵         │
│  城市营销    │     └──────────────────────────┘
│             │     ┌──────────────────────────┐
└─────────────┘─────│ 二、城市营销的发展历程     │
                    └──────────────────────────┘
                    ┌──────────────────────────┐
              ──────│ 三、城市营销与企业营销的比较│
                    └──────────────────────────┘
                    ┌──────────────────────────┐
              ──────│ 四、城市营销的活动过程     │
                    └──────────────────────────┘
                    ┌──────────────────────────┐
              ──────│ 五、城市营销的组织机制     │
                    └──────────────────────────┘
```

■ 掌握网络营销的概念及功能

■ 掌握直复营销的概念及内容

■ 了解关系营销与交易营销的区别

■ 了解关系营销的基本模式

■ 了解服务营销的核心理念及服务营销组合

引导案例　"品牌＋闪购"的唯品会营销模式

唯品会名牌时尚折扣网，是唯品会信息科技有限公司注入巨资打造的中高端名牌特卖的新型网站，成立于 2008 年。唯品会是目前国内最大的网上品牌特卖商，其所倡导的"品牌＋闪购"营销模式彰显出其强劲的实力和竞争力。唯品会成功地获得了"中国在线零售 30 强"，在名牌折扣 B2C 中排行 No. 1。

唯品会的创办人洪晓波从法国的购物网站 VP 得到灵感。该网站每天早上七点上新品，吊足了一些家庭主妇、职场白领的胃口，这种正品闪购让消费者获得了很大的消费者剩余。抢购的快感可以满足不同层次消费群体的要求，从渴求以低价买到大牌产品的普通消费者到这些品牌已经拥有的忠实客户群。这一网站在法国的成功运作，促成了唯品会在中国的诞生。

唯品会从创立之初就秉承"正品折扣＋限时抢购"，囊括了名牌服饰、潮流化妆品、时尚配件、生活用品等各方面的商品，每天 100 个品牌上线销售。在唯品会，消费者可以实现一站式的购物。但是，在创办之初，网站的定位是奢侈品，目标客户是高端消费者，近三个月的阵痛后，创办者灵敏地认识到这样的网站在中国缺少市场潜力，于是迅速转向中端品牌，在电子商务的黄金时期，在中国站稳了脚跟，从此，唯品会如鱼得水，得到迅速发展。

（资料来源：么志丹，唯品会营销策略分析，中国市场 2014 年第 5 期，有改写）

引导问题

唯品会成功基础是什么？唯品会网络营销与传统营销要何区别？

第一节　网络营销

20 世纪 90 年代中期后，随着互联网的逐渐普及，传统营销受到猛烈的冲击，网络营销成为当前流行的营销手段。在现代公司的客户中，互联网用户占了相当大的比例，互联网已逐渐成为公司与客户之间沟通的新渠道。

一、网络营销概述

1. 网络营销的概念

网络营销是一个非常广泛的概念，它包括新时代的传播媒体、信息高速公路、数字电视网、电子货币支付方式等，其运作过程包括网上的信息收集、商业宣传、电子交易、网上客户服务等。因此可以说，网络营销（Cyber marketing、Online marketing 或 Electronic marketing）是利用计算机网络、现代通信技术以及数字交互式多媒体技术来实现的现代营销方式。其中最为流行的方式是电子商务，其概念是"通过网络通信分享商业信息，维系商业关系，进行交易"。

2．网络营销的功能

网络营销特点是覆盖全球，没有地域和时间的限制，随时传递企业的形象、经营和产品等信息；而其多路传送、适时快捷的功能，可将产品的最新信息提供给众多的客户供同时阅览或查询。

网络营销和其运作的环境 Internet 在市场营销中所发挥的功能可归纳为以下几点：

（1）推广企业的形象与经营理念。

在目前开放的市场竞争态势下，企业除了制造和销售产品外，更应强化品牌和形象，而利用 Internet 的功能可使企业的形象推广变得更加生动。通过精心设计的网页，可以深刻表达企业的形象与经营理念，及时传播各种信息，例如，企业的基本状况、近期规划、发展远景、技术及服务等，这些都有助于企业贴近自己的客户，与客户间达成更多的共识，建立起相互信赖的关系。

（2）产品的推广与信息发布。

推销产品当然是网络营销的核心。运用计算机网络可以使产品的推销过程更加生动，除提供产品的规格型号及销售信息外，产品的外观、功能、使用方法甚至制造过程等都可以通过多媒体信息形式呈现给客户，增加了知识性、趣味性和真实性。另外可配合营销活动开展多姿多彩的促销活动，如网上摸彩、虚拟旅游等都是网上常用的促销手段，这些都有助于吸引客户或潜在的客户。

（3）与客户进行在线交易。

通过网络收集订单，交付"集成制造系统"——根据订单，实现产品设计、物料调配、人员调动，完成生产制造，实现在线交易。

自 1998 年 7 月，英特尔（Intel）公司营销网站开通以来，其平均月营业额达 10 亿美元，这个数字使 Intel 在 Internet 所有商务网站排行榜中名列榜首；目前美国戴尔（Dell）公司的网络订单每天高达 1 000 万美元，每月营业额为 3 亿美元，比由其他渠道卖出的电脑带来的利润高出 30%；思科（Cisco）公司每月营业额约 4 亿美元，今天该公司全部业务量的 62% 来自 Internet。

（4）通过网络收集各种信息。

通过网络还可收集各方面的信息，如时事、经济、技术、用户需求等，并反馈回生产销售活动的主体——企业，由此开拓新思路、采用新技术、开发新产品。再通过网络进行宣传，与需求者进行沟通。例如，通过网页上在线填写的一些调查表格，可获取客户信息及他们的反馈，甚至可据此先期分析出不同的消费习性群体，为下一个生产、销售循环做好准备。

（5）提供多元化的客户服务。

网络服务就像一个虚拟的销售人员，通过友好的网页界面和丰富的数据库，同时提供多人、多层次的数据咨询、意见交流、业务技术培训以及售后服务等，使客户可以获得自己所需要的内容，享受多元化的服务。

3．网络营销的分类

根据不同的营销主体，网络营销大致分为三种不同的种类。

（1）根据营销主体与对象的不同，可分为：企业对消费者（Business to Customer，简称 B to C），在网上从事零售；如 www. amazon. com 网站。企业对企业（Business to Business，简称 B to B），企业采购，如 www. freemarkets. com 网站；消费者对企业（Customer to Business，简称 C to B），消费者提出报价，从企业购买产品，如 www. priceline. com 网站；消费者对消费者（Customer to Customer，简称 C to C），消费者拍

卖。如 www. ebay. com 网站。

（2）根据营销主体有无网站，分为无站点营销和有站点营销。前者利用因特网资源进行信息发布、电子邮件联络等售点进行营销活动。后者利用自己的网站进行营销活动，如网上直销、网上服务等。

（3）根据营销主体的经营性质，可分为基于网络公司的"网站营销"和基于传统公司的"网上营销"。

营销链接 15-1 ....

微信传播

作为网络传播时代的新媒介，微信拥有独具一格的传播特性。首先，社会化关系网络的属性使得微信具有点对点、实名交际的特征，在一定程度上跨越了真实空间与虚拟空间的鸿沟，更加贴近人们的生活。其次，微信的信息传播会出现同质群体范围的扩散，传播者在进行点对面的信息发布时，可以自行选择所面对的"面"，从而加强信息的传播效果。

与微博的公共社交、人人网的泛熟人社交不同，微信主打的交流范围是熟人群体。尤其在微信客户端与私人手机号码绑定的情况下，现实中存在的真实社会交往关系被直接复制到微信中。微信社交中，社区化网络传播的特点十分明显，微信用户会依照现实中的社交格局进行人际交流。

二、网络营销与传统营销的比较

网络营销是一种新兴的营销方式，它并非是要取代传统的营销，而是基于信息科技的发展，来创新与重组营销方式。传统营销与网络营销的区别见表 15-1。

表 15-1　传统营销与网络营销的比较

项目	传统营销	网络营销
营销环境要点	农业经济、工业经济环境，注重实物流、货币流及形成的流程环节	以 Internet 为基础的信息经济环境，注重信息的公开性，实物流与货币流
营销接触界面	面对面，或电信手段辅助下的面对面	远程，以 Internet 的信息资源平台 Web 为网络营销的界面
产品	目标市场确定慢、产品定位批量大，产品生命周期长，新产品开发风险大	任何种类的产品或服务项目，但现阶段网络上最适合的营销产品是一些流通性高的产品，如书籍、报刊、信息软件、消费性商品等
价格	企业的合理利润以及顾客可以接受的价格是否得到考虑？定价是否符合公司的竞争策略	与传统营销所用的营销基本相同，但在 Web 上进行销售时，价格调整更具竞争力
地点	取决于营销双方或多方间的物理距离	虚拟电子空间中的 WWW 成为营销的新途径，电子空间距离代替物理空间距离
促销	企业如何通过广告、公关、营业推广和人员推销等手段将产品信息传递给消费者以促成消费行为的达成	线上促销具有一对一的特性，并且以消费者的需求为导向
销售模式	产品物流过程，依赖库存和中间环节的迂回模式	实现零库存、甚至无分销商的高效运作，直接模式
决策	根据企业营销环境、对企业产品的组织、市场定价、销售渠道、物流管理、促销手段及广告等进行综合决策。主要依赖人工、经验	除传统营销因素外，增加了以 Intranet（企业内部网）连接 Internet 构成的信息系统综合环境下的在线决策

三、网络营销的竞争优势

（1）营销功能的整合，实现一对一营销。网络营销能够将产品说明、促销、顾客意见调查、广告、公共关系、顾客服务等各种营销活动整合在一起，进行一对一的沟通，真正达成营销组合所追求的综合效益。

（2）营销活动不受时间与地域的限制，结合文字、声音、影像、图片以及视讯，用动态或静态的方式显现，并能轻易迅速的更新资料，同时消费者也可重复的上线浏览查询，从而使企业具有低成本优势。

（3）网络营销减少了中间流通环节，实施低库存甚至零库存生产，显著降低经营成本，提高经营效率与经济效益。

（4）网络营销能运用问卷、网络、资料库等手段，以最新最快的方式获取顾客信息。通过网络上互动的资料修订与强大的统计功能，拥有大量主要顾客与潜在顾客的完整资料。

四、网络营销组合策略

网络营销组合与传统营销的实质是一样的，满足有利益的市场需要，不管这些消费者是通过网络还是通过更传统的渠道进入。但是，在如何发挥营销组合的各种因素和在网络环境中把它们组合成一个营销战略是有很大差异的。必须切记因特网是个变化多端的营销环境，也就是意味着网络营销组合必须同步地经常改变。

1. 产品因素

因特网和万维网迅速增长为向消费者和企业出售产品提供了激动人心的机会。通过因特网购买使企业的销售降低了成本，改进了它们的客户服务，加强了它们与顾客和供应商的交流。计算机和计算机外延产品、工业用品和软件包是主要的企业网上购物内容。消费品只占因特网的一小部分，但增长迅速，消费品中的购买主要是证券、旅游和书籍。通过网络营销，公司可以提供产品，包括商品、服务和创意，这会带来独特的益处，即提高顾客的满意度。

在线销售的商品，如计算机硬件和软件、书籍、影碟、唱片、玩具、汽车，甚至杂货都以惊人的速度在增加。例如，戴尔公司每天向消费者和企业出售总价值1 200万美元的计算机。美国电子海湾（eBay）作为一个网上拍卖场所，将各种产品与购买者连接起来。然而，公司运送有形产品的能力却受到了由于定制化送货的较低的边际利润的挑战。

某些服务也可以上网销售，甚至可能会比商品更成功。许多因特网在线经纪商提供网上股票和债券的交易，还提供报价、新闻、研究、计划和其他特别服务。航空公司通过其网站订购机票。

2. 价格因素

因特网使消费者比以往任何时候都能获更多的产品成本和价格的信息。例如，汽车购买者可以进入许多汽车制造商的网页，确定理想的车型，获得及时的成本反馈。然后，他们可以带着比过去多得多的价格信息去购车。因特网不仅帮助消费者进行比较购物，而且使那些把价格作为营销组合中关键因素的生产商有机会将定价信息传递给顾客。营销人员可以利用因特网促进价格和非价格竞争。

一些组织在因特网上实行低价政策。例如，航空公司，可以在网上订票，并通过网上旅行安排给顾客提供省钱的机会。网上的低成本促销导致了产品的低价。例如邮寄目录非常昂贵，但假如公司可以节约成本，并以较低的价格让利给消费者，就可取得竞争优势。

网络营销领域里与价格有关的一种支付方式是数字货币（digital currency），但它仍处于萌芽阶段，即一个消费者在网上建立账户，使用信用在线交换系统，这样一个系统的功能类似于今天的记账卡，不同的是它的信用完全是数字化的。但是，可能还要有一段时间才能使数字货币广泛的使用，考虑到因特网上公开的结构和无法控制的发展，许多长期用户已习惯于免费获取大多数的内容，他们可能会拒绝支付金钱给所使用的信息的提供者。营销者们不得不去说服用户，网上提供的信息是有支付价值的。同时消费者也习惯于用信用卡支付网上购物的费用。如果有足够多的消费者习惯于用信用卡在网上支付，但没有一个创新性的营销战略的话，数字货币系统是无法成功的。

3. 分销因素

分销渠道是让产品以正确的数量、正确的时间和正确的地点得以运送。实体分销适合网络营销。电子制定订单和通过因特网提高交流速度的能力，减少了营销分销渠道的低效、成本和过剩。同时它加快了传送速度和提高了为顾客服务的水平，因特网的互动性使公司能与他们供应链的成员发展紧密的合作关系。

准许供应商获取顾客交易的数据有利于促进营销渠道更好地协调。通过电子方式了解公司的顾客们订购了什么，供应商可以精确地知道什么时候运送原料来满足需求，使之可以减少手头的库存，这就降低了公司的运输成本。例如，沃尔玛与宝洁公司和其他生产商交换有关库存量和产品的信息，因而建立了伙伴关系，使它所有的供应链成员的竞争优势最大化并获取利益。由于因特网提供了必需的积极合作和沟通，供应链的管理得到加强。

越来越多的公司正在推进搜索信息技术的进步，以同步推进它们的生产或与顾客的合作的关系，这种在公司内各种运营间信息共享的发展更易于产生。营销者可以利用他们的网站获取顾客的需要，然后生产顾客需要的产品。例如，盖特威（Gateway）和戴尔，通过询问顾客所需配件，帮助顾客建造他们自己的计算机，然后，这些公司在几天内直接将定制的产品送到顾客手中。

由于生产商和供应链上其他成员之间先进技术网络的建立，企业对企业的交易得到了进一步发展。企业外部网（联系公司与顾客、供应商的安全网络）的使用已推进了产品的分销、订单处理、库存管理的协调。企业对企业网络营销基础设施的发展令产品分销更有效、灵活和低廉，因而提高了顾客的满意度。

4. 促销因素

因特网是一个互动的载体，可以使用它来通知、娱乐、说服目标市场接受企业的产品。因特网的获取给营销者带来令人激动的机会以扩大和完成他们传统的促销服务，使消费者得到最好的产品。大量的电影制片厂都建立网站让访问者可以看到最新的电影剪辑，新影片的电视广告节目常常鼓励观众访问这些网站。另外，一些电视网也设立网站，提供观看指导和额外的内容来增强其娱乐性。

网络营销的特性使因特网上的促销活动不同于运用传统媒体的活动。首先，因特网用户可以控制他们浏览什么，顾客选择访问一个公司网站，这就暗示着他们对公司的产品有兴趣，因此，可能会更积极地参与公司提出的信息和对话。其次，因特网的互动性使营销者能进行与顾客的对话，以更好地了解顾客的兴趣与需求。这种信息可以用于个体顾客以减少促销广告。例如，亚马逊公司根据名字来辨认顾客，前提是如果他们从前从该网站购过图书，然后根据他们的购买记录推荐他们可能感兴趣的书目。最后，可获取性意味着直接面对具体顾客的营销活动可以更有效。事实上，结合顾客数据库有效分析的直接营销可能成为一个网络营销最有价值的促销工具。

营销案例 15-1 ....

"罗辑思维"的微信营销

"罗辑思维"是资深媒体人罗振宇的互联网视频知识脱口秀节目《罗辑思维》的同名微信公众平台，仅一年多的时间，已吸引108万粉丝关注。该公众号每天早晨推送一条罗振宇录音的60秒语音，语音最后一般会提供一个关键词，以便自动回复阅读一篇推荐文章。

"罗辑思维"的声名鹊起缘于两次"无理"的会员招募，罗振宇本人称为"爱的供养"。会员招募条约中并不明确会员权利，而是"喜欢罗胖，就给他钱"这种愿者上钩的逻辑。结果，两次会员招募都在短时间内分别帮助"罗辑思维"筹资160万元和800万元。如今，"罗辑思维"已从一款互联网视频产品，发展成为最先锋的互联网趋势社群第一品牌。

其成功的关键如下：

其一，瞄准平台。强关系、强到达、强交互的微信是做社群的核武器。与其他微信营销模式不同，微信公众平台的点对点传播模式十分适用于精准客户（公众号订阅用户）的定位，并且其信息的到达率是100%，这使营销人士只需要把有限的精力投入到推送内容而不是不厌其烦地推广运营上。内容为王。"罗辑思维"公众号每天只推送一段60秒的音频和一篇由关键词延伸的链接文章。该公众号的全部精力和养分全都被浓缩到了60秒的音频之中。粉丝对"罗辑思维"的追捧正是对音频内容的喜爱。可见，微信公众号营销的根本在于"言之有物"，恰当的内容很容易获得单一受众的认可和有效的再次推广。

其二，精准定位客户群体。作为一个通过微信集结的网络社群，其成员间必然有相同之处。罗振宇认为，看似"无理"的会员招募是识别与"罗辑思维"志同道合者的方式。"活跃"、"铁杆"、"年轻"是"罗辑思维"粉丝的标签。一群素不相识的人以"罗辑思维"为结点聚集到一起，为的是相同价值观的交换和分享。微信营销的价值在这里得到体现——合适的微信营销策略可以迅速而有效地拓宽目标客户群。

（资料来源：尹妍，微信营销的策略与局限，青年记者2014年9月，有改写）

第二节　直复营销

直复营销起源于20世纪50年代，直复营销最早以直接邮寄的方式出现，这种一对一的营销方式自其诞生以来，就以其独特的魅力引起了一场营销方式观念的变革。

一、直复营销的概念与内容

1. 直复营销的概念

直复营销是为了达到量化的市场营销目标，公司与顾客或潜在的顾客之间进行直接接触，并系统地使用数据信息的沟通过程。直复营销（direct marketing）是无店铺零售的一种最主要形式（图15-1）。

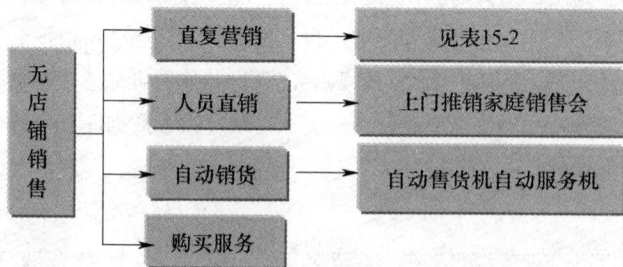

图15-1　无店铺销售分类图

直复营销意味着与顾客是一对一的营销形式，绕过代理商、分销商和零售商等中间环节，直接面对消费者。直复营销进行促销的目标在于与顾客建立一种长期的关系，并通过直接联系及时获得反馈信息和传播公司的产品与服务，从而最终建立顾客忠诚。

2. 直复营销的内容

直复营销并不仅局限于大众所熟知的直接邮寄的方式，直接营销所包含的内容非常广泛，如表15 - 2所示。

表 15 - 2 直复营销的工具

直邮	直接邮寄
电话营销	电话营销
目录销售和直接销售	期刊、插页
以媒体为基础的直接反应广告	报刊广告、杂志广告、展览广告、直接反应电视广告、直接反应电台广告、招贴广告、电影广告
新媒体	互联网、光盘、多媒体销售、互动电视直销、产品影碟

（1）直接邮寄。直接将信件经过邮局寄到客户或潜在客户的手中的一种方法。直邮是一种具有独特化和目标性的营销形式。直邮分为硬销方式（Attention/Interest/Desire/Action，AIDA）——注意力 + 兴趣 + 愿望 + 行动，和软销方式（Situation/Complication/Resolution/Action/Politeness，SCARP）——情景 + 困难 + 解决方案 + 行动 + 礼貌。

（2）直接反应广告。与一般反应广告不同，它要求客户和潜在客户作出反应：索要样品、寄回参赛券、电话预约、写信等方式。这种直接营销方式的发展得益于技术的演进和企业期望准确测定沟通的结果。许多广告商将其作为一种建立数据库的基础。

（3）电话营销。通常分为外向拨打电话和内向接受电话（比如800免费电话）。电话营销并不仅是指电话销售，其也可作为其他销售方式的补充。因为通过电话可以与顾客或潜在顾客进行直接交流。电话营销展示了直接营销的广阔应用领域：销售、询问解答、接受订货、关心顾客、市场调研、顾客不满的处理、支持其他直销活动等。

（4）目录销售（邮购）。是指把目录直接寄给顾客和潜在顾客并附上购货单的一种方法。目的是将给分销商的利益转移给消费者。

（5）上门推销。通常是指通过信箱发送的没有写收信人地址的邮件和销售宣传品，如优惠券、小册子和样品。这种方式以其锁定目标、范围精确、整体性强、内容详细、成本低廉、及时有效和印象深刻而著称，虽缺乏电视广告的魅力，但也不乏独特的优势。

（6）新媒体。随着技术的发展，对直接营销的推动力越来越明显。通过互联网缩小了企业与客户之间的距离，也降低了成本，同时客户数据库的管理由于联机网络、电脑、通信、交互式数字媒体等技术的引进而更加完善。

二、直复营销与传统营销的区别

直复营销与传统营销是有区别的，传统营销强调的是树立企业形象和引起人们对产品的注意。而直复营销则强调购买某产品能给消费者带来的利益，并且广告中还为顾客提供了向公司直接反应的工具，例如，直复营销人员向顾客提供免费电话的号码，或者是附上一张购买优惠券，有时也附一个回言卡。

下面主要以邮购为例来研究一下直复营销与传统营销的本质区别，如表15 - 3所示。

表 15－3　直复营销与传统市场营销的区别

项目	直复营销	传统营销
对象及细分依据	单个顾客 以消费者资料库（姓名、购买习惯、地址）为依据	目标顾客群 以人口、心理等因素为依据
销售途径	媒体	零售店
销售服务	营销人员全程跟进	仅到分销渠道
媒体应用	针对性很强的媒体	利用大众媒体
广告目的	让消费者立即订货或查询	传递信息，产生兴趣，消费者接受广告与产生购买行为存在时间间隔
促销手段	隐蔽性	比较公开
决策资讯	部分	全面
风险	可能性大，因看不见产品	相对小，接触产品直观

直复营销与传统的市场营销相比，具有以下的独特性：

（1）直复营销能更强调与顾客建立并维持良好的关系。

（2）直复营销的服务提高了产品的附加值。

（3）媒体就是销售场所。

（4）直复营销刺激顾客立刻查询或订货。

（5）直复营销具有效果反馈功能。

通过比较可知，直复营销在某些方面确实具有传统市场营销的优越性。直复营销之所以具有多方面的优越性，最根本的原因只有一个：直复营销人员直接针对每一个目标顾客开展营销活动。

营销案例 15-2

基于新媒体的邮购公司

基于新媒体邮购模型具备完善的系统配置，包括基于浏览器的前台系统、数据库和完整严密的后台系统。其中前台系统主要负责提供产品信息浏览，接受网上订购，记录客户信息，将信息输入客户数据库、产品数据库和交易数据库。后台系统主要负责根据库存安排发货，处理交易过程中可能发生的各种情况，并对客户及公司客户服务部门提供准确的信息反馈，见图 15－2。完整、严密和高效率的系统配置是邮购公司发展网上邮购的保障。客户通过搜索引擎发现邮购公司的网站并访问这一网站，邮购公司可以通过门户网站和公共邮件列表上的广告向网民宣传本公司的网站，网友间亦可通过交流，传播有关的网站信息。引入电子商务后，邮购公司将建立新的客户资源获得渠道，并及时输入客户数据库。另一方面在互联网上树立形象、生动的三维产品展示和后台交易模型，有助于吸引客户和提高面向客户的服务质量，充分利用互联网技术，从而开发和建立新的客户管理模式。在网上和后台系统中获得的信息。见表 15－4。

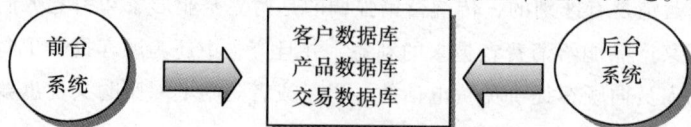

图 15－2　基于新媒体邮购模型的系统配置

表 15 - 4 基于电子商务邮购模型获取的信息反应

信息来源	客户属性	促销方向
登录的频率 经常点击的商品 订单的数量和平均定价	忠诚度	促销活动和激励方法的通知
	消费支出能力	新产品信息
	活跃程度	有针对性的导购服务
	喜好的商品	技术支持服务
	个人的品位	邮购公司的品牌提升

三、直复营销的策略

直复营销是一个相互联系的有机整体，直复营销人员通过消费者资料库的信息，有效地开展直复营销，如营销人员负责顾客的订单，这些订单要求企业直接供货。直复营销人员的作用在于与顾客建立直接关系以激发其迅速反应。这些购买反应提供了很重要的顾客信息，企业通过记录每一个顾客的购买反应，便可以知道顾客订货的频率，最近的一次订货及平均支出，并预测潜在的未来购买量。采用直复营销的方法需要进行策略的规划，主要内容包括以下四项。

1. 建立客户数据库

建立客户数据库是直复营销的起点和终点，完善、有效的客户数据库将为直复营销提供所需的信息并进行有效的分析。客户数据库不是单独的数据库，而是与财务、生产等数据库紧密相连的综合客户数据库。高效的客户数据库具备三个特征。

（1）根据客户号组建数据库。

（2）综合各类信息：个人信息、地址信息、付款信息和行为信息等。

（3）按不同的查询路线均可查到信息。

营销案例 15-3 ....

大众汽车 APP 营销

App 是 Application 的缩写，是指移动设备（主要是手机、平板电脑）上的应用程序。App 营销就是通过这些应用程序来进行品牌宣传、促销、沟通等营销活动。App 在品牌企业手里，可以是产品手册，可以是电子体验，可以是社交分享，可以是公关活动……几乎可以把整个营销流程武装一遍。

品牌 App 要吸引用户一般有三大法宝：挑战、分享、DIY。比如：举例来说，大众汽车选择了三面出击，分别做了尝试：

（1）推出一款帮助驾驶者节能的软件，通过记录下驾驶过程中的加速、减速等数据计算出环保得分和省钱潜力。这个数据还能上传到网上与其他用户 PK。这个软件推出后得到了很多人的喜爱，在享受挑战极限的快乐的同时，还能省钱和环保。

（2）大众还曾推出一款"尚酷夜摄会"的 App，让用户拍摄夜生活的照片上传，来赢取 1 年的尚酷试驾权。这正击中了尚酷的目标群体爱炫、爱社交的特点，而且通过他们都喜爱的夜生活这个特点把他们联系在一起，形成圈子。

（3）在 DIY 方面，推出了大众自造 App，用户可以发挥个性和创意，创造属于自己的专属汽车，还能把做出来的汽车放在实景当中拍照，上传到相册上与朋友分享。

（资料来源：白静 刘俊玮，APP 营销新战场，销售与市场（渠道版）2014 年 9 月，有改写）

2. 选择目标市场

确定目标市场是直复营销的重点，公司实施直复营销是想将新产品上市，还是想用产品目录或网站的链接吸引新的消费者，或是发掘潜在客户去购买产品或服务，公司首先明确营销的目标，然后通过对客户数据库的分析进而寻找和挑选出最合适的客户和潜在客户，确定目标市场。戴尔计算机公司进入中国瞄准的就是能与美国技术同步的市场，70%的产品卖给在中国的跨国企业，如花旗银行（Citybank）、摩托罗拉（Motorola）、通用电气（General Electric）、强生（Johnson&Johnson）等。50%的顾客是中国本地企业如电信、银行等需要高科技计算机的部门。

3. 寻求合适途径

直复营销的方式有六大类：直接邮寄、直接反应广告、电话、上门推销、邮购和新媒体。不同的途径所花费的成本和效益是不同的。公司要根据过去营销活动的分析、公司的目标市场、公司的财务、产品的特色和不同途径的特色等方面决定接近客户和潜在客户相对较佳的途径，花费较少的费用获取最佳的效益。戴尔计算机公司原先通过免费直拨电话向顾客提供技术支持，进入网络时代的戴尔进一步利用国际互联网推广其直销模式。

4. 设计创造性的直复营销

确定目标市场和途径之后，还有一个重要的问题就是如何用设计的方式进行营销。公司要依据不同的客户设计不同的广告、产品目录、传单或宣传材料。并在实践过程不断反馈给客户数据库，使每个设计的细节都能体现公司的良好形象，注重视觉效果，并运用刺激的手段协同说服性的宣传材料，以调整到最好的设计方式。图15-3是直复营销的流程图，揭示了直复营销活动的上述过程。

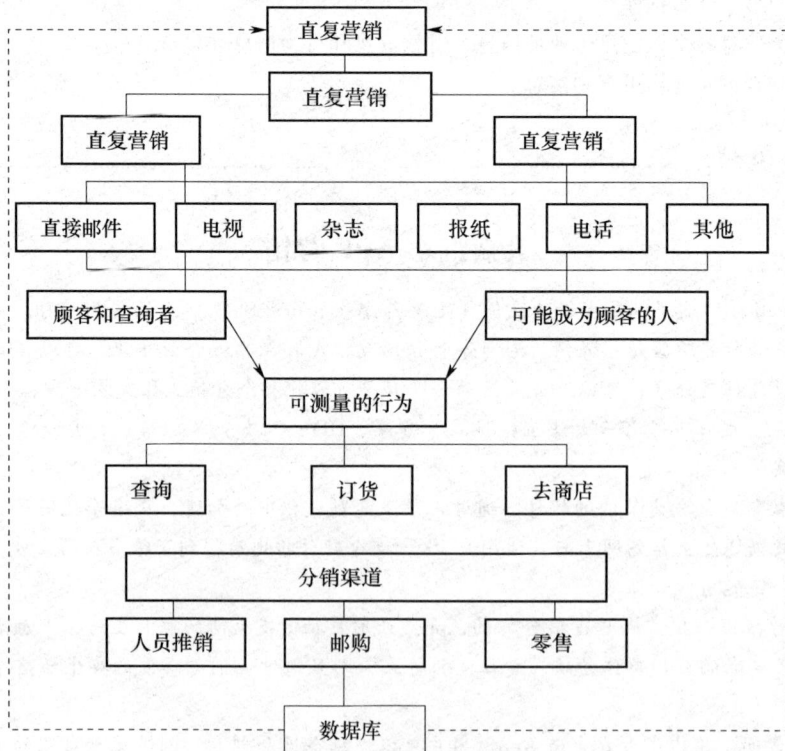

图 15-3　直复营销流程图

流程图上半部分代表着向顾客或可能成为顾客的人传递信息的广告媒体；下半部代表着分销渠道，在直复营销活动中，主要是通过邮购这条分销渠道处理顾客的订单，然后将顾客订货的有关信息存入数据库，这些新的数据库又返回到流程图上半部分，为下一次广告决策提供依据。

在流程图中，有几点必须注意。流程图中所列的所有媒体中，只有直接邮件和电话这两种媒体能与目标顾客直接联系，故一些美国学者把这两种媒体又叫做"数据库媒体"。

除了自动售货机外，市场营销人员可通过三种分销渠道将产品送至消费者手中，这三种分销渠道包括人员推销、零售和邮购。无论采取哪种分销渠道零售商品，都可进行直复营销活动来促进商品的销售。例如，通过零售店零售时，直复营销人员可将商品目录或奖券通过邮寄送至消费者手中，引导消费者来商店购买；采用人员推销这种分销渠道时，也可通过直复营销先将有购买意向的顾客确定下来，指导推销人员对这些顾客进行重点推销，极大地提高了人员推销的效率。

营销案例 15—4

《读者文摘》——吟唱直复营销的"波斯诗人"

《读者文摘》发迹的故事，完全是直复营销的运作概念，到了今天《读者文摘》之所以成为全球发行量最大的杂志，直复营销功不可没。其中最著名的例子就是其在上世纪 50 年代所推出的"两分钱"信函。

波斯诗人的"两分钱"信函

1950 年，当时的《读者文摘》发行部主任法兰克·赫伯特（Frank Herbert）写了一份简短的信函给他们的读者：亲爱的读者：一位古波斯诗人曾写着"如果你有两分钱，一分钱买面包，另一分钱为了你的灵魂去买风信子。"波斯诗人的"两分钱"信函后来发展成为《读者文展》的"两分钱"策略，并以多种形式表现出来。后来在文摘的精选书籍俱乐部中，也被成功地运用上了。"两分钱"策略使《读者文摘》够资格称得上全球最大的直复营销测试实验室，《读者文摘》也就此创造了传媒业中的奇迹。

直复营销具有两大特点，其一是直接与消费者发生接触，致力于建立和维护客户关系，而不是以直接产生销售为目的。《读者文摘》的创办本身即充分体现了这一特点。《读者文摘》的两位创始人，将散布在各报章杂志的美好文章收集起来剪贴成一本，送去印刷厂大量印刷，完成之后便利用电话簿上的地址寄到各处，并在每本书中附一张回函，表示如果收到书的人愿意以后再看到这样的内容的书，请将回函与订阅金额寄回。这项本不被寄予盈利希望的投资，却促使全球发行量最大的杂志得以诞生。在随后的几次大规模运用"两分钱"策略时，杂志也并没有将直接扩大订阅量作为目的，而是追求读者对杂志品牌的信任和忠诚。以至于许多对《读者文摘》不感兴趣的读者，都会将"两分钱"信函退还，因为在他们心目中，《读者文摘》诚信、坦率的品牌形象已经生根发芽，他们也决不能贪图这一点小便宜。《读者文摘》因此赢得了众多读者，甚至不是其读者的人，并因而愿意响应杂志的其他活动和倡议。

直复营销的第二个特点是营销效果可以更方便地测量。这对统计读者信息、总结营销经验和改进营销策略颇有助益。在"波斯诗人"信函发展到"两分钱"策略的过程中，直复营销的效果可方便测量的特点发挥了很大作用。在《读者文摘》使用"波斯诗人"信函时，经有关人士估计，如果以促销结果的 10 分～100 分的范围来评估，波斯诗人信函的效果约有 35，而后，读者文摘在将订阅卡的设计加强美化之后，效果又增加到 45。后来，这一分值一度有所下降。而后来经过改进的"波斯诗人"信函中，用一种金色塑胶制的"储蓄代用卡"，使其回收率又升 45 分。之后，将"代用卡"与"波斯诗人信函"一起使用后，回收率一度达到 50 分。

至"两分钱"策略成型后，当时的营销主管进行了三种测试方式。第一种是将两分钱直接粘在"波斯诗人"信函上。并在订阅卡上附一个用来装一分钱的小袋子，邮件里有附一个信封来装订阅卡与那一分钱。其余的仍是最基本的新订户试阅方法。这一方案的反馈效果得到了 60 分。第二种方法就是以一分钱寄给目标读者，文案内容则改为："这是你为了灵魂的风信子而存的一分钱。"这个方式虽只得 50 分的效果，却节省了每千份邮件 10 英镑的邮资成本。第三种方法则是以一种全新的订阅条件与两分钱结合使用，他在文案的内容中仍沿用波斯诗人的构想，不同的是，他在信中告诉读者，现在每订阅一年 12 本收费 1.98 美元的整数给公司，省略找零的麻烦。信封上的文案改成："这里是找给您的两分钱。"这次的回应率增加到75。其后他们又把装在信封内的两分钱显露出来，回应率又增加至 80。这也是《读者文摘》的一大突破。

"波斯诗人"的诗句如何吟唱

直复营销虽以邮发渠道进行推广，但直复营销并不是可以随意使用。"波斯诗人"吟唱直复营销也有其系统和独特的方法。

第一，应选择合适的投递渠道，以及投递信函的内容。这应与杂志的内容及市场定位相匹配。《读者文摘》因为是大众杂志，读者群更宽泛，因此其直复营销策略可以选择公用电话簿上的地址，向大众大面积投递。但作为体育、军事、棋牌等受众群较为狭窄的杂志，则应该选择其他投递渠道。信函的内容也不可像《读者文摘》一样，使用"波斯诗人"文学性的文案，而要切合读者的阅读需求。

第二，直复营销的信函应该是服务式的，给读者以便利。而不能是强加的。否则，极易引起受众的反感，得不偿失，也失去了建立品牌忠诚度的意义。《读者文摘》的"两分钱"信函最终即演变成为一种向读者提供便利的服务。比如在《读者文摘》精选书籍俱乐部单本新书的促销信函中，里头就写道："你订阅的这一本书只需 8 分钱，但为了你的方便请寄来一毛钱，也请收下预先找您的 2 分零钱。"在这里，直复营销的目的是帮助读者减少订阅杂志的麻烦，而不是简单地促进销售，因而也获得非常好的销售结果。

第三，建立完整的数据库用于分析营销效果。能方便地测量营销效果是直复营销的一大特点，因此，如果在后期忽略了建立和分析数据库的工作。直复营销的效果则会大打折扣。《读者文摘》不断修正"两分钱"策略，即是建立和分析数据库的结果，并进行科学合理的评估和修正，使"两分钱"策略趋于完美。

第四，还应当利用一次直复营销的副产品及时扩大影响。《读者文摘》"两分钱"策略产生的副产品是大量被寄回和无法投递的两分钱信函。《读者文摘》若要将这些退回的信封打开将硬币取出来，每个信封还须花 4 分钱的成本。面对大量难以重复利用的硬币，《读者文摘》与当地的凯斯寇山男童俱乐部联合，请来许多男童当临时工作人员，请他们将信封一一拆下来。把收集起来的硬币分成两堆，一堆送给俱乐部当作经费，一堆则让公司本身再利用。这一举两得的办法解决了杂志的难题，同时也为杂志树立了慈善家的美名。

如今，《读者文摘》已经成为大多数美国人生活的一部分，杂志也不必再依靠波斯诗人和"两分钱"信函提高杂志的订阅量。但其成功的直复营销案例，却使《读者文摘》成为传媒业营销历史上的经典。波斯诗人书写的诗句，值得国内传媒业吟唱传颂。

（资料来源：中国博客网）

第三节　关系营销

关系营销是在传统营销的基础上融合系统论、协同学、传播学等社会学科的思想而发展起来的。关系营销是 20 世纪 70 年代首先由北欧的学者提出来，自 20 世纪 80 年代以来，关系营销理论得到了广泛的传播、发展与应用的一种以科学理论和方法为指导的新型营销观念，其产生是营销理论的又一个里程碑。

IBM 借网球赛进行关系营销

2001 年 7 月，IBM 为温布尔登网球赛创建官方网站，并首次在网站上推出了 IBM 的实时比分系统。该系统通过 Java 程序将个人电脑与球场的数百个摄像头连接，使用户在电脑桌面上获得一个"虚拟座位"来随时了解比分情况，甚至观看比赛场景。当时全球有 450 万用户下载了这一 Java 程序，决赛时打开了 IBM 实时比分系统的观众超过 23 万人。这相当于帮助 IBM 邮送了至少 450 万份产品体验。

一套完整的关系营销方案至少包含关系和数据策略、互动渠道平台和知识中心三个部分的内容。

关系和数据策略意味着首先必须明确关系营销的目的，即需要和何种客户建立何种关系。在 IBM 的例子中，关系营销的重点在于和全球范围内对 IBM 技术可能产生兴趣的高级经理建立业务往来的关系。观看网球的观众本来就是知识层次较高的细分群体；另外，高级经理们没有太多的时间看电视，而网络和笔记本电脑已经成为他们工作的标准配件，无论他们在办公室也好，在外出差也好，都可以很方便地通过网络来偷空看一眼自己喜欢的体育节目。综合这些考虑，高级经理们是最可能使用该 Java 程序观看球赛，看了球赛后，他们也是最易于与 IBM 技术产生共鸣的群体。

通过网球赛和互联网技术实现了与观众互动之后（互动渠道平台）。接下来的问题，是利用和观众已经发生的互动，来构建有效的数据库系统（知识中心）。IBM 首先设立了一个取得顾客相关数据的方案，在实时比分系统的 Java 程序窗口关闭时他们会让对此技术感兴趣的用户填一张表格，注明职位和联系方式，并声称将进一步提供更为详细的产品资料或派销售人员登门拜访。用户信息到达并存储在数据库后，进行仔细分析，因为根据经验，往往 30% 的用户会对公司贡献 60% ~70% 的价值，因而帮助公司分别出核心价值用户是非常必要的。

IBM 通过有创意的互动获得用户的初始信息后，营销人员就可根据数据库得到的核心价值用户名录，通过各种沟通方式与这些潜在客户持续互动，最终实现企业的客户价值。这种关系营销的思想被公司视为一项长期的策略。

一、关系营销的内涵

传统的市场营销是企业利用营销 4P 组合策略来争取顾客和创造交易，以达到扩大市场份额的目的。随着消费文化与心理的改变以及计算机网络的发展和扩大，市场竞争日趋激烈，与寻求新顾客相比，保留住老顾客更便宜、更经济。以顾客的满意与忠诚度为标志的市场份额的质量取代了市场份额的规模而成为决定利润的主要因素，由此产生了新的营销理念——关系营销。

关系营销突破了传统的 4P 组合策略，强调充分利用现有的各种资源，采取各种有效的方法和手段，使企业与其利益相关者如顾客、分销商、供应商、政府等建立长期的、彼此信任的、互利的、牢固的合作伙伴关系，其中最主要的是企业与消费者的关系。关系营销体现了更多的人文关怀的色彩，而少了赤裸裸的金钱交易关系，它更注重和消费者的交流和沟通，强调通过顾客服务来满足、方便消费者，以提高顾客的满意与忠诚度，达到提高市场份额质量的目的。如何留住顾客，并与顾客建立长期稳定的关系，是关系营销的实质。这一理论强调营销活动要与涉及的各方建立起相互信任的合作关系。不仅争取顾客和创造交易（识别和建立关系）是重要的，维护和巩固已有的关系更重要；营销的责任不仅是给予承诺，更重要的是履行承诺。

关系营销与传统市场营销有着很大的区别，传统营销是建立在"以生产者为中心"的基础之上，而关系营销是建立在"以消费者为中心"的基础之上的。传统营销的核心是交易，企业通过诱使对方发生交易从中获利，而关系营销的核心是关系，企业通过建立双方良好的互惠合作关系从中获利。传统营销把视野局限于目标市场上，而关系营销所涉及的范围包括顾客、供应商、分销商、竞争对手、银行、政府及内部员工等。传统营销关心如何生产、如何获得顾客；而关系营销强调充分利用现有资源来保持自己的顾客。关系营销与传统的交易营销的主要区别如表 15-5 所示。

表 15-5　交易营销与关系营销的比较

项目	交易营销	关系营销
适用的顾客	适合于眼光短浅和低转换成本的顾客	适合于具有长远眼光和高转换成本的顾客
企业的着眼点和重心	短期利益，市场占有率，一次交易利润，不一定要顾客满意	长远利益，回头客比率、顾客忠诚度、顾客满意
核心概念	交换	建立长期关系
企业与顾客的关系	不牢靠的联系，竞争者很容易破坏企业与顾客的关系，如价格	较牢靠，竞争者很难破坏企业与顾客的关系
营销管理的追求	单次交易的利润最大化	追求与对方互利关系的最佳化
市场风险	大	小
是否了解对方文化背景	否	是
最终结果	属于传统营销渠道概念范畴	超出营销渠道的概念范畴，可能成为战略伙伴，发展成为营销网络

二、关系营销的本质特征

1. 双向信息沟通交流

在关系营销中，交流是双向的，既可以由企业开始，也可由顾客或其他被营销方开始。由企业主动和顾客联系进行双向交流对于加深顾客对企业的认识、察觉需求的变化、满足顾客的特殊需求以及维系顾客等方面有重要意义。广泛的信息交流与信息共享，可以使企业赢得支持与合作。

2. 协同合作的战略过程

在关系营销中，企业营销的宗旨从追求每一笔交易的利润最大化转向追求各方利益的最优化，通过与公司营销网络中成员建立长期、良好、稳定的伙伴关系，保证销售额和利润的稳定增长。不仅仅是企业与顾客之间需要保持良好的合作关系，而且企业与企业之间也保持长期合作关系。

3. 互利互惠的营销活动

真正的关系营销是达到关系双方互利互惠的境界。因此，关系协调的关键，在于了解双方的利益需求，寻找双方的利益共同点，并努力使共同的利益得以实现。实行输赢策略的企业往往与竞争者完全对立起来，有时会导致双输的结果。关系营销的基本目标是为赢得公众的信赖、好感与合作，因此当关系双方的利益相冲突时，企业只能舍弃实质利益，换来的是宝贵的关系利益。相对于过去的营销技巧中赢与不赢，关系营销展示了双赢的选择。

4. 以反馈为职能的管理系统

关系营销要求建立专门的部门，用以追踪顾客、经销商以及营销体系中其他参与者的态度。因此，关系营销必须建立一个反馈的循环，用以连接关系的双方，公司可以由此了解环境的动态变化，根据关系方提供的反馈信息改进产品和技术。

苹果公司的 Macintosh 上市

1984 年苹果公司推出了 Macintosh 计算机。第一台 Macintosh 问世时，几乎没有应用软件，内存也无法扩充。但苹果公司得益于一群全力支持的使用者不断提出建议以改进产品。在推出 Macintosh 的前几个月，苹果公司把样机送给 100 位有影响的公众使用，并请他们提出意见；同时聘请 100 多家软件供应商来开发能充分利用 Macintosh 优势的应用软件，公司从中获得一批敢于进谏的支持者。苹果公司创造了营销的对话模式，即公司为现有和潜在的顾客提供各种机会，包括产品的展示和提前使用，并收集反馈信息进行产品的改善和深入的创新。关系营销的动态应变性来源于公司的组织结构和经营风格，便于公司收集和利用反馈信息，挖掘新的市场机会。

三、关系营销阶梯

关系营销是识别、建立、维护和巩固企业与顾客及其他利益相关人的关系的活动，并通过企业努力，以诚实的交换及履行承诺的方式，使活动涉及各方面的目标在关系营销活动中实现。其关键在于：同顾客结成长期的、相互依存的关系，发展顾客与企业及其产品之间的连续性的交往，以提高品牌忠诚度和巩固市场，促进产品持续销售。关系营销以顾客忠诚度为依据对顾客有如下的划分（见图 15-4）。

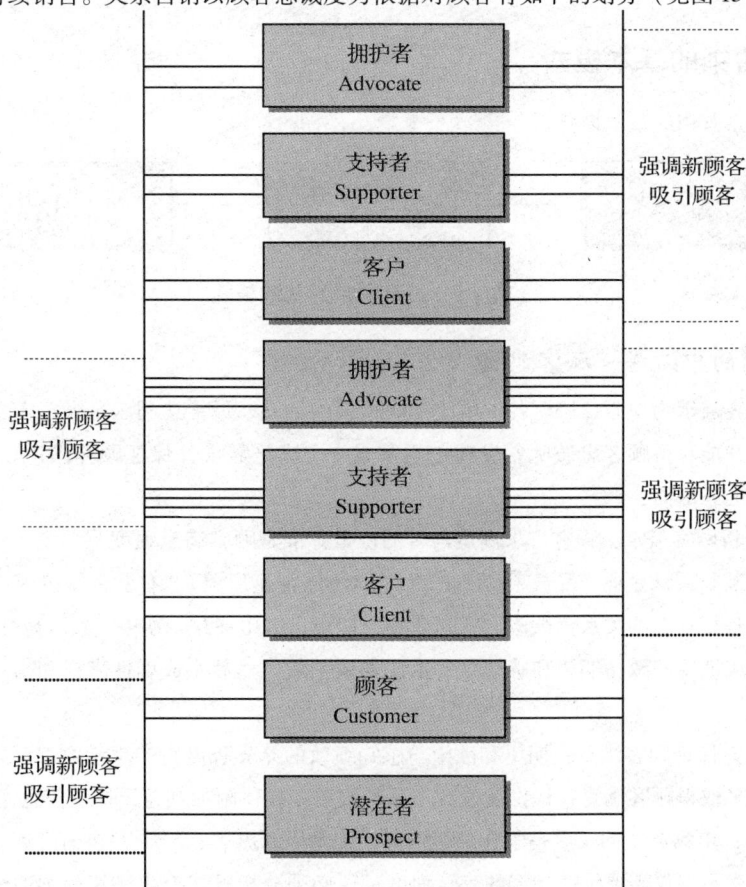

图 15-4 关系营销阶梯

企业经营不仅要重视阶梯的下两级，即识别潜在顾客，进而试图将他们提升到目标顾客，并不断地重复这一过程；而且要重视阶梯上三级，即将企业现有的顾客深化为经常性的客户，乃至更紧密的支持者和拥护者。当然将顾客推上忠诚度阶梯也并非易事，企业需要深入并确切的了解每一个顾客在购买什么，以及如何差别化的继续保持顾客满意。

关系营销不仅将注意力集中于和顾客的关系，而且扩大了营销的视野。企业不仅要与顾客发生关系，而且需要内部各层次、各部门员工的共同努力，需要与外界保持各种联系。关系营销涉及的关系包含了企业与利益相关者之间所发生的所有关系。譬如与渠道的关系，生产厂家和零售商如果从事战略性的关系营销，包括及时配货（Just-in-time，JIT）、电子化数据交换、有效的顾客反映等，都会有利于建立良好的关系和顾客忠诚。

营销案例 15—7

海尔的关系营销

海尔 2000 年 2 月在全国 48 个城市成立了海尔俱乐部，凡购买海尔产品总量达到会员资格要求的消费者都有机会成为海尔俱乐部的会员，获得会员资格的消费者将享受延长保修期 5 年，参加俱乐部定期的文体活动，获赠半年当地报纸等一系列优惠政策。

（资料来源：中国品牌营销网）

四、关系营销的基本模式

图 15－5 是关系营销的基本模式。

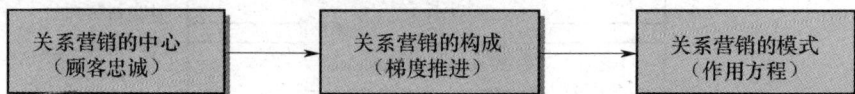

图 15－5　关系营销的基本模式

1. 关系营销的中心——顾客忠诚

关系营销以顾客需求为中心，协调各种可能影响顾客的活动，最终达到满足顾客需求的目标。其核心是顾客忠诚。怎样才能获得顾客忠诚呢？发现正当需求——满足需求并保证顾客满意——营造顾客忠诚，构成了关系营销中的三部曲：

（1）企业要分析顾客需求：顾客需求满足与否的衡量标准是顾客满意程度，满意的顾客会对企业带来有形的好处（如重复购买该企业产品）和无形产品（如宣传企业形象）。有营销学者提出了导致顾客全面满意的七个因素及其相互间的关系：欲望、感知绩效、期望、欲望一致、期望一致、属性满意、信息满意；欲望和感知绩效生成欲望一致，期望和感知绩效生成期望一致，然后生成属性满意和信息满意，最后导致全面满意。

（2）满足需求并保证顾客满意：期望和欲望与感知绩效的差异程度是产生满意感的来源，因此，企业可采取下面的方法来取得顾客满意：提供满意的产品和服务；提供附加利益；提供信息通道。

（3）顾客维系：市场竞争的实质是争夺顾客资源，维系原有顾客，减少顾客的叛离，要比争取新顾客更为有效。维系顾客不仅仅需要维持顾客的满意程度，还必须分析顾客产生满意程感的最终原因，从而有针对性地采取措施来维系顾客。

2. 关系营销的构成——梯度推进

贝瑞和帕拉苏拉曼归纳了三种建立顾客价值的模式：

一级关系营销（频繁市场营销或频率营销）：维持关系的重要手段是利用价格刺激对目标公众增加财务利益；企业向经常使用和购买本企业产品和服务的用户或顾客提供额外的利益，如航空公司向经常乘坐本公司班机的旅客提供奖励，饭店向老顾客提供更多的服务和奖励，零售商向经常光顾的消费者提供额外的利益等等，从而使企业与顾客之间建立起某种关系。然而这种方法通常也很容易被竞争者所模仿，难以形成永久的差异。

二级关系营销：在建立关系方面优于价格刺激，增加社会利益，同时也附加财务利益；企业的营销人员在工作中要不断增强对消费者所应承担的社会责任，通过更好地了解消费者个人的需要和欲望，使企业提供的产品或服务个性化和人性化，更好地满足消费者个人的需要和要求，使消费者成为企业忠实的顾客。如对消费者的选择表示赞赏，向消费者提出使用更好的产品和服务的建议，不回避产品使用中的问题，勇于承担责任并通过有效的方法解决，等等。主要形式是建立顾客组织，包括顾客档案，和正式的、非正式的俱乐部以及顾客协会等。

三级关系营销：增加结构纽带，同时附加财务利益和社会利益。与客户建立结构性关系，它对关系客户有价值，但不能通过其他来源得到，可以提高客户转向竞争者的机会成本，同时也将增加客户脱离竞争者而转向本企业的收益。如帮助网络中的成员特别是一些较小的成员提高其管理水平，合理地确定其进货时间和存货水平，改善商品的陈列；向网络中的成员提供有关市场的研究报告，帮助培训销售人员；建立用户档案，及时向用户提供有关产品的各种信息等。

3. 关系营销的模式——作用方程

企业不仅面临着同行业竞争对手的威胁，而且在外部环境中还有潜在进入者和替代品的威胁，以及供应商和顾客的讨价还价的较量。企业营销的最终目标是使本企业在产业内部处于最佳状态，能够抗击或改变这五种作用力。作用力是指决策的权力和行为的力量。双方的影响能力可用下列三个作用方程表示：

"营销方的作用力"小于"被营销方的作用力"；

"营销方的作用力"等于"被营销方的作用力"；

"营销方的作用力"大于"被营销方的作用力"。

引起作用力不等的原因是市场结构状态的不同和占有信息量的不对称。在竞争中，营销作用力强的一方起着主导作用，当双方力量势均力敌时，往往采取谈判方式来影响、改变关系双方作用力的大小，从而使交易得以顺利进行。

营销链接 15—2

中国国际航空公司与中国工商银行的关系营销

2001 年 2 月，中国国际航空公司与中国工商银行关于国航旅客奖励计划和工行牡丹国际信用卡持卡人消费奖励计划合作项目的签字仪式在京举行，此项合作的开展将在国内第一次实现航空里程累积奖励与银行卡消费积分奖励的有机结合。此次合作的主要内容是：国航知音会员使用中国工商银行发行的牡丹国际信用卡每消费 2 元人民币或者港币可获得 1 点消费积分，每消费 1 美元可获得 4 点消费积分，每 5 000 点消费积分可以兑换 500 公里国航知音里程。达到规定的累计里程时，可获得中国国际航空公司提供的免费机票、免费升舱及其他方面的奖励与服务。合作将为双方客户提供更全面、更优质的服务，有利于实现合作双方客户资源的优势互补，也将为双方展开全方位、深层次合作打下坚实基础。

（资料来源：中国管理咨询网）

五、关系营销的适用性

关系营销具有许多其他营销方法不可比拟的优越性，但并不适用于任何类型企业。要明确关系营销的适用性首先要分析企业与顾客之间关系的层次性。科特勒将企业与顾客之间关系水平区分可如下五种：

（1）基本型，销售人员把产品销售出去就不再与顾客接触。

（2）被动型，销售人员鼓动顾客在遇到问题或有意见时与公司联系。

（3）负责型，销售人员在产品售出后，主动征求顾客意见。

（4）能动型，销售人员不断向顾客询问改进产品用途的建议或者关于有用新产品的信息。

（5）伙伴型，公司与顾客共同努力，寻求顾客合理开支方法，或者帮助顾客更好地进行购买。

以上五种不同的关系类型适用于不同类型的企业，其考虑点主要有两个：一方面是购买的集中度，如果企业的产品主要是由少数顾客购买的，则集中程度高，反之，则集中程度低；另一方面是单位产品的利润。两方面的不同组合需要不同的顾客—企业关系类型（见图 15-6）。

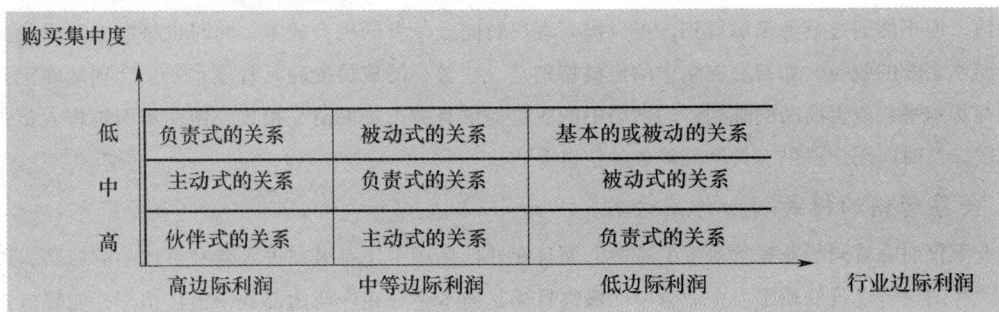

购买集中度			
低	负责式的关系	被动式的关系	基本的或被动的关系
中	主动式的关系	负责式的关系	被动式的关系
高	伙伴式的关系	主动式的关系	负责式的关系
	高边际利润	中等边际利润	低边际利润　　　行业边际利润

图 15-6　顾客—企业关系类型

第四节　服务营销

随着服务业的发展和产品营销中服务活动所占比重的提升，服务营销成为国内外营销学界的研究热点。科特勒明确指出服务营销代表了未来市场营销学研究的主要研究领域之一。

营销案例 15-8

IBM 顾客服务

IBM 公司尽管在技术方面一直处于领先地位，但它的优势更多表现在顾客服务上面。顾客也因此形成了以下看法，尽管许多公司的产品的技术性能胜过 IBM 的产品，软件使用也方便，但只有 IBM 肯花工夫真正了解他们的需要。在业务咨询中，服务人员不但反复细致的了解他们的业务需求，而且用通俗易懂的话来讲解计算机的内部结构，尽管其产品价格比同类产品价格贵 25%，但 IBM 提供了机器可靠性和维修的绝对保证。

一、服务业和服务产品

1. 服务业

服务业指专门生产和销售服务产品的生产部门和企业。服务业有广义和狭义之分：狭义服务业仅指商业、餐饮业、修理业等传统的生活服务业；广义服务业（又称第三产业）指为社会提供各种各样的服务活动，生产和经营各种各样的服务产品的经济部门和经济组织。

2. 服务产品

服务产品本质上是无形的，也无须将任何东西的所有权转让。与有形产品不同，它具有无形性、不可分离性、不稳定性和易消逝性（图 15 - 7）。

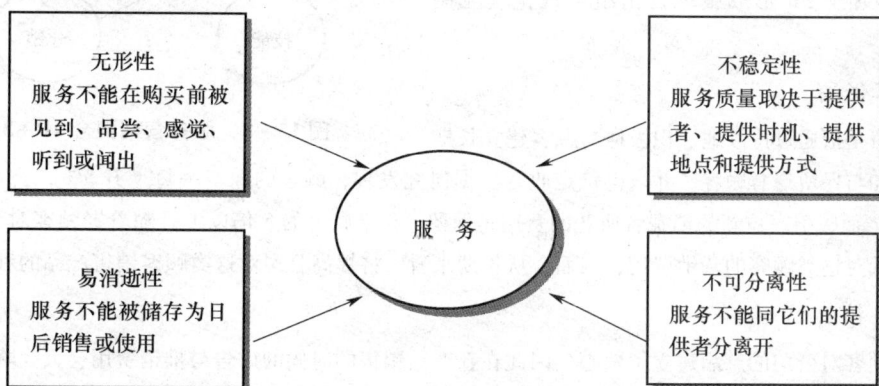

图 15 - 7 服务产品特性

二、服务营销核心理念

服务营销不能简单地被归纳为以服务来促成交换，其核心理念是顾客的满意和忠诚，通过取得顾客的满意和忠诚来促进相互有利的交换，最终获取适当的利润和公司长远的发展。服务营销与传统营销相比有很大的不同（表 15 - 6）。

表 15 - 6 服务营销与传统营销差异

项目	服务营销	传统营销
营销哲学	顾客不全是忠诚的	顾客永远是对的
侧重点	保留与维持现有的顾客	销售产品，扩大市场份额
服务作用	服务在留住顾客上起关键作用	服务是事后的想法，游离于营销之外
服务表现	细心跟踪服务表现	对服务表现不作度量
服务项目	丰富	有限
承诺	提供足够承诺	提供有限承诺
质量	与产品和服务有关	与生产部门有关
顾客关系	注重沟通，形成伙伴关系	较少接触，关系浅
顾客数据库	发挥核心作用	不存在

三、服务营销组合

服务营销理念在理论上获得的支撑是对营销组合的重新定义。这里着重介绍 4P + 3R 服务营销组合理论和 7P 服务营销组合理论。

（一）4P + 3R 服务营销组合

从 20 世纪 80 年代以来企业逐渐认识到以顾客忠诚
度为标志的市场份额的质量比市场份额的规模对利润有
更大的影响，因此企业将营销重点放在如何保留顾客，
如何使他们购买相关产品，如何让他们向亲友推荐公司
的产品，所有的一切最终落实到如何提高顾客的满意和
忠诚，这就产生了 3R，即顾客保留（Retention）、相关
销售（Related Sales）和顾客推荐（Referrals）。由传统
营销 4P 组合加上 3R 形成服务营销组合理论（见图
15 - 8）。

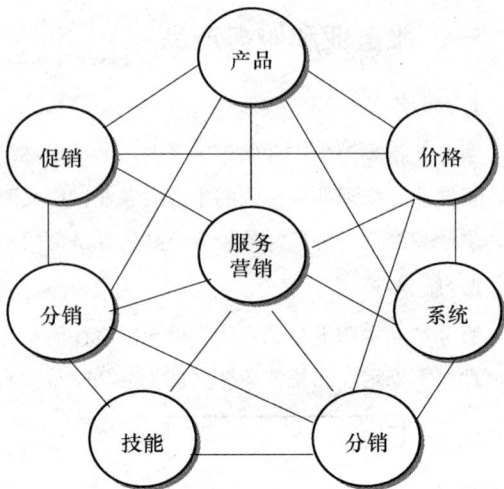

图 15 - 8　服务营销组合 4P + 3R

1. 顾客保留

顾客保留是指通过持续地、积极地与顾客建立长期
关系以维持和与保留现有顾客，并取得稳定收入。据研究发现，顾客的保留率每上升 5% ，公司的利润率
将上升 75% ，而吸引一位新的消费者所花的费用是保留一位老顾客的 5 倍以上。随着老顾客对公司产品的
熟悉，将降低对这类顾客的营销费用，因而，从长期来看，将提高公司对这类顾客销售产品的利润率。

2. 相关销售

由于老顾客对公司的产品建立了信心，因此在新产品销售的时候的广告与推销费用会大大降低，同时，
老顾客在购买公司的新产品时，对价格不是很敏感。因此，相关销售的利润率往往比较高。相关销售是建
立在企业提供良好服务、顾客对企业满意和忠诚的基础上的。

3. 顾客推荐

提高顾客满意度和忠诚度的最大好处之一就是忠诚顾客对其他潜在顾客的推荐。当今是一个信息爆炸
时代，广告信息十分泛滥，消费者对大众传播媒介的信任越来越少，而在购买决策时越来越看重朋友及亲
人的推荐，尤其是已有产品使用经验者的推荐。

（二）7P 服务营销组合

20 世纪 80 年代初，布姆斯（Booms）和比特纳（Biner）在传统营销组合 4P 的基础上增加了 3 个 P：
人员（People）——即作为服务提供者的员工和参与到服务过程中的顾客，有形展示（Physical Evi-
dence）——服务组织的环境以及所有用于服务生产过程及与顾客沟通过程的有形物质，过程
（Process）——构成服务生产的程序、机制、活动流程和与顾客之间的相互作用与接触沟通，从而形成了
服务营销组合的 7P，见表 15 - 7。

表 15 - 7　服务营销组合的 7P

要素	内容
产品	领域、质量、水准、品牌名称、服务项目、保证、售后服务
定价	水准、折扣、佣金、付款条件、顾客的认知价值、质量/定价
渠道	所在地、可及性、分销渠道、分销领域
促销	广告、人员推销、营业推广、公共关系
人员	人力配备（包括训练、选用、投入、激励、人际行为等）、态度、顾客
有形展示	环境（包括装潢、色彩、陈设等）、装备实物
过程	政策、手续、活动流程、顾客参与度

四、服务营销战略的整合

企业一定要从战略的高度认识并实施服务营销。服务营销战略是一个系统工程，需要管理者和员工从思想观念上做出转变，并且要求企业当局有条不紊的安排各项工作。服务营销战略整合通常包括如下五个方面的内容：

1. 树立服务理念

实施服务营销首要的、关键的一步就是使企业所有员工树立服务理念。只有员工理解了顾客服务的巨大价值，他们才会积极投入为顾客服务。树立服务理念除了通过与员工进行交流沟通，让他们认识到顾客服务的价值外，领导者还要亲自这样做。作为一名领导者不但要服务于顾客，还要真诚地服务于员工，从而在整个企业培养一种互相尊重、互相服务的气氛。

2. 确定顾客服务需求

要想给顾客提供优质服务，必然先要准确了解顾客需要什么样的服务，以及顾客对企业现在的服务有何不满。企业了解顾客需求的方式很多，可以进行问卷调查、电话访问，也可用顾客座谈的方式了解顾客的服务需求；也可以从企业内部了解，由于服务于顾客的员工直接与顾客接触，因而他们深知顾客的服务需求和抱怨，能提出建设性的意见。

3. 服务设计与实施

由于顾客服务是一个全面系统的工程，因而顾客服务除了涉及服务设计本身以外，还要涉及产品设计及服务基础设施。服务设计涉及两种理论与实践，一种为流水线法，它要求服务员工进行统一的、规范的训练，让他们按照统一的模式为顾客提供很好的服务。麦当劳是流水线式做法的典范；另一种是授权法，给服务人员一定的自主权，让他们主动地、创造性地解决顾客服务中出现的问题（见营销实例15-9）。

营销案例 15-9

美国西南航空公司服务营销战略

当大部分航空公司都把精力放在为顾客提供更多的服务，如更加可口的机上用餐、先进的机上娱乐设备等，美国西南航空公司却选择了一条回归"核心"服务（交通服务）的道路，把与核心服务关联不大的"边缘服务"统统都弃之不用。

该航空公司只提供航空服务的最核心部分——运送旅客，较少或不提供其他常被看作是"超值"部分的边缘服务，如机上用餐、娱乐等。美国西南航空公司这种策略的成功，很大程度上归功于科学的服务内容及服务系统的设计。这种策略的核心是在提供核心服务的前提下尽量降低成本，将运作成本降到最低，以此来保持强有力的价格竞争优势。乘坐美国西南航空公司飞机的乘客会注意到，该公司的登机卡是塑料制成的并可反复使用。在飞机上公司不提供正式的机上用餐，只有一袋花生和一杯橘子汁。如果有乘客需其他饮料，则必须付费，而且可选择的品种也很少。乘客和机组人员经常自带饮料和食品。机上没有娱乐设备，也不提供特殊照料服务。与其他航空公司不同，乘务人员没有华丽的空勤制服，只身着简朴的亮色短袖或T恤。服务也是非正规的，但具有较强的人情味。服务的简单化大大降低了公司的运作成本，使其在短程航线上拥有绝对的价格优势。在短程航线的竞争中，飞机在机场的停留起飞时间是非常重要的。时间短则能大大提高飞机的利用率。公司不提供机上用餐，所以机舱清洁度较高，乘务人员在机场停留时不需每次都要打扫卫生，只要定期做一下简单清扫即可，这就缩短了停留时间。不提供机上用餐还省去搬运餐食上机的时间。减少了组织餐食生产的成本和管理费用。不提供娱乐服务也省去了在设施设备上的大笔投资。

　　这个案例说明，一个服务组织要选准市场，确定相应的战略，并辅以相配的服务及服务系统设计，即使是"简单"的服务，也能获得成功。服务战略与设计，复杂化、个性化能成功，简单化、标准化照样能奏效。

4. 服务人员的管理

　　对于顾客来说，服务员工是公司的化身。如果员工工作认真负责，那么顾客会认为整个公司都具备这种对顾客负责的态度。相反，如果服务员工工作疏忽，不负责任，顾客会将这一印象投影到对整个公司的概念。因此，服务人员是公司非常重要的广告。服务人员的管理主要有：对员工的严格挑选、培训和激励等。

5. 服务质量的管理

　　服务结果的好坏，最终取决于顾客的评价，即服务质量的高低。只有通过对服务质量的有效管理，企业才能知道提供的顾客服务是否符合顾客的服务需求，以及与竞争对手相比是否处于优势地位，才能评估服务人员对服务工作的负责与投入程度。服务质量管理的内容包括：服务标准的设立、服务内容的制订、服务结果的反馈和服务质量评估等内容。

五、服务质量 SERVQUAL 模型

　　服务是服务营销的基础，而服务质量则是服务营销的核心。服务质量的内涵与有形产品质内涵有区别，消费者对服务质量的评价不仅要考虑服务效果，而且要涉及服务的过程。鉴于服务交易过程的顾客参与性和生产与消费的不可分离性，服务质量必须经顾客认可，并被顾客所识别。

　　经过长期营销实践，美国学者 Parasuraman、Zeithmal 和 Berry 等三人提出了"感受—期望"评估框架，即服务质量 SERVQUAL 模型，专门用来分析服务质量问题（图 15 - 9）。

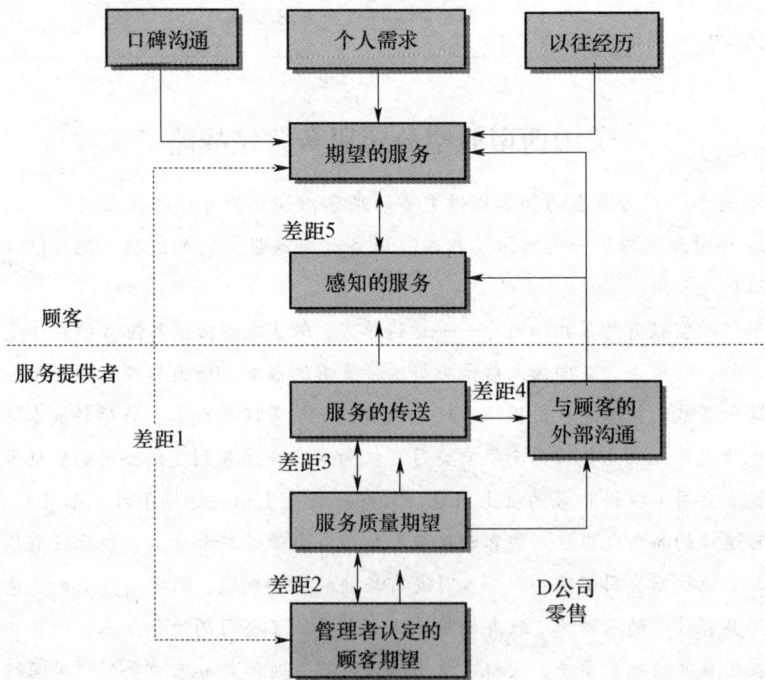

图 15 - 9　服务质量 SERVQUAL 模型

该模型说明了服务质量是如何形成的。模型的上半部涉及与顾客有关的现象，下半部涉及与服务提供者有关的现象。分析和设计服务质量时，该模型说明了必须考虑哪些步骤，然后查出问题的根源。要素之间有五种差异，也就是所谓的质量差距。这五个差距包括：

（1）差距1：不了解顾客需要什么（管理者认定的顾客期望与顾客对服务期望之间的差距）。

（2）差距2：服务质量标准与管理者认定的顾客期望不符（服务质量规格与管理者认定的顾客期望之间的差距）。

（3）差距3：服务表现与服务质量规格不符（服务表现与服务质量规格之间的差距）。

（4）差距4：服务的传送与营销沟通行为所做出的承诺不符（跟顾客的外部交流沟通与服务的传送之间的差距）。

（5）差距5：顾客感知的服务与顾客对服务期望不符（感知服务与服务期望之间的差距），这是最主要的差距。

服务质量SERVQUAL模型指导管理者发现引发质量问题的根源，并寻找适当的消除差距的措施。差距分析是一种直接有效的工具，它可以发现服务提供者与顾客对服务观念存在的差异。明确这些差距是制定服务营销、战术以及保证期望质量与现实质量一致的基础。

营销案例 15-10

从德国慕尼黑机场的发展看服务营销的魅力

衡量航空枢纽机场效率性的一个指标就是MCT（飞机最短换乘时间）。对于慕尼黑机场来说，不管是国内航线还是国际航线，或者是欧洲范围的航线，其最短换乘时间，1992年启用的第一航站楼是35分钟；2003年启用的第二航站楼更短，只有30分钟。不同航站楼之间的换乘为45分钟。

比如从北京飞来的客机在慕尼黑机场第二航站楼降落，换乘的旅客在出入境管理处的窗口接受护照核查后就可以转乘飞往法兰克福的飞机。飞往慕尼黑航班的到达时间和飞往法兰克福航班的起飞时间的间隔是30分钟，旅客可以从容地在这个时间段里顺利换乘。当然，换乘旅客在离开北京时托运的行李也会自动转运。

实现世界最快服务速度的背后

实现30分钟MCT的背后是，慕尼黑机场和德国汉莎航空公司的合作。2003年6月竣工的第二航站楼的总工程费是1 150万欧元，其中慕尼黑机场出资60%，汉莎航空公司出资40%。机场和航空公司合作经营航站楼，这在世界上也是很少见的。值得一提的是，慕尼黑机场本身也是一家由机场所在的拜恩州和慕尼黑市共同投资的民营企业。经济学博士、曾在德国最大的国际机场法兰克福机场工作过，并担任过汉堡机场董事的慕尼黑机场总经理兼CEO米夏埃尔·卡克勒说："正是因为有了两者的合作，才实现了可观的效率性。"

另一方面，对于汉莎航空公司来说，德国差不多就在欧洲的中心位置，德国的机场具备飞往包括东欧国家在内的欧洲各国的枢纽机场的有利条件，而慕尼黑机场是仅次于法兰克福机场的第二大航空枢纽机场，要使其拉开与其他主要机场的差距，实现30分钟MCT的目标是个重要的课题。如今，第二航站楼50%的旅客是过境的换乘旅客。

30分钟只是设定的最短的换乘时间，实际上，几乎所有的换乘时间都设定得比它长，但是"目前已有1/4的过境旅客是在45分钟内换乘的。"第二航站楼管理公司的负责人说。

"在各家航空公司展开激烈竞争的市场环境中，单靠机上的服务已经不够了，地面的服务质量也必须考虑到。所以，我们选择了直接参与机场经营这条道路。"汉莎航空公司驻慕尼黑机场代表说。对于大型航空公司来说，建立航线网络是胜败的关键，枢纽机场的效率性直接关系到经营收入。

缩短MCT，不仅让旅客满意，对于航空公司来说，由于飞机在地面停留的时间变短了，飞行的时间就相应增加，从而也提高了飞机的使用效率。

先进的计算机管理系统功不可没

那么，具体说起来，慕尼黑机场是如何实现30分钟MCT这个速度的呢？实际上，在第二航站楼的设计上就设定了30分钟的目标，"为尽可能缩短旅客和行李的移动距离和时间，航站楼设施在设计上将活动线减到最短。"第二航站楼呈南北向长980米的细长形状，一边是一长排登机入口，而另一边的中央则设置了出入境管理和安全检查设施，从任何一个登机入口都能在几分钟内到达。

实现30分钟MCT的另一个关键因素是依靠计算机系统的管理体制。比如，机场的中央控制中心可以从系统内各个航班的信息中，计算出在慕尼黑过境换乘飞机的旅客数量，然后指令飞机停靠在旅客便于走向换乘航班的登机入口。该中心除了飞行管理之外，还会聚了地面服务、旅客和货物管理等各个部门的负责人，常常是在确认飞行信息的同时，还及时进行货物装卸和燃料补充等地面业务。旅客数量之类的信息不仅为管理公司内部门共享，还传输到出入境管理处和负责安全保卫的国家派驻机构，"航站楼内共有26个安全检查口，旅客数量多的时候所有检查口都配置工作人员，整个机场都力争不让旅客等候。"第二航站楼管理公司的经理说。

装卸行李只用7分钟

与此同时，所有托运的行李也被送上全长40公里的传输带，在传输带上一边接受X光安全检查，一边移动，扫描仪读取行李标签上的编码，以最短的路径将行李送到主人的下一航班或行李领取处。在安全检查中顺利过关的行李移动时间不超过7分钟；在检查中发现疑点被扣留的行李便被送入第2级检查，但也不超过12分钟；而无法通过进入第3级检查程序的行李则必须以直接的目力来检查，这又另当别论了。

慕尼黑机场每小时行李的处理能力是15 000件，每件行李都要经过包裹控制中心系统的检查，万一发现有混入其他飞机上的行李，会将其送到重新确认的检查点，与系统中的信息核对，在两分钟之内再次送上传输带。

负责管理该信息系统的是德国西门子公司，机场公司、航空公司，还有信息系统公司三者强强联合形成了一个高速、高效运转的系统。

当然，慕尼黑机场追求的并不仅仅是效率性。从第一航站楼开业的首日起，机场内就开出了从时装店、化妆品店，到宾馆、餐厅、超市，甚至可进行心脏手术的医院，还有教堂等，这里一应俱全。

"确实是有特地坐飞机来这儿动手术或者进行健康检查的外国旅客。另外，机场里的超市从早上6点一直营业到晚上10点。由于德国商店的营业时间是有严格规定的，所以夜班飞机到达的旅客和周围的居民对这里的超市评价很好。"慕尼黑机场的一名员工说。

只有接受安全检查的旅客才能进入的控制区内的商店货品也很齐全。一般机场在控制区内开设的著名品牌商店，其商品说起来也就是以香水和酒类等所谓的免税商品为主，而在慕尼黑机场，高级品牌的商店内陈列着西服、包袋、皮鞋等，商品琳琅满目，同街上的商店没有什么两样。"宝马公司在机场开的商店还销售真正的汽车呢。"浓郁的商业气氛甚至将不乘飞机的顾客也吸引来了。

慕尼黑机场在2004年的年度营业额为6.54亿欧元（包括航空业务和商业在内），与上年相比上升了4.7%。由于机场地处远离慕尼黑市中心的郊区，后期的发展空间十分广阔。目前已有4 000米跑道两条，彼此相隔2 300米，完全可以同时使用，今后建设第三航站楼的空间也绰绰有余。

磁悬浮连接市区只需 10 分钟

由于地处郊区，慕尼黑机场必须依靠快速便捷的公共交通来连接市区。目前连接机场和市区的主要是铁路，尽管每隔 10 分钟就有一班火车，但到市中心还是要花费 40 分钟。所以，现在慕尼黑机场已制订了开通磁悬浮列车的规划，利用德国的先进技术，建设与上海一样的磁悬浮交通，这样从机场到达市中心只需 10 分钟就够了。但由于投资浩大，需要向地方政府提出申请。在欧洲颇有声誉的慕尼黑机场目前正在致力于的另一项业务是向其他国家输出机场经营管理经验，提供咨询业务。不仅在欧洲，还与泰国、马来西亚等亚洲国家的机场缔结了输出经营管理知识的协议，输出经营管理经验正在成为慕尼黑机场新的业务生长点。

（资料来源：杜海清，全球品牌网）

第五节 绿色营销

绿色营销作为一个完整的概念是 20 世纪 80 年代在欧洲被提出来的，绿色营销的出现顺应了 20 世纪 80 年代出现的绿色运动的要求。随着以可持续发展为目标的绿色革命的蓬勃兴起，绿色营销日益成为理论界和企业界关注的焦点。

一、绿色营销的概念

绿色营销是指企业在充分满足消费者需求，争取适度利润和发展水平的同时，注重自然生态平衡，减少环境污染，保护和节约自然资源，维护人类社会长远利益及长远发展，将环境保护视为企业生存和发展条件与机会的一种新型营销观念和活动。绿色营销旨在实现有限资源的有效配置，追求企业短期营销行为和长期营销战略与社会、经济、资源、环境的有机协调以及对企业长远发展的良性影响。可见，绿色营销有两层含义：第一层主要指企业在营销活动中，谋求消费者利益、企业利益与生态环境利益的协调，既要充分满足消费者需求，实现企业利润目标，也要充分注意自然生态平衡；第二层主要是指在企业的营销活动中，谋求消费者利益、企业利益与社会环境利益的协调，既要充分满足消费者需求，实现企业利润目标，也要充分注意对社会价值观、伦理道德观的影响，倡导文明、进步、符合社会发展方向的社会风气。

营销视点 15-1

可持续发展

1987 年，挪威首相布伦特兰夫人在世界环境与发展委员会大会上以《我们共同的未来》为题作的长篇报告中指出："可持续发展是指既满足当代人的需要，又不损害后代人满足需要的能力的发展"。1989 年 5 月举行的第 15 届联合国环境署理事会期间，经过反复磋商，通过的《关于可持续的发展的声名》中所给的定义是："可持续的发展，系指满足当前需要而又不削弱子孙后代满足其需要之能力的发展，可持续发展还意味着要有一种支援性的国际环境，从而导致各国特别是发展中国家的持续经济增长与发展，这对于环境的良好管理也是具有很大重要性的。可持续发展还意味着维护、合理使用并且提高自然资源基础，这种基础支撑着生态抗压力及经济增长。再者，可持续发展还意味着在发展计划和政策中纳入对环境的关注与考虑，而不代表在援助或发展资助力一面的一种新形式的附加条件"。1992 年，在《关于环境和发展的里约热内卢宣言》和《21 世纪议程》中，要求世界各国要不断地改变现行的政策，实行生态与经济的协调发展。可持续发展的核心思想是要在不对后代人满足其需要的能力构成影响的条件下，尽可能地满足当代人的需要，最终达成社会、经济、资源与环境的可持续的协调发展。

二、绿色营销观念

绿色营销观念是人类环境保护意识与市场营销观念相结合的一种现代营销管理哲学，是适应 21 世纪的消费需求而产生的一种新型营销观念。绿色营销观念融进了对环境友好的理念，是兼顾企业利益和环境保护的营销理念，是可持续发展观念的具体体现。

绿色营销观念直接来源于社会营销观念，是社会营销观念的具体深化和发展。绿色营销观念是企业实施绿色营销的基石，它要求企业承担社会责任，注意企业营销对社会环境的影响，在满足消费者需求的基础上实现社会长远利益发展，即企业实施的是可持续营销活动。绿色营销观和以往的营销观相比，差异主要体现在以下几个方面：

（1）绿色营销观念强调需求的全面性。为实现人类的生活质量的全面提高，企业经营活动必需关注消费者需求的全面性，包括对健康、安全、无害的产品的需求，对美好生存环境的需求，对安全、无害的生产方式和消费方式的需求。

（2）绿色营销观念强调不仅要发现需求、满足需求，而且要引导需求。绿色营销观念认为，企业在经营活动中，在处理生产和消费的关系时，不应单纯地把消费者看成是实现利润的手段和工具，把自然界看成征服的对象，消极地去发现需求、满足需求，从而实现利润。而应积极主动地引导消费者进行合理消费，树立新的伦理价值观，避免不合理的需求引发的不合理的生产方式和消费方式，引起自然资源的浪费和损耗、生态环境的恶化以及人的异化，造成人与自然的对立、人与人的不和谐。

（3）绿色营销观念强调经营活动的可持续性。可持续发展的核心原则是可持续性，它不单指经济的持续增长，而是人类社会全面的持久发展。它包括生态持续性、经济持续性和社会持续性。可持续性原则要求在生产和消费中，使资源可得到补充和不超过吸收污染能力以确保人类长期的生存和发展需要。企业作为资源的消费者和产品弃物的生产者，在人类的可持续发展过程中具有重要作用。

（4）绿色营销要求重建竞争观念。自然资源的有限性和相互依存性把整个人类连在一起，这要求人类必须采取共同行动，才能在全球范围内实现可持续发展。生态系统的整体性和相互依存性，把全球企业的命运连在一起，企业之间除了竞争的一面，还有相互配合、相互联系的一面，所有企业都是经济体系的命运共同体，更是整个生态系统的命运共同体。

📖 营销视点 15-2

绿色营销理论的发展阶段

英国学者肯·皮迪将其发展过程归纳为以下三个阶段：第一阶段为生态性绿色营销阶段；第二阶段为环境性绿色营销阶段；第三阶段为持续性绿色营销阶段。

我国知名营销学者万后芬把绿色营销理论的发展阶段归纳为以下四个阶段：产品中心论，强调以环境保护为宗旨，从本质上改变产品的构成，改变产品的生产过程和消费后的废弃物的处理方式；环境中心论，这种观点着眼利用绿色问题来推销产品，并没有从真正意义上去帮助解决环境问题；利益中心论，强调企业在实施绿色营销时，不仅从满足消费者的需求获取利润，而且要符合环境保护的长远利益。正确处理消费需求、企业利益和生态保护之间的矛盾；发展中心论，将企业的永续经营和人类社会的可持续发展与企业的绿色营销联系起来考虑。

三、绿色营销与传统营销的比较

绿色营销是一种兼顾消费者与环境的营销方式。它与传统营销在目标、服务对象、营销重点、营销导向以至于企业的运营等方面均有所不同，见表15－8。

表 15－8　绿色营销与传统营销的比较

项目	绿色营销	传统营销
目标	实现利润目标，也要注意自然生态平衡	利润最大化
服务对象	消费者、社会	消费者
营销重点	产品生产和消费过程的绿色、环保、无害和有效	注重的是刺激消费，并使其无限扩张
营销导向	长期导向，带有教育性的价值观	短期导向，着重最终利益
营销手段	营销手段必须与自然环境、社会环境的和谐统一	采用各种手段来达到企业的营销目标，但忽视了营销手段产生的负面影响
企业运营	积极主动 合作 整体观	被动 竞争 细分部门

四、绿色营销的模式和体系

1. 绿色营销模式

从营销目标角度看，绿色营销模式基本上可分为生态营销、环境营销和可持续营销三种形态。从生态营销向可持续营销演进。生态营销是起点模式，环境营销是过渡模式，可持续营销是终极目标。无论哪一种营销主体，都需要从细处做起，首先解决生态保护问题，较长时期内依靠社会的共同努力，实现可持续营销目标。

（1）生态营销。企业发现和认识到了自身经营行为对自然生态系统的负面影响，并采取措施努力控制这种影响，阻止生态系统继续恶化。在自然生态条件较好，企业环保能力有限的条件下，选择生态营销目标仍然是企业营销观念和营销模式的一种进步。今天西部地区的企业可以考虑这种营销模式。

（2）环境营销。企业自觉开发或利用一些先进的环保技术，力争使企业的经营活动促进环境的优化。大多数环保型企业都可以考虑选择这种绿色营销模式。只要企业绿色营销具有明确的环境导向战略，在政府有关环境政策和产业政策的配合下，这种模式容易得到企业的实施。目前我国许多绿色产业园区的企业基本上达到了环境营销模式的要求。

（3）可持续营销。按照可持续发展理论，使企业营销活动在与环境互动中达到友好状态，在环境不断优化中实现企业生产、社会消费和经济发展的可持续。这是一种最高级营销目标支配下出现的一种绿色营销模式，它代表了绿色营销发展的趋势。这种模式下的企业营销社会责任放大到了极致，在当前社会经济条件下，具有一定的局限性。只能作为企业绿色营销的努力方向，很难付诸实践。

2. 绿色营销体系

绿色营销体系主要包括以下要素：①树立绿色营销观念；②开展绿色调研，收集处理绿色信息；③制订绿色营销计划；④进行绿色市场细分与绿色市场定位；⑤推行整体绿色产品策略。包括研发绿色产品、树立绿色品牌、使用清洁技术生产绿色产品、进行绿色服务和产品包装绿色化；⑥制定绿色价格；⑦开辟绿色渠道；⑧策划绿色营销传播行动；⑨进行绿色审核，获得绿色标志；⑩引导绿色消费；⑪实施绿色营销的监管；⑫建立绿色的企业组织和企业文化。

营销视点 15-3 ....

ISO14000

ISO14000 是国际标准化组织 ISO 为推动可持续发展，统一协调各国环境管理标准，减少世界贸易中的非关税贸易壁垒而制定的环境管理系列标准。由于实施该系列标准具有保护环境和消除贸易技术壁垒的双重作用，因此受到世界各国的广泛关注。该项标准是通过在企业内部建立一套科学规范的环境管理体系，提高环境管理水平，持续改进环境状况，达到节能降耗减少污染的目的，同时有利于树立企业形象和开拓产品市场，将环境保护和市场直接联系。

五、绿色营销的组织和制度保障

企业绿色营销的实施离不开有效的组织和制度保障。通过有效的组织和制度保障，绿色营销观念才能得到贯彻和落实。

1. 绿色营销的组织保障

在管理体制上，企业可以成立企业绿色管理委员会，实行集体领导，由它决定和解决企业的绿色生产、绿色设计、绿色销售等重大问题；实行企业内部分级管理，整合企业各个职能部门的力量，层层抓好生态环境保护与建设，共同做好企业的绿色营销工作；建立企业各级专职环保职能部门。

2. 绿色营销的制度保障

（1）建立绿色采购制度。供应端是绿色营销活动的上游，供应端的绿色化能极大地提高绿色营销的环境效应。为此，企业要建立严格的原材料的绿色采购指南，对供应商进行严格的绿色调查与评估，发挥供应商在优化企业绿色营销、环境绩效方面的重要作用。

（2）建立绿色教育制度。企业绿色营销理念的树立源自深入的绿色环保教育，为此，企业应完善绿色环保教育体系，包括强制性的基础环保知识教育和针对特定职位的专业环保技能教育，为提高教育效果，企业应设环境奖、绿色营销奖等。

（3）建立绿色认证制度。绿色认证是标明企业产品从生产到利用以及回收处理的整个过程符合特定环保要求的标志。取得绿色认证不仅可以规范企业在产品生命周期全过程中的环境行为，还可以为企业带来巨大的社会效应。因此，企业应该依靠科学管理和科技进步，争取通过 ISO14000 国际环境标准体系认证或各国绿色环境标志认证，以提升企业的绿色形象，强企业的市场竞争优势，突破绿色壁垒的限制。

（4）建立绿色评价制度。绿色指标是一个包含减少能源消耗类指标、控制污染类指标、环境改善投入类指标在内的指标体系，它是企业行为的指挥棒，它引导着企业的行为。因此，企业应该积极构建绿色评价指标体系，以监督企业的绿色营销行为。

第六节　水平营销

水平营销是营销理念的新突破，就是将本来无关的概念同现有商品相结合，以探索这种结合能否创造出新的产品类别。水平营销理论是由现代营销学大师菲利普·科特勒教授提出具有创新思想的市场营销理念。

一、水平营销的概念

水平营销（Lateral Marketing）是一种水平思考，就是跨越原有的产品和市场领域进行横向思考，通过原创性的理念和产品开发激发出新的市场和利润增长点的营销思维方式。它不同于纵向营销的逻辑思维，本质上是一种基于直觉的创造。

水平营销思维正是对垂直营销思维的一种补充，并且区别与垂直营销思维。它通过对产品作适当改动来产生新用途、新情境、新目标市场以开创新类别，从而重组市场。在思维方式上，水平营销与纵向营销具有步骤性、分析性和确定性的思维过程不同，它是一种多方向、跨领域思考的交叉性思维过程。水平营销的这种思维捕捉一切可能使产品发生变化的点子和创意，跳跃于不同的概念之间，思维过程不一定符合习惯逻辑，但只要结果是有效的，它的过程就是有意义的，水平营销不淘汰任何与产品无关，而可能导致新产品诞生的概念。因此，水平营销是一个具有突发性、启发性和充满可能性的思维过程。

营销案例 15—11

汉方吃茶店

日本伊仓产业公司原是一家从中国进口中药的贸易公司，然而在西药称霸的时代里，中药的销路并不好，药品大量积压在仓库。后来，该公司将中药和日本人习惯的饮茶联系起来，决定在东京中央区开办一家把中药与茶相结合起来的新行业，结果这个称为"汉方吃茶店"的生意之好，令人羡慕。中药和茶在本质上并无关联，但跳出中药的营销领域，伊仓产业公司创造了新的市场。

二、水平营销运用步骤

水平营销本质上是一种基于直觉的创造。这种思维的基本步骤是：首先选择一个焦点，然后进行横向置换以产生刺激，最后建立一种联结；其次，水平营销是一个过程，虽然它属于一种跳跃性的思维，但也是有法可依的。应用创造性研究的结果，水平营销有六种横向置换的创新技巧，并分别应用到市场层面、产品层面和营销组合层面上。这六种技巧分别是：替代、反转、组合、夸张、去除、换序。其具体运用步骤如下：

1. 选择一种产品或服务

一个企业的产品往往并不只有一种，在对企业进行水平营销时，必须要选择其中的一种特定的产品或服务。水平营销的起点就是选择一种产品或服务。对产品或服务的选择一般有两种：一是选择企业要营销的产品或服务；二是选择企业难以竞争的产品或服务。由于纵向营销是从考察消费者需求而不是产品开始，所以选择以产品为起点的水平营销就显得与众不同。其原因是创造力发源于具体的事物。这一事实已经被许多天才所认识：爱迪生说创新只是对同一现实的另一种观察方式。创新型思维是自上而下，从具体到一般，它是归纳，不是演绎。

2. 选择一个焦点

一旦选定了产品或服务后，就应该在其中选择一个焦点。选择焦点的方法可以在纵向营销中得到。在纵向营销中，有三个层面可以作为水平营销的横向发展平台，分别是市场定义层面、产品层面及营销组合层面。产品层面包括实际的解决方案（什么）；市场层面包括功能或需求（为何）、消费者和购买者

（谁）、用途或情境（何时、何地、和谁在一起）；而营销组合层面并不关心这些问题，它只关心如何去销售产品。水平营销的过程就是对这些因素中的某一种即焦点进行横向置换。

3. 营销空白的制造

水平营销的基础就是制造营销空白。没有空白，就没有水平营销。假如发生置换后没有产生营销空白，就表明我们正在进行的是纵向营销，而不是水平营销。制造空白的唯一途径是暂时中断逻辑思维。运用替代、反转、组合、夸张、去除、换序六种基本方法进行横向思考，由此产生营销空白。这六种思维方法可以正对同一个焦点制造出不同的空白点，从而为水平营销的下一步活动提供了机会。

4. 建立联结

对于已经产生的不合逻辑的刺激，应当具体分析，以提取其中有价值的信息，建立联结。

一个完整的水平营销必然经历以上阶段，其最终结果就是新产品的开发或者产品新功能的发现。从而达到开发新市场、领先市场并激发利润增长点的目的。

营销案例 15-12

日本 7-11 便利店的水平营销

日本 7-11 便利店 24 小时出售日常食品、日用品及饮料，它的连锁店遍布全球。20 世纪末，7-11 日本连锁店注意到了电子商务的蓬勃发展，并认为这对它会造成潜在的威胁。

于是，管理层决定和电子商务联手，把便利店变成网上购物的存货点。无论在日本哪个地方进行网上订购，都可以到 7-11 提货付款。这样，遍布日本的 7-11 因"地利"而赢得了利润，由于省去了运费，网上购物也就便宜了，顾客们在白天或晚上的任何时候都可以去取回自己订购的商品，这是一次跳出常规市场定义的水平营销创新。

三、水平营销与传统营销的比较

水平营销是市场营销理论的最近突破，它是在传统的营销思维理论基础上发展而来的。因此，水平营销与传统营销既有千丝万缕的联系，同时也区别于传统营销理论。水平营销与传统营销不管是在思维方式还是实践运用中都有着明显的区别，其具体表现见表 15-9。

表 15-9　水平营销与传统营销的比较

项目	水平营销	传统营销
出发点	先确定企业当前要提供什么产品，然后再进行创新	先确定企业要成为一家什么样的公司，然后再进行创新
技术运作	水平方向的，在营销过程之外	垂直方向的、遵循营销过程垂直方向的、遵循营销过程
作用与地位	新的市场、产品类别或子类别被创造出来，且能照顾到现有产品无法顾及的目标客户或产品用途	市场发展壮大、潜在客户成为真正客户
销售	完全新增的，不影响其他市场，或在广泛的竞争范围内影响到多种产品的市场份额完全新增的，不影响其他市场，或在广泛的竞争范围内影响到多种产品的市场份额	夺取竞争对手的市场份额及将潜在客户转变为真正客户，或将潜在用途转变为真正用途

续表

项目	水平营销	传统营销
运用时机	在一个市场或一种产品生命周期的成熟阶段，能使用高风险策略、高端资源（利用替代品）从外围进攻市场	在一个市场或一种产品生命周期的早期阶段（成长阶段），能使用低风险策略、低端资源通过分割市场来保护市场
负责部门	不一定是营销部门负责，还有创意部门、研发部门、工程师等	营销部门负责

四、水平营销的应用

水平市场的作用是创造出全新的产品和服务，但它的开展需要基于传统的纵向营销框架。

1. 市场层面

在市场层面，对具有或可能具有产品或服务所能满足需求的个体或企业的传统市场定义进行横向延伸，认为市场是需求、目标、地点、时间、情境、体验的结合体，进而对传统营销战略——市场渗透战略、市场开发战略、产品开发战略、多角化战略的思维定势进行尝试性地改进，通过调整需求定位、市场细分，改变消费场合、时间、情境等要素，探索出适用于水平营销的市场战略。

2. 产品层面应用

在产品层面，主张对现有的产品进行分解，参照传统的核心产品、有形产品、附加产品的整体概念，对有形的产品或服务、包装、品牌特征、使用或购买等给予实际的解决方案。

3. 营销组合层面应用

在营销组合层面，针对传统的4P营销组合封闭的、内循环式的缺陷，迎合四通八达的信息时代竞争超强化、信息网络化、技术快变化、市场全球化的市场环境，提出水平营销模式下的横向协作的水平营销策略对过去激烈的零和博弈观念进行更新。

第七节　城市营销

城市营销实践始于欧美国家，最早可追溯到14世纪的意大利，其目的主要是为了促进旅游胜地的发展。直到20世纪80年代，因国家经济衰退，城市之间竞争加剧，真正意义上的城市营销实践才在美国诞生。当时，在世界经济一体化的趋势下，城市营销作为城市吸引外部发展资源、应对城市危机和增强城市竞争力的有效手段而备受瞩目，同时城市相关学科的崛起，也为城市营销理论的研究丰满了羽翼。

一、城市营销的内涵

城市营销就是以充分发挥城市整体功能为立足点，通过树立城市独特形象，提升城市知名度美誉度，从而满足政府、企业和公众需求的社会管理活动和过程的总称。城市营销的立足点是发挥城市整体功能和提升城市内在能力。城市整体功能是指城市的政治功能、经济功能、社会功能和文化功能的集合。城市内在能力是城市人文环境、要素禀赋、产业结构、政府作为等方面的集合。

城市营销的目的是满足政府、企业和公众的需求。从一定意义上讲，城市营销就是通过提升城市形象，获得与城市内在能力对应的收益，让本地企业的品牌更鲜明，使本地居民更富裕，对投资者更有吸引力，使旅游者满意而归，最终使城市政府的绩效更突出（表 15 – 10）。

表 15 – 10　国内外关于城市营销定义的学术流派

名称	代表人物	主要特征
北美学派	科特勒、波特、卫特	将城市们为个企业来经营，将经济发展视为城市营销的终极目标，运用整套营销战略体系营销城市
欧洲学派	伯利、艾诗沃斯和沃德	将城市视为个产品来着待，通过"需求导向"的城市规划向目标市场提供符合市场需要的"城市产品"
国内学术派	郭国庆	以充分发挥城市整体功能为立足点，通过城市知名度、名誉度的提升，满足政府、企业和公众需求
国内实践派	陈放	强调城市形象、品牌战略，关注远期效益以及城市 CIS 的构建，按照营销策划的思路指导城市营销实践

二、城市营销的发展历程

近代城市营销实践产生于 20 世纪 30 年代的欧美国家，至今城市营销实践经历了三个阶段的发展。

1. "城市销售"阶段：1930—1950 年

"城市销售"以城市土地、风光、房屋及相关产业特别是制造业的销售为目的。如何通过地区促销手段，宣传本地形象以吸引更多的游客移民等消费群体到本地居住和生活，同时吸引大量的资金到本地投资设厂成为该阶段城市营销研究的核心内容。

2. "城市推销"阶段：1960—1970 年

"城市推销"的特征是重视城市改造更新、形象重塑以及特定领域目标营销。该阶段营销的目的是吸引投资商对城市（传统工业城市）的改造进行投资，并通过旅游和文化等相关领域的营销，赋予城市新的历史价值和文化内涵。

3. "城市营销"阶段：1980 年—现在

"城市营销"突出和强调城市营销的竞争因素、主客体界定、城市定位、城市形象品牌策略以及营销战略组合。该阶段的研究强调在彰显城市特色的前提下，将城市营销的思维深入到合理开发城市产品的途径层面。

营销视点 15—4

国家营销理论

1997 年科特勒（Philip Kotler）与桑基德·加图斯里皮塔克（Somkid Jatusripitak）、苏维特·米辛西（Suvit Maesincee）合作出版了《国家营销——创建国家财富的战略方法》（The Marketing Nations），从而将区域营销的理念与方法进一步扩展到了国家层面。提出将国家看作一个特殊的产品或企业，采取营销战略方法促进国民财富的增长。国家营销理论是市场营销理论的新进展。

科特勒认为，国家可以视为一种特殊的区域或企业，国家营销是国家创建财富的新战略方法。他说，我们希望一个国家可以像一个企业一样经营，这样，这个国家就可以采用战略市场管理的方法受益。这并不是忽略管理国家时更为复杂的文化和政治因素，也并非说一个国家应该像苏联那样实行计划经济管理。战略市场管理是一个持续的自我纠正的过程，它一直在思考：国家将向何去，想要去何方，以及如何更好地达到目标。

三、城市营销与企业营销的比较

城市营销是将城市当成一个企业来经营。但它与企业营销在目标、目标市场、产品、产品所有权以至于评价标准等方面均有所不同，见表 15 – 11。

表 15 – 11　城市营销与企业营销的比较

项目	城市营销	企业营销
目标	追求公共利益最大化	追求利润最大化
目标市场	高素质的人口、适合城市的产业与观光人口等	目标顾客
产品	城市任何方面和细节都是产品，而且产品是在城市内部销售	有某一个或几个是企业的产品，产品是在企业自身外部消费和销售
产品所有权	不为特定个体所有	为某一特定个体所有
评价标准	一个复杂的综合体系	以财务指标为主

四、城市营销的活动过程

1. 城市环境分析

城市环境分析是指对城市发展的内外环境的全面分析，主要包括历史分析、宏观环境分析、资源分析、市场分析、竞争合作分析和 SWOT 分析。在分析过程中应当面向全部市场审视城市的社会经济特征、人口规模结构、产业经济特征、房地产、自然资源、交通设施、社区发展、游憩文化资源、教育科研和社会治安等内容，从而回答城市在不同市场上的吸引力特征，如适合旅游者观光游览、休闲度假、适合工商业者投资开发以及适合居民居住等。

2. 城市战略定位与目标确定

城市战略定位决定城市的发展前景，因而本质上决定着城市的竞争力和城市营销能否成功。因此，要从不同的城市发展目标定位方案中进行比较选择。定位方案的确定并非简单的区分城市增长路径，而是需要较为系统的思考。可以将目标细化为具体的问题，通过问题的回答以及城市营销过程自身的思考统筹考虑城市持续发展问题继而解决城市战略定位问题。

3. 城市战略规划

战略规划是在目标确定之后为实现目标规定的任务所必须进行的整体安排，任何战略的实施都必须考虑两个层次的问题：一是为实施该战略，城市所具有的有利条件是什么。二是城市是否具有一个成功的战略推进所需要的资源。如果缺乏这种资源的话，城市就必须面临选择创造性的战略安排。

4. 城市行动规划

城市行动规划即推进战略安排的具体措施，通过时间进度的框架明确各类任务。行动计划里面必须涉及：执行者（Who）、工作内容（What）、时间（When）、地点（Where）、原因（Why）方面的内容，同时还要回答城市发展定位怎么做、花多少钱等十分具体的问题。行动计划应当做到方方面面的人都清楚自己的职责所在，并对其工作绩效同样可以进行评估，而且若出现超支、新趋势等情况的改变还要允许退出原方案并进行积极调整，因此城市营销的行动计划本身应当是一个时间性较强的重复循环过程。

5. 城市营销的实施与控制

规划在完成上述内容的基础上最后面临的就是实施的问题。在该部分内容的安排中应当设计定期检查并调整的反馈机制，同时利用公众、媒体予以适度公开也可以形成对规划执行者的一定压力，催促其完成规划任务，实现城市营销的预期目标。

营销案例 15—13

首尔的城市营销

首尔是大韩民国的首都，是韩国的政治、经济、文化中心，也是东北亚重要的枢纽城市。近年来首尔推行专业化的城市营销策略大大提升了城市品牌形象促进了城市的发展。

首尔城市营销的发展历史有10个标志性事件：主办第10届亚运会，主办第24届奥运会，1994年，首尔定都600周年庆典年，2000年市政府首次正式使用"城市营销"的概念，2002年世界大都市协会首尔总会召开，同年韩日世界杯足球赛、首尔城市宣传标语征集活动，2003年创建首尔城市营销担当官室创建"Hi－Seoul庆典"，举世瞩目的首尔清溪川复原工程正式开工。

从2002年开始，首尔的城市营销迅速上升到战略营销的层次取得了良好的效果。一方面，首尔已建立了比较完备的城市品牌系统，极大促进了城市形象的推广和提升。另一方面由于确立了核心的规划和协调组织，并在营销城市方面初步形成了官、产、学、民、媒的良性互动。

（资料来源：刘彦平，"首尔模式"的营销学观察决策，2007.02，经删减）

五、城市营销的组织机制

城市营销的成效同城市围绕此项工作所设计安排的组织机制是密不可分的。城市营销的组织机制主要有如下五种。

1. 城市主要领导者直接领导和参与城市营销

城市领导人不只是城市的政治、经济、文化生活的管理者，更是城市品牌、城市形象的重要代表者和城市营销的核心运作者。城市高层领导者参与到城市营销之中，证明了一个城市对城市营销工作的重视，还能够有效地达到宣传效果，协调城市营销各个机构之间的关系，并通过其城市代表的地位形成与其他城市、组织之间的多层次合作和对话。

2. 设置政府框架内的城市营销专门职能机构

设置专门营销职能机构是成功开展营销的一条重要经验。营销职能机构可以负责城市营销政策制定、宣传策划、实施和监管等具体工作，并作为一个机构有力的支持和代表城市营销的系列活动。在具体的设置中，存在两类显著不同的专职营销部门组织机制，即完全官方机构和以民间身份组建的机构。

3. 以民营独立机构策划和实施城市营销

民营城市营销机构体制为西欧和北美城市所普遍采用。其运作的基本特征是由政府和民间共同发起，成立作为独立法人的非营利机构性质或有限公司制的城市营销机构。该机构通过"赞助人制度"获得来自政府和民间的经费资助，同时也在其运作中通过收取服务费用解决经费问题。尽管不是政府性质，但并不影响这类营销机构的官方地位。同时，又因为商界力量、市民社会力量也通过赞助人身份而获得平等的发言权，使得此类机构在运转中能够吸收更多的企业运作方式，而更具进取性。德国各城市都普遍采用公司制方式，比如"柏林伙伴"（Berlin Partner GmbH）、"推广莱比锡"（Marketing Leipzig GmbH）都是本城市品牌营销负责机构，而 GmbH 意味着他们都是有限公司制机构。

4. 建立立体营销网络动员社会各界力量

一个好的城市营销组织机制应当使其他公共部门（大学、研究机构等）、民间组织（非盈利的福利会、基金会等）、商业企业和个人的合作都受到重视，从而在全社会寻找和形成推动力量，共同打造和实践城市营销战略。比如，多伦多的实践中就强调城市营销管理部门要从战略高度同各类非官方部门、企业和个人之间形成广阔的联系。该市专门组成城市营销和城市品牌打造的公共意识战略联盟——"战略意图的联盟"，即在政府、私有部门、公共和私有机构、非官方（非盈利）部门、社区之间形成共同的远景，将营销工作上升到战略高度。其具体的行动包括：建立市长/CEO/CAO 经济委员会、加强同中央政府和省之间的经济对话、支持政府之间、区域之间的政策和活动联合、加强同加拿大其他城市之间就共同关注问题的合作等。

5. 跨城市合作推动城市营销

在城市间网络联系广泛开展的今天，一些新的营销组织机制正被开发。以一些区域性的合作组织作为城市营销的载体，通过多城市联合营销和交义营销，不仅可以通过成员城市形成合力，作为一个整体在更宽广的全球舞台上开展宣传，还可以实现城市之间的互动和交流，相互开发新机遇。比如，21 世纪亚洲城市网络联盟（ANM C21）是亚洲主要城市的合作网络。它主要的参与城市包括：曼谷、德里、河内、雅加达、吉隆坡、马尼拉、首尔、新加坡、中国台北、东京和仰光。旨在通过亚洲主要城市之间的合作提高世界对亚洲的认知以及加强亚洲在国际事务中的重要性。该组织通过发布宣言，主办了"ANM C21 Information"的杂志，举办博览会、艺术节，来达成扩大整体影响力目的的。

📖 案例评析 ....

阿里巴巴网络的商业模式分析

背景情况

1999 年 3 月，马云以 50 万美元在杭州创建了阿里巴巴中国，为 B2B 交易提供软件及技术服务。目前，阿里巴巴的业务主要划分为：B2B、网络购物以及电子商务服务系统（支持系统）。其中 B2B 业务的代表为阿里巴巴网络公司，网络购物的代表为淘宝网，而服务系统则包括支付宝、中国雅虎、阿里软件等公司。

阿里巴巴网络是阿里巴巴集团旗下专门从事 B2B 业务的企业，也是阿里巴巴集团的旗舰子公司。阿里巴巴网络有限公司（香港联合交易所股份代号：1688）已发展成为全球领先的 B2B 电子商务公司及当今中国最大的电子商务公司。阿里巴巴网络每天通过旗下三个网上交易市场连接世界各地的买家和卖家。国际交易市场集中服务全球的进出口商，中国交易市场中服务中国大陆本土的贸易商，而日本交易市场通过合资企业经营，主要促进日本外销及内销。三个交易市场形成一个拥有来自 240 多个国家和地区的 4 000 万名注册用户的网上社区。数据显示，2008 年阿里巴巴网上 B2B 平台交易额突破 11 577 亿元人民币。

阿里巴巴网络商业模式元素分析

（1）定位。

阿里巴巴网络成功的起点得益于精准的定位。阿里巴巴网络的目标是建立全球最大最活跃的网上贸易市场，让天下没有难做的生意，坚持用电子商务为中小企业服务，可以说阿里巴巴网络从一开始创建就有了明确的定位。反观早期的一些互联网企业，则主要是以技术作为驱动的，创业团队都是计算机或通信技术等方面的人才或爱好者，由自娱自乐到创造出有特色的网站，进而摸索可能的网络服务模式，因此，失败的可能性极高。

（2）业务系统。

阿里巴巴网络的业务系统也始终围绕着实现它的目标定位，即建立全球最大最活跃的网上贸易市场，专注于信息流领域。通过阿里巴巴的平台，买卖双方进行各类供求信息匹配，从而达成交易。

阿里巴巴的 B2B 模式，可以说是回避了物流环节，专为供应商提供销售支持的模式。也就说它提供的是一个网上交易市场。其基本的架构如下：阿里巴巴的 B2B 服务，都是在网上平台，只在网上提供交易信息，不参与买卖契约和买卖货款的结算。物流也是在网上由买卖双方解决。但在阿里巴巴，提供名为支付宝的网上结算工具，这个结算工具兼具第三者保证功能。并推荐优良物流公司供买卖双方使用。

（3）盈利模式。

阿里巴巴网络的盈利模式相对简单明了，主要依靠收取等级不同的会员费和提供各类型增值服务取得收入。

来自中国交易市场的营业收入包括：

◆ 销售中国诚信通会籍及增值服务所得营业收入；

◆ 其他收入，主要包括企业在中国交易市场刊登网上品牌推广展位所取得的收入。

在国际交易市场的营业收入包括：

◆ 销售 Gold Supplier 会籍及增值服务所得营业收入；

◆ 销售国际诚信通会籍所得营业收入；

◆ 其他收入来自作为阿里软件（阿里巴巴全资附属公司）的销售代理商，把阿里软件开发的阿里软件外贸版销售给 Gold Supplier 会员所得的佣金收入，但 2008 年 11 月起，已停止销售阿里软件外贸版，专心销售公司新推出的产品。

阿里巴巴网络商业模式成功的关键策略分析

（1）聚焦信息流的运作策略。

回顾阿里巴巴网络的发展历程，可以发现其中两个关键性的决策对阿里巴巴网络成功起决定作用，即，坚持采用"免费注册"的策略和确立了"聚焦信息流"的模式。事实证明，免费注册的策略帮助阿里巴巴网络迅速跑马圈地，为阿里巴巴网络的日后发展奠定了坚实的基础，也为阿里巴巴赢取了宝贵的市场先机，而"聚焦信息流"的模式，则避免了自建物流的庞大投入和精力耗费，在电子商务领域更加游刃有余。

（2）品牌策略。

网站建立后，利用从风险投资基金募集的资金，在美国的 CNN、CNBC、国内的中央电视台等国内外著名的媒体发布广告，聚集人气，成功地建立了自己的品牌。特别是将欧美的采购方吸引到这个平台，大大提高了其吸引力，促进了购买量的提高。基本的吸引采购方战略就是针对日美欧客户，可以免费注册。

（3）销售策略。

销售策略的重点就是将国内的供应商吸引到这个平台上来。首先通过推荐免费试用，待取得实际业绩后再阶段性实行有偿服务。实际上，在 3 年之前卖方只认可免费会员这种方式，这些会员即使现在还可以免费正常登录。其后，新的想免费成为会员则不被接受。

实际上，供应商业务占了公司员工的大半。吸引收费会员的方法有个别访问销售、电话销售和代理销售三种。面向国内市场的"诚信通"会员促销方法就是电话销售。面向国际市场的"Gold Supplier"会员促销方法则是访问销售，合同不是传真合同，而是纸制合同。比起面向国内市场的"诚信通"，面向国际

市场的 "Gold Supplier" 附加价值更高（会费是前者的十几倍）。

在销售区域上，2005 年前集中在中小供应商聚集的浙江、江苏、广东等五个区域。从 2005 年后开始将销售网络扩展到内地和东北区域。

（4）技术策略。

对电子商务企业来说，平台的安全性、稳定性和搜索引擎的方便使用，是吸引顾客的重要因素。

阿里巴巴挖来雅虎的搜索技术开发人员作为本公司的 CTO，技术团队从世界范围内搜罗人才，以确保平台的安全性和稳定性，提高开发的效率。2004 年提供商业搜索引擎，充实完善以顾客为中心的搜索功能。2005 年收购雅虎中国为自己的子公司，将雅虎的优秀搜索技术补充到平台，以此向客户提供智能化的商业信息检索技术。

（5）致力于保证可信性的平台策略。

在交易信用环境不佳的中国，提供网上交易服务的电子商务市场，就必须努力保证客户对交易体系的信任。阿里巴巴在提供上述具有第三方担保功能的名为支付宝的网上结算工具的同时，委托第三方认证机构（面向国内和面向国外，分别采用不同的国内和国外认证机构）对收费会员的资质进行认证和评价，赋予相应的信用指数并引入公开体系。在"诚信通"，通过检索该信用指数的结果排序，就发挥了其评价标准的作用。在阿里巴巴的平台上公开会员企业的信用指数，就是鼓励会员企业保证交易信用。阿里巴巴将会员企业的交易记录和支付记录提供给会员企业，有效地发挥了信用记录的作用。

（资料来源：杨安怀，等，阿里巴巴的 B2B 商业模式研究及启示，消费导刊，2009.05，有改写）

评析：简单地复制发达国家电子商务的运营模式，由于并不一定契合中国的国情，其结果是实际状况远逊于当初设想。而正是像阿里巴巴这样的企业，考虑并立足于中国的现实国情，从规避物流等这些中国比较落后的环节出发，以信息提供、销售支持等商业模式开始，通过创新符合本国国情的盈利模式，发觉和培养电子商务参与者的积极性，取得了很好效果。

思考题

1. 什么是网络营销？网络营销与传统营销有何区别？
2. 什么是直复营销？直复营销工具有哪些？
3. 关系营销与交易营销有何区别？关系营销基本模式怎样？
4. 服务营销与传统营销有何区别？服务营销组合是什么？
5. 绿色营销观念是什么？绿色营销与传统营销有何区别？
6. 水平营销是什么？水平营销与传统营销有何区别？
7. 城市营销的内涵是什么？城市营销的活动过程是什么？

本章实训

一、实训目的

通过对实践案例的整理和分析，使学生能够对何为营销创新有感性的认知，理解营销新发展的背景，及其对企业的意义，能够发现当前环境下营销创新的机遇和挑战。

二、实训内容

1. 实训资料：搜集不同行业、不同类型的营销创新案例。
2. 具体任务：根据本章对营销新发展介绍，分小组讨论分析案例。
3. 任务要求：

（1）分析案例中的营销创新是在什么背景下产生，属于哪一类的营销创新；

（2）对比以往创新形式有哪些变化；

（3）该营销创新对企业有哪些意义。

三、实训组织

1. 根据全班上课人数，将全班同学分成若干小组，采取组长负责制，全体组员协作完成课堂任务。为了避免不同小组所搜集案例重复，各小组组长将所选案例进行提前汇总，并进行协商，确保所选案例不重复。

2. 确定所选案例后，各小组进行下一步分工，对案例进行分析、汇总。

3. 经过小组讨论后，完成实训报告及汇报 PPT。

4. 根据课时具体安排，不同小组分别选派成员对报告进行讲解，并回答其他组成员的问题。

5. 任课教师对实训课程的结果进行总结，提出相应的意见及建议。

四、实训步骤

1. 任课教师布置实训任务，介绍实训要点和搜集材料的基本方法。

2. 各小组明确任务后，按照教师指导根据具体情况进行分工。

3. 各小组定期召开小组会议，对取得成果进行总结，遇到问题及时与指导教师沟通。

4. 完成实训报告及展示所需要的 PPT 等材料，实训报告中应包括案例来源、案例分析及遇到的难题与解决方案、启示等内容。

5. 各小组对案例进行课上汇报，教师对各组的汇报进行点评及总结。